MACROECONOMICS
7th Edition

宏观经济学

（原书第7版）

[法] 奥利维尔·布兰查德（Olivier Blanchard） ◎著
麻省理工学院（MIT）

楼　永　　孔爱国 ◎译
同济大学　　复旦大学

机械工业出版社
CHINA MACHINE PRESS

图书在版编目（CIP）数据

宏观经济学（原书第 7 版）/（法）奥利维尔·布兰查德（Olivier Blanchard）著；楼永，孔爱国译 . —北京：机械工业出版社，2019.2（2025.6 重印）

（华章教材经典译丛）

书名原文：Macroeconomics

ISBN 978-7-111-61920-8

I. 宏⋯ II. ①奥⋯ ②楼⋯ ③孔⋯ III. 宏观经济学 – 教材 IV. F015

中国版本图书馆 CIP 数据核字（2019）第 013624 号

北京市版权局著作权合同登记　图字：01-2018-8347 号。

Olivier Blanchard. Macroeconomics, 7th Edition.

ISBN 978-0-13-378058-1

Copyright © 2017, 2013, 2011 by Pearson Education, Inc.

Simplified Chinese Edition Copyright © 2019 by China Machine Press.

Published by arrangement with the original publisher, Pearson Education, Inc. This edition is authorized for sale and distribution in the Chinese mainland (except Hong Kong SAR, Macao SAR and Taiwan).

All rights reserved.

本书中文简体字版由 Pearson Education（培生教育出版集团）授权机械工业出版社在中国大陆地区（不包括香港、澳门特别行政区及台湾地区）独家出版发行。未经出版者书面许可，不得以任何方式抄袭、复制或节录本书中的任何部分。

本书封底贴有 Pearson Education（培生教育出版集团）激光防伪标签，无标签者不得销售。

本书是全球最受欢迎的中级宏观经济学教材之一，作者强调本书有两大目标：密切关注当今世界的宏观经济事件；提供宏观经济学的整合观点。此外，作者分"核心内容"和"扩展内容"来组织材料，全书逻辑、体例一致，结构清晰，循序渐进，问题聚焦专栏不仅能传递出宏观经济学的灵魂，而且能使读者巩固从模型中所得的认知，使其更加具体、易于理解。

本书可作为经济管理类本科生、研究生的教材，也可作为 MBA 等学员的教材，还可供相关实际工作者和理论工作者参考。

出版发行：机械工业出版社（北京市西城区百万庄大街 22 号　邮政编码：100037）

责任编辑：刘新艳　　　　　　　　　　　　　责任校对：殷　虹

印　　刷：固安县铭成印刷有限公司　　　　　版　　次：2025 年 6 月第 1 版第 12 次印刷

开　　本：185mm×260mm　1/16　　　　　　印　　张：30.5

书　　号：ISBN 978-7-111-61920-8　　　　　定　　价：99.00 元

客服电话：(010) 88361066　68326294

版权所有·侵权必究
封底无防伪标均为盗版

About the Author | 关于作者

奥利维尔·布兰查德（Oliver Blanchard）是法国人，1977年在美国麻省理工学院（MIT）获得经济学博士学位之后，在剑桥大学度过了他绝大部分的职业生涯。他先在哈佛大学教书，1982年回到MIT，在1998~2003年担任经济系主任。2008年，他去国际货币基金组织担任经济顾问兼研究部的主任。从2015年10月起，他成为华盛顿彼得森国际经济研究所的弗雷德·伯格斯滕高级研究员，同时他还保留了MIT的罗伯特M.索洛荣誉教授。

他对宏观经济的议题有广泛的研究，比如货币政策的作用、投机泡沫的特性、劳动力市场的性质、失业的决定因素，以及最近一次全球危机背后的力量。他与很多国家和国际组织的人一起工作，写过很多书与文章，包括与斯坦利·费希尔合著的供研究生使用的宏观经济学教材。

他还是《经济学季刊》、美国经济研究局（NBER）《宏观经济学年刊》的前任编辑及《美国经济学期刊：宏观经济学》的创始编辑。他是计量经济学学会的会员，也是曾经的理事，以及美国经济学会的前副主席和美国科学院的会员。

前言 | Preface

在撰写本书时，我有以下两个主要目标。

- **密切关注当今世界的宏观经济事件**。宏观经济学之所以激动人心，在于其关注世界各地发生的事件：从 2008 年以来世界主要经济体淹没在危机当中，到美国的货币政策，再到欧洲地区的问题以及中国的发展。这些甚至更多的事件，都将在本书中得以呈现，并非在脚注中，而是在正文或更加详细的专栏中。通过专栏，你将学会如何用所学的知识去理解发生的事件。我希望，这些专栏不仅能传递出宏观经济学的灵魂，而且能使读者巩固从模型中所得的认知，并使其更加具体且易于掌握。
- **提供宏观经济学的整合观点**。本书建立在一个基本模型之上。该模型集中阐述了三个市场的均衡状态：产品市场、金融市场以及劳动力市场。基于所述问题的不同，我对模型的相关部分进行了更为详细的阐述，其他部分则被简化或作为背景，但基本模型始终相同。这样，读者就可以将宏观经济学作为整体进行理解，而不仅仅是模型的集合；读者不仅可以理解过去的宏观事件，对未来可能发生的事件也会有一定的认知。

本版变化

始于 2008 年的危机仍然在徘徊，这迫使宏观经济学家再次思考宏观经济学的很多问题。很显然他们已懂得了金融体系的作用，对于宏观经济如何回到均衡状态也有很多乐观看法。八年之后，我相信主要的教训已经被吸取，这一版本主要反映危机引发的深度思考。所有章节基本上都重新改写了，主要变化如下。

- 修改了第 5 章，修改了 IS-LM 模型的表述，传统的货币政策的方法是假定中央银行选择货币供给量，而让利率进行调整。事实上，现在的中央银行是选择利率，而让货币供给量进行调整。用 IS-LM 模型来讨论短期情形时，一改过去 LM 曲线向上倾斜的状态，而将它看成是水平的。这将简化模型并更接近现实。
- 全新的第 6 章，这一章聚焦经济体当中的金融体系。这一章扩展了 IS-LM 模型，允许有两个利率水平，一个是由货币政策设定的利率，另一个是由大众或厂商的借入成本决定的利率。这两个利率之间的关系由国家金融体系决定。
- 全新的第 9 章，传统的总供给与总需求模型比较麻烦，而且对产出水平回到潜在的水平持有乐观的观点。这个模型已经被 IS-LM-PC 模型所取代，这里的 PC 代表的是菲利普斯曲线，新的模型对于货币政策的作用、产出水平以及通货膨胀的动态变化有一个简化且精确的描述。
- 货币政策有一个零利率下限的约束条件，财政政策有一个高水平公债的约束条件，这两个约束条件贯穿本书始终。
- 许多聚焦专栏是新的或者扩展过的。它们是：第 2 章中的"失业与快乐"；第 4 章中的"运行中的流动性陷阱"；第 6 章中的"银行挤兑"；第 8 章中的"20 世纪 90 年代以来美国自然失业率的变化"；第 9 章中的"跨越时间与国度的奥肯定律"和"大萧条时期的通货紧缩"；第 10 章中的"解读购买力平价"；第 13 章中的"长期视角：科技、教育和不平等"；第 14 章中的"收益率曲线、零利率下限和加息"；第 18 章中的"欧元区外围国家经常账户赤字的消失：好消息还是坏消息"；第 21 章中的"欧元区财政规则：一段简史"；第 22 章中的"货币创造与恶性通货膨胀"和"你应该担心美国的公共债务吗"。
- 图和表都已经用最近的数据进行了更新。总的来说，我把这一版看成危机后最早的、真实的宏观经济学教材，我希望它能给人们带来指引，不仅告诉人们发生了什么，还告诉人们将来可能会发生什么。

本书结构

本书有两个核心部分：核心内容以及三个主要的扩展内容。导言之后就是核心内容，扩展内容的最后一部分是政策的作用回顾，最后是结束语。每一部分开篇的内容介绍是便于我们理解各章的安排与全书章节的总体结构。

- 第 1 章和第 2 章介绍了基本事实以及宏观经济学的基本问题。第 1 章首先聚焦在危机上，然后展开了世界之旅：从美国到欧洲，再到中国。有些教师可能更倾向于将该章放到后面讲，比如在第 2 章介绍过基本概念，学生弄清短期、中期和长期的概念之后，再概述全书。
- 第 2 章讲述了国民收入账户的基本知识，我在本书书后的附录 A 中也对此进行了详细介绍。这既减轻了初学者的阅读负担，又能在附录中更加详细地介绍该内容。
- 第 3~13 章构成了本书的**核心**（core）内容。

  第 3~6 章集中讨论**短期**（short run）问题，这四章描述了产品市场和金融市场的均衡特征，并推导出用以研究产出水平短期波动的基本模型——*IS-LM* 模型。第 6 章是新的一章，这一章扩展了基本的 *IS-LM* 模型，主要是把金融体系的作用考虑进来，以此来刻画危机初期阶段会发生什么。

  第 7~9 章集中讨论**中期**（medium run）问题。第 7 章关注劳动力市场的均衡状态，并介绍了自然失业率的概念。第 8 章推导并讨论通货膨胀与失业之间的关系，即菲利普斯曲线。第 9 章开发了 *IS-LM-PC* 模型（*PC* 是菲利普斯曲线），这个模型考虑了产品市场、金融市场与劳动力市场的均衡，并说明该模型如何被用于理解短期和中期的经济活动变化，以及通货膨胀的变动。

  第 10~13 章集中讨论**长期**（long run）问题。第 10 章描述事实，说明不同国家长期的产出变化。第 11 章和第 12 章开发了一个经济增长模型，描述资本积累和技术进步如何决定经济增长。第 13 章集中讨论技术进步对失业与不平等产生的影响。这种影响不仅仅在长期中产生，在短期与中期中也产生。

- 第 14~20 章包括两个主要的**扩展**（extensions）内容。

    第 14~16 章集中讨论**预期**（expectation）在短期和中期的作用。预期在绝大多数经济决策中都起到重要作用，这也意味着其对产出水平的决定性作用。

    第 17~20 章集中讨论现代经济**开放**（openness）的意义。第 20 章集中探讨不同汇率机制的作用，从浮动汇率制到固定汇率制、货币发行局制度以及美元化。

- 第 21~23 章回到宏观经济政策。前 20 章大都以这样或那样的方式探讨宏观经济政策，而第 21~23 章是将其整合。第 21 章一般性地考察宏观经济的作用和局限性。第 22 章和第 23 章回顾货币政策和财政政策。有些教师可能想更早地使用该部分的内容，例如，把第 22 章中政府预算约束的讨论移至前面去讲授，或者把第 23 章中通货膨胀目标的讨论移到前面去讲授。

- 第 24 章为**结束语**（epilogue），将宏观经济学放在历史角度去考察，说明了过去 70 年里宏观经济学的演变历程，并讨论了当前的研究方向，以及宏观经济学中危机的教训。

可供选择的教学大纲

由于本书的议题广泛，因此组织课程有很大的可选空间，但本书的章节安排比标准教材稍短。据我的经验，大部分章节可以在一个半小时（一节课）内讲授完，少数章节（如第 5 章和第 9 章）可能需要两节课完成。

- 短课程（15 节课及以下）。

    短课程可围绕导言与核心内容进行（第 13 章可以排除在外，这不影响连续性），还可以非正式地讲解两个基础性的扩展内容，比如，第 16 章（也可以单独讲授）和第 17 章。这样总共是 14 节课。

    短课程也可略去关于经济增长（长期）的内容。这样一来，课程可围绕导言以及核心内容的第 3~9 章来安排，并可留出充足的时间来讨论诸如预期（第 16 章）和开放经济（第 17~19 章）。这样总共是 13 节课。

- 长课程（20~25 节课）。

    一个完整学期的课程足以完成核心内容，再加上一两个扩展内容以及政策评论的讲授。

    扩展内容的学习要求已掌握核心内容，除此之外的大部分章节相对独立。在内容选择的基础上，最好的教学次序可能还是本书的写作顺序。学习预期的作用可以帮助学生更好地理解利率平价条件以及汇率危机的本质。

专栏

本书尽力不只空谈理论结果而不联系现实。为此，除了在正文讨论事实之外，我还加入了大量"问题聚焦"专栏，这些专栏讨论了从美国到世界各国的宏观经济事件和事实。

我尝试通过边栏来建立像课堂上那种老师与学生之间的互动关系，这些边栏与正文同步进行。边栏的功能在于建立与读者的对话，帮助化解课程难点，并加深读者对课程开展过程中的概念以及推导结果的理解。

对于那些希望进一步探究宏观经济学的学生，我准备了如下两个专栏。

- **章末附录**。有些章的附录对正文中的某些观点进行了扩展。
- **补充阅读**。每章后面的补充阅读文献告诉读者如何找到更多信息,包括一些重要网址。

每章以下列三种内容结束,以确保读者透彻理解了每章的要点。

- **本章概要**,对每章的要点进行了总结。
- **关键术语**。
- **习题**。其中快速测试练习题较简单,深入研究练习题有一定难度,进一步探究练习题通常需要上网查阅资料或使用电子表格工具。

补充

本书还提供了一些补充资料用来支持教与学。

- **教师手册**。线上的教师手册由 LaTanya Brown-Robertson 准备,其内容包括讨论教学方法选择,展示选择材料的方法,强化学生理解的手段。手册中有七个主要方面:目的,以激发思考的形式出现;答案为什么重要;关键工具、概念和假设;总结以及教学法。很多章节中都有聚焦在扩展上以及观察上的内容。教师手册中也有每章后面习题的答案。教师手册可以从教师资源中心网站(www.pearsonhighered.com/irc)下载,有 Word 和 PDF 两种版本。
- **测试题库**。线上的题库全部由 Liping Zheng 更新,每一章都进行了修订并增加了多项选择题,测试题文件也可以从教师资源中心网站(www.pearsonhighered.com/irc)下载。
- **计算机化的测试题库**。设计计算机化的测试项目文件是为了用计算机生成测试包,让教师定制、储存、生成课堂测试题。该测试程序允许教师在测试题库中编辑、增加或删除问题;编辑已有的图表或创建新的图表;分析测试结果;整理测试数据库和学生的成绩。软件有非常好的灵活性,便于使用。它在组织与显示测试,以及搜寻和主题分类方面提供了许多选择。软件和测试项目文件可以从教师资源中心网站(www.pearsonhighered.com/irc)下载。所有问题都是由 MyEconLab 提供的。
- **幻灯片**。所有电子幻灯片都是 Jim Lee 准备的,这些幻灯片提供了讲课笔记,包括每一章的公式和图表。所有幻灯片都可以从教师资源中心网站(www.pearsonhighered.com/irc)下载。

目录 | Contents

关于作者
前言

第一部分 导言

第1章 世界之旅 /2
  1.1 危机 /3
  1.2 美国 /4
  1.3 欧元区 /6
  1.4 中国 /9
  1.5 展望未来 /10
  关键术语 /11
  习题 /11
  补充阅读 /13
  附录 怎样找数据 /13

第2章 本书概览 /15
  2.1 总产出 /16
  2.2 失业率 /21
  2.3 通货膨胀率 /24
  2.4 产出、失业与通货膨胀率：奥肯定律与菲利普斯曲线 /26
  2.5 短期、中期和长期 /28
  2.6 本书概览 /29
  本章概要 /30
  关键术语 /31
  习题 /31
  补充阅读 /34

附录 实际GDP的构造和环比指数 /35

第二部分 核心内容：短期

第3章 产品市场 /38
  3.1 GDP的构成 /39
  3.2 产品需求 /40
  3.3 均衡产出的决定 /43
  3.4 从另一个角度考虑均衡产出：投资等于储蓄 /48
  3.5 政府是无所不能的吗？一个警告 /50
  本章概要 /51
  关键术语 /51
  习题 /52

第4章 金融市场 I /55
  4.1 货币需求 /56
  4.2 利率的决定：I /59
  4.3 利率的决定：II /62
  4.4 流动性陷阱 /65
  本章概要 /67
  关键术语 /67
  习题 /67
  补充阅读 /69
  附录 当人们持有通货与短期存款时利率的决定 /69

第5章 产品市场和金融市场：IS-LM 模型 /72

5.1 产品市场以及 IS 关系 /73
5.2 金融市场以及 LM 关系 /76
5.3 IS-LM 模型 /77
5.4 政策组合 /79
5.5 IS-LM 模型和现实的关系 /83

本章概要 /85
关键术语 /85
习题 /86
补充阅读 /88

第6章 金融市场 II：扩展的 IS-LM 模型 /89

6.1 名义利率 vs. 实际利率 /90
6.2 风险和风险溢价 /93
6.3 金融机构的作用 /94
6.4 扩展 IS-LM 模型 /98
6.5 从住房问题到金融危机 /100

本章概要 /105
关键术语 /106
习题 /106
补充阅读 /109

第三部分 核心内容：中期

第7章 劳动力市场 /112

7.1 劳动力市场概述 /113
7.2 失业的变化 /115
7.3 工资的决定 /118
7.4 价格的决定 /121
7.5 自然失业率 /122
7.6 从这里去向何处 /125

本章概要 /125
关键术语 /126
习题 /126
补充阅读 /129

附录 工资和价格设定关系 vs. 劳动力供给和需求 /129

第8章 菲利普斯曲线、自然失业率和通货膨胀 /131

8.1 通货膨胀、预期通货膨胀和失业 /132
8.2 菲利普斯曲线及其突变 /133
8.3 菲利普斯曲线和自然失业率 /136
8.4 总结与警示 /138

本章概要 /144
关键术语 /145
习题 /145

附录 从劳动力市场关系到通货膨胀、预期通货膨胀和失业之间的关系 /148

第9章 从短期运行到中期运行：IS-LM-PC 模型 /150

9.1 IS-LM-PC 模型 /151
9.2 动态调整与中期均衡 /154
9.3 重新审视财政整合 /157
9.4 石油价格上涨的影响 /158
9.5 结论 /162

本章概要 /162
关键术语 /163
习题 /163

第四部分 核心内容：长期

第10章 经济增长 /168

10.1 生活水准的衡量 /169
10.2 1950 年以来发达国家的经济增长 /173
10.3 从时间和空间上对增长进行更广泛的考察 /175
10.4 考察增长：入门知识 /177

本章概要 /180

关键术语 /181

习题 /181

补充阅读 /183

第 11 章　储蓄、资本积累与产出 /184

11.1　产出和资本的相互作用 /185

11.2　不同储蓄率的含义 /187

11.3　定量研究 /195

11.4　实物资本与人力资本 /198

本章概要 /200

关键术语 /200

习题 /200

补充阅读 /202

附录　柯布－道格拉斯生产函数和稳定状态 /202

第 12 章　技术进步与经济增长 /204

12.1　技术进步和增长率 /205

12.2　技术进步的决定因素 /210

12.3　制度、技术进步和增长 /212

12.4　增长的事实：重新观察 /214

本章概要 /216

关键术语 /216

习题 /216

补充阅读 /218

附录　怎样衡量技术进步 /218

第 13 章　技术进步：短期、中期和长期 /221

13.1　短期的生产率、产出和失业 /222

13.2　生产率和自然失业率 /224

13.3　技术进步、搅局和分配效应 /228

本章概要 /234

关键术语 /234

习题 /234

补充阅读 /236

第五部分　扩展内容：预期

第 14 章　金融市场和预期 /238

14.1　预期贴现值 /239

14.2　债券价格和收益率曲线 /243

14.3　股票市场和股票价格的变动 /249

14.4　风险、泡沫、狂热和股票价格 /255

本章概要 /258

关键术语 /259

习题 /259

补充阅读 /261

附录　利用实际利率或者名义利率推导预期贴现值 /261

第 15 章　预期、消费和投资 /263

15.1　消费 /264

15.2　投资 /270

15.3　消费和投资的波动性 /277

本章概要 /278

关键术语 /279

习题 /279

附录　在静态预期下推导利润的预期现值 /281

第 16 章　预期、产出和政策 /283

16.1　预期和决策：复习 /284

16.2　货币政策、预期和产出 /287

16.3　减少赤字、预期和产出 /289

本章概要 /294

关键术语 /295

习题 /295

第六部分 扩展内容：开放经济

第17章 产品市场和金融市场的开放 /300
- 17.1 产品市场的开放 /301
- 17.2 金融市场的开放 /308
- 17.3 结论与展望 /315
- 本章概要 /315
- 关键术语 /316
- 习题 /316
- 补充阅读 /318

第18章 开放经济中的产品市场 /319
- 18.1 开放经济中的 IS 曲线 /320
- 18.2 均衡产出和贸易余额 /323
- 18.3 国内外需求的增加 /323
- 18.4 贬值、贸易余额和产出 /328
- 18.5 考察动态化：J 曲线 /332
- 18.6 储蓄、投资和贸易余额 /334
- 本章概要 /335
- 关键术语 /336
- 习题 /336
- 补充阅读 /338
- 附录 马歇尔－勒纳条件的推导 /338

第19章 产出、利率和汇率 /340
- 19.1 产品市场的均衡 /341
- 19.2 金融市场的均衡 /342
- 19.3 产品市场和金融市场的结合 /345
- 19.4 开放经济中的政策效应 /347
- 19.5 固定汇率制 /351
- 本章概要 /354
- 关键术语 /355
- 习题 /355
- 附录 固定汇率、利率和资本流动 /357

第20章 汇率制度 /359
- 20.1 中期 /360
- 20.2 固定汇率制下的汇率危机 /363
- 20.3 浮动汇率制下的汇率变动 /366
- 20.4 汇率制度的选择 /369
- 本章概要 /374
- 关键术语 /375
- 习题 /375
- 补充阅读 /378
- 附录20A 推导在固定汇率下的 IS 关系 /378
- 附录20B 实际汇率和国内外的实际利率 /379

第七部分 扩展内容：回到政策中来

第21章 政策制定者应该受到限制吗 /382
- 21.1 不确定性和政策 /383
- 21.2 预期和政策 /386
- 21.3 政治和政策 /390
- 本章概要 /396
- 关键术语 /397
- 习题 /397
- 补充阅读 /399

第22章 财政政策：总结 /400
- 22.1 我们学过什么 /401
- 22.2 政府预算约束：赤字、债务、政府支出与税收 /402

22.3 李嘉图等价、周期性赤字调整和战争筹资 /408
22.4 极高债务的危险 /412
本章概要 /418
关键术语 /419
习题 /419
补充阅读 /422

第 23 章 货币政策：总结 /423

23.1 我们学习了哪些知识 /424
23.2 从货币目标到通货膨胀目标 /425
23.3 最优通货膨胀率 /428
23.4 非常规货币政策 /433
23.5 货币政策和财政稳定 /434
本章概要 /438
关键术语 /438
习题 /439
补充阅读 /441

第 24 章 结束语：宏观经济学的故事 /442

24.1 凯恩斯和大萧条 /443
24.2 新古典综合 /443
24.3 理性预期批判 /446
24.4 最新的发展 /449
24.5 危机后宏观经济第一课 /453
本章概要 /454
关键术语 /455
补充阅读 /455

附录 A 国民收入与产出账户简介 /457

附录 B 数学复习 /464

附录 C 计量经济学入门 /471

第一部分

导　言

第1章　以宏观经济学的视角带你环视全球，从21世纪前10年后期的经济危机及由此发生改变的世界经济开始，然后分别讲解每一个主要经济体——美国、欧元区与中国。

第2章　总览全书，对宏观经济学的三个核心概念进行定义——产出、失业和通货膨胀，并从三个时期，即短期、中期和长期来介绍这三个概念。

第 1 章

世界之旅

什么是宏观经济学？最好的回答不是给你一个严谨的定义，而是带你进行一次经济之旅，介绍两个使宏观经济学家和宏观政策制定者夜不能寐的主要经济变化与相关问题。

写作本书是在 2015 年秋天，政策制定者比几年前睡得更加踏实。在 2008 年，世界经济由于大衰退，主要经济体进入宏观经济危机。世界产出的增长典型地处在年化 4%～5%，2009 年这个增长为负。之后，世界经济增长缓慢复苏为正，但是危机留下了很多创伤，一些担忧仍然存在。

本章的目的是针对这些事件和今天不同国家所面对的宏观经济议题给你一个感觉。我从危机的概述开始，然后聚焦全球的三个主要经济体：美国、欧元区与中国。

1.1　危机。

1.2　美国。

1.3　欧元区。

1.4　中国。

1.5　结论与展望。

你可以像看报纸一样阅读本章，不必担心一些概念的准确含义，也不必详细理解所有论点，这些都将在随后的章节中阐述，把这一章作为背景知识阅读，引入宏观经济学的问题。如果你喜欢看这一章的话，也许你会同样喜欢整本书。当你看完整本书的时候，回到这一章，看看你对这些问题的立场，回顾自己在学完宏观经济学之后的进步。

1.1 危机

图 1-1 分别给出了自 2000 年以来世界经济、发达经济体以及其他经济体的经济增长率。正如你在图中所见，从 2000 年至 2007 年，世界经济持续扩张，世界经济的年均增长率达 4.5%，发达经济体（30 个国家，最富的国家）的年增长率达到 2.7%，其他经济体（150 多个国家，或者是除去发达国家之外的国家）的增长率每年超过 6.6%。

然而，在 2007 年，出现了一个前兆，即扩张走到了终点。自 2000 年以来，美国房价在增长了双倍之后开始下降。经济学家开始担心。乐观的人认为，尽管低房价导致房子建造得比较少，消费者的支出下降，但是美联储（简称美国中央银行，正式的叫法是美国联邦储备委员会）会下调利率来刺激需求，从而避免经济的衰退。悲观者认为，利率的下降不足以维持需求，美国经济会经历一个短期的衰退。

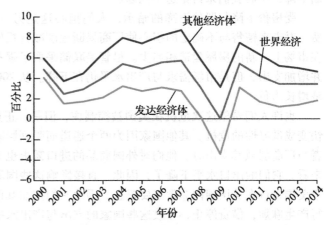

图 1-1 世界经济、发达经济体、新兴经济体与其他经济体的经济增长率，2000～2014 年

资料来源：World Economic Outlook Database, July 2015. NGDP_RPCH. A.

悲观者最终并没有足够悲观，当房价连续下降时，很清楚的是问题变得深入了，在扩张过程中质量差的抵押贷款暴露了，背负大额贷款的借钱人无法按月还款的现象越来越多，随着房子价格的下降，抵押贷款的价值超过了房子的价格，这相当于给了他们违约的激励。这还不是最糟糕的，最糟糕的是，银行已经把他们的抵押贷款实施捆绑并打包，以此为抵押发行了新的证券，并将此证券销售给其他银行与投资人。这些证券又被重新打包到新的证券中，如此循环下去。结果是，许多银行不仅仅持有抵押贷款，而且还持有这些新的证券；而这些新证券太过复杂，很难对它们的价值进行评估。

新证券的复杂性与不透明性把房价的下降转变成了主要的金融危机。只有很少的经济学家能对这一发展进行预测。对于在其他银行资产负债表上资产质量的无知，银行不愿意互相之间借贷，担心借入的银行无法偿还。由于无法借入以及资产价值的不确定性，许多银行发现自己陷入了麻烦当中。在 2008 年 9 月 15 日，一家大的银行，即雷曼兄弟破产了。结果是引人注目的，因为雷曼兄弟与其他银行之间的关系是不透明的，许多其他的银行也显示出要破产的风险。几周之后，整个金融体系看起来都好像要崩溃。

金融危机很快转变成经济危机。股票价格崩溃了，图 1-2 中给出了美

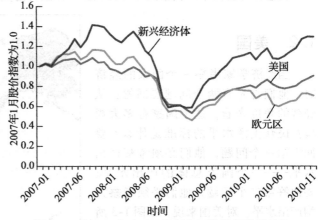

图 1-2 美国、欧元区以及新兴经济体的股票价格 2007～2010 年

资料来源：Haver Analytics USA (S111ACD), Eurogroup (S023ACD), all emerging markets(S200ACD), all monthly averages.

国、欧元区以及新兴经济体的股价指数在2007~2010年的变化。在2007年1月，我们假设股价指数为1.0，到2008年年底，股价指数已经跌掉一半，或者从前期的顶点来看，跌了超过一半。同时我们也注意到，尽管危机发生在美国，但是欧元区与新兴经济体的股价也随着美国不断下降，稍后我们来讨论这个问题。

受房价下降与股价下降的暗示，人们担心这是另一个大衰退的开始，于是果断地削减消费。对未来销售与不确定的担心使厂商果断地削减其投资。随着房价的下降，许多空置房出现在市场上，新的房屋建造相当少。尽管美联储采取了强有力的行动，将利率调向零，政府减税并增加支出，但是市场需求与产出水平仍在下降。从2008年第三季开始到2009年，美国的经济增长为负。

也许人们希望这次危机在美国被控制住，但是，正如图1-1和图1-2所示，美国的危机很快变成世界性的危机。其他国家因为两个通道而受到影响。第一个通道是贸易，当美国的消费者与厂商削减其支出时，他们对外国商品的进口需求也下降了，从其他国家向美国出口的视角来看，它们的出口水平下降了，因此，直接影响这些国家的产出水平。第二个通道是金融，由于美国银行在美国国内非常需要资金，因此它们把在其他国家的资金撤回，这使其他国家的银行产生麻烦，借贷停止，导致这些国家的支出与产出水平下降。同样地，一些欧洲国家的政府累积了较高水平的债务，在较大的财政赤字上运行。投资人担心政府是否能够偿还这些债务，因此要求更高的利息。面对如此高的利率，政府不得不通过减少支出与增加税收的组合来大幅度地降低赤字，这又进一步导致需求与产出水平下降。在欧洲，产出水平下降严重，其危机的特别之处在于有自己的姓名，即欧元危机。总之，美国经济的衰退导致世界经济的衰退。到2009年，发达国家的经济增长率为－3.4%，是大萧条以来的最低增长率。新兴经济体与发展中国家的经济增长虽然为正，但也比2000~2007年的平均水平低了3.5%。

自从那时开始，由于强大的货币政策与财政政策以及慢慢修复的金融体系，绝大多数国家出现了好转。正如图1-1所示，在2010年发达国家的经济增长为正。然而，经济的复苏并不是显而易见且稳定的，在一些发达国家，如美国，失业率已经接近危机前的水平；而欧元区还在挣扎，虽然经济增长为正，但是水平较低，失业率仍然很高。新兴经济体与发达经济体的经济虽然复苏了，但是从图1-1中可见，它们的经济增长率仍然低于危机前的水平，且从2010年开始稳定地下降。

在这样的阶段中，我带大家对三大经济体进行游览，即美国、欧元区以及中国。

1.2 美国

当经济学家考察一个国家的经济时，他们首先有两个问题要回答：从经济的角度来看，这个国家有多大规模？民众生活水平的标准是什么？要回答第一个问题，他们必须考察产出水平——一个国家总体的产出水平；要回答第二个问题，他们必须考察人均产出水平。对美国来说，如图1-3所示，美国是一个经济大国，2014年其产出达到17.4万亿美元，占世界总产出的23%；从经济规模来说，它是世界上最大的国家。美国民众的生活水平标准也是高的，人

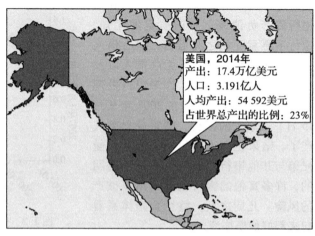

图1-3 美国，2014年

均产出达到 54 592 美元，这不是世界上最高的，但是接近最高。

在深度研究某一经济体时，宏观经济学家首先会考察以下三个基本变量。

- 产出增长——整个经济体的产出水平增长率。
- 失业率——经济中正在找工作的失业人员所占的比例。
- 通货膨胀率——经济中商品的平均价格随时间变化的增长率。

美国经济的基本数据在表 1-1 中列出。为了清楚地认识这些数据，第 1 列给出了美国在 1990～2007 年的产出增长率、失业率以及通货膨胀率的平均值，这是危机前的年份；第 2 列给出的是这三个值在危机中即 2008～2009 年的数据；第 3 列给出了 2010～2014 年的数据；最后一列给出了 2015 年（更准确地说是 2015 年秋对 2015 年全年的预测）的数据。

表 1-1　1990～2015 年，美国的产出增长率、失业率和通货膨胀率　　　　（%）

	1990～2007 年（平均）	2008～2009 年（平均）	2010～2014 年（平均）	2015 年
产出增长率	3.0	-1.5	2.2	2.5
失业率	5.4	7.5	8.0	5.4
通货膨胀率	2.3	1.4	1.6	0.7

注：产出增长率指的是产出（GDP）的年增长率。失业率按年进行平均。通货膨胀率是价格水平的年变化率（GDP 平减指数）。

资料来源：IMF，*World Economic Outlook*，July 2015.

通过考察 2015 年的数据，你可能会明白经济学家在这一点上对美国经济的理性乐观。2015 年预测的产出增长率为 2.5%，仅仅比 1990～2007 的平均值略低一些。失业率在危机过程中上升（2010 年达到 10%），随后下降到 5.4%，目前回到 1990～2007 年的平均水平。通货膨胀率也低，大幅低于 1990～2007 年的平均值。总之，美国经济似乎还是有不错的外形，把危机的影响抛到了后面。

然而，并不是所有事情都很好，为了使需求能够维持经济增长，美联储不得不维持很低的利率。事实上，安慰经济的利率太低了，生产率的增长非常缓慢，这意味着未来的增长不是一流的。让我们依次来考察这两者。

低利率与零利率下限

当危机开始的时候，美联储为了限制支出水平的下降，下调其所控制的利率，即联邦基金利率，如图 1-4 所示，联邦基金的利率从 2007 年 7 月的 5.2% 下降到 2008 年的接近于零（精确地说是 0.16%）。

为什么美联储把利率停在零？因为利率不能为负，否则没有人愿意持有债券，而只愿意持有货币，因为现金支付零利率。在宏观经济中，这个约束称为零利率下限，这也是美联储在 2008 年年底运行的一个下限。

利率的快速下降，使消费者借入资金以及厂商的投资成本都相当低，很显然，这限制了需求的下降以及产出水平的下降。但是，

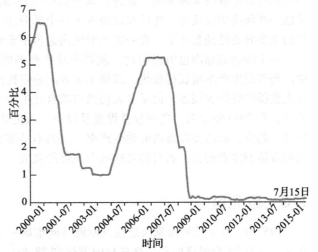

图 1-4　2000 年以来美国联邦基金利率

资料来源：Haver Analytics.

正如我们先前在表 1-1 里看到的，利率的下降并不足以阻止经济的深度衰退。在 2008 年与 2009 年，美国的经济增长皆为负，为了帮助经济增长的复苏，美联储让利率保持在接近零的水平上，并且一直持续到 2015 年秋。当你读本书时，美联储可能正开始计划提高利率，也很可能已经把利率提上来了，但是与历史标准相比，利率仍然处在一个较低的水平。

为什么说低利率是一个潜在的议题？有两个方面的原因。一是低利率制约了美联储未来面对负面冲击的能力。如果利率维持在零或接近于零的水平，当市场需求进一步下降，美联储就没有政策手段来增加需求。二是低利率导致投资人冒更多的风险，因为这时持有债券的回报很低，投资人要想提高回报，就必须冒更多风险。冒更多风险会最终导致金融危机，正如我们所经历过的。我们并不希望过去的金融危机卷土重来。

低劳动生产率的增长是如何令人担忧的

尽管美联储担忧如何来维持足够的市场需求使经济在短期内有所增长，然而，经济的长期增长是由其他因素决定的，最主要的一个因素就是劳动生产率的增长，如果劳动生产率不增长，就不可能实现人均收入水平的持续提高。这里的消息令人担忧，表 1-2 中显示了美国私人部门以及制造业部门自 1990 年以来，十年期的平均劳动生产率的增长率。21 世纪 10 年代劳动生产率的增长率只有 20 世纪 90 年代的一半。

表 1-2 劳动生产率的增长（十年期）　　　　　　　　　　　　　　（%）

	20 世纪 90 年代	21 世纪前 10 年	2010~2014 年
非农商业部门	2.0	2.6	1.2
商业部门	2.1	2.6	1.2
制造业	4.0	3.1	2.4

资料来源：Haver Analytics.

这又是如何令人担忧的呢？劳动生产率的增长在不同的年代大不相同，一些经济学家认为也许是由于某些年度较差，因此没有必要担忧。另外一些经济学家认为存在测度方面的问题，测度产出水平的增长是困难的，而劳动生产率也许被低估了。比如，你如何测度一款新的智能手机相对其老款的实际价值？也许新款手机的价格很高，但比老款手机的功能更强大。然而，其他一些经济学家认为，美国经济进入了一个低劳动生产率增长的时期，从信息技术创新中获得的主要好处已经都有了，在一定的时间内进步不会很快了。

一个特别的原因也值得担忧，就是劳动生产率的增长下降发生在经济增长的不平等过程中。当劳动生产率增长得很快，即使不平等问题变得严重，大多数人也都能获得好处。穷人比富人获得的好处少很多，但是穷人仍然追求自己生活水平的提高。但今天的美国已经不是这样的了，自 2000 年以来，高中教育程度及以下工人的收入实际上下降了，如果政策制定者想逆转这一趋势，就需要在提高劳动生产率、制约不平等方面或者两方面同时做出努力。对美国今天的政策制定者而言，面对的是这两个主要的挑战。

1.3　欧元区

1957 年，6 个欧洲国家决定建立欧洲共同市场——人员和商品自由流动的经济区域。自那以来，又有 22 个国家加入，总参与国家达到 28 个⊖。这就是如今众所周知的**欧盟**（European Union），简称 EU。

⊖ 2018 年 6 月，英国女王批准英国脱欧，允许英国退出欧盟。英国脱欧后，欧盟成员国为 27 个国家。

1999年,欧盟决定向前更进一步,用一种货币来取代很多国家的货币,称之为欧元。一开始只有11个国家参加,此后又有8个国家加入,也有一些国家没有加入,至少在一定时期内不可能加入。加入的成员国的官方名字为**欧元区**(Euro area)。这些国家有步骤地向这一目标过度。1999年1月1日,11个国家固定了各自的货币对欧元的比价,比如1欧元等于6.56法国法郎,等于166西班牙比塞塔。从1999年到2002年,各国用自己的货币与欧元同时标价,这一时期欧元还不是通货。从2002年开始,欧元的纸币与硬币代替了各个国家的货币,19个国家属于统一的货币共同区。

从图1-5中可以看出,欧元区也是一个强大的经济体,它的产出水平非常接近美国的水平,生活水平也不落后(欧盟总体上的产出水平超过美国)。然而,表1-3也说明它做得并不是很好。

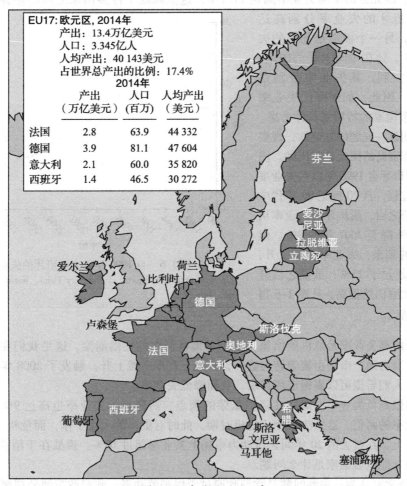

图1-5 欧元区,2014年

表1-3 欧元区的产出增长率、失业率与通货膨胀率,1990~2015年　　　　(%)

	1990~2007年(平均)	2008~2009年(平均)	2010~2014年(平均)	2015年
产出增长率	2.1	-2.0	0.7	1.5
失业率	9.4	8.6	11.1	11.1
通货膨胀率	2.1	1.5	1.0	1.1

注:产出增长率指的是产出(GDP)的年增长率。失业率按年进行平均。通货膨胀率是价格水平的年变化率(GDP平减指数)。

资料来源:IMF, *World Economic Outlook*, July 2015.

正如在 2008～2009 年严重的危机时期，美国的经济增长为负，但随后美国经济复苏了，而欧元区的经济增长还是缺乏活力，2010～2014 年的经济增长率接近于零（事实上，其中两年为负）；即使在 2015 年，预测增长率也仅为 1.5%，低于美国的经济增长率，也低于危机前其自身的平均水平。从 2007 年开始，欧元区的失业率飙升，一度站上 11.1% 的高度，接近美国的两倍水平，通货膨胀率低，低于欧洲中央银行（ECB）的目标。

欧元区今天面临两个主要的问题：一是如何降低失业率；二是**统一货币区**（Common Currency area）是否以及如何能有效地发挥其功能。我们依次来讨论这两个问题。

欧盟能否降低其失业率

2015 年，欧元区的平均失业率高达 11.1%，这里隐藏了许多国家之间的差异，一个极端是希腊与西班牙的失业率分别高达 25% 和 23%，另一个极端是德国的失业率不足 5%。处在中间水平的国家，如法国与意大利，其失业率分别是 10% 和 12%。因此，如何降低失业率需要根据每个国家的特质来具体考虑。

为了说明这一问题的复杂性，观察一个失业率特别高的国家是有用的。图 1-6 给出了西班牙自 1990 年以来失业率的显著变化过程，自 20 世纪 90 年代中期的长期繁荣之后，西班牙的失业率从 1994 年的 25% 降至 2007 年的 9%。但是随着危机的到来，失业率快速上升，到 2013 年，超过了 25%，虽说之后开始下降，但比率仍然很高。从图 1-6 得出以下两个结论。

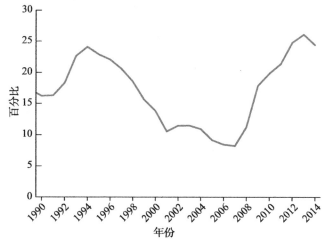

图 1-6　自 1990 年以来西班牙的失业率

资料来源：International Monetary Fund, *World Economic Outlook*, July 2015.

- 今天的高失业率是危机的结果，是由于市场需求的突然崩溃，这是我们在 1.1 节讨论的。当房地产市场由繁荣转为破产，再加上利率突然上升，触发了 2008 年失业率的上升。人们希望可以提振市场需求，从而降低失业率。
- 如何做到低失业率？即使在经济繁荣的顶点，西班牙的失业率也高达 9%，接近美国失业率的两倍。这意味着相比危机时期，此时有更多的人在工作，而危机时需求下降。事实上，在过去的 20 年间，劳动力市场上失业率超过 10%。挑战在于精确说明在西班牙与其他欧盟国家是什么问题。

一些经济学家认为，主要问题是欧洲政府过于保护劳动者。政府政策使公司解雇员工的成本高昂以避免工人失业。结果之一便是从一开始就阻碍了公司雇用工人，增加了失业人员数量。政府提供过高的失业保险金保护失业人员，这恰恰使失业人员寻找工作的动力下降，这也增加了失业人员数量。经济学家认为，欧洲政府不应该给予失业人员过多保护，应该消除劳动市场刚性，并采取美国式的劳动力市场制度。这正是英国在大力执行的政策，而英国的失业率也随之下降了。

其他经济学家持怀疑态度，他们指出一个事实，欧洲的失业率不是到处都高。许多国家都为工人提供保护以及大量的社会保险。这也表明问题不在于其保护的程度而在于实施的方式。经济学家所讨论的是，挑战在于理解低失业率国家做了什么正确的事，它们所做的事是否能让其他国家借鉴。今天，解决这些问题是欧洲宏观经济学家和政策制定者所必须完成的主要任务之一。

欧元能为其使用国做什么

欧元的支持者首当其冲指出了欧元的巨大象征性意义。还有什么比统一货币更能证明过去欧洲国家间纷繁战争的历史已经一去不复返了？他们还指出了使用统一货币的经济优势：欧洲的企业再也不用担心各国的汇率波动了，在欧洲各国旅行时再也不必兑换货币了。欧洲各国消除了彼此间的贸易障碍，它们认为，贸易无障碍以及欧元的使用有助于形成世界上即使不是最大，也是巨大的经济力量。毫无疑问，欧元的诞生是21世纪初世界经济的主要事件之一。

然而，其他经济学家担心欧元的象征性意义会带来大量的经济成本。在危机出现之前他们指出，统一货币意味着欧元区国家间统一的货币政策，也意味着这些国家之间有统一的利率。倘若一个国家的经济陷入衰退，而另一个国家正处于经济繁荣，该怎么办？前者需要低利率来增加支出和产出，而后者需要高利率来放缓经济增长。如果所有国家的利率必须一致，那会发生什么？岂不是有可能一个国家将长时间处于衰退，或者另一个国家无法放缓经济增长速度？统一货币也意味着欧元区国家之间失去了汇率调整的工具。他们在讨论时发现一个问题，倘若一个国家有巨大的贸易赤字，需要有竞争力，这时应该怎么办？如果它不能调整汇率，只能相对其竞争者而言降低价格，那这很可能是痛苦且长期的过程。

到欧元危机为止，所有讨论在某种程度上都是抽象的，现在可不是这样了。危机导致很多使用国（如从爱尔兰、葡萄牙到希腊）的经济陷入深度的衰退当中。如果它们有自己的货币，就可以相对其他使用国来贬值自己的货币，以提高其出口产品的需求。现在是它们与邻国拥有同样的货币，无法做到这一点。因此，一些经济学家得出结论，即它们应该脱离欧元区，恢复其对自己的货币政策与汇率制度的控制。另外一些经济学家认为，退出对于大家来说都是不明智的，这将放弃作为欧元区国家的优势，会导致极端破裂发生；对于退出的国家来说，甚至会导致深层次的问题。这些议题很可能成为未来的一个热点话题。

1.4 中国

中国天天被新闻报道，逐渐成为世界主要经济体的一分子。高关注度是否合乎情理？数据告诉我们未必。确实，中国庞大的人口是美国的4倍有余，但是用美元表示的产出（即中国的产出值乘以美元兑人民币汇率）仅有10.4万亿美元，大约是美国的60%。人均产出仅为7 600美元，大约为美国人均产出的15%。

为什么中国受到这么多关注？主要有以下两个原因。

我们首先看看人均产出。比较美国和中国的人均产出时，我们必须注意到中国的低物价。例如，纽约餐馆一顿普通的饭菜得花20美元，在北京大约是25元人民币，按当前汇率大约为4美元。也就是说，同样的收入（用美元表示）在北京能买到的物品比在纽约多得多。比较两国的生活水平，我们要先用购买力平价（PPP）方法来剔除物价差异，中国的人均产出大约为12 100美元，约为美国的1/4，这就能更好地统计中国的生活水平。显然，中国的生活水平较之美国和其他发达国家要低一些。

其次也是更重要的是，中国30多年以来一直发展飞速，这可以从表1-4中看出。表1-4列出了类似前面美国、欧元区在1990~2007年、2008~2009年、2010~2014年以及2015年的预期产出增长率、失业率、通货膨胀率。

表1-4 中国的产出增长率、失业率和通货膨胀率，1990~2015年 （%）

	1990~2007年（平均）	2008~2009年（平均）	2010~2014年（平均）	2015年
产出增长率	10.2	9.4	8.6	6.8
失业率	3.3	4.3	4.1	4.1
通货膨胀率	5.9	3.7	4.2	1.2

注：产出增长率指的是产出（GDP）的年增长率。失业率按年进行平均。通货膨胀率是价格水平的年变化率（GDP平减指数）。

资料来源：IMF, *World Economic Outlook*, July 2015.

表1-4的第一行数据告诉我们一些基本的故事。自1990年以来（事实上还可以向前追溯10年，从1980年开始），中国的年经济增长率接近10%，这意味着每7年总量会增加一倍。用这个数据与先前美国与欧元区的数据比较，你会明白为什么新兴经济体在世界经济中的权重增加很快，原因就是中国是其中的主要部分。

表1-4中有两个有趣的方面，第一个是从数据中可以看出危机的影响是多么不同，经济增长在2008~2009年几乎没有什么下降，失业率几乎没有什么上升。原因不是中国脱离了这个世界，危机期间中国的出口量也下降了，但是从市场需求的角度来看，中国政府的主要财政扩张，特别是公共投资的扩张，补偿了其市场需求下降。结果就是需求持续增长，产出水平也持续增长。

第二个是产出增长率从危机前的约10%下降到危机后的约9%，且预测2015年到达6.8%。这就产生了如下问题：中国如何长期维持这么高的增长率，或中国是否已经进入了一个较低的增长时期。

中国的产出增长率确实很高，那么高增长从何而来？显然来自两方面。首先是资本的高积累。中国的投资率（投资占总产出的比率）为48%，这是个很高的比率，相比之下，美国只有19%，高投资意味着高生产。其次是科技的飞速发展。中国政府采取措施鼓励外国企业来华投资生产。由于外国企业的生产率一般比中国企业高，这就提高了生产率和产出水平。同时，这些措施鼓励了中外合资，中国企业同外国企业一起工作，向它们学习，使得企业的生产率大幅度提高。

如此说来，实现高生产率和高产出增长好像很容易，每个贫困国家都能够如法炮制。但事实上，还有其他不易被观察到的方面。众多国家曾试图从计划经济向市场经济转变，但只有中国成功了，包括苏联和中欧国家在内的大多数国家在转变过程中产量大幅度下降，大部分国家的产出增长率远低于中国。这些国家的贪污腐败以及不完善的产权制度使外商不愿意投资。那么为什么中国进展得很顺利呢？经济学家对此也不确定。一些经济学家认为是进度稍缓的转变的结果：中国的改革于1980年首先发生在农村，而直到现在，许多企业仍是国家所有。其他人则认为中国共产党执政有利于经济改革，至少对于企业来说，这能鼓励它们投资。找到这些问题的答案，了解贫穷国家可以从中国借鉴的经验，不仅对中国，对世界上其他国家也是很重要的。

同时，近期经济增长率降低提出了一个新的问题：降低的原因是什么？中国政府应当维持高增长率还是接受低增长率？事实上，许多经济学家以及中国自己的权威专家都认为低速增长是令人满意的，如果投资率下降，意味着产出中的一大部分进入了消费，中国民众得到了更好的供应。今天，中国政府面临的就是经济转型的挑战，即从投资向消费转型。

1.5 展望未来

以下内容总结了我们的世界之旅。我们还有必要看看世界上的很多其他地区。

- 印度，另一个发展中大国，人口达到 11 亿[⊖]。同中国一样，印度现在飞速发展。2006年，印度的产出增长率为 9.2%。
- 日本，第二次世界大战后的 40 年经济增长表现奇佳，被认为是经济奇迹。但在过去 20 年，少有发达国家经济表现差劲，日本却是其中之一。20 世纪 90 年代早期股市崩盘，日本陷入长时间的经济衰退，平均年产出增长率不到 1%。
- 拉丁美洲，在 20 世纪 90 年代，经历了高通货膨胀到低通货膨胀的历程。一些国家如智利，似乎经济好转了，而另一些国家如阿根廷，经济不见起色。20 世纪初，汇率暴跌、惨重的银行危机使产出大幅下降。自那以后，经济开始复苏。
- 中东欧，20 世纪 90 年代初期，很多国家从计划经济体制向市场经济体制转变。大多数国家在转变初期产出急剧下降。如今大部分国家都维持着高增长率，但少数国家的产出仍低于体制转变前。
- 非洲，经历了数十年的经济停滞，但 2000 年出现了高增长，2006 年达到 5.4%，反映了大多数非洲国家的经济增长。

你在第 1 章能学到的知识有限。思考以下前面已经提过的问题。

- 大的议题由危机触发：什么引起危机？为什么危机很快从美国向世界传播？回顾一下，是否能够或应当阻止危机的传播。货币与财政的反应是否恰当？为什么欧洲的复苏比较慢？中国如何在危机时维持经济的高增长？
- 货币政策与财政政策能否避免经济的衰退？利率达到零边界时会产生多少问题？加入统一货币区，如欧元区，赞成与反对意见是什么？采取什么样的方法才能使欧洲降低持久性的高失业率？
- 为什么国家之间的增长率差异很大，甚至在很长的时期内如此。其他国家能否尽力赶上中国，并以同样的速度增长？中国应当减速吗？

本书的目的就是告诉你思考这些问题的方法。当介绍你所需的方法时，我将回到这些问题并给出经济学家的答案，以此来告诉你如何使用这些方法。

关键术语

European Union（EU） 欧盟
Euro area 欧元区
common currency area 统一货币区

习 题

快速测试

1. 运用本章的信息，判断下面的说法是正确、错误还是不确定，并简要解释。
   a. 发达国家与新兴经济体和发展中国家一样，2009 年经济增长率为负。
   b. 2009 年之后，世界经济增长已经复苏到衰退前的水平。
   c. 世界范围的股价在 2007～2010 年下跌，然后复苏到衰退前的水平。
   d. 英国的失业率比欧洲其他国家低很多。
   e. 欧洲的高失业率始于主要的欧洲国家统一

[⊖] 此处原书疑有误。——编者注

货币。
   f. 美联储降低利率以避免经济衰退，提高利率以放缓经济发展速度。
   g. 欧元区、美国以及中国的人均产出水平不同。
   h. 在 2009~2015 年，美国利率是或接近于零。
2. 欧洲宏观政策。

深入研究

3. 过去 20 年来，中国的经济增长在世界范围内都是相当杰出的。
   a. 在 2014 年，美国的经济产出为 17.4 万亿美元，中国是 10.4 万亿美元。假定从现在开始，中国的年增长率为 6.5%，美国的年增长率为 2.2%，这是文中所说的 2010~2014 年的水平。利用这些假定，应用电子表格来计算并画出自 2014 年起两国经济在未来 100 年的产出，需要多少年这两个国家的产出水平相等？
   b. 当中国的产出总量与美国相等时，中国居民的生活水平是否与美国居民的生活水平一样？请说明原因。
   c. 另外一个词——生活水平，就是人均产出水平，在过去 20 年中国是如何提高其人均产出水平的？这个方法适用于美国吗？
   d. 你认为中国在提高生活水平（人均产出水平）方面的实践能否成为世界上其他发展中国家学习的经验？

进一步探究

5. 美国在第二次世界大战后经济衰退。
   这个问题回顾了美国 40 年的衰退。为了回答这个问题，首先从网站（www.bea.gov）上获取 1960 年至现在每年美国产出增长的季度数据。Table 1.1.1 给出了实际 GDP 的数据，数据可以下载到电子表格中，绘出 1960 年至现在美国的季度增长率（1960 年为 1）。有没有哪个季度是负增长？对衰退的标准定义是两个或两个以上连续的季度出现负增长，运用这一定义，回答以下问题。
   a. 自 1960 年第二季度以来，美国经历了多少次经济衰退？
   b. 每一次衰退持续了几个季度？
   c. 就持续时间和规模来说，哪两次衰退最为

注意别用过于简单的答案来回答复杂的问题。思考下面的说法，并解释是否有其他可能的情形。
   a. 减少劳动力市场刚性这一简单的措施就能解决欧洲的高失业率问题。
   b. 欧盟国家协力采用统一货币可能带来什么问题？欧元明显有利于欧洲。

4. 这一章的内容把人均产出增长率看成美国所面临的主要问题，2015 年的《总统经济报告》中有一张标题为"劳动生产率与相关数据"的表格（Table B-16），你可以下载这张表格。
   a. 你会发现描述每个小时非农业部门工人的产出水平那一列，数值是指数形式的，2009 年为 100。计算 2009~2010 年每小时工人产出水平的增长率。这些数值说明了什么？
   b. 使用电子表格按十年期来计算每小时工人平均产出水平的增长，即 1970~1979 年、1980~1989 年、1990~1999 年、2000~2009 年和 2010~2014 年。比较过去十年劳动生产率的增长与前面十年的情况。
   c. 你也许能够找到最近的《总统经济报告》，如果这样，更新对工人每小时平均产出水平增长率的估计，包括 2014 年的数据，有证据说明劳动生产率在增长吗？

严重？

6. 继续第 5 题，写下六个典型衰退开始的季度。找到联邦储备银行圣路易斯分行月度系列的数据库，这个数据库是周期性调整过的失业率数据。检索自 1969 年至最新的月度失业率数据，确保所有数据都是周期性调整过的。
   a. 观察 1969 年以来的每次经济衰退。出现负增长的第一个季度的第一个月的失业率是多少？出现负增长的最后一个季度的最后一个月的失业率是多少？失业率增加了多少？
   b. 在哪一次衰退中，失业率增加的比率最多？从产出水平下降的那个季度的第一个月开始，到下一次衰退来临，最高的失业率水平是多少？

补充阅读

紧跟现行议题的最好方法就是阅读《经济学人》杂志，这是一本周刊杂志，英国伦敦出版。其中的文章包含最新消息，写得非常好，妙趣横生并富有观点。

附　录

怎样找数据

假使你要找德国过去五年的通货膨胀数据，在过去50年，你会向德国人学习，找到一个存有德国刊物的图书馆，找到有通货膨胀数据的页面，手工记录下来并在干净的纸上画成图形。今天的数据已经大大改进了，人们开发了计算机与电子数据库，通过网络很方便就能完成这样的任务。这个附录旨在告诉你如何找到你要找的数据，譬如去年马来西亚的通货膨胀率、1959年美国的消费总量，抑或是20世纪80年代爱尔兰的失业率。很多情况下，数据都可以下载到电子表格中进行进一步的处理。

快速找到当前的数据

- 大部分国家的产出、失业、通货膨胀、汇率、利率和股价的最近数据的最好资料莫过于每周出版的《经济学人》，其网址为www.economist.com。这个网站同大部分网站相似，既有免费信息又有只限于订阅者才能阅读的信息。订阅《经济学人》杂志的同时会附赠该网站12周的阅读权限，这能让你得到所有数据以及文章。
- 关于美国经济近期数据的另一个好的资源是联邦储备银行圣路易斯分行每月出版的 *National Economic Trends*（http://research.stlouisfed.org/datatrends/net/）。

美国经济的更多资讯

- 要找最近数据的详细解读，可以翻阅美国商务部和经济分析局联合出版的月刊 *Survey of Current Business*（www.bea.gov）。1996年4月的 *Survey of Current Business* 上刊登了经济分析局制定的用户数据使用手册，记载了可利用资料的格式和价格。
- 每年由经济顾问委员会撰写、美国政府印刷局（华盛顿）出版发行的《总统经济报告》阐明了当前的经济运行状况，包含了20世纪50年代以来的主要宏观变量数值。《总统经济报告》以及数据表格可以在www.gpoaccess.gov/eop/上找到。
- 国民收入账户的标准参考可在 *National Income and Product Accounts of the United States* 中找到，卷1（1929～1958年）、卷2（1959～1994年）是由美国商务部和经济分析局出版的（www.bea.gov）。
- 方方面面的数据资料，包括经济方面，可查阅美国商务部统计局的年度出版物 *Statistical Abstract of the United States*（www.census.gov/prod/www/statistical/abstract.html）。

其他国家的数据

经济合作与发展组织（简称经合组织，OECD）的网站（www.oecd.org）囊括了大部分发达国家的数据。经合组织的三本常用出版物在网站上有电子版本。

- *OECD Economic Outlook*（半年刊）除了描述当前宏观经济问题与发展之外，还收录了众多宏观经济变量数据。这些数据一般追溯到了20世纪80年代，并且在时间和国家方面具有连续性。
- *OECD Employment Outlook*（年刊）主要记载劳动市场的问题和数据。
- 偶尔，经合组织会收集当前和过去的数据出版一系列的OECD历史数据统计。

国际货币基金组织（IMF，位于华盛顿）的出版物的优势在于覆盖了世界大部分国家（www.imf.org）。对于我们来说，最有用的莫过于其出版的 *World Economic Outlook*。这本两年发行一次的刊物刊登了世界经济以及一些特定成员方的主要发展。与"经济展望"有关的系列在 IMF 网站上可查询得到（ww.imf.org/external/data/html）。

历史统计资料

美国长期的历史统计资料，可查阅由美国商务部和人口普查局出版的 *Historical Statistics of the United States，Colonial Times to 1970* 的第一部分和第二部分（www.census.gov/prod/www/abs/statab.html）。

有些国家的长期历史资料，可查阅安格斯·麦迪森的 *Monitoring the World Economy，1820~1992*，由经合组织（巴黎）的发展研究中心于 1995 年出版。这本书包含了 1820 年以来 56 个国家的资料。其他两本时间跨度更长、范围更广泛的是经合组织的发展研究中心于 2001 年出版的 *The World Economy：A Millenial Perspective* 以及安格斯·麦迪森著作的由经合组织的发展研究中心于 2004 年出版的 *The World Economy：Historical Statistics*。

当前宏观经济问题

许多网站提供每日宏观经济问题的信息和评述。除了以上提到的《经济学人》网站以外，其他常用网站有：

摩根士丹利网站（www.morganstanly.com/views/index/html），上面有每日宏观经济评论。

研究公司 RGEmonitor 的网站（www.rgemonitor.com），提供了大量关于宏观经济问题的文章及讨论的链接，但是需要有阅读权限才能阅读。

最后，如果你仍未找到答案，请浏览位于 SUNY，由 Bill Goffe 运营的网站（www.rfe.org），该网站不仅有丰富的数据资源，而且包含大量其他经济信息，如研究报告、数据、笑话、招聘信息、博客等。

第 2 章 本书概览

产出、失业、通货膨胀等词经常出现在报纸和晚间新闻中,所以第1章用到这些词时,你们大体上知道我在说什么。在本章的前三节,我们给出这些概念精确的经济学定义。

2.1 关注总产出。
2.2 考察失业率。
2.3 考察通货膨胀率。
2.4 介绍这三个变量之间的两个重要关系:奥肯定律和菲利普斯曲线。
2.5 介绍三个中心概念,围绕这三个概念来组织全书。

- 短期——年度与年度经济中所发生的事。
- 中期——十年左右经济中所发生的事。
- 长期——半个世纪或者更长时间经济中所发生的事。

2.6 在上述三个概念的基础之上,给出本书的路线图。

2.1 总产出

在 19 世纪或大萧条期间，经济学家研究经济并没有总体的宏观方法体系（aggregate 是宏观经济学家用于衡量整体的一个词）可以利用。他们根据零碎的信息，如铁矿砂的运量、零售商店的销售额，来判断经济形势。

第二次世界大战结束时，经济学家通过**国民收入和产出账户**（national income and product accounts，简称国民收入账户）来描述经济。从 1947 年 10 月开始，美国定期公布总产出数据。（更早的总产出数据，是通过追溯法得出的。）

和其他核算体系一样，国民收入账户首先要对概念进行界定，然后构建与概念相一致的衡量方法。你去看看那些还没有建立起核算体系的国家统计数字，就能体会到精确和一致有多么重要。没有这些账户，原本应该加总的数据没有加总，要想知道经济形势，就像试图平衡别人的支票本一样困难。这里不会太详细地讲解国民收入账户（以免增加学习负担），但因为需要知道各变量的含义，以及各变量之间的相互关系，书末的附录 A 给出了美国目前使用的基本会计框架（其他国家可能稍微有所不同），你在查阅数据时就会觉得很管用。

GDP：生产和收入

在国民收入账户中，对**总产出**（aggregate output）的度量叫**国内生产总值**（gross domestic product，GDP）。GDP 是如何得来的，我们看一个简单的例子，考察一个经济体只有两个企业的情况。

- 企业 1 生产钢材，需要雇用工人和使用机器。企业 1 生产的钢材以 100 美元的价格卖给企业 2，支付 80 美元的工资，得到 20 美元利润。
- 企业 2 购买钢材，雇用工人生产汽车，汽车的销售收入是 200 美元，其中 100 美元用于购买钢材，70 美元用于支付工资，剩下的 30 美元即为利润。

我们可以将这些信息归纳在下表中：

钢铁公司（企业 1）（单位：美元）		汽车公司（企业 2）（单位：美元）	
销售收入	100	销售收入	200
支出	80	支出	170
应付薪酬	80	应付薪酬	70
		原材料	100
利润	20	利润	30

总产出是不是钢材销售的 100 美元加上汽车销售的 200 美元，共 300 美元，即这个经济体所有产品价值的加总呢？是不是汽车的价值，即 200 美元？

有些人认为答案是 200 美元，为什么呢？因为上例中的钢材是用于生产汽车的**中间产品**

哈佛大学的西蒙·库兹涅茨（Simon Kuznets）和剑桥大学的理查德·斯通（Richard Stone），提出了国民收入和产出账户，这需要很多思考钻研以及经验累积。他们因此获得了诺贝尔经济学奖。

你可能会遇到另一个词：国民生产总值，简称 GNP。"国内"和"国民"、GDP 和 GNP 之间有微小的差别，这一点我们将在第 18 章讨论（书末的附录 A 也会涉及）。这里我们暂时不考虑。

现实中，生产钢材不仅需要工人和机器，还需要电力、铁、铁矿等，为了使例子简单些，我们忽略这些。

（intermediate goods），如果我们计算汽车的价值，就没有必要再计算使用在汽车中的那些材料的价值了。

这就有了 GDP 的第一个定义。

1. GDP 是某时期经济中生产的最终产品和服务的价值

这里的关键词是"最终"二字，我们只需要计算**最终产品**（final goods），不用计算中间产品。对于上述那个例子，我们可以换个角度来理解，假设两个企业合并了，那样，在新企业中，钢材的销售就不用再计算，新企业的账户如下。

> 中间产品是用于生产其他产品的产品，有些东西既可以是中间产品，也可以是最终产品。如果土豆直接卖给消费者，它就是最终产品；如果用于生产薯片，它就是中间产品。你还能想出其他例子来吗？

钢铁和汽车公司（单位：美元）	
销售收入	200
支出（薪酬）	150
利润	50

我们看到的全部便是一个企业销售了 200 美元的车，支付了 80 + 70 = 150 美元的工资，获得了 20 + 30 = 50 美元的利润。可以看出，总产出是 200 美元这个结果没有变。在衡量总产出时，我们不必考虑企业是否决定合并。

第一个定义给出了一种我们计算 GDP 的方法：把全部最终产品加总起来——这确实是将 GDP 数据汇总的大体方式。这个定义暗示我们还可以从另一个角度考虑和计算 GDP。

2. GDP 是某时期经济中增加值的总和

增加值（value added），顾名思义，是指一个企业产品的价值减去在生产过程中使用的中间产品的价值。

在上述两个企业的例子中，钢铁公司没有使用中间产品，它增加的价值就是钢材的价值，即 100 美元。然而，汽车公司使用了钢材作为中间产品，因此，它的增加值等于汽车的价值减去它所使用的钢材的价值，即 200 − 100 = 100 美元。因而，这个经济体总的增加值或 GDP 等于 100 + 100 = 200 美元。（需要说明的是，如果两个企业合并成一个企业，总的增加值仍然是相同的。在这种情况下，我们根本不用考虑中间产品，因为在单个企业中，钢材生产出来无须交换便用于生产汽车，单个企业的增加值直接等于车的价值，即 200 美元。）

这个定义给了我们另一种方式思考 GDP。总而言之，两种定义说明：最终产品和服务的价值——GDP 的第一个定义，也可以看成经济中所有企业增加值的总和——GDP 的第二个定义。

我们已经从产出的角度考察了 GDP，考察 GDP 的另一个角度是收入。回到前面的那个例子，企业购买了中间产品后收入还剩下多少：一部分用于支付工人的工资——工资收入，剩下的归企业所有——资本收益或利润。

在钢铁公司的 100 美元增加值中，80 美元给了工人（工资收入），剩下的 20 美元归企业（资本收益）。在汽车公司的 100 美元增加值中，70 美元是工资收入，30 美元形成了资本收益。对于整个经济体来说，工资收入为 150 美元（= 80 美元 + 70 美元），资本收益为 50 美元（= 20 美元 + 30 美元），总的增加值等于工资收入与资本收益之和，即 200 美元（= 150 美元 + 50 美元）。

> 在这个例子中，劳动力的份额是 75%。在发达国家中，劳动力的份额事实上处在 60~75%。这就形成了 GDP 的第三个定义。

3. GDP 是某时期经济中的收入之和

总结：我们可以从三个不同角度来考察总产出——GDP，但结果一样。

- 从产出方面——GDP等于某时期经济中最终产品和服务的价值。
- 也是从产出方面——GDP是某时期经济中增加值的总和。
- 从收入方面——GDP是某时期经济中收入的总和。

名义GDP和实际GDP

2014年美国的GDP为174 000亿美元，1960年为5 430亿美元，那么美国2014年的产出是1960年的32倍吗？显然不是。这主要是物价水平大幅度提高而不是实际产量的增加。因此，需要区分名义GDP和实际GDP。

名义GDP（nominal GDP）是最终产品的数量乘以当前的价格。这里我们可以看到某时期名义GDP的增长有两个原因：

- 该时期大部分商品产量的增加。
- 该时期大部分商品价格的提升。

如果我们的目标是衡量一定时期内产品的产量及其变化，那么我们需要剔除价格提升对GDP的影响。这就是为什么**实际GDP**（real GDP）定义为最终产品的总量乘以不变价格（不是当前价格）。

如果经济体中只生产一种最终产品，比如某种汽车，那么构造实际GDP就很容易，我们可以用给定年份的价格乘以每年汽车的生产量。举个例子，假设一个经济体只生产汽车，并假设每年的车型都是一样的。以下给出了连续3年汽车的生产数量和价格。

> GDP测度的是总产出，从生产方面可以观察（总的产出水平），或者从收入方面观察（总的收入），但是总的产出与总的收入是相等的。
>
> 警惕：人们常常用nominal来表示少量，而经济学家用它来表示现行的价格。它并不表示少量，因为GDP数字典型的量级都是用十亿或万亿来标识的。
>
> 你也许会有疑问，为什么我们会选择这三个特殊的年份，当我们观察了美国的实际数据之后再来解释。

年份	汽车数量 （辆）	汽车价格 （美元）	名义GDP （美元）	实际GDP（以2009年的价格） （美元）
2008	10	20 000	200 000	240 000
2009	12	24 000	288 000	288 000
2010	13	26 000	338 000	312 000

名义GDP等于汽车的数量乘以价格，从2008年的200 000美元上升到2009年的288 000美元，增长了44%，又从2009年的288 000美元增长到2010年的338 000美元，增长了16%。

- 为了计算实际GDP，我们需要用共同价格乘以每年汽车生产的数量。假设我们以2009年的汽车价格作为基准价格，这个方法实际上给出了以2000年的价格衡量的实际GDP。
- 计算得出，2008年的实际GDP（以2009年的价格）等于10辆×24 000美元/辆 = 240 000美元。2009年的实际GDP（以2009年的价格）等于12辆×24 000美元/辆 = 288 000美元，和2009年的名义GDP相同。2010年的实际GDP（以2009年的价格）等于13辆×24 000美元/辆 = 312 000美元。因此，实际GDP从2008年的240 000美元上升到2009年的288 000美元——20%的增长，从2009年的288 000美元上升到2010年的312 000美元——8%的增长。
- 计算实际GDP时，如果我们用2010年的汽车价格，而不是2009年的价格，结果会有什么不同？显然，每年的实际GDP水平会有差异（因为2010年的价格和2009年的不同），但是每年的经济变

> 计算以2010年美元衡量的实际GDP以及2008~2009年、2009~2010年的增长率。

化率是一样的。

实体经济中，计算实际GDP的难点在于有很多种最终产品。实际GDP是所有最终产品产出的加权平均值，这又给我们带来了一个新的难题——权重应该是多少。

可以把产品的相对价格看作理想的权重。如果某产品一单位的成本是另一种产品的2倍，那么，在计算实际GDP时也应该算为2倍。但这引出来一个问题：通常价格会变动，如果相对价格随时间变动该怎么处理？是选择特定年份的相对价格作为权重呢，还是随着时间改变权重？本章的附录会有这个问题的进一步讨论和美国实际GDP的计算方式。在这里，你需要明白衡量实际GDP的美国国民收入账户反映了相对价格及其变化。这种衡量方法称为**以环比价格（2009）计量的实际GDP**〔real GDP in chained (2009) dollars〕,（这里的年份"2009"是因为在上一个例子中，我们计算出的2009年的实际GDP等于名义GDP）。这是对美国经济的最好度量，其变化说明了美国产出如何随着时间而增长。

这里用2009年的价格来测算，2009年称为基年，基年可能是变化的，阅读时请看清楚时间。

假如实际GDP以2000年而不是2009年的价格衡量，实际GDP和名义GDP在图中哪里相交？

图2-1给出了1960年以来名义GDP和实际GDP的变化。两者在2009年是相等的。图2-1表明，2014年的实际GDP是1960年的5.1倍——这是一个很大幅度的增长。但很明显，这比同期名义GDP增长的32倍小得多。两种结果的差异是因为同期价格水平的增长。

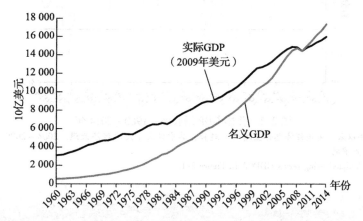

图2-1　美国1960年以来的名义GDP和实际GDP

注：从1960年到2014年，美国的名义GDP增长了32倍，实际GDP只增长了5.1倍。
资料来源：Series GDPCA, GDPA: Federal Reserve Economic Data (FRED) http://research.stlouisfed.org/fred2/.

名义GDP和实际GDP有很多同义词，下面的表示方法我们可能会在其他地方碰到。

- 名义GDP又叫**美元GDP**（dollar GDP）或**当前美元GDP**（GDP in current dollars）。
- 实际GDP又称**实物GDP**（GDP in terms of goods）、**不变美元GDP**（GDP in constant dollars）、**通货膨胀调整后的GDP**（GDP adjusted for inflation）或**以2009年美元计价的GDP**（GDP in 2009 dollars）——正如在图2-1中将2009年美国的实际GDP和名义GDP表示成一样的。
- 如果没有特别说明，GDP指的是实际GDP，用Y_t表示t年的实际GDP。名义GDP以及以当前美元衡量的数据，将在前面加上一个美元符号——$\$Y_t$表示的是$t$年的名义GDP。

GDP：水平与增长率

到目前为止，我们关注的是实际 GDP（这是很重要的经济概念），它用于衡量一个国家的经济规模。一个国家的 GDP 是另一个国家的两倍说明它的经济规模是另一个国家的两倍。同样重要的概念是**人均 GDP**（real GDP for person）水平，它是一个国家实际 GDP 与人口的比率，揭示了一国的平均生活水平。

> 注意！比较两国的人均 GDP 时要考虑其他因素：回顾我们在第 1 章中讨论的中国生活水平。第 10 章中会进一步说明。

为了衡量每年的经济，经济学家关注的是实际 GDP 的增长率——**GDP 增长**（GDP growth）。GDP 正增长的时期称为**扩张期**（expansion），而 GDP 负增长时期称为**衰退期**（recession）。

图 2-2 给出了 1960 年以来美国 GDP 增长的变化。在 t 年，GDP 的增长等于 $(Y_t - Y_{t-1})/Y_{t-1}$。从图 2-2 中可以看出，美国经济经历了一段时间的扩张以及短暂的衰退。你可以看到危机的影响，2008 年美国经济是零增长，2009 年是负增长。

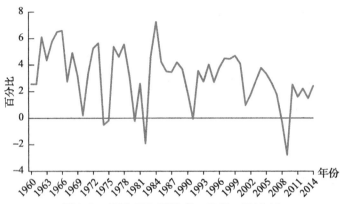

图 2-2　美国 GDP 增长率：1960～2014 年

注：自 1960 年以来，美国经济总体呈增长的趋势，其中经历了几次经济衰退。2008～2009 年的衰退是 1960 年以来最为严重的。

资料来源：Calculated using series GDPCA in Figure 2-1.

问题聚焦　　实际 GDP、技术进步和计算机的价格

计算实际 GDP 时的一大难题是，商品质量会变化。计算机就是个让人头疼的、不断变化的商品，如果假设 2007 年的个人计算机和 1981 年（这一年推出了 IBM 个人计算机）生产的个人计算机一样好，这明显很荒谬。同样的钱在 2007 年能买到的计算机台数肯定要比 1981 年多。但是，多多少呢？一台 2007 年的计算机能提供的计算机服务是 1981 年的多少倍，10 倍、100 倍还是 1 000 倍？应该怎样计算计算机在运行速度上的进步、内存以及硬盘的大小？现在的计算机还能接入互联网等诸多因素在计算时都要加以考虑。

经济学家衡量这些进步的方法是去计算机市场，看看某一年不同性能的计算机的价格。例如，假设通过比较运行速度为 4GHz（4 000MHz）和 3GHz 的计算机的价格，可以看出消费者愿意多花 10% 的钱来买一台运行速度为 4GHz 的计算机。（本书在 1996 年第一次出版，那时比较的两台计算机的运行速度是 50MHz 和 16MHz，这是技术进步的一个好兆头。）假设今年新计算机的运行速度是 4GHz，而去年新计算机的速度是 3GHz，再假设今年新计算机以美元计价的价格和去年的相同，那么，负责调整计算机价格的经济学家就能得出今年的计算机价格比去年便宜10%。

这个方法认为，商品提供了一些集中的性能，这里表现为速度、内存等，每种性能都有一个隐含价格，被称为**特征定价**（hedonic pricing，hedone 在希腊语里是快乐的意思）。美国商务部用这种方法来计算实际 GDP，来计算复杂的、更新速度快的商品价格的变动，如汽车和计算机。在既定价格条件下，美国商务部用这种方法

估计出 1981 年以来，新计算机的质量价格每年提高 18%。换句话说，一台典型的计算机在 2015 年所提供的运算服务是 1995 年的 $1.18^{21} = 32$ 倍。

现在的计算机不仅性能越来越强大，而且价格也越来越便宜：自 1995 年以来，计算机的价格每年降低 7%，这意味着计算机的质量调整价格平均每年以 18% + 7% = 25% 的速度下降。换言之，今天 1 美元买的计算机运算服务是 1995 年的 $1.25^{21} = 108$ 倍。

2.2 失业率

GDP 是对总的经济活动的衡量，很显然是宏观经济学中最重要的变量，而其他两个变量——失业和通货膨胀能告诉我们经济业绩的其他重要方面。这一节我们聚焦在失业率上。

我们从两个定义开始，**就业**（employment）是有工作的人的数量，**失业**（unemployment）是没有工作但正在找工作的人的数量，**劳动力人数**（labor force）就是就业人数与失业人数之和。

$$L（劳动力人数）= N（就业人数）+ U（失业人数）$$

失业率（unemployment rate）是失业人数与劳动力人数的比率。

$$u = U/L$$

失业率 = 失业人数/劳动力人数

计算失业率可不是你想象的那么简单。在左侧的漫画中，我们看不出某人是否就业，也界定不出某人是否失业了。根据失业的定义，一个人被界定为失业，必须符合两个条件：一是没有工作，二是正在找工作。其中，第二个条件很难把握。

Non Sequitur ⓒ2006 Wiley Ink, Inc. Distributed by Universal Uclick. Reprinted with permission. All rights reserved.

直到 20 世纪 40 年代的美国和最近的大部分国家，唯一能用的关于失业的数据就是在失业部门登记的数据，只有登记过失业的工人才被失业部门认定为失业者。这个系统造成失业统计上的缺憾，有多少正在找工作的人在失业部门登记过，这在不同的国家和时期是变化不定的。那些没有动力去登记的人，比如对失业救济不感兴趣的人就不愿意花时间去失业部门登记，这些人失业就没有被计算进去。那些失业救助系统不健全的国家，可能只有很少的人去登记，因而失业率会被低估。

现在，大多数发达国家通过大量的家庭调查来统计失业率。在美国，这一调查称为**当前人口调查**（current population survey，CPS）。每月访问 60 000 个家庭，如果被访者有工作，那么调查就将其归为就业类；如果被访者没有工作，并且在过去的四个星期里都在寻找工作，那么调查就将其归为失业类。大多数其他国家使用类似的失业定义。在美国，根据 CPS 的估算，在 2015 年 7 月，平均有 148.9

> 选择 60 000 个家庭作为美国有代表性的样本，因此，样本是对总人口很好的估计。

百万人就业，8.3百万人失业。因而失业率为8.3/(148.9+8.3)=5.3%。

注意，只有那些正在找工作的人被计算在失业人数内，而那些没有工作也没有找工作的人就算在**非劳动人口**（not in the labor force）中。当失业率高的时候，有些失业者没有去找工作，因而就没有算作失业人口。这些人被称为**失去信心的工人**（discouraged workers）。举个极端的例子，如果没有工作的人都不找工作，那么失业率为零，这使失业率不能很好地反映劳动力市场的情况。这个例子太极端了，在现实中，当经济放缓，我们通常看到的是失业人数和退出劳动力的人数都在增加。同样地，较高的失业率总是和较低的**劳动参与率**（participation rate）相联系，此处的劳动参与率是指劳动力人数和处于工作年龄的总人数的比率。

图2-3给出了1960年以来美国失业率的变动情况。自1960年以来，美国的失业率在3%~10%徘徊，在衰退期间走高，在经济增长期间降低。你可以看到最近危机的影响，失业率在2010年达到峰值10%，是20世纪80年代以来的最高水平。

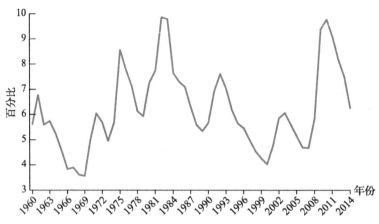

图2-3 美国的失业率，1960~2014年

注：自1960年以来，美国的失业率在3%~10%波动。经济衰退时失业率上升，经济扩张时失业率下降。最近危机的影响很明显，失业率在2010年达到10%，是20世纪80年代以来的最高水平。

资料来源：Organization for Economic Co-operation and Development, Unemployment Rate：Aged 15-64：All Persons for the United States©[LRUN64TTUSA156N], retrieved from FRED, Federal Reserve Bank of St. Louis https://research.stlouisfed.org/fred2/series/LRUN64TTUSA156N/, January 13, 2016.

为什么经济学家关注失业

经济学家关注失业有两方面原因。首先是失业直接影响失业者的福利。尽管现在的失业救济金比大萧条时多了很多，但失业者还是经常面临资金和心理方面的困扰，困扰的程度取决于失业的性质。失业的一种景象就像一潭死水——人们长期处于失业状态中。当然，通常这不是美国的情况。在美国，每个月都有很多人失业，也有失业者找到工作。然而，当失业率上升到目前的5.3%，这不需要想象，它变得更加精确。这不仅仅是许多人失业，而且会失业很长时间，比如，在2000~2007年，平均失业的期限为16周，而到了2011年，失业的期限增加到40周。现在已经下降了，但在写本书的时候仍然维持在30周。总之，当失业增加时，失业分布不仅广泛，而且对失业者而言将变得更加痛苦。

这样描述有可能使经济学被认为是一门沉闷的学科。

其次，经济学家关注失业率是因为失业率是一个信号，说明经济中有些资源没有得到充分利用。失业率高，很多工人想工作却找不到，说明没有有效利用人力资源。由此来看，过低的失业率是否也存在问题呢？回答是肯定的，就像一台速度过快的发动机，失业率过低说明有可能过度使用了人力资源,从而导致劳动力短缺。多低才算"过低"?这是个难题,我们现在来看这个难题。2000年年末,美国出现低失业率。2000年年末,一些经济学家担心当时4%的失业率过低,但他们没有鼓吹制造衰退,而是通过一段时间降低产出使失业率上升到一个较高的水平。事实证明,他们得到了超过他们所想要的:一个衰退,而不是增速减缓。

问题聚焦　　　　失业与快乐

失业是如何导致痛苦的?要回答这样的问题,人们需要一些信息,特别是个体的信息,即他们失去工作时快乐的变化。这些信息可以从德国社会经济固定样本的调查中获得,这个调查从1984年开始,每年跟踪11 000个家庭,调查每个家庭成员的就业状态、收入和他们的快乐程度。关于快乐这一特别的问题,用如下的方法获得:作为整体性的生活,你对现状是否满意?答案在0~10中选择,0代表完全不满意,10代表完全满意。

失业对快乐的影响如图1所示来进行规定。图1描述了失业个体平均的生活满意度,他们失业期限测度的是失业一年以内、失业之前的四年与失业之后的四年。图中横坐标中的0指失业的年份,−1~−4指失业前的1~4年,1~4指失业之后的1~4年。

从图1中我们可以得出三个结论。第一个也是主要的结论就是失业导致快乐大大减少,为了使你对多少有个感觉,另外一项研究发现,这种快乐的减少大约相当于离婚或分手所带来的快乐下降。第二,快乐的减少事实上在实际的失业之前就有一段日子了。这意味着工人在越来越有可能失业或越来越不喜欢工作时,快乐就已经开始减少了。第三,快乐在失业之后的四年时间内并没有完全恢复,这就是说,失业会产生持久性的损害,要么是因为失业本身的经历,要么是因为新的工作不如曾经的工作令人满意。

在考虑如何应对失业时,我们必须清楚失业是通过什么通道使快乐减少的。这方面的一个重要发现就是,快乐的减少在很大程度上不依赖于慷慨的失业救济金。换句话说,失业影响快乐不仅是通过财务通道,更重要的是通过心理的通道来影响的。这里引用诺贝尔经济学奖获得者乔治·阿克尔洛夫的话:没有工作的人失去的不仅仅是收入,更重要的是作为人失去了期望实现自己抱负的感觉。

资料来源:材料,特别是图来自 Rainer Winkelman 的 "Unemployment and Happiness",*IZA world and labor*, 2014: 94, pp 1-9。

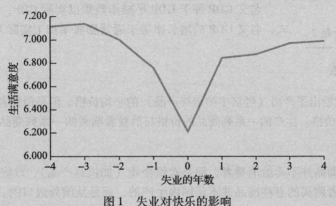

图1　失业对快乐的影响

资料来源:Winkelmann 2014.

2.3 通货膨胀率

通货膨胀（inflation）是价格总水平（或**价格水平**，price level）持续上涨的现象。**通货膨胀率**（inflation rate）是指价格水平上涨的比率。相应地，**通货紧缩**（deflation）是指物价水平持续下降的现象，对应的是负的通货膨胀率。

现实问题是如何定义价格水平。宏观经济学家通常看两种价格水平的衡量，即两个价格指数：GDP 平减指数和消费者物价指数。

GDP 平减指数

我们之前看到了名义 GDP 如何增长：或者是实际 GDP 的增长，或者是价格水平的增长。换句话说，如果我们发现名义 GDP 增长的速度超过了实际 GDP，那么两者的差额肯定源于价格的增长。

这句话道出了 GDP 平减指数的定义。t 年的 **GDP 平减指数**（GDP deflator）P_t 是 t 年的名义 GDP 与实际 GDP 之比：

$$P_t = t\text{ 年的名义 GDP}/t\text{ 年的实际 GDP} = \$Y_t/Y_t$$

注意，名义 GDP 等于实际 GDP 的那一年（在美国，2009 年就是这一年），这个定义说明那一年平减指数等于 1。GDP 平减指数也被称为一种**指数数字**（index number），这一点值得重视。这个水平的选择比较随意（这里就是选择 2009 年平减指数等于 1），也没有什么经济含义，但是它的变化率——$(P_t - P_{t-1})/P_{t-1}$ 有明确的经济含义：它给出了一定时期大体价格水平的增长——通货膨胀率。

用 GDP 平减指数定义价格水平的一个好处是，它暗示了名义 GDP、实际 GDP 和 GDP 平减指数的简单关系。为了明白这一点，我们调整前面那个公式得到：

$$\$Y_t = P_t Y_t$$

名义 GDP 等于 GDP 平减指数乘以实际 GDP，或者变动比率的形式，名义 GDP 的增长率等于通货膨胀率加上实际 GDP 的增长率。

> 通货紧缩少有发生，美国在 20 世纪 30 年代的大萧条期间持续通货紧缩（看第 9 章的问题聚焦）。在 20 世纪 90 年代末，日本也发生了通货紧缩。最近，欧元区发生了短期的通货紧缩。

> 指数数字通常等于 100（基准年）而不是 1，如果你看《总统经济报告》（参考第 1 章），你会发现 Table 3 的 GDP 平减指数在 2009 年（基准年）等于 100，2010 年等于 102.5，依此类推。

> 利用 2.1 节中汽车的例子，计算 GDP 平减指数，以及 2008～2009 年、2009～2010 年的通货膨胀率，实际 GDP 以 2009 年汽车价格作为一般价格水平。

> 见书末附录 B 的命题 7。

消费者物价指数

GDP 平减指数给出了产出（经济中的最终产品）的平均价格。但是消费者关心的是他们消费的那些商品的平均价格。生产的一系列商品的价格与消费者购买的一系列商品的价格并不需要相等。原因有二：

- 一是有些商品并不卖给消费者，而是卖给企业（如机器产品）、政府或者用于出口。
- 二是消费者购买的有些商品并不是国内生产的，而是从国外进口的。

为了衡量平均消费价格或**生活成本**（cost of living），宏观经济学家用另一个指数：**消费者**

物价指数（consumer price index，CPI）。这个指数从 1917 年就开始出现，每个月发布一次。（GDP 和 GDP 平减指数每个季度发布一次。）

CPI 衡量一段时间清单上商品和服务的价格。清单是根据消费者的花费制定的，代表普通城市消费者的一揽子消费，并且每隔 2 年进行更新。

每月，美国劳工统计局（BLS）的工作人员为了了解清单上的商品的价格有什么变化，会去走访商店，这些价格是从 38 个城市的 211 种商品收集而来，用于构建 CPI。

与 GDP 平减指数（价格水平和总产出、GDP 联系紧密）类似，CPI 也是个指数，在基期，它被设置为 100，而且它的大小并不重要。现在的基期是 1982~1984 年，因而在此期间的平均水平为 100。2014 年的 CPI 为 236.7，这说明在 2014 年大约要花两倍多 1982~1984 年的钱来购买相同数量的产品。

你可能想知道用 GDP 平减指数和 CPI 衡量的通货膨胀有什么不同。图 2-4 给出了答案，描述了美国从 1960 年以来的两种通货膨胀率。我们可以得出两个结论。

> 不要将 CPI 和 PPI 混淆，PPI 是生产者物价指数，它是制造业、采矿业、农业、渔业和电器业在国内生产的产品的价格指数。

> 不要问为什么会选择这么特别的时间作为基期，没有人能够记得。

- 大多数时候，CPI 和 GDP 平减指数是同向移动的，大部分年份两者的差异不超过 1%。
- 第一个结论在图 2-4 中不是完全适用。在 1979~1980 年，CPI 的增速明显高于 GDP 平减指数，但很难找出其中的原因。GDP 平减指数用来衡量美国生产的产品的价格水平，而 CPI 衡量美国消费的产品的价格水平，这就意味着当美国进口产品的价格增速高于国内生产的产品的价格增速时，CPI 就上升得比 GDP 平减指数要快。那时候，石油的价格上涨了一倍，尽管美国也生产石油，但是远远不够消费，因而美国仍然是个大的石油进口国。结果便是 CPI 比 GDP 平减指数的增速高了很多。

> 你也许会有疑问，为什么 2014 年下半年油价下降了 50%，CPI 并没有像 GDP 平减指数一样大幅度下降。尽管 2014 年下半年 CPI 为负，但是上半年为正，前者对后者进行补偿之后，年度数据就显示不出来了。

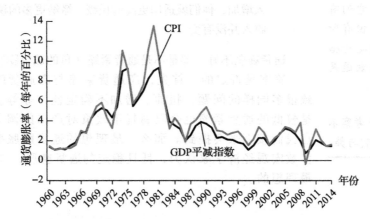

图 2-4　美国 1960~2014 年的通货膨胀率（用 CPI 和 GDP 平减指数度量）
注：分别用 CPI 和 GDP 平减指数衡量的通货膨胀率，差别不大。
资料来源：Calculated using series USAGDPDEFAISMEI，CPALTT01USA659N Federal Reserve Economic Data（FRED）http://research.stlouisfed.org/fred2/.

本文假设两个指数同时变化，不特别区分 CPI 和 GDP 平减指数，将之简单称作价格水平，并用 P_t 表示。

为什么经济学家关注通货膨胀

如果价格和工资同比例增长，导致通货膨胀率较高，这样的情况叫纯通货膨胀，对经济不会造成太大影响，因为相对价格不会受到影响。

拿工人实际工资（用商品而不是美元形式衡量的工资）的例子来说。假设经济存在 10% 的通货膨胀，那么价格每年会上涨 10%，但是工资每年也增加了 10%，最终，通货膨胀对实际工资没有什么影响。但通货膨胀也不是完全没有影响，人们在做决定时，必须使价格的上涨和工资的增加保持同步。这可能是个小小的负担，在制定宏观经济政策时，几乎没有理由把调控通货膨胀率作为主要目标。

为什么经济学家还关心通货膨胀呢？这是因为现实中根本没有纯通货膨胀。

这种情况在美国被称为税级攀升，即税级通常和通货膨胀一起调整，如果通货膨胀率为 5%，那么税级上升 5%——换句话说，这时根本不存在税级攀升。对比而言，在意大利，20 世纪 70 年代后半期，通货膨胀率平均达 17%，税级的攀升导致收入税率上升了 9%。

报纸有的时候会混淆通货紧缩和衰退，它们有可能同时出现，但有所不同。通货紧缩是价格水平的下降，而衰退是实际产出的减少。

我们将在第 23 章考察不同通货膨胀率的利与弊。

- 通货膨胀期间，并非所有价格和工资都同比例变动，在这样的情况下，通货膨胀就开始影响收入分配。比如，许多国家的退休工人的退休金跟不上价格水平的变化，当发生通货膨胀时，他们的损失就要比其他群体高。但在美国不一样，社会保障福利随着 CPI 的上涨而自动进行调整，避免了通货膨胀对退休人员的影响。20 世纪 90 年代，俄罗斯发生了非常严重的通货膨胀，但退休金没有随通货膨胀的上升而变化，最后很多退休工人处于饥饿的边缘。
- 通货膨胀还导致了其他方面的扭曲。相对价格的变化导致了更多的不确定性，使企业的决策（如投资决策）变得越来越难。有些价格由于受法律法规的限制，滞后于其他价格，导致相对价格发生变动。税收在与通货膨胀的相互作用过程中也会发生扭曲，如果税级不随着通货膨胀进行调整，扭曲就会发生。发生通货膨胀时，人们的名义收入增加，他们就适用更高的税级，缴纳更多的税收，尽管实际收入并没有变。

通货膨胀不好，那是不是通货紧缩（负的通货膨胀）就好？

答案是否定的。首先，高通货紧缩与高通货膨胀一样会导致很多同样的问题：扭曲、增加不确定性，等等。其次，即使是较低的通货紧缩也会限制货币政策对产出的调节作用，这一点我们接下来会提到。那么，最理想的通货膨胀率是多少？大多数宏观经济学家认为，低且稳定的通货膨胀，在 1%～4% 是最理想的。

2.4 产出、失业与通货膨胀率：奥肯定律与菲利普斯曲线

我们已经考察了总量经济行为的三个维度：产出的增长、失业率与通货膨胀率。很显然，它们都不是独立的，在本书中，我们花费了一定的笔墨来考察它们之间关系的细节，这里先做一个了解。

奥肯定律

直觉上，如果产出的增长率比较高，失业率将会下降，事实也是如此。第一次检验这个关系的人是美国经济学家阿瑟·奥肯，也正是由于这个原因，我们称之为奥肯定律。图2-5的纵轴代表失业率，横轴代表产出增长率，这些点是美国自1960年以来的数据。图2-5中的线均匀穿过了这些点，从图2-5中的线可以得出两个结论。

- 线是向下倾斜的，非常好地拟合了点云，用经济学的术语来说，更高的产出增长导致了失业率的下降，这两个变量之间有紧密的关系。线的斜率为-0.4，意味着平均而言，经济增长1%使失业率下降0.4%，这也是在经济衰退中失业率上升，在经济扩张中失业率下降的原因。这两者之间的关系简单且非常重要，即要使失业率下降，必须有足够高的经济增长。

- 这条线与横轴相交时，产出增长率为3%。用经济学术语来说，当经济增长率为3%时，失业率为一个常数。这有两个原因，一是人口或者说劳动力在增加，就业在不断增加，失业率不变。二是每个工人的产出水平在增加，这意味着产出的增长比就业的增长快。比如，假定劳动力增长1%，每个工人的产出增长2%，那产出必须增长3%（=1%+2%）才能使失业率不变。

阿瑟·奥肯是20世纪60年代约翰·肯尼迪总统的经济顾问。当然，这个定律是一个经验规律。

图2-5是把一个变量映射到另一个变量上，称为散点图。图中的线称为回归线，有关回归线的内容参见书末附录C。

近年来，失业率处在一个常数水平，经济增长率处在较低的水平，大约是2.5%，这再一次反映了劳动生产率（每个工人产出的增长率）的下降，在第1章中讨论过。

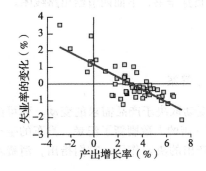

图2-5　美国失业率与产出增长率的变化，1960～2014年

注：产出增长率比通常高，失业率下降，反之，产出增长率比通常低，失业率就会上升。

资料来源：Series GDPCA, GDPA: Federal Reserve Economic Data (FRED) http://research.stlouisfed.org/fred2/.

菲利普斯曲线

奥肯定律意味着经济的强劲增长才足以让失业率降到一个低的水平。从直觉上，当失业率很低时，经济增长很可能过热了，这会导致通货膨胀有向上的压力。在很大程度上这是真实的。这两者之间的关系是在1958年由新西兰的经济学家A. W. 菲利普斯首先探索到的，成为著名的菲利普斯曲线。他画出了通货膨胀率与失业率之间的关系。从此，菲利普斯曲线被重新定义成通货膨胀率与失业率之间的变化关系。图2-6的纵轴代表通货膨胀率的变化（用CPI来测度），横轴代表失业率的变化，图中的线是对点云的最好拟合，这些点是美国自1960年以来的数据。从图2-6我们可以得出两个结论。

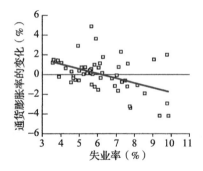

图2-6 美国通货膨胀率与失业率的变化，1960~2014年

注：较低的失业率导致高通货膨胀率，高的失业率使通货膨胀率下降。

资料来源：Series GDPCA, GDPA；Federal Reserve Economic Data (FRED) http://research.stlouisfed.org/fred2/.

我们在第8章将会看到，菲利普斯曲线中的关系包含了时间变量，图2-6不能反应时间变量，这也解释了为什么它拟合得不如奥肯定律。

- 线是向下倾斜的，尽管这条线拟合得不如奥肯定律，但从平均水平来看，高失业率导致通货膨胀率下降，低失业率导致通货膨胀率上升。这只在平均水平上成立。有时，高失业率与高通货膨胀率相联系。

- 这条线与横轴相交的地方失业率大约是6%，当失业率低于6%时，通货膨胀率通常上升，经济显得过热，经济运行在潜在的能力之上。当失业率高于6%时，通货膨胀率通常下降，经济在其潜在能力之下运行。当然，这两者之间的关系不是很紧密，当经济过热时，失业率不会被精确地牵制。这也是为什么很多经济学家认为要把失业率维持在低水平（4%或5%），而另外一些经济学家认为这可能是危险的，会导致过热以及高通货膨胀率。

很清楚，成功的经济就是使经济高增长，同时失业率与通货膨胀率都比较低。这些目标能同时达到吗？低失业率能组合低且稳定的通货膨胀率吗？政策制定者是否有工具来保持经济持续增长，且通货膨胀率与失业率都比较低？这些问题将贯穿全书，下面两节给出路线图。

2.5 短期、中期和长期

是什么决定了经济的总产出水平？我们考虑如下三个答案。

- 我们阅读报纸时可以得到第一个答案：产出的变动取决于产品需求的变动。你可能读过这样开头的新闻：由于消费者信心激增，去4S店的人数刷新了纪录，汽车的生产和销量均高于上月。这样的故事强调了需求对总产出的决定作用，它们指出，消费者信心、利率等都会影响需求。

- 但可以肯定的是，无论有多少消费者去印度的4S店，都不可能使印度的产出水平达到美国的产出水平，这就给出了第二个答案：从供给方面看，什么对总产出来说才是最重要的。这取决于这个国家的技术有多先进，有多少资本可以使用，有多大规模的熟练工人。这些因素（不是消费者信心）是一国产出的根本性决定因素。

- 我们进一步分析前面的结果：技术、资本和熟练工人都不是给定的。一个国家的技术水平取决于创新和引进新技术的能力，资本存量的规模取决于人们的储蓄，熟练工人则取决于一国的教育水平。还有其他重要的因素：企业高效运转需要清晰的法律制度，并且需要清廉的政府去执行这些法律。这也就得出了第三个答案，产出的真正决定因素是：一国的教育系统、储蓄率和政府的素质。如果想要知道什么决定产出水平，我们就应该从这些方面进行分析。

这时，你可能会想，以上三个答案哪个是正确的。事实上，全部都正确，只是不同时期各因素的作用不同。

- 在**短期**（short run），也就是几年的时间，第一个答案是正确的。每年产出的变动主要靠需求的改变拉动，消费者信心或者其他因素的改变，可能会导致产出减少（衰退），也有可能导致产出增加（扩张）。
- 在**中期**（medium run），相当于10年，第二个答案是正确的。在中期，供给因素，即资本存量、技术水平和劳动力规模决定经济的产出水平。在10年以及更长时间中，这些因素变动得相对缓慢，因此可以假设这些因素是给定的。
- 在**长期**（long run），即几十年或者更长的时间，第三个答案是正确的。为了理解为什么中国从1980年以来能实现如此高速的经济增长，我们就必须了解为什么该国能在资本和技术水平方面取得巨大进步。因此，我们必须考察教育系统、储蓄率和政府作用三个因素。

这种对总产出的决定因素的思考方式奠定了宏观经济学的基础，也为本书的组织打下了基础。

2.6 本书概览

本书由三个部分组成：一个核心内容、三个扩展内容，扩展内容中包含深入考察宏观经济政策的作用。图2-7给出了这个组织框架，下面将对其进行详细介绍。

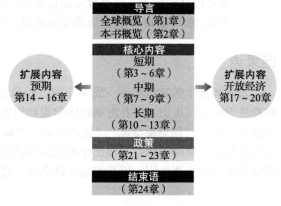

图2-7 本书内容组织框架

核心内容

核心内容包括三个部分——短期、中期和长期。

- 第3~6章考察的是短期产出的决定。为了聚焦需求的作用，我们假设企业都愿意在给定价格水平下供给任何数量的产品，换句话说，我们忽略了供给方面的限制。第3章考察了产品市场的需求是如何决定产出水平的。第4章给出了货币政策是如何决定利率的。第5章把两者放在一起考虑，需求对利率的依赖，然后给出货币政策与财政政策决定产出水平。第6章扩展了模型，引入了丰富的金融体系，用它来解释近期的危机当中发生了什么。
- 第7~9章讲的是供给侧，考察中期的产出是如何决定的。第7章介绍劳动力市场。第8章建立在劳动力市场上，得出通货膨胀与失业之间的关系。第9章将上述所有内容放在一起考虑，给出短期与中期产出水平、失业率与通货膨胀率的决定因素。
- 第10~13章关注长期。第10章通过考察不同国家和不同时期的产出增长来衡量长期中产出的决定因素。第11章和第12章讨论资本积累和技术进步这两者是如何决定经济增长的。第13章考察技术进步、工资、失业与不平等的相互作用。

扩展内容

本书的主要章节介绍了如何研究短期、中期和长期中产出（失业和通货膨胀）的影响因素，同时遗漏了一些因素，我们将从以下三个方面来补充。

- 忽略了预期的作用，预期在宏观经济学中起着关键作用。几乎所有经济决策——是否买车、是否买债券或股票、是否建新厂，都取决于对未来收入、利润、利率等的预期。财政政策和货币政策不仅通过预期起直接作用，而且还通过预期对消费者和投资者的预期产生影响。第14~16章阐述了预期以及预期对财政政策和货币政策的影响。
- 把经济看成封闭的经济体，忽略了与其他国家和地区的相互作用。现实中，各经济渐渐走向开放，进行货物、服务和金融资产方面的贸易，各国的依存度越来越高。第17~20章的主要内容是贸易依存度的性质及财政政策和货币政策的影响。

回到政策

本书几乎所有章节都在讨论货币政策和财政政策，读者在读完本书的主要章节和补充内容后，再去回顾这些内容，将受益匪浅。

- 第21章关注政策普遍存在的问题：宏观经济学家是否充分了解政策作为经济中的稳定器对经济的影响，以及政策制定者能否正确制定和有效执行政策。
- 第22章和第23章回到货币政策和财政政策的作用上。

结束语

宏观经济学的知识不是一成不变的，而是在不停地发展。最后一章，第24章，讲的是宏观经济学的近代历史，以及宏观经济学家如何确信他们现在确信的理论。从整体上来看，宏观经济学分成了"凯恩斯学派""货币学派""新古典主义学派""供给学派"等，这些学派经常发生争论。实际的研究过程比你看到的和谐得多。因此，在本书结尾处，我会总结我认为的经济学家间的主要区别，以及宏观经济学家一致认可的理论。

本章概要

- 我们可以用三种等价的方式来思考衡量GDP/总产出：①GDP是指在某时期经济中生产的最终产品和服务的价值；②GDP是指某时期经济中的增加值的总和；③GDP是某时期经济中收入的总和。
- 名义GDP是最终产品和服务的数量分别乘以当前价格之和。这说明，名义GDP的变化同时反映了商品数量的变化和价格的变化。实际GDP用于衡量产出，它的变动只反映数量的变动。
- 如果一个人没有工作并在找工作，那么就将其归为失业者。失业率是失业人数与劳动力人数的比率。劳动力人数是失业人口与就业人口之和。
- 经济学家之所以关注失业是因为一方面它反映了人力成本，另一方面它可以用于判断经济是否有效利用资源：高失业率意味着经济没有有效利用人力资源。
- 通货膨胀是价格总水平上涨的现象。通货膨胀率是价格水平上涨的比率。宏观经济学家考察两种价格水平：GDP平减指数——生产的产品的平均价格和CPI——居民消费商品的平均价格。
- 通货膨胀导致收入分配的变化，会产生扭曲以及增加不确定性。
- 宏观经济学家区分短期（几年）、中期（十年）和长期（几十年甚至更长）。短期的产出由需求决定；在中期则由技术水平、资本存量和劳动力决定；在长期由教育、研发、储蓄和政府素质决定。

关键术语

national income and product accounts　国民收入和产出账户
aggregate output　总产出
gross domestic product（GDP）　国内生产总值
gross national product（GNP）　国民生产总值
intermediate goods　中间产品
final goods　最终产品
value added　增加值
nominal GDP　名义 GDP
real GDP　实际 GDP
real GDP in chained（2009）dollars　以环比价格计量的实际 GDP
dollar GDP、GDP in current dollars　美元 GDP、当前美元 GDP
GDP in terms of goods、GDP in constant dollars、GDP adjusted for inflation、GDP in 2009 dollars　实物 GDP、不变美元 GDP、通货膨胀调整后的 GDP、以 2009 年美元计价的 GDP
real GDP for person　人均 GDP
GDP growth　GDP 增长
expansion　扩张

recession　衰退
hedonic pricing　特征定价
employment　就业
unemployment　失业
labor force　劳动力人数
unemployment rate　失业率
current population survey（CPS）　当前人口调查
not in the labor force　非劳动力
discouraged workers　失去信心的工人
participation rate　参与率
inflation　通货膨胀
price level　价格水平
inflation rate　通货膨胀率
deflation　通货紧缩
GDP deflator　GDP 平减指数
index number　指数数字
cost of living　生活成本
consumer price index（CPI）　消费者物价指数
short run　短期
medium run　中期
long run　长期

习题

快速测试

1. 运用本章的信息，判断下面的说法是正确、错误还是不确定，并简要解释。
    a. 2014 年美国的 GDP 是 1960 年的 32 倍。
    b. 当失业率很高时，劳动参与率也很高。
    c. 扩张期间，失业率趋向于下降，衰退期间趋向于上升。
    d. 如果当前日本的 CPI 为 108，美国的为 104，那么日本的通货膨胀率要高于美国的通货膨胀率。
    e. 用 CPI 计算的通货膨胀率比用 GDP 平减指数计算的通货膨胀率好。
    f. 奥肯定律显示，当产出水平增长比通常水平低时，失业率则倾向于上升。
    g. GDP 负增长的时期称为衰退。
    h. 当经济功能正常时，失业率为零。
    i. 菲利普斯曲线是价格水平与失业率水平的关系曲线。

2. 假设你通过加总所有最终产品和服务的价值来计算美国的 GDP，说说下列交易对 GDP 的影响。
    a. 海鲜餐馆从渔民手里买了 100 美元的鱼。
    b. 一家人在海鲜餐馆吃鱼花了 100 美元。
    c. 达美航空公司向波音公司买了一架价值 200 万美元的新飞机。
    d. 希腊国家航空公司向波音公司买了一架价值 200 万美元的新飞机。
    e. 达美航空公司以 100 万美元的价格卖给詹妮弗·劳伦斯一架飞机。

3. 有一年，发生了以下经济活动。
    i. 银矿公司付给工人 200 000 美元工资去开采 75 磅⊖银，这些银以 300 000 美元的价格卖

⊖　1 磅≈0.454 千克。

ii. 为了加工银项链，珠宝商付给工人 250 000 美元的工资，珠宝商把这些项链以 1 000 000 美元的价格直接卖给消费者。

a. 根据生产的最终产品的方法，GDP 是多少？

b. 每阶段产品的价值增加值是多少？根据增加值的方法，GDP 是多少？

c. 总的工资和利润有多少？根据收入法，GDP 是多少？

4. 一个经济体生产三种商品：汽车、计算机和橘子。2009 年和 2010 年的数量和每单位的价格如下。

	2009 年		2010 年	
	数量	价格（美元）	数量	价格（美元）
汽车	10	2 000	12	3 000
计算机	4	1 000	6	500
橘子	1 000	1	1 000	1

a. 2009 年和 2010 年的名义 GDP 是多少？从 2009 年到 2010 年名义 GDP 变动的百分比是多少？

b. 用 2009 年的价格作为基准价格，则 2009 年和 2010 年的实际 GDP 是多少？从 2009 年到 2010 年实际 GDP 变动的百分比是多少？

c. 用 2010 年的价格作为基准价格，则 2009 年和 2010 年的实际 GDP 是多少？从 2009 年到 2010 年实际 GDP 变动的百分比是多少？

d. 为什么 b 题和 c 题算出来的产出增长率会不同？哪个是正确的？请解释。

5. 使用第 4 题的数据。

a. 用 2009 年的价格作为基准价格算出 2009 年和 2010 年的实际 GDP，计算 2009 年和 2010 年的 GDP 平减指数和从 2009 年到 2010 年的通货膨胀率。

b. 用 2010 年的价格作为基准价格算出 2009 年和 2010 年的实际 GDP，计算 2009 年和 2010 年的 GDP 平减指数和从 2009 年到 2010 年的通货膨胀率。

c. 为什么两个通货膨胀率会不同？哪个是正确的，为什么？

6. 使用第 4 题的数据。

⊖ 1 加仑≈3.79 升。

a. 用 2009 年和 2010 年每个产品的平均价格计算 2009 年和 2010 年的实际 GDP。

b. 从 2009 年到 2010 年实际 GDP 变动的百分比是多少？

c. 2009 年和 2010 年的 GDP 平减指数是多少？根据 GDP 平减指数，从 2009 年到 2010 年的通货膨胀率是多少？

d. 这两道题中计算通货膨胀率的方法正确吗（如，两种不同的增长率和不同的通货膨胀率，取决于使用的价格）？（答案是：正确。这个答案是基于环比平减指数的，本章的附录会有更多讨论。）

7. CPI。

CPI 代表家庭所消费的商品的平均价格。这个指数中包含数千种商品的价格，这里的消费者被看成购买食物、汽油等一揽子商品的人，他们是美国经济分析研究局的一种数据来源，这些数据构成 CPI。2008 年作为基年，收集这一年消费者所购买的商品的数量与价格。在随后的年份中只需要收集价格数据。每年代理收集商品的价格来构建价格指数，这个指数代表了两个精确对等的概念。相对于基年，当年需要多少货币才能购买相同的一揽子商品？从基年到当年，货币的购买力下降了多少？

数据：在 2008 年平均的星期中，美国经济分析研究局调查了许多消费者，测定他们一周平均购买 2 个比萨、6 加仑⊖汽油。随后年份比萨与汽油的价格见下表，价格随时间变化。

年份	比萨价格（美元）	汽油价格（美元）
2008	10	3
2009	11	3.30
2010	11.55	3.47
2011	11.55	3.50
2012	11.55	2.50
2013	11.55	3.47

a. 2008 年计算 CPI 的一揽子消费品的成本是多少？

b. 2009 年以及随后年份中，CPI 一揽子消费品的成本是多少？

c. 如果把基年2008年的CPI一揽子商品的成本设定为100，那么，2008~2013年的成本是多少？

d. 计算2009~2013年每年的通货膨胀率。你填好下面的表，发现会非常有用。

年份	CPI 2008=100	通货膨胀率
2008	100	
2009		
2010		
2011		
2012		
2013		

e. 有没有哪年的通货膨胀率为负？为什么会发生这样的事？

f. 2011年通货膨胀的来源是什么？它与2009年以及2010年的差异是什么？

g. 2008年有100美元，这100美元当年可以购买多少一揽子中的商品？如果2013年也有100美元，当年可以购买一揽子商品中的多少？货币的购买力下降了多少？在2008~2013年，相对于价格指数的变化，货币购买力是如何下降的？

h. 从2009年到2011年，比萨的价格保持不变，油价上升，消费者如何对这一变化做出反应？2012年油价下跌，这种变化对于构建CPI有什么含义？

i. 假定美国经济分析研究局在2013年测定，消费者一周平均购买2个比萨和7加仑汽油，用表格的方式来计算CPI，2013年设为100，计算过去年份的CPI。用2013年一揽子商品的价格计算2008~2013年的通货膨胀率，完成如下表格。

年份	CPI 2013=100	通货膨胀率
2008		
2009		
2010		
2011		
2012		
2013	100	

为什么通货膨胀率与d题和i题中有微小的差异？

8. 应用宏观经济关系。

a. 奥肯定律阐述了当产出增长率比通常水平高时，失业率会趋于下降。请解释一下，为什么通常产出增长率为正？

b. 在某一年中，产出增长率为2%，或者为-2%，哪一种情况下失业率上升得多？

c. 菲利普斯曲线是用来说明通货膨胀率与失业率之间的变化关系的。利用这种关系说明，当失业率为零时，通货膨胀率是上升还是下降？

d. 菲利普斯曲线被描述成一条具有负的斜率的直线，在课本中这个斜率为-0.5，从你的观点来看，如果斜率变大，比如-0.8，或者变小为-0.2，哪一种情况经济比较好？

深入研究

9. 特征定价。

作为本章中解释的第一个重点，要衡量那些性能会随着时间改变的商品的价格真正上涨了多少是困难的。对于这样的商品，任何部分的价格都有可能是由于质量的提高引起的。特征定价提供了一种计算质量调整商品的价格提高的方法。

a. 想想日常体检的例子，找一些你可能想用特征定价来衡量这种服务价格变化的原因。

现在考虑为一个孕妇进行体检，假设引进了一种新的超声法，在这种方法可用的第一年，有一半的医生提供这种新服务，剩下的一半提供以前的服务。使用新方法的花费比使用旧方法的花费高10%。

b. 以百分数的形式说明新方法的质量比旧方法提高了多少？（提示：考虑这样一个事实：一些孕妇原本可以选择提供旧方法的医生，但是她们选择了能提供新方法的医生。）

此外，现在假设新的超声法在第一年就能用，使用新方法检查的价格比去年（那时全部都使用旧方法）使用旧方法检查的价格高15%。

c. 使用新方法检查的较高价格在多大程度上反映了真实的价格上涨？有多少代表了质量的提高？换句话说，使用新方法检查的质量调整价格比去年使用旧方法检查的价格高多少？

在很多情况下，b 题和 c 题提供的信息并不实用。比如，假设新超声法引进的那一年，所有医生都采用新方法，旧方法就不再使用了。此外，继续假设新方法引进的那一年的价格比去年（那时全部都使用旧方法）使用旧方法检查的价格高 15%。因此，我们看到了检查价格上涨了 15%，但是我们知道检查的质量提高了。

d. 在这样的假设条件下，要计算体检的质量调整价格增长，还缺什么信息？即使没有这样的信息，我们能说说检查质量调整价格的增长吗？是高于 15% 还是低于 15%，为什么？

10. 实测的（measured）和真实的 GDP。

假设你用做饭的一个小时去工作，挣了额外的 12 美元，然后你花了 10 美元买了中餐。

a. 实测的 GDP 增加了多少？

b. 你认为增加的实测的 GDP 真正反映了你去工作的决定对产出的影响吗？为什么？

进一步探究

11. 比较 2001 年与 2009 年的衰退。

人们很容易从联邦储备银行圣路易斯分行获得 FRED 数据，测度实际 GDP 的序列是 GDPC1，实际 GDP 序列都是根据季度数据调整之后而得出的年度增长率（用 SAAR 表示）。失业率的月度序列为 UNRATE，你可以从这个数据库中用不同的方法下载这些序列数据。

a. 研究 1999～2001 年和 2007～2009 年实际 GDP 季度性的增长，前一次衰退的中心在 2000 年，后一次的中心在 2008 年，哪一次衰退对 GDP 增长产生负面价值？

b. 失业率是 UNRATE 序列，2001 年与 2009 年比较，哪一年的失业率更高？

c. 美国经济研究局（NBER）确定前一次衰退开始的时间是 2001 年 3 月，2001 年 11 月结束，后一次衰退始于 2007 年 12 月，终止于 2009 年 6 月。换句话说，根据 NBER，经济衰退之后开始复苏，前一次是从 2001 年 11 月，后一次是从 2009 年 6 月。给出 a 题和 b 题的答案。你认为劳动力市场恢复得有 GDP 快吗？为什么？

关于更多 NBER 衰退的数据，请登录 www.nber.org。这个网站提供了衰退的历史数据以及他们方法的一些讨论。

补充阅读

- 如果你想了解新闻报道中常常提及的宏观经济指数的定义，从招聘指数到零售销售指数，可以参考如下两个比较简单的参考资料。

  The *Guide to Economic Indicators*, by Norman Frumkin, 3rd edition, M. E. Sharpe, 4th edition, New York, 2005. *The Economist Guide to Economic Indicators*, by the staff of *The Economist*, 6th edition, Bloomberg, New York, 2007.

- 1995 年，美国参议院建立了一个研究 CPI 构成的委员会，提出了有关潜在变化的建议。委员会得出一个结论，即使用 CPI 计算通货膨胀率平均要高 1%，如果这个结论是正确的，这就意味着实际工资（名义工资除以 CPI）应当比目前所报道的每年高 1%。更多委员会的建议以及一些交流，请阅读 *Consumer Prices, the Consumer Price Index, and the Cost of Living*, by Michael Boskin et al., *Journal of Economic Perspectives*, 1998, 12(1): pp. 3-26。

- 了解构建国民收入账户的一个短故事，请阅读 *GDP: One of the Great Inventions of the 20th Century*, Survey of Current Business, January 2000, 1-9。

- 为了讨论包含测量活动的内容，请阅读 Katherine Abraham, "What We Don't Know Could Hurt Us; Some Reflections on the Measurement of Economic Activity," *Journal of Economic Perspectives*, 2005, 19(3): pp. 3-18。

- 为了明白价格水平与产出水平很难正确地测度，请阅读 "Viagra and the Wealth of Nations" by Paul Krugman, 1998（www.pkarchive.org/theory/viagra.html）。（作者 Paul Krugman 是诺贝尔奖获得者，他是《纽约时报》的专栏作家，他的专栏富有观点、有洞察力且有趣。）

附录

实际 GDP 的构造和环比指数

在本章中，我给的例子只有一种最终产品——汽车，因而构造实际 GDP 比较简单，但当有多个最终产品的时候应该怎么构造实际 GDP？附录会给你答案。

要了解经济中有许多最终产品的实际 GDP 是怎么构造的，你只需要考察存在两种最终产品的情况，两种产品的构造和成千上万种产品的构造是一样的。

假设经济中存在两种最终产品，比如酒和土豆。

- 第 0 年，生产了 10 磅土豆，1 美元/磅，5 瓶酒，2 美元/瓶。
- 第 1 年，生产了 15 磅土豆，1 美元/磅，5 瓶酒，3 美元/瓶。
- 第 0 年的名义 GDP 为 20 美元，第 1 年为 30 美元。

下表是对这些信息的总结。

第 0 年和第 1 年的名义 GDP

	第 0 年			第 1 年		
	数量	价格（美元）	总价（美元）	数量	价格（美元）	总价（美元）
土豆（磅）	10	1	10	15	1	15
酒（瓶）	5	2	10	5	3	15
名义 GDP			20	名义 GDP		30

从第 0 年到第 1 年的名义 GDP 增长率等于（30 美元 − 20 美元）/20 美元 = 50%，实际 GDP 的增长率是多少？

要答这个问题，需要对各年的实际 GDP 进行构造，构造实际 GDP 的基本要点是用同一组价格对每年产品的数量估值。

假设我们选择了第 0 年的价格，则第 0 年就称为基准年，在这样的条件下，便有以下的计算。

- 第 0 年的实际 GDP 等于当年两种产品的数量乘以当年的价格，并将两者相加，即（10×1 美元）+（5×2 美元）= 20 美元。
- 第 1 年的实际 GDP 等于当年两种产品的数量乘以当年的价格，并将两者相加，即（15×1 美元）+（5×2 美元）= 25 美元。
- 从第 0 年到第 1 年的实际 GDP 增长为（25 美元 − 20 美元）/20 美元，即 25%。

这个答案出现了一个明显的问题，我们用第 1 年或者其他年份，而不是第 0 年作为基准年。例如，我们用第 1 年作为基准年，那么：

- 第 0 年的实际 GDP 为（10×1 美元 + 5×3 美元）= 25 美元。
- 第 1 年的实际 GDP 为（15×1 美元 + 5×3 美元）= 30 美元。
- 从第 0 年到第 1 年的实际 GDP 增长率为（30 美元 − 25 美元）/25 美元，即 20%。

使用第 1 年作为基期年的结果和用第 0 年作为基准年的结果有所不同。如果是对基准年的选择影响了产出的百分比变动，那么应该选择哪一年作为基准年呢？

美国从 20 世纪 90 年代开始，也包括当今的其他许多国家，在实践中选择一个基准年并不经常变动它，比如，5 年左右。在美国，从 1991 年 12 月到 1995 年 12 月使用的基准年是 1987 年。也就是说，公布的实际 GDP 的衡量措施，如 1994 年及以前的所有年份是用 1987 年的价格进行构造的。1995 年 12 月，国民收入账户将 1992 年作为基准年，衡量以前所有年份的实际 GDP 使用 1992 年的价格重新计算。

这种实践方法在逻辑上并不吸引人。每当基准年改变，就会使用一组新的价格，所有实际 GDP 数据和过去实际 GDP 的增长数据都要重新计算。实际上，经济史每 5 年要重写一次。从 1995 年 12 月开始，美国经济分析局（BEA）——计算 GDP 数据的政府机构，使用了一种不会遇到这种难题的新的方法。

这种新方法需要 4 个步骤。

1. 用两种不同的方法构造从 t 年到 $t+1$ 年的实际 GDP 变化率。首先，使用 t 年的价格作为一组共同价格。然后，使用 $t+1$ 年的价格作为一组共同价格。

比如，2006 年到 2007 年 GDP 的变化率是这样计算的：

a. 用 2006 年的价格作为一组共同价格分别计算 2006 年和 2007 年的实际 GDP，然后计算 GDP 增长率。

b. 用 2007 年的价格作为一组共同价格分别计算 2006 年和 2007 年的实际 GDP，然后计算 GDP 增长率。

2. 构造实际 GDP 的变动率作为这两种变化率的平均值。
3. 通过链接已经构造好的每年变化率为实际 GDP 构造指数。

将任一年的指数设置为 1，写这本书的时候，这一年为 2009 年。

美国经济分析局给出的从 2009 年到 2010 年构造的变化率为 2.5%，2010 年的指数为 1 + 2.5% = 1.025。2010 年的指数等于 2009 年的指数乘以 2009 年到 2010 年的变化率，依此类推。[你可以在《总统经济报告》中 Table B3 的第 2 列发现这个指数（乘上 100）的值。通过检查会发现，2009 年的指数为 100，2010 年的为 102.6，依此类推。]

4. 用 2009 年的名义 GDP 乘上这个指数可以得到以环比 2009 年美元计量的实际 GDP。当 2009 年的指数为 1 时，意味着 2009 年的实际 GDP 等于名义 GDP。

环比是指上面所述的变动率。2009 年是指通过构造使名义 GDP 等于实际 GDP 的那一年。（你可以在《总统经济报告》中 Table B2 的第 1 列找到以环比 2009 年美元计量的实际 GDP 的值。）

这个指数比 1995 年以前所用的指数更加难构造。（为了理解上述步骤，使用以环比第 0 年美元构造上述例子中第 1 年的实际 GDP。）但这个概念显然更好。

- 使用相邻两年的价格，即两年的平均价格计算实际 GDP 是合理的。
- 因为年变化率是用两年的价格而不是任意基准年的一组价格构造的，所以，经济史不会 5 年写一次了。

（想要了解更多，浏览 www.bea.gov/scb/pd/national/nipa/1995/0795od.pdf。）

第二部分
核心内容：短期

在短期，需求决定产出水平。很多因素影响需求，从消费者的信心到国家的金融制度，以及财政政策与货币政策。

第3章 考察产品市场均衡以及产出的决定，着重描述需求、产出和收入之间的相互作用。这一章也阐述了财政政策如何影响产出水平。

第4章 考察金融市场的均衡以及利率的决定。这一章也给出了货币政策如何影响利率。

第5章 综合考察产品市场和金融市场，给出短期内如何决定产出水平与利率，也考察了财政政策与货币政策的作用。

第6章 通过引入丰富的金融系统来拓展模型，用它来解释近期的危机中发生了什么。

第 3 章

产品市场

经济学家研究每年的经济活动动态时,主要考察生产、收入与需求之间的相互关系。

- 产品需求的变化带来生产变化。
- 生产变化带来收入变化。
- 收入变化带来产品需求变化。

下面的漫画能清晰地表达这些内容。

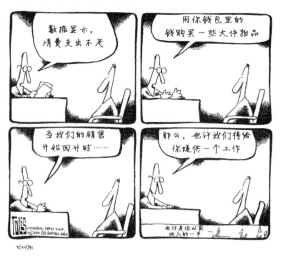

本章考察它们之间的相互关系以及相互影响。

3.1 阐述 GDP 的各个组成部分,以及产品需求的不同来源。
3.2 阐述产品需求的决定因素。
3.3 在产品需求等于产品生产的时候均衡产出如何决定。
3.4 从另一个角度,当投资等于储蓄,考虑均衡产出如何决定。
3.5 初步涉及财政政策对均衡产出的影响。

3.1 GDP 的构成

公司购买机器、消费者决定去餐馆吃饭、联邦政府购买战斗机,这些截然不同的决策取决于很多不同的因素。因此,要了解产品需求的决定因素,就有必要从正在生产的不同产品以及这些产品的不同消费者的角度来分解总产出(GDP)的构成。

> 产出和生产是同义的。没有规定说哪个更好,哪个顺口就用哪个。

宏观经济学家常用的 GDP 的各组成部分列在表 3-1 中(有更详细的定义的更加具体的版本,可以在书末的附录 A 中找到)。

表 3-1 美国 GDP 的构成,2014 年

		10 亿美元	占 GDP 的比率
	GDP(Y)	17 348	100.0
1	消费(C)	11 856	68.3
2	投资(I)	2 782	16.0
	非住宅投资	2 233	12.9
	住宅投资	549	3.1
3	政府支出(G)	3 152	18.1
4	净出口	−530	−3.1
	出口(X)	2 341	13.5
	进口(IM)	−2 871	−16.6
5	存货投资	77	0.4

资料来源:*Survey of Current Business*, July 2015, Table 1-1-5.

- 第一是**消费**(consumption,本书中用字母 C 代表),指消费者购买的商品和服务,包括从食品到机票、度假、新汽车等。消费目前是 GDP 的最大构成部分。2014 年,美国消费占 GDP 的 68%。

- 第二是**投资**(investment,用 I 表示),有时也称为**固定投资**(fixed investment),以区别存货投资(这会在稍后讨论)。投资是**非住宅投资**(nonresidential investment,即公司购买新厂房或者新机器,如漩涡机、计算机等)和**住宅投资**(residential investment,即居民购买新房屋或公寓)的总和。

  非住宅投资和住宅投资,以及随后的决策,在上文中提到过,他们有很多共同点。企业购买厂房或者机器以在将来生产产品。居民购买房屋或公寓以在将来获得住房服务。因此,可以把它们一样对待。2014 年,非住宅投资和住宅投资占到 GDP 的 16%。

  > 注意!对于大多数消费者而言,投资意味着购买黄金或者企业的股票等。这和经济学家对投资的定义是完全不同的。经济学家用投资来表示添置新的资本物品,如(新)机器、(新)建筑物和(新)房屋等。经济学家用金融投资来表示购买黄金、股票以及其他金融资产等。

- 第三是**政府支出**(government spending,用 G 表示)。政府支出指的是联邦政府、州政府和当地政府购买产品和服务。产品从飞机到办公用品不等;服务包括政府工作人员提供的服务,实际上,国民收入账户中政府购买政府工作人员提供的服务,然后向公众免费提供服务。

  注意政府支出 G 不包括**政府转移支付**(government transfers),如医疗和社会保险金,也不包括政府债务的利息支付。尽管这些很明显是政府支出,但不是购买产品或者服务。所以表 3-1 中政府产品和服务的购买少于包括保险金和利息支付的总政府支出，前者占 GDP 的 18.1%，后者在 2014 年占 GDP 的 33%，包括联邦政府、州政府与地方政府的转移支付和利息支付。

- 表 3-1 的 1、2、3 行分别列出了美国消费者、企业和政府的产品和服务的支出。为了确定美国购买的产品和服务，我们还需要完成以下两件事。

  首先，我们必须加上**出口**（exports，用 X 表示），外国购买的美国产品和服务。

  其次，我们必须减去**进口**（imports，用 IM 表示），即美国消费者、企业和政府购买的外国产品与服务。

  出口和进口的差额为**净出口**（net exports，用 $X - IM$ 表示），或者**贸易平衡**（trade balance）。如果出口大于进口，则称这个国家有**贸易盈余**（trade surplus）。如果出口少于进口，则称这个国家有**贸易赤字**（trade deficit）。2014 年，美国出口占 GDP 的 13.5%，进口占 16.6%，因此美国的贸易赤字占 GDP 的 3.1%。

> 出口 > 进口，贸易盈余；出口 < 进口，贸易赤字。

- 到此为止，我们已经大体了解了美国产品和服务的购买（销售）的各组成部分。要确定 2014 年美国的总产出，我们还要做最后一步：

  在某一特定年份，生产和销售并不需要相等。某年生产的产品可能没有在当年销售完，而在次年销售。某年销售的产品则可能在前一年已经生产出来了。某年生产产品和销售产品的差额，即生产和销售的差额，称为**存货投资**（inventory investment）。

  因为生产超过销售，所以企业积累存货，存货投资为正。如果生产少于销售，于是企业减少存货，存货投资为负。存货投资一般较少：某些年份为正，其他年份为负。2014 年，美国的存货投资为正，仅为 770 亿美元。换句话说，生产超出销售 770 亿美元。

  现在，我们已经了解了构造第一个产出决定模型所需的各要素。

> 复习一下，看看自己是否熟悉这三种生产、销售和存货投资的关系：存货投资 = 生产 - 销售；生产 = 销售 + 存货投资；销售 = 生产 - 存货投资。

3.2 产品需求

用字母 Z 表示总产出。由 3.1 节中 GDP 的构成，可以得出：

$$Z \equiv C + I + G + X - IM$$

这是**恒等式**（identity，所以用符号 ≡，而不用 =），表示总产出 Z 是消费、投资、政府支出、出口的和减去进口。

我们现在考虑 Z 的决定因素。为了简单，我们先做一些简化。

> 存货并不是需求的一部分。

> 构建模型时，往往会先假定条件。通过假定，构建的模型能简化问题。

- 假设所有企业生产同种产品，既能被消费者用来消费，又能被企业用来投资，还能被政府用来使用。有了这个（大）简化，我们仅需要考察单一产品的市场，考察市场供给和需求的决定。

- 假设企业愿意在给定价格 P 供给任意数量的产品。这能让我们只考虑需求对产出的决定作用。在后面，我们会发现这个假设仅在短期有效。当考察中期时（从第 6 章开始），我们会放弃这个假设。但当前，它有助于简化我们的讨论。

- 假设经济是封闭的——和世界上其他国家没有贸易往来，进出口都为 0。这显然和现实不符，现代经济贸易发达。稍后在第 17 章，我们也会放弃这个假设，考察开放经济的情况。当前这个假设有助于简化我们的讨论，我们还不必考察进出口的决定因素。

假设经济封闭，则 $X = IM = 0$，产品需求 Z 就只是消费、投资和政府支出的总和。
$$Z \equiv C + I + G$$
让我们依次讨论这三个部分。

消费（C）

消费取决于很多因素。最主要的决定因素当然是收入，或者更准确地说是**可支配收入**（disposable income，用 Y_D 表示），是消费者在收到转移支付、扣除税收之后的收入。可支配收入增加，人们购买的产品增加；可支配收入减少，人们购买的产品减少。

用字母 C 代表消费，Y_D 代表可支配收入，我们得到式（3-1）：
$$C = C(Y_D) \tag{3-1}$$
$$(+)$$

这个等式表示消费 C 是可支配收入 Y_D 的函数。函数 $C(Y_D)$ 称为**消费函数**（consumption function）。Y_D 下面的正号表示可支配收入增加，消费随之增加。经济学家称这类等式为**行为等式**（behavioral equation），表明等式概括了行为的某些方面，这里特指消费者行为。

本书中用等式来表示变量之间的关系。你需要了解少量的等式知识，可以在书末附录 B 中找到。附录 B 能让你掌握阅读本书所需的数学基础。不用害怕，我会在第一次使用等式的时候用文字描述。

将等式形式具体化往往很有效，以下便是。我们有理由假设消费和可支配收入的关系可以用更简单的关系式表示：
$$C = c_0 + c_1 Y_D \tag{3-2}$$

也就是说，假设等式是**线性关系**（linear relation）是合乎情理的。于是，消费和可支配收入的关系由**参数**（parameter） c_0 和 c_1 决定。

思考一下你自己的消费行为。c_0、c_1 分别是多少？

- 参数 c_1 称为**消费倾向**（propensity to consume，也称为边际消费倾向，为简单起见省略"边际"），表示可支配收入每增加 1 美元对消费的影响。令 $c_1 = 0.6$，则可支配收入增加 1 美元，消费增加 1 美元 × 0.6 = 60 美分。

  一般界定参数 c_1 为正：可支配收入增加，消费可能会增加。另外也界定参数 c_1 小于 1：消费者往往只消费增加的可支配收入的一部分，将其他存起来。

- 参数 c_0 简单解释为：即便当前可支配收入为 0，消费者仍会消费。当式（3-2）中 $Y_D = 0$，则 $C = c_0$。

  一般界定参数 c_0 为正，即使可支配收入为 0，消费仍然为正，不管有没有收入，消费者还是需要吃饭的。这就说明 c_0 是正的。当收入为 0 时，他们怎么消费？答案是：减少储蓄。他们或者卖掉资产，或者借贷来消费。

式（3-2）表示的消费和可支配收入的关系绘在图 3-1 中。线性关系由直线表示。纵轴截距为 c_0，斜率为 c_1。由

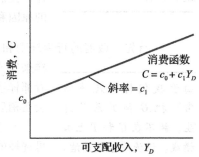

图 3-1 消费和可支配收入

注：消费随可支配收入的增加而增加，但增加幅度小于可支配收入。

于 c_1 小于 1，因此直线斜率小于 1，这相当于说，比倾斜 45°的直线平坦。关于图表、斜率和截距的复习可以参考书末附录 B。

接下来，我们定义可支配收入 Y_D。可支配收入可以表示为：

$$Y_D \equiv Y - T$$

Y 是收入，T 是税收收入减去消费者收到的政府转移支付。简单起见，令 T 为税收（记住等于税收收入减去转移支付）。注意等式为恒等式。

将 $Y_D \equiv Y - T$ 代入式（3-2）得：

$$C = c_0 + c_1(Y - T) \qquad (3\text{-}3)$$

式（3-3）告诉我们，消费 C 是收入 Y 和税收 T 的函数。收入增加，消费增加，但不是以 1:1 的比例增加。税收增加，消费减少，但也不是以 1:1 的比例减少。

> 在美国个人支付的两个主要税种是个人税和社会保障金，主要的政府转移支付是社会保险金、医疗保险（退休人员的医疗保健）和医疗补助计划（穷人的医疗保健）。2014 年，个人支付的个人税和社会保障金为 29 000 亿美元，对个人的转移支付为 25 000 亿美元。

投资（I）

模型含有两种变量。一种变量取决于模型中的其他变量，因此可以由模型解释，称为**内生变量**（endogenous variables）。上述的消费就是内生变量。另一种变量不能由模型解释，而是被给定的，称为**外生变量**（exogenous variables）。我们这里的投资就是外生变量。

我们假设投资给定并记为：

$$I = \bar{I} \qquad (3\text{-}4)$$

在投资上加上横线是一种排字方式，告诉我们投资是给定的。

我们假定投资给定以简化模型，但是这一假定是无关紧要的。也就是说，我们稍后考察产出变化的影响时，投资不随之变化。不难看出，假定不符合现实：产出增加的企业需要更多机器，因此增加投资。然而，现在我们在模型中不考虑这一点。在第 5 章中我们会从实际角度探讨投资。

> 内生变量——由模型解释，外生变量——给定的。

政府支出（G）

模型中需求的第三个组成部分为政府支出 G。G 和税收 T 用来描述**财政政策**（fiscal policy），即政府税收和支出的选择。和投资一样，我们把 G 和 T 看作外生变量。但是我们把 G 和 T 看成外生变量的原因和把 I 看成外生变量的原因是不同的，主要有以下两个原因。

> 记住，T 代表税收减去政府转移。

- 首先，政府的行为规则和消费者以及企业不同，因此不能像根据规则来定义消费那样来定义 G 和 T。（但这个观点并非无懈可击。即便政府不像消费者那样遵循简单的行为规则，它的大多数行为也是可预测的。我们会在稍后探讨，尤其是第 22～23 章。在那之前，我们暂不考虑。）

- 其次，也是相对重要的是，宏观经济学家的任务之一是考虑可选择的政府支出和税收的影响。我们认为："如果政府能选择 G 和 T 值，这就是即将会发生的行为。"本书中会把 G 和 T 当作政府选择

> 由于我们将（几乎常常）把 G 和 T 看作外生，故不在 G 和 T 上加横线。这使符号更简洁。

的变量，不由模型解释。

3.3 均衡产出的决定

我们把到目前为止介绍的知识整合起来。

假设进出口都为 0，产品需求是消费、投资和政府支出的总和：

$$Z \equiv C + I + G$$

将式（3-3）、式（3-4）中的 C、I 带入，则：

$$Z = c_0 + c_1(Y - T) + \bar{I} + G \tag{3-5}$$

产品需求 Z 取决于收入 Y、税收 T、投资 $\bar{I}$ 以及政府支出 G。

现在我们回到产品市场的**均衡**（equilibrium）与生产和供给的关系上。如果企业持有库存，生产就不一定等于需求。例如，企业可以动用库存来满足需求的增长，即持有负的存货投资。如果需求减少，企业继续生产积累存货，即持有正的存货投资。然而我们先不考虑这种复杂的情况，并一开始就假设企业并没有存货。这样，存货投资为 0，**产品市场均衡**（equilibrium in the goods market）只需要生产 Y 等于产品需求 Z。

> 考虑经济中只有理发这一项生产活动，那就不可能有理发的存货，因为理发发生了，就说明已经有人消费了。因此生产必然等于需求。

$$Y = Z \tag{3-6}$$

式（3-6）称为**均衡条件**（equilibrium condition）。模型含有三类等式：恒等式、行为等式、均衡条件。前面每一个都有实例：定义可支配收入的等式是恒等式，消费函数是行为等式，生产等于需求的条件是均衡条件。

将式（3-6）代入式（3-5）替换 Z，得：

$$Y = c_0 + c_1(Y - T) + \bar{I} + G \tag{3-7}$$

> 总共有三类等式：恒等式、行为等式、均衡条件。

式（3-7）用代数的方法表述了我们在本章开头所提及的。

在均衡下，生产 Y（等式左边）等于需求（等式右边）。反过来，需求取决于收入 Y，收入本身就等于生产。

> 结合本段话和本章开始的漫画来思考。

注意，我们用同样的符号 Y 来表示生产和收入，这并非偶然。在第 2 章中，我们既能从生产的角度，又能从收入的角度来考察 GDP。生产和收入是恒等的。

构建了模型后，我们可以明白产出的决定因素——譬如当政府支出变化时产出如何相应变化。对模型求解不仅仅意味着从代数形式解决，还要理解所得到结果的原因。在本书中，也意味着通过图表描绘其特征——有时会略过代数，用文字描述模型和原理。宏观经济学家往往使用下面三种方法。

1. 用代数来确保逻辑是正确的。
2. 用图表来直观地表述。
3. 用文字来解释结果。

以后做同样的工作时需要养成这样的习惯。

使用代数

重写均衡等式（3-7）：

$$Y = c_0 + c_1 Y - c_1 T + \bar{I} + G$$

将 $c_1 Y$ 移到左边，重新调整右边，得：

$$(1 - c_1) Y = c_0 + \bar{I} + G - c_1 T$$

两边同时除以 $(1 - c_1)$，得：

$$Y = \frac{1}{1 - c_1}[c_0 + \bar{I} + G - c_1 T] \tag{3-8}$$

式（3-8）描述了均衡产出，即生产等于需求时的产出。观察等式右边的代数项，从第二个开始。

- 代数项 $(c_0 + \bar{I} + G - c_1 T)$ 是不取决于产出的产品需求部分，因此，称为**自主支出**（autonomous spending）。

> 自主表示独立、不取决的意思，这里指不取决于产出水平。

能否肯定自主支出一定为正？不能，但很可能是正。括号里的前两项 c_0 和 $\bar{I}$ 是正的，后两项 $(G - c_1 T)$ 是正的吗？设想政府**预算平衡**（balanced budget），即税收等于政府支出。如果 $T = G$，边际消费倾向 c_1 小于 1（前面已假设），那么 $(G - c_1 T)$ 为正，则自主支出为正。仅当政府持有大量的财政盈余，即税收比政府支出大得多，自主支出才有可能为负。我们完全可以忽视这种情况。

- 看第一项 $1/(1 - c_1)$。由于边际消费倾向 c_1 介于 0 和 1 之间，$1/(1 - c_1)$ 远远大于 1，因此，这一数值使自主支出呈倍数增加，称为**乘数**（multiplier）。c_1 越接近于 1，乘数越大。乘数是什么意思呢？假设消费者用某一特定的收入消费更多产品，更具体地说，假设式（3-3）中的 c_0 增加 1 亿美元，式（3-8）告诉我们产出将不止增加 1 亿美元。譬如，如果 $c_1 = 0.6$，乘数 $= 1/(1 - 0.6) = 1/0.4 = 2.5$，因此产出增加 2.5×1 亿美元 $= 2.5$ 亿美元。

我们考察消费的增长，但是式（3-8）清楚表明自主支出的任何变化，不论是投资、政府支出，还是税收改变，影响都一样：产出的变化大于自主支出的直接影响。

乘数效应从何而来？式（3-7）能给我们提供线索：c_0 增加需求增加，需求增加导致产量增加，产量增加导致收入同等增加（记住它们是恒等的）。收入增加进一步增加消费，从而进一步增加需求，等等。描述乘数的运行原理的最好办法是画图来表示均衡。

使用图形

下面绘图来表示均衡。

- 首先，绘出生产与收入的函数。

在图 3-2 中，纵轴为生产，横轴为收入。绘出生产与收入的函数很简单：记住生产等于收入。因此它们的关系即是 45° 线，其斜率为 1。

- 第二，绘出需求与收入的函数。

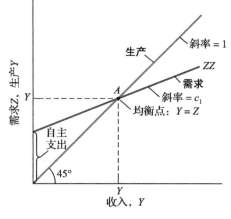

图 3-2 产品市场均衡

注：当生产等于需求时，产出达到均衡。

式（3-5）说明了需求与收入的关系。为了方便，调整括号里自主支出的顺序，写出式（3-9）：

$$Z = (c_0 + \bar{I} + G - c_1 T) + c_1 Y \tag{3-9}$$

需求取决于自主支出和收入——通过对消费的影响。需求与收入的关系在图3-2中为 ZZ 线。纵轴的截距（收入为0时的需求）等于自主支出。ZZ 线的斜率是边际消费倾向 c_1：当收入增加1，需求增加 c_1。由于假设 c_1 大于0小于1，因此直线向上倾斜，斜率小于1。

- 均衡情况下，生产等于需求。

因此均衡产出 Y 出现在45°线与需求函数的交点，即图3-2中的 A 点。在 A 点的左边，需求超过生产；在 A 点的右边，生产超过需求。仅在 A 点，生产等于需求。

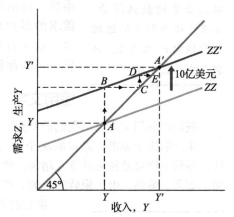

图3-3 自主支出增加对产出的影响
注：自主支出增加，均衡产出随之增加，且增加幅度大于自主支出增加的幅度。

假设经济处于最初的均衡点，即图3-2中的 A 点处，生产为 Y。

现在假定 c_0 增加10亿美元。在收入的起始水平（A 点的收入水平），消费者增加10亿美元的消费，在图3-3中表示。图3-3是在图3-2的基础上绘出来的。

式（3-9）告诉我们，不论收入如何，需求增长10亿美元。c_0 没增加时，需求和收入的关系由 ZZ 线表示。c_0 增加10亿美元后，需求和收入的关系由 ZZ' 线表示。ZZ' 与 ZZ 线平行，但高出10亿美元。也就是说，由 ZZ 线向上平移10亿美元得 ZZ' 线。新的均衡点是45°线与新的需求和收入线的交点 A'。

均衡产量由 Y 增加到 Y'。增加的产出（$Y'-Y$），既可以从横轴又可以从纵轴来衡量，比最初消费增加的10亿美元大得多。这就是乘数效应。

看纵轴。纵轴上 Y 与 Y' 的距离大于 A 点和 B 点的距离——10亿美元。

有了图表，判定经济如何从 Y 移动到 Y' 以及为什么移动就容易得多了。消费的最初增加导致需求增加10亿美元。在初始收入水平 Y 的 B 点上，需求大于10亿美元。为了满足更高的需求，企业增加产量10亿美元。产量增加10亿美元意味着收入增加10亿美元（记住产出＝收入），所以经济达到 C 点。（也就是说产量和收入都大于10亿美元。）但这并没有画上句号。收入增加导致需求进一步增加。需求现在达到 D 点，导致更高的产量，如此直到经济达到 A' 点。在 A' 点，生产和需求又相等了，因此是新均衡点。

我们可以进一步解释，从另一个角度考察乘数。

- 需求的第一轮增加，由图3-3中的距离 AB 表示，10亿美元。
- 需求的第一轮增加导致生产相同的增加，10亿美元，也由 AB 表示。
- 生产的第一轮增加导致收入同样的增加，由 BC 表示，也为10亿美元。
- 需求的第二轮增加，由 CD 表示，等于10亿美元（第一轮收入的增加）乘上边际消费 c_1，即 c_1 亿美元。
- 需求的第二轮增加导致生产同样的增加，也由 CD 表示，并因此使收入同样增加，由 DE 表示。
- 需求的第三轮增加等于 c_1 亿美元（第二轮中增加的收入）乘以边际消费倾向 c_1，为 $c_1 \times c_1 = c_1^2$ 亿美元，等等。

按照这种逻辑，在 $n+1$ 轮后生产的总增加等于1亿美元乘以 $(1+c_1+c_1^2+\cdots+c_1^n)$。这样的数值总和称为**等比数列**（geometric series），在本书中常常出现。本书书末附录B有相关复习。等比数列的性质之一是当 c_1 小于 1（上面便是这样），n 趋于无穷大时，数列之和不断增加，并接近一个极值。极值为 $1/(1-c_1)$，最终需求增加 $1/(1-c_1)$ 亿美元。

我们应该很熟悉表达式 $1/(1-c_1)$：由其他方法推导出它是乘数。这给出了考察乘数时等效却更直观的方法。我们可以认为需求的最初增加使生产连续增长，每次生产的增长导致收入的增加，收入的增加导致需求的增加，需求的增加导致生产进一步增长……如此循环下去。乘数就是所有这些生产连续增加的总和。

> 乘数由连续数列得出。如果连续序列中的边际消费倾向 c_1 大于 1，乘数会有什么不同？

使用文字

我们如何用文字总结我们的结论？

生产取决于需求，需求取决于收入，而收入本身等于生产。需求增加，比如政府支出增加，导致生产以及相应的收入增加。收入增加导致需求进一步增加，需求又进一步导致生产增加，等等。最终，由于乘数的影响，产出的增加大于需求最初的增加。

乘数的大小直接取决于边际消费倾向：边际消费倾向越大，乘数越大。美国现在的边际消费倾向是多少呢？为了解答这个问题，经济学家运用**计量经济学**（econometrics，经济学使用的统计分析方法），进一步估计行为等式及其参数。你可以阅读本书书末附录 C，来了解计量经济学及其运用。附录 C 简单介绍了计量经济学，包含了边际消费倾向的参数估计的运用。附录 C 得出，当前美国的边际消费倾向为 0.6，也就是说，收入每增加 1 美元，消费平均来说增加 60 美分。这也表明乘数 = $1/(1-c_1) = 1/(1-0.6) = 2.5$。

> 经验证据认为，乘数比这个要小，这是因为这一章中的简单模型开发没有考虑许多重要的机制，比如，货币政策在支出改变上的反应，或是对外国商品需求下降的反应，在本书中，我们将回到这一议题中来。

产出的调整需要多长时间

我们回到之前的例子。假设 c_0 增加 10 亿美元，我们知道产出将增加 $1/(1-c_1)$ 乘以 10 亿美元。但是产出达到这个高水平需要多长时间呢？

根据我们前面的假定，答案是：马上！构造均衡条件式（3-6）时，已经假设生产总是等于需求。也就是说，我们假设生产对需求的变化迅速做出反应。构造消费函数式（3-2）时，我们假设消费者的可支配收入变化时，消费迅速反应。有了这两个假设，经济从图 3-3 中的 A 点迅速达到 A' 点：需求增加导致生产迅速增加，与生产增加一致的收入增加导致需求立即增加，等等。我们之前从每一轮都是连续的来考虑生产的调整并没有错，即使等式表明每一轮调整都是立即发生的。

> 我们在前面的模型中排除了企业持有存货的情况，因此企业不能通过减少存货来满足需求增加。

及时且迅速的调整是不实际的：企业在需求增长后完全有可能决定过一段时间再调整产量，同时减少存货来满足需求。工人在工资增加后可能不会立即调整消费。这些延误表明产出调整需要花费时间。

用模型描述一段时间内产出的调整——构造经济学家称为**动态**（dynamics）调整的等式，构建更复杂的模型，现在还太困难。但是如果用文字描述就很简单。

- 例如，假设企业在每个季度开始时决定它的产量，一旦做出决定，产出在这一季度便不能再调整。如果消费者的购买多于产出，企业会减少存货来满足需求。如果购买低于生产，企业会积累存货。

- 现在假设消费者决定增加支出，即 c_0 增加。这一季度需求增加，但生产没有改变。因为我们假设生产在季度一开始已被决定，因此收入也没有改变。
- 了解到需求增加后，企业在下一季度可能会决定提高产量。生产增加，收入相应增加，并因此进一步增加需求。如果购买依然大于生产，那么企业会在下一季度继续增加产量。
- 简而言之，消费者支出增加后，产出不是马上达到新的均衡点。产出 Y 在一段时间后增加到 Y'。

生产调整需要多长时间取决于企业如何以及多久调整一次它的生产计划。如果企业在上一轮需求增加后，调整生产计划越频繁，那么生产就会越快调整。

在本书中，在均衡产出变化后，将不那么正式地描述经济如何从一个均衡点移动到另一个均衡点。这不仅会使经济事件描述起来更切合实际，而且会加深你对均衡改变的认识。

这一节主要聚焦在需求的增长。当然，从机制上来讲有两个路径都是行得通的。需求的下降导致产出水平的下降。近期的衰退就是由于影响自主支出的四个元素中的两个同时引起支出水平大幅下降。记住自主支出的表达式为 $(c_0 + \bar{I} + G - c_1 T)$。问题聚焦"雷曼破产，另一次大萧条的担心以及消费函数的移动"已经给出了危机是如何以及何时开始的。事实上，尽管消费者的可支配收入并没有下降，但是仍然担心未来消费者削减消费支出，也就是说 c_0 急剧下降。当房价下降时，新建住宅变得不可取，新居是自主性投资支出的一部分，因此，我感到自主支出会急速下跌。自主支出的下降导致对产品的总需求下降，从而导致产出水平下降。本书将从很多方面回到危机背后的因素与机理的讨论上，来稳固并丰富我们的故事。自主支出的影响将重新回到故事的中心。

问题聚焦　雷曼破产，另一次大萧条的担心以及消费函数的移动

如果消费者的可支配收入没有下降，消费者为什么会降低其消费？或者从式 (3-2) 来看，为什么 c_0 可能下降会导致需求与产出水平相继下降？

我们发现第一个原因，即使消费者目前的收入没有下降，但是如果他们对未来感到担忧，那么他们就会决定储蓄更多。这是 2008 年年末与 2009 年年初危机开始时恰好发生的事。基本的事实如图 1 所示，图 1 给出了 2008 年第一季度到 2009 年第三季度的三个行为变量曲线：可支配收入、消费和耐用品消费。耐用品消费是消费的一部分，如汽车、计算机等消费品（书末附录 A 给出了其精确的定义），为了简单化，我们将三个变量在 2008 年第一季度的数据标准化到 1。

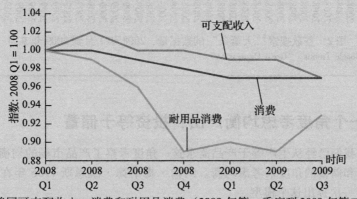

图 1　美国可支配收入、消费和耐用品消费（2008 年第一季度到 2009 年第三季度）

资料来源：Calculated using series DPIC96, PCECC96, PCDGCC96: Federal Reserve Economic Data (FRED) http://research.stlouisfed.org/fred2/.

在图 1 中我们注意到两件事。第一，尽管在这段时间内危机使 GDP 下降很多，但是可支配收入不是从初期开始下降的，甚至在 2008 年第一季度还是上升的。消费在 2008 年第一季度与第二季度并没有变化，随后在可支配收入下降之前才开始下降。2009 年的消费比 2008 年下降了 3%，这大于可支配收入的下降。从图 1 来看，可支配收入与消费之间的差距在增加。第二，在 2008 年第三季度，特别是第四季度，耐用品消费急剧下降，2008 年第四季度比第一季度下降了 10%，在 2009 年早期恢复之后又再一次下降。

为什么消费，特别是耐用品的消费会在 2008 年年底下降，而可支配收入相对变化很小？很多因素在其中发挥作用，最主要的因素是金融危机所附带的心理因素。回顾第 1 章，在 2008 年 9 月 15 日，一家很大的银行雷曼兄弟破产，在接下来的几周里很多银行破产，金融体系可能会崩溃。对于大多数人而言，他们在阅读报刊的过程中发现了麻烦的信号，即使他们仍然有工作，能够按月拿到自己的工资支票，但这些事件让他们想起大萧条的故事及其所带来的痛苦。从 2008 年 1 月到 2009 年 9 月，在谷歌上搜索"大萧条"的数据量如图 2 所示，我们把近两年的数据的平均值标准化到 1，在 2008 年 10 月，这个数据到达顶峰，然后在 2009 年慢慢下降。很清楚的一点是，危机是严重的，政策制定者在尽最大的努力避免大萧条的重现。

如果你发现经济走向另一次大萧条，你将如何应对？你会担心自己失去工作，或者未来收入水平会下降，你也许会削减消费，即使这时你的可支配收入并没有变化。一旦不确定性给定了，消费者一定会延后自己的购买，即使他购得起也会延后。比如，购买汽车或者电视，如图 1 所示，2008 年年末消费者确实这样做了，总的消费下降，耐用品消费崩溃。2009 年，烟雾慢慢散去，局面不会变得更坏，耐用品消费上升。之后，又有许多因素促成危机。

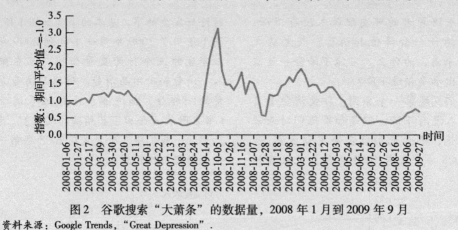

图 2　谷歌搜索"大萧条"的数据量，2008 年 1 月到 2009 年 9 月

资料来源：Google Trends, "Great Depression".

3.4　从另一个角度考虑均衡产出：投资等于储蓄

到目前为止我们已经从生产等于产品需求这一角度考察了产品市场的均衡，而另一个同样的方法是从投资和储蓄的角度来考虑均衡。约翰·梅纳德·凯恩斯 1936 年在《就业、利息和货币通论》中第一次提出这个模型。

我们先看储蓄。储蓄是私人储蓄和公共储蓄之和。

- 从定义来看，**私人储蓄**（private saving，用 S 表示）即消费者的储蓄，等于可支配收入减去消费：
$$S \equiv Y_D - C$$
  运用可支配收入的定义，则私人储蓄为收入减去税收减去消费：
$$S \equiv Y - T - C$$

- 从定义来看，**公共储蓄**（public saving）等于税收（扣除转移支付后）减去政府支出（$T - G$）。如果税收超过政府支出，政府持有**财政盈余**（budget surplus），因此公共储蓄为正。如果税收少于政府支出，政府持有**财政赤字**（budget deficit），因此公共储蓄为负。

- 回到我们前面推导的产品均衡等式。生产一定等于需求，需求反过来是消费、投资和政府支出的总和：
$$Y = C + I + G$$
  两边同时减去税收 T，将消费移到左边：
$$Y - T - C = I + G - T$$
  等式的左边是私人储蓄 S，得：
$$S = I + G - T$$
  或者
$$I = S + (T - G) \tag{3-10}$$

- 左边为投资，右边为储蓄，是私人储蓄和公共储蓄之和。

> 私人储蓄也包括企业的，企业不会把其所有利润进行配置，它会用留下的收益进行金融投资。为了简单一点，我们忽视企业储蓄。但是式（3-10）所示的投资储蓄等式并不取决于这里的简化。
>
> 公共储蓄 > 0 ⇔ 财政盈余。

式（3-10）告诉我们另一种思考产品市场均衡的方法：投资等于**储蓄**（saving）——私人储蓄和公共储蓄之和，产品市场达到均衡。这种方法解释了为什么产品市场的均衡条件被称为 **IS 关系**（IS relation）。IS 关系表示"投资 = 储蓄"：企业想要的投资等于私人和政府想要的储蓄。

为了理解式（3-10），想象只由一个人决定消费、投资的经济，例如，鲁滨逊·克鲁索经济。对于鲁滨逊来说，储蓄和投资是同一的：他所投资的（例如养兔子是用于繁殖而不是用于食用）就是他所储蓄的。然而，现代经济中企业决定投资，而消费者、政府决定储蓄。式（3-10）告诉我们，在均衡条件下，这些决定必须一致：投资一定等于储蓄。

总结：描述产品市场的均衡条件有两种同等的方法。

$$\text{产出} = \text{需求}$$
$$\text{投资} = \text{储蓄}$$

之前我们用第一个条件等式（3-6）描述均衡。我们同样用第二个条件等式（3-10）描述均衡。结果是一样的，而推导过程能告诉我们考察均衡的另一种方法。

首先注意消费和储蓄是同一的。当可支配收入不变时，一旦消费者决定了消费，储蓄也被决定了。由此，我们得出私人储蓄：
$$S = Y - T - C$$
$$= Y - T - c_0 - c_1(Y - T)$$

调整得到：
$$S = -c_0 + (1 - c_1)(Y - T) \tag{3-11}$$

同样 c_1 为消费倾向，则 $(1 - c_1)$ 为**储蓄倾向**（propensity to save）。储蓄倾向表示当收入增加 1 单位时，人们的储蓄增加多少。我们假定消费倾向 c_1 介于 0 和 1 之间，那么储蓄倾向 $(1 - c_1)$ 也介于 0 和 1 之间。私人储蓄随着可支配收入增加而增加，但可支配收入增加 1 美元，储蓄少于 1 美元。

均衡条件下，投资一定等于储蓄，即私人储蓄和公共储蓄之和。将式（3-10）的私人储蓄代入前面的均衡等式，得：

$$I = -c_0 + (1-c_1)(Y-T) + (T-G)$$

解得产出：

$$Y = \frac{1}{1-c_1}[c_0 + \bar{I} + G - c_1 T] \tag{3-12}$$

式（3-12）和式（3-8）完全一样，这不足为奇。均衡条件相同，只是表达不同而已。这种方法在本书随后章节的应用中很有用。问题聚焦介绍了最初由凯恩斯提出的这种方法的应用。我们称为"储蓄悖论"。

问题聚焦　　　　　　　储蓄悖论

成长过程中，别人告诉我们节约是美德。那些花光自己收入的人注定穷困潦倒，而那些储蓄的人会过上幸福的生活。同样，政府告诉我们，有储蓄的经济才会繁荣昌盛。然而，本章的模型告诉我们全然不是这么一回事。这可能会让你觉得惊讶。

假设可支配收入不变，消费者决定储蓄更多。也就是说，假设消费者减少 c_0，因此在可支配收入不变的情况下，消费较少储蓄增加。那么对产出和储蓄有哪些影响？

式（3-12）告诉我们均衡产出会减少：由于人们收入不变，为了多储蓄就会减少消费。消费减少导致需求减少，而需求减少又导致生产减少。

那么对储蓄有什么影响呢？我们回到私人储蓄的等式（3-11）（记住我们假设公共储蓄没有变动，因此储蓄和私人储蓄同方向变动）：

$$S = -c_0 + (1-c_1)(Y-T)$$

一方面，$-c_0$ 变大（较少负值）：在任一收入水平上消费者储蓄更多，这倾向于使储蓄增加。另一方面，他们的收入 Y 变少了，这又会降低储蓄。看起来，净效应不确定。事实上，我们可以判断。

为了弄清楚储蓄是增加还是减少，我们回到式（3-10），投资和储蓄一定相等的均衡条件：

$$I = S + (T-G)$$

按前面的假定，投资不会变：$I = \bar{I}$，T、G 也不会变。因此均衡等式告诉我们，均衡条件下，私人储蓄 S 也不会变。虽然人们想要在收入一定时增加储蓄，但他们的收入减少了而储蓄没有变化。这就意味着人们试图增加储蓄，结果会使产出减少，而储蓄未变。这两个令人惊讶的结果被称为**储蓄悖论**（paradox of saving，或者节约悖论）。

那你是不是应该忘记那些古老谚语呢？政府是不是应该告诉人们不要那么节约？答案是否定的。这个简单模型的结果在短期内适用。消费者欲减少消费导致了1990～1991年的经济衰退（本章前面的问题聚焦提到的）。但是，正如我们将在本书后面了解到的，在考察中期和长期时，其他经济学原理会在长期中发挥作用，储蓄率提高，在长时间里可能会导致更多的储蓄和更高的收入。然而仍然要注意：鼓励储蓄的政策可能在中长期有益，但短期可能带来经济衰退。

3.5　政府是无所不能的吗？一个警告

式（3-8）暗示政府可以通过选择支出 G，或者税收 T 来决定其想要的产出。例如如果政府想要产出增加 10 亿美元，要做的便是增加 $(1-c_1)$ 亿美元政府支出 G。理论上政府支出增

加 $(1-c_1)$ 亿美元，产出将会增加 $(1-c_1)$ 乘以 $1/(1-c_1)$ 亿美元，即10亿美元。

政府真能如愿选择产出吗？显然不能。我们在模型中没有考虑很多现实因素以及政府众多复杂的使命。在适当时机我们会把这些考虑进模型。在这里简单地列出来还是有用的。

> 更详细的内容可以参见第22章的22.1节"我们学过什么"。

- 改变政府支出和税收往往并不容易。美国国会通过议案需要一段时间，而这常常是总统的噩梦（第21章、第22章）。
- 我们已经假设投资固定，但投资也有可能变动。进口也如此：消费者和企业增加的产品需求中有一部分是外国产品而不是本国产品。这些反应都可能带来复杂的动态影响，使政府很难准确地评估它们（第5、9、18~20章）。
- 预期可能至关重要。例如消费者对减税的反应可能主要取决于减税是暂时的还是持续的。他们越认为减税是持续的，他们消费的变化就越大（第14~16章）。
- 达到某一产量可能带来预料不到的反面效果。例如试图达到太高的产出可能会导致通货膨胀，因此中期高产出无法持续（第9章）。
- 减税或者增加政府支出可能会导致庞大的预算赤字以及公共债务的积累。庞大的预算赤字在长期可能带来负面影响。这是如今美国的热点话题，布什政府实施的减税政策以及伊拉克战争中支出不断增加，导致巨额赤字以及公共债务（第9、11、16和22章）。

简而言之，短期来说，政府运用财政政策来影响需求和产出是一项很重要而且正确的政策，但是我们进一步深入分析时，会发现整体上政府在经济中发挥作用。具体来说，成功运用财政政策越来越困难，政府远远没有本章描述的那么好。

本章概要

记住GDP的构成：
- GDP是消费、投资、政府支出、存货投资以及出口减去进口的总和。
- 消费C是消费者购买的产品和服务，是需求的最大构成部分。
- 投资I是非住宅投资和住宅投资之和，即企业购买新厂房和新机器，以及私人购买新住宅和公寓。
- 政府支出G是联邦政府、州政府和当地政府购买的产品与服务。
- 出口X是外国人购买的美国产品。进口IM是美国消费者、企业和政府购买的外国产品。
- 存货投资是生产和需求的差距，可能为正也可能为负。

记住需求决定的第一个模型：
- 短期，需求决定生产。生产等于收入。收入反过来影响需求。
- 消费函数表明消费取决于可支配收入。边际消费倾向描述可支配收入增加时消费的增加。
- 均衡产出是生产等于需求时的产出。均衡时产出等于自主支出乘以乘数。自主支出是不取决于收入的那部分需求。乘数等于$1/(1-c_1)$，c_1为边际消费倾向。
- 消费者信心、投资需求和政府支出的增加以及税收减少在短期会增加均衡产量。
- 考察均衡条件的另一种方法是投资等于储蓄，即私人储蓄和公共储蓄之和。因此均衡条件也称为IS关系（I为投资，S为储蓄）。

关键术语

consumption（C） 消费

investment（I） 投资

fixed investment 固定投资

nonresidential investment 非住宅投资

residential investment　住宅投资
government spending (G)　政府支出
government transfers　政府转移支付
imports (IM)　进口
exports (X)　出口
net exports ($X-IM$)　净出口
trade balance　贸易平衡
trade surplus　贸易盈余
trade deficit　贸易赤字
inventory investment　存货投资
identity　恒等式
disposable income (Y_D)　可支配收入
consumption function　消费函数
behavioral equation　行为等式
linear relation　线性关系
parameter　参数
propensity to consume (c_1)　边际消费倾向
endogenous variables　内生变量
exogenous variables　外生变量

fiscal policy　财政政策
equilibrium　均衡
equilibrium in the goods market　产品市场均衡
equilibrium condition　均衡条件
autonomous spending　自主支出
balanced budget　平衡预算
multiplier　乘数
geometric series　等比数列
econometrics　计量经济学
dynamics　动态
private saving (S)　私人储蓄
public saving ($T-G$)　公共储蓄
budget surplus　财政盈余
budget deficit　财政赤字
saving　储蓄
IS relation　IS 关系
propensity to save ($1-c_1$)　储蓄倾向
paradox of saving　储蓄悖论

习题

快速测试

1. 运用本章的信息，判断下面的说法是正确、错误还是不确定，并简要解释。
   a. GDP 的最大构成部分是消费。
   b. 2014 年美国政府支出包括转移支付，占 GDP 的 18.1%。
   c. 边际消费倾向必须为正，但可以是任意正数。
   d. 2009 年衰退的一个因素是参数 c_0 值的下降。
   e. 财政政策描述的是政府支出与税收的选择，在我们的产品市场中是外生性处理的。
   f. 产品市场的均衡条件是消费等于产出。
   g. 政府支出增加一个单位，导致均衡产出增加一个单位。
   h. 边际消费倾向增加导致产出减少。

2. 假设用下面的行为等式来描述某一经济：

$$C = 160 + 0.6Y_D$$
$$I = 150$$
$$G = 150$$
$$T = 100$$

计算以下变量。
   a. 均衡 GDP (Y)。
   b. 可支配收入 (Y_D)。
   c. 消费支出 (C)。

3. 经济如第 2 题中所描述那样。
   a. 计算均衡产出、总需求。总需求与生产是否相等？试解释。
   b. 假设 $G=110$，计算均衡产出、总需求。总需求与生产是否相等？试解释。
   c. 假设 $G=110$，产出为 b 题中计算的值。计算私人储蓄和公共储蓄的和。两者之和是否等于投资？试解释。

深入研究

4. 平衡预算乘数。

出于政治和宏观经济方面的原因，政府不愿意运行财政赤字。这里，我们考察当 G 和 T 改变使财政平衡，对宏观经济是否有影响。也就是说，我们能否通过改变 G 和 T，使政府预算仍然平衡，同时改变产出。从式

(3-8) 着手。
a. 当 G 增加 1 单位，产出增长多少？
b. 当 T 增加 1 单位，产出增长多少？
c. 为什么 a 题和 b 题的答案会不同？

假设一开始经济是预算平衡的：$G = T$。如果等量地增加 G 和 T，那么预算依然平衡。计算平衡预算乘数。

d. 假设 G 和 T 增加 1 单位，结合 a 题和 b 题的答案，则均衡产出有何变化？G 和 T 的等量变化是否对宏观经济有影响？
e. 边际消费倾向的不同特定值，如何影响 a 题的结果？为什么？

5. 自动稳定器。

本章中我们假设财政政策变量 G 和 T 不受收入水平影响。然而在现实生活中，并非如此。税收通常取决于收入，收入高，税收也高。这个问题中我们考察税收的自主反应如何有助于减少自主支出变化的影响。

考虑下面的行为等式：
$$C = c_0 + c_1 Y_D$$
$$T = t_0 + t_1 Y$$
$$Y_D = Y - T$$

G、I 为常数，假设 t_1 介于 0 和 1 之间。

a. 解出均衡产出。
b. 什么是乘数？当 $t_1 = 0$，或者 t_1 为正，自主支出变化时，经济的反应会大得多吗？试解释。
c. 为什么这种情况下的财政政策称为自动稳定器？

6. 平衡预算与自动稳定器。

有一种观点认为，平衡预算修正实际上不利于稳定。要理解这个观点，可以参考第 5 题的情况。

a. 解出均衡产出。
b. 解出均衡税收。

假设一开始政府预算平衡，c_0 下降。

c. 对 Y 有什么影响？税收呢？
d. 假设政府削减开支以保持预算平衡。对 Y 有什么影响？为保持预算平衡而削减的开支会抵消还是加强 c_0 下降的影响？（不要使用代数式，用你自己的直觉思考，用文字给出答案。）

7. 税收和转移支付。

记住我们把税收 T 定义为扣除转移支付后的值，即 T = 税收 − 转移支付。

a. 假设政府增加对私人家庭的转移支付。转移支付增加不是通过增加税收，而是通过借贷来提供。用图表（类似图 3-2）解释这一政策如何影响均衡产出。
b. 假设政府是通过增加等量的税收来支付增加的转移支付，对均衡产出有什么影响？
c. 现在假设消费者分为两种：高边际消费倾向的消费者和低边际消费倾向的消费者。现在增加低边际消费倾向的消费者的税收以增加高边际消费倾向的消费者的转移支付，对均衡产出有什么影响？
d. 不同收入的个体消费者的边际消费倾向有何不同？也就是说，你认为高收入人群和低收入人群的消费倾向有何不同？试解释。直接减少高收入纳税人的税收，或者低收入纳税人的税收，你认为哪种能更有效地刺激产出？

8. 投资与收入。

这个问题考察投资取决于收入时的影响。第 5 章会进一步分析，引入投资与收入的内在联系。利率对投资的影响暂不讨论。

a. 假设由下面的行为等式来描述某一经济：
$$C = c_0 + c_1 Y_D$$
$$Y_D = Y - T$$
$$I = b_0 + b_1 Y$$

政府支出和税收为常数。注意这里投资随着产出的增加而增加。（第 5 章会讨论原因。）解出均衡产出。

b. 乘数是多少？投资和产出的关系对乘数有哪些影响？如果乘数为正的话，$(c_1 + b_1)$ 要满足什么条件？试解释你给出的答案。
c. 假设参数 b_0（有时也称为商业信心）增加，对均衡产出会有什么影响？投资的变化幅度是大于还是小于 b_0 的变化幅度？为什么？国民储蓄有哪些变化？

进一步探究

9. 储蓄悖论。

你也许会发现图表有助于解答 a 题，但你可以不借助代数式来完成本题。你不需要计算经济变量的变化大小，只需要了解变化方向。

a. 参考第8题中描述的经济。假设消费者决定在可支配收入水平不变的情况下减少消费，从而增加储蓄。具体地，我们假定消费者信心 c_0 下降，产出会有什么变化？

b. 在 a 题中已经了解了产出的变化，那么对投资会有什么影响？公共储蓄呢？私人储蓄呢？试解释。（提示：考虑投资与储蓄相等的均衡条件。）对消费有哪些影响？

c. 假设消费者决定增加消费支出，因此 c_0 增加，那么对产出、投资以及私人储蓄有什么影响？试解释。对消费可能有什么影响？

d. 评价下面的逻辑："产出过低时，需要增加对产品和服务的需求。投资是需求的一部分，投资等于储蓄。因此，如果政府能说服家庭多储蓄，然后增加投资，产出就会增加。"

产出不是影响投资的唯一变量。我们在后面章节构建经济学模型时，会再回顾储蓄悖论。

10. 使用财政政策（在最简化的模型中）来避免2009年的经济衰退：2009年的 GDP 大约是15万亿美元，在第1章中知道，2009年 GDP 下降了大约3%。

a. 15万亿的3%是多少？

b. 如果边际消费倾向是0.5，那么政府支出要增加多少才能阻止产出水平的下降？

c. 如果边际消费倾向是0.5，那么税收要削减多少才能阻止产出水平的下降？

d. 在2009年，假定国会同时选择了增加政府支出与削减税收，那么增加多少政府支出、削减多少税收，才能阻止产出水平下降。

11. "转型策略"问题。

在抗击与危机相关联的经济衰退中，需要削减税收，增加政府支出，结果导致政府赤字增加。为了减少赤字，必须增加税收，减少政府支出，这就是大型赤字的转型策略。

a. 减少赤字的两种方法在短期内是如何影响产出水平的？

b. 政府支出减少1 000亿美元，或税收增加1 000亿美元，哪一个对均衡产出水平的影响比较大？

c. 你对 b 题的答案中，边际消费倾向是如何发生作用的？

d. 当你听到这种讨论，赤字的减少将增加消费和商业信心，因此使产出水平下降减少。这又在另一方面导致赤字减少。这种论证是不是令人信服的？

第 4 章

金融市场 I

金融市场令人生畏。金融机构组成了一个迷宫,从银行到货币市场基金、共同基金、投资基金和对冲基金。交易当中包括债券、股票和其他金融要求权,它们有奇异的名字,如互换与期权等。新闻报纸中的财经栏目有很多有关的政府债券、公司债券、短期债券、长期债券的利率报价,很容易让人们糊涂。但是金融市场在经济当中承担了基础性的作用,它们决定企业与家庭以及政府资金的成本,从而影响他们的支出决策。为了明白它们的作用,我们必须一步一步地介绍。

在这一章中,我们聚焦中央银行在决定利率方面的作用,为此,我们对现实进行大大简化,假定经济中只有两个金融资产:一是不付息的货币,二是债券。这将使我们明白债券的利率是如何决定的,以及在决定过程中中央银行的作用(在美国,中央银行就是美联储,即美国**联邦储备银行**)。

在下一章,即第5章中,我们将联合前一章所开发的产品市场的模型与这一章我们将要开发的金融市场的模型,从另外一个角度来研究均衡产出水平。完成这些任务之后我们进入第6章,重新回到金融市场,允许经济当中有更多的金融资产与利率,聚焦中央银行的作用以及其他金融机构。这一章将给出深化的模型,使我们更加懂得近期的危机发生了什么。

本章有四节:

4.1 货币需求。

4.2 假定中央银行直接控制货币供给,说明利率是如何由货币的供给与需求来决定的。

4.3 介绍作为货币供给方的银行,重温利率的决定,在这个背景中描述中央银行的作用。

4.4 货币政策是有约束条件的,即债券的利率不能为负。这个约束条件在危机中有重要的作用。

4.1 货币需求

这一节考察货币需求的决定因素。我们得先注意到这一点：经济学中的货币或者财富有特定的意义，往往和我们日常交流中的意义不同。问题聚焦"语义陷阱：货币、收入和财富"能帮你避免这些陷阱，请仔细阅读，并偶尔回顾。

假设你过去坚持将你的一部分收入存起来，现在你的货币财富为 50 000 美元。你可能将来会继续储蓄，增加你的财富，但是其现值是确定的。又假设你只有两种资产可以选择：货币和债券。

> 确定你明白以下两项决策的区别：决定储蓄多少（这决定了财富怎样随时间而改变）以及决定在给定财富下如何分配货币和债券。

- **货币**（money），你可以用来交易，不需要支付利息。现实中有两类货币：**通货**（currency）——硬币和纸币，以及**短期存款**（checkable deposits）——可以开支票的银行存款。
- **债券**（bonds），支付正的利率 i，但不能用来交易。在现实世界中，债券有很多种，每种利率都不同。我们暂时不考虑这些现实，假设仅有一种债券，支付利率 i。

假设买卖债券需要花费成本，譬如给经纪人打电话的费用和交易费用。50 000 美元中，你会持有多少货币，多少债券？一方面，以货币形式持有所有财富当然很方便。你甚至不需要呼叫经纪人，也不需要支付交易费用，但这也意味着你没有任何利息收入。另一方面，以债券形式持有所有财富，你会获得全部的利息收入，但是在你坐地铁、喝咖啡等需要花钱的时候，你得经常和你的经纪人联系，这会让生活很不方便。

> 也许你想用信用卡支付，避免持有货币，但是你必须把钱存在活期账户里来向信用卡公司支付。

因此，你自然应当既持有货币又持有债券。但是以怎样的比例呢？这取决于以下两个变量。

- 你的交易量——你想手头有足够的钱，不必经常卖出债券。比如，你一般每月花费 3 000 美元，这样的话，平均来说你想手头有两个月的开支费用，即 6 000 美元货币，剩下的 50 000 − 6 000 = 44 000 美元为债券。如果你一般每月花费 4 000 美元的话，你可能想持有 8 000 美元货币，则持有 42 000 美元的债券。
- 债券利率——持有债券的唯一原因是债券会获得利息收入。如果没有利率的话，你将愿意以货币形式持有你全部的财富，因为这样方便得多。利率越高，你越愿意忍受麻烦以及买卖债券的费用。如果利率很高的话，你可能甚至愿意只以货币形式持有平均两周的支出费用 1 500 美元（假定你的月支出为 3 000 美元）。这样你就能平均持有 48 500 美元的债券，从而获得更多的利息。

我们更具体地阐述后一个变量。很多人也许没有债券，也很少人有经纪人。然而，如果你们在金融机构有货币市场账户的话，那么很多人都间接持有债券。**货币市场基金**（money market funds，全称为货币市场共同基金）把很多人的基金集合在一起，然后用这些基金购买债券——往往是政府债券。货币市场基金支付的利息和它们所持债券的利息相当，前者略低，两者差额即是基金运营的管理费用和利润。

20 世纪 80 年代早期这些基金的年利率达 14%（今天来看是很高的利率），许多之前以活期账户（利息很少或者没有利息）持有财富的人意识到，如果把活期账户的一部分转移到货币市场基金的话，他们将获得很多利息。于是货币市场基金之类的账户很受欢迎。人们现在不那么热衷于尽可能地把自己的财富投入货币市场基金。也就是说，在交易量给定的情况下，人们现在以货币形式持有的财富比20世纪80年代早期要多。

问题聚焦　　语义陷阱：货币、收入和财富

日常交流中，货币可以表示很多不同的意思。我们把它看成收入，即"赚钱"；或者看成财富，即"有很多钱"。经济学中，你得留心货币的含义。这里初步列出了一些专业术语及其在经济学中的准确含义。

收入（income）是指你工作获得的报酬以及利息和分红。它是**流量**（flow）——用单位时间来表示某事物。例如，周收入、月收入或者年收入。J.保罗·盖蒂被问及收入是多少时，答道："1 000美元。"他的言下之意是每分钟1 000美元。

储蓄（saving）是你没有花费的税后收入的一部分。它也是流量。如果你月收入为3 000美元，你存10%的话，那么你每月储蓄300美元。**储备金**（savings，saving的复数）有时也被用作财富的同义词，财富指的是你随着时间慢慢累积的钱。为了避免混淆，本书中不会用到储备金。

你的**金融财富**（financial wealth），或者财富，是你的金融资产减去你的金融负债的值。不同于收入和储蓄，财富不是流量，而是**存量**（stock），是给定时间点的财富值。

在给定时间点，不能改变金融财富的总量。你只能随着时间的推移做到这一点，比如进行储蓄或者动用储蓄，以及资产和负债的价值改变。但是你可以改变自己的财富构成，比如，你可以开支票来偿还抵押贷款，减少你的活期账户余额。这会使你的负债减少（按揭减少），相应的资产也会减少（活期账户余额减少），但是这没有改变你的财富。

金融资产中，可以直接购买商品的称为货币。货币包括通货和短期存款——即能够开支票的存款。货币也是存量。一些很有钱的人可能只持有少量货币——譬如拥有1 000 000美元的股票，却只有500美元的短期存款。收入颇丰的人也有可能只持有少量货币，譬如月收入为10 000美元，活期账户却只有1 000美元。

投资（investment）是经济学家为购买新的生产资料而定义的专业术语。新生产资料包括从机器到飞机，再到办公大楼，等等。当你谈论购买股票或者其他金融资产时，你应该说是**金融投资**（financial investment）。

正确的经济学表达：

应该说"玛丽收入很高"，而不是"玛丽赚了很多钱"。

应该说"乔很富有"，而不是"乔有很多钱"。

推导货币需求

我们从讨论中得出货币需求的等式。

用 M^d 表示人们想要持有的货币数量，即货币需求（上角标 d 代表需求）。整个经济的货币需求是经济体中所有个体的货币需求的总和。因此，需求取决于整个社会的所有交易量以及利率。整个社会的交易量难以衡量，但是大体上和名义收入（用当前货币衡量的收入）成比例。如果名义收入增加10%，那么我们可以认为经济中交

> 回顾第2章由一个钢铁公司和一个汽车公司组成的经济体。计算该经济体的交易量总值。如果两家公司的规模增长一倍，对交易量和GDP会有什么影响？

> 影响货币需求的是名义收入，以美元表示的收入，而不是实际收入。如果实际收入未变，价格增加一倍，那么名义收入增加一倍。消费者购买同一揽子商品需要花费以前的两倍。

易的美元价值也会增加大约 10%。我们可以把货币需求、名义收入和利率的关系写成：

$$M^d = \$YL(i) \quad (4\text{-}1)$$
$$(-)$$

式中 $\$Y$ 为名义收入，i 为利率。我们可以这样读这个等式：货币需求 M^d，等于名义收入 $\$Y$ 乘以利率函数 $L(i)$。i 下面的负号表明利率和货币之间存在负相关：利率提高，人们购买更多债券，货币需求减少。

式（4-1）总结了我们目前讨论的。

- 货币需求的增加同名义收入的增加成正比例。如果名义收入增加一倍，从 $\$Y$ 增加到 $\$2Y$，那么货币需求也增加一倍，从 $\$YL(i)$ 增加到 $2\$YL(i)$。
- 第二，货币需求和利率负相关。函数 $L(i)$ 以及 i 下面的负号表示：利率提高，货币需求减少。

图 4-1 绘出了式（4-1）表示的货币需求、名义收入和利率的关系。利率 i 由纵轴表示。货币 M 由横轴表示。

名义收入不变为 $\$Y$ 时，货币需求与利率之间的关系由向下倾斜的 M^d 曲线表示。利率越低（i 较小），人们想持有的货币越多（M 较大）。

利率不变时，名义收入增加，货币需求增加。也就是说，名义收入的增加使货币需求向右移动，从 M^d 移动到 $M^{d'}$。例如，在利率 i 处，名义收入从 $\$Y$ 增加到 $\$Y'$，则货币需求从 M 增加到 M'。

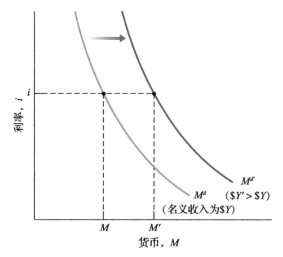

图 4-1　货币需求

注：给定名义收入水平，利率越低，货币需求越小。利率不变，名义收入增加会使货币需求曲线向右移。

问题聚焦　　谁持有美国的通货

根据 2006 年美国家庭的调查，美国家庭平均持有 1 600 美元通货（美元纸币和硬币），乘以美国的家庭户数（约 11 000 万），这就表示美国家庭持有的通货总量约为 1 700 亿美元。

在美国，美联储发行货币，因此知道流通中的货币量。而根据美联储的数据，流通中的实际通货为 7 500 亿美元。这就令人疑惑：如果不是由家庭持有这些通货，那么通货去哪里了？

显然企业也持有通货，而不仅仅是家庭。地下经济和非法经济活动的相关人员也持有一部分通货。毒品交易中，使用美元纸币而不是支票结账。然而，根据对美国企业的调查以及国税局对地下经济的估计，这些通货至多为 800 亿美元。那么剩下的 5 000 亿美元，通货总额的 66%，该如何解释呢？答案是：国外，由外国人持有。

一些国家，如厄瓜多尔、萨尔瓦多，采用美元作为本国通货，这些国家的民众用美元来交易。但这两个国家很小，不足以解释谜团。

那么这些纸币在哪里？有些国家，人们过去曾经历高通货膨胀，于是意识到本国货币可能很快一文不值。这些人把美元当成安全而方便的资产。阿根廷和俄罗斯便是如此。美国财政部估计，阿根廷持有约500亿美元，俄罗斯持有约800亿美元。这两个国家加起来持有的通货比所有美国家庭所持有的还多。

还有一些国家，移民到美国的人会给本国带回美元，或者观光客用美元交易，美元钞票就留在那些国家。墨西哥和泰国便是如此。

外国人持有如此高比例的流通中的美元钞票对宏观经济主要有两方面影响。首先，其他国家愿意持有美元，相当于免费借贷5 000亿美元给美国。其次，我们认为货币需求（包括通货和短期存款）取决于交易量和利率，而在美国还取决于其他因素。例如，如果其他国家社会动乱严重的话，你认为美国的货币需求会受到什么影响？

4.2 利率的决定：I

考察货币需求之后，我们现在考察货币供给以及均衡。

现实世界中有两类货币：银行提供的短期存款和中央银行提供的通货。这一节中我们假定不存在短期存款，经济中唯一的货币是通货。在下一节中，我们会引进短期存款，考虑银行的作用。引入银行能使讨论更符合实际，但也会使货币供给的机制变得复杂。我们将分两个步骤来讨论。

货币需求、货币供给以及均衡利率

假设中央银行决定供给货币 M，则：

$$M^s = M$$

上角标 s 代表供给。（这里我们先不管中央银行如何提供一定数量的货币，稍后我们会讨论。）

> 这一部分中，"货币"表示"中央银行货币"或者"通货"。

金融市场均衡，要求货币供给等于货币需求，即 $M^s = M^d$。运用 $M^s = M$ 以及式（4-1）表示的货币需求，均衡条件是：

货币供给 = 货币需求

$$M = \$YL(i) \qquad (4\text{-}2)$$

这个等式告诉我们，在名义收入 $\$Y$ 不变的情况下，当利率为 i 时，人们愿意持有的货币数量等于已有的货币供给 M。

图4-2用图形表示均衡条件，和图4-1一样，货币由横轴表示，利率由纵轴表示。给定的名义收入 $\$Y$ 下，货币需求 M^d 向下倾斜：高利率意味着低货币需求。货币供给由垂直线 M^s 表示：货币供给为 M，独立于利率的变化。均衡点为 A 点，均衡利率为 i。

我们已经描述了均衡，现在来看名义收入变动或者中央银行的货币供给变动对均衡利率的影响。

- 图4-3表示名义收入增加对利率的影响。

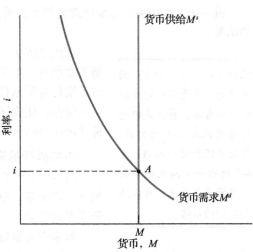

图4-2 利率的决定因素

注：当货币供给（不受利率的影响）等于货币需求（受利率的影响）时，可以确定利率水平。

图 4-3 复制了图 4-2，初始均衡点在 A 点。名义收入从 \$$Y$ 增加到 \$$Y'$，交易量增加，在任意利率下货币需求增加。货币需求向右移动，从 M^d 增加到 $M^{d'}$。均衡点由 A 点向上移动到 A' 点，均衡利率从 i 提高到 i'。

简而言之，名义收入增加，利率提高。原因在于：最初的利率上，货币需求超过供给。因此需要提高利率以减少人们想要持有的货币数量，重新达到均衡。

- 图 4-4 表示货币供给增加对利率的影响。

初始均衡点为 A 点，利率为 i。现在货币供给增加，从 $M^s = M$ 增加到 $M^{s'} = M'$，货币供给曲线向右移动，从 M^s 到 $M^{s'}$。均衡点由 A 点向下到达 A' 点，利率由 i 下降到 i'。

简而言之，中央银行货币供给增加，利率下降，货币需求增加，等于现在较大数量的货币供给。

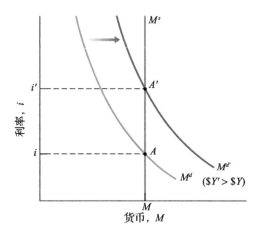

图 4-3 名义收入增加对利率的影响
注：名义收入增加，利率上升。

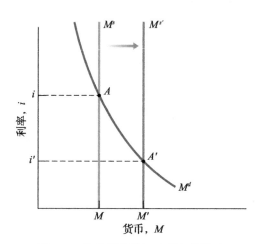

图 4-4 货币供给增加对利率的影响
注：货币供给增加，利率下降。

货币政策和公开市场业务

进一步了解中央银行如何改变货币供给及其影响，有助于我们更好地理解图 4-3 和图 4-4 的结果。

> 银行（或个人、企业）的资产负债表是某一时点的资产和负债。资产是银行所有的以及别人所欠的，负债是银行欠别人的。图 4-5 给出一个简化的中央银行资产负债表，可以达到我们的目的。

现代经济中，中央银行改变货币供给典型的方法就是在债券市场买卖债券。如果要增加经济中的货币量，中央银行会买入债券，然后发行货币来偿还。如果要减少经济中的货币量，中央银行就会卖出债券，让收回的货币退出流通领域。这些行为称为**公开市场业务**（open market operation），因为它是在公开市场买卖债券的。

中央银行的资产负债表

图 4-5 给出了中央银行的资产负债表。中央银行的资产是其资产组合中的债券，负债是经济中的货币存量。公开市场业务使资产和负债等量变动。

如果中央银行买入价值 100 万美元的债券，其所持有的债券就增加了 100 万美元，经济中的货币量也就多了相同的数额。我们称这样的操作为**扩张性的公开市场业务**（expansionary open market operation），因为中央银行增加（扩张）了货币供给。

如果中央银行卖出价值 100 万美元的债券，其之前持有的债券和经济中的货币量都减少

100万美元，我们称这样的操作为**紧缩性的公开市场业务**（contractionary open market operation），因为中央银行减少（紧缩）了货币供给。

资产负债表

资产	负债
债券	货币（通货）

扩大公开市场业务的影响

资产	负债
持有债券：+100万美元	货币存量：+100万美元

图4-5 中央银行的资产负债表以及扩大公开市场业务的影响

注：中央银行的资产是持有的债券，负债是经济中的货币存量。在公开市场购买债券，同时发行货币来支付债券，资产和负债同等增加。

债券价格和收益

到目前为止，我们已经考察了债券利率。事实上，债券市场的决定因素不是利率，而是债券价格。由债券价格能推断债券利率。理解债券价格和利率的关系对本章以及本书的学习很有用。

- 假设债券为一年期债券——从现在开始一年内承诺支付一定数量，如100美元的债券。在美国，财政部发行的承诺一年或者一年内支付的债券为**国库券**（Treasury bill, T-bills）。假设现在的债券价格为 P_B 美元，下标 B 表示债券，如果你现在买入该债券并持有一年，那么持有债券一年的收益率就是 $(\$100 - \$P_B)/\$P_B$。因此，债券的利率为：

$$i = (\$100 - \$P_B)/\$P_B$$

如果 P_B 为99，那么年利率为 $1/99 = 0.010$，即 1.0%。如果 P_B 为90，那么年利率为 11.1%。债券价格越高，利率越低。

> 利率是你从一年期债券（这里是100美元）所获得的收益减去你现在购买债券支付的价格（P_B美元），除以现在的债券价格（P_B美元）。

- 如果给定利率，则可以用同样的公式计算出债券价格。调整上面的公式，则一年期支付100美元的债券现在的价格为：

$$\$P_B = \$100/(1 + i)$$

现在的债券价格等于最终的付款除以1加利率。如果利率为正，则债券价格少于最终付款。利率越高，债券价格越低。报纸上写"今天债券市场上升"，其意思是债券价格上升，即是说利率下降。

回到公开市场业务

我们现在回到公开市场业务的效果及其对货币市场均衡的影响。

首先考虑扩张性的公开市场业务，中央银行在债券市场买入债券，并创造货币来支付。当中央银行买入债券时，对债券的需求上升，债券价格上升，而债券利率下降。注意到，中央银行购买债券与创造的货币进行交换的过程事实上是中央银行增加货币供给的过程。

考虑紧缩性的公开市场业务，中央银行减少货币供给。中央银行在债券市场卖出债券，导致价格下降，利率上升。注意到，中央银行卖出债券换回家庭持有的货币的过程就是减少货币供给的过程。

这里刻画的货币政策如何影响利率的方法是相当直观的。中央银行通过买卖债券与货币交换的过程影响了债券的价格，进一步潜在影响了债券的利率。

现在总结我们在前两节学到的内容。

- 利率在货币供给等于货币需求时确定。

- 中央银行通过改变货币供给影响利率。
- 中央银行通过公开市场业务，即买入或卖出债券来改变货币供给。
- 在公开市场业务中，中央银行买入债券，增加货币供给。这导致债券价格上升，利率下降。在图4-2中，中央银行购买债券导致货币供给曲线向右移动。
- 在公开市场业务中，中央银行卖出债券，减少货币供给。这导致债券价格下降，利率上升。图4-2中，中央银行卖出债券导致货币供给曲线向左移动。

选择货币还是选择利率

这里稍作停留，让我们来关注一个议题。前面说过中央银行选择货币供给，然后在货币供给等于货币需求时确定利率。或许中央银行可以选择利率，然后调整货币供给以达到某一利率水平。

为此，我们回顾图4-4。图4-4表示中央银行增加货币供给，由 M^s 到 $M^{s'}$，导致利率从 i 下降到 i'。我们也可以说中央银行为了使利率从 i 下降到 i'，增加货币供给，由 M^s 到 $M^{s'}$。

> 假设图4-3中名义收入增加，中央银行为了保持利率不变，应该怎样调整货币供给？

为什么要考虑中央银行选择利率的情况呢？因为现代的中央银行，包括美联储，往往这样做。它们一般先考虑想要达到的利率，然后调整货币供给，使利率达到某一水平。所以，你不会在新闻中听到"美联储今天决定增加货币供给"，而是"美联储今天决定降低利率"，美联储通过适当增加货币供给来降低利率。

4.3 利率的决定：Ⅱ

在4.2节中，我们为了简化，假定经济当中的所有货币都是由中央银行供给的通货。现实世界中的货币不仅仅包括通货，还包括短期存款。短期存款不仅仅是中央银行提供的，也有很多私人银行提供。在这一节里我们再一次考虑短期存款，来检验它如何改变我们的结论。当然，我们给出一个底线，即使在相当复杂的情况下，中央银行仍然能够通过改变货币的数量来控制利率水平。

为了理解既有通货又有短期存款的经济中，利率如何决定，我们要先了解银行的运作。

银行的运作

现代经济的一个显著特征是，各种金融中介机构利用从居民和企业那里收来的资金购买金融资产或者借贷给其他居民和企业。这些机构的资产是它们拥有的金融资产以及它们的贷款，负债是它们所欠的，即从居民和企业那里收到的资金。

银行是金融中介机构的一种。银行为什么比较特殊？我们为什么考察银行而不是其他一般的金融中介机构？原因在于银行的负债是货币，人们可以根据自己的账户余额写支票来付款。我们进一步研究银行的运作方式。

> 银行有其他形式的负债，除了短期存款、债券和贷款以外，它们还有很多行为，涉及许多其他业务。在此我们忽略这些复杂情况，在第6章中再去考虑。

图4-6b是银行的资产负债表。

- 居民和企业直接存款，或者将资金存入短期存款账户（例如工资直接入账），银行收到这些款项。在任何时候，居民和企业可以写支票或者取走他们账户里的全部余额。因此，银行的负债等于所有这些短期存款的总值。

图 4-6 中央银行以及银行的资产负债表

- 银行将一部分收到的存款作为**准备金**（reserves）。准备金一部分以通货形式持有，一部分在中央银行的银行账户上，银行在需要的时候可以提取。银行为什么持有准备金，有以下三个原因。

  任意一天中，一些存款人从他们的短期存款中提取通货，一些人则在他们的账户中存钱。毫无疑问，为了使流入和流出相等，银行手头必须有通货。

  同样，任意一天中，有银行账户的人给有其他银行账户的人写支票，有其他银行账户的人给有该银行账户的人写支票。因此该银行欠其他银行的可能比其他银行欠该银行的多，也可能少。这样，银行必须持有准备金。

  前两个原因暗示银行要持有准备金，即使它们并不需要这么做。另外，银行要满足准备金的规定，即它们的储备金必须达到短期存款的一定比例。在美国，美联储制定准备金制度。美国现在的**准备金率**（reserve ratio）约为10%。银行可以动用其他90%来放贷或者购买债券。

- 贷款大约占银行的非准备金资产的70%，债券占剩下的30%。债券和贷款的区别不影响我们的研究目的——了解货币供给的决定。因此，为了简化讨论，假设银行没有贷款，资产只有准备金和债券。

图 4-6a 回顾了中央银行的资产负债表，和我们之前在图 4-5 中看到的中央银行资产负债表很相似。资产栏和前面的相同：中央银行的资产是所持的债券，中央银行的负债是其发行的货币，即中央银行货币。不同的是，不是所有中央银行货币都是公众的通货，有些是银行准备金。

中央银行货币的供求

我们来思考在现实环境中均衡是如何决定的？与前面的方法一样，根据中央银行货币的需求与中央银行货币的供给。

- 中央银行货币的需求现在等于人们对通货的需求加上银行的准备金需求。
- 中央银行货币的供给直接在中央银行的控制之下。
- 中央银行货币的需求等于中央银行货币的供给决定均衡利率。

中央银行货币的需求

中央银行货币的需求由两部分组成：第一部分是民众的通货需求，第二部分是商业银行的准备金需求。为了简化算式，上面我们假设民众持有的是短期存款，而不持有其他通货。进一步一般化之后，假定民众既持有短期存款也持有通货，本章的附录中给出处理方法，尽管算法上比较复杂，但是得出的结论基本上是一致的。

在简单情形中，中央银行的货币需求简化成商业银行的准备金需求，这个需求依赖于民众对短期存款的需求。我们从这里出发，在我们的假定之下民众不持有通货，反过来，短期存款的需求正好就是民众对货币的需求。为了描述对短期存款的需求，我们应用与式（4-1）相同的等式：

$$M^d = \$YL(i) \atop (-) \qquad (4\text{-}3)$$

民众的交易需求越高，其持有的短期存款越多，而债券的利率会越低。

> 大写字母 H 来自这样一个事实，中央银行货币有时称为**高能货币**（high-powered money），反映了它在利率决定当中的角色。中央银行货币的另一个叫法为**基础货币**（monetary base）。

现在回到商业银行的准备金需求。有越多的短期存款，商业银行就需要越多的准备金，这是监管所决定的预防性需求。用希腊字母 θ 来表示准备金率，即商业银行每持有 1 元的短期存款所需要的准备金。我们应用式（4-3），银行的准备金需求为 H^d，给出下式：

$$H^d = \theta M^d = \theta \$YL(i) \qquad (4\text{-}4)$$

第一个等式反映了一个事实，即准备金需求与短期存款需求成一定的比例。第二个等式反映了短期存款的需求与名义收入和利率水平有关的事实。因此，中央银行的货币需求等于商业银行的准备金需求，等于 θ 乘以民众的货币需求。

中央银行货币市场的均衡

正如前所述，中央银行的货币供给在中央银行的控制之下，它等于中央银行的准备金供给。用 H 表示中央银行的货币供给量。从前文中知道，中央银行可以通过公开市场业务来改变 H 的数量。中央银行货币市场均衡的条件就是中央银行的货币供给等于中央银行的货币需求：

$$H = H^d \qquad (4\text{-}5)$$

或者使用式（4-4）：

$$H = \theta \$YL(i) \qquad (4\text{-}6)$$

我们可以用式（4-6）代表均衡条件，并将它画成图 4-7。这个图看起来与图 4-2 相同，但是横轴代表的是中央银行货币，而不是货币；纵轴测度的是利率。中央银行的货币需求 H^d 被看成名义收入的函数。较高水平的利率意味着中央银行货币需求低，也就是民众的短期存款需求低，因此，商业银行的准备金需求下降。一条在 H 点处的垂直线代表中央银行的货币供给是固定的，均衡点是 A，对应的利率为 i。

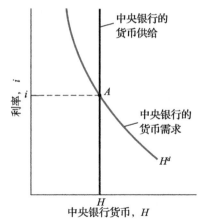

图 4-7 中央银行货币市场均衡和利率的决定因素

注：均衡利率是中央银行的货币供给等于需求时的利率。

改变名义收入或改变中央银行的货币供给的效果是相同的，如前一节所述。尤其是增加中央银行的货币供给会导致垂直线向右移动，导致利率更低。如前所说，增加中央银行的货币供给导致利率下降。相反，中央银行货币供给的减少会使利率上升。基本结论与 4.2 节一样：通过控制货币供给量中央银行可以决定债券的利率。

联邦基金市场与联邦基金利率

你也许会有疑问，是否真的有一个准备金供求决定利率的市场。美国真的有一个银行准备金市场，在那里通过调整利率来平衡准备金市场的供求。这个市场称为**联邦基金市场**（federal funds market），市场上的利率为**联邦基金利率**（federal funds rate）。因为美联储可以有效地选择它希望的联邦基金利率来改变中央银行的货币供给 H，联邦基金利率通常被认为是美国货币政策的主要指数，这也是为什么它经常出现在头版新闻中。

4.4 流动性陷阱

从前面三节的内容可以得出一个结论，如果中央银行愿意，它们既可以选择货币供给总量，也可以选择利率水平。如果中央银行想提高利率，只需要减少货币供给量。如果想降低利率，只需要增加货币供给量。本节给出有关这一结论的警示：利率不能处在零以下的水平，即**零利率下限**（zero lower bound）的约束条件。当利率趋于零时，货币政策不能进一步降低利率。这时货币政策失灵，经济中将这一现象称为**流动性陷阱**（liquidity trap）。

10年前，零利率下限被看成一个枝节问题。许多经济学家认为，不论在什么情况下，中央银行都不会愿意把利率变成负的，约束条件不可能成为真正的约束。但在危机的时候，这些认知都发生了改变。许多中央银行把利率降到零甚至更低。零利率下限成为一个真正的障碍，在政策上成为一个非常严重的约束条件。

让我们来看一下更加密切的讨论。在4.1节中推导货币的需求曲线时，我们并没有讨论当利率为零时会发生什么。现在我们必须来讨论这一问题，答案就是：在利率为零时，人们如果为了交易的目的需要持有货币，这时以货币形式持有其他金融财富与持有债券形式的金融资产是没有差异的。没有差异的原因就是利率为零，货币与债券得到的支付是一样的，即都是零。因此，货币需求如图4-8所示。

> 流动性陷阱［比如，一种情形是增加货币数量（流动性）不能对利率产生影响（流动性陷阱陷阱里了）］这一概念是由凯恩斯在20世纪30年代开发的，它的表述是后来产生的。
>
> 如果看图4-1，你会发现，为了避免这个问题，我们没有画出利率为零时的货币需求。
>
> 事实上，持有大量通货是不方便甚至危险的，即使利率为负，人们也往往愿意持有更多的债券，这里我们忽略这种复杂的情形。

- 当利率下降时，人们愿意持有更多的货币（持有的债券比较少），货币需求就会增加。
- 当利率为零时，人们想持有一定量的货币，至少是等于图中的距离 OB。这也是他们出于对交易的需求。但是，他们也愿意持有更多的货币（较少的债券），这是由于货币与债券在这时是没有差异的。因此，货币需求在 B 点以外是水平的。

现在我们考虑增加货币供给的效果。（现在我们不考虑银行的存在，正如4.2节中的假设，货币就是通货，我们仍然可以借用图4-2类似的图解，只是扩展一下货币需求的水平部分。然后我们回到银行与银行货币的部分。）

- 考虑货币供给处在 M^s 的水平，金融市场均衡时的利率水平为正，等于 i。（这也是4.2节中的情形。）从均衡点开始增加货币供给，货币供给的 M^s 线向右移动，导致利率水平下降。
- 现在考虑当货币供给为 $M^{s'}$，这时的均衡点为 B 点，或者货币供给为 $M^{s''}$，均衡点为 C 点。无论哪种情况，这时的利率都为零，增加货币供给对利率不会产生影响。我们沿着这一方向思考。

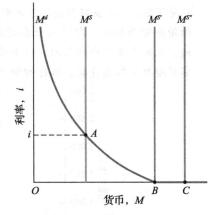

图4-8 货币需求、货币供给与流动性陷阱

注：当利率为零时，一旦人们有足够的货币来交易，他们持有货币与持有债券就是没有差异的。货币的需求变成水平的。这就意味着在利率为零时，进一步增加货币供给量不会影响利率，利率一直为零。

假设中央银行增加货币供给量,通过公开市场操作购进债券而创造货币。当利率为零时,人们无所谓持有货币还是债券,两者没有差异。当然,在零利率时,人们更愿意持有货币,而不是债券。货币供给增加了,但利率并没有变化,仍然是零。

当我们引入银行的作用,即短期存款时,会发生什么呢?沿着4.3节的内容往前走。我们说的每件事都是以人们对货币有需求为前提的:如果利率为零,他们持有货币与债券是没有差异的,因为他们的收益都是零。现在我们开始一个类似的讨论,即银行的应用,银行的决策是持有准备金还是购买债券。如果利率等于零,银行持有准备金与债券也是没有差异的,两者得到的利息都是零。因此,当利率下降至零,中央银行增加货币供给时,我们很有可能看到的是短期存款增加或者是银行准备金增加,利率仍然维持为零。问题聚焦"运行中的流动性陷阱"显示了我们在危机期间所见到的情况。当美联储把利率降至零时,持续增加货币供给,人们的短期存款以及银行的准备金都稳定增加。

当联邦基金利率为零,你会问为什么美联储还要不断增加货币供给。我们在第6章中会发现,从效果上来看,经济体有不同的债券,公开市场操作会影响一种债券相对于其他债券的利率,从而对经济产生影响。

问题聚焦　　　　运行中的流动性陷阱

在第1章你看到,在金融危机开始的时候,美联储是如何将联邦基金利率从2007年中期的5%下调到2008年年底的零的,达到零利率下限。7年之后,也就是到写本书的2015年秋季时,联邦基金利率仍然是零,尽管已经预测在不远的将来会上调。

在这段时间里,尽管利率已经达到零利率下限,但是美联储通过公开市场操作连续增加货币供给,即买入债券增加货币供给。正如在正文中分析的,利率没有变化,家庭增加了短期存款,银行增加了准备金。

图1正是这段时间发生的事情。家庭与厂商的短期存款在2007年之前是下降的,他们使用信用卡,2007之后是增加的,从2007年的7 400亿美元增加到2008年的8 800亿美元,到2014年时已经达到20 200亿美元。银行的准备金与备用现金(银行放在手头的现金)从2007年的760亿美元增加到2008年的9 100亿美元(12倍),2014年时达到24 500亿美元。换句话说,中央银行货币供给的巨大增长都被家庭与银行吸收了,但利率没有变化,仍然是零。

图1　短期存款与银行准备金,2005～2014年

资料来源:Flow of Funds.

本章概要

- 货币需求和经济中的交易量正相关，和利率负相关。
- 利率由货币供给等于货币需求的均衡决定。
- 货币供给不变，收入增加导致货币需求增加，利率提高。货币供给增加导致利率降低。
- 中央银行通过公开市场业务改变货币供给量。
- 扩张性公开市场业务，中央银行买入债券增加货币供给，导致债券价格上升，利率降低。
- 紧缩性公开市场业务，中央银行卖出债券增加货币供给，导致债券价格下降，利率提高。
- 货币包括通货和短期存款。利率由中央银行货币供给等于中央银行货币需求的均衡决定。
- 中央银行货币供给由中央银行直接控制。中央银行货币需求取决于货币总需求、居民以通货形式持有货币的比例以及银行短期存款的准备金比例。
- 银行准备金市场称为联邦基金市场，这个市场中的利率称为联邦基金利率。
- 中央银行选择利率不能低于零。当利率为零时，大众和银行持有货币与债券是没有差异的。这时增加货币供给导致货币需求增加，银行的准备金增加，而利率不会改变。这种情形被称为流动性陷阱。产生流动性陷阱时，货币政策不再影响利率。

关键术语

Federal Reserve Bank（FED） 联邦储备银行
currency 通货
checkable deposits 短期存款
bonds 债券
money market funds 货币市场基金
money 货币
income 收入
flow 流量
saving 储蓄
savings 储备金
financial wealth 金融财富
open market operation 公开市场业务
expansionary open market operation 扩张性的公开市场业务

contractionary open market operation 紧缩性的公开市场业务
Treasury bill（T-bill） 国库券
financial intermediaries 金融中介机构
(bank) reserves （银行）准备金
central bank money 中央银行货币
reserve ratio 准备金率
federal funds market 联邦基金市场
federal funds rate 联邦基金利率
high-powered money 高能货币
monetary base 基础货币
zero lower bound 零利率下限
liquidity trap 流动性陷阱

习 题

快速测试

1. 运用本章的信息，判断下面的说法是正确、错误还是不确定，并简要解释。
   a. 收入和金融财富都是存量。
   b. 经济学家所说的投资，指的是购买债券和股票。
   c. 货币需求不取决于利率，因为只有债券有利息。
   d. 外国持有很大比例的美国通货。
   e. 中央银行在债券市场卖出债券，增加货币供给。
   f. 美联储决定货币供给，但不决定利率。
   g. 债券价格和利率往往反向而动。
   h. 随着收入水平的提高（GDP 增加），如果货币供给不增加，利率会上升。

2. 假设某人年收入为 60 000 美元，货币需求为：
$$M^d = \$Y(0.35 - i)$$
   a. 当利率为 5% 时，她的货币需求为多少？利率为 10% 呢？

b. 解释利率如何影响货币需求。

c. 假设利率为10%，年收入减少50%时，她的货币需求减少多少？用百分比表示。

d. 假设利率为5%，年收入减少50%时，她的货币需求减少多少？用百分比表示。

e. 总结收入对货币需求的影响。这会如何影响利率？用百分比表示。

3. 某债券承诺一年后支付100美元。

a. 债券的价格现在为75美元，那么利率为多少？若为85美元呢？95美元呢？

b. 债券的价格和利率之间存在什么关系？

c. 如果利率为8%，债券现在的价格是多少？

4. 假设货币需求为：

$$M^d = \$Y(0.25 - i)$$

$Y = 100$美元，并假设货币供给为20美元。

a. 均衡利率为多少？

b. 如果美联储想把利率i提高10%（例如，从2%提高到12%），那么货币供给应为多少？

深入研究

5. 假设某人的财富为50 000美元，年收入为60 000美元。她的货币需求函数为：

$$M^d = \$Y(0.35 - i)$$

a. 推导对债券的需求。假设利率提高10%，债券需求会有什么变化？

b. 财富增加，对货币需求和债券需求有什么影响？用文字解释。

c. 收入增加，对货币需求和债券需求有什么影响？用文字解释。

d. "一个人赚得多，自然持有的债券也多。"这种表述错在哪里？

6. 债券需求。

我们在这章中了解到利率提高使债券更具吸引力，相比货币，居民会持有更多债券。我们又知道利率提高会降低债券价格。

利率提高是如何使债券更具吸引力，债券价格下降的？

7. 自动取款机和信用卡。

这个问题考察自动取款机和信用卡对货币需求的影响。简单起见，我们考察某人4天的货币需求。

假设没有取款机和信用卡的时候，这个人在每4天的开始去一次银行，从她的账户中取出她4天需要的钱。假设她每天花费4美元。

a. 这个人每次去银行取多少钱？计算这个人每4天中的第一天持有的货币（没有花取出的钱的那天早上）。

b. 这个人平均每天持有多少货币？

假设现在有了自动取款机，她每两天取一次钱。

c. 重新计算a题。

d. 重新计算b题。

最后假设有了信用卡，这个人用信用卡支付购物款。她在第4天取钱，偿还前4天用信用卡支付的购物款。

e. 重新计算a题。

f. 重新计算b题。

g. 根据前面的答案，你认为自动取款机和信用卡对货币需求有哪些影响？

8. 货币和银行体系。

在4.3节中我们刻画过拥有单一银行的货币体系。现在有下列假设：

i. 公众不持有通货。

ii. 存款准备金率为0.1。

iii. 货币需求为：

$$M^d = \$Y(0.8 - 4i)$$

最初，基础货币为1 000亿美元，名义收入为5万亿美元。

a. 什么是中央银行货币需求？

b. 令中央银行货币需求等于中央银行货币供给，算出均衡利率。

c. 什么是货币总需求？当利率为b题中的利率时，货币总需求是否等于货币总供给？

d. 中央银行货币供给增加300亿美元，利率有什么变化？

e. 货币总供给增加3 000亿美元，利率有什么变化？（提示：运用你在c题中得到的结论。）

9. 选择货币数量或利率水平。

假定货币需求由下式给出：

$$M^d = \$Y(0.25 - i)$$

式中$\$Y$为100美元。

a. 如果联邦储备银行把利率目标设定为5%，那么联邦银行的货币供给必须为多少？

b. 如果联邦储备银行想把利率上调到10%，

那么新的货币供给水平应当设定在多少?
c. 如果利率从 5% 上调到 10%,对联邦储备银行的资产负债表会产生什么样的影响?

10. 流动性陷阱条件下的货币政策。

假定货币需求为 $M^d = \$Y(0.25 - i)$,利率只要为正即可。

a. 当利率为 0,$\$Y = 80$,这时的货币需求是什么?
b. 如果 $\$Y = 80$,在利率为 0 时,货币供给最少是多?
c. 一旦利率为零,中央银行能否连续增加货币供给?
d. 2009 年之后,美国经历长时间的零利率时期,你能否在课文中发现这段时间中央银行连续增加货币供给的证据?
e. 从联邦储备银行的网页直接去圣路易斯分行的网页,找到 BOGMBASE(基础货币)序列,再进一步找到其 2010~2015 年的数据。基础货币发生了什么?同时,联邦基金利率又发生了什么?

进一步探索

11. 当前货币政策。

浏览美国联邦储备委员会的网页(www.federalreserve.gov),并下载美国联邦公开市场委员会(FOMC)的最新货币政策的新闻稿。注意是 FOMC 的最新新闻稿,不是美联储的最新新闻稿。

a. 目前的货币政策立场是什么?(注意描述政策会用提高或降低联邦基金利率之类的话,而不是增加或者减少货币供给。)
b. 如果联邦基金利率近期有所变动,这意味着美联储持有的债券有哪些变动?美联储是否增加或者减少了所持有的债券?

最后,你或许想要知道 FOMC 对当前政策立场的解释。留意下,学习第 5 章的时候可能会用到。

补充阅读

- 更多关于货币市场和金融机构的资料,可以阅读货币银行学方面教科书。推荐四本阅读:*Money, Banking, and Financial Markets*, by Laurence Ball(Worth, 2011);*Money, Banking, and Financial Markets*, by Stephen Cecchetti and Kermit Schoenholtz(McGraw-Hill/Irwin, 2015);*Money, the Financial System and the Economy*, by R. Glenn Hubbard(Addison-Wesley, 2013);*The Economics of Money, Banking, and the Financial System*, by Frederic Mishkin,(Pearson, 2012)。

- 推荐美联储主页(http://www.federalreserve.gov),它囊括了货币市场的相关资料、美联储的动作和美联储主席的评论等。

附 录

当人们持有通货与短期存款时利率的决定

在 4.3 节中,我们有一个简化的假设,即人们只持有短期存款而不持有通货,我们现在放松这个假设,即当人们持有通货与短期存款时,我们来推导均衡的利率水平。

在早先的方法中我们思考经济当中利率是如何决定的,当然是根据中央银行的货币供求。

- 中央银行的货币需求等于人们的通货需求加上银行的准备金需求。
- 中央银行的货币供给由中央银行直接控制。
- 均衡利率是中央银行的货币需求等于中央银行的货币供给时的利率。

图 4A-1 显示出中央银行货币需求的结构与中央银行货币供给,图中提供了很多细节。(忽略等式,直接看图。)从左边开始,人们的货币需求是通货与短期存款。由于银行为了短期存款需要持有准备金,因此短期存款需求产生了银行准备金需求。结果,中央银行的货币需求等于银行的准备金

需求加上通货需求。再到右边去：中央银行的货币供给由中央银行来决定。注意等号：利率是中央银行的货币需求与货币供给相等时的利率。

现在我们仔细查看一下图4A-1中的每一个框，并提出如下问题。

- 短期存款与通货的需求是什么决定的？
- 银行的准备金需求是什么决定的？
- 中央银行的货币需求是什么决定的？
- 中央银行的货币需求的条件如何才能使之与货币供给相等来决定利率？

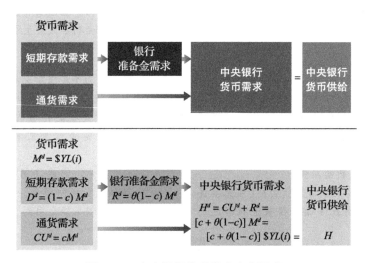

图4A-1　中央银行货币供求决定因素

货币需求

当人们持有短期存款与通货时，货币需求就包括了两个决策。首先，人们必须决定持有多少货币；其次，人们必须决定持有的货币当中有多少是通货，有多少是短期存款。

货币的总需求（通货加上短期存款）由前面的相同因素给出的假设是令人信服的。当交易水平越高、债券的利率水平越低时，人们持有的货币就越多。我们假设总的货币需求由相同的等式[式(4-1)]给出：

$$M^d = \$YL(i) \quad (4A\text{-}1)$$
$$(-)$$

这把我们带到第二个决策，即人们如何分配所持有货币当中的通货与短期存款？通货很方便，适合小额交易（对非法交易也方便），支票适用于大额交易。活期账户比现金更加安全。

现在假定人们持有的货币中 c 是现金，$1-c$ 为短期存款，通货的需求用 CU^d 表示（CU 表示通货，d 表示需求）。短期存款需求用 D^d 表示（D 表示存款，d 表示需求），两个需求分别给出如下：

$$CU^d = cM^d \quad (4A\text{-}2)$$
$$D^d = (1-c)M^d \quad (4A\text{-}3)$$

式(4A-2)说明了中央银行货币需求的第一部分——公众的通货需求。式(4A-3)说明了对短期存款的需求。

现在我们来描述图4A-1左边的第一个框——"货币需求"。式(4A-1)显示了总的货币需求。式(4A-2)和式(4A-3)分别给出了通货与短期存款的需求。

短期存款的需求导致银行准备金的需求，这是中央银行货币需求的第二个组成部分。用希腊字母 θ 表示存款准备金率，也就是银行每吸收1美元的存款所需要的准备金。用 R 代表银行准备金的总量，D 代表短期存款的总量，通过定义的 θ 值，我们有 R 与 D 之间的如下关系式：
$$R = \theta D \tag{4A-4}$$
我们前面看到，美国今天的准备金比率大约是 10%，也就是说 θ 值大约是 0.1。

如果人们持有 D^d 的存款，那么从式（4A-4）可知，银行必须持有 θD^d 的准备金。结合式（4A-2）和式（4A-4），中央银行货币需求的第二部分（银行的准备金需求）可以表示为：
$$R^d = \theta(1-c)M^d \tag{4A-5}$$
我们已经得出图 4A-1 中左边的第二个框"银行准备金需求"的相应等式。

中央银行货币需求

令 H^d 为中央银行货币需求，等于通货需求和准备金需求之和。
$$H^d = CU^d + R^d \tag{4A-6}$$
将式（4A-2）和式（4A-5）的 CU^d 和 R^d 代入，得：
$$H^d = cM^d + \theta(1-c)M^d = [c + \theta(1-c)]M^d$$
最后，将式（4A-1）的货币需求 M^d 代入，得：
$$H^d = [c + \theta(1-c)]\$YL(i) \tag{4A-7}$$
我们得出图 4A-1 中左边第三个框"中央银行货币需求"的相应等式。

利率的决定

我们现在开始表述均衡的特征。H 代表中央银行货币供给，由中央银行直接控制。和前面一样，中央银行通过公开市场业务改变货币供给 H。均衡条件为中央银行货币供给一定等于中央银行货币需求：
$$H = H^d \tag{4A-8}$$
或者，用式（4A-7）替换，得到：
$$H = [c + \theta(1-c)]\$YL(i) \tag{4A-9}$$
中央银行货币供给[式（4A-9）的左边]等于中央银行货币需求[式（4A-9）的右边]，等于括号中的项乘以总的货币需求。

仔细考虑括号中的项：

假设人们只持有通货，那么 $c=1$，括号中的项等于 1，式（4A-9）就和 4.2 节中的式（4-2）完全一样（用 H 替换等式左边的 M，但是 M 和 H 都代表中央银行货币供给）。这样，如果人们只持有通货，那么银行在货币供给环节没有任何作用。我们回到了 4.2 节中的情形。

相反，如果假设居民不持有通货，而只持有短期存款，那么 $c=0$，则括号中的项等于 θ，等式与 4.3 节中的式（4-6）一样。

先不管这两种极端情况。注意中央银行的货币需求，正如在 4.2 节中一样，是总的货币需求的一个比例，比例因子不是 θ，而是 $[c+\theta(1-c)]$。这意味着与前面相同。中央银行的货币减少导致利率上升，中央银行的货币增加导致利率下降。

第5章
产品市场和金融市场：*IS-LM*模型

　　第3章考察产品市场，第4章考察金融市场，现在综合考虑产品市场和金融市场。学完本章，你就会有一个考察短期产出和利率如何决定的思想构架。

　　我们遵循经济学家约翰·希克斯和阿尔文·汉森在20世纪30年代末期和40年代早期第一次提出的方法来建立这个思想构架。1936年，经济学家约翰·梅纳德·凯恩斯出版《就业、利息与货币通论》，人们普遍认为这本书的知识很基础，读起来却令人费解。（你要是读了，也会这么说。）直到现在，凯恩斯的那些"事实上意味着"仍存在许多争论。1937年，约翰·希克斯认为将产品市场和金融市场结合考察，是凯恩斯的主要贡献之一，并对其进行总结。后来阿尔文·汉森进一步扩展了希克斯的分析，希克斯和汉森将此称为 *IS-LM* 模型。

　　自20世纪40年代早期以来，宏观经济学家已经取得了巨大进步。这就是为什么我们在本章和下一章就介绍 *IS-LM* 模型，而不是在第24章才介绍。（如果你40年前学过这个模型，那么你就学得差不多了！）但是很多经济学家认为，*IS-LM* 模型仍然是经济学的基石，虽然简单，但刻画了短期经济中所发生的大部分情况。因此，*IS-LM* 模型一直是必修课程，沿用至今。

　　本书的 *IS-LM* 模型呈现出来的版本有点不同于希克斯和汉森开发出来的。这反映了中央银行实施货币政策方式的变化，过去中央银行聚焦的是控制货币存量，而现在是控制利率。更多内容在5.2节中。

　　本章推导 *IS-LM* 模型的基本形式，共分为5个部分。

　　5.1　考察产品市场均衡，推导 *IS* 关系。

　　5.2　考察金融市场均衡，推导 *LM* 关系。

　　5.3和5.4　结合 *IS*、*LM* 关系，用 *IS-LM* 模型研究财政政策和货币政策的影响，先分别考察，再结合考察。

　　5.5　进一步考察动态模型中，*IS-LM* 模型怎样解释短期经济。

5.1 产品市场以及 IS 关系

我们先回顾在第 3 章中学过的内容。

- 产品市场的均衡条件是生产 Y 等于产品需求 Z。我们称之为 IS 关系。
- 产品需求是消费、投资和政府支出的总和。假设消费是可支配收入（收入减去税收）的函数，投资、政府支出和税收是给定的：

$$Z = C(Y - T) + \bar{I} + G$$

  第 3 章中为了简化，我们假设消费 C 和可支配收入 $(Y-T)$ 之间是线性关系。这里我们不这么假定，而是用更一般的函数形式 $C = C(Y - T)$ 表示。

- 因此均衡条件为：

$$Y = C(Y - T) + \bar{I} + G$$

- 运用均衡条件，考察影响均衡产出的因素，尤其是政府支出和消费需求变动的影响。

利率不影响产品需求，是第一个模型的主要简化。我们在这一章放弃这个简化条件，在产品市场均衡模型中引入利率。我们暂时只考虑利率对投资的影响，稍后章节中才讨论利率对产品需求的其他构成的影响。

> 我们在第 15 章会更多地考察利率对消费和投资的影响。

投资、销售以及利率

第 3 章为简化讨论，假设投资为常数。事实上，投资并不为常数，主要取决于以下两个因素。

- 销售量——企业的需求增加，需要增加产量。为此，企业也许需要购买额外的机器或建造额外的厂房。也就是说，企业需要投资。如果企业的销售量低，就会认为没有投资的必要，即使有也会很少。
- 利率——企业决定要不要购买新机器。假设企业要购买新机器必须借贷。利率越高，通过借贷购买新机器对企业来说，吸引力就越小。[现在，为了方便起见，我们做出两个简化。首先，假设所有企业都能以同样的利率——第 4 章确定的债券利率，进行借贷。事实上，企业从银行借贷的利率很有可能是不同的。其次，我们不考虑名义利率（以美元形式表示的利率）和实际利率（以商品形式表示的利率）的差异。第 6 章我们将探讨上述两个问题。] 如果利率很高，那么使用新机器得到的利润还不足以支付利息，新机器也就不值得购买。

> 当企业利用自有资金购买时，这个观点也是成立的：利率越高，出借资金越比购买新机器有吸引力。

考虑到这两种影响，我们可以把投资关系式写为：

$$I = I(Y, i)$$
$$(+, -)$$

(5-1)

式（5-1）说明投资 I 取决于生产 Y 以及利率 i。（我们仍假定存货投资为 0，则销售和生产相等。因此，Y 既可以表示销售，也可以表示生产。）Y 下面的正号表明生产增加（等同于销售增加），投资增加。利率 i 下面的负号表明利率提高，投资减少。

> 产出增加，则投资增加。利率提高导致投资减少。

决定产出

考虑到式（5-1）中的投资关系式，产品市场的均衡条件为：

$$Y = C(Y-T) + I(Y,i) + G \tag{5-2}$$

生产（等式左边）一定等于产品需求（等式右边）。式（5-2）是扩展的 IS 关系。我们现在来看当利率变动时，产出如何变化。

从图 5-1 开始。纵轴表示产品需求，横轴表示产出。给定利率，需求是产出的增函数，因为：

- 产出增加导致收入增加，从而可支配收入增加，这会使消费增加。这是我们在第 3 章学过的。
- 产出增加也使投资增加。这是我们在本章介绍的投资与生产的关系。

简而言之，产出增加通过对消费和投资的影响，使产品需求增加。给定利率，需求和产出的关系由图 5-1 中向上倾斜的曲线 ZZ 表示。

图 5-1 中的 ZZ 线有以下两个特点。

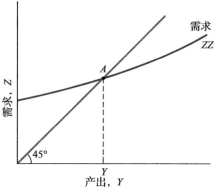

图 5-1 产品市场均衡

注：产品需求是产出的函数。产出越多，产品需求越大。当产出等于需求时，产品市场达到均衡。

- 我们没有假定式（5-2）中消费和投资是线性关系，所以 ZZ 线一般是曲线而不是直线，所以图 5-1 中为曲线。如果假定消费和投资是线性关系，ZZ 线为直线，我们得到的结论仍然适用。
- ZZ 线比 45°线平坦，也就是说我们假定产出增加，需求以小于 1:1 的比例增加。

    在第 3 章中，投资为常数，因为消费者只会花费增加收入的一部分，自然能得出这个限制。我们现在允许投资随着产出的变化而变化，那么这个限制可能就不再适用了。产出增加，消费增加和投资增加的总和可能超过产出的增加。这在理论上具有可能性，但实证证据表明在现实中不可能。因此假定生产增加时，需求增加的幅度小于 1:1，ZZ 线也就比 45°线平坦。

> 弄明白这两种表述为什么是一样的意思。

产品市场均衡发生在产品需求等于产出的点处——A 点，ZZ 线与 45°线的交点，均衡产出为 Y。我们已经用直观的方式拓展了第 3 章的分析。现在来推导 IS 曲线。

IS 曲线推导

在图 5-1 中我们画出了给定利率下的需求关系 ZZ。如果利率变化，会有哪些影响？假定图 5-2a 中需求曲线为 ZZ，初始均衡点为 A 点。假设现在利率提高，从初始的 i 提高到 i'。在任一产出水平上，较高利率导致较低投资和较低需求。需求曲线 ZZ 向下移动到 ZZ'：在给定产出水平上，需求下降。新的均衡点为 A' 点，较低的需求曲线 ZZ' 与 45°线的交点，均衡产出为 Y'。

用文字表述：利率提高减少投资，使产出减少，通过乘数效应进一步减少消费和投资。

从图 5-2a 中，我们可以找出不同利率下的均衡产出。图 5-2b 绘出了均衡产出和利率的关系。

> 你能用图表示出乘数的大小吗？提示：均衡产出的减少与投资最初增加的比例。

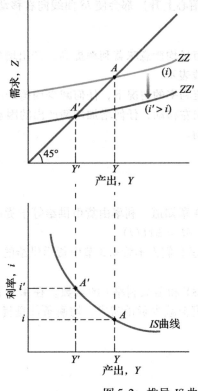

图 5-2 推导 IS 曲线

图 5-2b 中,横轴表示均衡产出,纵轴表示利率。图 5-2b 中的 A 点对应图 5-2a 中的 A 点,图 5-2b 中的 A' 点对应图 5-2a 中的 A' 点。利率越高,产出越低。

图 5-2b 中向下倾斜的曲线表示利率和产出的关系,被称为 **IS 曲线**(IS curve)。

> 产品市场均衡意味着利率提高,产出下降。由向下倾斜的 IS 曲线表示。

IS 曲线移动

在税收 T、政府支出 G 给定的情况下,图 5-2 绘出了 IS 曲线。T 或 G 变动会移动 IS 曲线。怎样移动可以参见图 5-3。图 5-3 中,税收和政府支出给定,IS 曲线描绘了均衡产出是利率的函数。现在税收增加,从 T 增加到 T'。给定利率 i,可支配收入减少,导致消费减少,进一步导致消费需求减少,均衡产出减少。均衡产出由 Y 减少到 Y'。就是说,IS 曲线向左移动:在给定利率水平下,均衡产出减少,小于税收增加之前的产出。

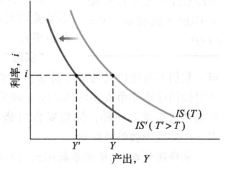

图 5-3 IS 曲线移动

注:税收增加,IS 曲线向右移。

更一般来说,在给定利率的情况下,任何减少均衡产出的因素都会导致 IS 曲线向左移动,如前面讨论的税收增加。如果政府支出减少,或者消费者信心下降(可支配收入不变,消费减少),结论都是一样的。类似地,在给定利率的情况下,任何增加均衡产出的因

> 给定利率下,税收增加,产出减少,在图 5-3 中,税收增加使 IS 曲线向左移动。

素（税收减少、政府支出增加、消费者信心上升）都会使 IS 曲线向右移动。

总结：

> 假设政府宣布社会保障系统有困难，可能就会削减将来的退休金。消费者会有什么反应？对当前的需求和产出有什么影响？

- 产品市场均衡意味着利率提高，产出增加，这由向下倾斜的 IS 曲线表示。
- 在给定利率的情况下，任何减少均衡产出的因素都会导致 IS 曲线向左移动，任何增加均衡产出的因素都会导致 IS 曲线向右移动。

5.2 金融市场以及 LM 关系

我们现在转向金融市场。我们在第 4 章知道，利率由货币供给等于货币需求决定：

$$M = \$YL(i)$$

左边的变量 M 是名义货币存量。这里我们先不管 4.3 节中货币供给的一些细节问题，认为中央银行直接控制 M。

等式右边是货币需求，是名义收入 $\$Y$ 和名义利率 i 的函数。在 4.1 节中，我们知道名义收入增加会导致货币需求增加，利率提高会减少货币需求。均衡条件是货币供给（等式左边）等于货币需求（等式右边）。

实际货币、实际收入和利率

等式 $M=\$YL(i)$ 给出了货币、名义收入和利率的关系。如果写成实际货币（实物货币）、实际收入（实物收入）和利率的关系，会更方便。

> 第 2 章中，名义 GDP = 实际 GDP 乘以 GDP 平减指数：$\$Y = YP$。同样，实际 GDP = 名义 GDP 除以 GDP 平减指数：$Y = \$Y/P$。

回顾名义收入除以价格水平等于实际收入 Y。等式两边同时除以价格水平 P，即：

$$\frac{M}{P} = YL(i) \tag{5-3}$$

因此我们可以把均衡条件重新表述为实际货币供给（用物品而不是美元表示的货币存量）等于实际货币需求，取决于实际收入 Y 和利率 i。

"实际"货币需求的概念可能有些抽象，下面这个例子有助于理解。我们不考虑广义的货币需求，只考虑你对硬币的需求。现在你口袋里有些硬币，你想白天的时候用这些硬币去买两杯咖啡。如果咖啡 1.2 美元一杯，那么你需要 2.4 美元，这是你对硬币的名义需求。同样，你想要你口袋里的钱足够买两杯咖啡，这就是你实物形式的硬币需求——这里用咖啡来衡量。

从现在开始，LM 关系就用式 (5-3) 表示。这样的好处在于，等式右边是实际收入 Y，而不是名义收入 $\$Y$，而实际收入（等同于实际产出）是我们考察产品市场均衡的主要变量。为了阅读简单，式 (5-3) 的两边简单地念为"货币供给"和"货币需求"，而不是精确但很累赘的"实际货币供给"和"实际货币需求"。同样，收入指的是"实际收入"。

LM 曲线推导

在推导 IS 曲线时，我们将政府支出 G 和税收 T 视为政策变量。在推导 LM 曲线时，我们必须思考，是将货币政策视为对货币存量 M 的选择，还是将其视为对利率 i 的选择。

如果我们将货币政策视为对货币存量 M 的选择，即在短期内将价格水平视为在给定的情况下，选择 M/P 的水平，那么式（5-3）告诉我们，等式右边的实际货币需求必须等于等式左边给定的实际货币供给。举例来说，如果实际收入增加带来货币需求的增加，那么由于货币需求等于给定的货币供给，利率必须上升。换言之，在给定的货币供给水平下，收入的增加将自然带来利率的上升。

这是推导 LM 关系以及 LM 曲线的传统方式。然而，推导过程中有关中央银行选择货币供给水平进而使利率随之调整的假设与当前的实际情况不符。尽管在过去，中央银行曾将货币供给视为货币政策变量，但是现在它直接关注利率。它选择利率水平 $\bar{i}$，进而通过调整货币供给水平以达到其所选择的利率水平。从而，在本书接下去的部分，我们将认为中央银行选择利率水平（并且对货币供给水平进行必要的调整以达到上述利率水平）。从而就能得到一条非常简单的 LM 曲线，即图 5-4 中一条处于中央银行选择的利率水平 $\bar{i}$ 下的水平线。

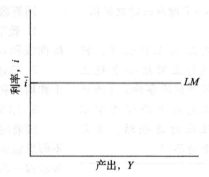

图 5-4　LM 曲线

注：中央银行选择利率水平（并且对货币供给水平进行必要的调整以达到上述利率水平）。

5.3　IS-LM 模型

IS 关系由产品供给等于产品需求的均衡条件得出。LM 关系由金融市场均衡得出。它们必须同时成立。

IS 关系：$Y = C(Y - T) + I(Y, i) + G$

LM 关系：$i = \bar{i}$

它们共同决定产出水平。图 5-5 在同一图中画出了 IS 和 LM 曲线。横轴表示产出，等同于生产或者收入。纵轴表示利率。

向下倾斜的 IS 曲线的每一个点都对应产品市场的均衡。水平的 LM 曲线的每一个点都对应金融市场的均衡。仅在 A 点满足两个市场同时均衡。这就是说，在 A 点处产出水平 Y、利率 $\bar{i}$ 是整体均衡——在该点处，产品市场和金融市场都处于均衡。

图 5-5 表示的 IS 和 LM 关系包含了消费、投资以及均衡条件的诸多信息。但你可能会问：均衡点在 A 点，那又如何？这一事实能转化成对现实世界直接有用的东西吗？不要绝望，图 5-5 能回答宏观经济学中的很多问题。正确运用的话，这个图能让我们知道中央银行计划降低利率水平，或者政府增加税收、消费者对未来持更悲观的态度等对产出的影响。

我们现在来看 IS-LM 模型能告诉我们什么。

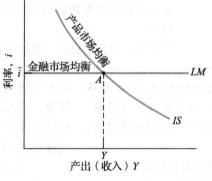

图 5-5　IS-LM 模型

注：根据 IS 曲线，产品市场均衡意味着利率上升将导致产出下降。水平的 LM 曲线代表金融市场均衡。仅在 A 点，产品市场和金融市场同时达到均衡。

在后面的章节，你将看到我们如何通过对模型的拓展来考察金融危机，或者预期的作用，或者开放经济中政策的作用。

财政政策

假设政府决定减少财政赤字，为此增加税收，同时保持政府支出不变。财政政策的这种变化通常称为**财政紧缩**（fiscal contraction/consolidation）。赤字增加，或者是因为政府支出增加，或者是因为税收削减，称为**财政扩张**（fiscal expansion）。财政紧缩对产出及其构成，以及利率有什么影响？

> $G-T$ 减少 $\Leftrightarrow$ 财政紧缩；
> $G-T$ 增加 $\Leftrightarrow$ 财政扩张

回答政策的影响以及其他问题时，一般有以下三个步骤。

1. 政策变化怎样影响产品市场以及金融市场均衡？也就是说，IS 曲线和 LM 曲线会如何移动？
2. 描述这些移动对 IS 曲线和 LM 曲线的交点的影响。对均衡产出和均衡利率有什么影响？
3. 用文字表述这些影响。

> 当你真正自信了，就能打上领结去电视上解读经济事件。（为什么电视上的经济学家往往打着领结，这是个迷思。）

随着时间和经验的积累，你可以直接跳到第 3 步。到时你就能不假思索地评论当日的经济事件。但是在没达到这种水平之前，请按步骤一步一步来。

这里的三步是非常简单的，却不失为很好的练习。

- 从第 1 步开始。第一个问题是税收增加对产品市场均衡有什么影响——如何影响 IS 曲线中产出和利率之间的关系。我们之前在图 5-3 中推导过：在给定的利率水平下，税收的增加将带来产出的下降。在图 5-6 中，IS 曲线向左移动，从 IS 移至 IS'。

    下面，我们看 LM 曲线的变化。根据假设，由于我们仅关注财政政策的变化，从而中央银行没有调整利率。因此，LM 曲线，即 $i = \bar{i}$ 这一水平线保持不变。LM 曲线未移动。

- 第 2 步，均衡的决定。税收增加前，均衡由 IS 曲线和 LM 曲线的交点 A 点给出。税收增加后，IS 曲线向左移动，从 IS 移到 IS'，新的均衡点为 A' 点。产出从 Y 下降到 Y'。根据假设，利率水平维持不变。因此，随着 IS 曲线移动，经济沿着 LM 曲线移动，从 A 点移动到 A' 点。注意区分曲线的移动（这里是 IS 曲线的移动）和沿着曲线移动（这里是沿着 LM 曲线移动）。不区分这两个会出很多错。

> 税收增加使 IS 曲线移动，LM 曲线不会移动，经济沿着 LM 曲线移动。

> 我们刚才给出了第 3 章问题聚焦中"储蓄悖论"中公众储蓄增加的影响的正式解决方案。

- 第 3 步用文字表述。税收增加，可支配收入减少，居民消费由此减少。需求减少进一步通过乘数效应减少产出和收入。在给定的利率水平下，税收增加导致产出下降。来看产出的构成：收入减少和税收增加都将导致可支配收入减少，进而导致消费减少。产出减少导致投资减少。从而，消费和投资都减少。

货币政策

现在来看货币政策。假设中央银行降低利率水平。回顾一下，中央银行通过增加货币供给来降低利率水平，货币政策的这种变化称为**货币扩张**（monetary expansion），货币供给减少称为**货币紧缩**（monetary contraction/tightening）。

> i 下降 $\Leftrightarrow$ M 增加 $\Leftrightarrow$ 货币扩张；i 上升 $\Leftrightarrow$ M 减少 $\Leftrightarrow$ 货币紧缩。

- 第 1 步考察 IS 曲线和 LM 曲线是否移动，怎样移动。

    先看 IS 曲线。利率水平的变化不直接影响产品的需求和供给。因此，i 改变，IS 曲线不会移动。

    然而，利率水平的变化将带来 LM 曲线的微小移动。LM 曲线向下移动，从 $i = \bar{i}$ 处的水平线移动到 $i = \bar{i}'$。

- 第 2 步是看这些移动如何影响均衡。图 5-7 给出了均衡。IS 曲线不移动。LM 曲线向下移动。经济沿着 IS 曲线移动，均衡点由 A 点移动到 A′ 点。产出从 Y 增加到 Y′，利率从 $\bar{i}$ 下降到 $\bar{i}'$。
- 第 3 步用文字描述。利率下降导致投资增加，进一步导致需求和产出增加。来看产出的构成：产出增加和利率下降都带来投资的增加。收入增加带来可支配收入进而消费的增加。从而消费和投资都增加。

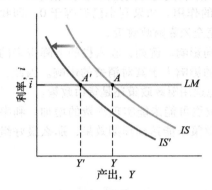

图 5-6　税收增加的影响
注：税收增加，IS 曲线向左移，均衡产出下降。

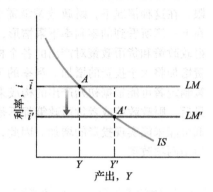

图 5-7　利率下降的影响
注：货币扩张使 LM 曲线向下移动，带来更高的产出水平。

5.4　政策组合

我们已经分别考察了财政政策和货币政策，目的在于了解它们各自的作用方式。实际应用中，这两个政策常常一起使用。财政政策和货币政策的结合即是**货币-财政政策组合**（monetary-fiscal policy mix）或者简化为政策组合。

有时，正确的政策组合是同方向运用财政和货币政策。譬如，经济处于衰退期，产出水平过低，那么就可以运用财政和货币政策来增加产出。图 5-8 描绘了这种组合。初始均衡点由 IS 曲线和 LM 曲线的交点 A 点给出，对应产出水平 Y。扩张性财政政策，譬如减税，将使 IS 曲线向右移动，从 IS 移至 IS′。扩张性货币政策将使 LM 曲线向下移动，从 LM 移至 LM′。新的均衡点为 A′ 点，对应产出水平 Y′。从而，上述财政政策和货币政策都有助于提高产出水平。较高的收入水平和较低的税收意味着更高的投资水平。

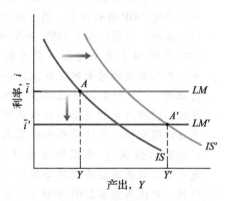

图 5-8　财政扩张和货币扩张的组合效应
注：财政扩张使 IS 曲线向右移动，货币扩张使 LM 曲线向下移动，两者均使产出提高。

上述财政和货币政策组合通常被用来应对经济衰退。譬如，美国在 2001 年的经济衰退中便是如此，运用财政和货币政策来应对衰退。问题聚焦"2001 年美国经济衰退"描述了这次衰退以及财政和货币政策的作用。你可能会问：既然单独运用其中任何一项政策就可以增加产出，那么为什么要同时运用这两项政策？正如我们在前一节所看到的，原则上，可以仅通过运用财政政策（譬如通过将政府支出水平增加足够多，或者将税收水平降低足够多），或者仅通过运用货币政策（通过将利率降低足够多），来实现产出水平的提高。答案是，一系列原因使政策制定者愿意运用政策组合。

- 财政扩张意味着政府支出增加，或者税收增加，或者两者兼而有之。这意味着财政赤字增加（或者，如果初始状态下财政盈余，那么现在盈余变小）。正如我们将看到的，但是你肯定已经能够猜到，财政严重赤字并增加政府负债可能是危险的。在这种情况下，至少部分通过货币政策来解决问题更佳。

第22章将继续讨论这个问题。

- 货币扩张意味着利率下降。如果利率水平很低，那么使用货币政策的空间可能非常有限。在这种情况下，财政政策就需要发挥更大的作用。如果利率已经等于0，即我们在上一章所看到的零利率下限情形，那么就得完全依靠财政政策。
- 财政政策和货币政策对产出的各个构成有着不同影响。例如，收入税的下降带来的消费增加将大于投资的增加。利率的下降对投资的影响大于其对消费的影响。因此，政策制定者可能根据初始产出的构成来决定更多地运用财政政策还是货币政策。
- 最后，财政政策或者货币政策都不是完美的。减税可能未能实现消费的增加。利率降低可能未能实现投资的增加。因此，如果一项政策未能达到预期效果，那么最好组合使用两项政策。

问题聚焦： 2001年美国经济衰退

1992年，美国经济开始了长期繁荣。接下来的十年，GDP实现大幅度的高增长。然而2000年，种种迹象表明繁荣可能到尽头了。从2000年第三季度到2001年第四季度，GDP或为正增长但是接近于0，或为负增长。根据当时的数据，2001年前三个季度GDP增长为负。图1给出了修正后的数据，该图绘出了1999年第一季度到2002年第四季度期间每个季度的年增长率，第二季度的增长率实际上很小但是却是正的。（这种数据修正经常发生，从而当我们回顾历史时所看到的情况可能不同于当时国家收入统计学家和政策制定者所观测到的情况。）美国国家经济研究局，是一直记载美国经济衰退与扩张的非营利机构，它认为美国2001年确实经历了经济衰退，从2001年3月开始一直到12月。这一时期由图中的阴影区域表示。

引发这次衰退的是投资需求的大幅度下降。2001年，非居民投资——企业对厂房和设备的需求减少了4.5%。原因在于时任美联储主席的格林斯潘戏称的"非理性繁荣"阶段的结束：20世纪90年代的后半部分，企业对未来信心满满，投资率

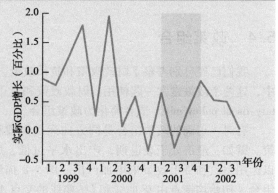

图1 美国的经济增长率：1999年第一季度到2002年第四季度

资料来源：Calculated using Series GDPC1, Federal Reserve Economic Data (FRED) http://research.stlouisfed.org/fred2/.

维持在高位——1995~2000年，投资的年平均增长率超过10%。然而到2001年，企业意识到它们过于乐观，投资太多了。这使它们削减投资，导致需求下降，并通过乘数效应导致GDP下降。

衰退本来会更加严重，但是遭到了强劲的宏观政策回应，这无疑抑制了经济衰退的深度和广度。

首先以货币政策为例。从2001年年初开始，美联储感觉经济增速在放缓，于是开

始大幅度降低联邦基金利率。（图 2 描述了 1999 第一季度到 2002 第四季度的联邦基金利率。）美联储整年都在这么做。联邦基金利率 1 月时为 6.5%，而年末时不到 2%。

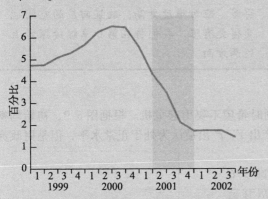

图 2　联邦基金利率：1999 年第一季度到 2002 年第四季度

资料来源：Series FEDFUNDS, Federal Reserve Economic Data（FRED）http://research.stlouisfed.org/fred2/.

现在看财政政策。2000 年的竞选中，乔治 W. 布什以削减税收为竞选平台。他认为联邦财政处于盈余，因此在保持财政平衡的同时有减税的余地。2001 年布什总统上任时，很明显经济增速放缓。这就为减税提供了另一个理由，即通过减税来增加需求，对抗经济衰退。2001 年和 2002 年的预算中均包含税率的大幅度下降。而支出方面，2001 年的"9·11"事件使支出增加，主要在国防和国土安全方面。

图 3 描绘了 1991 年第一季度到 2002 年第四季度的政府收入和支出占 GDP 的比例。注意，从 2001 年第三季度开始，收入大幅减少。即便税率没有降低，收入在衰退期间也会减少：较低的产出和收入自然意味着较低的税收收入。但是，由于税收削减，2001 年和 2002 年的收入减少比衰退引起的收入减少多得多。同时也可以看到支出有少量的稳步增加。因此，政府盈余（收入和支出的差额）从 2000 年以前的正值变为 2001 年的负值，2002 年赤字扩大。

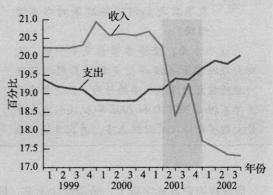

图 3　美国联邦政府的收入和支出占 GDP 的比例：1999 年第一季度到 2002 年第四季度

资料来源：Calculated using Series GDP, FGRECPY, FGEXPND, Federal Reserve Economic Data（FRED）http://research.stlouisfed.org/fred2/.

最后我们讨论四个读者可能问到的问题。

- 为什么财政和货币政策不能用来避免经济衰退，而只能限制衰退的规模？

政策变化只能随着时间慢慢影响需求和产出（5.5 节将进一步展开讨论）。因此，在发现美国经济正进入衰退时，已经来不及采取政策来避免衰退了。政策所能做的就是抑制经济衰退的深度和广度。

- 2001 年的"9·11"事件，是经济衰退的原因之一吗？

简单地说，不是。我们知道，经济衰退在"9·11"事件之前早就开始了，在"9·11"事件之后很快就结束了。事实上，2001 年第四季度 GDP 呈正增长。你可能会认为（并且，事实上，大部分经济学家确实认为）"9·11"事件对产出有很大的不利影响，特别是使消费者和企业在经济前景未明朗之前推迟他们的支出决定。实际上，支出的下降很有限，时间也很短。"9·11"事件之后，联邦基金利率下降以及 2001 年第四季度汽车厂商大打折扣，被认为是那一阶段维持消费者信心和消费者支出的关键因素。

- 运用货币-财政政策组合来对抗衰退只是如何实施政策的书本案例吗?

这个方面,经济学家意见不一致。大部分经济学家高度评价美联储当经济增速一放缓就大力降低利率的行为。但是很多经济学家担心 2001 年和 2002 年税收削减会导致大规模和持续的财政赤字,并在衰退结束很久后仍然持续。他们认为减税应该只是暂时性的,以帮助美国摆脱经济衰退。

- 货币-财政政策组合为什么没能避免 2009 年的经济衰退?

简而言之,答案包括两方面:冲击大得多,应对难度更高;政策回应的空间也变得更有限。我们将在第 6 章继续探讨上述两方面。

假设政府财政赤字很大,希望减少赤字,同时希望不要引起危机。根据图 5-9,初始均衡点由 IS 曲线和 LM 曲线的交点 A 点给出,对应产出 Y。产出被认为处于正常水平,但是财政赤字 ($T-G$) 太大了。

如果政府减少赤字,例如通过增加 T 或者减少 G (或者两者兼而有之),IS 曲线将向左移动,从 IS 移至 IS'。新的均衡点为 A' 点,对应产出水平 Y'。在给定的利率水平下,较高的税收或者较少的支出将减少需求,进而通过乘数效应减少产出。从而,赤字减少将导致经济衰退。

然而,如果同时运用货币政策的话就可以避免经济衰退。如果中央银行将利率水平降低到 i',新的均衡点为 A" 点,对应产出水平 Y = Y"。从而两种政策的组合能够减少赤字,同时不会出现经济衰退。

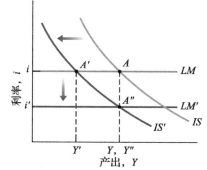

图 5-9 财政紧缩和货币扩张的组合效应

注:财政紧缩使 IS 曲线向左移动。货币扩张使 LM 曲线向下移动。两者均使产出提高。

在这种情况下,消费和投资将出现什么变化?消费的变化取决于赤字是如何减少的。如果是通过政府支出减少而非税收增加实现的,那么收入将保持不变,可支配收入也保持不变,从而消费保持不变。如果是通过税收增加实现的,那么可支配收入减少,从而消费也将减少。投资的变化则比较清楚:不变的产出水平和较低的利率水平意味着较高的投资。问题聚焦"赤字减少:对投资来说是好还是坏"进一步探讨了赤字减少和投资之间的关系。

我们刚才看了政策组合的第二个例子。美国曾在 20 世纪 90 年代初期使用过这种政策组合。1992 年比尔·克林顿当选美国总统时,他的优先事项之一就是通过减少支出和增加税收来减少财政赤字。然而,克林顿很焦虑,这样的财政紧缩本身将导致需求减少,引发另一场经济衰退。正确的策略是财政紧缩(摆脱赤字)和货币扩张(以确保需求和产出不会下降)相结合。这一策略被采用,由克林顿(负责财政政策)和艾伦·格林斯潘(负责货币政策)执行。这一策略的结果是,在接下来的十年当中(有点经济运气),财政赤字稳步减少(20 世纪 90 年代转变为财政盈余),产出稳步增加。

问题聚焦: 赤字减少: 对投资来说是好还是坏

你可能以前听过这个观点:"私人储蓄要么为财政赤字埋单,要么为投资埋单。一般人都应该明白,财政赤字减少,留给投资的储蓄就会增加,因而投资增加。"

这个观点看起来很有说服力，但是，正如我们在前面学到的，这个观点可能是错误的。譬如，如果赤字减少并没有伴随着利率下降，那么我们知道产出将减少（见图5-7），投资因为取决于产出从而也将减少。那么，到底发生了些什么呢？

首先回到第3章的式（3-10）。我们知道产品市场的均衡条件也可以是：

投资 = 私人储蓄 + 公共储蓄
$$I = S + (T - G)$$

在均衡条件下，投资等于私人储蓄加上公共储蓄。如果公共储蓄为正，则称政府有财政盈余；如果公共储蓄为负，则称政府有财政赤字。因此，给定私人储蓄，如果政府减少赤字（或者通过削减税收，或者通过减少政府支出，使 $T-G$ 增加），投资必然增加：给定 S，$T-G$ 增加，意味着 I 增加。

然而，这句话的关键在于"给定私人储蓄"。这个点在于，财政紧缩也会影响私人储蓄：紧缩导致较低的产出，进而导致较低的收入。消费的减少幅度小于收入，因此私人储蓄下降。事实上，私人储蓄的减少幅度大于财政赤字的减少幅度，从而导致投资减少。用等式表示即是：如果 S 减少的比 $T-G$ 增加的多，那么 I 会减少。

这是不是意味着赤字减少总是会减少投资？答案显然是否定的。我们可以从图5-9中看出，如果赤字减少，中央银行为了维持产出水平保持不变，会同时降低利率，那么投资自然就增加了。尽管产出水平保持不变，但较低的利率水平带来了较高的投资水平。

总结。赤字减少对投资的影响是不确定的：可能是增加也可能不是，这取决于货币政策的反应。

5.5 IS-LM模型和现实的关系

我们到目前为止没有考虑动态情况。考察图5-6税收增加的影响，或者图5-7货币扩张的影响，我们都认为随着产出立即从 Y 达到 Y'，经济能立即从 A 点达到 A' 点。这显然不符合实际，产出调整显然需要时间。为了考察这些时间维度，我们需要再次引入动态学。

正式地讲述动态学可能有些困难。但是，同我们在第3章所做的一样，我们用文字来描述基本的作用机制。有些作用机制和第3章的相同，还有些是新的。

- 在可支配收入改变后，消费者可能需要一段时间来调整消费。
- 在销售量改变后，企业可能需要一段时间来调整投资。
- 在利率改变后，企业可能需要一段时间来调整投资。
- 在销售量改变后，企业可能需要一段时间来调整产出。

因此，税收增加后，消费支出需要一段时间来应对可支配收入减少，产出需要一段更长的时间来应对消费支出减少，投资还需要一段更长的时间来应对销售量减少，消费需要一段时间来应对收入减少，等等。

投资支出需要一段时间来应对利率减少，产出需要一段更长的时间来应对需求减少，投资和消费需要一段更长的时间来应对产出减少，等等。

精准地描述所有这些动态调整过程显然很复杂，但是基本的含义很直接明了：货币政策和财政政策改变后需要一段时间来调整产出。那么需要多长时间？这只能通过观察数据和运用计量经济学才能得出。图5-10给出了用1960年到1990年美国的数据进行计量经济学研究的结果。

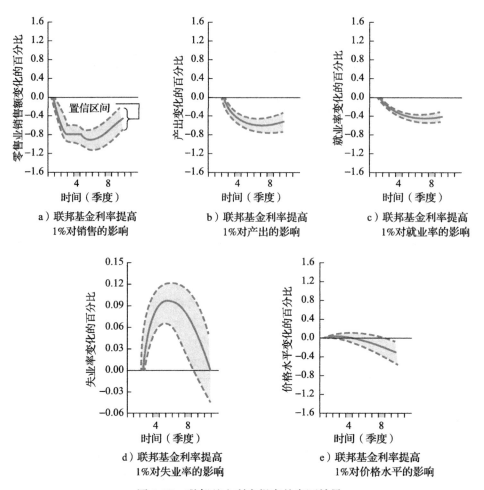

图 5-10 联邦基金利率提高的实证效果

注：短期中，联邦基金利率提高会引起产出减少、失业率增加，但是对价格影响较小。

资料来源：Lawrence Christiano, Martin Eichenbaum, and Charles Evans, "The Effects of Monetary Policy Shocks: Evidence From the Flow of Funds," *Review of Economics and Statistics*. 1996, 78(February): pp. 16-34.

我们在4.3节中讨论过联邦基金市场和联邦基金利率。

计量经济学中不存在知道一个系数的准确值，或者一个变量对另一个变量的准确影响。相反，计量经济学提供一个最佳估计（这里由实线表示）和我们所做估计的置信区间。

这项研究考察美联储决定将联邦基金利率提高1%的影响，跟踪了上述利率提高对一系列宏观经济变量的主要影响。

图5-10中的每幅图代表利率变动对给定变量的影响，每幅都有三条线。中央的实线是利率改变对该图所考察变量的影响的最佳估计。其他两条虚线以及虚线之间的阴影部分代表**置信区间**（confidence band），真实值有60%的可能性落在该区间。

- 图5-10a显示了随着时间的推移，联邦基金利率提高1%对零售业的影响。纵轴表示零售业销售额变化的百分比，横轴表示时间，用季度衡量。

  观察最佳估计那条实线，我们看到联邦基金利率提高1%，使零售业销售额减少。五个季度后，下降的幅度最大，为-0.9%。

- 图5-10b显示了销售量减少如何使产出降低。销售量减少，企业削减产出，但幅度小于销售量的减少。换言之，企业在一段时间内积累存货。生产的调整比销售量的调整更为平滑，更为缓慢。八个季度后，下降的幅度最大，为 -0.7%。换言之，货币政策发挥了作用，但有很长的时滞。货币政策在将近两年后才全部发挥作用。

这解释了为什么货币政策不能避免2001年的衰退（这一章的一个问题聚集）。2001年年初，美联储开始降低联邦基金利率，但是这些削减已经太迟了，没法在2001年产生多少影响。

- 图5-10c 显示了产出下降如何使就业率降低：企业生产减少，会减少雇用人数。和产出一样，就业的减少缓慢而稳步，在八个季度后达到 -0.5%。就业下降反映在图5-10d 中的失业率增加。

- 图5-10e 考察价格水平的变化。记住，IS-LM 模型的一个假设是价格水平是不变的，因此需求变化时价格不变。图5-10b 说明这个假设在短期内还是比较符合实际的。在大约前六个季度中，价格几乎保持不变，之后价格才开始下降。这就提示我们为什么 IS-LM 模型在中期就不那么可靠了：在中期，我们不再假定价格水平是给定的，价格水平波动变得很重要。

图5-10 提供了两个重要的信息。首先，它告诉我们货币政策变化时，产出和其他变量的动态调整。

其次，更重要的是，它显示了我们在经济中观察到的与 IS-LM 模型中研究的结论是一致的。这并不是证明 IS-LM 模型就是正确的。也许我们在 IS-LM 模型中观察到的经济是完全不同的机制作用的结果，只是恰好符合 IS-LM 模型而已。但是这不太可能。IS-LM 模型是我们考察短期经济活动的有力工具。随后，我们会在模型中引进预期的作用（第14~16章）以及产品市场和金融市场对外开放的影响（第17~20章）。但我们必须先理解中期产出的决定因素，这是我们在接下来四章学习的重点。

本章概要

- IS-LM 模型描述产品市场和金融市场的均衡影响。
- IS 关系和 IS 曲线表示产品市场均衡时的产出和利率水平。利率提高，产出减少，因此 IS 曲线向下倾斜。
- LM 关系和 LM 曲线表示金融市场均衡时的利率和产出水平。在中央银行选择利率水平的假设下，LM 曲线是一条处于中央银行选择的利率水平下的水平线。
- 财政扩张使 IS 曲线向右移动，使产出增加。财政紧缩使 IS 曲线向左移动，使产出减少。
- 货币扩张使 LM 曲线向下移动，使利率下降，产出增加。货币紧缩使 LM 曲线向上移动，使利率上升，产出减少。
- 货币政策和财政政策的结合称为货币-财政政策组合，或者简称为政策组合。有时，财政政策和货币政策被同方向使用，有时则被反方向使用。例如，财政紧缩和货币扩张相结合能在实现财政赤字减少的同时避免产出下降。
- IS-LM 模型能很好地描述短期经济。特别是在模型中引入动态后，货币政策的影响和 IS-LM 模型中体现的是一致的。货币紧缩，利率上升，产出平稳下降，在大约八个季度后效果最显著。

关键术语

IS curve IS 曲线

LM curve LM 曲线

fiscal contraction/consolidation 财政紧缩
fiscal expansion 财政扩张
monetary expansion 货币扩张

monetary contraction/tightening 货币紧缩
monetary-fiscal policy mix 货币－财政政策组合
confidence band 置信区间

习题

快速测试

1. 运用本章的信息，判断下面的说法是正确、错误还是不确定，并简要解释。
   a. 投资的主要决定因素是销售量和利率。
   b. 如果 IS 关系中的所有外生变量不变，那么只能通过降低利率才能实现较高产出。
   c. 产品市场均衡意味着税收增加、产出降低，所以 IS 曲线向下倾斜。
   d. 政府支出和税收增加同等数量，IS 曲线不会移动。
   e. LM 曲线是一条处于中央银行选择的利率水平下的水平线。
   f. 实际货币供给是常数，LM 曲线没有移动。
   g. 如果名义货币供给为 4 000 亿美元，并且价格指数水平从 100 上升到 103，实际货币供给增加。
   h. 如果名义货币供给从 4 000 亿美元上升到 4 200 亿美元，并且价格指数水平从 100 上升到 102，实际货币供给增加。
   i. 根据 IS-LM 模型，政府支出增加导致投资减少。

2. 首先考虑我们在第 3 章中投资为常数的产品市场，消费由 $C = c_0 + c_1(Y-T)$ 给出，I、G 和 T 给定。
   a. 解出均衡产出。乘数是多少？

   现在假定利率取决于销售量和利率：
   $$I = b_0 + b_1 Y - b_2 i$$
   b. 利用第 3 章学习的方法解出均衡产出。利率不变，自主支出变动的影响是否比在 a 题中的影响大？为什么？（假设 $c_1 + b_1 < 1$。）
   c. 假设中央银行选择利率水平 $\bar{i}$，解出均衡产出。
   d. 利用 IS-LM 模型画出经济的均衡状态。

3. 经济对财政政策的反应。
   a. 运用 IS-LM 模型，指出政府支出减少对产出的影响。投资会有什么变化？为什么？

   现在考虑如下的 IS-LM 模型：
   $$C = c_0 + c_1(Y-T)$$
   $$I = b_0 + b_1 Y - b_2 i$$
   $$Z = C + I + G$$
   $$i = \bar{i}$$
   b. 当利率为 $\bar{i}$ 时，解出均衡产出。假设 $c_1 + b_1 < 1$。（提示：如果不懂的话可以回顾第 2 题。）
   c. 解出均衡投资水平。
   d. 让我们一起来揭开货币市场的内幕。利用货币市场均衡 $M/P = d_1 Y - d_2 i$ 来求解 $i = \bar{i}$ 时的均衡实际货币供给水平。实际货币供给如何随着政府支出的变化而变化？

4. 为了更好地理解本章水平的 LM 曲线，考虑货币市场。

   货币市场关系 [式（5-3）] 为 $\dfrac{M}{P} = YL(i)$。

   a. 式（5-3）的左边代表什么？
   b. 式（5-3）的右边代表什么？
   c. 回到前一章的图 4-3。它是如何表达 $L(i)$ 的？
   d. 你需要通过修改图 4-3 来用两种方式表达式（5-3）。纵轴应该如何重命名？现在是什么变量在移动货币需求方程？用正确的坐标轴来画修正的图 4-3。
   e. 利用修正的图 4-3 来说明①随着产出增加，为了维持利率水平保持不变，中央银行必须增加实际货币供给；②随着产出减少，为了维持利率水平保持不变，中央银行必须减少实际货币供给。

5. 考虑下面的 IS-LM 模型：
   $$C = 200 + 0.25 Y_D$$
   $$I = 150 + 0.25Y - 1\,000i$$
   $$G = 250$$
   $$T = 200$$
   $$\bar{i} = 0.05$$
   a. 推导出 IS 关系。（提示：等式左边需要构

建 Y，右边是其他变量。）

b. 中央银行设置的利率水平为 5%。上述决策如何用公式来表示？

c. 当利率水平为 5% 时，实际货币供给水平是多少？

d. 解出均衡消费和利率，并通过加总 C、I 和 G 的值来验证你计算得到的 Y 值。

e. 现在假设中央银行将利率水平降低到 3%。LM 曲线将如何变化？求出 Y、I 和 C。用文字描述扩张性货币政策的影响。M/P 供给的新均衡值是多少？

f. 回到初始状态，中央银行设置的利率水平为 5%。现在假设政府支出增加到 $G = 400$。总结扩张性货币政策对 Y、I 和 C 的影响。扩张性财政政策对实际货币供给的影响如何？

深入研究

6. 投资和利率。

   本章认为投资和利率负相关，因为借贷成本增加会抑制投资。然而，企业常常用自有资金投资项目。

   如果企业考虑用自有资金（而不是借贷）来投资项目，利率提高会使企业放弃这些项目吗？（提示：想象你自己是企业主，打算用赚得的盈利去投资项目或者购买债券，利率是否会影响你的企业投资新项目的决定？）

7. 布什–格林斯潘政策组合。

   2001 年，美联储实行扩张性货币政策并降低利率水平。同时，美国总统乔治 W. 布什降低所得税的立案获得通过。

   a. 用图阐释这一政策组合对产出的影响。

   b. 这个政策组合和克林顿–格林斯潘政策组合有什么不同？

   c. 2001 年的产出状况如何？你怎样解释同时实施扩张性财政政策和货币政策，以及 2002 年经济增长低迷？（提示：还发生了其他什么事情吗？）

8. 为实现以下目标需要构建什么样的政策组合？

   a. 利率 $\bar{i}$ 不变，产出 Y 增加，投资 I 是否会发生变化？

   b. Y 不变，财政赤字减少，$\bar{i}$ 为什么必须变化？

9. 储蓄悖论。

   第 3 章结束时的一个问题，考虑消费者信心下降对私人储蓄和投资的影响。在第 3 章中，投资取决于产出，不受利率影响。这里我们用 IS-LM 模型的架构来考虑这个问题，现在投资取决于利率和产出，但是中央银行通过调节利率水平来维持产出不变。

   a. 假设家庭决定多储蓄，从而消费者信心下降。用 IS-LM 模型表述消费者信心下降对经济均衡的影响，其中中央银行通过调节利率水平来维持产出不变。

   b. 消费者信心下降怎样影响消费、投资和私人储蓄？尝试多储蓄就一定能增加储蓄吗？这种尝试是否会使储蓄减少？

进一步探究

10. 克林顿–格林斯潘政策组合。

    本章提到，在克林顿执政期间，政策组合转向更为紧缩的财政政策和更为扩张的货币政策。本题从理论和实际方面探讨政策组合变动的影响。

    a. 为了确保当 G 下降，T 增加，这个组合不影响产出，美联储应该做些什么？用 IS-LM 模型表示这些政策的影响。利率会有什么变化？投资呢？

    b. 浏览美国《总统经济报告》的网页（www.whitehouse.gov/administration/eop/cea/economicreport-of-the-President），找到统计附录的 Table B-79。1992～2000 年，联邦收入（税收收入）、联邦支出以及财政赤字占 GDP 的百分比有什么变化？（注意，联邦支出包括转移支付。IS-LM 模型的变量 G 不包括转移支付。这个暂不考虑。）

    c. 美国联邦储备委员会在 www.federalreserve.gov/release/h15/data.htm 上公布最近的联邦基金利率。查看 1992～2000 年的数据。货币政策什么时候开始变得更为扩张？

    d. 找到《总统经济报告》中的 Table B-2,

收集 1992~2000 年的实际 GDP 和实际国内投资总额。计算每年投资占 GDP 的比例。这期间投资有什么变化?

e. 最后,从 Table B-31 中找出 1992~2000 年的人均实际 GDP(以 2000 年美元价格计),计算每年的增长率。这期间的平均年增长率为多少?在第 10 章中,你会知道 1950~2004 年美国人均实际 GDP 的平均年增长率为 2.6%。1992~2000 年的平均增长率和第二次世界大战后的平均增长率有何不同?

11. 消费、投资和 2001 年的经济衰退。

本题考察 2001 年经济衰退之前、之中、之后的投资和消费的变化,以及 2001 年的"9·11"事件对投资和消费的影响。

浏览美国经济分析局的网页(www.bea.gov)。找到 NIPA 数据表,特别是季度版本 Table 1.1.1 和 Table 1.1.2。Table 1.1.1 给出了实际 GDP 及其组成部分的百分比变化。Table 1.1.2 给出了 GDP 各个组成部分对 GDP 总的百分比变化的贡献,从规模大小方面衡量各个组成部分的百分比变化。投资的波动性比消费大,但消费的规模比投资大,因此消费较小的百分比变化和投资较大的百分比变化对 GDP 的影响可以是一样的。注意,季度的百分比变化是年化的(即年利率)。从 Table 1.1.1 和 Table 1.1.2 中找出 1999~2002 年,实际 GDP、消费、私人国内投资总额,以及非居民固定投资的季度数据。

a. 找出 2000 年和 2001 年出现负增长的季度。

b. 跟踪 2000 年和 2001 年的消费与投资。Table 1.1.1 中,哪个变量的变化百分比最大?非居民固定投资和总投资相比,哪个变量的百分比变化大?

c. 在 Table 1.1.2 中找出 1999~2001 年消费和投资对 GDP 增长的贡献。计算消费和投资每年的平均季度贡献。求出 2000 年和 2001 年每个变量的贡献的变化。(即用 2000 年的消费平均贡献减去 1999 年的消费平均贡献,用 2001 年的消费平均贡献减去 2000 年的消费平均贡献。用同样的方法计算投资。)哪个变量对 GDP 的贡献下降得多一些?你认为 2001 年经济衰退的直接原因是什么?(是投资需求下降还是消费需求下降?)

d. 现在来看"9·11"事件后,2001 年的后两个季度和 2002 年的前两个季度的消费和投资的变化。你能解释 2001 年年末投资为什么会下降吗?投资下降持续了多久?这段时间消费有什么变化?尤其是 2001 年第四季度的消费有什么变化?2001 年的"9·11"事件是导致 2001 年经济衰退的原因吗?用本章的讨论以及你的直觉来回答这些问题。

补充阅读

- 美国经济、从"非理性繁荣"到 2001 年经济衰退时期,以及财政政策和货币政策的作用,可以参考 Paul Krugman, in *The Great Unraveling*, W. W. Norton, 2003. New York。

第6章

金融市场 II：扩展的 IS-LM 模型

直到现在，我们都一直假设只存在两种金融资产——货币和债券，只存在一种利率——由货币政策决定的债券利率。你知道，金融体系实际上要复杂得多，存在各种利率和大量的金融机构。金融体系在经济体中发挥重要作用——在美国，整个金融体系占到 GDP 的 7%，这是一个很大的数字。

2008 年金融危机之前，金融体系对宏观经济的重要性不受重视。所有利率都被假设随着货币政策决定的那个利率一起变动，从而就可以只关注货币政策决定的那个利率，并假设其他各种利率随之变动。金融危机使人们痛苦且清晰地认识到，这个假设过于简单，金融体系会受到金融危机的影响，而金融危机有着重要的宏观经济意义。本章旨在详细考察金融体系的作用及其宏观经济意义，然后讲述 21 世纪前 10 年晚期所发生的事情。

然而，不要心存幻想，本章无法代替金融课本。但是经过本章的学习，你将足以理解为什么金融体系对宏观经济而言非常重要。

6.1 介绍实际利率和名义利率之间的差异。
6.2 介绍风险的概念，以及风险如何影响不同借款者需要支付的利率。
6.3 考察金融中介的作用。
6.4 将我们刚才学习的内容纳入扩展的 IS-LM 模型。
6.5 利用这个扩展的模型来描述最近这次金融危机及其宏观经济意义。

6.1 名义利率 vs. 实际利率

1981年1月，美国1年期国库券利率（1年期政府债券利率）为10.9%。2006年1月，美国1年期国库券利率仅为4.2%。很显然，2006年借款的成本要比1981年低得多。

> 在编撰本书时，1年期国库券利率甚至更低，接近于0。基于我们的目标，比较1981年和2006年的情况是实现我们目标的最好途径。

情况确实如此吗？1981年1月，预期通货膨胀率大约为9.5%。2006年1月，预期通货膨胀率大约为2.5%。这看上去是相关的。利率告诉我们，为了今天多得到1美元，未来我们需要支付多少美元。但是我们并不消费美元，我们消费的是商品。

当我们借款时，我们真正希望知道的是，为了今天得到这些商品，未来我们需要放弃多少商品。类似地，当我们提供借款时，我们希望知道，对于我们今天放弃的商品，我们未来将得到多少商品——而非多少美元。通货膨胀的存在使这种区别至关重要。如果通货膨胀率非常高，从而当我们在未来收到利息的时候，我们无法购买更多的商品，那么在未来获得高利息又有什么意义呢？

这就是名义利率和实际利率的差异所在。

- 以美元形式表达的利率（或更一般化地，以国家货币形式表达的利率）称为**名义利率**（nominal interest rate）。报刊金融版面印刷的利率通常都是名义利率。比方说，当我们说1年期国库券利率为4.2%时，意思就是对通过发行1年期国库券借入的每1美元，政府承诺将在从现在开始的1年后支付1.042美元。更一般化地，如果t年的名义利率为i_t，那么本年度借入1美元要求你在下一年度支付$(1+i_t)$美元。（我们将交替使用"本年度"和"现在"、"下一年度"和"从现在开始的1年后"。）

> 名义利率是以美元形式表达的利率。

- 以一揽子商品形式表达的利率称为**实际利率**（real interest rate）。如果我们定义t年的实际利率为r_t，那么根据定义，本年度借入一揽子商品的等价物要求你在下一年度支付$(1+r_t)$揽子商品的等价物。

> 实际利率是以一揽子商品形式表达的利率。

名义利率和实际利率之间是什么关系？我们如何从观察到的实际利率得到我们通常无法观察到的名义利率？直观的答案是：我们必须调整名义利率，从而将预期的通货膨胀考虑进去。

让我们一步一步来推导。

假设经济体中只有一种商品：面包（后面我们将加入果酱和其他商品）。定义以美元形式表达的1年期名义利率为i_t，如果本年度你借入1美元，那么下一年度你就需要偿还$(1+r_t)$美元。但是你对美元并不感兴趣。你真正希望知道的是：如果本年度你借入足够的资金，多吃1磅面包，那么下一年度你将偿还多少磅面包？

图6-1帮助我们得出了答案。图的顶部重复了1年期实际利率的定义。底部给出了我们如何从1年期名义利率和面包价格得出1年期实际利率。

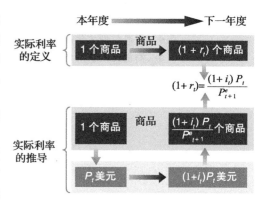

图6-1 实际利率的定义和推导

- 从图 6-1 左下部分向下指的箭头开始。假设你希望本年度多吃 1 磅面包。如果本年度 1 磅面包的价格为 P_t 美元，为了多吃 1 磅面包，你必须借入 P_t 美元。
- 如果 i_t 代表 1 年期名义利率（以美元形式表达的利率），当你借入 P_t 美元，下一年度就需要偿还 $(1+i_t)P_t$ 美元。这由图 6-1 底部向右指的箭头表示。
- 然而，你关心的不是美元，而是面包。从而，最后一步就是在下一年度将美元换算回面包。定义 P^e_{t+1} 为你预期下一年度将支付的面包价格（上角标 e 意味着这是一种预期；现在你并不知道下一年度面包的价格会是多少）。从而以面包形式度量，下一年度你预期偿还 $(1+i_t)P_t$（下一年度你必须偿还的美元数量）除以 P^e_{t+1}（预期下一年度美元形式的面包价格），即 $(1+i_t)P_t/P^e_{t+1}$。这由图 6-1 右下部分向上指的箭头表示。

结合你在图 6-1 顶部和底部所看到的，得出 1 年期实际利率 r_t：

$$1 + r_t = (1+i_t)\frac{P_t}{P^e_{t+1}} \qquad (6\text{-}1)$$

这个关系式看上去有点令人生畏。一些简单的变化将使其看上去更为友好。

- 定义 $t \sim t+1$ 的预期通货膨胀为 π^e_{t+1}。鉴于只有一种商品——面包，预期通货膨胀率等于本年度到下一年度面包美元价格的预期变化，除以本年度面包的美元价格：

$$\pi^e_{t+1} = \frac{(P^e_{t+1} - P_t)}{P_t} \qquad (6\text{-}2)$$

利用式 (6-2)，将式 (6-1) 中的 P_t/P^e_{t+1} 改写为 $1/(1+\pi^e_{t+1})$。替换到式 (6-1) 中得到：

$$(1 + r_t) = \frac{1+i_t}{1+\pi^e_{t+1}} \qquad (6\text{-}3)$$

1 加上实际利率等于 1 加上名义利率除以 1 加上预期通货膨胀率。

式 (6-3) 给出了实际利率与名义利率、预期通货膨胀率之间的精确关系。当名义利率和预期通货膨胀率都不太高的时候（比方说，每年低于 20%），上述等式可以近似为：

$$r_t \approx i_t - \pi^e_{t+1} \qquad (6\text{-}4)$$

确认你记住了式 (6-4)。它的意思是，实际利率（近似）等于名义利率减去预期通货膨胀率。（在本书剩余部分，我们将始终把上述关系视为等式。但是记住这仅仅是一个近似关系。）

注意式 (6-4) 的一些含义。

- 当预期通货膨胀率等于 0 时，名义利率等于实际利率。
- 由于预期通货膨胀率通常为正，从而实际利率通常低于名义

如果下一年度你必须偿还 10 美元，并且你预期下一年度的面包价格为 2 美元/块，那么相当于下一年度你将偿还 10/2 = 5 块面包。这就是为什么我们要将美元金额 $(1+i_t)P_t$ 除以预期下一年度的面包价格 P^e_{t+1}。

式 (6-2) 左边和右边同时加上 1：

$$1 + \pi^e_{t+1} = 1 + \frac{(P^e_{t+1} - P_t)}{P_t}$$

重新整理：

$$1 + \pi^e_{t+1} = \frac{P^e_{t+1}}{P_t}$$

两边取倒数：

$$\frac{1}{1+\pi^e_{t+1}} = \frac{P_t}{P^e_{t+1}}$$

替换到式 (6-1) 中得到式 (6-3)。

参见书末附录 B 中的命题 6。假设 $i = 10\%$，$\pi^e = 5\%$。根据式 (6-3) 的精确关系，$r_t = 4.8\%$。根据式 (6-4) 的近似关系，$r_t = 5\%$。两者非常接近。但是，当 i 和 π^e 相对大的时候，近似效果就相对差。如果 $i = 100\%$，$\pi^e = 80\%$，那么精确关系得出的 $r = 11\%$，但是近似关系得出的 $r = 20\%$。两者相差甚远。

利率。
- 给定名义利率，预期通货膨胀率越高，实际利率越低。

预期通货膨胀率恰好等于名义利率的情况值得进一步思考。假设名义利率和预期通货膨胀率都等于 10%，并且你是借款者。对于本年度你借入的每 1 美元，下一年度你需要偿还 1.10 美元。这看上去很昂贵，但是下一年度以面包形式度量的美元将贬值 10%，即如果你借入 1 磅面包的等价物，那么下一年度你就需要偿还 1 磅面包的等价物。实际借款成本（实际利率）等于 0。现在假设你是借款提供者：对于本年度你借出的每 1 美元，下一年度你将收回 1.10 美元。这看上去很有吸引力，但是下一年度以面包形式度量的美元将贬值 10%，即如果你借出 1 磅面包的等价物，那么下一年度你将得到 1 磅面包的等价物。尽管名义利率为 10%，但实际利率等于 0。

到目前为止，我们都假设只有一种商品——面包，但是我们前面所做的可以非常容易地推广到多种商品。我们所需要做的就是将式（6-1）~式（6-3）中的面包价格替换成价格指数——一揽子商品的价格。如果我们用 CPI 来度量价格水平，实际利率就告诉我们，为了现在消费更多，下一年度我们需要放弃多少消费。

1978 年以来美国的名义利率和实际利率

让我们回到本节开始时的问题。现在我们可以将问题重述为：2006 年的实际利率是否低于 1981 年的水平？更一般化地，20 世纪 80 年代早期以来的实际利率发生了什么变化？

图 6-2 给出了答案，该图描绘出了 1978 年以来的名义利率和实际利率。对于每一年，名义利率为年初的 1 年期国库券利率。为了构建实际利率，我们需要度量预期通货膨胀率——更精确地，每年年初预期的通货膨胀率。对于每一年，我们使用 OECD 在上一年度末公布的下一年度 GDP 平减指数作为预期的通货膨胀率。例如，用于构建 2006 年实际利率的预期通货膨胀率为 OECD 于 2005 年 12 月公布的预期 2006 年通货膨胀率预测——2.5%。

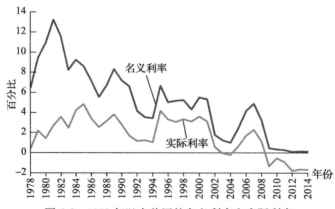

图 6-2　1978 年以来美国的名义利率和实际利率

注：20 世纪 80 年代早期以来，名义利率显著下降，但是由于预期通货膨胀率同样下降了，实际利率下降的幅度要比实际利率小得多。

资料来源：Nominal interest rate is the 1-year Treasury bill in December of the previous year: Series TB1YR, Federal Reserve Economic Data (FRED) http://research.stlouisfed.org/fred2/ (Series TB6MS in December 2001, 2002, 2003, and 2004.) Expected inflation is the 12-month forecast of inflation, using the GDP deflator, from the December OECD Economic Outlook from the previous year.

注意，实际利率（$i - \pi^e$）是基于预期通货膨胀的。如果实际通货膨胀不同于预期通货膨胀，那么实际实现的实际利率（$i - \pi$）将不同于实际利率。因为这个原因，实际利率有时被称为事前的实际利率（"事前的"意味着在事实发生之前；这里是指在知道通货膨胀水平之前）。

图 6-2 显示了对通货膨胀率进行调整的重要性。尽管 2006 年的名义利率要远低于 1981 年的水平，但是 2006 年的实际利率实际上要高于 1981 年的水平。2006 年的实际利率约为 1.7%，而 1981 年约为 1.4%。换言之，尽管名义利率大幅下降，但 2006 年的借款成本实际要比 1981 年高。这是因为自 20 世纪 80 年代早期以来，通货膨胀（与之相伴的，预期通货膨胀）稳步下降。

名义利率和实际利率：零利率下限和通货紧缩

IS 关系应该选择哪种利率？显然，在消费决策或者投资决策中，影响大众或者企业的是以商品形式度量的实际利率。这对货币政策有着直观的意义。尽管中央银行选择名义利率（正如我们在第 3 章看到的），但其关心的实际上是实际利率，因为它影响支出决策。因此，为了实现其所希望的实际利率水平，中央银行必须将预期通货膨胀考虑进去。例如，如果中央银行希望将实际利率水平设定在 r，它就必须选择名义利率 i，从而使在给定的预期通货膨胀率 π^e 下，实际利率 $r = i - \pi^e$ 达到其所希望的水平。例如，如果中央银行希望实际利率为 4%，预期通货膨胀率为 2%，那么它就会将名义利率设定在 6%。从而我们就可以认为中央银行在选择实际利率水平。

然而，在得出结论时还有一个重要的警示，这就是我们在第 4 章讨论流动性陷阱时讨论过的。在第 4 章我们看到，零利率下限意味着名义利率不可能为负，否则大众将不愿意持有债券。这意味着实际利率不可能低于通货膨胀率的相反数。例如，如果预期通货膨胀率为 2%，那么实际利率能达到的最低水平为 $0 - 2\% = -2\%$。只要预期通货膨胀率为正，就有可能存在负的实际利率。但如果预期通货膨胀率为负，即如果大众预期通货紧缩，那么实际利率的下限就为正，并且有可能变得非常高。例如，如果预期通货紧缩率为 2%，那么实际利率不可能低于 2%。这可能还不足以增加多少商品需求，经济可能仍然处于衰退中。正如我们将在 6.5 节中看到的，2008 年危机期间，零利率下限引起了关注。

6.2 风险和风险溢价

到目前为止，我们都假设只存在一种债券，但实际上存在各种债券。债券存在不同的到期期限——债券承诺支付的时间长度。例如，1 年期政府债券承诺 1 年之后支付一次。10 年期政府债券承诺 10 年间的一系列支付。债券还存在不同的风险，一些债券几乎是无风险的，借款者无法偿还的可能性忽略不计；而一些债券风险很高，借款者无法偿还或者不愿意偿还的可能性不可忽视。本章我们将关注风险，而把到期期限暂时放一下。

我们都不可能以美联储设定的联邦基金利率获得借款，我们也不可能以美国政府借款的利率获得借款。这是有充分原因的，任何有可能向我们提供借款的人都知道我们可能无法偿还。发行债券的企业同样如此。一些企业面临较低的风险，而另一些企业面临的风险就要高得多。债券持有人要求**风险溢价**（risk premium）来作为对风险的补偿。

风险溢价由哪些因素决定？

> 在第 14 章介绍更为正式的到期期限处理方式后，我们将回过来讨论到期期限，以及不同到期期限债券利率之间的关系。

- 第一个因素是违约本身的可能性。违约的可能性越高，投资者所要求的利率就越高。更正式地来说，定义 i 为无风险债券的名义利率，$i + x$ 为风险债券（违约概率为 p）的名义利率，称 x 为风险溢价。从而为了获得与无风险债券相同的期望回报，下面的关系式必须成立：

$$(1 + i) = (1 - p)(1 + i + x) + (p)(0)$$

等式左边给出了无风险债券的回报。等式右边给出了风险债券的期望回报。在 $(1-p)$ 的概率下，未发生违约，债券将偿还 $(1+i+x)$。在 p 的概率下，发生违约，债券将无法偿还。重新整理得到：

$$x = (1 + i)p/(1 - p)$$

如果 i 和 p 很小，那么公式可以很好地简化为 $x = p$。

例如，如果无风险债券的利率为 4%，违约概率为 2%，那么为了获得与无风险债券相同的期望回报，风险溢价等于 2.1%。

- 第二个因素是债券持有者的**风险厌恶**（risk aversion）程度。即使风险债券的期望回报等于无风险债券的期望回报，风险本身也可能使投资者不愿意持有风险债券，他们甚至会要求更高的溢价作为对风险的补偿。至于高多少，则取决于投资者的风险厌恶程度。并且，如果投资者变得更加厌恶风险，那么即使债券本身的违约率没有发生变化，风险溢价也会上升。

为了说明为什么这个因素是相关的，图 6-3 描绘出了 2000 年以来三类债券的利率，它们分别是被视为无风险的美国政府债券、被评级机构分别评为安全（AAA 级）和不那么安全（BBB 级）的公司债券。图 6-3 中有三点值得注意。首先，评级最高的 AAA 级公司债券的利率仍高于政府债券的利率，风险溢价平均约为 2%。相比美国企业，美国政府可以较低的利率借入资金。其次，评级较低的 BBB 级公司债券的利率高于评级最高的 AAA 级公司债券的利率，风险溢价通常超过 5%。最后，注意随着金融危机的演化，2008 年和 2009 年发生了些什么事。尽管政府债券的利率下降了（反映美联储降低政策利率的决定），但是评级较低的债券的利率急剧上升，在危机的高点达到 10%。换言之，尽管美联储将政策利率降低到 0，但是评级较低的企业能够获得借款的利率变得更高了，造成这些企业完全没有动力去投资。就 IS-LM 模型而言，这就告诉我们，为什么我们需要放松我们的假设，即 IS 关系式中应采用政策利率。大量借款者面临的成本可能要远远高于政策利率。

不同评级机构采用不同的评级体系。这里采用的是 S&P 评级，该评级从 AAA 级（几乎无风险）到 BBB 级和 C 级（高违约率）。

总结一下：在前两节，我们介绍了实际利率和名义利率的概念，以及风险溢价的概念。在 6.4 节，我们将扩展 IS-LM 模型，从而将上述概念都考虑进去。不过在此之前，让我们先来看一下金融机构的作用。

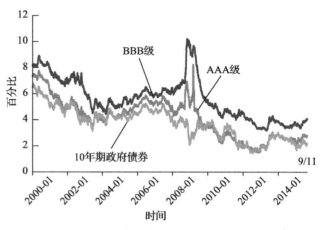

图 6-3　2000 年以来美国 10 年期政府债券、AAA 级和 BBB 级公司债券的利率

资料来源：For AAA and BBB corporate bonds, Bank of America Merrill Lynch; for 10-year U.S. treasury yield, Federal Reserve Board.

6.3　金融机构的作用

到目前为止，我们关注的都是**直接融资**（direct finance），即最终借款者直接从最终借款提供者借入资金。事实上,大多数借贷都是通过中介机构完成的。这些金融机构从一些投资者手中获得资金,然后将这些资金出借给另一些投资者。这些机构包括银行,但是现在也包括越来越多的"非银行",例如抵押贷款公司、货币市场基金、对冲基金等。

金融中介发挥着重要的作用。它们掌握着特定借款者的特点,从而能够为其提供定制化的贷款。在正常的时候,它们运作良好。它们借入并借出资金,通过要求借款者支付略高于其借入资金的利率获得利润。但是有的时候,它们会遇到麻烦,这恰恰就是最近这次危机中所发生的。为了理解这是为什么,我们首先来看一下银行,并从图6-4简化的银行资产负债表开始(同样适用于非银行,我们之后会回过来看)。

> 因为非银行是在银行的影子之下成长起来的,金融体系的这一部分被称为**影子银行**(shadow banking)。但是现在它们已经很大了,并且也不在影子下了。

考虑这样一家银行:资产为100,负债为80,资本为20。你可以认为银行所有者直接投资的自有资金是20,然后从其他投资者那里借入80,最后用100购入各种资产。负债可能包括短期存款、带息存款,或者从投资者和其他银行借入的资金。资产可能包括储备(中央银行资金)、向消费者发放的贷款、向企业发放的贷款、向其他银行发放的贷款、抵押贷款、政府债券或其他形式的证券。

> 人们希望银行的资产负债表真的就这么简单透明。如果真的是这样的话,那么危机波及的范围就会小得多。

在第4章中编制银行的资产负债表时,我们忽略了资本(转而关注储备和其他资产之间的差异)。那时忽略资本是不影响的,但是现在就不行了,我们来看为什么。

杠杆率的选择

让我们从两个定义开始。银行的**资本比率**(capital ratio)定义为银行资本与资产的比率。从而对图6-4中的银行而言,就是20/100=20%。银行的**杠杆率**(leverage ratio)定义为银行资产与资本的比率,即资本比率的倒数。在前面的例子中,就是100/20=5。通常可以从杠杆率的角度来思考问题,并将注意力集中在杠杆率上。我们将沿袭这个习惯。但是鉴于两者之间的关系非常简单,我们也可以采用资本比率来展开我们的讨论。

银行的资产负债表	
资产100	负债80 资本20

图6-4 银行资产、资本和负债

银行在思考选择什么样的杠杆率时,需要权衡两个因素。较高的杠杆率意味着较高的预期利润率,但也意味着较高的破产风险。让我们依次来看这两个因素。

- 假设资产的预期回报率为5%,负债的预期回报率为4%,那么,银行的预期回报为(100×5%−80×4%)=1.8。鉴于银行所有者投入的自有资本为20,则每单位资本的预期利润率等于1.8/20=9%。现在假设银行所有者投入的自有资本为10,其余的90都是借入的。现在银行的资本比率等于10/100=10%,杠杆率为10。预期回报为(100×5%−90×4%)=1.4。单位资本的预期利润率等于1.4/10=14%,明显高多了。通过提高杠杆率,减少自有资金投入,银行就能提高每单位资本的预期利润率。

> 如果银行选择杠杆率为0,那么每单位资本的预期利润是多少?如果银行用足杠杆(资本为0)呢?(第二个问题是非常微妙的。)

- 那么银行为什么不选择高杠杆率呢?因为较高的杠杆率意味着资产价值低于负债价值的风险上升,进而意味着更高的**无力偿债风险**(insolvency)。对于图6-1中的银行,其资产价值可以下降到80,银行仍然不会面临无力偿债,进而也不会破产。但是如果银行选择杠杆率为 10，那么资产价值一旦下降到 90 以下，银行就将面临无力偿债。破产的风险就要高得多。

因此，银行在选择杠杆率时必须将这两个因素都考虑进去。杠杆率过低意味着利润率过低，杠杆率过高意味着破产风险过高。

杠杆率和贷款

假设一家银行选择了其所偏好的杠杆率，并假设其资产价值下降。例如，图 6-4 中银行的资产价值从 100 下降到 90，比方说因为坏账的影响。现在银行的资本下降到 90 − 80 = 10。杠杆率从 5 上升到 10。银行仍然具备偿债能力，但其所面临的风险很显然高于之前。银行打算怎么办呢？它可能打算通过要求其他投资者提供资金来增加资本。但是它也有可能打算减小其资产负债表的规模。例如，如果它能收回一些贷款（金额为 40），从而将其资产降低到 90 − 40 = 50，然后用这些收回的贷款（金额为 40）将其负债降低到 80 − 40 = 40，其资本比率就回到了初始水平，为 10/50 = 20%。然而，尽管资本比率回到了银行所期望的水平，但是其结果是银行的贷款急剧下降。

让我们再进一步。从图 6-4 中的资产负债表开始，假设资产价值下降的幅度很大，比方说从 100 下降到 70，那么银行就面临无力偿债，进而破产了。依赖于这家银行的借款者可能很难找到新的借款提供者。

这跟我们有什么关系呢？因为银行无论是通过减少贷款来保持偿债能力，还是破产了，所减少的贷款都会对宏观经济产生重大不利影响。现在，我们还是把宏观经济意义的相关讨论放到下一节，并且在我们开始那些讨论之前，我们还需要做进一步的探索。

流动性

我们考察了银行资产价值下降的情形，发现这使银行减少了贷款。现在考虑这样一种情形：投资者不确定银行资产的价值，并且相信资产价值很有可能下降了（可能正确也可能错误）。由此，杠杆率将带来灾难性的影响。让我们来看这是为什么。

- 如果投资者对银行资产价值存疑，那么对他们而言，最安全的做法就是将他们的资金从银行取出来。但是这将给银行带来严重的问题，因为银行需要找到偿还投资者的资金。银行发出的贷款无法轻易收回。通常，借款者用这些资金去支付账单、购买汽车、购买机器设备等，因此这些资金不是马上可以收回的。将这些贷款出售给其他银行很有可能也很困难，其他银行很难评估这些贷款的价值，因为它们并不了解这些借款者，只有提供原始贷款的银行才有这方面的信息。一般来说，其他银行评估该银行资产价值的难度越高，该银行就越有可能无法出售这些贷款，或者**大幅减价出售**（fire sale price）这些贷款，这个价格要远远低于贷款的真实价值。然而，这种出售只会使银行的情况变得更糟。随着资产价值的下降，银行很有可能丧失偿债能力，最终破产。相应地，随着投资者意识到可能出现这种情况，他们就更有理由收回资金，从而引发更多的大幅减价出售，使情况变得更糟。注意，即使最初投资者的顾虑是毫无根据的，即最初银行资产的价值并没有下降，这也仍然可能发生。即使银行最初具有很好的偿债能力，投资者要求收回资金的决定以及由此触发的大幅减价出售，也有可能使银行丧失偿债能力。

- 注意，如果投资者可以随时要求收回资金，那么情况将变得更糟。显然银行的短期存款就是这种情况。短期存款也称为**活期存款**（demand deposits），精确地描述了人们可以随时要求收回资金。银行资产在很大程度上由贷款构成，而银行负债在很大程度上由短期存款构成，这一事实使银行特别容易暴露在挤兑风险之下，而金融体系的历史充斥着各种**银行挤兑**（bank runs）的例子。银行挤兑期间，对银行资产的忧虑导致出现挤兑，迫使银行倒闭。银行挤兑是大萧条期间一个重要的特征，正如问题聚焦"银行挤兑"所探讨的，中央银行采取了一系列措施来限制挤兑的发生。然而，正如我们将在本章后面所看到的，这没有完全抓住问题的要害，一种新型的挤兑（这一次不是银行挤兑而是其他金融中介挤兑）再一次在最近的金融危机中发挥了重要的作用。

我们可以来总结一下我们刚才所学的资产和负债的**流动性**（liquidity）。资产的流动性越低（即出售资产的难度越高），大幅减价出售的风险就越高，银行丧失偿债能力进而破产的风险也越高。负债的流动性越高（即投资者要求收回资金的难度越低），大幅减价出售的风险就越高，银行丧失偿债能力进而破产的风险也越高。我们之所以关注这些，是因为这种破产一旦发生，将很有可能造成重大的宏观经济后果。这是下一节的主题。

问题聚焦　　　　　银行挤兑

考虑一家健康的银行——拥有良好的贷款组合。假设谣言开始流传：银行经营不善，有些贷款将无法得到偿付。如果相信银行将倒闭，那么在该银行拥有存款的人将希望销户并取回现金；如果足够多的人都这么做，那么银行的资金就将用尽。鉴于贷款不易召回，银行将无法满足现金需求，最终不得不倒闭。

结论：对一家银行倒闭的恐惧真的能够导致它倒闭——即使一开始银行的贷款状况良好。美国金融史直到20世纪30年代都充斥着这种银行挤兑。一家银行由于坏账而倒闭，使其他银行的存款者开始惊恐，并从银行取出现金，迫使其他银行也跟着倒闭。也许你看过一步经典电影——*It's a Wonderful Life*，每年圣诞节期间都可以在电视上看到詹姆斯·史都华。当史都华所在城镇的另一家银行倒闭后，史都华所管理的购房互助会的存款者也变得惊恐，希望将他们的存款取出。史都华成功地说服他们这是不明智的。电影的结局很好。但是在现实生活中，大多数银行挤兑的结局都不好。（有关银行挤兑是如何开始的，可以观看另一部著名的电影——*Mary Poppins*。）

如何避免银行挤兑？

一种潜在的解决方案称为**限制银行业**（narrow banking），它限制银行持有流动性的安全的政府债券，例如国库券。贷款可以由银行之外的金融中介来提供。这很有可能就能消除银行挤兑。美国监管近期的一些变化就朝着这个方向前进——限制依赖于存款的银行从事一些金融活动，但是在狭义银行远未实施之前就停止了。有关狭义银行的一个担忧就是，尽管它真的能够消除银行挤兑，但是问题可能转移到影子银行并造成影子银行的挤兑。

实践中，这个问题可以通过两种途径得到解决。首先，在第一时间限制银行挤兑。其次，如果银行挤兑还是发生了，那么就让中央银行向其提供资金，从而这些银行就不需要大幅减价出售资产。

为了限制银行挤兑，大多数发达国家的政府都推出了一种存款保险体系。例如，美国于1934年推出了**联邦存款保险**（federal deposit insurance）。目前美国政府对每一个短期存款账户进行保险，从2008年开始，上限为25万美元。其结果就是，存款者没有理由竞相收回资金。

然而，存款保险为其自身带来了问题。存款者无须再为其存款担忧，于是不再关注开户银行的经营活动。银行就有可能行为不端，提供了大量贷款，而如果没有存款保险的话，银行根本就不会提供这些贷款。银行可能承担过高的风险，使用过高的杠杆。

正如危机所显示的，存款保险已经不够了。首先，银行依赖于存款之外的其他资金来源，通常从其他金融机构和投资者获得隔夜借款。这些其他资金没有被保险覆盖，于是实际上在危机期间出现了银行挤兑，只是这一次，不是来自传统的存款者，而是来自批发融资提供者。其次，银行之外的其他金融机构也会面临同样的问题：投资者希望立即收回其资金，而资产很难处置或者快速变现。

因此，鉴于挤兑无法完全避免，中央银行推出了一系列计划，旨在在银行面临挤兑时向其提供资金。在这种情况下，中央银行以银行资产为抵押，向银行提供借款。如此，银行就不需要出售资产，大幅减价出售也就可以避免。传统上，只有银行能够获得这种资金。但是最近的危机表明，其他金融机构也可能面临挤兑，因此也需要获得这种资金。

和存款保险一样，中央银行提供的这种**流动性准备**（liquidity provision）同样不是完美的解决方案。实践中，中央银行可能很难做出选择。评估银行之外哪些金融机构能够获得这种流动性准备非常微妙。评估资产价值，进而决定应该向金融机构提供多少资金同样非常困难。中央银行不愿意向已经丧失偿付能力的机构提供资金，但是在金融危机爆发期间，可能很难界定丧失偿付能力和缺少流动性。

要观看 *It's a Wonderful Life* 中的银行挤兑的话，请访问 https://www.youtube.com/watch?v=lbwjS9iJ2Sw。

要观看 *Mary Poppins* 中的银行挤兑的话，请访问 https://www.youtube.com/watch?v=C6DGs3qjRwQ。

6.4 扩展 IS-LM 模型

我们在第 5 章介绍的 IS-LM 模型中只有一个利率，这个利率由中央银行决定，并进入支出决策。它同时出现在 LM 关系和 IS 关系中。本章前三节应该已经足以让你信服，尽管这是非常有用的一步，但是现实要复杂得多，从而我们必须扩展我们的模型。

首先，我们必须区分名义利率和实际利率。其次，我们必须区分中央银行决定的利率和借款者实际面临的利率。正如我们所看到的，这些利率既取决于与借款者相关的风险，又取决于金融中介的健康状况。风险越高，或者金融中介的杠杆率越高，借款者需要支付的利率就越高。为了将这两方面同时考虑进去，我们将 IS-LM 模型重新用下面的形式表达出来：

中央银行通过调整货币供给来控制名义利率。如果你需要复习一下，回到第 4 章。

IS 关系：$Y = C(Y-T) + I(Y, i - \pi^e + x) + G$

LM 关系：$i = \bar{i}$

LM 关系没有变。中央银行仍然控制名义利率。但是 IS 关系发生了两个变化：出现了预期通货膨胀 π^e，出现了一个新的我们称为风险溢价的项——定义为 x。

- 预期通货膨胀这一项反映了这么一个事实，即在其他条件不变的情况下，支出决策取决于实际利率 $r = i - \pi^e$，而非名义利率。
- 风险溢价 x 以最简单的方式，捕捉到了我们前面所讨论的因素。由于借款提供者认为其无法得到偿付的风险较高，或者因为他们更加厌恶风险，x 可能很高。由于金融中介出于对偿付能力或者流动性的担忧在减少贷款，x 也可能很高。

这两个等式清楚地表明，进入 *LM* 关系式的利率 i 不再是进入 *IS* 关系式的利率 $r+x$。让我们将进入 *LM* 关系式的利率称为（名义）**政策利率**（policy rate，因为它是由货币政策决定的利率），将进入 *IS* 关系式的利率称为（实际）**借款利率**（borrowing rate，因为它是消费者和企业能够获得借款的利率）。

> 两个重要的差异：名义利率 vs. 实际利率；政策利率 vs. 借款利率。

一个简化：正如我们在 6.2 节所看到的，尽管中央银行正式地选择名义利率，但实际上它可以通过实现其所希望的实际利率水平的方式来选择它（忽略了零利率下限这个问题，后面我们还会回过来看这个问题）。因此，我们可以认为中央银行直接选择名义政策利率，并将上述两个等式改写为：

IS 关系：$Y = C(Y-T) + I(Y, r+x) + G$ (6-5)

LM 关系：$r = \bar{r}$ (6-6)

中央银行选择实际政策利率 r。但是与支出决策相关的实际利率是借款利率 $r+x$，它不仅取决于政策利率，还取决于风险溢价。

图 6-5 画出了上述两个关系式。纵轴度量实际政策利率，横轴度量产出。*IS* 曲线是根据给定的 G、T 和 x 画出的。在其他条件不变的情况下，实际政策利率上升，支出下降，进而产出下降：*IS* 曲线向下倾斜。*LM* 曲线是一条位于政策利率之上（中央银行选择的实际利率）的水平线。均衡点由 A 点给出，对应产出水平 Y。

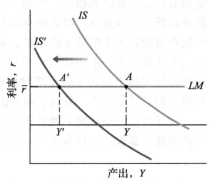

图 6-5 金融冲击和产出

注：x 增加，*IS* 曲线向左移，均衡产出下降。

金融冲击和政策

假设因为某些原因 x 上升了。这里有很多潜在原因。例如，可能是因为投资者变得更加厌恶风险并要求更高的风险溢价，或者可能是因为一家金融中介破产了，导致投资者开始担忧其他银行的健康状况，进而出现了银行挤兑，迫使其他银行减少贷款。根据图 6-5，*IS* 曲线向左移。在同样的政策利率水平 r 下，借款利率 $r+x$ 上升，导致需求下降，进而导致产出下降。新均衡点位于 A'。金融体系的问题引发了衰退。换言之，金融危机演变成经济危机。

政策能发挥什么作用？正如第 5 章中的情况，财政政策——增加 G，或者减少 T，都可以使 *IS* 曲线右移从而增加产出，但是大幅增加支出或者大幅减税可能意味着财政赤字大幅增加，于是政府可能就不愿意这么做。

鉴于低产出的原因在于借款者面临的利率太高了，货币政策可能是一个更好的工具。事实上，如图 6-6 所示，如果政策利率下降足够多，那么原则上就可以把经济带向 A'' 点，并使产出恢复到其初始水平。实际上，面对 x 的增加，中央银行必须降低 r 从而使与支出决策相关的 $r+x$ 保持不变。

> 为了简便起见，我们考察的是 x 的外生性上升，但是 x 本身很有可能取决于产出。产出下降，比方说因为衰退，会增加一些借款者无法偿还的可能性；工人失业后可能无法偿还贷款；丧失销售额的公司可能破产。风险的上升导致风险溢价进一步上升，进而导致借款利率进一步上升，而这又将进一步降低产出。

注意，能够使需求增加足够的量，并使产出恢复到其初始水平的政策利率很有可能是负的。这实际上就是图 6-6 所画出的情况。例如，假设在初始均衡状态下，$r=2\%$，$x=1\%$。假设 x 增加了 4%，从 1% 增加到 5%。为了维持 $r+x$ 不变，中央银行必须将政策利率从 2% 下调到 2% − 4% = −2%。这就产生了一个问题，即由零利率下限产生的对名义利率的约束，之前我们在第 4 章讨论过这个问题。

由于名义利率零下限的存在，使中央银行能够实现的最低实际利率为 $r=i-\pi^e=0-\pi^e=-\pi^e$。用文字来表述就是，中央银行能够实现的最低实际利率就是通货膨胀率的相反数。如果通货膨胀率足够高，比方说达到 5%，那么名义利率为 0 意味着实际利率为 −5%，这个值很有可能足够低到抵消 x 的增长。但是，如果通货膨胀率较低，甚至为负，那么中央银行能够实现的最低实际利率可能就无法抵消 x 的增长，就不足以使经济回到其初始均衡状态。正如我们将看到的，最近这次危机的两个特征实际上就是 x 的大幅增加和低实际通货膨胀率

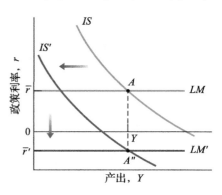

图 6-6　金融冲击、货币政策和产出

注：如果政策利率下降足够多，那么原则上就可以抵消风险溢价的上升。然而，零下限的存在可能会对实际政策利率的下降设定一个限制。

和低预期通货膨胀率，限制了中央银行通过使用货币政策来抵消 x 的增长的政策空间。

现在我们已经掌握了理解什么引发了 2008 年金融危机，以及它如何演化成一次重大经济危机的基本要素。这是本章下一节，也就是最后一节的主题。

6.5　从住房问题到金融危机

当 2006 年美国房价开始下跌时，大多数经济学家预测这将导致需求下降以及增长放缓。没有经济学家预料到这将导致一次重大经济危机。大多数人没能预料到房价的下降对金融体系进而对经济的影响。这是本节关注的焦点。

房价和次级贷款

图 6-7 显示了 2000 年以来美国房价指数的变化。该指数是以构造其的两位经济学家命名的，称为凯斯 – 席勒指数（Case-Shiller Index）。2000 年 1 月，该指数被标准化为 100。你可以看到 21 世纪前 10 年早期价格大幅上涨，紧接着又大幅下降。2000 年指数为 100，2006 年年中上涨到 226，然后开始下降。到 2008 年年末，也就是金融危机开始的时候，指数下降到 162。2012 年早期，指数达到低点 146，之后又开始上升。在编撰本书时，指数为 195，仍然低于 2006 年的峰值。

> 如果你希望知道凯斯 – 席勒指数最近的变化，上网查一下。你还可以找到你所居住城市的价格变化。

2000～2006 年房价指数急剧上涨是否合理呢？回过来看，再加上随之而来的崩盘，当然不合理。但是那个时候，当价格处于上涨过程中时，经济学家并不确定。价格的一定上涨显然是合理的。

> 即使人们没有通过抵押贷款来为购房提供融资，低利率也会带来房价上涨。我们在第 14 章讨论贴现值的时候会就此展开进一步的论述。

- 21 世纪前 10 年是利率异乎寻常低的一段时间。抵押率很低，增加了对住房的需求，进而推高了价格。
- 其他因素也在发挥作用。**抵押贷款机构**（mortgage lenders）变得更加乐意为风险更高的借款者提供贷款。这些抵押贷款称为**次级抵押贷款**（subprime mortgages），或简称**次贷**（subprimes），早在 20 世纪 90 年代中期就出现了，但是在 21 世纪前 10 年变得更加流行。到 2006 年，美国大约 20% 的抵押

贷款是次级抵押贷款。这一定是件坏事吗？同样地，在那个时候，大多数经济学家将其视为积极的发展。这使更多穷人能够买房，并且在房价将继续上涨的假设下，相对于房价，抵押贷款的价值将逐渐下降，这看上去对借贷双方而言都很安全。从过去的角度来判断，房价不会下降的假设看上去同样是合理的。正如图 6-7 所示，即时是在 2000～2001 年的衰退期间，房价也没有下降。

即使价格在上涨，仍有一些经济学家表达了担忧。凯斯-席勒指数的构造者之一——罗伯特·席勒就是其中一个。他警告说价格上涨其实是个泡沫，很有可能会破灭。罗伯特·席勒因其资产定价方面的工作而获得了 2013 年度的诺贝尔奖。

同样地，回过来看，这些发展远远不是大多数经济学家所想象的那么温和。首先，房价可能会下跌，这从 2006 年以来非常明显。当房价下跌时，很多借款者发现他们处于这样一种状态，即他们欠下的抵押贷款金额超过了房产的价值［当抵押贷款的价值高于房产的价值时，抵押贷款就会**缩水**（underwater）］。其次，在很多情况下，抵押贷款的风险实际上要远远高于借款提供者所假称的或者借款者所理解的。在很多情况下，借款者获得抵押贷款时的初始利率非常低，称为"揶揄利率"（teaser rates），从而只有非常低的初始利息偿还，以至于借款者很有可能没有意识到，随着时间的逝去，利息偿还可能会急剧上升。即使房价没有下跌，许多借款者也无法偿还抵押贷款。

其中的一些贷款成了 NINJA 贷款（没有收入、没有工作、没有资产）。

因此，随着房价出现反转，许多借款者违约，借款提供者发现他们面临巨额亏损。2008 年年中，抵押贷款损失大约为 3 000 亿美元。这是一个很大的数字，但是与美国的经济规模相比并不大。3 000 亿美元仅仅占美国 GDP 的 2% 左右。人们可能会认为，美国金融体系完全可以消化这种冲击，从而它对产出的不利影响是有限的。但事实并非如此。尽管危机的导火索事实上就是房价的下跌，但其影响被极大地放大了。即使那些预期房价将下跌的经济学家也没有意识到放大机制会那么强。为了理解这些，我们必须回到金融中介的作用上来。

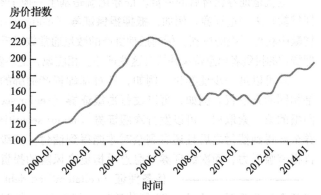

图 6-7　2000 年以来的美国房价

注：2000～2006 年房价指数不断攀升，紧接着出现了急剧下跌。

资料来源：Case-Shiller Home Price Indices，10-city home price index，http://www.standardandpoors.com/indices/main/en/us.

金融中介的作用

在前一节，我们看到，高杠杆、资产的低流动性和负债的高流动性都会增加金融体系陷入困境的风险。所有这三个要素在 2008 年都出现了，进而创造了一场完美的风暴。

杠杆

银行的杠杆率都很高。为什么会这样呢？原因有很多：首先，银行可能低估了它们所面临的风险——经济形势不错，在经济好的时期，银行和人一样，倾向于低估经济形势不好的时候的风险。其次，薪酬体系激励经理追求更高的期望回报，而没有将破产风险完全考虑进去。最后，尽管金融监管要求银行将其资本比率保持在最低水平之上，但银行找到了新的方式——通过创造一些称为**结构化投资工具**（structured investment vehicle，SIV）的新金融结构，来规避这些监管。

负债端，SIV 通常以短期借款的形式向投资者借入资金。资产端，SIV 通常由创造它们的银行担保——如果需要的话，银行将向它们提供资金。尽管花旗银行早在 1988 年就建立了第一个 SIV，但是直到 21 世纪前 10 年 SIV 的规模才迅速扩张。你可能会问，银行为什么不在它们自己的资产负债表上完成这些运作，而要创造一些独立的工具呢？主要原因在于为了增加杠杆。如果由银行自行完成这些运作，那么这些运作就将出现在银行的资产负债表上，从而就要满足资本监管要求，迫使银行持有足够的资金来控制破产的风险。通过 SIV 来完成这些运作就不要求银行降低资本。由于这个原因，银行就可以通过建立 SIV 来增加杠杆进而增加预期回报，它们也确实这么做了。

当房价开始下跌，许多抵押贷款变成坏账，SIV 所持有的证券价值就下跌了，有关 SIV 偿付能力的疑问出现了。并且由于银行担保在 SIV 需要的时候，将向它们提供资金，因此有关银行自身偿付能力的疑问也出现了。随后，另外两个因素——证券化和批发融资开始发挥作用。

证券化

20 世纪 90 年代和 21 世纪前 10 年一个重要的金融发展就是**证券化**（securitization）的发展。传统上，提供贷款或者提供抵押贷款的金融中介将这些贷款保留在自己的资产负债表上。这显然存在不足之处。一家资产负债表上有地方性贷款和抵押贷款的地方性银行更容易暴露在地方经济环境下。例如，在 20 世纪 80 年代中期，石油价格急剧下跌且得克萨斯州处于衰退期，当地许多银行破产了。如果这些银行的抵押贷款组合更加分散化，比方说来自全国各地的抵押贷款，可能就能避免破产。

这就是证券化背后的逻辑。证券化就是基于一揽子资产（例如，一揽子贷款，或者一揽子抵押贷款）来创造证券。例如，**抵押担保证券**（mortgage-based security，MBS）就是从一揽子抵押贷款中获得回报的权利，标的抵押资产的数量通常数以千计。其优势在于，许多不愿意持有单个抵押贷款的投资者愿意购买并持有这些证券。相应地，上述资金供给的增加很有可能降低借款利率。

还可以进一步证券化。例如，针对基础资产捆绑的回报，可以发行不同类型的证券，而不是相同的索取权。例如，可以发行**高级证券**（senior securities），这些证券享有基础资产捆绑的回报的第一索取权，可以发行**次级证券**（junior securities），这些证券排在后面，只有当高级证券全部得到偿付之后且还有剩余时才能得到偿付。高级证券对那些不希望承担风险的投资者而言很有吸引力，而次级证券对愿意承担更高风险的投资者而言很有吸引力。这种证券称为**担保债务凭证**（collateralized debt obligation，CDO），最早发行于 20 世纪 80 年代晚期，但是同样在 20 世纪 90 年代和 21 世纪前 10 年变得日益重要。证券化甚至更进了一步，即利用之前创造的 CDO 来创造新的 CDO，也称为 CDO^2。

理解金融体系的一个主要障碍在于首字母缩略词：SIV、MBS、CDO 等。

证券化似乎是个不错的想法，是一种分散风险的方法，并在向家庭或者企业提供贷款时获得更多的投资者参与，并且事实上确实如此。但同时它也带来了两项巨大的成本，这在危机期间变得明了起来。首先，如果银行将其提供的抵押贷款作为证券化捆绑的一部分出售，从而其资产负债表上不再有这些抵押贷款，那么银行确保借款者能够偿还的动力就下降了。其次，**评级机构**（rating agencies）——那些评估不同证券风险的公司在很大程度上遗漏了风险。当担保抵押底部的抵押贷款变成坏账，MBS 的基础捆绑的价值评估变得异常困难，或者 CDO 的基础 MBS 的价值评估更是如此。这些资产称为**不良资产**（toxic assets）。这使投资者做出最坏的假设，要么不愿意持有这些资产，要么不愿意将资金出借给持有这些资产的机构（例如 SIV）。在前一节的讨论中，银行、SIV 和其他金融中介持有的许多资产的流动性也很低。除非大幅减价出售，否则很难评估这些资产的价值，进而也很难出售这些资产。

批发融资

20世纪90年代和21世纪前10年的另一个发展是除了银行短期存款之外的其他融资途径的发展。越来越多的人开始通过短期借款的形式,从其他银行或其他投资者获得融资,为其购买资产提供融资,这个过程称为**批发融资**(wholesale funding)。银行建立的金融实体——SIV,就完全是通过批发融资来获得资金的。

批发融资似乎也是个不错的想法,使银行在提供贷款或者购买资产时可使用的资金数量方面有了更大的灵活性。但是同时也伴随着成本,这在危机期间变得明了起来。尽管短期存款持有者受存款保险的保护,因而不需要担心其所持有存款的价值,但对其他投资者而言,情况就不是这样了。因此,当其他投资者开始担心银行或者SIV所持资产的价值时,他们就要求收回各自的资金。在上一节的讨论中,我们知道银行和SIV负债的流动性要远远高于资产的流动性。

高杠杆、低流动性的资产和高流动性的负债组合在一起就是一次重大的金融危机。随着房价下跌,一些抵押贷款变成坏账,高杠杆意味着银行和SIV的资本急剧下跌,进而迫使它们出售部分资产。由于这些资产通常很难估值,因此它们就不得不将其大幅减价出售。这进而又降低了它们或者其他金融机构资产负债表上其他类似资产的价值,导致资本比率进一步下降,迫使更多的资产出售和价格的进一步下跌。银行和SIV所持证券的高度复杂性使得很难对其偿债能力做出评估。投资者不愿意继续借款给它们,批发融资停止了,这又进一步迫使资产出售和价格下跌,甚至银行之间都不愿意相互借贷了。2008年9月15日,雷曼兄弟——一家拥有6 000亿美元资产的大银行,宣布破产,这使得金融参与者猜测,许多,如果不是大多数的话,银行和金融机构事实上同样面临风险。到2008年9月中旬,金融体系瘫痪了。银行基本停止了相互借贷,同时基本也不借款给其他任何人了。很快,原本的金融危机变成了经济危机。

宏观经济意义

金融危机对宏观经济最直接的影响有两个方面。首先,如果人们和企业还能继续借款的话,这意味着他们所面临的利率大幅上升;其次,信心大幅下降。

在图6-3中我们看到了不同类型利率所受到的影响。2008年后期,高评级债券(AAA级)的利率上升到8%以上,较低评级债券(BBB级)的利率则上升到10%。突然之间,借款对大多数企业而言变得非常昂贵,而对大量无法发行债券从而完全依赖于银行信贷的小公司而言,几乎就无法借款了。

2008年9月的事件也引起了消费者和企业的广泛担忧。又一次大萧条爆发的想法,或者更一般化地,对金融体系中正在发生的事情感到困惑和恐惧,使信心指数大幅下降。图6-8给出了美国消费者和企业信心指数的变化。

图6-8 美国消费者和企业信心指数,2007~2011年

注:金融危机导致消费者和企业信心指数急剧下跌,在2009年早期达到底部。

资料来源:Bloomberg L. P.

2007年1月这两个指数都被标准化为100。注意消费者信心指数如何从2007年年中开始下降,在2008年秋天急剧反转,在2009年年初达到低点22(远远低于历史低点)。信心下降、股价和房价下跌，其结果就是消费水平急剧下降。

政策响应

高昂的借款成本、下跌的股价，以及下降的信心交织在一起，导致了需求的下降。在 IS-LM 模型中，表现为 IS 曲线的重大不利移动，正如我们在图 6-5 中所画的。面对需求的巨大下降，政策制定者

> 参见第 3 章问题聚焦"雷曼破产，另一次大萧条的担心以及消费函数的移动"。

并没有放任不管。

金融政策

最紧急的措施旨在强化金融体系。

- 为了防止存款者挤兑，每个账户的联邦存款保险从 10 万美元上调到 25 万美元。但是，回顾一下，银行资金的主要来源并非存款，而是从投资者那里获得的短期借款。为了使银行能够继续通过批发融资的方式获得资金，联邦政府推出了一个为银行新发行债务提供担保的计划。
- 美联储为金融体系提供了巨大的流动性。我们在前面看到，如果投资者希望收回资金，那么银行就不得不大幅减价出售部分资产。在很多情况下，这就意味着破产。为了避免发生这种情况，美联储推出了一系列**流动性工具**（liquidity facilities），使得从美联储获得借款变得更加容易，允许包括银行在内的金融中介从美联储借款。最后，美联储增加了向其借款时可以用作**担保物**（collateral，担保物是指借款者借款时提供的作为保证的资产。如果借款者违约，那么资产就归借款提供者所有）的资产类别。这些工具使银行和其他金融中介在偿还投资者的同时，无须出售资产。此外，由于这些工具降低了银行和其他金融中介破产的风险，投资者要求收回资金的动力也就下降了。
- 政府推出了一个**问题资产救助计划**（Troubled Asset Relief Program，TARP），旨在清理银行。2008 年 10 月推出的 7 000 亿美元计划，初始目标在于将复杂的资产从银行的资产负债表中移除，从而降低不确定性，消除投资者的疑虑，使对每家银行健康状况的评估变得更加容易。然而，财政部面临私人投资者同样的问题。如果要把这些复杂的资产换成，比方说国库券，那么应该定什么样的价格呢？不出几周时间，财政部就发现评估每一个这样的资产的价值非常困难，需要花费很长时间，于是放弃了初始目标。新的目标变成了增加银行资本。这是通过政府收购美国大多数大银行的股份，进而向其提供资金完成的。该项计划旨在通过增加银行的资本比率，从而降低其杠杆率，进而避免出现破产，最终逐步恢复正常。2009 年 9 月底，TARP 的总支出达到 3 600 亿美元，其中 2 000 亿美元用于收购银行股份。

> 在编撰本书时，所有银行都已经购回其股份，并偿还了政府的资金。最终估计，TARP 事实上还获得了一些利润。

财政政策和货币政策也被充分使用。

货币政策

从 2007 年夏天开始，美联储开始担忧经济增速放缓，并开始调低政策利率，一开始调整速度比较慢，之后随着危机的迹象越来越明显，速度加快了。第 1 章的图 1-4 给出了 2000 年以来美国联邦基金利率的变化。到 2008 年 12 月，已经变成 0 了。然而，到那个时候，货币政策就受到了零利率下限的限制，政策利率无法进一步调低。之后美联储开始启用**非常规货币政策**（unconventional monetary policy），通过购买其他资产来

> 回顾一下，借款者所面临的利率为 $r+x$。你可以把常规货币政策视为对 r 的选择，而把非常规货币政策视为降低 x 的措施。

直接影响借款者所面临的利率。我们将在第 23 章更详尽地从不同维度考察非常规货币政策。完全可以说，尽管这些措施非常有效，但是货币政策的效力在很大程度上受到零利率下限的制约。

财政政策

当美国政府清楚认识到不利冲击的规模时，它开始运用财政政策。当奥巴马政府 2009 年就任时，其首要任务就是设计一种财政计划，能够在增加需求的同时缩小衰退的规模。《**美国复苏和再投资法案**》(American Recovery and Reinvestment Act) 于 2009 年 2 月通过。该法案号召在 2009~2010 年采取 7 800 亿美元的新措施（以减税和增加支出的形式）。美国的财政赤字从 2007 年的占 GDP 的 1.7% 增长到 2010 年的高点 9.0%。上述增长在很大程度上是危机作用的结果，因为产出下降自动导致税收收入下降，并导致失业救济等转移支付增加。但是，上述增长同样也是财政计划中旨在增加私人支出或者公共支出的特定措施作用的结果。一些经济学家指出，鉴于形势的严峻性，支出的增加和税收的减少幅度应该更大。然而，另一些经济学家担心如果赤字变得太大，可能导致公共债务危机的爆发，从而必须减少赤字。从 2011 年开始，赤字确实下降了，现在赤字要小得多。

我们可以利用前面推导的 IS-LM 模型来总结我们的讨论。图 6-9 完成了这项任务。金融危机导致 IS 曲线大幅左移，从 IS 到 IS'。如果政策没有发生变化，那么均衡点就从 A 点移动到 B 点。金融政策和财政政策在一定程度上抵消了 IS 曲线的移动，于是，经济移动到 IS''，而不是 IS'。货币政策同样使 LM 曲线下移，从 LM 到 LM'，于是均衡点就出现在 A' 点。在那一点上，名义政策利率的零利率下限约束意味着政策利率无法进一步下调。其结果就是，产出从 Y 下降到 Y'。初始冲击如此之大，以至于金融政策、财政政策和货币政策的组合运用仍然不足以避免产出大幅下降：2009 年美国的 GDP 下降 3.5%，之后只是缓慢恢复。

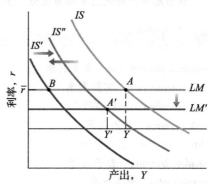

图 6-9 金融危机以及金融政策、财政政策和货币政策的运用

注：金融危机使 IS 曲线左移。金融政策和财政政策使 IS 曲线在一定程度上右移。货币政策使 LM 曲线下移。然而这些政策都不足以避免这次大衰退。

> 很难知道如果没有这些政策又会发生什么。我们可以合理地认为，产出将下降更多，进而导致大萧条再次出现，但是我们无法证明。

本章概要

- 名义利率告诉你，为了得到今天的 1 美元，未来你需要偿还多少美元。
- 实际利率告诉你，为了得到今天的 1 单位商品，未来你需要偿还多少单位商品。
- 实际利率约等于名义利率减去预期通货膨胀率。
- 实际利率零下限意味着实际利率不能低于预期通货膨胀率的相反数。
- 债券的利率取决于债券发行人违约的可能性，以及债券持有人的风险厌恶程度。违约可能性越高，风险厌恶程度越高，利率越高。

- 金融中介从投资者那里获得资金，然后将这些资金出借给其他人。金融中介通过权衡预期利润和丧失偿付能力的风险来选择杠杆率。
- 由于杠杆的存在，金融体系同时面临丧失偿付能力和缺乏流动性的风险，这都有可能使金融中介减少贷款。
- 杠杆率越高，或者资产的流动性越低，或者负债的流动性越高，发生银行挤兑（或者更一般化地，金融中介挤兑）的风险就越高。
- 必须扩展 IS-LM 模型，从而将名义利率和实际利率之间的差异，中央银行选择的政策利率和企业以及大众所面临的借款利率之间的差异考虑进去。
- 金融系统受到的冲击导致给定政策利率下，企业和大众所面临的借款利率上升，进而导致产出下降。
- 21世纪前10年晚期的金融危机是由房价下跌引起的，并通过金融系统进一步放大。
- 金融中介的杠杆率非常高。证券化的存在导致金融中介资产的价值评估非常困难，进而流动性很差。批发融资的存在导致金融中介的负债流动性很高。挤兑迫使金融中介减少贷款，进而对产出产生重大不利影响。
- 金融资产、财政政策和货币政策被组合使用，然而还是无法阻止衰退的深化。

关键术语

nominal interest rate　名义利率
real interest rate　实际利率
risk premium　风险溢价
risk aversion　风险厌恶
direct finance　直接融资
shadow banking　影子银行
capital ratio　资本比率
leverage ratio　杠杆率
insolvency　无力偿债风险
fire sale prices　大幅减价出售
demand deposits　活期存款
narrow banking　限制银行业
federal deposit insurance　联邦存款保险
liquidity provision　流动性准备
bank runs　银行挤兑
liquidity　流动性
policy rate　政策利率
borrowing rate　借款利率
mortgage lenders　抵押贷款机构
subprime mortgages, or subprimes　次级抵押贷款，次贷
underwater　缩水
structured investment vehicle（SIV）　结构化投资工具
securitization　证券化
mortgage based security（MBS）　抵押担保债券
senior securities　高级证券
junior securities　次级证券
collateralized debt obligations（CDO）　担保债务凭证
rating agencies　评级机构
toxic assets　不良资产
wholesale funding　批发融资
liquidity facilities　流动性工具
collateral　担保物
Trouble Asset Relief Program（TARP）　问题资产救助计划
unconventional monetary policy　非常规货币政策
American Recovery and Reinvestment Act　《美国复苏和再投资法案》

习题

快速测试

1. 运用本章的信息，判断下面的说法是正确、错误还是不确定，并简要解释。
   a. 名义利率是以商品形式度量的；实际利率是以货币形式度量的。
   b. 只要预期通货膨胀率大致保持不变，那么实际利率的变化就大致等于名义利率的变化。
   c. 2013年，美国的名义政策利率处于零利率下限水平。
   d. 预期通货膨胀率上升，实际利率下降。
   e. 所有债券面临相同的违约风险，从而支付相同的利率。
   f. 名义政策利率由中央银行设定。
   g. 银行杠杆率的上升往往会带来银行预期利润的上升和破产风险的上升。
   h. 实际借款利率和实际政策利率总是同方向变动。
   i. 对银行和其他金融中介的资产进行估值可能非常困难，特别是在金融危机期间。
   j. 当银行杠杆率很高、流动性很差的时候，它就可能不得不大幅减价出售资产。

k. 银行及其他金融中介所持资产的流动性要低于其负债的流动性。
l. 2000 年以来，房价稳步上涨。
m. 美国为应对金融危机而采取的财政刺激计划有助于减少需求的下降，进而缓解了衰退的规模。
n. 美国为应对金融危机而采取的财政刺激计划包括财政赤字（以占 GDP 的百分比度量）的大幅提升。

2. 对 a~c 的假设，分别使用精确公式和近似公式计算实际利率。
   a. $i = 4\%$；$\pi^e = 2\%$。
   b. $i = 15\%$；$\pi^e = 11\%$。
   c. $i = 54\%$；$\pi^e = 46\%$。

3. 填下表并回答与表中数据相关的问题。

情况	名义政策利率	预期通货膨胀	实际政策利率	风险溢价	名义借款利率	实际借款利率
A	3	0		0		
B	4		2		1	
C	0	2		4		2
D			2		6	3
E	0	-2				5

a. 哪种情况与第 4 章中所定义的流动性陷阱相符？
b. 哪种情况与名义政策利率处于零利率下限相符？
c. 哪种情况下的风险溢价最高？债券市场中的哪两个因素导致了正的风险溢价？
d. 当名义政策利率处于零下限时，维持一个正的预期通货膨胀率为什么非常重要？

4. 现代银行挤兑。
   考虑一家银行，资产为 100，资本为 20，短期存款为 80。回顾一下，根据第 4 章，短期存款属于银行的负债。
   a. 编制该银行的资产负债表。
   b. 现在假设该银行资产的感知价值下降了 10，那么现在银行的资本水平是多少？杠杆率是多少？
   c. 假设存款由政府提供保险，那么如果银行资本价值下降，存款者是否有直接的理由收回其在银行的资金？如果银行资产的感知价值下降 15、20 或者 25，你的答案是否会发生变化？为什么？

   现在考虑另一类银行，资产仍然为 100，资本仍然为 20，但是现在短期信贷而非短期存款为 80。短期信贷到期时必须偿还或者延期（再次借款）。
   d. 编制该银行的资产负债表。
   e. 再次假设如果该银行资产的感知价值下降，借款提供者担心银行的偿债能力，那么他们是否会愿意继续以低利率向银行提供短期信贷？
   f. 假设银行无法筹集额外的资本，那么它将如何为即将到期需要偿还的债务提供融资？如果许多银行（并且都持有类似类型的资产）都在同一时间发生了这种情况，那么这些银行的资产价值可能发生什么变化？这将如何影响借款提供者提供短期信贷的意愿？

5. 从 IS-LM 模型的视角来考察更为复杂的金融市场。
   考虑图 6-6 所描述的经济体。
   a. 图 6-6 纵轴的单位是什么？
   b. 如果名义利率为 5%，预期通货膨胀率为 3%，那么 LM 曲线的纵向截距是多少？
   c. 假设名义利率为 5%。如果预期通货膨胀率从 3% 下降到 2%，那么为了使图 6-6 中的 LM 曲线保持不动，中央银行必须如何调整名义政策利率？
   d. 如果预期通货膨胀率从 3% 下降到 2%，那么 IS 曲线是否会发生移动？
   e. 如果预期通货膨胀率从 3% 下降到 2%，那么 LM 曲线是否会发生移动？
   f. 如果风险债券的风险溢价从 5% 上升到 6%，那么 LM 曲线是否会发生移动？
   g. 如果风险债券的风险溢价从 5% 上升到 6%，那么 IS 曲线是否会发生移动？
   h. 为了防止风险债券的风险溢价上升进而导致产出水平下降，可以采取哪些财政政策？
   i. 为了防止风险债券的风险溢价上升进而导致产出水平下降，可以采取哪些货币政策？

深入研究

6. 全球名义利率和实际利率。

   a. 全球都曾经历过一些负名义利率时期。当你阅读本书的时候，有些可能已经过去了，有些可能还在继续中。瑞士名义利率——相当于联邦基金利率，可以从联邦储备银行圣路易斯分行维护的 FRED 数据库中找到（序列 IRST-CI01CHM156N）。2014 年和 2015 年，瑞士名义利率为负。如果是那样的话，为什么还持有债券呢？持有现金不就可以了吗？在美国，美联储（到目前为止）还没有将名义利率水平设定到 0 以下。

   b. 图 6-2 显示，实际利率常常为负。在什么情况下实际利率可以为负？如果是那样的话，为什么还持有债券呢？持有现金不就可以了吗？

   c. 负的实际利率对借贷会产生什么影响？

   d. 找到一本最近发行的《经济学人》，然后阅读背面的表格（名称为"经济和金融指标"）。采用 3 个月货币市场利率作为名义政策利率的代理变量，采用最近 3 个月消费者价格指数的变化作为预期通货膨胀率的代理变量（均以年化形式给出）。哪个国家的名义利率最低？是否有一些国家名义利率为负？是否存在一些国家实际利率为负？

7. 问题资产救助计划（TARP）。

   考虑一家银行，资产为 100，资本为 20，短期信贷为 80。银行的一些资产是证券化的，其价值取决于房价。这些资产的价值为 50。

   a. 编制该银行的资产负债表。

   假设由于房价下跌，银行证券化资产的价值出现了下降（下降幅度不确定），从而现在这些资产的价值为 25～45。称上述证券化资产为问题资产。其他资产价值保持 50 不变。由于银行资产价值存在不确定性，因此借款提供者不愿意向其提供任何短期信贷。

   b. 给定银行资产的不确定性，银行资本价值处于什么范围？

   作为应对，政府考虑买入这些问题资产，旨在等市场稳定后再将它们出售（TARP 的原始版本）。

   c. 如果政府支付 25 以取得这些问题资产，那么银行资本价值是多少？为了确保银行资本水平为正，政府应该支付多少以取得这些问题资产？如果政府支付 45 以取得这些问题资产，但是其真实价值要低得多，那么谁将承担错误估值的成本？为什么？

   假设政府通过购买银行股份的形式向银行提供资本（而不是从银行购买问题资产），旨在等市场稳定后再将它们出售（TARP 的最终版本）。政府用国库券（成为银行的资产）换得股份。

   d. 假设政府用 25 的国库券换得股份。假设出现最糟糕的情况（从而问题资产的价值仅为 25），重新编制该银行的资产负债表。（记住，银行现在拥有三种资产：50 的非问题资产、25 的问题资产和 25 的国库券。）现在银行的总资本是多少？银行会丧失偿债能力吗？

   e. 基于你的答案，以及课本中的内容，为什么再注资这项政策要优于买入问题资产？

8. 计算债券的风险溢价。

   课本给出了一个公式：
   $$(1 + i) = (1 - p)(1 + i + x) + p(0)$$
   p 代表债券无法偿还（债券发行人破产），从而回报为 0 的概率。

   i 代表名义政策利率。

   x 代表风险溢价。

   a. 如果破产风险为 0，那么风险债券的利率是多少？

   b. 如果风险借款者的名义利率为 8%，名义政策利率为 3%，计算破产概率。

   c. 如果破产概率为 1%，名义政策利率为 4%，计算借款者的名义借款利率。

   d. 如果破产概率为 5%，名义政策利率为 4%，计算借款者的名义借款利率。

   e. 上述公式假设如果发生违约，那么回报为 0。但实际上常常为正。那样的话，你将如何修正公式？

9. 非常规货币政策：金融资产和量化宽松。

   我们有如下形式的 IS-LM 模型：

   IS 关系：$Y = C(Y - T) + I(Y, r + x) + G$ \hfill (6-5)

   LM 关系：$r = \bar{r}$ \hfill (6-6)

将利率视为预期通货膨胀率调整后的联邦基金利率——美联储的实际政策利率。假设企业实际能够获得借款的利率要远远高于联邦基金利率，即 IS 关系中的溢价 x 很高。

a. 假设政府采取措施来改善金融体系的偿付能力。如果政府的措施获得成功，银行变得更乐意提供贷款（银行相互之间以及向非金融企业），溢价可能发生什么变化？图 6-6 中的 IS-LM 图形将发生什么变化？我们是否能将金融政策视为一种宏观经济政策？

b. 假设面对零实际利率，美联储决定直接购买证券以促进金融市场的信贷流动。这项政策称为量化宽松。如果量化宽松获得成功，金融机构和非金融机构就会更容易获得信贷，溢价可能发生什么变化？这将对 IS-LM 图形产生什么影响？如果量化宽松有一定效果，那么是否可以说，当联邦基金利率为 0 时，美联储就缺乏刺激经济的政策工具了？

c. 在后面的内容中，我们将看到这样一种有关量化宽松的观点，即量化宽松增加了预期通货膨胀率。假设量化宽松确实增加了预期通货膨胀率，这将如何影响图 6-6 中的 LM 曲线？

进一步探究

10. 无风险债券和风险债券之间的利差。

    课本用图 6-3 来描述 10 年期美国政府债券的无风险利率、10 年期 AAA 级公司债券和 10 年期 BBB 级公司债券之间的利差。可以利用联邦储备银行圣路易斯分行维护的 FRED 数据库中的数据对图表进行更新。10 年期政府债券的收益率为变量 DGS10。穆迪 10 年期 AAA 级债券的收益率为序列 DAAA。最后，美国银行 BBB 级债券的收益率为序列 BAMLC0A4CBBBEY。

    a. 找出距离你解答本题时最近的那天三个收益率的值。哪个收益率最高？哪个最低？BBB 级和 AAA 级收益率之间的利差是多少？

    b. 现找出一年前同样的收益率，计算利差，并填写下表。

时间	BBB 级	AAA 级	政府债券	BBB 级 – AAA 级	AAA 级政府债券	BBB 级政府债券
现在						
一年前						

   c. 过去一年风险溢价是否发生了变化？还是保持平稳？为什么？

11. 通货膨胀挂钩债券。

    美国财政部发行的一些债券是与通货膨胀挂钩的。这些通货膨胀挂钩债券对投资者进行通货膨胀补偿。因此，这些债券的现行利率等于实际利率——以商品形式给出的利率。这些利率和名义利率可以一起来度量预期通货膨胀率。让我们来看这是怎么回事。

    访问美国联邦储备委员会的网站并找到最近公布的利率（www.federalreserve.gov/releases/h15/Current）。找出 5 年期政府债券的现行名义利率。找出 5 年期通货膨胀挂钩政府债券的现行名义利率。金融市场参与者认为未来 5 年的平均通货膨胀率是多少？

补充阅读

- 有很多关于危机的推荐书籍，包括 Michael Levis 的 *The Big Short*（2010）、Gillian Tett 的 *Fool's Gold*（2009）。这两本书都给出了金融体系是如何变得越来越具风险，直到最终瘫痪的。这两本书读起来都像侦探小说一样，引人入胜。2015 年，*The Big Short* 被拍摄成电影。

- 在 David Wessel 的 *In Fed We Trust*（2009）一书中，《华尔街日报》的经济编辑描述了美联储是如何应对危机的。这本书读起来也非常有意思。还可以阅读 Ben Bernanke 的内幕版：*The Courage to Act: A Memoir of a Crisis and Its Aftermath*（2015）。Ben Bernanke 曾在整个危机期间担任美联储主席。

第三部分

核心内容：中期

中期，经济回到自然失业率水平下的产出水平。

第7章 考察劳动力市场均衡，该均衡由自然失业率（中期内经济趋于恢复时的失业率）推导得出。

第8章 考察通货膨胀与失业率之间的关系，即我们熟知的菲利普斯曲线。通货膨胀率的变化取决于失业率偏离其自然水平的程度。

第9章 提出一个短期和中期相结合的模型，该模型将 IS-LM 模型和菲利普斯曲线结合在一起，从而称为 *IS-LM-PC* 模型。它描述了短期和中期产出与失业率之间的动态关系。

第 7 章
劳动力市场

思考当需求增加，厂商相应增加产出时会发生什么情况。较高产出带来较高就业，较高就业即为较低失业，较低失业带来较高工资。较高工资增加生产成本，从而导致企业提高价格。较高价格使工人要求更高的工资，更高的工资使价格进一步上升。

到目前为止，我们完全没考虑这一连串事件，我们只是在 *IS-LM* 模型中假定不变的价格水平，即在某一特定价格水平下，企业能够并且愿意提供任何数量的产品。从而当我们仅关注短期问题时，这一假定是可行的，但当我们把注意力转向中期时，我们得放弃这个假定，研究价格和工资如何随时间调整，并了解这又如何影响产出。这是我们在这一章以及接下来两章的任务。

上面所描述的这些连锁反应的中心是劳动力市场，这个市场决定了工资。本章集中讨论劳动力市场，分为六个部分。

7.1　劳动力市场概述。

7.2　考察失业如何随时间逐渐变化，其变化如何影响单个劳动者。

7.3 和 7.4　考察工资和价格如何决定。

7.5　考察劳动力市场的均衡。描述了自然失业率，即中期内经济趋于恢复时的失业率。

7.6　指出我们下一步的路线图。

7.1 劳动力市场概述

美国 2014 年的总人口为 31 890 万（见图 7-1）。除去那些不够工作年龄（16 岁以下）、在军队服役以及在监狱服刑的人员，潜在的可供民间雇用的人员，即**非公共机构民间人员**（noninstitutional civilian population）为 24 790 万。

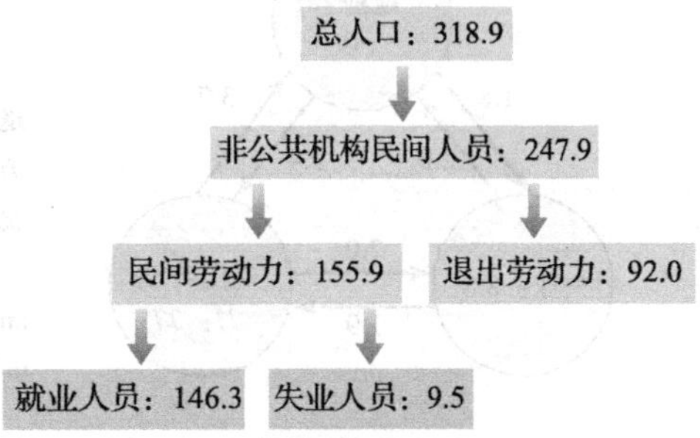

民间劳动力（labor force），即正在工作和寻找工作的人为 15 590 万。其他的 9 200 万人**退出劳动力**（out of labor force），他们要么不在劳动力市场工作，要么放弃了找工作。因此**参与率**（participation），即劳动力占非公共机构民间人员的比例，为 155.9/247.9 = 62%。参与率逐渐稳步增加，主要反映了妇女参与率的提高：1950 年 1/3 的妇女参加工作，而如今接近 2/3。

在那些劳动力当中，14 630 万为就业人员，950 万为失业人员，并且在寻找工作。因此，**失业率**（unemployment rate），即劳动力大军中失业人员的比例，为 9.5/155.9 = 6.1%。

总人口：318.9
↓
非公共机构民间人员：247.9
↓   ↓
民间劳动力：155.9   退出劳动力：92.0
↓   ↓
就业人员：146.3 失业人员：9.5

图 7-1 2014 年美国人口、劳动力大军、就业和失业（单位：百万人）
资料来源：Current Population Survey http://www.bls.gov/cps/.

> 官方统计没有把像做饭以及带孩子这样的家务活动视为工作，对这些活动是否是工作做出价值判断很困难。

劳动力的大规模流动

为了弄明白特定的失业率对单个劳动者的影响，可以考虑下面的类比。

一个机场挤满了乘客，可能是因为有很多飞机起降，许多乘客迅速出入机场；也可能是因为糟糕的天气延误了航班，乘客因此滞留，等待天气好转。这两种情形下机场的乘客数量都很多，但是他们的境况完全不同。第二种境况下的乘客可能就不那么高兴。

同样，给定的失业率可能反映了两种完全不同的现实。可能是活跃的劳动力市场，有许多人**离职**（separations），也有许多人**就职**（hires），因此当很多人加入失业大军时也有很多人离开。也可能是僵化的劳动力市场，很少有人离职也很少有人就职，劳动力大军是停滞的。

要找出总失业率背后的事实，需要劳动者流动的资料，这些资料可以在美国每月的**当期人口调查**（Current Population Survey, CPS）上找到。图 7-2 反映了 1996～2014 年美国以 CPS 计算的平均每月的人口流动。（CPS 的详细信息参见问题聚焦"当期人口调查"。）

图 7-2 有三个显著特征。

- 进入、退出就业的劳动力数量都很多。

  在美国，平均每月有 820 万名劳动者离职（退出 13 900 万的劳动力大军）；300 万人从一份工作到另一份工作（由图 7-2 顶部的圆形箭头表示），340 万人退出劳动力市场（由图 7-2 中从就业到退出劳动力的箭头表示），剩下的 180 万

> 医学用语"僵化"，表示组织硬化。同样地，在经济学中用来表示市场运行很差，交易很少。

> 图 7-1 中就业、失业和退出劳动力数据是 2014 年的，而图 7-2 中是 1996～2014 年的平均值。所以两者的数值有差异。

> 更戏剧性的说法是，美国平均每天有 60 000 名劳动者失业。

人从就业变成失业（由图 7-2 中从就业到失业的箭头表示）。

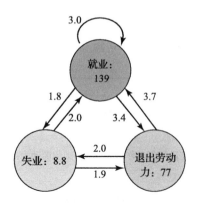

图 7-2　美国就业、失业和退出劳动力的月度流量
（单位：百万人），1996~2014 年

注：①进入和退出就业的劳动力数量是庞大的。②进入和退出失业的数量相对于失业数量是巨大的。③进入和退出劳动力的数量同样是庞大的，其中的大多数直接退出就业或者直接就业。

资料来源：Calculated from the series constructed by Fleischman and Fallick，http://www.federalreserve.gov/econresdata/researchdata/feds200434.xls.

为什么每个月有这么多人离职？大约 3/4 的离职人员是**辞职**（quits）的，劳动者找到了更好的工作而辞掉当前的工作，剩下的 1/4 则是**被解雇**（layoffs）的。解雇往往是因为企业的雇用人员数量发生变化：总就业人数的缓慢变动说明了一部分工作岗位不断消失，同时新的工作岗位不断增加。在任何特定时候，有些企业可能面临需求下降，因此减少雇员；还有一些企业的需求增加，增加雇员。

> 平均的失业持续时间是每个月摆脱失业的失业人员的比例的倒数。看下面这个例子来理解。假设失业的人是常数，为 100，每人失业 2 个月。因此在任何时候，有 50 个人已经失业 1 个月，有 50 个人已经失业 2 个月。每个月，那 50 个失业 2 个月的人摆脱失业，每个月失业人员摆脱失业的比例为 50/100 = 50%。失业的持续期为 2 个月，1/50%，即 50% 的倒数。

- 比起失业人数，进入、退出就业的劳动力数量都很多。平均每个月摆脱失业的人数为 390 万：其中 200 万的人找到了工作，190 万的人放弃寻找工作，退出劳动力大军。也就是说，每个月摆脱失业的失业人员的比例为 3.9/8.8 = 44%。或者说，平均的**失业持续时间**（duration of unemployment），即人们平均的失业时间为 2~3 个月。

这有着重要的意义。美国的失业不是失业人员无限期地等待工作的停滞状况。对于大部分（显然不是所有的）失业人员，失业只是工作之间的迅速转换而不是长期等待。现在，我们需要注意两点。首先，在这方面，美国和其他发达国家有所不同：西欧国家的平均失业持续时间比美国长得多。其次，正如我们将看到的，即使是在美国，当失业水平高的时候，比如在危机期间，平均失业持续时间也将大大增加。这使失业人员变得更加痛苦。

- 令人惊讶的是，进入和退出劳动力大军的人也很多：每个月有 530（= 340 + 190）万劳动者退出劳动力大军，进入劳动力大军的劳动者数量稍稍多一些，为 570（= 370 + 200）万。你可能已经预期到这两组人员的构成：一部分是结束学业第一次进入劳动力市场的人，另一部分是退休的工人。但事实上这两组人员仅仅是所有人员流动的一小部分。每个月仅仅有 45 万新人进入劳动力市场，35 万工人退休。但进入和退出劳动力大军的实际人数是 1 120 万，是前面的 14 倍多。

这一事实意味着被归为"退出劳动力市场"的那些人实际上愿意工作，在参加和不参加工作之间来回变动。确实有报道说，被归为"退出劳动力市场"的那些人中有很高比例的人想要获得一份工作，尽管他们没在找工作。他们这些陈述的意思不明确，但事实是当有工作机会时他们就会接受。

这一事实有另一个重要的意义。经济学家、政策制定者以及新闻媒体大力关注的失业率是有些误导的。被归为"退出劳动力市场"的人中有一部分很像失业人员，他们实际上是**丧失信心的劳动者**（discouraged workers）。虽然他们并没有积极寻找工作，但是找到工作的时候就会接受。

这就是为什么有时候经济学家关注**就业率**（employment rate），即就业人口占可以工作人口的比例，而不是失业率。失业水平越高，或者退出劳动力市场的人数越多，就业率就越低。

沿袭传统，本书将失业率视为劳动力市场的一个指标，但是你要记住失业率并不是估计可工作劳动者数量的最好方法。

反向考虑：一些失业人员可能不愿意接受提供的工作，也许应该不被归类为失业，因为他们并没有真正寻找工作。

2014 年，就业人数为 14 630 万，可以工作的人数为 24 790 万。就业率为 59.0%。就业率有时也称为就业-人口比率。

问题聚焦　　当期人口调查

当期人口调查（CPS）是美国劳动力、就业、参与率和收入的主要统计资料。

CPS 始于 1940 年，当时只基于 8 000 户家庭的访问。现在样本数大规模增长，如今大约 60 000 户家庭每月接受访问。样本家庭的选取要能代表美国人口。每个家庭被选为样本 4 个月，在接下来的 8 个月退出样本，之后 4 个月重新被选为样本，之后就再也不会成为样本。

现在调查是计算机辅助调查。访问或者以面对面的方式进行，访问者使用手提电脑，或者通过电话方式进行。有些问题在每次调查中都会被问到，有些问题只在特定调查中才会被问到，用以识别劳动力市场的特殊状况。

劳工部用这些数据按年龄、性别、受教育程度和行业，计算并公布就业、失业、年龄方面的数据。这些数据可以在大量电脑文件中获得，经济学家用这些数据有两方面的用途。

第一，经济学家运用这些数据描述不同时期事情的状态，回答诸如此类的问题：初等教育程度的西班牙裔美国工人工资的分布状况如何？比起 10 年前、20 年前有何变化？

第二，如图 7-2 所示的例子，经济学家借助这些数据发现不同时期追踪调查对象的情况。通过考察相邻两个月里同样的人，经济学家可以知道上个月的失业人员中，下个月摆脱失业的有多少。这个数据有助于估计某个月的失业人员下个月找到工作的可能性。

CPS 的更多内容，可参见 CPS 的主页：www.bls.gov/cps/home.htm。

7.2　失业的变化

我们考察失业的变化。图 7-3 给出了 1948 年以来美国每年的平均失业率。阴影部分表示出现经济衰退的年份。

图 7-3 有两个重要的特征。

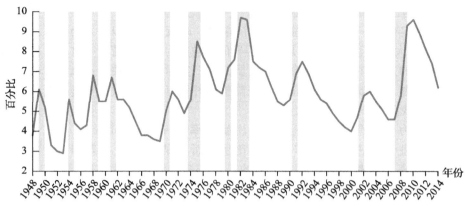

图 7-3 美国失业率的变化，1948~2014 年

注：1948 年以来，美国每年的平均失业率为 3%~10%。
资料来源：Series UNRATE：Federal Reserve Economic Data (FRED) http://research.stlouisfed.org/fred2/.

- 20 世纪 80 年代中期以前，美国的失业率看起来呈上升趋势，平均失业率从 50 年代的 4.5%，上升到 60 年代的 4.7%，70 年代的 6.2%，80 年代的 7.3%。然而，自那以后，失业率稳步下降。一直持续了 20 多年。到 2006 年，失业率下降到 4.6%。这让一些经济学家认为从 1950 年到 20 世纪 80 年代的趋势已经扭转，并且美国的正常失业率水平下降了。危机爆发使失业率急剧上升，之后又开始下降。在编撰本书时，失业率水平为 5.0%。未来是否能回到危机前那么低的水平是未知的。

- 暂不考虑上述趋势变化，每年的失业率变化与经济的衰退和扩张有密切联系。例如，观察图 7-3 中最近的四个失业高峰。最近的一次是在 2010 年，失业率为 9.6%，是经济危机的产物。前两个高点则分别与 2001 年、1990~1991 年的经济衰退相关，失业率水平要低得多，大约为 7%。1982 年经济衰退时，失业率高达 9.7%，只有那一次经济衰退可以与最近的经济危机相比。（年均值可能会掩盖年内更高的峰值。1982 年经济衰退期间，尽管全年平均失业率为 9.7%，但事实上，1982 年 11 月的失业率曾达到 10.8%。类似地，2009 年 10 月的失业率也曾达到 10.0% 的峰值。）

> 有时失业率的峰值出现在经济衰退之后，而非经济衰退当年。例如，2001 年经济衰退时就出现了这种情况。究其原因，尽管产出为正，从而从技术上来讲，经济已经走出了衰退，但是增加的产出并没有增加足够多的就业机会来降低失业率。

总失业率的波动在哪些方面影响单个劳动者？这个问题很重要，其答案涉及两方面的影响。

- 总失业率波动对单个劳动者福利的影响。
- 总失业率对工资的影响。

我们先考虑这个问题：当需求下降时，企业怎样减少其雇员数量？它们可以少雇用新的劳动者，或者他们可以解雇已雇员工。一般来说，企业更愿意放缓或者停止雇用新的劳动者，通过员工辞职和退休来减少雇员人数。然而如果需求量的下降幅度很大的话，这些可能就不够了，因此企业可能解雇员工。

现在考虑对已就业人员和失业人员的影响。

- 如果企业通过少雇用新员工来调整雇员人数，那么失业人员找到工作的机会就会减少。更少的雇用意味着更少的招聘会，更高的失业率意味着更多的求职者。更少的招聘会和更多的求职者使失业者找工作越发困难。
- 如果企业通过多解雇来调整，那么已雇员工失业的风险变高。

一般来说，企业双管齐下，较高失业率既和失业人员面临找到工作的机会变小有关，又和就业人员面临失去工作的风险变高有关。图 7-4、图 7-5 反映了美国在 1996～2014 年这两方面的影响。

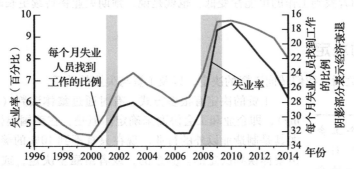

图 7-4　失业率和失业人员找到工作的比例，1996～2014 年

注：失业率较高时，失业人员在 1 个月内找到工作的比例下降。注意右侧的坐标轴是反向的。

资料来源：Series UNRATE：Federal Reserve Economic Data（FRED）http：//research. stlouisfed. org/fred2/. Series constructed by Fleischman and Fallick, http：//www. federal reserve. gov/econresdata/research data/.

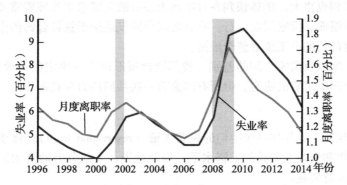

图 7-5　失业率和月度离职率，1996～2014 年

注：失业率增高，就业者失业的比例上升。

图 7-4 绘出了两个变量的时间图：失业率（由左边纵轴表示）和每个月失业人员找到工作的比例（由右边纵轴表示），该比例用每个月从失业到就业的人数除以该月的失业人数得到。为了更清楚地表达两个变量间的关系，失业人员找到工作的比例从反向描绘。注意右边纵轴的刻度是从上到下递增的。

找到工作的失业人员的比例和失业率之间的关系令人震惊：较高失业率时期，找到工作的失业人员的比例低得多。例如，2010 年，失业率接近 10%，1 个月内找到工作的失业人员的比例大约只有 17%，而在失业率低得多的 2007 年，这个比例为 28%。

类似地，图 7-5 绘出了两个变量的时间图：失业率（由左边纵轴表示）和月度离职率（由右边纵轴表示），该比例用每个月从就业到失业以及退出劳动力市场的人数除以该月的就业人数得到。图中变量之间的关系相当强，也就是说，高失业率意味着高离职率，就业者失业的可能性更高。高失业率期间的离职率几乎是低失业率期间的两倍。

总结一下，当失业率高时，劳动者的情况恶化主要表现在以下

准确地说，我们能从图 7-5 得到的就是，失业率高时，离职率也高。离职人数等于辞职人数加上解雇人数。我们知道当失业率高时，辞职人数较少；当工作机会多时，辞职更具吸引力。因此，如果离职人数上升，辞职人数下降，意味着解雇人数（离职人数减去辞职人数）的增加多于离职人数的增加。

两方面。

- 已就业的劳动者失去工作的可能性变高。
- 失业劳动者找到工作的可能性变低，也就是说，预期失业将持续更长时间。

7.3 工资的决定

考察了失业之后，我们转向工资的决定，以及工资与失业的关系。

> 集体谈判是一个工会（或者一批工会）与一个企业（或者一批企业）谈判。

工资的决定有很多方式。有时通过**集体谈判**（collective bargaining），即企业和工会协商来确定。但是，在美国集体谈判作用有限，尤其是制造业以外的行业。现在只有不到10%的美国工人的工资是由集体谈判决定的。其余的，或者由雇主决定，或者由雇主和单个雇员协商决定。工作所需技能越高，协商的可能性就越高。刚毕业的大学生能就薪酬的一些方面协商，CEO以及棒球明星的协商余地就更大。

国与国之间差别也很大。集体谈判在日本和大多数欧洲国家都发挥着重要作用，谈判可能在企业层面、行业层面、国家层面进行。有时协议合同仅适用于签订合约的企业，有时则适用于所有企业、所有部门的员工或者整个经济。

鉴于劳动者之间以及国家之间的差别，我们能指望形成工资决定的一般理论吗？当然能。虽然制度的差别会影响工资的决定，但所有国家有一些共同的力量在起作用，主要体现在以下两个方面。

- 劳动者得到的工资往往高于他们的**保留工资**（reservation wage）。保留工资指的是使人们感觉工作和失业无差异的工资水平。也就是说，大部分劳动者的工资使他们愿意工作，而不愿意失业。
- 工资一般取决于劳动力市场的状况。失业率越低，工资越高。（下一节会详细阐述。）

考虑到这些事实，经济学家大体上有两种解释。第一种是即便没有集体谈判，大多数工人也有一定的协商能力，使他们获得的工资高于保留工资。第二种是企业自身因为各方面的原因，愿意支付高于保留工资的工资。我们依次来考察这两种解释。

议价

工人的**议价能力**（bargaining power）取决于两个因素：一是如果工人离开企业，为了替代该工人企业可能的花费；二是工人找到另一份工作的难易程度。企业替代工人花费的成本越高，工人找其他工作越容易，那么工人的议价能力就越强。这其中也暗含了以下两层意思。

- 工人的议价能力首先取决于工作的性质。替换一个麦当劳的员工很容易：工人所需的技能可以快速培训，而且通常有很多人等着找这样的工作。在这种情况下，工人不可能有很强的议价能力，如果工人要求涨工资，企业就会辞掉他，然后以最低的成本招到替代者。相反，高级技工知道企业运作的详细情况，就很难被替代，并且替代成本也很高，这样他们就有更强的议价能力，如果要求涨工资，企业一般都会答应。
- 工人的议价能力还取决于劳动力市场的状况。失业率低的时候，企业找到合适的替代者就比较难，同时，工人也比较容易找到其他工作，在这种情况下，工人就有比较强的议价能力，也有可能获得更高的工资。相反，失业率高的时候，企业找到优秀的替代者就比较容易，而对工人来说，找到另外一份工作就会比较难，因而议价能力弱，工人就没有选择，只能接受较低的工资。

效率工资

抛开工人的议价能力，企业也许愿意支付比保留工资更高的工资。它们希望工人更有效率，而较高的工资能做到这一点。举个例子，工人花费一段时间学会了怎样正确地开展工作，企业就想要留住员工。但如果只付给工人保留工资，他们就会觉得留下来或者离开都无所谓。在这样的情况下，大多数人会选择辞职，因而跳槽率会比较高。而当支付的工资比保留工资高时，就会有使员工留下来的吸引力，这样也能降低跳槽率并且提高生产效率。

在这个例子背后，还有个更一般的命题：多数企业希望员工对他们的工作有自豪感，这样能促使他们更好地工作，从而提高工作效率。增加工资只是企业达到这一目的的方法之一。（参见问题聚焦"亨利·福特和效率工资"。）经济学家把将工人的生产率或效率与工资联系起来的理论称为**效率工资理论**（efficiency wage theories）。

与基于议价的理论类似，效率工资理论说明工资取决于工作的性质和劳动力市场的状况。

- 企业，比如高科技企业，视员工的士气和担当为工作质量至关重要的部分，也愿意支付比常规部门员工更多的工资。
- 劳动力市场的状况会影响工资。低的失业率使在职工人觉得辞职更有吸引力：当失业率低时，容易找到另一份工作。也就是说，企业为了减少员工离职，必须增加工资使他们留下来。当这些发生时，低失业率又会导致新一轮的工资上涨。相反，高失业率会导致低工资。

彼得·戴蒙德、戴尔·莫滕森和克里斯托弗·皮萨里德斯因发现了一个流动性很高且具有议价能力的劳动力市场的特征而获得2010年诺贝尔经济学奖。

在2001年9月11日之前，机场安保采用低薪雇人的方式，导致了高跳槽率。现在机场安保的优先级提高，使这份工作变得更有吸引力，薪水也更高，因而工人变得更有动力、更能胜任，跳槽率也降低了。目前美国运输安全管理局（TSA）的离职率大体与服务行业相当。

问题聚焦　　　　亨利·福特和效率工资

在1914年，亨利·福特（Henry Ford）——当时最流行车型（T型车）的缔造者，做出了一个惊人的声明：将给8小时工作制的合格员工最低每天5美元的工资。对大多数员工来说，这是一次很大的调薪，要知道，当时工人每天工作9小时才挣2.3美元。对福特公司来说，这次调薪绝不可忽视，增加的薪水支出大约占当时利润的一半。

在当时，福特的动机并不清楚。福特本人给出了太多的理由，以至于我们很难猜测究竟哪个是他真正所想的。原因不是在现有工资基础上很难招到工人，而是留住人很难。当时的跳槽率很高，而且工人有很多不满。

不管福特这一决定背后的动因是什么，增加工资的效果惊人，如表1所示。

表1　福特的年跳槽率和解雇率，1913～1915年

	1913年	1914年	1915年
跳槽率（%）	370	54	16
解雇率（%）	62	7	0.1

平均跳槽率（工人的离职率）从 1913 年的高点 370% 直线下降至 1915 年的低点 16%。（平均 370% 的跳槽率意味着平均每个月有 31% 的工人离职，乘以 1 年的月份，离职率就是 31%×12=370%。）解雇率从 62% 降到几乎为 0。平均旷工率（表 1 中未显示）在 1913 年接近 10%，一年之后下降到 2.5%。毫无疑问，高工资是这些变化的主要原因。

福特工厂提高的效率能够抵销工资成本的上升吗？这个问题的答案比较模糊。1914 年的效率肯定是比 1913 年高，据估计，效率提高了 30%~50%。尽管工资支出增加，但 1914 年的利润仍然比 1913 年高。但是增加的利润有多少是由工人行为的变化引起的，又有多少是由 T 型车的成功引起的，我们很难测算。

尽管最后的结果支持了效率工资理论，但至少从利润最大化的角度看，每天 5 美元的工资有可能高了点。但是，福特很可能还有其他目的，如把工会排除在外，宣传自己和公司，这正是他要做的。

资料来源：Dan Raff and Lawrence Summers, "Did Henry Ford Pay Efficiency Wages?" *Journal of Labor Economics* 1987 5（No. 4 Part 2）：pp. S57-S87.

工资、价格和失业

根据我们的讨论，工资的决定可以用下面的等式来表示：

$$W = P^e F(u,z) \tag{7-1}$$
$$(-, +)$$

名义总工资——W，由三个因素决定：

- 预期价格水平——P^e。
- 失业率——u。
- 其他因素——z，代表可能影响工资的其他变量。

我们来详细讨论每个因素。

预期价格水平

首先忽略预期价格和实际价格之间的差别，然后想想为什么价格水平会影响名义工资？答案是：这是由于工人和企业都关心实际工资而不是名义工资。

- 工人不关心他们得到了多少钱，但关心这些钱能买到多少东西。换句话说，他们不关心得到的名义工资，但关心得到的名义工资 W 和他们要买的商品的价格 P 之比，即 W/P。
- 同样，企业关心的不是它们支付的名义工资，而是名义工资 W 与它们所售商品的价格 P 之比，即 W/P。

> 预期价格水平上升导致名义工资的同比例上升。

换个角度思考：如果工人的预期价格水平，即他们需要买的商品的价格将上涨一倍，那么，他们就会要求名义工资也上涨一倍。如果企业的预期价格水平，即它们所售商品的价格将上涨一倍，那么，它们愿意支付上涨一倍的名义工资。所以，如果工人和企业都预期价格水平上涨一倍，那么他们会同意将名义工资提高一倍，这样就能保持实际工资不变。

这也体现在式（7-1）中：预期工资上涨一倍导致名义工资也上涨一倍。

回到我们上文所讲的区别：为什么工资取决于预期价格水平 P^e 而不是实际工资水平 P？这是因为工资是以名义形式（美元）设定的，在设定的时候，相关价格水平是未知的。

例如，在美国的一些工会合同中，名义工资预先设置三年。工会和企业必须根据它们对接下来价格水平的预期来决定未来三年的名义工资。即使是由企业或者是通过每个工人和企业议价来设定工资，名义工资通常也是每年设定。如果在此期间价格水平的上涨超出了预期，名义工资通常不会重新调整。（工人和企业如何形成价格预期是我们在接下来的两章要重点讲述的，这里我们先把这个问题放一下。）

失业率

在式（7-1）中，失业率 u 也会影响总工资。u 下面的负号表示失业率的上升会降低工资。事实上，工资取决于失业率是我们之前讨论的一个主要结论。如果我们认为工资取决于议价，那么较高的失业率会削弱工人的议价能力，他们只能接受低工资。如果我们认为工资取决于对效率工资的考虑，那么失业率较高时，企业支付较低的工资仍然能促使工人去工作。

> 失业率的增加导致名义工资降低。

其他因素

式（7-1）中的第三个变量是 z，它代表在给定预期价格水平和失业率下影响工资的全部其他因素。根据习惯，定义 z 使 z 增加时工资也会增加（因此 z 下面的符号是正号）。我们在前面的讨论给出了这里一长串的潜在因素。

> 通过对 z 的定义，z 的上升会导致名义工资增加。

例如，**失业保险**（unemployment insurance）——给失业工人提供的失业保险金。为那些失去工作并且很难找到新工作的人提供失业保险有重要的意义。但有个问题，为了降低失业后的痛苦，政府会发放慷慨的失业救济金，这样，在一定的失业率水平上势必会推高工资。举个极端的例子，假设没有失业保险，一些缺乏生活来源的工人就会接受低工资从而避免失业。但是失业保险的存在使失业工人要求更高的工资。在这样的情况下，我们可以认为 z 代表的是失业保险金水平：在一定的失业率水平下，较高的失业保险金会推高工资。

其他因素很容易想到。在一定的失业率水平下，最低工资的增加不仅提高了最低工资本身，而且使其以上的工资增加，导致平均工资 W 增加。或者，增加**就业保护**（employment protection）使裁员的成本越来越高。在一定的失业率水平下，这一变化有可能增强受保护工人的议价能力（现在，解雇和雇用工人的成本更高），这样也会推高工资水平。

7.4 价格的决定

考察了工资的决定，我们转而讨论价格的决定。

产品的定价取决于企业面临的成本。这些成本又取决于**生产函数**（production function，原材料、产量和原材料价格的相互关系）的性质。

现在，我们假设企业只使用劳动力这种单一的生产要素来生产产品，那么，生产函数为：

$$Y = AN$$

其中，Y是产出，N是就业人数，A是劳动生产率。以这种方式来表述生产函数意味着**劳动生产率**（labor productivity）——每个工人的产出是不变的，且等于A。

> 这里，我们可以回想微观经济学的知识：这个假设意味着劳动的回报率是恒定的，如果企业增加一倍的劳动力，那么产出也会增加一倍。

需要明白的是，这个生产函数是极度简化的形式，现实中，除了劳动力，企业还使用其他生产要素，比如资本——机器和厂房、原材料——石油等，而且还存在技术进步，所以劳动生产率A并不是恒定不变的，而是随时间不断提高。接下来我们会介绍这些内容。在第9章，我们就会介绍原材料，讨论石油价格的变化；在第10~13章，当讨论长期产出的决定问题时，我们会重点关注资本和技术进步的作用。但是现在，产出和就业的简单关系使我们的介绍更简单，同时也能实现我们的目标。

假设给定的劳动生产率恒定为A，我们可以做进一步的简化，可以在选择产出单位时假设一个工人生产一单位的产出，换句话说，$A=1$（我们不必再用字母A，这样就简化了公式）。在这样的假设条件下，生产函数变为：

$$Y = N \tag{7-2}$$

这个生产函数意味着，多生产一单位产出的成本是多雇用一个工人的成本，即工资W。用微观经济学的术语就是：边际成本——增加一单位产出的成本，等于W。

如果产品市场是完全竞争市场，那么一单位产出的价格就会等于边际成本，即P等于W。但很多产品市场不是竞争性的，企业的定价会高于边际成本。理解这一现实的简单方法就是假设企业是根据以下公式定价的：

$$P = (1+m)W \tag{7-3}$$

其中m是价格超过成本的**加成**（markup）。如果产品市场是完全竞争的，那么m等于0，价格P就等于成本W。当市场不是竞争性的，企业就会获得市场势力，那么m是正的，价格P会超过成本W，乘上一个因子$(1+m)$。

7.5 自然失业率

下面我们考察工资和价格的决定对失业的影响。

> 本章的剩余部分基于$P^e = P$这一假设。

在本章的剩余部分，我们假设名义工资取决于实际价格水平P，而不是预期价格水平P^e（做出这个假设的原因你很快就会清楚）。在这个附加假设条件下，工资和价格的设定决定均衡（也称为自然）失业率水平。让我们具体来看。

工资设定关系

在名义工资取决于实际价格水平P，而不是预期价格水平P^e的假设条件下，式（7-1）变为：

$$W = PF(u, z)$$

我们可以在等式两边同时除以价格：

$$\frac{W}{P} = F(u, z) \tag{7-4}$$
$$(-, +)$$

工资的决定说明实际工资 W/P 和失业率 u 之间是负相关的：失业率越高，工资设定者选择的实际工资就越低。直观来看很显然：失业率越高，工人在议价时就会处于弱势地位，实际工资也就越低。

我们把实际工资和失业率之间的关系叫作**工资设定关系**（wage-setting relation）——如图7-6所示，实际工资用纵轴表示，失业率用横轴表示。工资设定关系是一条向下倾斜的曲线 WS：失业率越高，实际工资越低。

> 在集体谈判中，工资的设定者是工会和企业，在逐项谈判中，设定者是工人个体和企业，基于要么接受要么放弃的工资设定，工资的设定者为企业。

价格设定关系

现在我们来看价格决定的影响。如果我们将式（7-3）的两边同时除以名义工资，得到：

$$\frac{P}{W} = 1 + m \qquad (7\text{-}5)$$

通过企业的价格设定行为可以推导出价格和工资的比率等于 1 加上加成。现在将等式两边倒置就可以得到实际工资：

$$\frac{W}{P} = \frac{1}{1+m} \qquad (7\text{-}6)$$

注意这个等式的含义：价格设定决策决定企业支付的实际工资。在一定的工资水平下，加成的增加导致价格上涨，同样也会导致实际工资下降。

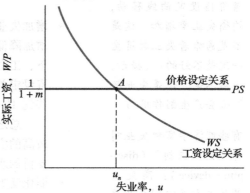

图7-6 工资、价格和自然失业率

注：自然失业率就是工资设定选择的实际工资等于价格设定导出的实际工资时的失业率。

从式（7-5）到式（7-6）是简单的代数变换，但是价格设定实际上是如何决定企业支付的实际工资的却不明显。不妨这样想：假设你所在的企业增加加成，从而导致产品价格上升。但你的实际工资并没有发生多大变化：你得到的名义工资没有变，你所在企业生产的产品最多只占你消费产品的一小部分。现在假设不只是你所在的企业，其他所有企业都增加加成，所有价格都上涨。即使你的名义工资不变，实际工资仍会下降。因此，企业设定的加成越高，你的（其他每个人的）实际工资就越低。这就是式（7-6）的含义。

在图7-6中，式（7-6）的**价格设定关系**（price-setting relation）是水平线 PS。价格设定导出的实际工资是 $1/(1+m)$，它不取决于失业率。

均衡实际工资和失业

劳动力市场的均衡要求工资设定选择的实际工资等于价格设定导出的实际工资。（如果按照你学过的微观经济学课程上的劳动力供需方式来考虑这个问题，这种对均衡的表述方法可能有点奇怪。一方面是工资设定和价格设定的关系，另一方面是劳动力供需的关系，两者的关系比乍一看要紧密得多，这个问题会在本章的附录中进一步探讨。）因此，在图7-6中，均衡点为 A，均衡失业率为 u_n。

我们也可以用代数式来描述均衡失业率，将式（7-4）和式（7-6）中的 W/P 去掉，得到：

$$F(u_n, z) = \frac{1}{1+m} \qquad (7\text{-}7)$$

均衡失业率 u_n 是工资设定选择的实际工资［式（7-7）的左边］，等于价格设定导出的实

际工资 [式 (7-7) 的右边] 时的失业率。

这个均衡的失业率称为**自然失业率**（natural rate of unemployment）（这就是为什么我们要用下标 n 来表示）。这个术语已经成为标准，所以我们也沿用，但是这个词用得不好。"自然"这个词意味着自然的一种稳定状态，不受制度和政策的影响，但从其推导过程可以清楚地看到，自然失业率并非自然产生的。工资设定和价格设定曲线的位置，也就是均衡失业率，取决于 z 和 m。我们来看两个例子。

> "自然"在《韦伯斯特字典》里是自然的、不受人为影响的状态。

> 失业救济金增加使工资设定曲线上移，经济沿着价格设定曲线移动，均衡失业率增加。这是不是意味着失业救济金一定是不好的？（提示：当然不是，但是失业救济金会产生副作用。）

> 有些经济学家把失业叫作"惩戒机制"（discipline device）：高失业是将工资调回到企业愿意支付水平的经济机制。

- 增加失业救济金。增加失业救济金会导致 z 上升：救济金的增加降低了人们对失业预期的痛苦，在一定的失业率水平下，工资设定者就会提高工资。因而，这将使图 7-7 中的工资设定关系上移，从 WS 移到 WS'。经济沿着 PS 线，从 A 点移到 A'，自然失业率从 u_n 增加到 u'_n。

  总之，在给定的失业率水平下，较高的失业救济金导致较高的实际工资。较高的失业率将实际工资调回到企业愿意支付的水平。

- 弱化反垄断法执行。弱化反垄断法执行在某种程度上使企业串谋更容易，增强了它们的市场势力，也会导致加成上升——m 上升。m 上升意味着实际工资下降，在图 7-8 中，价格设定关系下移，从 PS 移到 PS'。经济沿着 WS 移动，均衡从 A 点移到 A'，自然失业率从 u_n 增加到 u'_n。

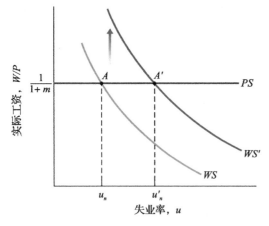

图 7-7　失业救济金和自然失业率
注：失业救济金上升将导致自然失业率上升。

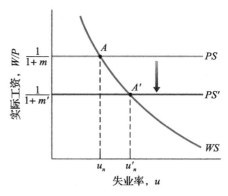

图 7-8　加成和自然失业率
注：加成上升将导致自然失业率上升。

> 加成增加使价格设定曲线（本例为一条直线）下移，经济沿着工资设定曲线移动，均衡失业增加。

加成上升，实际工资下降，进而导致自然失业率上升。在一定的工资水平下弱化反垄断法执行，允许企业提高价格，会导致实际工资下降。较高的失业率使工人接受较低的实际工资，从而导致自然失业率上升。

很难认为慷慨的失业救济金和反垄断法是自然作用的结果。相反，它们反映了经济结构的各种特征。基于这个原因，最好把均衡失业率称为**结构性失业率**（structural rate of unemployment），但这个说法至今还没有流行起来。

7.6 从这里去向何处

我们刚刚讨论了劳动力市场的均衡如何决定均衡失业率（我们称之为自然失业率）。尽管我们要到第 9 章才进行精确的推导，但是很清楚，对给定的劳动力，失业率决定了就业水平；并且，给定生产函数，就业水平决定了产出水平。因此，与自然失业率联系在一起的就是自然产出水平。

> 这种说法出自哥伦比亚大学的埃德蒙德·菲尔普斯（Edmund Phelps），他于 2006 年获得诺贝尔经济学奖，关于他的更多贡献，参见第 8 章和第 24 章。

那么，你可能（事实上，你应该）会问，前面四章我们做了些什么？如果劳动力市场的均衡决定失业率和产出，我们为什么还要花那么多时间去讨论产品市场和金融市场？我们之前的结论是产出水平是由货币政策、财政政策、消费者信心等因素决定的，这些因素是如何影响自然产出水平的呢？

回答这个问题的关键在于短期和中期的差异。

- 我们是在两个假设条件下推出自然失业率和就业与产出之间的联系的。首先，我们假设劳动力市场处于均衡状态。其次，我们假设价格水平等于预期水平。
- 但是在短期，没有理由能说明第二个假设条件是正确的。设定工资时，价格水平很有可能不同于预期水平。从短期来看，没有理由认为失业率等于其自然水平，或者产出等于其自然水平。

  正如我们将在第 9 章看到的那样，在短期，决定产出变动的因素就是我们前三章所关注的货币政策和财政政策等。因此，我们之前的时间并没有白花。
- 预期不可能一直发生系统错误（太高或太低），这就是为什么在中期产出会回到自然产出水平。在中期，决定失业和产出的因素就是式（7-7）和式（7-8）中的变量。

> 在短期，决定产出变动的因素就是我们前三章所关注的：货币政策、财政政策等。
>
> 在中期，产出会回到自然产出水平，决定产出的因素就是本章关注的内容。

简而言之，这就回答了本章第一段中提出的问题。对这些问题的详细解答将是接下来两章的主要任务。第 8 章放松了价格水平等于预期水平的假设，进而推导出失业和通货膨胀之间的关系（称为菲利普斯曲线）。第 9 章将所有因素综合在一起。

本章概要

- 劳动力是由正在工作（已经就业）和正在找工作（失业）的人组成的。失业率是失业人数和劳动力人数的比率。参与率是劳动力人数和适龄劳动人口数的比率。
- 美国劳动力市场的特点是在就业、失业和"退出劳动力大军"之间存在大量流动。每个月平均约有 44% 的失业者脱离失业队伍，去工作或者退出劳动力大军。
- 经济衰退时失业率高，反之，经济扩张时失业率低。高失业率期间，失去工作的可能性增大，找到工作的可能性降低。
- 工资由企业单方面决定或者由工人与企业协商决定。其与失业率是负相关的关系，与预期价格水平是正相关的关系。工资取决于预期价格，是由于在一段时间里，工资通常由名义的形式设定。在这段时间里，即使价格水平和我们的预期有差异，工资通常也不做调整。

- 企业设定的价格取决于工资和高于工资的加成价格。在给定的工资水平下,企业选择的加成越高,价格也就越高,实际工资也就越低。
- 劳动力市场达到均衡的条件是:工资设定选择的实际工资等于价格设定导出的实际工资。在附加的假设条件(预期价格水平等于实际价格水平)下,劳动力市场的均衡决定失业率。这个失业率称为自然失业率。
- 通常,实际工资水平和工资设定者预期的工资水平有差异。因此,失业率不一定等于自然失业率。
- 在接下来的几章我们会讲,在短期,失业和产出由我们关注的前四章所讲的因素决定。但是在中期,失业会回到自然失业率水平,产出会回到自然产出水平。

关键术语

non-institutional civilian population 非公共机构民间人员
labor force 劳动力
out of the labor force 退出劳动力
participation rate 参与率
unemployment rate 失业率
separations 离职
hires 就职
Current Population Survey (CPS) 当期人口调查
quits 辞职
layoffs 解雇
duration of unemployment 失业持续时间
discouraged workers 丧失信心的劳动者
employment rate 就业率
collective bargaining 集体谈判
reservation wage 保留工资
bargaining power 议价能力
efficiency wage theories 效率工资理论
unemployment insurance 失业保险
employmentprotection 就业保护
production function 生产函数
labor productivity 劳动生产率
markup 加成
wage-setting relation 工资设定关系
price-setting relation 价格设定关系
natural rate of unemployment 自然失业率
structural rate of unemployment 结构性失业率

习 题

快速测试

1. 运用本章的信息,判断下面的说法是正确、错误还是不确定,并简要解释。
   a. 1950年至今,美国的参与率大致保持在60%。
   b. 每个月,新增就业和失业的人数只占劳动力的很小部分。
   c. 每年,不到10%的失业工人摆脱失业。
   d. 经济衰退时失业率走高,扩张时走低。
   e. 大部分工人通常获得保留工资。
   f. 没有加入工会的工人没有议价能力。
   g. 雇主支付的工资高于工人的保留工资有可能获得最佳利益。
   h. 政策变化不影响自然失业率。
2. 利用本章所学的知识,回答下列问题。
   a. 按占就业工人的百分比计算,每个月新增就业和失业(雇用和离职)的规模有多大?
   b. 按占失业工人的百分比计算,每个月失业工人重新就业的规模有多大?
   c. 按占失业工人的百分比计算,每个月总的摆脱失业的规模有多大?失业的平均周期是多长?
   d. 按占劳动力的百分比计算,每个月进入和退出的劳动力的规模有多大?
   e. 课本中提到,每个月有45万名新人进入劳动力市场。新人占进入劳动力的比例是多少?
3. 自然失业率。
   假设商品价格的加成为高于边际成本5%,工资设定公式是 $W = P(1-u)$,这里 u 是失业率。

a. 由价格设定等式决定的实际工资是多少？
b. 自然失业率是多少？

深入研究

4. 保留工资。

20世纪80年代中期，一个超模说，她的收入至少要达到10 000美元（大概是每天），不然就不工作。
a. 你的保留工资是多少？
b. 你第一份工作的工资比保留工资高吗？
c. 相对于你接受每份工作时的保留工资，你的哪份工作工资更高：第一份还是预期10年后的工作？
d. 用效率工资理论解释a～c题的答案。
e. 经济危机的部分政策应对就是延长工人有资格获得失业救济金的时间。如果上述变化是永久性的，那么保留工资将如何变化？

5. 议价能力和工资设定。

即使没有集体谈判，工人仍然具有一定的议价能力，这使他们可以获得比保留工资更高的薪水。每个工人的议价能力取决于工作的性质和劳动力市场的状况。接下来，我们分别讨论这些因素。
a. 比较快递员和计算机网络管理员，哪个工人的议价能力更强，为什么？
b. 对于任何一份工作，劳动力市场是如何影响工人的议价能力的？评估劳动力市场状况的变量有哪些？
c. 假设在一定的劳动力市场状况下（你在问题b中识别出的变量），随着经济的增长，工人的议价能力增强。这对中期的实际工资有什么影响？短期呢？根据本章所介绍的模型，什么决定了实际工资？

6. 失业的存在。
a. 考虑图7-6。假设失业率很低。低失业率将如何影响工人-企业的相对议价能力？在失业率变得很低的时候，你的答案说明工资发生了什么变化？
b. 根据a题的答案，为什么经济中会出现失业？（如果失业率为0，实际工资会发生什么变化？）

7. 非正规劳动力市场。

c. 假设加成增加到10%，自然失业率会发生什么变化？为什么？

在第2章，你了解到，家里的非正规工作（如做饭、照顾孩子）不计入GDP。在劳动力市场的统计中，这样的工作也不计入就业。有了这些认识，考虑以下两种经济：每种有100个人，分成25个家庭，每个家庭由4个人组成。在每个家庭中，一个人待在家中负责做饭，两个人在非餐饮部门工作，还有一个人失业。假设两种经济中，在外从事餐饮工作的工人都生产同质和同量的产品。

在第一种经济EatIn中，25个炊事员（每家1个）只待在家里。每餐都准备，每餐都在家里食用。这25个人不在正式的劳动力市场找工作（被问到的时候，他们会说他们没在找工作）。在第二种经济EatOut中，25个炊事员在餐馆上班，所有食物都需要到餐馆购买。
a. 计算两种经济的就业、失业和劳动力。计算每种经济的失业率和参与率。哪种经济的GDP更高？
b. 假设EatIn的经济发生变化：新开了一些餐馆，在家负责做饭的人中有10个人去了餐馆工作，并且这10个家庭的成员都在餐馆就餐。剩下的15个人仍然在家里准备食物，且不在正式的劳动力市场找工作，这15个家庭的成员也仍然在家就餐。不通过计算，说说经济EatIn中就业、失业、劳动力、失业率和参与率发生了什么变化？GDP又会有什么变化？
c. 假设你将家里的工作也算在GDP和就业统计中，你怎样衡量家庭工作在GDP中的价值？如何改变就业、失业和非劳动人口的定义？
d. 根据c题的定义，EatIn的劳动力市场统计数据和EatOut有区别吗？假设这两种经济生产食物的价值相同，那么它们的GDP会不会不同？根据你的新定义，b题的变化对EatIn的劳动力市场和GDP统计有影响吗？

进一步探究

8. 失业持续时间和长期失业。

   根据本章提供的数据,每个月有44%的失业工人离开失业队伍。

   a. 假设无论失业人员是因为什么原因失业的,他们离开失业队伍的概率都是相同的。一个失业工人在一个月后仍处于失业状态的概率有多大?两个月呢?半年呢?

   现在考虑一下失业池的构成,我们将用一个简单的实验来测算失业者在半年或更长的时间里处于失业的比例。假设失业工人的数量是不变的,并等于 x。每个月有47%的失业者找到了工作,也有同样多的就业者失去了工作。

   b. 假定这个月有 x 个工人失业,一个月以后,这群人中失业人数的比例是多少?(提示:如果每个月有47%的人找到工作,那么在初始的 x 个失业者中,第一个月仍然没有找到工作的比例是多少?)

   c. 两个月后,初始的 x 个失业者中至少两个月没有找到工作的比例是多少?(提示:根据 b 题的答案,那些在第一个月中没有找到工作的失业者在第二个月仍然没有找到工作的比例是多少?)6 个月后,初始的 x 个失业者中至少 6 个月没有找到工作的比例是多少?

   d. 根据《总统经济报告》中的 Table B-13(这是 2015 年报告中的表格编码),可以计算 2000~2014 年持续 6 个月或以上(27 周或以上)处于失业状态的失业者比例。2000~2008 年(经济危机前一年)的数字与 c 题的答案比较有什么不一样?你能猜出是什么原因导致实际数字与本题中你获得的答案存在差别吗?(提示:假设失业时间越长,摆脱失业的可能性就越低。)

   e. 经济危机期间(2009~2011 年),持续 6 个月或以上处于失业状态的失业者比例会有什么变化?

   f. 如果你观察持续 6 个月或以上处于失业状态的失业者比例,是否有任何危机结束的迹象?

   g. 经济危机的部分政策应对就是延长工人有资格获得失业救济金的时间。你预计上述变化将如何影响持续 6 个月或以上处于失业状态的失业者比例?实际情况是否如此呢?

9. 进入美国劳工统计局网站(www.bls.gov),找出最新的就业现状综述。阅读链接下面的"国民就业"。

   a. 美国国民劳动力规模、失业人数和失业率的最新月度数据是多少?

   b. 有多少人处于就业状态?

   c. 计算表中从第一个数到最近月数据的失业人数变化。计算这段时间就业人数的变化。减少的就业等于增加的就业吗?为什么?

10. 经济衰退期间失业的典型动态变化

    下表给出了三次经济衰退期间实际 GDP 的年增长率变化情况。这些数据来自《总统经济报告》中的 Table B-4。

年	实际 GDP 增长率	失业率
1981	2.5	
1982	−1.9	
1983	4.5	
1990	1.9	
1991	−0.2	
1992	3.4	
2008	0.0	
2009	−2.6	
2010	2.9	

    利用《总统经济报告》中的 Table B-35 来填写上表中的年度失业率。

    a. 经济衰退期间,产出下降的那一年还是接下去的那一年失业率更高?为什么?

    b. 如果经济衰退结束后,随着经济逐步复苏,丧失信心的工人重新就业,请描述失业率的变化情况。

    c. 2009 年,在危机引发的经济衰退结束后,失业率依旧居高不下。在那次经济衰退期间,工人有资格获得失业救济金的时间从 6 个月延长到 12 个月。模型将如何预测该项政策对自然失业率的影响?实际数据如何支持上述预测?

补充阅读

- Richard Layard, Stephen Nickell, and Richard Jackman in *The Unemployment Crisis*（1994）中有沿着本章主线对失业的进一步讨论。

附录

工资和价格设定关系 vs. 劳动力供给和需求

如果你上过微观经济学课程，就应该看到过劳动力需求和供给形成的劳动力市场均衡的表述。因此，你可能会问，这个均衡与工资设定和价格设定形成的均衡有什么不同？

在某种意义上来说，两者是相似的。

想要得到原因，我们在图1中重新绘制图7-6，纵轴代表实际工资，横轴代表就业水平（而非失业率）。

横轴表示就业水平 N，它的区间是 $0\sim L$（L 代表劳动力，就业人数不能超过可工作的人口，也就是劳动力）。对于任意的就业水平 N，失业为 $U=L-N$。知道这一点，我们才可以通过沿着横轴从 L 点向左移衡量失业，失业就是 L 点和 N 点的距离。就业越低，失业就越高，也就意味着失业率 u 越高。

现在我们画出价格设定关系和工资设定关系，描出均衡点。

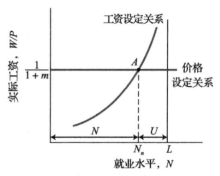

图1 工资和价格设定以及自然失业率

- 在工资设定的选择中，就业的增加（沿着横轴右移）意味着失业的降低，实际工资也随之增加。因此，这时的工资设定关系是向上倾斜的：较高的就业率意味着较高的实际工资。
- 价格设定关系仍然是一条水平线，在 $W/P=1/(1+m)$ 处。
- 均衡点为 A 点，自然就业水平为 N_n，从而，自然失业率为 $U_n=(L-N_n)/L$。

在图1中，工资设定关系和劳动力供给关系类似。随着就业水平的增加，工人的实际工资也随之增加。基于这个原因，工资设定关系有时也称为"劳动"供给关系。

我们所称的价格设定关系类似于平的劳动力需求关系。是平的而不是向下倾斜的，与我们的简化假设——生产函数中劳动力的回报是恒定的有关。如果我们更加保守地假设劳动力的回报是递减的，那么价格设定曲线就会像标准的需求曲线那样向下倾斜：对于给定工资，随着就业增加，边际成本上升，迫使企业提高价格。换句话说，根据价格设定关系，随着就业增加，实际工资减少。

然而，两者还是有很多不同。

- 标准劳动力供给关系给出了愿意工作的人数量给定的情况下的工资水平。工资越高，愿意工作的人越多。

    相反，在工资设定关系中，工资是给定就业水平下，企业和工人议价或者企业单方面设定的结果。集体议价的结构或使用工资阻止退出这些因素会影响工资设定关系。在现实中，它们起着重要作用，然而它们对标准的劳动力供给关系却毫无影响。

- 在一定的实际工资水平下，标准劳动力需求关系给出企业选择的就业水平。这个推导是基于企业是在竞争性的产品和劳动力市场经营，从而实际工资和价格是给定的假设下得出的。

    相反，价格设定关系考虑了在大多数市场中实际上是企业设定价格这一事实。产品市场的竞争程度等因素会通过影响加成来影响价格设定关系。但是，标准劳动力需求关系没有考虑这些因素。
- 在劳动力供给－需求框架中，失业者是自愿失业的。在均衡的实际工资水平下，他们更愿意失业。

  相反，在工资设定－价格设定框架中，失业有可能是非自愿的。比如，如果企业支付效率工资——高于保留工资的工资，工人就不愿意失业。然而，均衡中仍然存在非自愿失业，这似乎比劳动力供给－需求框架更接近现实。

这三个原因就是为什么我们用工资设定关系和价格设定关系而不是用劳动力供给－需求方法来描述本章的均衡。

第 8 章
菲利普斯曲线、自然失业率和通货膨胀

在 1958 年，菲利普斯画了一幅描述 1861～1957 年英国每年的通货膨胀率和失业率的对应关系图。他发现了失业率和通货膨胀率呈负相关的明确证据：当失业率低时，通货膨胀就高；反之，当失业率高时，通货膨胀低，甚至常常是负的。

两年之后，保罗·萨缪尔森和罗伯特·索洛这两位经济学家用美国 1900～1960 年的数据重复了菲利普斯的工作。图 8-1 展示了他们的发现，这里用 CPI 来衡量通货膨胀率。除了 20 世纪 30 年代的高失业率时期（1931～1939 年，用三角形表示，明显处于其他点的右边）外，美国其他时期的失业率和通货膨胀率之间也呈负相关。

> 菲利普斯是新西兰人，曾在伦敦经济学院任教。青年时代，他猎杀过鳄鱼。他还构建了一个描述宏观经济行为的水压机。时至今日，英国剑桥还在展示一台运作中的水压机。

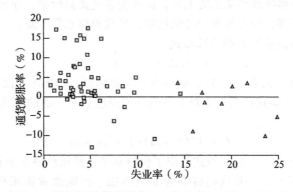

图 8-1　美国的通货膨胀率 vs. 失业率，1900～1960 年

注：美国在 1900～1960 年，低失业率通常伴随着高通货膨胀率，高失业率通常伴随着低通货膨胀率，甚至负通货膨胀率。

资料来源：Historical Statistics of the United States. http://hsus.cambridge.org/HSUSWeb/index.do.

萨缪尔森和索洛把通货膨胀率与失业率之间的关系曲线称为**菲利普斯曲线**（Phillips curve），这很快成为宏观经济思考和政策的中心。它的发现意味着各国政府可以选择不同失业率和通货膨胀率的组合。如果一国愿意忍受较高的通货膨胀率水平，它就可以实现较低的失业率水平；或者，如果一国愿意忍受较高的失业率水平，它就可以实现价格稳定的零通货膨胀。对宏观经济政策的一系列讨论变成了在菲利普斯曲线上选择哪一点的讨论。

然而，到20世纪70年代，这一关系被打破了。在美国和大部分OECD国家都出现了高通货膨胀和高失业并存，这显然与原始的菲利普斯曲线相矛盾。随后，又有一种关系出现，即失业率和通货膨胀率变动之间的关系。本章的目的是探究菲利普斯曲线的突变，更一般化地，是为了理解通货膨胀和失业之间的关系。我们将通过第7章中的劳动力市场模型推导出菲利普斯曲线。你将发现，菲利普斯曲线的突变源于公众和企业形成预期方式的变化。

本章有四节。

8.1 说明我们如何将在前面看到的劳动力市场模型视为通货膨胀、预期通货膨胀和失业之间的关系。

8.2 用这一关系去理解随着时间的推移，菲利普斯曲线的突变。

8.3 说明菲利普斯曲线和自然失业率之间的关系。

8.4 进一步讨论随着时间的推移，不同国家失业和通货膨胀关系的变化。

8.1 通货膨胀、预期通货膨胀和失业

在第7章中，我们推导了下面的工资设定等式［式（7-1）］：

$$W = P^e F(u,z)$$

工资设定者选择的名义工资 W 取决于预期价格水平 P^e、失业率 u 和可能影响工资的其他变量 z（从失业救济金到集体谈判的形式）。

在第7章中，我们还推导了价格决定等式［式（7-3）］：

$$P = (1+m)W$$

企业选择的价格 P（即价格水平）等于名义工资 W 乘以1加上价格加成 m。

之后我们利用这两个关系式，以及实际价格水平等于预期价格水平这一额外假设，推导出自然失业率。现在我们来考察不加入这一额外假设的话将会出现什么情况。

将第一个等式中名义工资的表达式代入第二个等式，得到：

$$P = P^e(1+m)F(u,z)$$

预期价格水平上升将导致名义工资上升，进而使企业提高价格，导致价格水平上升。失业率下降导致名义工资下降，进而使企业降低价格，导致价格水平下降。

为了简便起见，假设函数 F 的特殊形式：

$$F(u,z) = 1 - \alpha u + z$$

这个等式描述了这样的含义：失业率越高，工资越低；z 越高（比如更慷慨的失业救济金），工资越高。参数 α 描述的是失业对工资的影响强度。在上面的等式中代入这种特殊形式的 F 得到：

$$P = P^e(1+m)(1-\alpha u + z) \tag{8-1}$$

这个等式给出了价格水平、预期价格水平和失业率之间的关系。下一步我们将推导通货膨胀、预期通货膨胀和失业率之间的关系。用 π 表示通货膨胀率，π^e 表示预期通货膨胀率，那么，式（8-1）变为：

$$\pi = \pi^e + (m+z) - \alpha u \tag{8-2}$$

从式（8-1）推导出式（8-2）并不难，只是有些冗长乏味，所

从此处起，为了方便阅读，我们经常将通货膨胀率简化成通货膨胀；将失业率简化为失业。

以我们将其放在本章末的附录。关键是要知道各种影响因素在式（8-2）中的作用。

- 预期通货膨胀 π^e 的上升导致实际通货膨胀 π 的上升。

    为了搞清楚原因，先从式（8-1）开始。预期价格水平 P^e 的上升，一一对应地导致实际价格水平 P 的上升：如果工资设定者预期较高的价格水平，他们就会设定较高的名义工资水平，从而导致价格水平上升。

    现在注意，给定上期的价格水平，本期较高的价格水平意味着价格水平较高的上涨率，也就是较高的通货膨胀率。同理，给定上期的价格水平，本期较高的预期价格水平意味着预期价格水平较高的上涨，即较高的预期通货膨胀率。所以，预期价格水平的上升导致实际价格的上升，换句话说，预期通货膨胀的上升导致通货膨胀的上涨。

    π^e 的增加$\Rightarrow \pi$ 的增加。

- 给定预期通货膨胀 π^e，价格加成 m 的增加，或影响工资决定的因素 z 的增加，导致实际通货膨胀 π 的增加。

    从式（8-1）可以看出，给定预期价格水平 P^e，m 或者 z 的增加都会导致价格水平 p 的上升。用通货膨胀和预期通货膨胀关系的形式重新表述这一观点：给定预期通货膨胀 π^e，m 或 z 的增加都会导致通货膨胀 π 的上升。

    m 或 z 的增加 $\Rightarrow \pi$ 的增加。

- 给定预期通货膨胀 π^e，失业率 u 的下降导致实际通货膨胀 π 的上升。

    从式（8-1）可以看出，给定预期价格水平 P^e，失业率 u 的下降导致更高的名义工资，从而导致更高的价格水平 P。也可以重述为：给定预期通货膨胀 π^e，失业率 u 的上升导致通货膨胀 π 的下降。

    u 的下降$\Rightarrow \pi$ 的增加。

在回到对菲利普斯曲线的讨论之前，还差一步。在本章接下来的部分考察通货膨胀和失业的变化时，用时间指数会很方便，这样就能知道特定年份的通货膨胀、预期通货膨胀或失业等变量。所以，我们将式（8-2）改写为：

$$\pi_t = \pi_t^e + (m + z) - \alpha u_t \tag{8-3}$$

变量 π_t、π_t^e、u_t 分别指的是 t 年的通货膨胀、预期通货膨胀和失业。一定要看清，这里的 m 和 z 是没有时间标记的。这是因为，当我们考察通货膨胀、预期通货膨胀和失业如何随着时间的变化而变化的时候，m 和 z 的变化通常都很小，因此我们可以将其视为常量。

得到式（8-3）后，我们就可以回到菲利普斯曲线及其突变。

8.2 菲利普斯曲线及其突变

现在，我们考察一下在 20 世纪 60 年代左右，菲利普斯、萨缪尔森和索洛第一次发现的失业和通货膨胀之间的关系。

早期形式

假设不同年份间通货膨胀围绕某个值 $\bar{\pi}$ 波动，并假设通货膨胀不具有持续性，从而本年的通货膨胀并不能很好地预测下一年的通货膨胀。这恰巧很好地捕捉到了菲利普斯、萨缪尔森和索洛考察期间通货膨胀的特征。在这种情况下，工资设定者完全有理由假设，不管上年的通货膨胀水平，本年的通货膨胀都等于 $\bar{\pi}$。在这种情况下，$\pi_t^e = \bar{\pi}$，从而式（8-3）就变为：

$$\pi_t = \bar{\pi} + (m+z) - \alpha u_t \qquad (8\text{-}4)$$

这个等式明确印证了菲利普斯在英国的发现和萨缪尔森和索洛在美国的发现,即失业和通货膨胀间呈负相关关系。失业率高时,通货膨胀率低甚至为负;失业率低时,通货膨胀率为正。

明显的权衡及其消失

当菲利普斯、萨缪尔森和索洛的发现发表时,他们提出政策制定者面临通货膨胀率和失业率之间的权衡。如果他们愿意接受较高的通货膨胀率,那么就可以实现较低的失业率。这看上去是一个具有吸引力的权衡。从 20 世纪 60 年代早期开始,美国的宏观经济政策目标是逐步降低失业率。图 8-2 描绘了从 1961 年到 1969 年美国每年通货膨胀率和失业率的组合。注意,在长期的经济扩张过程中(60 年代的大部分时间),式(8-4)对应的失业率和通货膨胀率之间的关系很好地成立,1961~1969 年,失业率从 6.8% 稳步下降到 3.4%,而通货膨胀率从 1.0% 稳步上升到 5.5%,即从 1961 年到 1969 年,美国的经济沿着菲利普斯曲线向上移动。事实上,看上去只要政策制定者愿意接受较高的通货膨胀率,他们就能够实现较低的失业率。

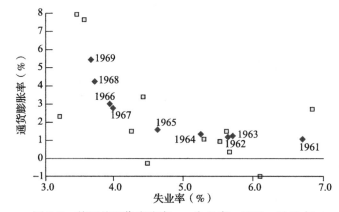

图 8-2 美国的通货膨胀率 vs. 失业率,1948~1969 年

注:美国 20 世纪 60 年代失业率的稳步下降伴随着通货膨胀率的稳步上升。

资料来源:Series UNRATE, CPIAUSCL Federal Reserve Economic Data(FRED)http://research.stlouisfed.org/fred2/.

然而,在 20 世纪 70 年代左右,通货膨胀率和失业率之间的关系(在图 8-2 中明显可见)被打破了。图 8-3 显示了 1970 年以来美国各年的通货膨胀率和失业率的组合。描绘出的点大体上呈均匀分布状态,即通货膨胀率和失业率间不存在任何明显的关系。

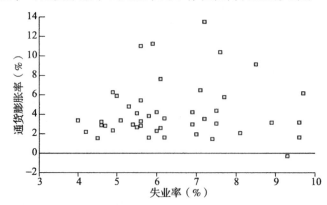

图 8-3 美国的通货膨胀率 vs. 失业率,1970~2014 年

注:从 20 世纪 70 年代开始,美国的失业率和通货膨胀率之间的关系消失了。

资料来源:Series UNRATE, CPIAUSCL Federal Reserve Economic Data(FRED).

为什么原始的菲利普斯曲线消失了？原因在于工资设定者改变了他们形成通货膨胀预期的方式。

这种变化进而带来了通货膨胀行为的变化。通货膨胀率变得更具持续性。若本年是高通货膨胀，那么下一年更加可能出现高通货膨胀。于是，人们在形成预期时开始将通货膨胀的持续性考虑进去，预期形成的变化进一步改变了失业率和通货膨胀率之间关系的性质。

我们进一步讨论前一段的观点。假设预期通货膨胀是根据下式形成的：

$$\pi_t^e = (1-\theta)\bar{\pi} + \theta\pi_{t-1} \tag{8-5}$$

用文字来表述：本年的预期通货膨胀率部分取决于一个常数 $\bar{\pi}$（权重为 $1-\theta$），部分取决于上一年的通货膨胀率 π_{t-1}（权重为 θ）。θ 的值越高，上一年的通货膨胀率就越会促使工人和企业对本年的预期通货膨胀率做出更大的修正，预期通货膨胀率也就越高。

由此我们可以想象 20 世纪 70 年代，当 θ 值随着时间的逝去而增加时会发生什么现象。

- 只要通货膨胀率不具有持续性，工人和企业就有理由忽略过去的通货膨胀率并假设通货膨胀率为常数。在菲利普斯、萨缪尔森和索洛考察期间，θ 接近于零，预期通货膨胀率大致由 $\pi^e = \bar{\pi}$ 给出。菲利普斯曲线由式（8-4）给出。
- 但是随着通货膨胀率变得更具持续性，工人和企业开始改变他们形成预期的方式。他们开始假设，如果上一年是高通货膨胀，那么本年也可能出现高通货膨胀。参数 θ，上一年的通货膨胀率对本年的通货膨胀率的影响，变大了。事实也说明了这一点：到 20 世纪 70 年代中期，人们预期本年的通货膨胀率和上一年的通货膨胀率相等，换言之，θ 等于 1。

现在，我们考虑不同的 θ 值对通货膨胀与失业关系的影响。将式（8-5）代入式（8-2）可得：

$$\pi_t = \overbrace{(1-\theta)\bar{\pi} + \theta\pi_{t-1}}^{\pi^e} + (m+z) - \alpha u_t$$

- 当 θ 等于 0 时，我们可以得到原始的菲利普斯曲线，即失业率和通货膨胀率之间的关系：

$$\pi_t = \bar{\pi} + (m+z) - \alpha u_t$$

- 当 θ 为正时，通货膨胀率不仅取决于失业率，而且还取决于上一年的通货膨胀率：

$$\pi_t = [(1-\theta)\bar{\pi} + (m+z)] + \theta\pi_{t-1} - \alpha u_t$$

- 当 θ 等于 1 时，它们之间的关系变为（将上一年的通货膨胀率移到等式的左边）：

$$\pi_t - \pi_{t-1} = (m+z) - \alpha u_t \tag{8-6}$$

因此，当 θ 等于 1 时，失业率影响的不是通货膨胀率，而是通货膨胀率的变化：高失业导致通货膨胀下降，低失业导致通货膨胀上升。

这个讨论是解释 1970 年以来所发生的变化的关键。当 θ 从 0 增加到 1，失业率和通货膨胀率之间的简单关系便不存在了，正如我们在图 8-3 中所看到的。但是，一种新的关系形成了，这次是失业率和通货膨胀率变化之间的关系，正如式（8-5）所描述的那样。图 8-4 显示了这一关系，它给出了 1970 年以来每年通货膨胀率的变化和失业率之间的关系。该图显示，失业率和通货膨胀率的变化之间呈明显的负相关关系。最能拟合 1970～2014 年离散点的直线为：

> 这条直线称为回归直线，是通过计量经济学获得的（参考书末的附录 C）。

$$\pi_t - \pi_{t-1} = 3.0\% - 0.5u_t \tag{8-7}$$

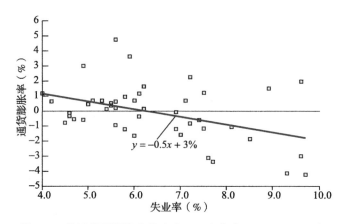

图 8-4 美国通货膨胀率的变化 vs. 失业率，1970~2014 年

注：从 20 世纪 70 年代开始，美国的失业率和通货膨胀率的变化之间呈负相关。

资料来源：Series CPIAUCSL, UNRATE：Federal Reserve Economic Data (FRED) http://research.stlouisfed.org/fred2/.

图 8-4 中画出了这条拟合直线。失业水平低时，通货膨胀的变化为正；失业水平高时，通货膨胀的变化为负。为了将其与原始的菲利普斯曲线 [式 (8-4)] 进行区分，通常把式 (8-6) 或者其对应的实证结果式 (8-7)] 称为**修正的菲利普斯曲线**（modified Phillips curve），或者**附加预期的菲利普斯曲线**（expectations-augmented Phillips curve，以说明 π_{t-1} 表示预期通货膨胀），或者**加速的菲利普斯曲线**（accelerationist Phillips curve，以说明低的失业率导致通货膨胀率的增加，由此加速了价格水平的上升）。我们简单地将式 (8-7) 称为菲利普斯曲线，而将早先的形式——式 (8-4) 称为原始的菲利普斯曲线。

> 原始的菲利普斯曲线：u_t 增加 ⇒ 较低的通货膨胀。
> （修正的）菲利普斯曲线：u_t 增加 ⇒ 通货膨胀下降。

在继续前行之前，我们做最后一次观察。尽管失业率与通货膨胀率的变化之间有一个显著的负相关性，但是这种相关性并不紧密，一些点远离回归线。菲利普斯曲线既关键又是个复杂的经济关系。对此我们将在 8.4 节的讨论中给出许多警告。在此之前，我们先来看菲利普斯曲线与自然失业率的关系，这也是我们在第 7 章中得到的一个概念。

8.3 菲利普斯曲线和自然失业率

菲利普斯曲线的历史与我们在第 7 章所介绍的自然失业率概念的发现密切相关。

原始的菲利普斯曲线意味着根本不存在自然失业率这回事，即如果政策制定者愿意承受较高的通货膨胀率，那么就能长时间维持较低的失业率。并且，事实上，在整个 20 世纪 60 年代，这种观点似乎都是正确的。

然而在 20 世纪 60 年代晚期，尽管原始的菲利普斯曲线仍然能够很好地对数据进行描述，但有两位经济学家，米尔顿·弗里德曼和埃德蒙德·菲尔普斯仍质疑失业和通货膨胀之间权衡关系的存在。他们基于逻辑推理指出，只有在工资设定者系统地低估预期通货膨胀的前提下，这种均衡关系才存在，但是他们不太可能一直犯同样的错误。弗里德曼和菲尔普斯还指出，如果政府试图通过接受较高的通货膨胀来维持较低的失业率，那么这种权衡最终会消失，失业率不可能保持在一定的水

> 弗里德曼在 1976 年获得了诺贝尔奖，菲尔普斯在 2002 年获得了诺贝尔奖。

平之下，也就是他们所称的"自然失业率水平"。事实证明他们是正确的，失业率和通货膨胀率之间的权衡关系的确消失了。（参看问题聚焦"理论领先于事实：米尔顿·弗里德曼和埃德蒙德·菲尔普斯"。）如今，大多数经济学家接受了在大量附加条件约束下得到的自然失业率这一概念，我们将在下一节看到这些约束条件。

问题聚焦　理论领先于现实：米尔顿·弗里德曼和埃德蒙德·菲尔普斯

经济学家通常不擅长于预测变化，他们的见识源于已经发生的事实，但这里有个例外。

在20世纪60年代晚期（正当原始的菲利普斯曲线魔力般地起作用时），两位经济学家——米尔顿·弗里德曼和埃德蒙德·菲尔普斯认为通货膨胀和失业之间的权衡表象是一个错觉。

这里引用了一些米尔顿·弗里德曼关于菲利普斯曲线的话：

"含蓄地讲，菲利普斯是为这样的世界写文章——每个人都预期名义价格将保持稳定，并且不管实际价格和工资发生什么变化，这种预期都不变。相反，假设每个人都预期价格水平每年上涨超过75%，正如巴西人几年前所经历的一样，那么，工资需要同比例上涨以保持实际工资不变。但劳动力的超额供给（即弗里德曼所指的高失业）将体现为名义工资的上涨跟不上预期，而不是体现为工资的绝对下降。"

他接着写道：

"换种方式来表达我的观点，通货膨胀和失业之间永远只存在暂时的权衡，而不存在永久的权衡。这种暂时的权衡不是来自通货膨胀本身，而是源于通货膨胀率的上涨。"

接着，他试图猜测美国的通货膨胀和失业之间明显的权衡关系会持续多长时间：

"但是，你会问'暂时'是多久呢？我至多只能根据历史证据做一个大胆的个人判断：较高的非预期通货膨胀率的初始影响大约会持续2～5年，然后这个初始影响开始发生反转，且充分调整到新通货膨胀率的时间与就业和利率的调整时间一样久，比如几十年。"

弗里德曼的结论非常正确，几年之后，原始的菲利普斯曲线正是以他预测的方式开始消失。

资料来源：Milton Friedman, "The Role of Monetary Policy," *American Economic Review* 1968 58(1): pp. 1-17. (The article by Phelps, "Money-Wage Dynamics and Labor-Market Equilibrium," *Journal of Political Economy* 1968 76(4-part 2): pp. 678-711, made many of the same points more formally.)

下面我们详细解释菲利普斯曲线和自然失业率之间的联系。

根据定义（第7章）我们可以知道，自然失业率是实际价格水平等于预期价格水平时的失业率。同理，自然失业率也可以是实际通货膨胀率等于预期通货膨胀率时的失业率，这里的定义更加简便。u_n 代表自然失业率（n 代表"自然"），然后假设式（8-3）中的实际通货膨胀率等于预期通货膨胀率（$\pi = \pi^e$），可得：

$$0 = (m + z) - \alpha u_n$$

解出自然失业率 u_n：

$$u_n = \frac{m + z}{\alpha} \tag{8-8}$$

根据我们的假设，即 m 和 z 都是常数，自然失业率也是常数，从而我们就可以去掉时间下标。后面我们还会讨论如果 m 和 z 随着时间而变化又会出现什么情况。

价格加成 m 越高，或者影响工资设定因素的 z 越高，自然失业率越高。

现在将式（8-3）重写为：

$$\pi_t - \pi_t^e = -\alpha\left(u_t - \frac{m+z}{\alpha}\right)$$

注意，式（8-8）右边的分数等于 u_n，所以我们可以将等式重写为：

$$\pi_t - \pi_t^e = -\alpha(u_t - u_n) \tag{8-9}$$

如果预期通货膨胀率 π_t^e 非常接近上一年的通货膨胀率 π_{t-1}，那么等式最终变为：

$$\pi_t - \pi_{t-1} = -\alpha(u_t - u_n) \tag{8-10}$$

基于以下两个原因，式（8-10）是个重要的关系。

- 它给了我们另一种思考菲利普斯曲线的方式，将其看成实际失业率 u、自然失业率 u_n 和通货膨胀率变化（$\pi_t - \pi_{t-1}$）之间的关系。

通货膨胀率的变化取决于实际失业率和自然失业率之间的差异。当实际失业率高于自然失业率时，通货膨胀率下降；反之，当实际失业率低于自然失业率时，通货膨胀率上升。

- 同时，它也给了我们另一种思考自然失业率的方式。

自然失业率是使通货膨胀率保持不变时的失业率，这就是为什么将自然失业率称为**无附加通货膨胀的失业率**（non-accelerating inflation rate of unemployment，NAIRU）。

20 世纪 70 年代以来美国的自然失业率是怎样的？换言之，平均来说保持通货膨胀为常数的失业率是多少？

要回答这个问题，我们需要回到式（8-7）——1970 年以来通货膨胀的变化和失业率之间的估计关系。假设通货膨胀的变化为零，这就意味着自然失业率的值为：3.0%/0.5 = 6%。这说明，要使 1970 年以来美国的通货膨胀保持不变，平均失业率应为 6%。

$u_t < u_n \Rightarrow \pi_t > \pi_{t-1}$

$u_t > u_n \Rightarrow \pi_t < \pi_{t-1}$

把失业率叫作"无附加通货膨胀的失业率"实际上是不对的，而应该叫作"无增加通货膨胀的失业率"或 NIIRU，但是 NAIRU 成了通用的标准，现在想改也迟了。

8.4 总结与警示

我们对到目前为止讨论的问题进行总结。

- 通货膨胀率的变化和失业率偏离自然失业率的程度之间的关系［式（8-10）］很好地描述了当今美国的失业率和通货膨胀率之间的关系。
- 当失业率超过自然失业率时，通货膨胀率通常会下降；当失业率低于自然失业率时，通货膨胀率通常会上升。

1970 年以来，这个关系表现得相当好。但是更早期的证据，以及来自其他国家的证据，提出了一系列警示。所有这些都有共同的主题：通货膨胀和失业在不同国家与不同时期可能会有不同的表现。

不同国家自然失业率的变化

回顾式（8-8），自然失业率取决于所有影响工资设定的因素，包括综合变量 z、企业设定的价格加成 m 以及通货膨胀对失业的反应程度 α。如果这些因素在不同国家不一致，那么就没有理由预期所有国家都有相同的自然失业率。事实上，不同国家的自然失业率不同，有时相差得还挺大。

例如，自 1990 年以来，欧元区的平均失业率接近 9%。一些年份的高失业率可能很好地反映了失业率偏离自然失业率的程度。25 年的高平均失业率，而通货膨胀率没有持续下降，当然意味着高自然失业率。这又反过来告诉我们应该如何寻求解释，即那些决定工资设定关系和价格设定关系的因素。

回到第 1 章，观察表 1-3。

相关的因素容易识别吗？你可能经常听到这样一个说法：欧洲的一个主要问题是劳动力市场僵化，进而导致了高失业率。尽管这种说法有点道理，但是现实更加复杂。问题聚焦"什么能解释欧洲的失业"进一步讨论了这些问题。

问题聚焦　　什么能解释欧洲的失业

当有人说到"劳动力市场僵化"正在折磨着欧洲时，他们会想到什么？他们可能存在以下特定的想法。

- 慷慨的失业保险系统。替代率，即失业救济金与税后工资的比率在欧洲通常比较高，而且救济期限（失业者有资格获得失业救济金的期限）通常会持续几年。

  适当的失业保险是可取的，但慷慨的失业救济金可能至少从两个方面增加失业：一是降低失业者找工作的动力，二是可能提高企业需要支付的工资。回顾第 7 章所讲的效率工资：失业救济金越高，为了留住和激励员工，企业所需要支付的工资就越高。

- 高度的就业保护。经济学家认为颁布保护政策会增加企业解雇员工的成本，从高离职金到论证解雇的必要性，再到工人可能就此进行上诉并推翻上述决定。

  就业保护的目的是减少解雇，降低工人失业的风险。然而，这样做也会增加企业的劳动力成本，企业就会减少雇用员工的数量，使失业者更难找到工作。事实证明，尽管就业保护并不一定会增加失业，但改变了它的本质：进出失业群体的流量减少，但失业的平均周期延长了。长的失业周期增加了失业者丧失技能和士气的风险，降低了可雇用性。

- 最低工资。大多数欧洲国家都有国家最低工资标准，有些国家的最低工资与工资中位数的比率可以相当高。高的最低工资显然带来了限制不熟练工人就业的风险，导致其失业率上升。

- 议价规则。在大多数欧洲国家，劳动合同会受到扩展协议的影响。其中一个企业与工会达成的协议可以自动扩展到本行业的所有企业。这大幅增加了工会的议价能力，因为它缩小了非工会企业的竞争范围。正如我们在第 7 章所看到的那样，工会方面的议价能力越强，失业率可能越高。这需要通过较高的失业来协调工人要求的和企业支付的工资。

这些劳动力市场机制真的能解释欧洲的高失业率吗？问题解决了吗？并没有。先回顾一下两个事实。

事实 1：正如在第 1 章所看到的，欧洲的失业率并非一直都很高。20 世纪 60 年代，欧洲四个主要大陆国家的失业率均低于美国，为 2%～3%。美国经济学家漂洋过海去研究"欧洲失业奇迹"。这些国家现在的自然失业率为 8%～9%，如何解释这种增加？

一种假设是，当时的机制有所不同，劳动力市场僵化在最近的 40 年间才出现。但事实并非如此。事实上，为了应对 20 世纪 70 年代的负面冲击（特别是油价上涨带来的两次衰退），许多欧洲政府大幅增加了失业保险，提高了就业保障。但是，即使在 60 年代，欧洲劳动力市场的机制也完全不同于美国。欧洲的就业保障要高一些，但失业率要低一些。

另一种更令人信服的解释关注机制和冲击的相互作用。有的劳动力市场机制在某些环境下可能成本很低，而在其他情况下成本很高。拿就业保障来说，如果企业间的竞争有限，每个企业调整就业的需求可能也很有限，所以就业保障的成本也就比较低。但是，如果不管是内资还是外资企业间的竞争加剧，那么就业保障的成本就会变得很高。如果企业不能尽快地调整劳动力，就可能无法与其他企业进行竞争，以致退出市场。

事实 2：此次危机开始之前，许多欧洲国家的失业率实际上不高。这可以从图 1 中看出，它给出了 2006 年欧洲 15 国的失业率（在欧盟成员国增加到 27 个前的那 15 个）。之所以选择 2006 年，是因为在所有这些国家中，通货膨胀都比较稳定，从而失业率大致等于自然失业率。

正如你所看到的，事实上，法国、西班牙、德国和意大利这四个大陆国家的失业率很高。但是，注意其他国家——特别是丹麦、爱尔兰和荷兰的失业率有多低。

这些低失业率国家有低失业救济、低就业保护以及势单力薄的工会组织吗？事情没有这么简单，爱尔兰、英国等国家事实上有着与美国类似的劳动力市场机制：有限的失业救济、低的就业保护、弱的工会组织。但是丹麦和荷兰等国有着高度的社会保障——特别是高失业救济金和强大的工会组织。

那能得出什么样的结论？经济学家正在形成一个共识：奥妙在细节中。慷慨的社会保障可以与低失业并存，但其还需要保证效率。例如，只要失业人员在获得工作机会时必须去工作，失业救济金就可以提高。只要企业在解雇员工时不会面临长期的行政或司法的不确定性，就业保护（如以离职金的形式）就可以与低失业并存。丹麦等国似乎在这些方面更加成功。形成失业者找工作的激励机制，简化就业保护的各项规章提上了许多欧洲国家的改革日程。可以期待这能降低未来的自然失业率。

注：想要了解更多，阅读 Olivier Blanchard, "European Unemployment. The Evolution of Facts and Ideas," *Economic Policy*, 2006(1): pp.1-54。

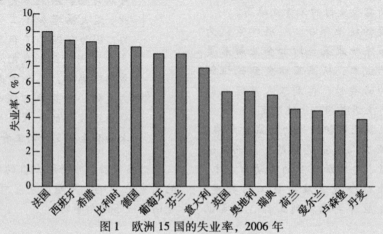

图 1　欧洲 15 国的失业率，2006 年

不同时期自然失业率的变化

在估计式（8-6）时，我们将 $m+z$ 视为常数，但是，完全有理由相信 m 和 z 可能随时间变化而变化。企业的垄断程度、劳动力之外其他的投入成本、工资议价结构、失业救济系统，等等，都有可能随时间的变化而变化，导致 m 或 z 改变，这意味着自然失业率也会改变。

自然失业率随时间的变化程度是难以衡量的，原因在于我们无法观察到自然失业率，我们只能观察到实际失业率。但是可以通过比较平均失业率来大体衡量它的变化，比如几十年时间。问题聚焦"什么能解释欧洲的失业"解释了20世纪60年代以来，欧洲的自然失业率是如何上升的，也讨论了造成这种现象的一些原因。美国的自然失业率变化比欧洲要小得多，但也不是一成不变。回到表7-3，你可以看到，从20世纪50年代到80年代，美国的失业率呈现出缓慢波动上升的趋势：50年代的平均失业率为4.5%，80年代为7.3%。之后，从1990年开始到危机之前，这一趋势开始反转，90年代的平均失业率为5.8%，而2000~2007年为5.0%。2007年的失业率为4.6%，通货膨胀率大致为常数，意味着失业率接近其自然水平。问题聚焦"20世纪90年代以来美国自然失业率的变化"探讨了为什么美国的自然失业率从20世纪90年代早期开始下降，危机对未来可能产生何种影响。我们从1990年以来的美国失业率变化中可以得出两个结论，这两个结论与问题聚焦中有关欧洲失业率的结论是类似的。自然失业率由多种因素决定，我们可以识别出其中的一些因素，但是了解它们各自的作用机制并获得政策经验就不那么简单了。

问题聚焦　　20世纪90年代以来美国自然失业率的变化

正如我们在课本中所讨论的，美国的自然失业率似乎从20世纪80年代的7%~8%下降到目前的接近5%。（编撰本书时，失业率为5.5%，通货膨胀率稳定。）研究者给出了一系列的解释。

- 全球化的加剧以及美国企业和国外企业之间竞争的加剧可能导致其垄断势力和价格加成的下降。同样地，企业更容易将其部分运营业务转移到国外，这使企业在与工人谈判时更具优势。美国工会势力的弱化也是不争的事实：美国的工会化率在20世纪70年代中期为25%，如今下降到10%左右。正如我们所看到的，工人较弱的谈判能力很有可能导致较低的失业率。
- 劳动力市场的本质发生了变化。1980年，通过临时救助机构获得工作的比例小于0.5%，而如今，这一比例已高于2%。这也有可能降低了自然失业率。事实上，这使很多工人在被雇用而非失业的状态下去找工作。基于互联网的招聘网站（例如Monster.com）的作用日益提升也使工人和工作机会之间的匹配变得更加容易，进而降低了失业率。

其他一些解释可能会让你感到震惊。例如，研究者还指出：

- 美国人口的老龄化。年轻工人（年龄在16~24岁的工人）的比例从1980年的24%下降到如今的14%。（这反映了婴儿潮的结束，婴儿潮结束于20世纪60年代中期。）年轻工人倾向于在跳槽中开始自己的职业生涯，他们通常比年长工人具有更高的失业率。因此，年轻工人比例的下降导致总体失业率的下降。

- 囚犯的增加。美国囚犯人口的比例是 20 年前的 3 倍。1980 年，0.3%处于工作年龄的人口在服刑，而如今，这一比例提高到了 1.0%。由于那些囚犯如果没有被囚禁也很有可能失业，所以，这就可能影响失业率。
- 残疾工人数量的增加。1984 年以来，资格的放宽使获得残疾保险的工人数稳定上升，从 1984 年占适合工作年龄人口的 2.2%上升到如今的 4.3%。如果没有这一政策的变化，一些获得残疾保险的工人很有可能会成为失业者。

未来的自然失业率也会保持在低位吗？全球化、老龄化、囚犯、临时救助机构以及互联网的影响很有可能还会继续，这意味着自然失业率可能继续保持在低位。然而，在危机期间，曾有人担忧，实际失业率（2010 年接近 10%）的大幅增加可能最终转化成自然失业率的上升。其中的作用机制称为"滞后作用"（hysteresis，在经济学中，"滞后作用"用于描述"即使冲击已经过去，但一个变量也没能回到其初始水平"）。长期失业的工人可能丧失技能或士气，即可能变得无法被雇用，进而导致更高的自然失业率。这并非杞人忧天。正如我们在第 7 章中所看到的，2010 年平均失业持续时间为 33 周，从历史水平来看这是相当高的。失业人员中的 43%已经失业超过 6 个月了，28%已经超过 1 年了。当经济复苏后，他们中有多少会因此受到深深的伤害而很难被再次雇用？最终结果现在还不知道，但是鉴于当前相对比较低的失业率，以及不存在通货膨胀的压力，似乎前面的担忧至少在宏观经济层面并没有发生。

注：想要了解更多这方面的内容，请阅读"The High-Pressure U.S. Labor Market of the 1990s," by Lawrence Katz and Alan Krueger, *Brookings Papers on Economic Activity*, 1999(1): pp. 1-87。

高通货膨胀和菲利普斯曲线关系

回顾一下，在 20 世纪 70 年代，当通货膨胀变得更持续，工资设定者改变他们形成通货膨胀预期的方式时，菲利普斯曲线是怎样变动的。普遍的经验是：通货膨胀和失业的关系很有可能随着通货膨胀水平及其持续时间的变化而变化，高通货膨胀国家的证据证实了这一点。不仅工人和企业形成预期的方式会发生变化，制度安排也会发生变化。

当通货膨胀率升高时，通货膨胀也变得更加多变。结果是，工人和企业更加不愿签订决定长时间名义工资的劳动合同。如果通货膨胀最终比预期的高，那么实际工资就会下降，工人的生活水平就会大打折扣；反之，如果通货膨胀最终比预期低，那么实际工资就会大幅度上升，企业有可能难以支付工资，以至于有些企业破产。

鉴于这个原因，工资协议的期限应随通货膨胀水平的变化而变化。名义工资制定的时间更短，从一年下降到一个月甚至更短。**工资指数化**（wage indexation）是一种工资自动随通货膨胀增加的制度安排，现在变得更加流行。

这些变化又使通货膨胀对失业有着更加强烈的反应。为了弄清这一点，我们将给出一个基于工资指数化的例子。假如一个经济有两种类型的劳动合同，比例为 λ 的劳动合同是指数化的，即这部分

更具体地说：当通货膨胀平均每年为 3%时，工资设定者相当自信地认为通货膨胀将为 1% ~ 5%；当通货膨胀平均每年为 30%时，工资设定者会自信地认为通货膨胀为 20% ~ 40%。在第一种情况下，实际工资可能比工资设定者设定工资时预期的水平高或低 2%；而在第二种情况下，这一比例可能为 10%，并且这种情况有更多的不确定性。

合同的名义工资随实际价格水平的变化而变化；而比例为 $1-\lambda$ 的劳动合同没有经过指数化，即名义工资的设定基于预期的通货膨胀。

基于这些假设，式（8-9）变为：

$$\pi_t = [\lambda \pi_t + (1-\lambda)\pi_t^e] - \alpha(u_t - u_n)$$

右边的括号体现了 λ 比例的合同是指数化的，从而会对实际通货膨胀 π_t 做出反应，$1-\lambda$ 比例的合同会对预期通货膨胀 π_t^e 做出反应。如果我们假设本年的预期通货膨胀等于上一年的实际通货膨胀，即 $\pi_t^e = \pi_{t-1}$，那么我可以得到：

$$\pi_t = [\lambda \pi_t + (1-\lambda)\pi_{t-1}] - \alpha(u_t - u_n) \tag{8-11}$$

当 $\lambda = 0$ 时，所有工资都根据预期通货膨胀确定，即等于上一年的通货膨胀 π_{t-1}，上述等式就简化为式（8-10）：

$$\pi_t - \pi_{t-1} = -\alpha(u_t - u_n)$$

然而，当 λ 为正时，工资设定便基于实际通货膨胀而不是预期通货膨胀。想要知道这意味着什么，需要重新整理式（8-11）：将括号内的式子左移，两边同时除以 $1-\lambda$，得到：

$$\pi_t - \pi_{t-1} = -\frac{\alpha}{(1-\lambda)}(u_t - u_n)$$

工资指数化增加了失业对通货膨胀的影响。指数化的工资合同比例越高，即 λ 越高，失业率对通货膨胀变化的影响越大，即系数 $\alpha/(1-\lambda)$ 越大。

我们的直觉是，没有工资指数化，较低的失业率会使工资上升，这又反过来提高了价格。但因为工资不会立即对价格做出反应，所以价格在年内不会进一步上涨。然而，有了工资指数化，价格的上涨在年内就会导致工资进一步上升，从而导致价格进一步上涨。所以，失业对通货膨胀的影响在年内会更大。

如果 λ 接近于 1，即几乎所有工资合同都允许工资指数化，失业的小幅变动就会导致通货膨胀的大幅变动。换句话说，失业率几乎没有发生变化，通货膨胀都有可能发生大幅变动。高通货膨胀国家经历的正是这种情况：通货膨胀和失业之间的关系变得越来越脆弱，并且最终会消失。

通货紧缩和菲利普斯曲线关系

我们刚才考察了当通货膨胀极高时，菲利普斯曲线会发生什么变化。另一个问题是，当通货膨胀很低甚至为负时，即通货紧缩时，会发生什么。

提出这个问题的原因是，在图 8-1 中我们提到了这个问题，但那时先放在一边了。在那幅图中，注意 20 世纪 30 年代对应的点（用三角形表示）怎么会位于其他点的右边，不仅失业出奇的高（这没什么好大惊小怪的，因为那些年正经历大萧条），而且在高失业率下，通货膨胀也出奇的高。换句话说，在高失业率下，我们本以为会出现通货紧缩，然而却出现了高通货膨胀。实际上，通货紧缩是有限的。即使在 1934～1937 年，通货膨胀实际也为正。

我们怎样理解这一事实？这里有两种可能的解释。

一种解释是，伴随大萧条出现的不仅是实际失业率的增加，而且是自然失业率的上升。这似乎不可能，大多数经济史学家将大萧条视为总需求的不利转变的结果，这使实际失业率高于自然失业率，而不是自然失业率自身上升了。

如果 u_n 随着 u 的上升而上升，那么即使 u 很高，$u_n - u$ 也仍然可能很小。

另一种解释是，当经济开始经历通货紧缩，菲利普斯曲线关系便瓦解了。一个可能的原因是工人不愿接受名义工资的下降。当名义考虑两种情形。第一种：通货膨胀为 4%，你的名义工资增长了 2%；第二种：通货膨胀为 0，你的名义工资降低 2%。你不喜欢哪种？两种应该是无差异的。两种情况下，你的实际工资都下降了 2%。然而有证据显示，大部分人觉得第一种情形的痛苦比较小，从而受到货币幻觉的困扰。第 24 章将给出关于本话题的更多内容。

θ 下降意味着回归到一种更接近式（8-3）所描述的关系。这就可以解释为什么高失业带来了较低的通货膨胀，而非通货膨胀的稳步下降。

工资的增长慢于通货膨胀的上升时，工人不知不觉接受了实际工资下降的事实。这种机制显然在一些国家发挥了作用。图 8-5 画出了两个不同年份（1984 年，当时通货膨胀率高达 27%，和 2012 年，当时通货膨胀率只有 2.1%）葡萄牙工资变化的分布。注意，1984 年工资变化的分布大致是对称的，而在 2012 年，几乎不存在负的工资变化。由于上述机制在发挥作用，这就意味着当经济接近于零通货膨胀时，菲利普斯曲线所描述的通货膨胀率的变化和失业率之间的关系可能消失了，或者至少弱化了。

当通货膨胀率低的时候，没有人会接受名义工资的降低。

这个问题具有历史意义。在最近的危机期间，许多国家的失业率急剧上升。人们可能因此预期通货膨胀率将大幅降低，甚至出现明显的通货紧缩。然而，尽管一些国家经历了通货紧缩，但非常有限。总体上，通货膨胀率高于式（8-6）所预测的水平（对每个国家分别进行估计）。这是否是我们刚才所描述的机制发挥作用的结果，或者是否反映预期形成方式的变化（θ 下降）有待进一步探索。

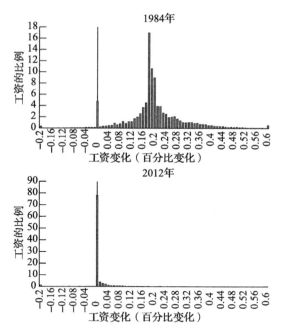

图 8-5　高通货膨胀和低通货膨胀期间葡萄牙的工资变化分布
资料来源：Pedro Portugal，based on Portuguese household survey.

本章概要

- 劳动力市场均衡可以表示为通货膨胀、预期通货膨胀和失业之间的关系。对于给定的失业水平，较高的预期通货膨胀导致较高的通货膨胀；对于给定的预期通货膨胀水平，较高的失业导致较低的通货膨胀。

- 当通货膨胀不具有持续性时，预期通货膨胀就不依赖于过去的通货膨胀。因此，劳动力市场关系就变成了通货膨胀和失业之间的关系，这就是 20 世纪 50 年代后期，菲利普斯在英国、索洛和萨缪尔森在美国所观察到的失业和通货膨胀的共同行为关系。
- 20世纪60年代以来,随着通货膨胀变得更具持续性,通货膨胀的预期越来越取决于过去的通货膨胀,因此,就变成了失业与通货膨胀变化之间的关系。高失业导致通货膨胀下降;反之,低失业导致通货膨胀上升。
- 自然失业率是通货膨胀率不变时的失业率,当实际失业率超过自然失业率时,通货膨胀率通常下降;当实际失业率低于自然失业率时,通货膨胀率通常上升。
- 自然失业率取决于众多因素,在不同国家,这些因素有所不同,并且会随着时间的变化而变化,这就是为什么各国的自然失业率会出现差异:欧洲远高于美国。这也是为什么自然失业率会随时间的变化而变化:从20世纪60年代开始,欧洲的自然失业率大幅上升;20世纪60年代到80年代,美国的自然失业率上升了,然后从80年代开始有所下降。
- 不同时期通货膨胀率变化方式的变化影响着工资设定者形成预期的方式,也影响他们使用工资指数化的程度。当工资指数化很普遍时,失业率的小幅变动也可能导致通货膨胀的大幅变动。当通货膨胀率很高时,通货膨胀和失业之间的关系就消失了。
- 当通货膨胀很低或者为负时,菲利普斯曲线关系变得不那么明显。在大萧条期间,即使极高的失业也导致有限的通货紧缩,这个问题很重要,因为当今很多国家是高失业和低通货膨胀并存。

关键术语

Phillips curve 菲利普斯曲线
modified Phillips curve 修正的菲利普斯曲线
expectations-augmented Phillips curve 附加预期的菲利普斯曲线
accelerationist Phillips curve 加速的菲利普斯曲线
non-accelerating inflation rate of unemployment (NAIRU) 无附加通货膨胀的失业率
labor-market rigidities 劳动力市场僵化
extension agreements 扩展协议
wage indexation 工资指数化

习题

快速测试

1. 运用本章的信息,判断下面的说法是正确、错误还是不确定,并简要解释。
   a. 最初在英国观察到的原始的菲利普斯曲线呈现出失业和通货膨胀的负相关关系。
   b. 原始的菲利普斯曲线在不同国家和不同时期都被证实是非常稳定的。
   c. 在历史上的一些时期,相邻年份的通货膨胀率具有很强的持续性。而在另一些时期,本年的通货膨胀率很难预测下一年的通货膨胀率。
   d. 政策制定者只可以暂时地利用通货膨胀-失业之间的权衡关系。
   e. 预期通货膨胀始终等于实际通货膨胀。
   f. 在20世纪60年代晚期,经济学家米尔顿·弗里德曼和埃德蒙德·菲尔普斯认为,政策制定者可以获得他们想要的低失业率。
   g. 如果人们假设本年的通货膨胀率将和上一年一样,那么菲利普斯曲线关系就是通货膨胀率变化和失业率之间的关系。
   h. 一国不同时期的自然失业率是恒定不变的。
   i. 所有国家的自然失业率都是相同的。
   j. 通货紧缩意味着通货膨胀率为负。

2. 讨论以下论述。
   a. 菲利普斯曲线意味着当失业高时,通货膨胀低,反之亦然。因此,我们可能经历高通货膨胀,或高失业,但这两种情况永远不会同时出现。
   b. 只要我们不在乎高通货膨胀,我们就可以使失业降低到我们想要的低水平。我们要做的就是,比如通过扩张的财政政策,增

c. 通货紧缩期间，尽管物价在下降，但是工人仍然拒绝名义工资的下降。
3. 自然失业率。
   a. 假如菲利普斯曲线是如下形式：
   $$\pi_t = \pi_t^e + (m+z) - \alpha u_t$$
   将上述关系改写为失业率偏离自然失业率的程度、通货膨胀和预期通货膨胀。
   b. 在前一章，我们推导了自然失业率。在推导过程中，我们对价格水平和预期价格水平加入了什么约束条件？这与 a 题加入的约束条件有什么关系？
   c. 自然失业率如何随着价格加成的变化而变化？
   d. 自然失业率如何随着综合变量 z 的变化而变化？
   e. 识别出不同国家、不同时期自然失业率存在差异的两个重要原因。
   f. 你相信 e 题得出的答案吗？为什么？
4. 预期通货膨胀的形成。
   课本给出了如下形式的预期通货膨胀：
   $$\pi_t^e = (1-\theta)\bar{\pi} + \theta \pi_{t-1}$$
   a. 描述 $\theta = 0$ 时预期通货膨胀的形成过程。
   b. 描述 $\theta = 1$ 时预期通货膨胀的形成过程。
   c. 你如何形成你自己的预期通货膨胀？更接近 a 还是 b？
5. 菲利普斯曲线的突变。
   假设菲利普斯曲线是如下形式：
   $$\pi_t = \pi_t^e + 0.1 - 2u_t$$
   假设预期通货膨胀是如下形式：
   $$\pi_t^e = (1-\theta)\bar{\pi} + \theta \pi_{t-1}$$
   假设 θ 刚开始为 0。$\bar{\pi}$ 是给定的并且是常数，可以是 0，也可以是任何正数。
   假设初始的失业率等于自然失业率。在第 t 年，政府决定将失业率降低到 3%，并且保持不变。
   a. 决定第 $t+1$、$t+2$、$t+3$、$t+4$ 和 $t+5$ 年的通货膨胀率。与 $\bar{\pi}$ 相比如何？
   b. 你相信 a 题得出的答案吗？为什么？（提示：想想人们可能怎样形成他们的预期。）
   现在假设 $t+6$ 年，θ 从 0 增加到 1。假设政府还是决定将 u 永久维持在 3%。
   c. 为什么 θ 可能以这样的方式增加？
   d. 第 $t+6$、$t+7$ 和 $t+8$ 年的通货膨胀率会是多少？
   e. 当 $\theta = 1$，并且失业率水平保持在自然失业率水平之下时，通货膨胀率会发生什么变化？
   f. 当 $\theta = 1$，并且失业率水平保持在自然失业率水平时，通货膨胀率会发生什么变化？

深入研究

6. 工资指数化的宏观经济影响。
   假设菲利普斯曲线是以下形式：
   $$\pi_t - \pi_t^e = 0.1 - 2u_t$$
   其中，$\pi_t^e = \pi_{t-1}$。
   假如 $t-1$ 年的通货膨胀为 0，在第 t 年，中央银行决定将失业率永久维持在 4%。
   a. 计算第 t、$t+1$、$t+2$ 和 $t+3$ 年的通货膨胀率。
   现在假设一半的工人将劳动合同指数化。
   b. 菲利普斯曲线的新方程是什么？
   c. 根据 b 题的答案，重新计算 a 题的答案。
   d. 工资指数化对 π 和 u 之间的关系有什么影响？
7. 估计自然失业率。
   为了解答这个问题，你需要 1970 年以来美国的平均失业率和通货膨胀率数据，这些数据可以非常容易地在《总统经济报告》(https://www.whitehouse.gov/sites/default/files/docs/2015_erp_appendix_b.pdf) 中找到。相关 Excel 表格可以直接下载。
   找出年度国民失业率，在 2015 ERP 的 Table B-12 中。此外，找出城市消费者的年度 CPI 增长率，在 2015 ERP 的 Table B-10 中。你可以从联邦储备银行圣路易斯分行的 FRED 网站上获得相同的数据。
   a. 将 1970 年以来所有年份的数据作图，以通货膨胀的变化为纵轴，失业率为横轴，你的图和图 8-4 相似吗？
   b. 用直尺画出图中最能拟合那些点的直线，直线的斜率大约是多少？截距是多少？写出相应的方程。
   c. 根据你在 b 题中的分析，1970 年以来的自然失业率为多少？
8. 自然失业率的变化。
   a. 重复问题 6，但现在分别画出 1970～1990 年、1990 年至今的图。

进一步探究

9. 利用自然失业率来预测通货膨胀率的变化。

   根据图 8-4 估计得到的菲利普斯曲线如下：

   $$\pi_t - \pi_{t-1} = 3.0 - 0.5 u_t$$

   利用问题 6 收集的数据填写下表。你将需要一个电子表格程序。
   a. 评估整个时期菲利普斯曲线预测通货膨胀率变化的能力。
   b. 评估 2009 年和 2010 年危机期间菲利普斯曲线预测通货膨胀率变化的能力。你认为发生了些什么？
   c. 你可以在表格中加入 2014 年以后的年份。评估利用截至 2014 年的数据估计得到的附加预期的菲利普斯曲线预测 2014 年之后的通货膨胀率（样本外预测）的能力。

10. 不同年份的通货膨胀率和预期通货膨胀率。

    利用 20 世纪 60 年代的数据，填写下一页第一张表中通货膨胀率和预期通货膨胀率的数据。这里你需要利用联邦储备银行圣路易斯分行维护的 FRED 数据库中的数据。相

    b. 你发现两个时期通货膨胀与失业率之间的关系有所不同吗？如果是，那么自然失业率发生了什么变化？

    关时间序列可以在问题 9 中找到。你最好使用电子表格程序来完成这项任务。

    根据 20 世纪 60 年代的数据：
    a. 20 世纪 60 年代，$\theta = 0$ 是一个明智的选择吗？$\bar{\pi} = 0$ 是一个明智的选择吗？你是如何做出判断的？
    b. 20 世纪 60 年代，$\theta = 1$ 是一个明智的选择吗？你是如何做出判断的？

    利用 20 世纪 70 年代和 80 年代的数据，填写下一页第二张表中通货膨胀率和预期通货膨胀率的数据。你最好使用电子表格程序来完成这项任务。

    根据 20 世纪 70 年代和 80 年代的数据：
    c. 20 世纪 70 年代，$\theta = 0$ 是一个明智的选择吗？$\bar{\pi} = 0$ 是一个明智的选择吗？你是如何做出判断的？
    d. 20 世纪 70 年代，$\theta = 1$ 是一个明智的选择吗？你是如何做出判断的？
    e. 在这两个时期，通货膨胀率及其均值、持续性有什么差异？

年份	通货膨胀率	失业率	预期通货膨胀率的变化	预期通货膨胀率的变化减去实际通货膨胀率的变化
2003				
2004				
2005				
2006				
2007				
2008				
2009				
2010				
2011				
2012				
2013				
2014				
未来年份				

年份	π_t 实际通货膨胀率	$\pi_t - 1$ 滞后一年的实际通货膨胀率	π_t^e 不同假设下的预期通货膨胀率		$\pi_t^e - \pi_t$ 差：不同假设下的预期通货膨胀率减去实际通货膨胀率	
			假设 $\theta=0$, $\bar\pi=0$	假设 $\theta=1.0$	假设 $\theta=0$, $\bar\pi=0$	假设 $\theta=1.0$
1963						
1964						
1965						
1966						
1967						
1968						
1969						

年份	π_t 实际通货膨胀率	$\pi_t - 1$ 滞后一年的实际通货膨胀率	π_t^e 不同假设下的预期通货膨胀率		$\pi_t^e - \pi_t$ 差：不同假设下的预期通货膨胀率减去实际通货膨胀率	
			假设 $\theta=0$, $\bar\pi=0$	假设 $\theta=1.0$	假设 $\theta=0$, $\bar\pi=0$	假设 $\theta=1.0$
1973						
1974						
1975						
1976						
1977						
1978						
1979						
1980						
1981						

附 录

从劳动力市场关系到通货膨胀、预期通货膨胀和失业之间的关系

本附录说明了怎样从式（8-1）给出的价格水平、预期价格水平和失业率之间的关系

$$P = P^e(1+m)(1-\alpha u + z)$$

到式（8-2）给出的通货膨胀、预期通货膨胀和失业率之间的关系

$$\pi = \pi^e + (m+z) - \alpha u$$

首先，引入价格水平、预期价格水平和失业率的时间标识，从而 P_t、P_t^e 和 u_t 分别代表在 t 年的价格水平、预期价格水平和失业率，那么，式（8-1）变为：

$$P_t = P_t^e(1+m)(1-\alpha u_t + z)$$

其次，由价格水平形式的表达式到通货膨胀率形式的表达式，两边同时除以上一年的价格水平 P_{t-1}，可得：

$$\frac{P_t}{P_{t-1}} = \frac{P_t^e}{P_{t-1}}(1+m)(1-\alpha u_t + z) \qquad (8A-1)$$

将左边的分数 P_t/P_{t-1} 重写为：

$$\frac{P_t}{P_{t-1}} = \frac{P_t - P_{t-1} + P_{t-1}}{P_{t-1}} = 1 + \frac{P_t - P_{t-1}}{P_{t-1}} = 1 + \pi_t$$

其中，第一个等式是在分子上加上并减去一个 P_{t-1}，第二个等式源于 $P_{t-1}/P_{t-1}=1$，而第三个等式源于通货膨胀率的定义 $[\pi_t \equiv (P_t - P_{t-1})/P_{t-1}]$。

对右边的分数 P_t^e/P_{t-1} 进行同样的处理，利用预期通货膨胀率的定义 $[\pi_t^e \equiv (P_t^e - P_{t-1})/P_{t-1}]$ 可得：

$$\frac{P_t^e}{P_{t-1}} = \frac{P_t^e - P_{t-1} + P_{t-1}}{P_{t-1}} = 1 + \frac{P_t^e - P_{t-1}}{P_{t-1}} = 1 + \pi_t^e$$

用我们刚才推导出来的表达式替换式（8A-1）中的 P_t/P_{t-1} 和 P_t^e/P_{t-1}，可得：

$$(1 + \pi_t) = (1 + \pi_t^e)(1 + m)(1 - \alpha u_t + z)$$

这个式子给出了通货膨胀 π_t、预期通货膨胀 π_t^e 和失业率 u_t 间的关系。为了使式子更清楚，我们将两边同时除以 $(1+\pi_t^e)(1+m)$，得到：

$$\frac{(1 + \pi_t)}{(1 + \pi_t^e)(1 + m)} = 1 - \alpha u_t + z$$

只要通货膨胀、预期通货膨胀以及价格加成不是很大，等式左边的部分就近似等于 $1 + \pi_t - \pi_t^e - m$（阅读书末的附录 B 中的命题 3 和 6）。经过替换和整理可得：

$$\pi_t = \pi_t^e + (m + z) - \alpha u_t$$

将时间标识去掉，这就是本章的式（8-2），不去掉的话，就是本章的式（8-3）。

通货膨胀率 π_t 取决于预期通货膨胀率 π_t^e 和失业率 u_t，这一关系也取决于价格加成 m、影响工资设定的因素 z，以及失业率对工资的影响因素 α。

第 9 章

从短期运行到中期运行：IS-LM-PC 模型

从第 2 章到第 6 章，我们研究了商品市场和金融市场均衡，并分析了在短期内产出如何由需求决定。在第 7 章和第 8 章中，我们研究了劳动力市场均衡，并推导了失业如何影响通货膨胀。我们现在把这两部分联系在一起，用以描述产出、失业与通货膨胀短期和中期的运行特征。当遇到特定冲击或特定政策的宏观经济问题时，这正是我使用或开始使用的模型［我们称之为 IS-LM-PC 模型（PC 指菲利普斯曲线）］。我希望你也像我一样觉得它很有用。

9.1 推导 IS-LM-PC 模型。

9.2 考察产出和通货膨胀的动态调整。

9.3 探讨财政整合的动态效应。

9.4 探讨石油价格上涨的动态影响。

9.5 本章小结。

9.1 IS-LM-PC 模型

在第 6 章中，我们为短期产出推导出了以下方程 [式 6-5]：

$$Y = C(Y - T) + I(Y, r + x) + G \tag{9-1}$$

从短期来看，产出取决于需求。需求是消费、投资和政府支出的总和。消费取决于可支配收入，相当于扣除税收后的收入。投资取决于产出和实际借款率，实际利率等于借款利率，为中央银行选择的实际政策利率 (r) 与风险溢价 (x) 之和。政府支出是外生的。

正如我们在第 6 章中所言，对于给定的税收、风险溢价 x 和政府支出 G，我们可以在产出 Y 与政策利率 r 之间画出式 (9-1) 所隐含的 IS 曲线。这在图 9-1 的上半部分中已经画出。曲线向下倾斜。给定平坦的 LM 曲线，实际政策利率 r 越低，产出的均衡水平越高。这种关系背后的机制现在应该已经很清楚：较低的政策利率会促进投资。投资越高导致需求越高。需求越高导致产出越高。产出的增加进一步增加了消费和投资，导致需求进一步增加，依此类推。

现在请看图 9-1 的下半部分。在第 8 章中，我们推导出了通货膨胀和失业之间的关系式 [式 (8-9)]，我们称之为菲利普斯曲线：

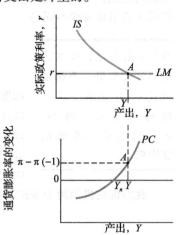

图 9-1 IS-LM-PC 模型

注：上半部分：较低的政策利率导致更高的产出。

下半部分：较高的产出导致通货膨胀大幅变化。

$$\pi - \pi^e = -\alpha(u - u_n) \tag{9-2}$$

当失业率低于自然失业率时，通货膨胀率就会高于预期。如果失业率高于自然失业率，通货膨胀率就会低于预期。

考虑到第一种关系 [式 (9-1)] 是关于产出的，我们的第一步必须是从产出而非失业率的角度重写菲利普斯曲线。这很容易，但需要几个步骤。从失业率和就业之间的关系开始。根据定义，失业率等于失业人数除以劳动力：

$$u \equiv U/L = (L - N)/L = 1 - N/L$$

其中 N 表示就业，L 表示劳动力。第一个等式只是失业率的定义。第二个等式源于失业的定义，第三个等式是通过简化得到的。失业率等于 1 减去就业与劳动力的比率。将 N 表示为 u 的函数，重组后得到：

$$N = L(1 - u)$$

就业等于劳动力乘以 1 减去失业率。关于产出，我们暂时维持在第 7 章中所做的简化假设，即产出简化等于就业，因此：

$$Y = N = L(1 - u)$$

其中第二个等式遵循前面的等式。

因此，当失业率等于自然失业率 u_n 时，就业就给定等于 $N_n = L(1 - u_n)$，产出等于 $Y_n = L(1 - u_n)$。N_n 称为自然就业水平（简称自然就业），Y_n 称为自然产出水平（简称自然产出）。Y_n 也被称为**潜在输出**（potential output），我将在下面经常使用该表达式。

因此，我们可以将就业偏离其自然水平表述为：

$$Y - Y_n = L[(1 - u) - (1 - u_n)] = -L(u - u_n)$$

这就给出了产出偏离潜在产出的差值与失业率偏离自然失业率的差值之间存在的一个简单关系。产出与潜在产出之间的差值称为**产出缺口**（output gap）。如果失业率等于自然失业率，产出等于潜在产出水平，产出缺口等于零；如果失业率高于自然失业率，产出低于潜在水平，产出缺口为负；如果失业率低于自然失业率，产出高于潜在水平，产出缺口为正。（这个等式与产出和失业之间的实际关系，称为奥肯定律。我们将在问题聚焦"跨越时间与国度的奥肯定律"中进一步探讨。）

替换式（9-2）中的 $(u-u_n)$ 得到：

$$\pi - \pi^e = (\alpha/L)(Y - Y_n) \tag{9-3}$$

我们需要再采取最后一步。我们在第7章中研究了工资制定者形成预期的方式如何随时间变化而变化。本章的前提假设是，假设今年的通货膨胀率与去年相同。（我还将讨论其他假设情形下的结果有何不同。）

这一假设意味着菲利普斯曲线关系由下式给出：

$$\pi - \pi(-1) = (\alpha/L)(Y - Y_n) \tag{9-4}$$

换句话说，当产出高于潜在水平，因此产出缺口为正时，通货膨胀增加。当产出低于潜在水平，因此产出缺口为负时，通货膨胀减小。产出与通货膨胀变化之间的正向关系如图9-1下半部分中向上倾斜的曲线所示。横轴为产出，纵轴为通货膨胀率的变化。当产出等于潜在水平，相当于当产出缺口等于零，通货膨胀变化也为零。因此，菲利普斯曲线与横轴的交叉点即为产出处在潜在水平的位置。

为了记数简洁，我不再使用时间索引，而是使用（-1）来表示上一期的变量值。例如，$\pi(-1)$ 表示去年的通货膨胀。

我们现在借助两个等式来描述短期和中期的情况。这也是我们在下一节中要做的。

问题聚焦　　跨越时间与国度的奥肯定律

如何将文中推导出的产出和失业之间的关系与两者之间的经验关系联系起来呢？这就是奥肯定律，我们在第2章已经看到了。

要回答这个问题，我们首先必须以一种方便比较的形式重写文中两者之间的关系。虽然需要多个步骤，但我们先给出推导结果。失业与产出之间的关系可以改写为：

$$u - u(-1) \approx -g_Y \tag{9B-1}$$

失业率的变化约等于产出增长率的相反数。（符号"≈"表示大致相等。）

下面是推导过程。从就业、劳动力和失业率之间的关系 $N = L(1-u)$ 开始。假设劳动力 L 不变，与前一年的关系相同，那么 $N(-1) = L[1-u(-1)]$。把这两个关系式放在一起得到：

$$N - N(-1) = L(1-u) - L[1-u(-1)]$$
$$= -L[u - u(-1)]$$

就业的变化等于负失业率变化乘以劳动力。将两边除以 $N(-1)$ 得到：

$$[N - N(-1)]/N(-1)$$
$$= -[L/N(-1)][u - u(-1)]$$

注意，等式左边给出了就业增长率，称之为 g_N。假设产出与就业成正比，那么产出增长率 g_Y 就等于 g_N。还要注意，$L/N(-1)$ 的值近似等于1。如果失业率等于5%，那么劳动力与就业的比率是1.05。因此，将其取近似值，等于1，表达式可以重写为：

$$g_Y \approx -[u - u(-1)]$$

重新排列后，得到我们想要的等式：

$$u - u(-1) \approx -g_Y \tag{9B-1}$$

现在谈谈失业率变化与产出增长之间的实际关系，正如第2章中的图2-5，在此复制为图1。最符合图1中各点的回归线为下面的等式：

$$u - u(-1)$$
$$= -0.4(g_Y - 3\%) \tag{9B-2}$$

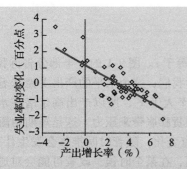

图1 1960~2014年美国失业率的变化与产出增长情况

与式（9B-1）类似，式（9B-2）显示出失业率变化与产出增长之间的负相关。但是它与式（9B-1）有两个方面不同。

第一，每年的产出增长率至少达到3%，以防止失业率上升。这是因为我们在推导过程中忽略了两个因素：劳动力增长和劳动生产率增长。要保持恒定的失业率，就业就必须以与劳动力相同的速度增长。假设劳动力以每年1.7%的速度增长，那么就业必须以每年1.7%的速度增长。此外，如果劳动生产率（即每名工人的产出）以每年1.3%的速度增长，这意味着产出必须以每年1.7% + 1.3% = 3%的速度增长。换句话说，仅仅为了保持恒定的失业率，产出增长就必须等于劳动力增长和劳动生产率增长的总和。在美国，自1960年以来，劳动力增长率和劳动生产率增长率的总和平均每年等于3%，这就是为什么数字3%出现在式（9B-2）的右边。（不过，有一些证据显示，生产力增长在过去10年有所下降，而维持失业率不变所需的增长率现在已接近2%，而非3%。）

第二，式（9B-2）右侧的系数是-0.4，而不是式（9B-1）的-1.0。换句话说，产出增长率高于正常水平1%，按照式（9B-2）失业率降低0.4%，而非式（9B-1）的1%。原因有以下两个。

产出偏离正常水平1个点，公司根据情况调整就业小于1个点。更具体地说，产出增长比正常水平高1%，导致就业率仅增长0.6%。其中一个原因是，无论产出水平如何，一些工人的需求一定。例如，无论公司的销售额是否高于正常水平，公司会计部门需要的雇员数大致相同。另一个原因是培训新员工的成本很高，因此，当产量低于正常水平时，公司宁愿留住现有员工，也不愿解雇他们。当产量高于正常水平时，公司要求他们加班，而不是雇用新员工。在经济不景气的时候，企业实际上在囤积劳动力，当经济好转的时候，它们利用这些劳动力。这就是为什么企业的这种行为被称为**劳动力囤积**（labor hoarding）。

就业率的提高不会导致失业率一对一下降。更具体地说，就业率上升0.6%只会导致失业率下降0.4%。原因是劳动力参与增加。当就业率增加时，并不是所有新工作都由失业者填补。有些工作是给那些被归类为劳动力以外的人员做的，这意味着他们没有积极地寻找工作。

此外，随着失业人员的劳动力市场前景的改善，一些先前被列为劳动力以外的气馁的工人决定积极寻找工作，并被列为失业者。由于这两个原因，失业率下降少于就业增加。

把这两个步骤放在一起：失业对就业变动的反应少于1，而就业变动本身对产出变动的反应也小于1。这个系数给出了产出增长对失业率变动的影响，这里是0.4，被称为**奥肯系数**（Okun coefficient）。基于影响该系数的因素，人们会预期这个系数会因国家而异，事实也确实如此。例如，在具有终身就业传统的日本，企业对产出变动的反应要小得多，导致奥肯系数仅为0.1。产出的波动与日本失业率的波动比美国要小得多。

9.2 动态调整与中期均衡

让我们回到图 9-1。假设中央银行选择的政策利率等于 r。图 9-1 的上半部分告诉我们，与利率相关的产出水平由 Y 给出。图 9-1 的下半部分告诉我们，这个水平的产出 Y 意味着通货膨胀的变化等于 $[\pi-\pi(-1)]$。根据我们画出的图形，Y 大于 Y_n，所以产出高于潜在水平。这意味着通货膨胀正在增加。非正式地说，经济过热给通货膨胀带来压力。这是短期均衡。

如果政策利率或任何影响 IS 曲线位置的变量均没有变化，随着时间推移会发生什么情况？那么产出仍然高于潜在水平，通货膨胀继续增加。然而，在某个时候，政策可能会对通货膨胀增加做出反应。如果我们把重点放在中央银行，中央银行迟早会提高政策利率，从而将产出降至潜在水平，不再对通货膨胀施加压力。调整过程和中期均衡如图 9-2 所示。初始均衡由上半部分和下半部分中的 A 点表示。你可以认为中央银行会随着时间的推移提高政策利率，因此经济会沿着 IS 曲线从 A 上升到 A'，产出减少。现在转到下半部分，随着产出下降，经济沿着 PC 曲线从 A 向下移动到 A'。在 A' 点上，政策利率等于 r_n，产出等于 Y_n，这意味着通货膨胀恒定，这是中期均衡。产出等于潜在水平，因此，通货膨胀不再有任何压力。与 Y_n 相关联的利率 r_n 通常为**自然利率**（natural rate of interest，以反映其与自然失业率或自然产出水平相关联的事实）。它有时也被称为**中性利率**（neutral rate of interest），或**维克塞尔利率**（Wicksellian rate of interest，这个概念最初是在 19 世纪末由瑞典经济学家维克塞尔提出的）。

> PC 曲线有点重复，因为 C 代表曲线。

让我们更仔细地讨论动态调整与中期均衡。

你可能（事实上你应该）对动态调整的描述有以下反应。如果中央银行要实现稳定的通货膨胀，保持产出位于 Y_n，为什么没有立即提高政策利率至 r_n，以便毫不拖延地达到中期均衡呢？答案是，中央银行确实希望保持经济稳定在 Y_n。但是，尽管在图 9-2 中看起来很容易做到，但实际情况很复杂。原因与我们在第 3 章讨论的随时间调整经济一致。首先，中央银行往往很难知道潜在产出的确切位置，进而知道产出距离潜在水平有多远。通货膨胀膨胀变化提供了一种产出缺口信号，但是与式（9-4）相反，该信号拥有太多噪声。因此，中央银行可能希望缓慢调

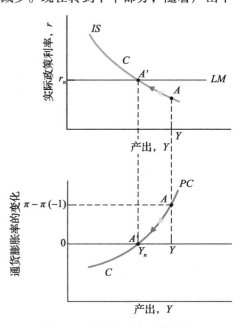

图 9-2 中期产出与通货膨胀

注：在中期，经济向潜在产出水平和稳定通货膨胀汇合。

整政策利率，以观看会发生什么。其次，经济调整需要时间做出反应。公司需要时间来调整它们的投资决策。随着投资支出因政策利率上升而放缓，需求下降，产出下降，收入下降。消费者需要时间适应收入下降，企业也需要时间适应销售下降。简而言之，即使中央银行行动迅速，经济恢复到自然产出水平也需要时间。

> 在撰写本章时，美联储正面临这一问题。失业率下降到 5.0%，通货膨胀大致保持稳定。失业率与自然失业率的接近程度是许多讨论和分歧的主题。

产出恢复到自然水平需要时间这一事实引起了通货膨胀问题。在调整过程中，产出始终高于潜在水平，因此通货膨胀不断增加。因此，当经济达到 A' 点时，通货膨胀率高于 A 点的位置。如果中央

银行既关注通货膨胀稳定，也关注通货膨胀水平，那么它很可能决定不仅要稳定，还要降低通货膨胀。为此，它需要将政策利率提高到 r_n 以上，以降低通货膨胀，直到通货膨胀恢复到中央银行可以接受的水平。在这种情况下，调整更为复杂。经济从 A 向上移动，经过 A'，到达 C 点，在该阶段中央银行开始将政策利率降至 r_n。换句话说，如果中央银行希望在中期内实现恒定通货膨胀水平，那么衰退总是跟在最初的繁荣之后。

重新审视预期的作用

前面的讨论取决于人们形成预期的方式，以及菲利普斯曲线的具体形式。看到这一点，回到我们在第 8 章中讨论的预期形成，不是假设预期通货膨胀等于去年的通货膨胀，$\pi(-1)$，而是假设人们预期通货膨胀将等于一些常数，$\bar{\pi}$，而不管去年的通货膨胀是多少。

在这种情况下，式（9-3）变为：

$$\pi - \bar{\pi} = (\alpha/L)(Y - Y_n) \tag{9-5}$$

要分析在这种情形下会发生什么，我们仍然可以使用图 9-2，除了下半部分的纵轴测量的是 $\pi - \bar{\pi}$ 而不是 $\pi - \pi(-1)$。正的产出缺口会产生比预期更高的通货膨胀而非通货膨胀增加。现在假定经济处在 A 点，相应的产出水平为 Y。假定产出高于潜在水平，通货膨胀高于预期，即 $\pi - \bar{\pi} > 0$。当中央银行提高政策利率，将产出降至自然水平时，经济沿 IS 曲线从 A 向 A' 移动。当经济处于 A' 点，政策利率等于 r_n 时，产出恢复至潜在水平，通货膨胀恢复到 $\bar{\pi}$。这与前一种情况的区别很明显。为了使通货膨胀恢复到 $\bar{\pi}$，在这种情况下，中央银行没有必要像以前那样在一段时间内将利率提高到 r_n 以上。因此，中央银行的工作更容易。只要通货膨胀预期**锚定**（anchored，用中央银行使用的术语来说），它就不需要通过后来的衰退来弥补最初的繁荣。

零利率下限与债务螺旋

通过对调整的描述，中期均衡调整看起来似乎相对容易。如果产出过高，中央银行就将提高政策利率，直到产出恢复到潜在水平。如果产出过低，中央银行就将降低政策利率，直到产出恢复到潜在水平。然而，这种情况过于乐观，事情可能会出错，原因是零利率下限和通货紧缩的结合。

在图 9-2 中，我们考虑了产出高于潜在水平和通货膨胀增加的情况。相反，请考虑图 9-3 所示的经济衰退的情况。目前政策利率为 r，产出等于 Y，远低于 Y_n。产出缺口为负，通货膨胀不断下降。初始均衡由上半部分和下半部分中的 A 点表示。

中央银行在这种情况下应该做什么看起来很简单。它应降低政策利率，直到产出恢复到其自然水平。从图 9-3 来看，应该将政策利率从 r 降低到 r_n。在 r_n 处，产出等于 Y_n，通货膨胀再次稳定。请注意，如果经济足够萧条，将产出恢复到自然水平所需的实际政策利率 r_n 可能是负的，而这正是我在图中所画的。

然而，零利率下限约束将使这种负的实际政策利率不可能实现。例如，假设初始通货膨胀为零，由于零利率下限，中央银行可以降低的最低名义政策利率为零。与零通货膨胀相结合，这意味着实际政策利率为零。从图 9-3 来看，中央银行只能将实际政策利率降低到零，产出水平为 Y'。在 Y' 时，产出仍低于潜在水平，因此通货膨胀仍在下降。这就开始了经济学家所说的**通货紧缩螺旋**（deflation spi-

> 回顾实际政策利率为负并不一定意味着以等于 $r + x$ 的实际利率借款的人和公司也面临负的实际利率。如果 x 足够大，则即使实际政策利率为负，他们可以借贷的实际利率也为正。

ral）或**通货紧缩陷阱**（deflation trap）。我们继续假设通货膨胀预期是这样的，以至于工资制定者预期通货膨胀与去年相同，因此负的产出缺口意味着通货膨胀下降。如果通货膨胀一开始等于零，它就会变成负值。零通货膨胀变成通货紧缩。反过来，这意味着即使名义利率保持为零，实际政策利率也会上升，从而导致需求更低、产出更低。通货紧缩和低产出相互反馈。产出越低，通货紧缩越严重，实际利率越高，产出越低。如图9-3中的箭头所示，经济没有收敛到中期均衡位置，而是远离了均衡点，产出稳步下降，通货紧缩稳步扩大。中央银行无能为力，经济每况愈下。

这种情况不仅仅是一个理论问题，这正是大萧条时期的情景。正如问题聚焦"大萧条时期的通货紧缩"所示，在1929～1933年，通货膨胀变成越来越严重的通货紧缩，不断提高实际政策利率，减少支出和产出，直到采取其他措施使经济开始好转。最近的危机也引起了类似的担忧。随着主要发达国家的政策利率降至0，人们担心通货膨胀会转为负值，并开始类似通货紧缩螺旋。但这并没有发生。通货膨胀率下降，一些国家转向通货紧缩。正如我们在第6章中看到的，这限制了中央银行降低实际政策利率和增加产出的能力。但通货紧缩仍然有限，通货紧缩螺旋并未发生。一个与我们先前讨论的预期形成相关的原因是，通货膨胀预期基本上仍是固定的。因此，菲利普斯曲线关系采用式（9-5）而不是式（9-4）的形式。低产出导致低通货膨胀，在某些情况下导致轻微的通货紧缩，但并不像大萧条时期那样导致持续扩大的通货紧缩。

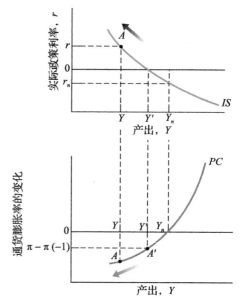

图9-3　紧缩螺旋

注：如果零利率下限阻碍货币政策增加产出使其恢复至潜在水平，结果将是紧缩螺旋。越高的通货紧缩导致实际政策利率越高；反过来，产出进一步降低，通货进一步紧缩。

问题聚焦　　大萧条时期的通货紧缩

1929年股市崩盘后，美国陷入经济萧条。如表1前两列所示，失业率从1929年的3.2%上升到1933年的24.9%，产出连续四年呈强劲负增长。从1933年开始，经济缓慢复苏，但到了1940年，失业率仍高达14.6%。

大萧条与最近的危机有许多共同点。资产价格暴跌前的大幅上涨——近期的房价危机、大萧条时期的股市价格，以及通过银行体系扩大冲击。它们也有重要的区别。通过将表1中的产出增长和失业数字与第1章中近期危机的数字进行比较可以看出，大萧条时期的产出下降和失业增加比近期危机中的数字大得多。在问题聚焦中，我们将只关注大萧条的一个方面：名义利率和实际利率的演变，以及通货紧缩的危险。

正如你在第三列中看到的，货币政策降低了名义利率，用一年期T-bill利率来衡量。尽管这比较缓慢，但并没有完全降到零。名义利率从1929年的5.3%下降到1933年的2.6%。与此同时，如第四列所示，产出下降和失业率上升导致通货膨胀率急剧下降。1929年的通货膨胀率为零，1930年变为负值，1931年达到-9.2%，1932年达到-10.8%。如果假设每年的预期通货紧缩与实际通货紧缩相等，就可以构造出一系列的实际利率。这在表1的最后一列完成，并给出了为什么产出一直下降到1933年的提示。实际利率在1931年达到12.3%，1932年达到14.8%，1933年仍然高达7.8%。在这样的利率下，消费和投资需求仍然很低，经济萧条进一步恶化，这并没有令人感到意外。

1933年，经济似乎陷入通货紧缩陷阱，低经济活动导致通货紧缩加剧、实际利率上升、支出下降等。然而，从1934年开始，通货紧缩让位于通货膨胀，导致实际利率大幅下降，经济开始复苏。尽管失业率居高不下，但美国经济为何能够避免进一步的通货紧缩，仍然是经济学争论的热点问题。一些人指出货币政策的变化，货币供应量的大幅增加，导致通货膨胀预期的变化。其他人则指出新政政策，特别是确定最低工资，限制了工资的进一步下降。无论是什么原因，这都是通货紧缩陷阱的结束和长期复苏的开始。

表1　1929~1933年的名义利率、通货膨胀率和实际利率　　　　（%）

年份	失业率	产出增长率	一年期名义利率，i	通货膨胀率，π	一年期实际利率，r
1929	3.2	-9.8	5.3	0.0	5.3
1930	8.7	-7.6	4.4	-2.5	6.9
1931	15.9	-14.7	3.1	-9.2	12.3
1932	23.6	-1.8	4.0	-10.8	14.8
1933	24.9	9.1	2.6	-5.2	7.8

9.3　重新审视财政整合

我们现在可以一步一步地了解 *IS-LM-PC* 模型。在本节中，我们将回到第5章讨论的财政整合。我们不仅可以看到它的短期缺陷，也可以看到它的中期效果。

假设产出处于潜在水平，那么经济处于图9-4的上半部分和下半部分中的 A 点。产出 Y 等于 Y_n，政策利率等于 r_n，通货膨胀稳定。现在假设财政赤字的政府决定通过增加税收来减少赤字。从图9-4来看，税收的增加使 IS 曲线向左移动，从 IS 移动到 IS′。新的短期均衡由图9-4的上半部分和下半部分中的 A' 点给出。在给定的政策利率 r_n 下，产出从 Y 下降到 Y'，通货膨胀开始下降。换句话说，如果产出一开始就处在潜在水平，那么财政整合就像其他原因一样，会导致衰退。这是我们在第5章5.3节中描述的短期均衡。请注意，随着收入下降和税收增加，消费都有所下降。还要注意，随着产出的减少，投资也在减少。从短期与宏观经济角度来看，财政整合看起来并不吸引人：消费和投资都在下降。

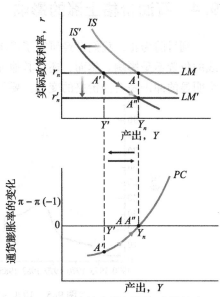

图9-4　财政整合的短期与中期效应

注：财政整合在短期会导致产出降低。在中期来看，产出会恢复至潜在水平，并且利率更低。

然而，让我们转向动态调整和中期均衡。由于产出太低，通货膨胀率不断下降，中央银行可能会做出反应，降低政策利率，直到产出恢复至潜在水平。因此，中期均衡由上半部分和下半部分中的 A'' 点给出。产出恢复至 Y_n，通货膨胀再一次稳定。现在需要维持产出处在潜在水平的政策利率低于前值，等于 r_n' 而不是 r_n。现在看看这个新均衡中的产出构成。由于收入与财政整合前相同，但税率较高，因此消费较低，尽管短期内没有降低。由于产出与以前一样，但利率较低，因此投资高于以前。换句话说，消费的减少被投资的增加所抵消，因此需求和隐含的需求保持不变。这与短期内发生的情况形成鲜明对比，使财政整合看起来更具吸引力。虽然整合可能在短期内减少投资，但在中期会增加投资。

> 我们已经看到财政整合相当于公共储蓄增加，这一论点也适用于私人储蓄的增加。给定政策利率，这种增加将导致短期投资减少，但中期投资增加。（根据这些结果，你不妨回到第 3 章中的问题聚焦"储蓄悖论"和第 5 章中的问题聚焦"减少赤字：对投资来说是好还是坏"。）

这一讨论提出了一些我们在上一节中讨论的共同问题。看起来似乎可以采取财政整合，并在短期内不会降低产出，所需要的是中央银行和政府认真协调。在进行财政整合时，中央银行应制定政策利率，以便将产出保持在自然水平。换句话说，财政政策与货币政策的合理结合可以在短期内达到中期均衡的结果。这种协调有时确实发生了。正如我们在第 5 章中所看到的，这种情况发生在 20 世纪 90 年代的美国，当时财政整合伴随着货币扩张。但并不总是这样。一个原因是中央银行可能无法充分降低政策利率，这使我们回到前面讨论的另一个问题——零利率下限。中央银行降低政策利率的空间可能有限。在最近的危机中，欧元区的情况确实如此。欧元区的名义政策利率为零，货币政策无法抵消财政整合对产出的不利影响。其结果是，如果欧洲中央银行能够进一步降低政策利率，财政整合对产出的不利影响将比以往更强、更持久。

9.4 石油价格上涨的影响

到目前为止，我们已经研究了需求冲击，这种冲击改变了 IS 曲线，但使潜在产出和 PC 曲线的位置不受影响。然而，还有其他冲击影响需求和潜在产出，并在波动中发挥重要作用。一个明显的冲击是石油价格的变动。要了解原因，请看图 9-5。

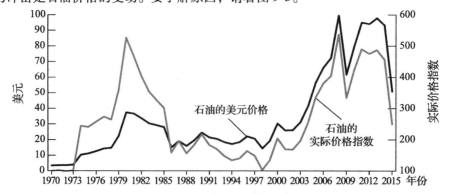

图 9-5　1970～2015 年石油的名义价格与实际价格

注：在过去的 40 年里，石油价格曾有过两次大幅上升，第一次是在 20 世纪 70 年代，第二次是在 21 世纪初。

资料来源：Series OILPRICE, CPIAUSCL Federal Reserve Economic Data (FRED) http://research.stlouisfed.org/fred2/. The value of the index is set equal to 100 in 1970.

图 9-5 绘制了两个系列数值。以黑线为代表的第一条是 1970 年以来石油的美元价格，即每桶石油的美元价格，以左侧纵轴测量。这是每天报纸上引用的系列数值。然而，对经济决策来说，重要的不是石油的美元价格，而是石油的实际价格，即石油的美元价格除以价格水平。因此，图中以灰线表示的第二系列数值显示了石油的实际价格，即石油的美元价格除以美国的消费价格指数。请注意，实际价格是一个指数，它在 1970 年的数值标准化为 100，以右侧的纵轴测量。

图 9-5 中引人注目的是石油实际价格的变动幅度。在过去 40 年中，美国经济曾两次受到石油实际价格上涨 5 倍的冲击，第一次是在 19 世纪 70 年代，第二次是在 21 世纪初。随后，2008 年年末的金融危机导致价格大幅下滑，其后出现部分复苏。自 2014 年以来，价格再次降至 2000 年前的水平。

这两次价格大幅上涨背后的原因是什么？20 世纪 70 年代那次的主要原因是**欧佩克组织**（**OPEC，石油输出国组织**）的成立。OPEC 是一个石油生产国卡特尔组织，能够垄断和提高价格，并因中东战争和革命而中断。21 世纪初那次的主要原因有很大不同，新兴经济体，特别是中国的快速增长，导致世界石油需求迅速增加，实际石油价格因而稳步上升。

价格的两次大幅下降背后的原因是什么？2008 年年底价格突然下跌是由于金融危机导致了经济大规模衰退，进而导致对石油的需求突然大幅度下降。自 2014 年以来，价格下降的原因仍在讨论之中。大多数观察人士认为，这是美国页岩油产量增加和 OPEC 卡特尔部分解体而导致供应增加的综合结果。

让我们集中讨论两次价格大幅上涨的情形。虽然原因不同，但它们对美国公司和消费者的影响是一样的：油价更高。问题是：我们预计这种上涨的短期和中期影响如何。然而很明显，在回答这个问题时，我们面临一个问题。石油的价格在我们开发的模型中没有出现！原因是，到目前为止，我们一直假设产出只使用劳动力。扩展我们的模型的一种方法是明确地认识到产出是利用劳动力和其他投入（包括能源）生产的，然后弄清楚石油价格的上涨对公司制定价格，以及产出与就业之间的关系有什么影响。一个更简单的方法，也是我们在这里使用的方法，就是通过增加 m——价格高于名义工资的溢价。理由很简单，给定工资，石油价格的上涨会增加生产成本，迫使企业提高价格以保持相同的利润率。

做出这一假设后，我们就可以跟踪溢价增长对产出和通货膨胀的动态影响了。

对自然失业率的影响

让我们先问一下，当石油的实际价格上涨时，自然失业率会发生什么变化（为了简单起见，我将在下文中去掉"实际"）。图 9-6 再现了第 7 章图 7-8 中劳动力市场均衡的特征。

工资设定关系是向下倾斜的：较高的失业率导致较低的实际工资。定价关系由水平线 $W/P = 1/(1+m)$ 表示。初始均衡点在 A 点，初始自然失业率为 u_n。溢价增加导致定价线从 PS 向下移动到 PS'。溢价越高，价格设定所隐含的实际工资就越低。均衡从 A 移动到 A'。实际工资降低，自然失业率增加。这样想吧，因为公司必须为石油支付更多的成本，所以它们可以支付的工资更低。要使工人接受较低的实际工资，就需要增加失业率。

自然失业率的上升反过来又导致自然就业水平

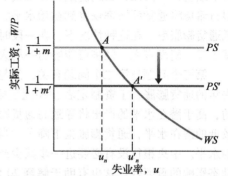

图 9-6　石油价格增长对自然失业率的影响

注：石油价格的增长等同于溢价增加，这将导致较低的实际工资和较高的自然失业率。

的下降。如果我们假设就业和产出之间的关系不变，也就是说，每一个产出单位除了能源投入外，还需要一名工人，那么自然就业水平的下降就会导致潜在产出同样下降。综合起来看：石油价格上涨导致潜在产出下降。

现在我们可以回到 IS-LM-PC 模型，正如图9-7所示。假设初始均衡位于上半部分和下半部分中的 A 点处，产出处于潜在水平，因此 Y 等于 Y_n，通货膨胀稳定，并且政策利率等于 r_n。随着石油价格增长，自然产出水平降低，也就说，从 Y_n 变到 Y_n'。菲利普斯曲线向上移动，由 PC 移动到 PC'。如果 IS 曲线没有移动（稍后再回到这一假设），而中央银行没有改变政策利率，产出不会改变，但同一水平的产出现在与较高的通货膨胀有关。对于给定的工资，石油价格上涨导致企业提高价格，因此通货膨胀率更高。短期均衡由上半部分和下半部分中的 A' 点给出。从短期来看，产出没有变化，但通货膨胀率较高。

转到动态调整问题。如果中央银行保持政策利率不变，产出将继续超过现在较低的潜在产出水平，通货膨胀将继续上升。因此，在某个时候，中央银行将提高政策利率以稳定通货膨胀。这样，经济将沿着上半部分中的 IS 曲线从 A' 上升到 A"，沿着下半部分中的 PC 曲线从 A' 下降到 A"。随着产出下降到较低水平，通货膨胀继续缓慢上升，直到最终再次稳定下来。一旦经济处于 A" 点，经济就处于中期均衡状态。由于潜在产出较低，石油价格的上涨反映在永久性低水平产出。值得注意的是，较低的产出水平和较高的通货膨胀联系在一起，这个组合经济学家称为**滞胀**（stagflation，stag 代表停滞，flation 代表通货膨胀）。

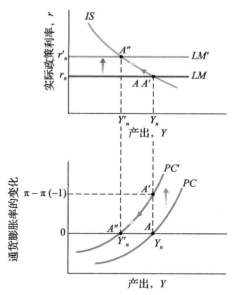

图9-7　石油价格上涨的短期与中期影响

如前几节所述，本节的描述引出一些问题。第一个问题是我们假设 IS 曲线不会移动。事实上，石油价格上涨可能通过多种渠道影响需求并改变 IS 曲线。油价上涨可能导致公司改变投资计划，取消一些投资项目，转而使用能耗较低的设备。石油价格的上涨也将石油购买者的收入重新分配给石油生产者。石油生产者的支出可能低于石油购买者，导致需求下降。因此，IS 曲线很可能向左移动，不仅在中期内，而且在短期内也会导致产出下降。

第二个问题与通货膨胀的演变有关。请注意，在产出降至新的较低潜在水平之前，通货膨胀继续上升。因此，当经济达到 A" 点时，通货膨胀率高于石油价格上涨之前的水平。如果中央银行希望将通货膨胀率恢复到初始水平，就必须在一段时间内将产出降至潜在水平以下，以降低通货膨胀率。在这种情况下，在一段时间内，调整过程中产出的减少将超过中期均衡状态的减少量。简而言之，经济可能经历一场大衰退，仅有部分复苏。

第三个问题与第二个问题有关，又与通货膨胀预期的形成有关。如果不假设通货膨胀等于去年的通货膨胀，工资制定者预期通货膨胀保持不变，那么在这种情况下，正如我们所看到的，高于潜在水平的产出将导致高通货膨胀，而不仅仅增加通货膨胀。然后，随着产出下降到较低的潜在水平，通货膨胀也下降了。当经济达到 A" 点时，通货膨胀又回到石油价格上涨之前的水平。中央银行没有必要进一步减少产出，以降低通货膨胀，这再次表明了预期形成对冲击动态影响的重要性。这也有助于解释20世纪70年代的石油价格影响与21世纪初的石油价格影响之间的差异，前者导致经济高通货膨胀和大衰退，后者更为温和。问题聚焦"石油价格上涨：为什么21世纪初与20世纪70年代如此不同"对此进行了更详细的探讨。

问题聚焦　石油价格上涨：为什么21世纪初与20世纪70年代如此不同

为什么石油价格上涨与20世纪70年代的滞胀有关，但对21世纪的经济没有什么明显的影响？

第一种解释是，在20世纪70年代，油价上涨以外的冲击在起作用，但在21世纪并没有。20世纪70年代，不仅石油价格上涨，许多其他原材料的价格也在上涨。因此，这种影响比仅仅油价上涨更大。

在21世纪初，许多经济学家认为，在一定程度上，由于全球化和国际竞争，工人的议价能力减弱。如果这是真的，就意味着，尽管油价上涨提高了自然利率，但工人议价能力的下降降低了自然利率，两种影响在很大程度上相互抵消。

然而，计量经济研究表明，更多的因素在起作用，而且，即使在控制了这些其他因素的影响之后，自20世纪70年代以来石油价格的影响也已经发生了变化。图1显示了石油价格上涨100%对产出和价格水平的影响，这是利用两个不同时期的数据估算的。根据1970年第一季度至1986年第四季度的数据，第一条线和第四条线显示石油价格上涨对CPI平减指数和国内生产总值的影响。中间两条线的情况相同，但根据的是1987年第一季度至2006年第四季度的数据（横轴上的时间刻度以季度为单位）。该数字表明了两个主要结论。第一，正如模型所预测的那样，在这两个时期，石油价格上涨导致CPI上升，GDP下降。第二，石油价格上涨对CPI和GDP的影响已经变小，大约是以前的一半。

为什么石油价格上涨的不利影响变小了？这仍然是一个研究课题。但是在现阶段，以下两个假设似乎较为合理。

第一个假设是，今天美国工人的讨价还价能力比20世纪70年代要低。因此，随着油价上涨，工人更愿意接受减薪，从而限制了自然失业率的上升。

第二个假设与货币政策有关。正如我们在第8章中所讨论的那样，当石油价格在20世纪70年代上涨时，通货膨胀的预期并没有被锚定。鉴于石油价格上涨导致通货膨胀率初步上升，工资制定者认为通货膨胀率将继续居高不下，因此要求提高名义工资，从而导致通货膨胀率进一步上升。相比之下，在21世纪初，通货膨胀更加稳定。看到通货膨胀的最初增长，工资制定者认为这仅是一次性的增长，并没有像20世纪70年代那样改变他们对未来通货膨胀的预期。因此，石油价格上涨对通货膨胀的影响要小得多，美联储通过提高政策利率和降低产出来控制通货膨胀的必要性要小得多。

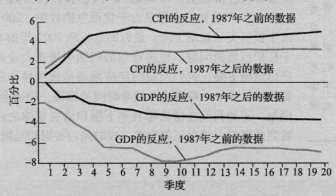

图1　石油价格永久性上涨100%对CPI和GDP的影响

注：与先前相比，石油价格上涨对CPI和GDP的影响变得更小。

9.5 结论

这一章涵盖了很多方面,我们来回顾一下关键的观点并拓展相关结论。

短期运行与中期运行

本章的一个关键信息是,冲击或政策变化通常在短期和中期产生不同的影响。经济学家对各种政策的影响意见不一,往往是因为他们心目中的时间框架不同。如果你担心短期的产出和投资,你可能不愿意继续进行财政整合。但是,如果你的注意力集中在中长期,那么你会认为整合有助于投资,并最终通过增加投资来增加资本积累和产出。其中的一个暗示是,你的立场尤其取决于你认为经济适应冲击的速度。如果你认为产出恢复到潜在水平需要很长时间,那么你自然会更多地关注短期,并愿意采用短期内增加产出的政策,即使中期效应为零或为负。相反,如果你相信产出很快会恢复到潜在水平,那么你将更加重视中期影响,并因此更不愿意使用这些政策。

冲击和传播机制

本章还为你提供了一种思考**产出波动**[output fluctuations,有时称为**商业周期**(business cycles)]的一般方法,即围绕其趋势的产出变动(到目前为止我们忽略了这一趋势,但我们将在第 10～13 章中重点讨论该趋势)。

> 定义冲击比想象中更难。假设一个东欧国家的经济计划失败导致该国政治混乱,则可能导致该国爆发核战争的风险增加,导致美国消费者信心下降,进而导致美国经济衰退。什么是"冲击"?计划的失败?民主的衰落?核战争风险的增加?或者消费者信心下降?实际上,我们必须在某处切断因果关系链。因此,我们可以把消费者信心的下降称为冲击,而忽视其根本原因。

你可以认为经济不断受到**冲击**(shocks)。这些冲击引发消费变化可能源自消费者信心的变化、投资变化等。或者,它们可能来自政策的变化——从新税法的出台,到新的基础设施投资计划,再到中央银行打击通货膨胀的决定。

每次冲击都会对产出及其构成产生动态影响。这些动态影响被称为冲击的**传播机制**(propagation mechanism)。不同冲击的传播机制不同。冲击对经济活动的影响可能随着时间的推移而增加,从而影响中期均衡产出。或者这种影响可能会持续一段时间,然后逐渐减弱并消失。有时,一些冲击足够大,或者以足够糟糕的组合出现,就会导致经济衰退。20 世纪 70 年代的两次衰退主要是由于石油价格上涨,80 年代初的衰退是由于货币急剧收缩,2001 年的经济衰退是由于投资支出急剧下降。最近的危机和 2009 年的产出急剧下降皆源于住房市场的问题。住房市场的问题引发重大金融冲击,进而导致产出急剧下降。我们所说的经济波动是这些冲击及其对产出的动态影响的结果。一般来说,随着时间的推移,经济会恢复到中期均衡。但是,正如我们在讨论零利率下限和通货紧缩之间的相互作用时所看到的那样,情况可能会在一段时间内变得相当糟糕。

本章概要

- 从短期来看,产出取决于需求。产出缺口是指产出与潜在产出之间的差额,它影响通货膨胀。

- 正的产出缺口导致更高的通货膨胀。较高的

- 通货膨胀率导致中央银行提高政策利率。政策利率的提高导致产出下降,从而导致产出缺口缩小。对称地,负的产出缺口导致较低的通货膨胀。通货膨胀率降低导致中央银行降低政策利率。政策利率的下降增加了产出,从而缩小了产出缺口。
- 在中期运行中,产出等于潜在产出。产出缺口为零,通货膨胀稳定。与产出相对应的利率称为自然利率。
- 当产出缺口为负时,零利率下限和通货紧缩的组合可能导致通货紧缩螺旋。较低的产出导致较低的通货膨胀。较低的通货膨胀导致较高的实际利率。较高的实际利率进一步降低了产出,从而又进一步降低了通货膨胀。
- 从短期来看,通过提高税收进行财政整合,在政策不变的情况下,会导致产出、消费和投资减少。在中期运行中,产出恢复至潜在水平,消费较低,投资较高。
- 石油价格上涨在短期内会导致通货膨胀率上升。根据石油价格对需求的影响,这也可能导致产出下降。高通货膨胀和低产出的结合称为滞胀。在中期运行中,石油价格的上涨导致潜在产出下降,从而导致实际产出下降。
- 政策的短期效应和中期效应之间的差异是经济学家在政策建议中意见不一的原因之一。一些经济学家认为,经济很快就会适应中期均衡,因此他们强调政策的中期影响。另一些经济学家认为,使产出恢复到自然产出水平的调整机制充其量是一个缓慢的过程,因此他们更加强调政策的短期效应。
- 经济波动是对总供给或总需求的持续冲击以及每一次冲击对产出的动态影响的结果。有时,不利冲击足够巨大,无论是单独的还是综合的,从而导致衰退。

关键术语

potential output 潜在产出
output gap 产出缺口
labor hoarding 劳动力囤积
Okun coefficient 奥肯系数
natural rate of interest 自然利率
neutral rate of interest 中性利率
wicksellian rate if interest 维克塞尔利率
anchored 锚定

deflation spiral 通货紧缩螺旋
deflation trap 通货紧缩陷阱
OPEC 欧佩克组织
stagflation 滞涨
output fluctuation 产出波动
business cycle 商业周期
shocks 冲击
propagation mechanism 传播机制

习题

快速测试

1. 运用本章的信息,判断下面的说法是正确、错误还是不确定,并简要解释。
   a. IS 曲线随 G 的增加而上升,随 T 的增加而上升,随 x 的增加而上升。
   b. 如果 $(u - u_n)$ 大于零,则 $(Y - Y_n)$ 大于零。
   c. 如果 $(u - u_n)$ 等于零,则产出处在潜在水平。
   d. 如果 $(u - u_n)$ 小于零,则产出缺口为负。
   e. 如果产出缺口为正,则通货膨胀率高于预期通货膨胀率。
   f. 奥肯定律说,如果产出增长提高一个百分点,失业率就会下降一个百分点。
   g. 在自然失业率状态下,通货膨胀既没有上升也没有下降。
   h. 在中期均衡中,通货膨胀率是稳定的。
   i. 中央银行总是能够采取行动,保持产出与潜在产出相等。
   j. 如果通货膨胀预期得到稳定,中央银行就更容易将产出保持在潜在产出水平。
   k. 石油价格的大幅上涨增加了自然失业率。

2. 中期均衡的特征在于以下四个条件。

产出等于潜在产出，$Y = Y_n$。

失业率等于自然失业率，$u = u_n$。

实际政策利率等于自然利率 r_n，其中总需求等于 Y_n。

预期通货膨胀率 π^e 等于实际通货膨胀率 π。

a. 如果预期通货膨胀水平是这样形成的，那么 π^e 等于 $\pi(-1)$，从中期均衡角度描述通货膨胀的表现。

b. 如果预期通货膨胀水平是 $\bar{\pi}$，中期均衡的实际通货膨胀水平是多少？

c. 将 IS 关系写为 $Y = C(Y-T) + I(Y, r+x) + G$。假设 r 为 2%。如果 x 从 3% 增加到 5%，中央银行必须如何改变 r_n 以保持现有的中期运行平衡，并解释。

d. 假设 G 增加。中央银行必须如何改变 r_n 以维持现有的中期运行平衡？请解释。

e. 假设 T 减小。中央银行必须如何改变 r_n 以维持现有的中期运行平衡？请解释。

f. 讨论：从中期来看，财政扩张政策导致自然利率提高。

3. 在探讨中期均衡中，本章对预期通货膨胀形成的两条路径做了两种不同的假设：一条路径假设预期通货膨胀等于上一期的通货膨胀。预期通货膨胀水平随时间变化。另一条路径假设预期通货膨胀水平固定在特定值上，并且从不改变。从中期均衡开始，实际通货膨胀率和预期通货膨胀率在 t 期为 2%。

a. 假设在 $t+1$ 期中消费者信心增加。曲线如何移动？假设中央银行不改变实际政策利率，$t+1$ 期的短期均衡与 t 期的均衡相比如何？

b. 考虑 $t+2$ 期的均衡基于假设 $\pi^e_{t+2} = \pi_{t+1}$。如果中央银行保持实际政策利率不变，那么 $t+2$ 期的实际通货膨胀率与 $t+1$ 期的通货膨胀率相比如何？中央银行必须如何改变名义政策利率以保持实际政策利率不变？继续到 $t+3$ 期，维持预期通货膨胀水平和实际政策利率的假设不变，$t+3$ 期的实际通货膨胀与 $t+2$ 期的通货膨胀相比如何。

c. 考虑 $t+2$ 期的均衡基于假设 $\pi^e_{t+2} = \bar{\pi}$，如果中央银行保持实际政策利率不变，那么 $t+2$ 期的实际通货膨胀率与周期 $t+1$ 的通货膨胀率相比如何？中央银行必须如何改变名义政策利率以保持实际政策利率不变？继续到 $t+3$ 期，维持预期通货膨胀水平和实际政策利率的假设不变，$t+3$ 期的实际通货膨胀与 $t+2$ 期的通货膨胀相比如何？

d. 比较 b 题和 c 题的通货膨胀和产出结果。

e. 你认为哪种情景，b 题还是 c 题更现实？请讨论。

f. 假设在 $t+4$ 期，中央银行决定提高实际政策利率，使经济立即恢复到潜在产出和 t 期的通货膨胀率。使用 b 题和 c 题中关于预期通货膨胀的两个假设解释中央银行政策之间的差异。

4. 当对预期通货膨胀水平的形成有不同的假设时，总供给受到冲击也会产生不同的结果。如问题 3 所示，一条路径假设预期通货膨胀等于上一期的通货膨胀。预期通货膨胀水平随时间变化。第二条路径假设预期通货膨胀水平固定在一个特定值上，并且从不改变。从中期均衡开始，实际通货膨胀率和预期通货膨胀率等于 2%

a. 假设在 $t+1$ 期石油价格持续上涨。PC 曲线如何移动？假设中央银行不改变实际政策利率，$t+1$ 期的短期均衡与 t 期的均衡相比如何？产出会发生什么变化？通货膨胀如何变动？

b. 考虑 $t+2$ 期的均衡基于假设 $\pi^e_{t+2} = \pi_{t+1}$。如果中央银行保持实际政策利率不变，那么 $t+2$ 期的实际通货膨胀率与 $t+1$ 期的通货膨胀率相比如何？继续到 $t+3$ 期，维持预期通货膨胀水平和实际政策利率假设不变，$t+3$ 期的实际通货膨胀与 $t+2$ 期的通货膨胀相比如何？

c. 考虑 $t+2$ 期的均衡基于假设 $\pi^e_{t+2} = \bar{\pi}$。如果中央银行保持实际政策利率不变，那么 $t+2$ 期的实际通货膨胀率与 $t+1$ 期的通货膨胀率相比如何？继续到 $t+3$ 期，维持预期通货膨胀水平和实际政策利率假设不变，$t+3$ 期的实际通货膨胀与 $t+2$ 期的通货膨胀相比如何？

d. 比较 b 题和 c 题的通货膨胀和产出结果。

e. 在 $t+4$ 期，中央银行决定改变实际政策利率，使经济尽快恢复到潜在产出和 t 期的通货膨胀率。何种预期通货膨胀形成路径

使 $t+4$ 期具有较高的名义利率，b 题中的路径还是 c 题中的路径？解释为什么当通货膨胀预期如 c 题中所确定的时，中央银行可以改变政策利率，以立即达到新的潜在产出水平和 t 期的通货膨胀水平。提出当预期通货膨胀等于其上一期的值时，中央银行不可能在 $t+4$ 期立即达到新的潜在产出水平和 t 期的通货膨胀水平的论点。

深入研究

5. 奥肯定律被写成 $u-u(-1) = -0.4(g_Y-3\%)$。
   a. 经济衰退时 $u-u(-1)$ 的符号是什么？复苏时 $u-u(-1)$ 的符号是什么？
   b. 解释 3% 来自哪里？
   c. 解释为什么术语 $(g_Y-3\%)$ 的系数是 -0.4 而不是 -1。
   d. 假设每年获准进入美国的移民人数急剧增加。奥肯定律将如何改变？

6. 零利率下限约束的财政整合。
   假设经济运行在名义政策利率零利率下限的约束下，新当选的政府承诺在 $t+1$ 期、$t+2$ 期及以后各期削减开支并减少赤字。
   a. 说明财政整合政策在 $t+1$ 期对产出的影响。
   b. 说明财政整合政策对 $t+1$ 期通货膨胀变化的影响。
   c. 如果预期通货膨胀取决于过去的通货膨胀，那么 $t+2$ 期的实际政策利率会发生什么变化？这将如何影响 $t+3$ 期的产出？
   d. 名义利率的零利率下限如何使财政整合变得更加困难？

进一步探究

7. 利用问题聚焦"大萧条时期的通货紧缩"中的数据。
   a. 你相信产量在 1933 年已经恢复到了它的潜在水平吗？
   b. 图 9-3 描述的哪几年出现通货紧缩螺旋？
   c. 论证如果预期的通货膨胀水平保持在 1929 年的通货膨胀的实际值，大萧条就不会那么严重了。
   d. 论证如果 1930 年采取大规模的财政刺激会使大萧条不那么严重。

8. 利用问题聚焦"大萧条时期的通货紧缩"中的数据。
   a. 假设通货膨胀的预期水平为去年的通货膨胀率，计算每年的实际利率。1928 年的通货膨胀率为 -1.7%，实际利率的变化对实际产出增长和失业数据的解释，是否比假设预期通货膨胀率为当年的通货膨胀率更好？
   b. 计算 1930～1933 年每年的奥肯系数。为此，假设潜在产出没有增长。推测公司为什么在 1933 年没有雇用更多工人，尽管产出增长了 9.1%。提示：如果潜在产出没有增长，奥肯定律为 $u-u(-1) = -\alpha g_Y$。

9. 英国大萧条。
   基于下表中提供的信息回答下列问题。
   a. 是否有证据表明 1929～1933 年英国发生通货紧缩螺旋？
   b. 是否有证据显示高实际利率对产出的影响？
   c. 是否有证据显示中央银行可选择的实际政策利率有限？

1929～1933 年英国的名义利率、通货膨胀率和实际利率　　　　（%）

年份	失业率	产出增长率	一年期名义利率, i	通货膨胀率, π	一年期实际利率, r
1929	10.4	3.0	5.0	-0.9	5.9
1930	21.3	-1.0	3.0	-2.8	5.8
1931	22.1	-5.0	6.0	-4.3	10.3
1932	19.9	0.4	2.0	-2.6	4.6
1933	16.7	3.3	2.0	-2.1	4.1

第四部分

核心内容：长期

第10章 我们来探究经济增长，首先是过去50年发达国家经济的飞速增长，然后从更宽泛的角度、更长的历史跨度来看，我们发现这不过是近期才有的现象。这种增长也不是普遍的，有些国家在迎头跟进，而很多不发达国家增长甚微，甚至停滞不前。

第11章 集中讨论资本积累对经济增长的影响。资本积累本身并不能带来经济增长，但能影响产出水平。显然，高储蓄率在短期会减少消费，但从长期来看，会增加消费。

第12章 研究技术进步。从长期来看，经济增长率是由技术进步决定的。研发对技术进步有哪些影响？我们将在第11~12章用理论继续研究第10章中提及的经济增长因素。

第13章 探讨技术进步在短期、中期、长期的影响。本章涉及的内容包括：在短期和中期，技术进步与失业、工资不平等的关系；长期中制度对技术进步和经济增长的影响。

第 10 章

经济增长

我们通过年度的经济波动来观察经济的运行。经济的衰退让人阴郁,经济的扩张让人乐观。但是,如果我们回望过去比较长的时间,比如几十年,则情况会有所不同,经济波动逐步消失。**增长**(growth,总的产出水平随时间而稳步增长)是主流。

> 更多关于对数刻度的内容可以参见书末附录B。

图 10-1 给出了自 1890 年以来,美国 GDP 和人均 GDP(都是按 2009 年美元计算)的演变。[图 10-1 中测度 GDP 的纵坐标的刻度都是**对数刻度**(logarithmic scale),对数刻度的定义特征就是,变量的相同比例增加可以在纵坐标上用相同的距离表示。]

图 10-1 中 1929~1933 年,即阴影部分,对应的是大萧条时期产出水平的巨大下降。另外两个阴影部分分别对应的是 1980~1982 年的经济衰退(它是第二次世界大战后最大的一次衰退),以及 2008~2010 年的经济危机。最近一次的危机以及有关主题的分析会在本章的其余部分进行讨论。我们注意到,这三个事件的出现与过去 100 年人均产出的稳步增长相比是多么小的事。漫画以一种更加明显的方法给出了有关增长与波动的相同观点。

真的,恺撒。罗马正在下滑,但我预期下个季度会有所回升。

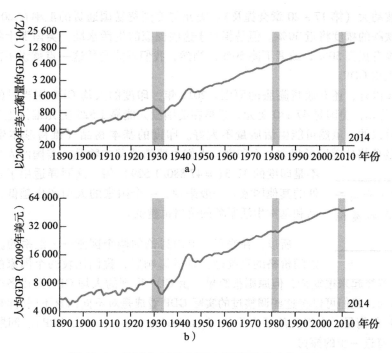

图 10-1 美国自 1890 年以来的 GDP 和人均 GDP

注：图 10-1a 显示自 1890 年以来美国的 GDP 增加了 46 倍。图 10-1b 显示，产量的增加并不仅仅是美国人口在这一时期从 6 300 万大幅增加到 3 亿以上导致的。人均 GDP 增长了 9 倍。

基于这个想法，我们把聚焦从波动方面转移到增长方面。换一种方式，我们从研究短期和中期产出的决定因素转到研究产出水平长期的决定因素。前者是主载波动的因素，后者是增长的因素。我们的目标在于清楚什么决定增长，为什么有些国家的经济增长而有些国家不增长，为什么有些国家富裕了而其他国家还很贫穷。

10.1 讨论了主要的衡量指标：如何去衡量生活水准。

10.2 回顾了过去 50 年间美国等发达国家的经济增长。

10.3 从更长时间和更广泛空间的角度回顾经济增长情况。

10.4 初探经济增长，引入接下来几章要用到的分析框架。

10.1 生活水准的衡量

我们研究经济增长旨在了解生活水准。从时间跨度来看，我们想要知道**生活水准**（standard of living）到底提高了多少。从各个国家来看，我们想要知道一个国家的生活水准比另一个国家的生活水准高出多少。从这两方面来看，我们要关注的是人均产出而不仅仅是产出。

关键问题出来了：各国有各国的货币，我们怎么比较国家之间的**人均产出**（output per person）？这时我们一般会用到汇率，譬如比较印度和美国的人均产出，印度的人均产出用卢比表示，然后用美元与卢比的汇率折算出用美元来表示的印度人均产出，再和美国的人均产出相比较。当然，从以下两个方面来看，这种简单的方法不能奏效。

人均产出可表达为 output per person 或 output per capita。假定产出和收入相等，则人均产出就是人均收入。

- 汇率波动大（第17~20章会提及）。美元与美国贸易国通货的汇率在20世纪80年代涨涨跌跌的幅度将近50%。但是相对于这些国家的生活水准，美国那十年的生活水准显然没有提高50%，或者下降50%。当然，我们不能光凭这一点就说不能通过汇率来比较人均GDP。
- 除汇率以外，还有通货膨胀的原因。2011年，印度的人均GDP用当时的汇率表示是1 529美元，美国是47 880美元。显然在美国没人能靠1 529美元维持生计，但是在印度是可以的，虽然可能生活质量不太好。印度的基本物品（维持基本生活水准的物品）的价格比美国低得多。在印度，人们主要消费基本物品，美国的人均消费水平并不是印度的31.3（=47 880/1 529）倍。这同样适用于美国和印度之外的其他国家。一般来说，一个国家的人均产出越低，该国家的食品和基本生活服务的价格也越低。

> 回顾我们在第1章关于中国人均产出的类似讨论。

所以，在修正了上面讨论的两个因素——汇率的波动以及国家之间价格的系统性区别的影响后，我们比较两个国家的生活水准才有意义。具体解释起来很复杂，但原则很简单，由GDP得到的人均GDP是由各个国家的一系列的价格表示的，我们可以将这些调整过的实际GDP看成是对不同国家不同时间**购买力**（purchasing power）的衡量，也就是**购买力平价**（purchasing power parity，PPP）。问题聚焦"解读购买力平价"有进一步的探讨。

比较发达国家和不发达国家，购买力平价的差距与以汇率为基础做出的比较差异可能会很大。我们继续美国和印度的例子，以当前汇率折算，美国的人均GDP是印度的31.3倍。运用购买力平价，这个比率仅为11。虽然差距仍然很大，但是比我们用汇率折算出来的比率小得多。发达国家与发达国家之间的差距则小得多。本书第1章的数据是根据当时的汇率折算出来的，2006年美国的人均GDP是德国的1.09倍。根据购买力平价理论，美国的人均GDP是德国的1.23倍。总体来说，购买力平价指数说明美国的人均GDP在世界主要国家中占首位。

> 要点：比较不同国家的生活水准，务必用购买力平价数据。

我们在继续下一部分的学习之前先说明以下三点。

- 人们的福利水平是由他们的消费，而不是收入决定的。有人可能会因此用人均消费，而不是人均产出来衡量生活水准。（问题聚焦"解读购买力平价"中确实是这么做的。）因为各个国家的消费收入比大体是一致的，我们用人均消费或者人均产出衡量生活水准时，排名大体一致。
- 从生产的角度来看，有人可能会对国家间的生产率差异，而不是生活水准差异感兴趣。在这种情况下，合适的度量指标应该是单位工人的平均产量，或者更恰当的每工时产量（倘若能得到这方面的信息），而不是人均产出。人均产出和单位工人产出，或者每工时产量会因各个国家工作人口的比例而不同。比如，之前提及的与美国的人均产出的区别主要是因为工人的工作时间差异，而不是因为生产率的差异。也就是说，德国的生产水平与美国区别不大，然而他们的工作时间少，享受更多的闲暇，生活水准因此低一些。
- 我们研究生活水准的最终目的在于研究幸福程度。有人很可能会问：生活水平高，幸福程度就一定高吗？问题聚焦"钱会带来幸福吗"中回答道：会。

问题聚焦　　　　　解读购买力平价

考虑美国和俄罗斯这两个国家,当然这里所考虑的不一定和这两个国家的实际情况完全吻合。

美国人年均消费是 20 000 美元,美国人买两样东西:每年花 10 000 美元买辆新车,其他用来买食品。每年的食品价格为 10 000 美元。

俄罗斯人年均消费 60 000 卢布,他们的车能开 15 年,一辆车 300 000 卢布,所以单位人平均每年花费 20 000(= 300 000/15)卢布在买车上,和美国一样,他们买食品的花费就是 40 000 卢布。

俄罗斯的汽车、食品的质量和美国的一样。(你可能认为这样不现实。X 国和 Y 国的车是否一样,和经济学家构建购买力平价衡量方法时所面临的问题如出一辙。)汇率是 1 美元兑 30 卢布,那么相对于美国的人均消费,俄罗斯的人均消费是多少?

回答这个问题,我们可以将俄罗斯的人均消费用汇率转换成美元,折算为 2 000(= 60 000/30)美元,如此看来,俄罗斯的人均消费是美国的 1/10。

这个答案有意义吗?当然有,俄罗斯消费者没有美国消费者富足,但是俄罗斯的食品价格低得多。美国消费者用 20 000 美元购买 2(= 20 000/10 000)单位的食品,俄罗斯消费者用全部的钱购买 1.5(= 60 000/40 000)单位的食品。就能买到的食品而言,美国和俄罗斯的人均消费水平差距不大。假定美国人花一半的钱购买食品,俄罗斯人花 2/3 的钱购买食品,那么这样的计算结果还算贴切。

我们能完善先前的答案吗?当然。一种方法就是两个国家用一样的价格分别去衡量每个国家能消费每种商品的数量。假定我们用美国的价格,美国消费者的人均年消费仍然是 20 000 美元,那么俄罗斯是多少呢?俄罗斯消费者每年购买 0.07(= 1/15)辆车和 1 单位的食品。用美国的价格,即 1 辆车 10 000 美元,1 单位食品 10 000 美元,那么俄罗斯的人均年消费为 10 700(= 0.07 × 10 000 + 1 × 10 000 = 700 + 10 000)美元。这样计算的俄罗斯人均年消费是美国人均年消费的 53.5%(= 10 700/20 000),这个结果比我们用第一种方法计算得出的 10% 合理得多。

这种计算方法,用同样的一系列价格度量不同国家的变量,就是购买力平价理论的度量方法。上面的例子用的是美国的价格,为什么不用俄罗斯的价格?法国的价格怎么样?购买力平价理论用的是国家间的平均价格,称为国际美元价格。本章用的数据取自宾夕法尼亚大学的世界数据库,这是由三位经济学家欧文·克拉维斯(Irving Kravis)、罗伯特·萨穆尔(Robert Summers)和阿兰·赫斯顿(Alan Heston)花费 40 多年的时间提出来的,他们不仅研究了关于消费方面的(如我们上面例子中的)购买力平价,而且从宽泛的角度研究了自 1950 年以来大部分国家的 GDP 及其构成部分的购买力平价。最近加利福尼亚大学戴维斯分校买下了宾夕法尼亚大学的世界数据库(名称保持不变),该数据库继续由宾夕法尼亚大学的阿兰·赫斯顿维护。最新的数据库(8.1 版本)可以访问 http://cid.econ.uSdavis.edu/,而不是internationaldata.org[详见 Feenstra, Robert C., Robert Inklaar, and Marcel P. Timmer(2015), "The Next Generation of the Penn World Tables" published in the *American Economic Review*]。

问题聚焦　　　　钱会带来幸福吗

钱会带来幸福吗？或者，更准确地说，更高的人均收入会带来更多的幸福吗？当经济学家通过观察一定增长水平下的人均收入水平来评估经济的表现时，隐含的假设是，事实确实如此。早期检验收入与幸福感之间关系的数据表明，这种情况可能是不正确的。他们提出了现在被称为**伊斯特林悖论**（Easterlin paradox）的理论（以理查德·伊斯特林的名字命名，他是系统地观察证据的第一批经济学家之一）。

事实1：纵观各国，每个人的收入水平越高，一个国家的幸福感似乎越高，然而，这种关系似乎只在相对贫穷的国家才有。我们看富裕国家，在经济合作与发展组织（OECD）国家（看第1章的名单），人均收入和幸福感似乎没有什么关系。

事实2：随着时间的推移，从个别国家看来，富裕国家的平均幸福感似乎并没有随着收入增加太多（贫穷国家没有可靠的数据）。换句话说，在富裕国家，更高的人均收入似乎没有增加幸福感。

事实3：在给定国家的人们看来，幸福与收入似乎有很强的联系。富人一直比穷人幸福。贫穷国家和富裕国家都是如此。

前两个事实表明，一旦基本需求得到满足，人均收入的增加就不会增加幸福感。第三个事实表明，重要的不是绝对收入水平，而是与相对收入水平相关。

如果这种解释是正确的，那么它对我们思考世界和经济政策的方式有重要的影响。在富裕国家，旨在增加人均收入的政策可能会被误导，因为重要的是收入分配而不是平均收入。全球化和信息传播使贫穷国家的人不是把自己与同一个国家的富人比较，而是和更富裕国家的人比较，这实际上可能会减少幸福感。所以，你可以猜到，这些发现导致了激烈的争论和进一步的研究。随着新数据集的出现，已经积累了越来越多的证据。贝齐·史蒂文森和贾斯廷·沃尔弗斯在最近的一篇文章中分析了这些知识的现状和其余的争议。他们的结论在图1中得到很好的总结。

图1包含很多信息。让我们一步一步来看看它。

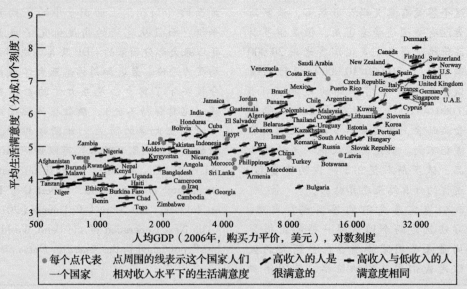

图1　生活满意度和人均收入

横坐标衡量 129 个国家的人均购买力平价，标尺是对数刻度，所以给定的规模间隔代表了人均 GDP 的百分比增加。纵坐标衡量每个国家的平均生活满意度。这个变量的来源是 2006 年的盖洛普世界民意调查，该调查用下面的问题询问了每个国家 1 000 个人。

"这是代表人生阶梯的梯子，让我们用梯子的顶层代表你最好的生活，用梯子的底层代表你最糟糕的生活，你觉得你现在站在这个梯子的哪一层上？"

梯子从 0~10 总共 10 层，纵坐标上测量的变量是每个国家的个体答案的平均值。

首先关注代表每个国家的点，忽略当前穿过每个点的线。视觉印象很清楚，不同国家的平均收入和平均幸福感有很强的关系。这个指数在最贫穷的国家约为 4，在最富裕的国家约为 8，而且更重要的是，根据之前的伊斯特林悖论，这种关系似乎在穷国和富国都成立；随着人均 GDP 的增加，似乎富裕国家的生活满意度会比贫穷国家的生活满意度上升得更快。

史蒂文森和沃尔弗斯从他们的发现中得出了一个强有力的结论。虽然个人的幸福肯定不仅取决于收入，但它肯定会随着收入增加。不过，收入水平超过某个关键水平后就不再对幸福水平产生直接影响，这与数据不一致。因此，经济学家首先关注人均 GDP 的水平和增长率并没有错。

那么，争论结束了吗？答案是没有。即使我们接受这种证据的解释，但很显然，经济的许多其他方面对福利很重要，收入分配肯定是其中之一。并非每个人都相信这些证据，特别是随着时间的推移，幸福感和人均收入之间的关系的证据并不像图 1 中呈现的跨国或个人的证据那样清晰。

鉴于这个问题的重要性，争论将持续一段时间。例如，诺贝尔奖获得者安格斯·迪顿和丹尼尔·卡尼曼的工作中已经清楚的一个方面是，当想到"幸福"时，重要的是区分一个人可以评估他的幸福的两种方式。第一个是情绪上的幸福感——某些经历（例如喜悦、压力、悲伤、愤怒和喜欢）的频率和强度，这些经历让生活愉快或不愉快。情感幸福似乎随收入而增加，因为低收入会加剧与离婚、生病和独处等不幸有关的情绪痛苦。但这种关系只在收入到达阈值之前成立，年收入超过 75 000 美元（实验在 2009 年完成）之后，这种关系便不成立。第二个是生活满意度，即一个人对他生活的评价。生活满意度似乎与收入密切相关，迪顿和卡尼曼认为，高收入可以买到满意的生活，但未必能买到幸福。如果把衡量幸福的指标用来指导政策，他们的结论会引起一个问题，那就是对生活的评价或者情感的幸福是否适合这些目标。

资料来源：Betsey Stevenson and Justin Wolfers, "Economic Growth and Subjective Well-Being: Reassessing the Easterlin Paradox," Brookings Papers on Economic Activity, Vol. 2008 (Spring 2008): 1-87 and "Subjective Well-Being and Income: Is There Any Evidence of Satiation?" American Economic Review: Papers & Proceedings 2013, 103 (3): 598-604; Daniel Kahneman and Angus Deaton, "High income improves evaluation of life but not emotional well-being," Proceedings of the National Academy of Sciences 107. 38 (2010): 16, 489-16, 493. 为了更了解伊斯特林悖论和关于政策含义的讨论，请阅读 Richard Layard, Happiness: Lessons from a New Science (2005)。

10.2 1950 年以来发达国家的经济增长

这一节我们考察 1950 年以来发达国家的经济增长。下一节我们追溯更多国家的经济增长。

表 10-1 列出了法国、日本、英国和美国 1950 年以来人均产出（用购买力平价衡量的 GDP 除以人口数得到）的增长情况。这四个国家不仅是世界主要经济力量，还能够代表其他发达国

家在过去半个世纪的经济发展情况。

表 10-1 四个发达国家自 1950 年以来的人均收入变化

	人均年产出增长率（%）	人均实际产出（以 2005 年为基期，美元）		
	1950~2011 年	1950 年	2011 年	2011 年/1950 年
法国	2.5	6 499	29 586	4.6
日本	4.1	2 832	31 867	11.3
英国	2.0	9 673	32 093	3.3
美国	2.0	12 725	42 244	3.3
平均	2.4	7 933	33 947	4.3

注：最后一行只是简单平均，不是加权平均。
资料来源：Penn Tables. http://cid.econ.ucdavis.edu/pwt.html.

从表 10-1 可以得到两个主要结论。

- 人均产出大幅度增长。
- 不同国家人均产出的差距不断缩小。

我们分别来看这些要点。

生活水准自 1950 年大幅度增长

看表 10-1 的最后一列。1950 年以来，美国、法国、日本的人均产出分别增长了 3.3 倍、4.6 倍、11.3 倍。这些数据说明了**复利效应**（force of compounding）。你可能听过在年轻时存下一小笔钱，在退休时会有一大笔钱。譬如，年利率为 4.0%，存入 1 美元，年复一年继续投资下去，61 年后，会增加到 11 美元。这样的逻辑也适用于增长率。1950~2011 年日本的平均年增长率为 4.0%，高增长率导致了这一时期的人均实际产出增加了 11 倍。

显然，如果这能导致出台刺激经济增长的政策，对经济增长更好的理解，将对生活水准产生很大的影响。设想我们能找到一种政策使经济增长率每年保持在 1%，那么，40 年以后，生活水准将比没有政策刺激情况下的生活水准高出 48%，这是巨大的差别。

> 日本的经济增长主要集中在 1990 年以前，自那以后，日本陷入了长期的经济衰退，增长率很低。
>
> $1.01^{40} - 1 = 1.48 - 1 = 48\%$
>
> 不幸的是，根本不可能有效果这么神奇的政策。

人均产出自 1950 年以来趋同

表 10-1 的第二列和第三列表明人均产出随着时间不断趋同（差距不断缩小）：2004 年人均产出的差距比 1950 年的差距小得多。也就是说，那些落后的国家经济增长加快，缩小了与美国的差距。

1950 年，美国的人均产出差不多是法国的 2 倍，日本的 4 倍有余。在日本和欧洲看来，美国是块富足之地，什么都又大又好。如今这些观点已不再，以下数据就能说明。购买力平价下，美国的人均产出仍然是最高的，但是 2011 年仅比其他三个国家的平均水平高出 7%，比起 20 世纪 50 年代的差距缩小很多。

不同国家间人均产出水平的**趋同**（convergence）并不是这四个国家的特定现象。从图 10-2 可以看出来，OECD 国家也是如此。

图 10-2 刻画了以 1950 年的人均产出水平为基准的 OECD 成员国自 1950 年以来的平均年人均产出增长率。1950 年的人均产出和自 1950 年以来的增长率存在明显的反向关系,即 1950 年排名靠后的国家的经济大多增长较快。当然反向关系也有差异,1950 年,土耳其和日本都处于低人均产出水平,但土耳其的增长率仅为日本的一半。

> OECD 是一个包括了世界上大多数发达国家的国际组织,详情参见第 1 章附录。

图 10-2　OECD 成员国自 1950 年以来的人均产出增长率和人均 GDP 散点图

注:1950 年人均产出较低的国家的发展速度普遍快一些。

资料来源:Penn World Table Version 8.1./Feenstra, Robert C., Robert Inklaar and Marcel P. Timmer (2015), "The Next Generation of the Penn World Table" forthcoming American Economic Review, available for download at www.ggdc.net/pwt.

一些经济学家指出了图 10-2 中所提及的问题。回顾现今的 OECD 成员国,大家看到的实际上是一些经济赢家,尽管 OECD 官方宣称不以经济表现为依据吸纳成员国,但经济表现突出是一个重要的决定性因素。因此考察一个以经济表现为指标的组织,会注意到那些之前落后的国家经济发展飞速,人均收入趋同的趋势可能是因为我们一开始选择了那些特定的国家。

我们不能像图 10-2 中那样根据现今国家的表现来选择国家,而应该根据 1950 年的经济表现来选择国家,从而判定是否具有趋同趋势。比如,选择那些人均产出只有美国当年人均产出的 1/4 的国家作为标本,然后研究它们的趋同趋势。事实证明,这个标本组里面的大多数国家的确具有趋同趋势,趋同趋势不仅仅只存在于 OECD 成员国。然而,少数国家,如乌拉圭、阿根廷、委内瑞拉,并没有表现出趋同趋势。1950 年,这三个国家的人均产出和法国相当,到 2004 年,这三个国家已经落后了,它们的人均产出水平为法国的 1/4 ~ 1/2。

10.3　从时间和空间上对增长进行更广泛的考察

在前一节中,我们主要研究发达国家过去 50 年间的经济增长,在这一节,我们将研究背景延伸到更长的时间和更多的国家。

横跨两千年的经济增长

当前发达国家的人均产出增长率是否和表 10-1 中的增长率一致?不一致。预测未来的增长率比追溯过去的增长率难得多,经济史学家对过去两千年的主要发展持一致意见。

从罗马帝国的垮塌到 1500 年,欧洲的人均年产出几乎没有增长,大多数人口集中在农业种植上,而农业几乎没有技术进步。农业的产出比重很大,其他领域的发明应用对总产出的增加几乎没有影响。尽管产出也有所增加,但是人口同比例的增长使人均产出几乎不变。

我们称这段人均产出增长停滞的时段为马尔萨斯纪元,英国经济学家托马斯·罗伯特·马尔萨斯认为,18 世纪后期这种产出和人口的同比例增长并不是巧合。产出增长导致死亡率下降，因而人口增加，直到人均产出回到原点。欧洲陷入了**马尔萨斯陷阱**（Malthusian trap），人均产出无法增加。

最终，欧洲得以逃脱这一困境，即在 1500～1700 年，人均产出呈现正增长，但幅度仍然很小，大约每年 0.1%，1700～1820 年增长率增加到 0.2%。工业革命开始后，增长率又有增加，但在 1820～1950 年美国的人均产出增长率仅为 1.5%。因此，在人类历史长河中，人均产出的持续增长，尤其是 1950 年以来的高增长，只是短暂的现象而已。

多个国家的经济增长

我们已经看到了 OECD 成员国的人均产出的趋同趋势。其他国家是否是这样？最贫困国家的增长也加快了吗？即便经济依然落后，它们的人均年产出有向美国的人均年产出水平趋同的趋势吗？

> 很多国家缺失 1950 年的相关数据，故不能像图 10-2 那样从 1950 年开始统计。

图 10-3 回答了以上问题，描绘了以 1960 年的人均产出为基准，85 个国家自 1960 年以来的人均产出增长率。

图 10-3 最大的特点就是没有明确的模式。1960 年靠后的那些国家的经济增长并没有加快，只有少部分国家的增长加快，但大部分国家并没有。

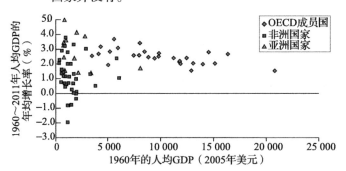

图 10-3　85 个国家 1960 年以来的人均产出增长率和人均 GDP 散点图

注：1960 年以来的人均产出增长率和人均产出没有太明显的相关关系。人均 GDP 以 2005 年为基期。

资料来源：Penn World Table Version 8.1./Feenstra, Robert C., Robert Inklaar and Marcel P. Timmer (2015), "The Next Generation of the Penn World Table" forthcoming American Economic Review, available for download at www.ggdc.net/pwt.

然而我们把不同的国家分组，图 10-3 的散点图所隐含的一些有趣的模式就会显现。我们在图中用了不同的符号：菱形（◆）表示 OECD 成员国，正方形（■）代表非洲国家，三角形（▲）代表亚洲国家。分组别看能得出以下三个结论。

1. OECD 成员国（发达国家）和图 10-2 中的情形一致，区别仅仅是时间跨度从 1960 年开始，而不是 1950 年。一开始人均产出较高（美国 1960 年人均产出水平的 1/3 之类）的国家，具有明显的趋同趋势。

2. 大多数亚洲国家的趋同趋势也很明显，那段时间的增长率都超过 4%。日本是第一个经济增长加快的国家，人均产出位居亚洲首位。其他亚洲国家也有类似趋势。最近，中国的增长率和市场规模也在迎头追赶。在 1960～2011 年，中国人均产出的增长率达到 5.2%，但由于起步晚、起点低，人均产出仍只有美国的 1/6。（经济学家称高增长率、低人均产出的国家为新兴国家，这会在后面提及。）

3. 非洲国家的情形则大有不同。大多数非洲国家在 1960 年非常贫困，它们在这段时间内表现不佳。它们中的许多国家遭受内部或外部冲突。其中八个国家的人均产出负增长——

1960~2011年的生活水准绝对下降。中非共和国的平均增长率为0.83%，与尼日尔相同。2011年中非共和国的人均产出仅为1960年的63%。然而，近期的数字带来了一丝希望。撒哈拉以南非洲的人均产出增长率在20世纪90年代平均只有1.3%，自2000年以来接近5.5%。

追溯得更远一些，可以看到这个景象：在前一个千年的大多数时候，一直到15世纪，中国可能是世界上人均产出最高的国家。之后几百年间，领头者转移到了意大利北部城市。但是到19世纪，各国的差距显然比如今的差距小得多。从19世纪开始，一些国家，首先是西欧，然后是北美和南美，比其他国家增长得快。自那以后，尤其是一些亚洲国家，开始飞速发展，趋同趋势开始出现。其他很多非洲国家则没有趋同趋势。

这章和下一章的重点主要是发达国家和新兴国家的经济增长。没有涉及更多的国家，是因为上面提及的一些事实，如为什么人均产出在19世纪才开始实质性地增长，非洲经济为什么到目前都没有稳定增长。如果考虑太多会让我们的研究领域转向经济学史和发展经济学。但我们探讨OCED成员国时会考虑这些事实，即经济增长和趋同趋势并不是历史必然。

矛盾的是，图10-3中增长最快的两个国家是博茨瓦纳和赤道几内亚，这两个国家都在非洲。然而，在这两种情况下，高增长主要反映了有利的自然资源——博茨瓦纳的钻石和赤道几内亚的石油。

增长理论和发展经济学的区别有点模糊。增长理论中讨论的内容是以国家的机构制度，例如司法制度、政府形式不变为前提的。发展经济学则研究哪些制度能促使经济稳步增长，并落实到位。

见Robert M. Solow's article, "A Contribution to the Theory of Economic Growth," *The Quarterly Journal of Economics*, Vol. 70, No. 1. (Feb., 1956), pp. 65-94。1987年索洛因其在经济增长理论方面的贡献被授予诺贝尔经济学奖。

10.4 考察增长：入门知识

麻省理工学院的罗伯特·索洛在20世纪50年代提出的研究经济增长的方法既具有理论基础，又具有实践意义。经济学家往往用这一方法研究经济增长，本书中也会用到。这部分我们先简要介绍，第11章和第12章会对资本积累和技术进步在经济增长中的作用做详细分析。

总量生产函数

任何分析经济增长的理论都从**总量生产函数**（aggregate production function），即总产出与投入的一种特定关系开始。

第7章中引入简单的总量生产函数来研究短期和长期产出的决定因素。产出和企业的劳动力人数，尤其是企业雇用的工人人数成简单的线性关系［式(7-2)］。如果我们只关注产出和就业的波动，那么这个线性关系就是成立的。但我们现在转向研究经济增长，假设工人的人均产出是恒定的，即不考虑工人人均产出的增长就不切实际了。现在放松假定条件，假定有两种投入要素——资本和劳动力，则产出和投入的关系式为：

$$Y = F(K, N) \tag{10-1}$$

和前面一样，Y是总产出，K是资本投入，代表机器、厂房、办公楼等，N是劳动力，代表经济体中劳动力人数。函数式F给出了给定数量的资本和劳动力投入的总产出水平。

总量生产函数是$Y = F(K, N)$，总产出Y取决于总的资本存量K和总的劳动力N。

这种研究产出的方式比第6章的方法有所改善，但仍然是对现实经济的极尽简化。比如，机器和办公楼在生产中的作用不同，理应把它们作为分开的投入要素处理；有博士学位的劳动者和高中辍学的劳动者不同，而模型中没有对劳动力进行区分，而是视所有劳动者等同。后面的内容中还会放松其他假定。重要的是式（10-1）强调了劳动力和资本对总产出的作用。

下一步要思考的问题是总量生产函数 F 如何将产出和两种投入要素联系起来。也就是说，是什么原因使给定数量的劳动力和资本能有这么多产出。答案是**技术状态**（state of technology）。给定资本和劳动力数量，技术发达国家的产出比技术非常原始的国家多。

总量生产函数式 F 取决于技术。技术水平越高，给定的 K、N，$F(N, K)$ 就越大。

那么，如何定义技术发展水平？我们有必要列出经济体中的所有产品和所有生产这些产品的技术吗？或者更宽泛地包括经济体的组织方式，从公司的内部组织到法律体系和执行、政治体制等？第 11 章和第 12 章会狭义界定这一系列的清单，第 13 章会扩大讨论范围，会从法律制度到政府效率对各个因素的具体作用进行分析。

规模报酬和要素报酬

假设我们已经引入总量生产函数，那么下一个问题是，生产函数可以有哪些合理的附加限定条件呢？

我们先设想经济体中的劳动力和资本翻倍，产出会有什么变化？一个合理的答案是产出也会翻倍，这实际上是复制了原始的经济体，复制的经济体和原始的经济体以相同的方式进行生产，这叫**规模报酬不变**（constant returns to scale）。如果规模翻倍，即资本和劳动力数量翻倍，那么产出也会翻倍。

规模经济不变：$F(xK, xN) = xY$。

这里的产出是秘书的服务量，两种投入要素是秘书和电脑。生产函数就是秘书提供的服务、秘书人数、电脑台数的关系式。

$$2Y = F(2K, 2N)$$

或者更一般地说，对任何 x（后面还会用到）

$$xY = F(xK, xN) \tag{10-2}$$

这就是资本和劳动力都增加对产出的影响，如果只有一种投入要素增加，如资本，那么产出会有什么变化呢？

即便规模经济不变，一种要素固定的情况下，另一种投入要素也会规模报酬递减。
- 资本的规模报酬递减：劳动力数量固定，资本增加导致产出增加越来越少。
- 劳动力的规模报酬递减：资本量固定，劳动力增加导致产出增加越来越少。

产出肯定会增加，这是确定的。随着资本的不断增加，等量的资本增加带来的产出增加越来越少，这也是符合情理的。也就是说，开始资本量很少的时候，增加资本会使产出有较大的增加。当资本量已经足够多，再增加资本时对产出影响很小。为什么？试想，一个秘书室里有一定数量的秘书，把电脑看作资本。引进第一台电脑会大大提高秘书室的工作效率，因为电脑能自动处理一些费时的任务。随着电脑的增加，越来越多的秘书拥有电脑，产出会进一步增加，但额外的一台电脑带来的产出没有第一台电脑引进时的产出大。一旦每人拥有一台电脑，再增加电脑就不太可能增加产出了。多余的电脑只能放在收集箱里面闲置，不会增加产出。

我们把资本增加带来的产出增加越来越少，称为**资本的规模报酬递减**（decreasing returns to capital），学过微观经济学的同学比较熟悉这个概念。

这也同样适用于劳动力投入要素，资本给定，增加劳动力，产出增加的幅度会越来越小。（可以想象没有新增电脑的情况下秘书增加的情况。）**劳动力的规模报酬**也会**递减**（decreasing returns to labor）。

人均产出和人均资本

假定规模经济不变，结合生产函数，我们可以得到人均产出和人均资本的关系式。令式（10-2）中 $x=1/N$，则：

$$\frac{Y}{N} = F\left(\frac{K}{N}, \frac{N}{N}\right) = F\left(\frac{K}{N}, 1\right) \tag{10-3}$$

Y/N 是人均产出，K/N 是人均资本，式（10-3）说明人均产出取决于人均资本量，这个关系式在稍后的章节中会有关键作用，我们现在进一步分析。

图 10-4 绘出了这个关系式，纵轴表示人均产出 Y/N，横轴表示人均资本 K/N，两者的关系由向上倾斜的曲线表示，随着人均资本增加，人均产出相应增加。曲线向上凸表示随着资本增加，产出增加的幅度会越来越小，这符合资本的规模报酬递减。在 A 点，人均资本量小，资本量增加，由横轴上 AB 距离表示，人均产出增加 $A'B'$（纵轴）。在 C 点，人均资本量比 A 点大，人均资本量同等增加，由横轴上 CD 距离表示（AB 间距离等于 CD 间距离），人均产出仅增加 $C'D'$，比 $A'B'$ 小得多。这和我们列举的秘书室的例子一样，增加电脑对总产出的影响越来越小。

> 一定要理解这个代数式，假定资本和劳动力都翻倍，人均产出会有什么变化？

> 人均资本增加带来的人均产出增加幅度越来越小。

增长的源泉

现在回到最基本的问题上来，即增长从何而来？假设劳动者占总人口的比例不变，为什么单位工人的产出，或者说人均产出会随着时间增长？式（10-3）能回答第一个问题。

- 人均产出 Y/N 的增加可能来自人均资本 K/N 的增加。我们在图 10-4 中也可以看出，当 K/N 增加，沿着横轴向右边移动，Y/N 增加。
- 人均产出增加也可能来自技术进步。人均资本量给定，技术进步使生产函数 F 移动，人均产出增加。图 10-5 绘出了这种情况。技术进步使生产函数向上移动，从 $F(K/N, 1)$ 移动到 $F(K/N, 1)'$。人均资本给定，技术进步导致人均产出增加。例如，A 点人均资本固定，人均产出从 A' 点增加到 B' 点。（回顾秘书室的例子，重新分配任务可能会使劳动力资源合理分配，使人均产出增加。）

> 人均资本增加，人均产出沿着生产函数移动。
>
> 技术进步使生产函数向上移动。

因此，我们可以认为经济增长源于**资本积累**（capital accumulation）和**技术进步**（technological progress），然而，这两个因素在增长过程中的作用完全不同。

- 资本积累本身并不能维持稳定增长，在第 11 章中会系统论证，从图 10-5 中也可以看出来。由于资本的规模报酬递减，保持人均产出的稳定增长需要投入越来越多的人均资本。在某一阶段，经济体不会或者不能储蓄进而投资更多的资本，这时人均产出会停止增长。

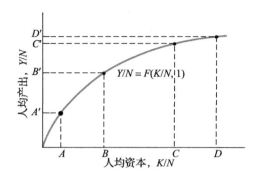

图 10-4 人均产出和人均资本
注：随着人均资本的进一步增加，人均产出增长的幅度越来越小。

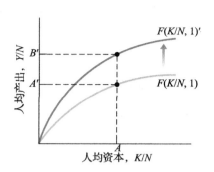

图 10-5 技术进步的影响
注：技术进步使生产函数向上移动，在人均资本不变的情况下，人均产出增加。

这是否意味着一个经济体的**储蓄率**（saving rate，储蓄占收入的比例）无关紧要呢？当然不是。虽然较高的储蓄率不能一直提高增长率，但是较高的储蓄率能带来较高的产出水平。我们用一种稍微不同的方法来阐述。用两个仅储蓄率不同的经济体做对比，它们的增长率一致，但是任何时候高储蓄率的经济体的人均产出都比另一个高。这是为什么呢？储蓄率是怎样影响产出水平的呢？美国这种低储蓄率国家是否应该提高储蓄率？我们在第 11 章中会探讨。

- 持续的技术进步才能带来持续的增长。我们之前认为：给定资本积累和技术进步会使人均产出增加，如果资本积累不能保持持续增长，那么技术进步是增长的关键因素，确实如此。在第 12 章我们会看到人均产出的增长率最终取决于技术进步的速度，这一点很重要，这意味着一个经济体能保持技术进步速度较快，则最终会赶超其他经济体。当然，另一个问题是，技术进步的速度由哪些因素决定？回忆之前提及的技术发展水平的两个定义：狭义定义是当前经济体中的可用技术；广义定义是经济体的组织方式，从制度本身到政府效率等。狭义的技术进步的决定因素是什么？我们会在第 12 章探讨。广义的技术进步留在第 13 章。

> 结合我们前面说的增长理论与发展经济学的区别，第 12 章从增长理论的角度探讨技术进步，第 13 章则更趋向于从发展经济学的角度来探讨。

本章概要

- 长期中，总产出的稳定增长是主要趋势，产出波动则微乎其微。
- 观察法国、日本、英国和美国这四个国家自 1950 年以来的经济增长，可以得出两个主要结论：
  1. 四个国家都经历了经济的大幅增长和生活水准的大幅提高，1950～2011 年，美国的人均实际产出增长了 3.3 倍，日本增长了 11.3 倍。
  2. 这四个国家的人均产出随着时间出现趋同趋势。也就是说，经济增长靠后的国家增长速度加快，缩小了与当前的头号国家美国的人均产出的差距。
- 在更长的时间跨度观察更多的国家，会发现：
  1. 在人类的历史长河中，持续的产出增长是近期才有的现象。
  2. 人均产出的趋同趋势并不是全球现象。许多亚洲国家在迎头追赶，但大多数非洲国家的人均产出和增长率都很低。
- 经济学家从生产函数开始研究经济增长。生产函数将总产出和生产要素——资本和劳动力联系起来，投入给定，产出由技术水平决定。
- 假定规模经济不变，总量生产函数意味着人均资本量增加和技术进步带来人均产出增加。
- 资本积累本身并不能带来人均产出持续增加。一个国家的储蓄却很重要，因为储蓄率决定人均产出水平，但不能决定增长率。
- 人均产出的持续增长最终依赖于技术进步。增长理论最重要的研究内容或许应该是技术进步的决定因素。

关键术语

growth　增长
logarithmic scale　对数刻度
standard of living　生活水准
output per person　人均产出
purchasing power　购买力
purchasing power parity（PPP）　购买力平价
Easterlin paradox　伊斯特林悖论
force of compounding　复利效应
convergence　趋同
Malthusian trap　马尔萨斯陷阱

aggregate production function　总量生产函数
state of technology　技术状态
constant returns to scale　规模报酬不变
decreasing returns to capital　资本的规模报酬递减
decreasing returns to labor　劳动力的规模报酬递减
capital accumulation　资本积累
technological progress　技术进步
saving rate　储蓄率

习题

快速测试

1. 运用本章的信息，判断下面的说法是正确、错误还是不确定，并简要解释。
   a. 对数坐标上，变量每年增加5%，则会沿着向上倾斜的直线移动，斜率为0.05。
   b. 贫困国家的食品价格比发达国家高。
   c. 证据表明，发达国家的幸福程度随着人均产出的增加而提高。
   d. 几乎所有的国家，人均产出都有向美国的人均产出趋同的趋势。
   e. 在罗马帝国垮塌后的1 000年间，由于产出与人口同比例增加，欧洲的人均产出几乎没有增长。
   f. 资本积累不会影响长期的产出水平，技术进步会影响。
   g. 总量生产函数是一边为产出，另一边为劳动力和资本的关系式。

2. 假定墨西哥和美国的消费者的消费数量和价格如下表：
   a. 计算美国的人均消费，以美元为单位。
   b. 计算墨西哥的人均消费，以比索为单位。
   c. 若1美元＝10比索，计算墨西哥的人均消费，以美元表示。
   d. 运用购买力平价理论和美国的价格，计算墨西哥的人均消费，用美元表示。
   e. 两种计算方法下，墨西哥的生活水准分别比美国低多少？是否有区别？

	食品		运输服务	
	价格	数量	价格	数量
墨西哥	5比索	400	20比索	200
美国	1美元	1 000	2美元	2 000

3. 考虑生产函数

$$Y = \sqrt{K}\sqrt{N}$$

   a. 当 $K=49$，$N=81$ 时，计算 Y。
   b. 如果劳动力和资本翻倍，产出会变化吗？变化多少？
   c. 这个生产函数是否规模经济不变，试解释。
   d. 将生产函数写成人均产出和人均资本的形式。
   e. 若 $K/N = 4$，Y/N 是多少？K/N 翻倍，为

8，Y/N 会翻倍吗？
f. 人均产出和人均资本的关系式存在规模经济不变吗？
g. f 题的答案和 c 题的答案一样吗？为什么？
h. 绘出人均产出和人均资本的关系图，和图 10-4 的大体形状一致吗？试解释。

深入研究

4. 资本和产出的增长率。

   生产函数如题 3，假设 N 为常数 1。若 $z = x^a$，则 $g_z \approx a g_x$，g_z 和 g_x 则是 z 和 x 的增长率。
   a. 给定增长的近似值，推导出产出增长率和资本增长率的关系。
   b. 假定产出增长率要达到年 2%，资本增长率需要达到多少？
   c. b 小题中，随着时间推进，资本与产出的比例会有什么变化？
   d. 这个经济模式里面能否一直维持 2% 的产出增长率，为什么？

5. 1950～1973 年，法国、英国、日本都经历了较高的增长率，比美国的增长率至少高出 2 个百分点。然而最重要的技术进步还是发生在美国。你能解释其中的原因吗？

进一步探究

6. 美国和日本自 1960 年以来的趋同趋势。

   美国劳动统计局有一个人均国内生产总值网站，网址为 http://www.bls.gov/ilc/intl_gdp_capita_gdp_hour.htm#table0。从中找到日本和美国在 1960 年、1990 年和最近一年的人均国内生产总值。
   a. 计算美国和日本在两个时间段：1960～1990 年、1990 年到最近年份的人均 GDP 的平均年增长率。这两个不同阶段日本的人均产出水平是否有向美国趋同的趋势？试解释。
   b. 假设从 1990 年开始，日本和美国保持 1960～1990 年的平均年增长率，那么如此情况下的日本和美国的人均实际 GDP 比起现在（数据库中的最近年份）的人均实际 GDP 有什么不同？
   c. 1990～2011 年，日本和美国实际 GDP 的增长到底发生了什么？

7. 两组国家的趋同趋势。

   在宾夕法尼亚大学的世界数据库网站上，找到美国、法国、比利时、意大利、埃塞俄比亚、肯尼亚、尼日利亚、乌干达从 1950 年至 2011 年（或者数据库中最近年份）的人均实际 GDP 的增长率（连续序列）数据。你需要下载按 2005 年美元和人口计算的实际 GDP。
   a. 将法国、比利时、意大利的数据绘制在一张图中，从这张图中可以看出法国、比利时、意大利和美国的趋同趋势吗？
   b. 将埃塞俄比亚、肯尼亚、尼日利亚和乌干达的数据绘制在一张图中，从这张图中可以看出埃塞俄比亚、肯尼亚、尼日利亚和乌干达与美国的趋同趋势吗？

8. 经济增长的成与败。

   在宾夕法尼亚大学的世界数据库网站上，找到所有国家 1970 年的人均实际 GDP 数据和最近年份的数据，譬如数据库中年份的前一年的数据（如果你要找最近一年的数据的话，可能有些国家的数据找不到）。
   a. 根据人均 GDP 对 1970 年的数据排名。找出前十的国家，你对此感到惊讶吗？
   b. 和 a 题一样，对找到的最近年份的数据排名，前十的国家和 1970 年的排名有差异吗？
   c. 将 b 题中前十个国家的人均 GDP，除以 1970 年该国的人均 GDP，哪个国家自 1970 年以来的增长比例最大？
   d. 用 c 题的方法处理所有国家的数据。哪个国家的增长比例最大，哪个国家的增长比例最小，哪些国家呈现负增长？
   e. 在互联网上找到 c 题中增长比例最大的国家的相关资料，或者 d 题中增长比例最小的国家的相关资料。你能找出这个国家经济成功增长或者没能增长的原因吗？

补充阅读

- 布拉德·德隆在他的个人主页 http://web.efzg.hr/dok/MGR/vcavrak//Berkeley%20Faculty%20Lunch%20Talk.pdf 上有一些不错的经济增长方面的文章。大家可以特别阅读下这篇文章，"Berkeley Faculty Lunch Talk: Main Themes of Twentieth Century Economic History"，它涵盖了本章的大部分内容。
- Angus Maddison, *The World Economy. A Millenium Perspective*(2001) 对经济增长有更多阐述，相关网站 www.theworldeconomy.com 中有大量的经济学数据和资料。
- Chapter 3 in *Productivity and American Leadership*, by William Baumol, Sue Anne Batey Blackman, and Edward Wolff(1989)，形象地描述了19世纪80年代中期以来美国的经济增长带来的变化。

第 11 章

储蓄、资本积累与产出

    1970 年以来，美国的平均**储蓄率**（saving rate，储蓄与 GDP 的比）只有 17%，而同期德国为 22%，日本为 30%。这就是美国过去 50 多年的增长率低于其他 OECD 成员国的原因吗？未来提高储蓄率能不能带来美国较高的持续增长率？

    第 10 章已经简要回答了这些问题，答案是否定的。长期中（这是重要的限定条件）储蓄率并不影响增长率。可见，美国 50 多年以来的低增长率不能归咎于低储蓄率。我们也就不能指望通过提高储蓄率来保持美国经济的高增长率。

    但这并不是说不必关注美国的低储蓄率。即便储蓄率不能一直影响增长率，也能影响产出水平和生活水准。储蓄率增加有时能促进经济增长，并最终提高美国的生活水准。

    本章主要研究储蓄率对产出的增长率和产出量的影响。

    11.1 和 11.2   考察资本积累和产出的关系以及储蓄率的影响。

    11.3   运用具体数据，以便更好地理解相关变量的重要性。

    11.4   拓宽资本讨论的范围，不仅考虑了实物资本，还考虑了人力资本。

11.1 产出和资本的相互作用

长期中产出水平的关键性决定因素是产出与资本之间的相互作用。

- 资本数量决定产出数量。
- 产出数量决定储蓄数量,由此决定累积的资本数量。

图 11-1 表示了上述两种相互关系,它们决定了长期的资本和产出水平。最上面的箭头表示第一种关系,即资本到产出。右边和下面的箭头表示后一种关系的两个部分,从产出到储蓄与投资,再从投资到资本存量的变化。

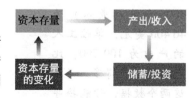

图 11-1 资本、产出以及储蓄/投资的关系图

资本对产出的影响

在 10.3 节,我们引入总量生产函数探讨了前一种关系,即资本对产出的影响。在规模经济不变的假设下,我们得出人均产出和人均资本的关系式:

$$\frac{Y}{N} = F\left(\frac{K}{N}, 1\right)$$

人均产出 Y/N 是人均资本 K/N 的增函数,假定资本规模报酬递减,随着人均资本越来越多,一定量的资本增加对人均产出的影响越来越小。当人均资本大到一定程度时,再增加人均资本对人均产出的影响很小。

为了简明易懂,我们将人均产出和人均资本的关系式简化成:

$$\frac{Y}{N} = f\left(\frac{K}{N}\right)$$

这里函数 f 和表示人均产出和人均资本的函数关系式 F 等价,即:

$$f\left(\frac{K}{N}\right) \equiv F\left(\frac{K}{N}, 1\right)$$

在这一章中,再设定两个假设条件。

- 第一个假设是人口规模、参与率和失业率不变,这就意味着就业人数 N 也不变。我们在 2 章和第 7 章讲述了人口、劳动力、失业和就业的关系。

> 例如,假设生产函数 F 为双平方根形式,$F(K, N) = \sqrt{K}\sqrt{N}$,即 $Y = \sqrt{K}\sqrt{N}$,两边同时除以 N,即 $Y/N = \sqrt{K}\sqrt{N}/N$。注意 $\sqrt{N}/N = \sqrt{N}/(\sqrt{N}\sqrt{N})$。代入代数式,得 $Y/N = \sqrt{K}/\sqrt{N} = \sqrt{K/N}$。这样,函数式 f 给出了人均资本和人均产出的简单平方根函数式:$f(K/N) = \sqrt{K/N}$。

劳动力人数 = 总人口 × 参与率,如果人口和参与率不变,那么劳动力人数固定不变。同样就业人数 = 劳动力人数 × (1 - 失业率)。举例说,若劳动力人数是 1 亿,失业率是 5%,那么就业人数是 0.95 亿 [=1 亿 × (1 - 5%)]。所以,如果劳动力人数和失业率固定,那么就业人数不变。

这样一来,单位工人的产出、人均产出和产出成比例变动。所以本书中提及人均产出或者人均资本时,为简化直接说产出或者资本,不特意加上人均两字。

假设 N 不变,则研究资本积累如何影响经济增长就简单得多。就业人数 N 不变,则长期中只有资本能影响产出。这个假设有点不切实际，在后两章内容中会放松这个假设。在第 12 章中，人口和就业人数会稳定增长。在长期分析中，我们没有考虑就业人数波动，在中短期分析中，具体考虑就业人数的波动以及由此带来的产出和失业人数的波动。第 13 章中会整合短期、中期和长期的分析。这些放在后面分析更好。

- 第二个假设是没有技术进步，生产函数 f，也就是 F 函数，不会随时间变化而变化。同样，这个假设不太符合现实，但能让我们更集中地研究资本积累的作用。第 12 章中会加入技术进步，我们会发现加入技术进步的因素后，本章得出来的结论依然适用。这些还是放在后面分析。

> 美国 2014 年的人均产出（用购买力平价下的 2005 年美元表示）为 46 400 美元，单位工人的产出为 100 790，比人均产出高得多。（从这两个数据，你能推导出就业人数占总人口的比例吗？）

有了这两个假设，人均产出和人均资本的关系可以从生产的角度写成：

$$\frac{Y_t}{N} = f\left(\frac{K_t}{N}\right) \tag{11-1}$$

> 从生产的角度来看，人均资本决定人均产出。

这里引入了在某一时间的产出和资本值。我们已经假设 N 不变，故不需要引入某一时间的 N 值。

总结：人均资本越高，人均产出越高。

产出对资本积累的影响

我们分两步来推导第二种关系，即产出和资本积累之间的关系。

- 推导产出与投资的关系。
- 推导投资与资本积累的关系。

产出与投资

为了推导出产出与投资的关系，我们设定三个假设。

> 第 17 章中会讲到在开放经济中储蓄和投资可以不相等。一个国家的储蓄可以小于投资，差额从其他国家借得，美国现在的情况就是这样。

- 假设经济是封闭的，那么就和第 3 章中的式（3-10）一样，投资 I 等于私人储蓄 S 和公共储蓄 $T - G$ 的和。

$$I = S + (T - G)$$

- 为了更好地研究私人储蓄行为，我们假定公共储蓄 $T - G$ 为 0。（我们研究政策对经济增长的作用时，会放弃这个假设。）因此，前一个代数式为：

$$I = S$$

投资等于私人储蓄。

- 假设私人储蓄和收入（产出）成比例关系。

$$S = sY$$

系数 s 是储蓄率，取值介于 0 和 1 之间。这个假设包含两个事实：一是储蓄率不会随着该国经济的增长而自主变化；二是发达国家的储蓄率并不必然比贫困国家的储蓄率高。

整合以上两个关系式，引入时间变量，可得到投资和产出的关系式：

$$I_t = sY_t$$

投资和产出成比例关系，即产出越高，储蓄越高，从而投资越多。

我们已经看到了储蓄行为（等同于消费行为）的两种具体情况：一是第 3 章中的短期情况；二是本章中的长期情况。你可能会想知道这两者有什么关系，是否具有一致性。答案是肯定的。第 15 章会展开详细的讨论。

投资与资本积累

第二步是推导出投资与资本的关系。投资是流量，指一段时间内新购买的机器和新修的厂房。资本是存量，指经济中某一时点存在的机器和厂房。

若以年为单位来衡量，下角标 t 表示 t 年，$t+1$ 表示 $t+1$ 年，等等。若资本存量为年初量，那么 K_t 表示 t 年年初的资本存量，K_{t+1} 表示 $t+1$ 年年初的资本存量，等等。

假设资本以每年 δ 的速率折旧，那么从第一年到下一年，δ 比例的资本存量将减少。相应地，从第一年到下一年，有 $(1-\delta)$ 比例的资本存量剩余。

资本存量的变化可以表示为：

$$K_{t+1} = (1-\delta)K_t + I_t$$

$t+1$ 年年初的资本存量 K_{t+1}，等于 t 年年初的资本存量留存下来的部分 $(1-\delta)K_t$ 加上 t 年新增的资本存量，也就是 t 年的投资 I_t。

我们现在把产出和投资的关系式与投资和资本存量的关系式结合起来，得到我们研究经济增长的第二种关系，产出与资本积累的关系。

用前面的代数式替换投资，在两边同时除以经济体中工人人数 N，得：

$$\frac{K_{t+1}}{N} = (1-\delta)\frac{K_t}{N} + s\frac{Y_t}{N}$$

回顾一下，流量是有时间段限制的变量，定义的是某个特定时间段内的量。存量是没有时间范围界定的变量，定义的是某个时间点的量。产出、储蓄、投资是流量，就业人数和资本是存量。

简而言之，$t+1$ 年的人均资本等于调整后的 t 年人均资本加上 t 年的人均投资。其中 t 年的人均投资等于储蓄率乘以 t 年的人均产出。

将 $(1-\delta)K_t/N$ 分解成 $K_t/N - \delta K_t/N$，将 K_t/N 移至左边，整理右边，可得：

$$\frac{K_{t+1}}{N} - \frac{K_t}{N} = s\frac{Y_t}{N} - \delta\frac{K_t}{N} \tag{11-2}$$

简而言之，人均资本的变化量（由等式左边表示）等于人均储蓄（由等式右边第一项表示）减去折旧（由等式右边第二项表示）。这个等式表示第二种关系，产出与资本积累的关系。

从储蓄的角度来看，人均产出决定人均资本随时间的变化。

11.2 不同储蓄率的含义

我们已经推导出两个关系。

- 从生产的角度来看，式 (11-1) 说明资本如何决定产出。
- 从储蓄的角度来看，式 (11-2) 说明产出如何决定资本积累。

资本和产出的动态变化

将式（11-2）中的人均产出 Y_t/N 用式（11-1）表示得：

$$\frac{K_{t+1}}{N} - \frac{K_t}{N} = sf\left(\frac{K_t}{N}\right) - \delta\left(\frac{K_t}{N}\right) \tag{11-3}$$

t 年到 $t+1$ 年的资本变化 = t 年的投资 – t 年资本的折旧

关系式说明了人均资本的变化。本年到下一年的人均资本的变化取决于两个因素的差值。

$K_t/N \Rightarrow f(K_t/N)$

$\Rightarrow sf(K_t/N)$

$K_t/N \Rightarrow \delta K_t/N$

- 人均投资，即等式右边的第一项。本年的人均资本决定本年的人均产出，给定储蓄率的条件下，人均产出决定人均储蓄，从而决定人均投资。
- 人均折旧，即等式右边的第二项。人均资本存量决定本年人均资本的折旧量。

如果人均投资超过人均折旧，则人均资本变化为正，即人均资本增加。

如果人均投资没有超过人均折旧，则人均资本变化为负，即人均资本减少。

人均资本给定，人均产出可由式（11-1）得出：

$$\frac{Y_t}{N} = f\left(\frac{K_t}{N}\right)$$

式（11-3）和式（11-1）包含了资本和产出随时间变化的全部信息。最直观的阐述方法便是画图，如图11-2所示。图11-2的纵轴表示人均产出，横轴表示人均资本。

首先看图11-2中代表人均产出的曲线，$f(K_t/N)$ 是人均资本的函数。两者的关系和图10-4中一样，人均资本增加，人均产出随着增加。但是，由于资本边际收益递减，随着人均资本的进一步增加，人均资本对人均产出的影响越来越小。

现在我们来看表示式（11-3）右边两项的曲线。

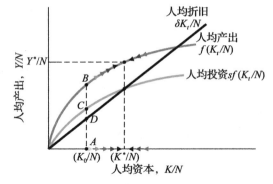

图11-2 资本和产出的动态变化

注：资本和产出水平较低的时候，投资超过折旧，从而资本增加。当资本和产出水平较高，投资比折旧少，资本减少。

为了使图简明易懂，假设了一个不切实际的高储蓄率。（你认为这个储蓄率可能是多少，s 值为多少比较合理？）

- 表示人均投资的曲线 $sf(K_t/N)$ 的形状和生产曲线一致，数值是生产曲线的 s（储蓄率）倍。假设人均资本位于图11-2中的 K_0/N 处，则人均产出由垂直距离 AB 表示，人均投资由垂直距离 AC 表示，AC 距离是 AB 距离的 s 倍。因此，和人均产出一样，随着人均资本的增加，人均资本对人均投资的影响越来越小。人均资本增加到较高水平，人均资本再增加对人均产出增加的影响很小。同样，对人均投资增加的影响也很小。
- 人均折旧 $\delta K_t/N$ 是一条直线。人均折旧和人均资本成比例，因此可以由斜率为 δ 的直线表示。人均资本为 K_0/N 时，人均折旧由垂直距离 AD 表示。

人均资本的变化由人均投资和人均折旧的差额表示。在 K_0/N 处，差额为正，人均投资超过人均折旧的部分为垂直距离 $CD(=AC-AD)$，人均资本增加。沿着横轴向右边移动，人均资本越来越高，人均资本增加的幅度越来越小，而人均折旧随着人均资本同比例增加。在一定的人均资本处，如图 11-2 中的 K^*/N，投资刚好弥补折旧，人均资本保持不变。在 K^*/N 的左边，投资超过折旧，人均资本增加，由沿着生产函数的右指向的箭头表示。在 K^*/N 的右边，折旧超过投资，人均资本减少，由沿着生产函数的左指向的箭头表示。

> 人均资本较低时，人均资本和人均产出随时间增加。人均资本较高时，人均资本和人均产出随时间减少。

现在我们很容易描述出人均资本和人均产出随时间变化的过程。假设一个经济体一开始处在较低的水平，如图中 K_0/N 处，由于投资超过折旧，人均资本增加。由于产出随着资本变动，产出也随之增加。当人均资本达到 K^*/N 处，投资等于折旧。若经济达到这一点，人均产出和人均资本都保持不变，分别为 Y^*/N、K^*/N，这就是长期均衡水平。

例如，若一个国家在战争中遭到轰炸，资本存量减少，从我们前面学到的内容可知，如果资本损失大于人口损失，那么战争会使人均资本水平较低，处于 K^*/N 的左边。这个国家在一段时间内人均资本和人均产出都有较大的增长。这就是第二次世界大战后那些资本损失比例大于人口损失比例的国家的情况（具体参见问题聚焦"第二次世界大战后法国的资本积累和经济增长"）。

> 按照模型，预测第二次世界大战后人口损失和资本损失不平衡国家的经济运行。这个结果能让人信服吗？有没有其他因素需要考虑。

假设一个国家一开始处在较高的人均资本水平，在 K^*/N 右边的点，折旧超过投资，人均资本和产出减少。储蓄率给定下，维持最初过高的人均资本水平较难，人均资本会一直下降，直到该国的经济达到投资和折旧相等的点处，即人均资本为 K^*/N 处。达到该点后，人均产出和人均资本保持不变。

仔细研究长期中经济稳定在某一点时的人均产出和人均资本。当人均资本和人均产出不再变化时，我们称之为经济达到了**稳态**（steady state）。由定义可知，在稳态经济中，人均资本保持不变，即式（11-3）的左边为 0，则稳态下的人均资本 K^*/N 可以表示为：

$$sf\left(\frac{K^*}{N}\right) = \delta \frac{K^*}{N} \tag{11-4}$$

稳态下的人均资本，人均储蓄（等式左边）刚好足以弥补人均资本折旧（等式右边）。

给定稳态下的人均资本 K^*/N，则稳态处的人均产出 Y^*/N 可以由下列生产函数得出。

> K^*/N 是长期人均资本。

$$\frac{Y^*}{N} = f\left(\frac{K^*}{N}\right) \tag{11-5}$$

至此，我们已经掌握了动态和静态两种情况下储蓄率对人均产出影响的所有相关要素。

问题聚焦　　第二次世界大战后法国的资本积累和经济增长

1945 年第二次世界大战结束时，法国可以说是欧洲国家中损失最惨重的。人口损失惨重，4 200 万的人口中丧失了 55 万多，相对而言资本损失更惨重。据估计，法国 1945 年的资本存量还不及战前的 30%。具体情况可以看表1。

从前面的增长模型我们知道，资本存量大量减少的国家会在一段时间内经历大规模的资本积累和产出增长。用图 11-2 来说，人均资本小于 K^*/N 时，人均资本会向 K^*/N 处不断聚拢，人均产出会向 Y^*/N 处不断聚拢。

这就是法国的情况。很多事实证明了，资本少量增加会导致产出大量增加。主要大桥稍加修复便能继续投入使用，大大缩短两个城市间的运输时间，从而减少运输成本，进而工厂可以增加投入，最终增加产出。

更令人信服的是实际总产出的数值。

从 1946 年到 1950 年，法国的实际 GDP 年增长率高达 9.6%。在这五年中，实际 GDP 增长了近 60%。

这一切都是资本积累的贡献吗？不是。增长模型中没有考虑的因素也有贡献。1945 年留存下来的大部分资本年代较久，20 世纪 30 年代的经济大萧条使投资水平低，战争时期也几乎没有投资。战后现代资本和现代生产技术的引进是战后高增长率的另一个更重要的原因。

资料来源：Gilles Saint-Paul, "Economic Reconstruction in France, 1945-1958," in Rudiger Dornbusch, Willem Nolling, and Richard Layard, eds. *Postwar Economic Reconstruction and Lessons for the East Today* (Cambridge, MA: MIT Press, 1993).

表1　第二次世界大战结束时法国的资本损失

铁路	铁轨	6%	河流	水路	86%
	车站	38%		船闸	11%
	发动机	21%		驳船	80%
公路	机械	60%	建筑物	（数量）	
	汽车	31%		住房	1 229 000
	卡车	40%		工业用房	246 000

储蓄率与产出

我们回到本章一开始提出的问题，即储蓄率如何影响人均产出的增长率？我们通过分析可以得出三方面的结论。

1. 长期中人均产出增长率为 0，储蓄率不影响长期人均产出增长率。

这个结论很明显，经济最终趋向于人均产出的恒定水平。也就是说，长期中不管储蓄率多大，产出增长率为 0。

一些经济学家认为 1950～1990 年，苏联就是储蓄率的稳定增长（但不能一直维持下去）带来产出的高增长。保罗·克鲁格曼用斯大林时期的增长来表示这种类型的增长——通过越来越高的储蓄率来促进经济增长。

然而，在第 12 章引入技术进步再考虑这个结论时就会有所发现。考虑长期中如何才能保持不变的、正的产出增长率。人均资本必然会增加。不仅如此，由于资本规模报酬递减，人均资本的增长率要大于产出的增长率。因此，经济体每年需要储蓄越来越大份额的产出，并投入形成资本积累。达到某一点后，储蓄对产出的比例将会大于 1，这显然不可能，也就不可能保持不变的正增长率。长期来说，人均资本是固定的，人均产出也是固定的。

2. 但是，储蓄率决定长期的人均产出水平。在其他条件相同时，长期中高储蓄率的国家，其人均产出水平也高。

图 11-3 说明了这一点。两个国家，生产函数相同，就业人数相同，折旧率相同，储蓄率不同。令储蓄率为 s_0、s_1，$s_1 > s_0$。图中 $f(K_t/N)$ 是两国的生产函数曲线，$s_0 f(K_t/N)$、$s_1 f(K_t/N)$ 分别是两国的人均投资/储蓄函数曲线。长期中储蓄率为 s_0 的国家，人均资本达到 K_0/N 处，人均产出达到 Y_0/N；储蓄率为 s_1 的国家，人均资本达到较高的 K_1/N 处，人均产出也达到较高的 Y_1/N 处。

> 第一个结论是关于人均产出增长率的，第二个结论是关于人均产出水平的。

3. 提高储蓄率能在一段时间内提高人均产出增长率，但不能一直提高。

这个结论来自前面的两个结论。首先，我们知道提高储蓄率并不影响长期的人均产出增长率（恒为0）。其次，提高储蓄率会提高长期的人均产出水平。由此可知，提高储蓄率导致产出达到新的较高水平，经济经历了一段时间的正增长。当经济重新回到稳态，正增长便会停止。

我们还是用图 11-3 来说明。假设一个国家初始的储蓄率为 s_0，人均资本在 K_0/N 处，人均产出随之在 Y_0/N 处。现在考虑储蓄率从 s_0 增加到 s_1，会有哪些影响。人均储蓄/投资由人均资本的函数式表示，从 $s_0 f(K_t/N)$ 增加到 $s_1 f(K_t/N)$。

当人均资本在最初水平 K_0/N 时，投资超过折旧，故人均资本增加，从而人均产出增加，经济会出现一段时间的正增长。当人均资本最终达到 K_1/N 处，投资等于折旧，经济不再增长。此时，经济处于人均资本为 K_1/N，人均产出为 Y_1/N。图 11-4 描绘了人均产出随时间的变化路径。人均产出最初恒定在 Y_0/N 处，时间 t 时储蓄率增加，人均产出增加，直到人均产出达到 Y_1/N，增长率又回到 0。

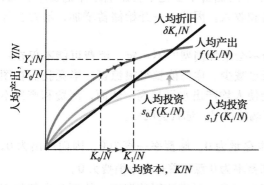 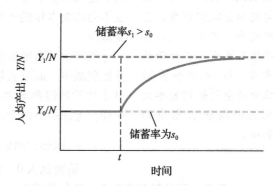

图 11-3 储蓄率的影响
注：储蓄率越高，稳态下的人均产出越高。

图 11-4 储蓄率增加对人均产出的影响
注：储蓄率增加会在一段时间内加快经济增长，直到产出达到新的更高的稳态水平。

在没有技术进步的前提假设下，我们推导出了以上三个结论，得出长期人均产出增长率为 0。第 12 章中会在技术进步的情况下拓展这三个结论。这里先简单说明一下。

存在技术进步的情况下，一国经济即使在长期中也会出现正增长率。长期增长率与储蓄率无关——第一个结论的拓展。然而，储蓄率影响人均产出水平——第二个结论的拓展。储蓄率提高后，一国经济会出现一段时间的正增长率，直到达到新的更高的均衡水平——第三个结论的拓展。

这三个结论由图 11-5 来说明，该图由图 11-4 拓展而来，描绘了存在正向的技术进步的经济中，储蓄率提高的影响。图 11-5 用对数刻度来衡量人均产出，因此，可以用斜率等于该增长率的直线来表

> 具体参考书末附录 B。

示人均产出稳定增长的经济。储蓄率为初始的 s_0 时，经济沿着 AA 线移动。在 t 时，储蓄率提高到 s_1，经济出现一段时间的正增长率，然后达到新的更高的均衡，由 BB 线表示。在 BB 线上，增长率和储蓄率提高之前的增长率一样（BB 线的斜率和 AA 线相同）。

储蓄率与消费

政府可以通过多种途径影响储蓄。首先可以改变公共储蓄。私人储蓄给定时，正的公共储蓄，也就是财政盈余，能提高储蓄的总体水平；反之，负的公共储蓄，即财政赤字，会降低储蓄。其次，政府可以改变税收来影响私人储蓄，政府对储蓄予以税收优惠，民众会更乐意储蓄，从而增加私人储蓄。

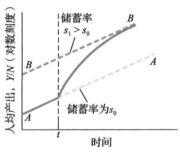

图 11-5 技术进步的同时储蓄率提高对人均产出的影响

注：储蓄率增加会在一段时间内加快经济增长，直到产出达到新的更高的稳态水平。

> 回顾一下：储蓄为私人储蓄和公共储蓄之和，公共储蓄⇔财政盈余，负债⇔财政赤字。

> 我们假定就业人数不变，所以不必考虑第 3 章中提到的储蓄增加对短期产出的影响。从短期来说，收入一定，储蓄增加会减少消费，还可能导致经济衰退，进而收入减少。在后面的章节，第 16 章和第 22 章中还会讨论储蓄率变化在短期和长期中的影响。

政府想要多高的储蓄率？要想弄清楚答案，需要把研究的出发点从生产行为转向消费行为，因为对民众而言，重要的不是生产了多少，而是消费了多少。

很明显，为增加储蓄必然减少消费（这部分中除非有必要，否则会去掉前面的"人均"修饰词，用消费而不是人均消费，用资本而不是人均资本等）。本年的储蓄率变化不会影响本年的资本存量，也不会影响本年的产出和收入。因此，一开始储蓄增加，消费会等量减少。

长期中储蓄增加会不会增加消费？不一定。消费可能不仅在一开始就减少，而且长期也减少。你可能觉得很惊讶。毕竟我们在图 11-3 中看到储蓄增加会使人均产出水平提高。然而，消费和产出不一样。考虑一下两个极端的情况，你就会明白。

- 一国经济的资本存量为 0，储蓄率一直为 0，因而产出为 0，消费也为 0。储蓄率为 0 意味着长期中消费为 0。
- 假设一国的储蓄率为 1，民众将其收入都存起来，形成该国的资本，从而产出都处于超高水平。但由于所有收入用于储蓄，则消费为 0，结果便是资本存量过高，为维持产出水平，所有产出都得用于折旧。长期中，储蓄率为 0，消费也为 0。

这两种极端的情况意味着介于 0 和 1 之间的某一点的储蓄率能使稳态经济中的消费量最大。小于该储蓄率的储蓄率在短期会使消费下降，但长期会增加消费。大于该储蓄率的储蓄率在短期和长期都会使消费下降。这是因为储蓄率增加带来的资本存量增加，只会导致产出少量增加，不足以抵扣折旧部分。也就是说，经济体中资本存量太高。在稳态经济中，消费水平最高时的由储蓄率所决定的资本存量称为**黄金法则下的资本存量**（golden-rule level of capital）。在该资本存量处再增加投资会导致消费下降。

这可以用图 11-6 来阐释，它绘出了稳态的储蓄率（横轴）决定的人均消费（纵轴）。储蓄率为 0，则人均资本为 0，人均产出为 0，人均消费也为 0。储蓄率 s 介于 0 和 s_G（G 代表黄金法则）之间时，储蓄率增加，人均资本增加，从而人均产出增加，人均消费增加。储蓄率 s 大

于 s_G 时，储蓄率增加仍会增加人均资本和人均产出，但会导致人均消费减少。这是因为资本存量较大，导致较多折旧，抵消了大部分增加的产出。当 $s=1$ 时，人均消费为 0，人均资本和人均产出很高，但所有产出用于抵扣折旧，没有用于消费。

如果一国的资本存量高于黄金法则下的资本存量，那么继续增加储蓄会降低短期和长期的消费水平。这在现实经济中存在吗？会不会有些国家的资本存量太高？经验证据表明，大多数 OECD 国家的实际资本存量在黄金法则之下。长期来说，提高储蓄率会增加消费。

事实上，这意味着政府需要权衡，提高储蓄率短期会减少消费，但在长期会增加消费。政府该怎么办？政府怎样才能达到黄金法则点？这依赖于政府对当代民众福利和下一代民众福利的权衡。提高储蓄率可能会使当代民众受损，使下一代民众受益。从政治的角度来看，下一代民众没有投票权，这意味着政府不愿意牺牲当代民众的利益，反过来就意味着资本存量小于黄金法则下的资本存量。这些跨代的问题也是美国社会保障体系改革中争议最大的问题。问题聚焦"美国的社会保障、储蓄和资本积累"会对此进行详细阐述。

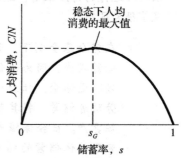

图 11-6　储蓄率对稳态下的人均消费的影响

注：储蓄率增加会先使人均消费增加，达到最高点后，人均消费下降。

问题聚焦　　美国的社会保障、储蓄和资本积累

美国从 1935 年开始推行社会保障制度，以保障老年人的生活水平。如今，保障体系已经成为美国最大的政府项目。发放给退休人员的福利占 GDP 的 4%。美国 2/3 的退休人员从中得到的福利占其收入的一半以上。毫无疑问，社会保障制度就其本身而言是个巨大的成功，成功减少了老年人的贫困现象，但也导致了美国极低的储蓄率。长期来说，资本存量偏低，人均产出水平较低。

我们先绕个弯子，若某个国家没有社会保障体系，那么劳动者就得自己储蓄自己的退休金。现在有了保障制度，保障制度从劳动者身上征税，分配给退休人员。这可以通过两个途径实现。

- 用征得的税款投资金融资产，当劳动者退休的时候归还本金和利息，这就是**完全基金制社会保障系统**（fully funded social security system）。任何时候，该系统都持有与劳动者累积税款等额的基金金额，当劳动者退休的时候，从基金中发放退休金。

- 将征得的税款发放给当时的退休人员，这种是**现收现付制社会保障系统**（pay-as-you-go social security system），通过征收税款来发放退休金。

从劳动者的角度来看，这两种系统大体相同。劳动者在工作时缴纳税款，退休时领取福利。在领取福利的时候，稍微有些区别。

- 在完全基金制下，领取的福利取决于基金投资的金融资产的回报率。
- 在现收现付制下，领取的福利取决于人口结构（退休人员占工作人员的比例）和该制度设定的税率。

从经济运行的角度来看，这两种系统的含义有很大区别。

- 在完全基金制下，劳动者的私人储蓄减少，因为他们期待退休时领取退休金。社会保障制度代为劳动者储蓄，将其税赋投资于金融资产。社会保障制度的出台改变了总体储蓄的结构，私人储蓄减少，同时公共储蓄增加。大体上来说，它不会影响储蓄总量，也就不会影响资本积累。
- 在现收现付制下，劳动者的私人储蓄同样会减少，因为他们退休时也能领取退休金。但是现在社会保障系统并没有代管储蓄。私人储蓄减少的同时，并没有增加的公共储蓄来替补。储蓄总量减少了，资本存量也减少了。

现实生活中，大部分社会保障体系介于完全基金制和现收现付制之间。美国1935年设立社会保障制度时，本来打算部分基金制，但实施起来并未如此：劳动者缴纳的税款并没有用于投资，而是支付给了退休人员，自此以后，这种制度延续了下来。从20世纪80年代早期到目前，因为征收的税款比发放的福利稍多一些，社保机构建立了**社会保障信托基金**（social security trust fund）。但这个信托基金远小于当前纳税人被应允的退休时的所得。美国基本上是现收现付制，这有可能便是美国过去70年间低储蓄率的原因。

如此一来，一些经济学家和政治家认为美国应该实施完全基金制。因为美国的储蓄率太低，将保障体系基金化会增加美国的储蓄。从现在起，缴纳的税款应该用于投资金融资产，而不是发放给退休人员，这样社会保障体系能稳步增加基金，最终过渡到完全基金制。哈佛大学经济学家马丁·费尔德斯坦便是这种制度的倡导者，他认为长期来说资本存量会增加34%。

那么这个提议怎么样呢？一开始就采用完全基金制可能是个不错的建议，这样美国就会有高储蓄率，美国的资本存量就会比现在大，产出和消费也会因此高一些，但是我们不能重新书写历史。现有制度已经允诺了退休人员的退休金，且必须要做到。因此，若按照上面的提议，现有的劳动者实际上需要支付双倍税款，一份用于供养基金，一份用于发放现在退休人员的福利。这显然对现有劳动者不公平。从现实角度来看，为了不使某一代人负担太重，向完全基金制的转变将是一个漫长的过程。

接下来的内容中可能还会再讨论这个话题。试想一下，如果向当局或者国会针对这个讨论提建议，你会提出什么建议。比如，从现在起，劳动者不向保障体系而是私人账户缴纳税款，退休时能从该私人账户提出他们的份额。就本身而言，这个建议明显会增加私人储蓄，劳动者会储蓄更多。但是储蓄的最终效果仍取决于社会保障体系如何分配已经允诺给当代劳动者和发放给退休人员的福利。如果这些建议付诸实现，发放的福利不会由额外征税来提供，而是由债务提供，那么私人储蓄的增加被财政赤字——债务的增加抵消了。因此，向私人账户缴纳税款并不会提高储蓄率。但是如果政府征收更多税收来发放给退休人员的福利，那么美国的储蓄率会增加。可是，当前的劳动者要支付两份，不仅要向私人账户支付，而且要缴纳更高的税款。

更多社会保障体系的争论和后续发展，可以登录 www.concordcoalition.org。

11.3 定量研究

长期来说，储蓄率变化对产出构成多大影响？储蓄率增加，经济增长率会提高多少，持续多久？美国的资本存量和黄金法则下的资本存量相差多少？为了弄明白这些问题，我们设定具体的条件，运用数据来说明。

假定生产函数为：

$$Y = \sqrt{K}\sqrt{N} \tag{11-6}$$

产出等于资本和劳动力平方根的乘积。（更具体的生产函数为柯布－道格拉斯生产函数，本章的附录中介绍了柯布－道格拉斯生产函数对增长的含义。）

> 这个函数既存在规模报酬不变，又存在资本和劳动力的规模报酬递减。

我们要考察人均产出，故在等式两边同时除以 N，得：

$$\frac{Y}{N} = \frac{\sqrt{K}\sqrt{N}}{N} = \frac{\sqrt{K}}{\sqrt{N}} = \sqrt{\frac{K}{N}}$$

人均产出等于人均资本的平方根，也就是说，人均产出关于人均资本的生产函数为：

$$f\left(\frac{K_t}{N}\right) = \sqrt{\frac{K_t}{N}}$$

在式（11-3）中代入 $f(K_t/N)$，得：

> $\sqrt{N}/N = \sqrt{N}/(\sqrt{N}\sqrt{N}) = 1/\sqrt{N}$，得第二个等式。

$$\frac{K_{t+1}}{N} - \frac{K_t}{N} = s\sqrt{\frac{K_t}{N}} - \delta\frac{K_t}{N} \tag{11-7}$$

上式说明了人均资本随时间变化。这意味着什么呢？

储蓄率对稳态产出的影响

储蓄率增加，对稳态下的人均产出水平有多大影响？

稳态下的人均资本是固定的，则式（11-7）的左边为 0。

$$s\sqrt{\frac{K^*}{N}} = \delta\frac{K^*}{N}$$

（稳态下无须加时间下角标，*表示稳态下的经济。）两边同时平方，得：

$$s^2\frac{K^{*2}}{N} = \delta^2\left(\frac{K^*}{N}\right)^2$$

两边同时除以 K/N，调整等式得：

$$\frac{K^*}{N} = \left(\frac{s}{\delta}\right)^2 \tag{11-8}$$

稳态下的人均资本等于储蓄率和折旧率之比的平方。

结合式（11-6）和式（11-8），稳态下的人均产出为：

$$\frac{Y^*}{N} = \sqrt{\frac{K^*}{N}} = \sqrt{\left(\frac{s}{\delta}\right)^2} = \frac{s}{\delta} \tag{11-9}$$

稳态下的人均产出等于储蓄率和折旧率之比。

稳态下，储蓄率越高，折旧率越低，则人均资本越高[式（11-8）]，人均产出越高[式（11-9）]。我们代入具体数字，假定年折旧率为 10%，若储蓄率也为 10%，那么从式（11-8）、式（11-9）可知，稳态下的人均资本和人均产出都为1。若储蓄率翻倍，从10%增加到20%，由式（11-8）可知，新的稳态下，人均资本从1增加到4。由式（11-9）可知，新的稳态下，人均产出从1增加到2。长期中，储蓄率翻倍，人均产出翻倍，影响是很大的。

储蓄率上升的动态影响

我们在前面已经看到了储蓄率增加对稳态产出水平的影响。那么产出要多久才能达到新的稳态水平？也就是说，储蓄率增加，经济增长率会增加多少，持续多久？

我们借助式（11-7）来回答，计算人均资本在不同时间，$t=0$，$t=1$……的值。

假设储蓄率一直为10%，此时（$t=0$）储蓄率增加到20%，之后一直保持在这个储蓄率水平。第0年，资本存量不会变化（储蓄率增加，投资增加，在1年后才对资本存量有影响）。因此，人均资本仍然是储蓄率为0.1时的稳态资本量水平。由式（11-8）可知：

$$\frac{K_0}{N} = (0.1/0.1)^2 = 1^2 = 1$$

第一年，$t=1$，式（11-7）为：

$$\frac{K_1}{N} - \frac{K_0}{N} = s\sqrt{\frac{K_0}{N}} - \delta\frac{K_0}{N}$$

折旧率为0.1，储蓄率为0.2，则：

$$\frac{K_1}{N} - 1 = 0.2 \times \sqrt{1} - 0.1 \times 1$$

则：

$$\frac{K_1}{N} = 1.1$$

投资和折旧的差额一开始最大，因此资本积累和产出增长率一开始也最大。

同样，我们可以算出K_2/N等。知道第0年、第1年……的人均资本的值，我们可以用式（11-6）算出第0年、第1年……的人均产出。计算结果在图11-7上。图11-7a绘出了不同时间人均产出的值。Y/N从第0年的1增加到长期稳态下的2。图11-7b的信息内容和图11-7a一样，绘出了人均产出的增长率。图11-7b表明，最初增长率是最高的，随时间增加不断减小。当经济达到新的稳态时，人均产出增长率回到0。

图11-7告诉我们，调整到新的、更高的长期均衡点是一个漫长的过程。储蓄率增加10年后，调整完成40%，20年后，完成64%。也就是说，储蓄率增加在很长一段时间内会带来人均产出增加。前10年的平均年增长率为3.1%，接下来的10年为1.5%。虽然储蓄率增加不会影响长期的经济增长率，但确实会在相当长时间内带来更高的增长率。

我们回到本章一开始提出的问题：美国过去50多年的增长率低于其他OECD成员国的增长率，是因为美国的低储蓄率/投资率吗？如果美国过去更长时间的储蓄率较高，而在过去50多年间大幅度下降，那么答案是肯定的。这种情况下，可以用图11-7来解释美国过去50多年的低增长率（和图11-7的情况相反，储蓄率是减少而不是增加）。但是情况并非如此，美国的储蓄率一直以来都很低，低储蓄率不能解释美国过去50多年来经济的不佳表现。

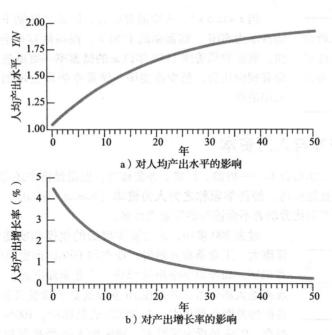

a）对人均产出水平的影响

b）对产出增长率的影响

图 11-7　储蓄率从 10% 增加到 20% 对人均产出水平和增长率的动态影响

注：储蓄率提高后，产出要经历一段较长时间的调整，也就是说，储蓄率增加在很长一段时间都会加速经济增长。

美国的储蓄率与黄金法则

在稳态下，使人均消费最大的储蓄率为多大？回顾我们前面所说的，消费是人均资本量不变时由人均产出决定的。更正式地说，人均消费等于人均产出减去人均资本折旧：

$$\frac{C}{N} = \frac{Y}{N} - \delta \frac{K}{N}$$

结合式（11-8）、式（11-9）计算出来的稳态下的人均产出和人均资本，人均消费为：

$$\frac{C}{N} = \frac{s}{\delta} - \delta \left(\frac{s}{\delta}\right)^2 = \frac{s(1-s)}{\delta}$$

结合上式和式（11-8）、式（11-9），表 11-1 计算出了稳态下，折旧率为 10%，不同储蓄率水平的人均资本、人均产出和人均消费。

表 11-1　不同储蓄率下的稳态人均资本、人均产出、人均消费

储蓄率 s	人均资本 K/N	人均产出 Y/N	人均消费 C/N
0.0	0.0	0.0	0.0
0.1	1.0	1.0	0.9
0.2	4.0	2.0	1.6
0.3	9.0	3.0	2.1
0.4	16.0	4.0	2.4
0.5	25.0	5.0	2.5
0.6	36.0	6.0	2.4
…	…	…	…
1.0	100.0	10.0	0.0

> 考察一下你对学过的内容的理解程度：用这部分的等式，列出美国提高储蓄率的优劣。

当 $s = 0.5$ 时，人均消费最大，即黄金法则下的资本存量对应的储蓄率为 50%。储蓄率低于 50%，提高储蓄率会使长期人均消费增加。前面看到美国 1950 年以来的储蓄率一直低达 17%，所以我们完全有理由认为，至少在美国，储蓄率提高会增加长期的人均产出和人均消费。

11.4 实物资本与人力资本

我们已经研究了实物资本——机器、厂房、办公楼等，但是经济中还存在另一种资本，即经济体中劳动者的技能技巧，经济学家称之为**人力资本**（human capital）。一国有众多技术娴熟的劳动者，其生产率比劳动者不会读写的国家高得多。

> 这个数据对比可能具有误导性，因为各国的教育水平参差不齐。

过去 200 多年，人力资本增加的规模和实物资本增加的规模一样庞大。工业革命开始时，现在的 OECD 国家那时只有 30% 的劳动者识字，如今识字率超过 95%。工业革命以前，义务教育没有推广，现在绝大部分国家的人在 16 岁以前必须接受义务教育。然而，现在各国的差距仍然很大。在 OECD 成员国中，100% 的儿童接受了小学教育，90% 接受中学教育，38% 的人接受高等教育。而在不发达国家，即人均 GDP 低于 400 美元的国家，对应的比例分别为 95%、32%、4%。

怎么去考察人力资本对产出的影响呢？考虑人力资本的影响后，前面得出的结论会有什么不同？这是我们在本节要思考的问题。

扩展生产函数

我们在分析中考虑人力资本因素最直接的方法就是修改生产函数关系式（11-1），得：

$$\frac{Y}{N} = f\left(\frac{K}{N}, \frac{H}{N}\right) \tag{11-10}$$
$$(+, +)$$

> 我们在第 4 章中用 H 表示货币基础，这里用 H 表示人力资本。这都是约定俗成的，不要把这两个混淆。

人均产出取决于实物资本量 K/N，和人力资本量 H/N。和前面一样，人均资本 K/N 增加，人均产出增加。人均技能水平 H/N 提高，人均产出也会增加。技能高的劳动者能从事更复杂的工作，他们能轻易解决各种突发问题，这都会提高人均产出。

前面假定实物资本增加会增加人均产出，但随着人均资本的进一步增加，对人均产出的影响越来越小。对于人力资本而言，这个假定同样适用。若人力资本增加源于受教育年限的增加，有证据表明，增加接受小学教育儿童的比例会带来产出的大幅度增长。在最初，人们学会读写后能使用复杂的工具，提高了生产率。然而在发达国家，小学和中学教育完全普及，不再是生产率的分界线，高等教育才是分界线。有证据表明，以薪资作为指标的话，高等教育确实能提高一个人的技能，这对我们来说可是个好消息。但是一些极端的例子表明，

> 第 13 章我们会列举这些例子。

强迫每个人都获得大学学位并不一定会大幅度提高总产出水平。许多人最终无法获得学位，可能会更加沮丧，而不是提高生产率。

我们如何衡量人力资本 H 呢？答案是：和衡量实物资本 K 的方法一样。我们加总各类实物资本的价值，比如 2 000 美元的机器是 1 000 美元的机器的权重的两

倍。同样，我们也可以这样加总人力资本 H，获得两倍薪资的劳动者的权重也是两倍。比如 100 名工作者中，50 名没有技能，50 名有技能，则 H 为 150（ =50×1+50×2），人均人力资本 H/N 为 150/100 =1.5。

人力资本、实物资本和产出

加入人力资本的因素后，前面的分析有什么变化？

储蓄率增加，会增加稳态下的人均实物资本和人均产出，这个结论仍然是成立的。我们把这个结论拓展到人力资本，社会上人力资本形式的储蓄（通过教育和在职培训）增加，会增加稳态下的人均人力资本，从而增加人均产出。这个拓展的模型更能说明人均产出的决定因素。长期中，人力资本取决于社会的储蓄量和在教育上的花费。

人力资本和实物资本对人均产出的影响，哪个大，哪个小？我们从正规教育的花费金额和实物资本的投资金额开始比较。美国花在教育上的经费占 GDP 的 6.5%，其中包括政府的教育支出和私人教育支出。实物资本占总投资的比例介于 1/3 和 1/2 之间，大约占 GDP 的 16%。这只是第一步的比较，我们再来看下面的一些复杂情况。

> 工资能反映边际产品，故将工资作为权重。获得三倍薪资的工作者的边际产品是其他人的三倍。问题是，工资能准确反映边际产品吗？举反例来说，工龄相同，女性往往比男性赚得少。这是因为女性的边际产品较低吗？在构造人力资本时，女性的权重要不要比男性低？

- 教育，尤其是高等教育，部分是为自己利益的消费支出，部分是投资。我们仅考虑投资部分，而前面 6.5% 的比例包含了消费和投资。
- 至少就高等教育而言，人们接受教育的机会成本是放弃的收入。教育支出不仅应该包括实际的花费，还包括机会成本。6.5% 的比例没有考虑机会成本。

> 相对于学费，你的机会成本是多少？

- 正规教育只是教育的一部分，人们的大部分知识来自正式或者非正式的在职培训。在职培训的实际成本和机会成本都应该包括进去。6.5% 的比例不包括在职培训的成本。
- 我们应该比较折旧后的净投资率。实物资本，特别是机器的折旧率高于人力资本的折旧率。人的技能会退化，但是很慢。和实物资本不同的是，人力资本用得越多退化得越慢。

所有这些原因导致难以准确算出人力资本的投资数额。最近的研究结果认为，人力资本和实物资本在决定产出方面的作用相当。也就是说，经济中人均产出对实物资本和人力资本的依赖差不多。储蓄更多或者教育支出更多的国家能达到更高的稳态人均产出水平。

内生增长

注意上述得出的结论。我们提到了储蓄更多或者教育支出更多的国家能达到更高的稳态人均产出水平，但没有提到储蓄更多或者教育支出更多的国家能一直保持更高的稳态人均产出水平。

然而，这个结论在过去 20 多年间受到了质疑。学者根据罗伯特·卢卡斯和保罗·罗默的结论继续研究，发现实物资本和人力资本的共同增加可能能够维持增长。人力资本不变，实物资本增加会使规模报酬递减。实物资本不变，人力资本增加会使规模报酬递减。这些

> 罗伯特·卢卡斯在 1995 年被授予诺贝尔奖，他在芝加哥大学任教。保罗·罗默在纽约大学任教。

学者于是想到，如果两个同时增加呢？如果资本和技术人员稳定增加，经济能不能一直持续增长？

没有技术进步而保持经济稳定增长的模型，我们称为内生增长模型。和前面研究的模型不同，**内生增长模型**（models of endogenous growth）中的经济增长率，甚至在长期中，取决于储蓄率和教育支出比例。这类模型的最后结论还有待推敲，但到目前为止，研究表明，前面的结论可以加以修正，而不是放弃。目前达成一致的观点有：

- 人均产出取决于实物资本和人力资本。两种类型的资本都可以积累——前者通过实物投资，后者通过教育和培训。提高储蓄率或者增加教育支出都能提高长期的人均产出水平，但是技术进步率不变，这些措施不会一直提高经济增长率。
- 注意最后一句的限定词：技术进步率不变。经济中的人力资本水平和技术进步有关联吗？受过更高教育的劳动者会带来技术进步吗？这些问题是我们在下一章要讨论的问题：技术进步的来源和影响。

本章概要

- 长期中，产出由两组关系决定。（这里为了简化总结，把"人均"修饰词省略了。）第一是资本决定产出，第二是产出决定资本积累，决定储蓄和投资。
- 资本和产出的关系表明，在任何资本水平上（暂不考虑技术进步，第12章中会研究），长期中经济都会达到稳态下的资本水平。这个资本量就是稳态下的资本量。
- 稳态下的资本量，从而稳态下的产出水平和储蓄率存在正比例关系。储蓄率提高，稳态产出水平提高。在向新的稳态转变过程中，提高储蓄率会提高经济增长率。但是（暂不考虑技术进步）长期中，经济增长率为0，不取决于储蓄率。
- 一开始储蓄率增加源于消费减少。长期中，储蓄率提高可能使消费增加，也可能使消费减少，这取决于经济是低于还是高于黄金法则下的资本存量——使消费量最大的资本存量。
- 大多数国家的资本存量在黄金法则之下，因此储蓄率提高一开始会导致消费减少，但在长期会增加消费。考虑是否采取改变储蓄率的政策时，政策制定者必须要权衡当代和下代的福利。
- 虽然本章大部分内容在分析实物资本积累的影响，但产出水平取决于实物资本和人力资本。两种类型的资本都可以积累——前者通过实物投资，后者通过教育和培训。提高储蓄率或者增加教育支出都能提高长期的人均产出水平。

关键术语

saving rate　储蓄率
steady state　稳态
golden-rule level of capital　黄金法则下的资本存量
fully funded social security system　完全基金制社会保障系统
pay-as-you-go social security system　现收现付制社会保障系统
Social Security trust fund　信托基金
human capital　人力资本
models of endogenous growth　内生增长模型

习 题

快速测试

1. 运用本章的信息，判断下面的说法是正确、错误还是不确定，并简要解释。

a. 储蓄率总是等于投资率。
b. 投资率越高，长期能维持的产出增长率也越高。
c. 如果资本不需要折旧，增长能一直持续下去。
d. 储蓄率越高，稳态下的消费水平越高。
e. 社会保障制度应该从现收现付制过渡到完全基金制，这会增加现在和长期的消费。
f. 美国的资本存量水平远低于黄金法则水平，所以美国政府应该对储蓄给予税收优惠。
g. 教育能增加人力资本，从而增加产出，所以政府应该对教育进行补贴。

深入研究

4. 讨论以下情况变化对长期的人均产出水平可能带来的影响。
   a. 收入中的储蓄部分不需要纳税。
   b. 人口总量不变，女性加入劳动力大军的比例增加。

5. 假设美国的社会保障体系从现收现付制转变为完全基金制，并且不是通过额外的政府借贷来实现的。这个转变对长期的人均产出水平和增长率有什么影响。

6. 假设生产函数为：

$$Y = 0.5\sqrt{K}\sqrt{N}$$

   a. 推导出稳态下的人均产出和人均资本，用储蓄率 s 和折旧率 δ 表示。
   b. 推导出稳态下的人均产出和人均消费的关系等式，用储蓄率 s 和折旧率 δ 表示。
   c. 若 $\delta = 0.05$，运用你熟悉的表格软件，计算出 $s = 0$，$s = 0.1$，$s = 0.2$，…，$s = 1$ 时的稳态下的产出和人均消费。试解释计算出的结果的规律。
   d. 运用你熟悉的表格软件分别画出稳态下的人均产出和人均消费与储蓄率的关系图，在图中用横轴表示储蓄率，在纵轴上画出表示相应的人均产出和人均消费的值。
   e. 图中有使人均产出得到最大值的储蓄率 s 吗？有使人均消费得到最大值的储蓄率 s 吗？如果有，s 值是多大？

7. 柯布 – 道格拉斯生产函数和稳态。
   这道题是针对本章的附录提出来的。假设生产函数为：

2. 考虑以下观点："索洛模型表明，储蓄率并不影响长期的增长率，所以我们没必要为美国的低储蓄率担忧。增加储蓄率对经济不会产生重要影响。"你对此有什么看法？

3. 第 3 章讲到储蓄率增加在短期可能导致经济衰退（储蓄悖论）。第 7 章结束时我们探讨了中期储蓄率增加的问题。本章我们探讨了长期中储蓄率增加的影响。

   结合在本章学到的模型，分析储蓄率增加 10 年后，人均产出有什么变化？50 年后呢？

$$Y = K^{\alpha}N^{1-\alpha}$$

其中 $\alpha = 1/3$。

   a. 这个生产函数存在规模保持不变吗？试解释。
   b. 资本存在规模报酬递减吗？
   c. 劳动力存在规模报酬递减吗？
   d. 将生产函数转化为人均产出与人均资本的关系式。
   e. 给定储蓄率 s 和折旧率 δ，写出稳态人均资本的表达式。
   f. 写出稳态人均产出的表达式。
   g. $s = 0.32$，$\delta = 0.08$，稳态人均产出为多少？
   h. 若折旧率 δ 仍为 0.08，储蓄率减半，$s = 0.16$，新的稳态人均产出为多少？

8. 继续第 7 题的分析，假设生产函数为 $Y = K^{1/3}N^{2/3}$，储蓄率 s 和折旧率 δ 都为 0.1。
   a. 稳态人均资本为多少？
   b. 稳态人均产出为多少？

   假设经济处于稳定状态，在时期 t，折旧率从 0.1 增加到 0.2，并保持下去。
   c. 新的稳态下，人均资本和人均产出为多少？
   d. 计算出折旧率改变的前三个阶段的人均资本和人均产出变化的路径。

9. 赤字与资本存量。
   式（11-8）给出了生产函数 $Y = \sqrt{K}\sqrt{N}$ 的稳态资本存量的求解方法。
   a. 重述式（11-8）的推导步骤。
   b. 假设一开始年储蓄率 s 为 15%，折旧率 δ

为 7.5%。稳态下的人均资本、人均产出分别为多少？

c. 政府财政赤字占 GDP 的 5%，政府会消除赤字。假定私人储蓄不变，公共储蓄增加 20%。那么新的稳态人均资本、人均产出为多少？与 b 题的答案有什么不同？

进一步探究

10. 美国的储蓄和财政赤字。

    继续第 9 题来探讨美国的财政赤字对长期资本存量的影响。我们假定美国在本书存续的时间中一直存在财政赤字。

    a. 世界银行按国家和年份报告国内储蓄总额，网址为 http://data.worldbank.org/indicator/NY.GDS.TOTL.KN。找到美国最新的数据。美国的总储蓄率占 GDP 的百分比是多少？使用折旧率和问题 9 中的逻辑，每个工人的稳态资本存量是多少？每个工人的稳态产出是多少？

    b. 请阅读最近的《美国总统经济报告》（ERP），并找出最近的联邦赤字占 GDP 的百分比。在 2015 年的 ERP 中，这个数字可以在 Table B-20 中找到。使用问题 9 的推理方法，假设联邦预算赤字被消除且私人储蓄没有变化，这将对每个工人的长期资本存量产生什么影响？对每个工人的长期产出的影响是什么？

    c. 回到世界银行国内储蓄总额表，中国的储蓄率与美国的储蓄率相比如何？

补充阅读

- 储蓄率和产出关系的经典模型可参阅 Robert Solow, *Growth Theory: An Exposition*(1970)。
- 卡特政府的经济建议委员会主席 Charles Schultze 著的 *Memos To The President: A Guide through Macroeconomics for the Busy Policymakers* 第 23~27 条深入浅出地介绍了美国是否应该以及如何增加储蓄和改进教育。

附 录

柯布-道格拉斯生产函数和稳定状态

1928 年，数学家查尔斯·柯布和经济学家兼美国参议员鲍尔·道格拉斯认为生产函数

$$Y = K^\alpha N^{1-\alpha} \tag{11A-1}$$

完美阐述了美国 1899~1922 年的产出、实物资本和劳动力的关系。其中 α 介于 0 和 1 之间。令人惊讶的是，他们的发现禁得起推敲。生产函数 (11A-1)，即著名的**柯布-道格拉斯生产函数**（Cobb-Douglas production function），到现在仍然很好地说明了美国的产出、资本和劳动力的关系，是经济学家的基本分析工具（检验是否具有我们前面提到的规模经济不变和资本、劳动的规模报酬递减）。

本附录旨在描述生产函数为 (11A-1) 的经济的特征。（要理解附录的内容，只需要了解幂函数的相关知识。）

我们前面说过在稳态经济中，人均储蓄等于人均折旧。这具体是什么意思呢？

- 为了推导出人均储蓄，我们需要由式 (11A-1) 推导出人均产出和人均资本的关系。在式 (11A-1) 的两边同时除以 N，得：

$$Y/N = K^\alpha N^{1-\alpha}/N$$

由幂函数的性质可知 $N^{1-\alpha}/N = N^{1-\alpha} N^{-1} = N^{-\alpha}$，代入前面的等式，得：

$$Y/N = K^\alpha N^{-\alpha} = (K/N)^\alpha$$

人均产出 Y/N，等于人均资本的 α 次方。

人均储蓄等于储蓄率乘以人均产出，结合前一个等式，则人均储蓄等于：

$$s(K^*/N)^\alpha$$

- 人均折旧等于折旧率乘以人均资本：
$$\delta(K^*/N)$$
- 稳态下的资本水平 K^*，由人均储蓄等于人均折旧的条件决定，于是：
$$s(K^*/N)^\alpha = \delta(K^*/N)$$
为了解出稳态人均资本 K^*/N，两边同时除以 $(K^*/N)^\alpha$，得：
$$s = \delta(K^*/N)^{1-\alpha}$$
两边同时除以 δ，调整等式，得：
$$(K^*/N)^{1-\alpha} = s/\delta$$
最后，开 $1/(1-\alpha)$ 次方，得：
$$(K^*/N) = (s/\delta)^{1/(1-\alpha)}$$
这就是稳态下的人均资本。

从生产函数可知，稳态下的人均产出为：
$$(Y^*/N) = K/N^\alpha = (s/\delta)^{\alpha/(1-\alpha)}$$
最后一个等式表示什么呢？

- 在本章正文中，我们代入具体的数据来分析，假设 $\alpha = 0.5$，（取值 0.5，实际上就是变量的平方根。）前一等式为：
$$Y^*/N = s/\delta$$
人均产出等于储蓄率除以折旧率的比例。这是我们前面探讨过的等式。储蓄率翻倍，则稳态人均产出也翻倍。

- 然而，经验证据表明，如果 K 是实物资本，α 介于 1/3 和 1/2 之间。若 $\alpha=1/3$，则 $\alpha(1-\alpha) = (1/3)/(1-1/3) = (1/3)/(2/3) = 1/2$，则人均产出等式为：
$$Y^*/N = (s/\delta)^{1/2} = \sqrt{s/\delta}$$
这就意味着储蓄率对人均产出的影响比正文的计算结果小。例如，储蓄率翻倍，人均产出仅增加到 $\sqrt{2}$ 倍，即 1.4 倍，也就是说，人均产出仅增加 40%。

- 有一点需要指出，在模型中，α 的值接近 1/2，因此文中的计算是可行的。如果，继续 11.4 节的分析思路，考虑人力资本和实物资本因素，那么广义的资本对产出的贡献值 α 大致为 1/2，也是大体合适的。因此，11.3 节的具体数据分析结果可以表明储蓄率不变的影响，但是这个储蓄必须包括实物资本和人力资本（更多机器和更多教育支出）。

关键术语

Cobb-Douglas production function　柯布－道格拉斯生产函数

第 12 章

技术进步与经济增长

第 11 章中,我们知道资本积累本身并不能维持经济增长,持久不变的增长需要技术进步。本章探讨技术进步的作用。

12.1 分别考察了技术进步和资本积累的作用。然而结果表明,稳态下产出增长率仅仅等于技术进步率,与储蓄率无关。储蓄率影响人均产出水平,不影响产出增长率。

12.2 转向研究技术进步、研发(R&D)以及创新而非模仿的决定因素。

12.3 讨论为什么有些国家能够取得稳定的技术进步,而其他国家不能。通过本章,我们考察制度对于稳定增长的作用。

12.4 重新观察第 10 章提到的经济增长的事实,并结合本章和前一章的知识对经济增长的事实进行解释。

12.1 技术进步和增长率

考虑资本积累兼技术进步的经济中,产出增长率会是多少?为了回答这个问题,我们在第11章的基础上加入技术进步因素,拓展第11章的模型。为此,我们需要先回顾总量生产函数。

技术进步与生产函数

技术进步有很多定义。

- 资本量和劳动力给定,技术进步会提高产出水平。如,新的润滑油能使机器的运转速度加快,从而提高产出。
- 技术进步会提高产品质量。如,提高汽车的稳定性能使汽车更安全舒适。
- 技术进步会产生新产品。如,CD 播放器、传真器、手机和平板电视的发明。
- 技术进步会带来更多样化的产品。如,当地超市提供的早餐谷物的种类不断增加。

这些定义有很多相似性。消费者不仅消费产品本身,而且享受由此带来的服务。技术进步的共同点在于:消费者在每个情形下都能得到更多服务。性能更好的汽车会更安全,新产品如传真机、新服务如互联网等能带来更多信息服务,等等。如果我们把产出看作经济体生产产品提供的服务的加总,那么技术进步是在资本和劳动力数量不变的情况下增加产出的因素。把**技术水平**(state of technology)作为一个变量,来判断在资本和劳动力数量给定条件下的产出。如果用 A 表示技术水平,那么生产函数可以表示为:

$$Y = F(K, N, A)$$
$$(+, +, +)$$

这是扩展的生产函数。产出取决于资本 K 和劳动力 N,也取决于技术水平 A。在资本和劳动力给定的条件下,技术水平提高,产出会增加。

为了便于研究,将前面的等式加以约束,可得:

$$Y = F(K, AN) \qquad (12\text{-}1)$$

这个等式表示产出取决于资本以及劳动力乘以技术水平。这样引入技术进步,来考察技术进步对产出、资本和劳动力之间关系的影响更容易。式(12-1)告诉我们能从两个等同的角度来考察技术进步。

- 生产同样数量的产出,技术进步减少工人数量。技术水平 A 翻倍,劳动力数量 N 减半,产出水平不变。
- 工人数量不变,技术进步增加产出。我们可以把 AN 看作经济中的**有效劳动**(effective labor)。技术水平 A 翻倍,就相当于经济中劳动力的数量翻倍。也就是说,产出由两个因素得来:资本 K 和有效劳动 AN。

超市货品的平均数量从 1995 年的 2 200 种增加到 2010 年的 38 700 种。可以从电影《莫斯科先生》里面罗宾·威廉姆斯(在电影里面饰演苏联移民)在超市的情境来了解。

在第 2 章的问题聚焦"实际 GDP、技术进步和计算机的价格"中,构建计算机的价格指数时把产品看成提供的潜在服务。

简化起见,我们这里没有考虑人力资本,在后面的章节再考虑。

AN 有时也叫**以效率为单位的劳动**（labor in efficiency units），"效率单位"中的"效率"和第 7 章"效率工资"中的"效率"没有任何关系，只是巧合罢了。

人均：除以工人数量 N。**单位有效工人**：除以有效劳动的数量 AN。AN 等于劳动者数量 N 乘以技术水平 A。

若 F 为平方根形式，$Y = F(K, AN) = \sqrt{K}\sqrt{AN}$，则 $\frac{Y}{AN} = \frac{\sqrt{K}\sqrt{AN}}{AN} = \frac{\sqrt{K}}{\sqrt{AN}}$，函数 f 就是简单的平方根函数：$f\left(\frac{K}{AN}\right) = \frac{\sqrt{K}}{\sqrt{AN}}$。

我们应该对扩展的生产函数式（12-1）施加哪些约束条件呢？直接套用第 11 章的讨论即可。

假设存在规模经济不变，依然很合理。技术水平 A 不变，资本 K 和劳动力 N 都翻倍，产出会翻倍，即：

$$2Y = F(2K, 2AN)$$

对于任意 x，得：

$$xY = F(xK, xAN)$$

假设资本和劳动力两个因素都存在规模报酬递减，也同样合理。有效劳动不变，资本增加，产出也会增加，但增加变缓。类似地，劳动力增加，产出也会增加，但增加变缓。

第 11 章用人均产出和人均资本分析起来很方便，因为稳态经济中，人均产出和人均资本是不变的。这里用单位有效工人产出和单位有效工人资本分析也会方便不少。理由是一样的：我们很快就会发现，单位有效工人产出和单位有效工人资本是不变的。

为了得出单位有效工人产出和单位有效工人资本的关系式，取 $x = 1/AN$，得：

$$\frac{Y}{AN} = F\left(\frac{K}{AN}, 1\right)$$

定义函数式 f，$f(K/AN) = F(K/AN, 1)$：

$$\frac{Y}{AN} = f\left(\frac{K}{AN}\right) \tag{12-2}$$

总结：单位有效工人产出（等式左边）是单位有效工人资本的函数（等式右边的函数表达式）。

图 12-1 画出了单位有效工人产出和单位有效工人资本的关系图，和在没有技术进步的情况下人均产出和人均资本的关系图 11-2 基本一致。图 11-2 中，K/N 增加，Y/N 增加，但增加速度在减缓。这里，K/AN 增加，Y/AN 也会增加，增加速度也减缓。

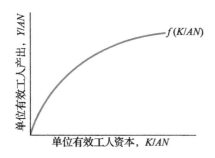

图 12-1 单位有效工人产出和单位有效工人资本的关系
注：资本边际收益递减，单位有效工人资本增长导致单位有效工人产出增长的幅度越来越小。

产出和资本的关系

现在我们已经找出了增长的各个决定因素，分析思路和第 11 章中一样。第 11 章中研究了人均产出和人均资本的动态变化，这里研究单位有效工人产出和单位有效工人资本的动态变化。

第 11 章中，用图 11-2 分析人均产出和人均资本的动态变化，从图中得出以下三组关系。

- 人均产出和人均资本的关系。
- 人均投资和人均资本的关系。
- 人均折旧（使人均资本水平不变的人均投资）和人均资本的关系。

人均资本以及人均产出的动态变化是由人均投资和人均折旧的关系决定的。人均资本长期中是增加还是减少，取决于人均投资比人均折旧大还是小。人均产出也如此。

我们将用同样的方法构造图 12-2，用单位有效工人产出、资本和投资来代替单位工人的产出、资本和投资。

- 图 12-1 推导出了单位有效工人产出和单位有效工人资本的关系。图 12-2 重述了两者的关系：单位有效工人产出随单位有效工人资本的增加而增加，但增加速率下降。
- 和第 11 章一样，假设投资等于私人储蓄，私人储蓄率是固定的，则投资为：

$$I = S = sY$$

等式两边除以有效劳动的数量 AN，得：

$$\frac{I}{AN} = s\frac{Y}{AN}$$

将式（12-2）的 Y/AN 代入，得：

$$\frac{I}{AN} = sf\left(\frac{K}{AN}\right)$$

图 12-2 绘出了这一单位有效工人投资和单位有效工人资本的关系，是较上面的曲线（单位有效工人产出和单位有效工人资本的关系）乘以储蓄率 s，得出了较下面的曲线。

> 理解这部分内容的关键就是第 11 章的人均产出的结论依然站得住脚，但这里是单位有效工人产出。例如，第 11 章得出稳态下的人均产出水平不变，本章的结论就替换为稳态下的单位有效工人产出不变等。

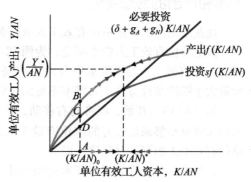

图 12-2 单位有效工人产出和单位有效工人资本的动态变化

注：长期中，单位有效工人产出和单位有效工人资本最终会趋同在一个恒定水平。

- 最后，我们要询问单位有效工人投资要多大，才能维持给定的单位有效工人的资本存量。

第 11 章中，投资要等于已有资本的折旧，才能保持资本存量不变。这里，答案稍稍复杂一些：现在我们考虑技术进步（故 A 会随时间增大），则有效劳动的数量 AN 增加。因此，要保持资本对有效劳动的比率 K/AN 不变，需要资本存量 K 和有效劳动的数量 AN 同比例增长。具体分析如下。

设定 δ 为资本折旧率，技术进步率为 g_A，人口增长率为 g_N。假设就业人数与总人口的比例保持不变，则劳动力数量以 g_N 的速度增长。由此可得，有效劳动的增长率为 $(g_A + g_N)$。例如，如果劳动力数量的年增长率为 1%，技术进步率为 2%，则有效劳动的增长率为 3%。

保持单位有效劳动的资本存量水平不变的投资为：

$$I = \delta K + (g_A + g_N)K$$

即：

$$I = (\delta + g_A + g_N)K \qquad (12-3)$$

δK 是为了保持资本存量不变，若折旧率为 10%，那么投资也为

> 第 11 章中假设 $g_A = 0$，$g_N = 0$。本章重点研究技术进步，故 $g_A > 0$。引入技术进步的同时，再引入人口增长，$g_N > 0$，因此这里 $g_A > 0$，$g_N > 0$。

两个变量相乘的增长率等于两个变量增长率加总。见书末附录B的命题7。	资本存量的10%以保持资本存量不变。额外的资本 $(g_A+g_N)K$ 是为了确保资本存量和有效劳动数量的增长保持一致。例如，如果有效劳动每年增加3%，那么资本也需要以3%的增长速度以保持单位有效劳动的资本存量不变。将举例中的 δK 和 $(g_A+g_N)K$ 加总：折旧率为10%，有效劳动增长率为3%，那么投资必须为资本存量水平的13%，这样单位有效工人的资本存量才能保持不变。

在等式两边同时除以有效劳动的数量，得出保持单位有效工人的资本存量水平不变的单位有效工人的投资量为：

$$\frac{I}{AN} = (\delta + g_A + g_N)\frac{K}{AN}$$

图12-2中向上倾斜的"必要投资"曲线是使单位有效工人的资本存量水平不变的单位有效工人的投资量，其斜率为 $(\delta+g_A+g_N)$。

资本和产出的动态变化

现在用图形来描述单位有效工人资本和单位有效工人产出的动态变化。

假定单位有效工人资本不变，为图12-2中的 $(K/AN)_0$，则单位有效工人产出为垂直距离 AB，单位有效工人的投资水平为 AC。维持单位有效工人资本不变的投资量为 AD。由于实际投资量大于维持单位有效工人资本不变的投资量，因此 K/AN 增加。

从 $(K/AN)_0$ 开始，经济向右移动，单位有效工人的资本存量随时间增长。当单位有效工人的投资量足够满足已有的单位有效工人的资本存量，即单位有效工人资本为 $(K/AN)^*$ 时，单位有效工人的资本存量停止增长。

长期中，单位有效工人资本达到稳定水平，单位有效工人产出也达到稳定水平。也就是说，稳态经济中单位有效工人资本和单位有效工人产出分别为 $(K/AN)^*$、$(Y/AN)^*$。

如果 Y/AN 不变，Y 的增长率和 AN 一致，所以 Y 的增长率必然为 (g_A+g_N)。	这意味着在稳态经济中，产出 Y 和有效劳动 AN 的增长速度一样（两者的增长速率不变）。有效劳动的增长率为 (g_A+g_N)，所以稳态下的产出增长率也为 (g_A+g_N)。资本存量也一样，即稳态下单位有效工人的资本存量是不变的，其增长率也为 (g_A+g_N)。 用单位有效工人资本或者产出来表述，结果比较抽象。用更直接的方法来表述则直观得多，这就是第一个重要结论：稳态经济中，产出增长率等于人口增长率 g_N 加技术进步率 g_A，这也表明产出增长率与储蓄率无关。

为加深认识，回顾第11章得出的结论：在不考虑技术进步和人口增长的情况下，经济的增长率不会一直为正。

- 第11章的结论具体如下：假设经济要保持正的产出增长。由于资本的规模报酬递减，资本的增长必须快于产出的增长。产出中用于资本积累的比例越来越大，在某一点，没有多余的产出可用于资本积累，经济增长就会停止。
- 本章也同样如此。有效劳动的数量以 (g_A+g_N) 的速率增长，若经济的产出增长率超过 (g_A+g_N)，由于资本的规模报酬递减，因此资本的增长速度需要快于产出。产出中用于资本积累的部分越来越多，在某一点，不可能有多余产出。因此，经济的增长速度永远不可能快于 (g_A+g_N)。

我们已经研究了总产出，为了弄清楚生活水平而非总产出随时间的变化，应该研究单位工人的产出（而不是单位有效工人的产出）。由于产出增长率为 (g_A+g_N)，工人数量的增长率为 g_N，因此人均产出的增长率为 g_A。也就是说，在稳态经济中，人均产出的增长率等于技术进步率。

由于稳态下的产出、资本和有效劳动的增长速度都为 (g_A+g_N)，因此这种稳态下的经济称为**均衡增长**（balanced growth）。在稳态经济中，产出、资本和有效劳动两种投入要素以同样的速率均衡增长。均衡增长的特点在后面的章节中会有用处，表 12-1 总结了这些特点。

> Y/N 的增长率等于 Y 的增长率减去 N 的增长率（具体见书末附录 B 的命题 8），所以 Y/N 的增长率为 $(g_Y-g_N)=(g_A+g_N)-g_N=g_A$。

表 12-1 均衡增长的特点

		增长率
1	单位有效工人资本	0
2	单位有效工人产出	0
3	人均资本	g_A
4	人均产出	g_A
5	劳动力	g_N
6	资本	g_A+g_N
7	产出	g_A+g_N

均衡增长路径（等同于：稳态经济中，或者长期经济中）：

- 单位有效工人资本和单位有效工人产出保持不变，这是图 12-2 中得出的结论。
- 同样，人均资本和人均产出的增长率等于技术进步率 g_A。
- 用劳动力、资本和产出来表示：劳动力数量的增长速度为人口增长率 g_N，资本和产出的增长率为人口增长率和技术进步率之和 (g_A+g_N)。

储蓄率的影响

在稳态经济中，产出增长率仅取决于人口增长率和技术进步率，储蓄率变动对稳态经济增长率没有影响，但是储蓄率的提高会提高单位有效工人的产出水平。

图 12-3 很清楚地显示出储蓄率从 s_0 提高到 s_1 的影响。储蓄率提高时，投资曲线上移，从 $s_0 f(K/AN)$ 增加到 $s_1 f(K/AN)$。稳态下单位有效工人的资本水平从 $(K/AN)_0$ 增加到 $(K/AN)_1$，单位有效工人产出也相应从 $(Y/AN)_0$ 增加到 $(Y/AN)_1$。

单位有效工人资本和产出随着储蓄率的提高会增长一段时间，直到达到新的更高水平。图 12-4 给出了产出随时间变化的路径，产出由对数刻度衡量。经济最初处在均衡增长路径 AA，产出的增长率为 (g_A+g_N)，故 AA 曲线的斜率为 (g_A+g_N)。在 t 时储蓄率提高之后，产出在一段时间里增长加快，最终，产出达到比没有储蓄增加的产出更高的水平，但增长率仍然为 (g_A+g_N)，即在新的稳态下，经济增长率不变，但处于更高的增长路径 BB 上。BB 线和 AA 线平行，斜率也为 (g_A+g_N)。

总结：存在技术进步和人口增长的经济模型中，产出随时间增长。稳态下的单位有效工人产出和资本水平不变，稳态下的单位有效工人产出和资本的增长率为技术进步率。还可以说，产出和资本

> 图 12-4 和图 11-5 一样，后者预告了这里的推导。
>
> 对数刻度的介绍，参见书末的附录 B。运用对数刻度，变量以固定比率增长是沿着直线移动，直线的斜率等于变量的增长率。

的增长率与有效劳动的增长率一样，因而，单位有效工人产出和资本的增长率等于劳动力数量的增长率加上技术进步率。当经济处于稳态时，也可以说经济处于均衡增长路径。

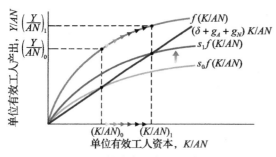

图12-3　储蓄率提高的影响：Ⅰ

注：储蓄率提高会提高稳态下的单位有效工人资本和单位有效工人产出。

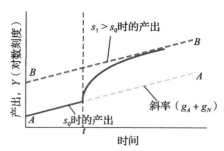

图12-4　储蓄率提高的影响：Ⅱ

注：储蓄率提高会加快经济增长，直到经济达到新的更高的稳态产出水平。

稳态下的产出增长率和储蓄率无关，但储蓄率影响稳态下的单位有效工人的产出水平。储蓄率提高之后，在一段时间内会使经济增长率超过稳态下的增长率。

12.2　技术进步的决定因素

我们在上文中已经看到人均产出的增长率最终取决于技术进步率，自然而然引出下一个问题：什么决定技术进步率？现在看下面的问题。

技术进步让人想到很多重大发明与发现，比如芯片的发明、DNA结构的发现等。这些发明和发现主要是由科学研究和技术驱动的，而不是由经济实力驱动的。事实上，现代经济的大多数技术进步是很单一的过程，来自企业**研发**（research and development，R&D）的结果。第10章研究的四个主要发达国家——美国、法国、日本和英国的研发支出占GDP的2%~3%。美国约100万的科学和研究人员中，75%是由企业聘请的。美国企业的研发支出占总投资的20%，占净投资（总投资减去折旧）的60%以上。

企业购置新机器和建造新厂房的原因和研发支出是一样的，都是为了利润。研发支出增加，研发新产品的可能性增大（这里用产品泛指生产中的新产品和新技术）。如果新产品研发成功，那么企业的利润增加。但是购买新产品和增加研发支出有很大的区别，实际上，研发的结果往往是概念，和机器不同，这些概念能被很多企业同时使用。企业购置新机器后，不必担心这个机器被其他企业使用。成功研发产品的企业则没有这些假定。

最后一点说明研发支出水平不仅取决于**研究的多产性**（fertility of research）——研发支出如何转换为新概念和新产品，还取决于研究成果的**专属性**（appropriability）——企业从研发成果获得的利益。我们依次来看。

研究的多产性

如果研究具有多产性，即能研发出多种产品，那么企业就有强烈的动机去研发，进而增加研发支出，加快技术进步。探究研究的多产性不属于经济学的研究范畴，很多因素互相作用。

研究的多产性取决于基础研究（基本准则的研究）和应用研发（实际研究结果的特定运用以及新产品）的良好互动。基础研究本身并不能带来技术进步，但成功的应用研发最终取决于基础研究。计算机产业的大部分发展可以追溯到几个重要突破，从晶体管的发明到芯片的运用。在软件方面，大部分进展得益于数学的进步。例如，加密的进展得益于素数理论的进展。

有些国家的基础研究水平高于其他国家，而有些国家更善于应用研发。有研究认为，教育体系的差别是导致这一现象的原因之一。例如，有人认为法国的高等教育注重抽象思考，所以培养出来的研究人员更善于基础研究而不是应用研发。也有研究认为，企业家精神特别重要，大部分技术进步都源于企业家成功开发和推广新产品的能力。美国的企业家精神比其他大多数国家更胜一筹。

重要发明的全部潜在价值往往需要很多年，甚至上百年才能发掘出来。一般的顺序是，重要发明带来新的潜在实际运用，然后出现新的产品，这些新产品最终得以推广运用。问题聚焦"新技术的传播：杂交玉米"讲述了最先的研究技术在传播方面的结果。一个比较熟悉的例子是个人计算机，个人计算机进入商业用途25年后，好像才开始发掘其用途。

一个由来已久的问题便是研究变得越来越少地产生成果，在已经出现了很多重要发明之后，技术进步越来越慢。这就像挖矿，一开始采等级较高的矿井，然后采等级越来越低的矿井。当然，这只是一个类比，暂时没有证据说明这是正确的。

> 第11章探讨了人力资本作为生产中的投入要素的作用：教育水平更高的人能操纵更复杂的机器，完成更复杂的任务。这里说到第二个作用，即研究人员和科学家的素质水平越高，技术进步越快。

问题聚焦　　　新技术的传播：杂交玉米

新技术不可能在一夜之间被开发和推广，1957年，哈佛大学经济学家滋维·格瑞里奇斯是最先研究新技术传播过程的人之一，研究了美国各州杂交玉米的推广。

用格瑞里奇斯的话说，杂交玉米就是"发明了发明的方法"。种植杂交玉米要杂交不同玉米株，以种出适合当地环境的玉米。杂交玉米能使玉米产量增加20%。

虽然20世纪初杂交就开始被运用，但美国直到20世纪30年代才开始将杂交投入商业应用。图1描述了1932~1956年杂交玉米在美国部分州的推广。

图1中绘出了两个动态路径。第一个路径是适合单个州的杂交玉米是怎么被种植出来的，杂交玉米在南方各州（得克萨斯州和亚拉巴马州）被种植出来的时间比北方各州（艾奥瓦州、威斯康星州和肯塔基州）晚10年。第二个是各州杂交玉米普及的速度。艾奥瓦州引进8年后，几乎所有玉米都是杂交玉米；而南方各州的推广慢得多，亚拉巴马州在引进10年后，只有60%的玉米为杂交玉米。

为什么艾奥瓦州的普及速度比亚拉巴马州快。格瑞里奇斯的研究认为是经济方面的原因，普及速度是各个州引进杂交玉米的利润率的函数，艾奥瓦州的利润高于南方各州。

资料来源：Zvi Griliches, "Hybrid Corn: An Exploration in the Economics of Technological Change," *Econometrica*, 1957, Vol 25, No. 4, pp 501-522.

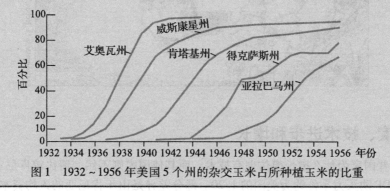

图1　1932~1956年美国5个州的杂交玉米占所种植玉米的比重

研究成果的专属性

决定研发支出和技术进步的第二个因素是研究成果的专属性。如果企业不能从新产品研发中赚取利润，那么企业就不会投入研发，技术进步就会变慢。这里还有很多其他相关因素。

研究本身的特点是一个重要因素。例如，普遍的观点是企业研制出新产品之后，其他企业可能会很快也研制出更好的产品，那么企业一开始的利润就微乎其微。也就是说，某个研究具有多产性，但并不一定有很多研发投入，因为企业发现不值得投入。这个例子虽然极端却是事实。

更重要的因素是新产品的法律保护。没有法律保护的话，企业从研发新产品中得到的利润会很少。除在极少数情况下，企业靠商业机密生产产品（如可口可乐），否则其他企业会很快生产出同样的产品，最初的研发企业的优势就没有了。因此各国都有专利法，**专利**（patent）赋予了研制出新产品（通常是新技术或新设备）的企业在特定时间内不允许其他企业使用该新产品的权利。

> 这个困境就是时间不一致，我们在第22章中会举例详细讨论。

> 这已经超出专利法的讨论范围，举两个有争议性的话题为例：开源软件的作用是什么？学生是否应该下载免费音乐、电影甚至文档？

政府该如何制定专利法呢？一方面，对新产品的保护要使企业有动力去投入研发；另一方面，企业一旦研制出新产品，当其他企业和人们能自由使用这些新产品的相关知识和技术时，最有益于社会。以生物进化研究为例，生物工程企业只有在预期利润丰厚时，才会着手金额庞大的研究工程。企业在研制出新产品后，新产品能医治疾病，显然最好是生产出来以成本价卖给所有潜在消费者。如果政策支持这一做法的话，那么企业就没有动机第一个去着手研发。专利法应该权衡利弊，保护太少会使研发水平太低，保护太多会使新的研究难以利用以前的研究成果，研发水平也会低。（下面关于克隆的漫画生动地道出了制定良好的专利法或者版权法的困难。）

12.3 制度、技术进步和增长

要了解一些国家为什么擅长模仿现有技术，而其他国家则不然，请比较肯尼亚和美国。肯尼亚的人均GDP购买力平价约为美国的1/20。部分差异是由于肯尼亚的人均资本水平低得多。

另一部分差异是由于肯尼亚的技术水平低得多。据估计，肯尼亚的技术水平 A 大约是美国的 1/13。为什么肯尼亚的技术水平如此之低？和其他贫困国家一样，肯尼亚也能接触到全世界的技术知识，那么是什么使肯尼亚没有利用发达国家的技术，进而快速消除与美国的技术差距呢？

有人可能能列举出一大堆因素，从肯尼亚的地理位置到气候，再到文化。但许多经济学家认为最主要的原因在于许多贫困国家，尤其是肯尼亚的不健全制度。

经济学家认为的制度是什么呢？广义来说，**产权**（property rights）的保护可能是最重要的。如果人们预期赚得的利润会被政府侵吞，或者行贿给腐败官僚，或者被其他人盗取，那就没有人愿意去创办企业、引进新技术以及投资于研发。图 12-5 绘制了 89 个国家 1995 年的人均 GDP 购买力平价（用对数刻度衡量）和衡量财产保护程度的指数的值之间的关系，该指数是由一个国际组织为这些国家建立的。该指数由各国的跨国商业组织构建。这两者的相关关系令人震惊（图中绘出了回归线）：保护力度小的国家人均 GDP 低［图中左边的刚果（金）和海地］，保护力度大的国家人均 GDP 高（图中右边的美国、卢森堡、挪威、瑞士和荷兰）。

> 肯尼亚的系数为 6，肯尼亚在回归线以下，说明人均 GDP 低于该指数下的预测值。

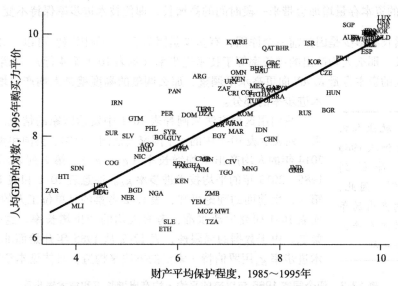

图 12-5　财产保护程度指数和人均 GDP

注：财产保护程度指数和人均 GDP 呈强烈正相关关系。

资料来源：Daron Acemoglu, "Understanding Institutions," Lionel Robbins Lectures, 2004. London School of Economics. http://economics.mit.edu/files/1353.

财产保护权实际上意味着什么呢？它意味着完善的政治体制，当局者不能剥夺公民财产；意味着完善的司法体系，能迅速有效解决不平等。其更准确、更详细的定义是，财产保护权意味着法律禁止股市的内部交易，民众愿意买入股票，为企业提供资金；意味着明确有力的专利法，企业有动力去研发新产品；意味着完善的反托拉斯法，竞争性市场不会变成垄断市场，企业有动力去引进新的生产方法和新产品……

还有一个关键问题：为什么贫困国家不采用这些好的制度？答案是很难。引入好的制度对于贫困国家来说很复杂、很困难。当然，在图 12-5 中因果关系是相互作用的：财产保护力度低导致人均 GDP

> 引用英国前首相戈登·布朗的名言，"前五个世纪建立法律制度总是最难的"。

低，人均 GDP 低也会导致财产保护力度低。例如，贫困国家往往穷到难以提供有效的司法制度来维持警察机关。因此，改进制度、提高人均 GDP 和良好制度的循环往往很困难。亚洲飞速发展的国家成功做到了。一些非洲国家似乎也取得了成功，其他一些国家依然在挣扎。

12.4 增长的事实：重新观察

我们现在可以用本章和上一章学到的理论来解释第 10 章提及的一些经济增长的事实。

发达国家 1985 年以来的资本积累和技术进步

假定一国经济中，人均产出在一段时间内呈现高增长。理论表明这种高增长可能来自两方面。

- 可能反映了均衡增长下的高技术进步率。
- 也可能反映了单位有效工人的资本存量 K/AN 增加。我们在图 12-4 中看到，单位有效工人的资本存量增加会带来一段时间的高增长，即便技术进步率保持不变。

能判别增长有多少是因为前一个原因，有多少是因为后一个原因吗？可以。如果高增长反映高均衡增长，那么人均产出的增长率等于技术进步率（见表 10-1 第 4 行）。如果高增长反映单位有效工人的资本存量 K/AN 向更高水平调整，那么调整的幅度就是人均产出增长率超过技术进步率的部分。

> 以美国为例，就业人数占总人口的比例从 1985 年的 60.1% 降低到 2014 年的 59%，因此，在此期间人均产出的年增长率和单位工人产出的增长率几乎一样。

我们用这种方法来阐释表 10-1 中发达国家的情况。表 12-2 中，第 1 列表示表 10-1 中的 4 个国家（法国、日本、英国和美国）1985～2014 年的人均产出平均增长率（$g_Y - g_N$）。第 2 列表示这 4 个国家 1985～2013 年的平均技术进步率 g_A。注意表 10-1 和表 12-2 的区别：第一，由前面的理论可知，表 12-2 考察的是单位工人的产出增长率；而表 10-1 研究生活水准，考察人均的产出增长率。这个区别不大。第二，由于数据的局限性，表 12-2 从 1985 年开始而非 1950 年。技术进步率 g_A 用罗伯特·索洛的方法来构造，具体见本章的附录。

表 12-2 四个国家 1985 年以来的平均人均产出增长率和技术进步率　　（%）

	1985～2014 年的人均产出增长率	1985～2013 年的技术进步率
法国	1.3	1.4
日本	1.6	1.7
英国	1.9	1.4
美国	1.7	1.4
平均值	1.6	1.5

资料来源：Calculations from the OECD Productivity Statistics.

从表 12-2 中可以得出两个结论。首先，在 1985～2014 年，四个国家的人均产出增长率相当接近。其他三个国家很少或根本没有赶上美国。这与表 10-1 中的数据形成鲜明对比，该数据涵盖了 1950～2014 年，并显示出与美国的大致趋同。换句话说，大部分收敛发生在 1950～1985 年，并且从那以后似乎已经放缓甚至停止了。

其次，1985 年以来的增长主要来自技术进步，而不是来自异常高的资本积累。这个结论源于人均产出增长率（第1列）大致与技术进步率（第2列）相等这一事实。当我们沿着均衡的增长路径发展时，这就是我们所期望的。

注意，这个结论并不是说与资本积累毫无关系。资本积累使一个国家的产出对资本的比例基本不变，从而维持均衡增长。这就是说，在一段时间内，经济增长并非来自资本积累的显著增长（例如，来自资本对产出比率的增长）。

> 如果这些国家的产出增长率和技术进步率一致，但没有资本积累，那么这段时间的人均产出增长率有什么变化？

中国的资本积累和技术进步

第10章除了OECD国家的增长外，也提及了一些亚洲国家的高经济增长率。这又引发了已讨论的问题：这些高增长率是反映了高技术进步率还是显著的高资本积累？

为了解答这个问题，以中国为例。因为中国的规模大，并且自20世纪70年代末以来出现了令人惊讶的高产出增长率，将近10%。表12-3列出了1978～1995年和1996～2011年这两段时间内中国的平均经济增长率g_Y、平均单位工人的产出增长率（$g_Y - g_N$）以及平均技术进步率g_A。

表12-3得出两个结论。从20世纪70年代末到90年代中期，技术进步率接近平均单位工人的产出增长率。中国大致处于（快速）均衡增长的道路上。然而，自1996年以来，虽然人均产出增长率仍然很高，但技术进步的影响力已经下降。换句话说，最近，中国的增长部分来自资本与产出比率上升导致的不寻常的高资本积累。

表12-3 中国1978～2011年的平均人均产出增长率和技术进步率   （%）

时间段	产出增长率	人均产出增长率	技术进步率
1978～1995年	10.1	7.4	7.9
1996～2011年	9.8	8.8	5.9

资料来源：Penn World Table version 8.1.

我们可以从另一个角度来看。我们可以回忆表12-1，在均衡增长下，$g_K = g_Y = g_A + g_N$。中国为了保持均衡增长，投资率需要多大？将式（12-3）的两边同时除以产出Y，可以得到：

$$\frac{I}{Y} = (\delta + g_A + g_N)\frac{K}{Y}$$

代入1996～2011年的具体数据。据估计，中国的折旧率δ为每年5%。我们刚刚看到g_A的平均值为5.9%，就业增长率g_N的平均值为0.9%。资本对产出的比率的平均值为2.9，从而得出投资对产出的比率为（5%+5.9%+0.9%）×2.9=34.2%。这就是说，为了维持均衡增长，中国要将其34.2%的产出用于投资。

1995～2011年投资与产出的实际平均比率是更高的47%。因此，快速的技术进步和非常高的资本积累都解释了中国的高增长。如果技术进步的速度保持不变，就表明，随着资本与产出的比例趋于稳定，中国的增长率将下降，从9.8%下降到接近6%。

中国如此高的技术进步从何而来？仔细分析可知主要有两条途径。第一，中国农村（相比城市的工业和服务业水平，农村的生产率低下）的劳动力向城市（生产率相对来说高得多）转移。第二，中国从高技术水平的国家引进技术。例如，鼓励中国企业和外国企业合资，外资企业提供更好的技术，久而久之，中国企业便学会了如何运用更好的技术。更贴切地说，中国通过模仿而非创新获得增长，即通过引进和调整发达国家的先进技术获得增长。随着中国逐步追赶并接近技术前沿，中国必须从模仿转型为创新，并且改进它的增长模式。

本章概要

- 我们在考虑技术进步对经济增长的作用时，可以从技术进步对增加经济中的有效劳动（劳动力乘以技术水平）的影响方面思考，接着便可以从产出由资本和有效劳动决定的角度考虑。
- 稳态经济中，单位有效工人产出和资本是不变的。也就是说，人均产出和人均资本的增长速度与技术进步一致，还可以说，产出和资本的增长速率与有效劳动一致，等于劳动力数量的增长速度加上技术进步率。
- 经济处于稳态时，称为处在均衡增长路径。产出、资本和有效劳动处于均衡增长，即增长速度相同。
- 稳态下产出增长率和储蓄率无关，但是储蓄率影响稳态下的单位有效工人的产出水平。储蓄率增加，在一段时间内会使增长率大于稳态下的增长率。
- 技术进步取决于①研究的多产性——研发支出如何转化为新概念和新产品，②研究成果的专属性——企业从研究成果中得到的利益。
- 制定专利法时，政府需要在保护未来的发明从而鼓励企业研发和已有发明能被企业自由使用两者之间权衡。
- 持续的技术进步需要有适当的制度。特别是，它需要完善的产权保护。如果没有好的产权，一个国家可能会继续贫困。但反过来，一个贫穷的国家可能会发现难以建立良好的产权。
- 法国、日本、英国和美国自1950年以来大体处于均衡增长，人均产出增长率和技术进步率大体相等。中国也是，中国的经济均衡增长是因为高技术进步率和高投资率。

关键术语

state of technology　技术水平
effective labor　有效劳动
labor in efficiency unit　以效率为单位的劳动
balanced growth　均衡增长
research and development（R&D）　研发

fertility of research　研究的多产性
appropriability　专属性
patent　专利
technology frontier　技术前沿
property rights　产权

习题

快速测试

1. 运用本章的信息，判断下面的说法是正确、错误还是不确定，并简要解释。
   a. 产出关于资本和有效劳动的函数说明，技术水平提高10%，为了使产出不变，劳动力数量要减少10%。
   b. 如果技术进步率提高，为了保持单位有效工人的资本存量不变，投资率（投资占产出的比重）也要提高。
   c. 稳态经济中，单位有效工人的产出增长率和技术进步率一致。
   d. 稳态经济中，单位工人的产出增长率和技术进步率一致。
   e. 储蓄率提高，意味着稳态下的单位有效工人的资本存量增加，单位有效工人的产出增长率增加。
   f. 即便研发支出的潜在回报和投资新机器的回报一样，研发支出的风险也比投资新机器大。
   g. 不能为某一理论申请专利，说明私人企业不能参与基础研究。
   h. 由于最终一切都是已知的，经济增长会停止。
   i. 技术在中国的经济增长中没有发挥作用。
2. 研发与增长。
   a. 为什么研发支出水平对经济增长至关重要？研究的多产性和研究成果的专属性是

怎样影响研发支出水平的？

b~e题列出的政策提议会从哪些方面影响研究的多产性和研究成果的专属性、长期的研发支出和长期的产出？

b. 出台国际条例来保护单个国家的专利在全世界都能受到合法保护。

c. 研发支出享受税收优惠。

d. 政府对大学和企业间的会议资助减少。

e. 取消有重大突破的药品的专利，这些药品能以任意低的价格售出。

3. 技术进步的来源：经济领先国家和发展中国家。

a. 世界上经济领先国家的技术进步如何得来？

b. 除了a题提及的技术进步的来源，发展中国家还有其他来源吗？

c. 你认为发展中国家选择弱专利保护政策有哪些原因？这种政策会对发展中国家有什么不利影响？

深入研究

4. 估计a题和b题中列举的经济变化，对增长率、五年的产出水平和50年的产出水平可能的影响。

a. 技术进步率永久性减少。

b. 储蓄率永久性减少。

5. 测量误差、通货膨胀和生产率增长。

假设经济中只生产两种物品：理发和银行服务。下表列出了第一年和第二年的价格、数量与生产中的工人数量。

	第一年			第二年		
	P_1	Q_1	W_1	P_2	Q_2	W_2
理发	10	100	50	12	100	50
银行服务	10	200	50	12	230	60

a. 每年的名义GDP为多少？

b. 用第一年的价格衡量第二年的实际GDP。实际GDP的增长率为多少？

c. 用GDP折算系数表示的通货膨胀率为多少？

d. 用第一年的价格，计算第一年和第二年的单位工人的实际GDP。第一年和第二年间的劳动生产率增长为多少？

假设第一年的银行服务和第二年不同，第二年的银行服务包括电话银行服务，而第一年不包括。第一年电话银行技术已经成熟，但是附有电话银行的银行服务的价格是13美元，没人选择购买这项服务，然而，第二年价格降为12美元，每个人都选择购买（也就是说，第二年没人选择第一年的无电话银行的服务包）。（提示：假设现在有两种银行服务：有电话银行和无电话银行。将表中的两种物品换为三种物品：理发和两种电话服务。）

e. 用第一年的价格衡量第二年的实际GDP。实际GDP的增长率为多少？

f. 用GDP折算系数表示的通货膨胀率为多少？

g. 第一年和第二年间的劳动生产率增长为多少？

h. 思考以下观点：如果银行服务的测量错误，如没有算入电话服务，那么我们会高估通货膨胀率，低估生产增长率。根据a~g题的答案来讨论。

6. 假设经济中的生产函数为：

$$Y = \sqrt{K}\sqrt{AN}$$

储蓄率s为16%，折旧率δ为10%。进一步假设工人数量每年增长2%，技术进步率为4%。

a. 计算出稳态下i~v的变量值。

  i. 单位有效工人资本。

  ii. 单位有效工人产出。

  iii. 单位有效工人的产出增长率。

  iv. 单位工人的产出增长率。

  v. 产出增长率。

b. 假设技术进步率翻番到每年8%。重新计算a题中各变量的值。

c. 现在假设技术进步率依然是4%，但是工人数量每年增长6%。重新计算a题中各变量的值。a题和c题中哪个的生活水平高一些？

7. 讨论下列因素对稳态人均产出水平的影响，指明是通过A、K、H中的一个或者多个来影响。A表示技术水平，K表示资本，H表示人力资本。
a. 地理位置
b. 教育
c. 产权保护
d. 贸易开放
e. 低税收
f. 良好的公共基础设施
g. 低人口增长率

进一步探究

8. 增长账户。

本章的附录讲述的是用产出、资本和劳动力来估计技术进步率。我们在这个问题中运用该方法来衡量人均资本增长率。生产函数为：

$$Y = K^{1/3}(AN)^{2/3}$$

该生产函数很好地契合了发达国家的情况。根据附录中的步骤，我们可以得到：

$$(2/3)g_A = g_Y - (2/3)g_N - (1/3)g_K$$
$$= (g_Y - g_N) - (1/3)(g_K - g_N)$$

其中 g_Y 表示 Y 的增长率。

a. $g_Y - g_N$ 代表什么？$g_K - g_N$ 呢？

b. 调整等式，算出人均资本的增长率。

c. 看本章的表 12-2，用 b 小题中的答案，将美国 1950~2004 年的数据分别代入人均产出的平均年增长率、平均年技术进步率，粗略计算美国的人均年资本增长率。（严格来说，我们应该每年分别构建这些衡量指标，但数据的可获得性限制了我们。）同样计算表 12-2 中的其他国家。比较表 12-2 中的国家的人均资本平均年增长率。你认为这些结果有什么意义？试解释。

补充阅读

- 更多的增长理论和增长事实，可以阅读 Charles Jones, *Introduction to Economic Growth*, 3rd ed.（2013）。琼斯的个人网页 http://web.stanford.edu/~chadj/，是很好的学习经济增长的工具。
- 2005 年 10 月的第 20 期《经济学人》杂志上专利和科技的专题研究，有更多专利的信息。
- 欲了解更多关于两个快速增长的大国的增长情况，请阅读 Barry Bosworth and Susan M. Collins, "Accounting for Growth: Comparing China and India," *Journal of Economic Perspectives*, 2008, Vol. 22, No. 1: 45-66。
- 关于制度在增长中的作用，请阅读 "Growth Theory Through the Lens of Development Economics," by Abhijit Banerjee and Esther Duflo, Chapter 7, *Handbook of Economic Growth* (2005), read sections 1 to 4。
- 关于制度和增长的更多信息，你可以阅读 Daron Acemoglu 给出的 2004 年 Lionel Robbins 的讲座 "Understanding Institutions" 的幻灯片，这些幻灯片可在 http://economics.mit.edu/files/1353 找到。

本章中没有提及的两个问题：

- 经济增长与全球变暖。推荐阅读 *Stern Review on the Economics of Climate Change*（2006）。你可以在 www.wwf.se/source.php/1169157 找到。（这篇报告比较长，看看摘要就可以了。）
- 经济增长与环境。阅读 Economist Survey on *The Global Environment: The Great Race*, July 4, 2002, and the update titled "The Anthropocene: A Man-made World," May 26, 2011。

附 录

怎样衡量技术进步

1957 年，罗伯特·索洛设计出了构造技术进步的方法，沿用至今。这个方法包含了一个重要假定，即生产中的要素由边际产出来支付。

在这个假定下，计算生产中因素的增加对产出的影响就很容易了。例如，一个工人每年的薪酬为 30 000 美元，由假定可知该工人对产出的贡献为 30 000 美元。现在假定这个工人的工作时间增加 10%，则由工作时间增加带来的产出增加等于 30 000 × 10%，即 3 000 美元。

我们把它规范地写下来。Y 表示产出，N 表示劳动力，W/P 表示实际工资，则产出的变动等于实际工资乘以劳动力变动：

$$\Delta Y = \frac{W}{P}\Delta N$$

两边同时除以 Y，在右边除以，再乘以 N，调整得：

$$\frac{\Delta Y}{Y} = \frac{WN}{PY}\frac{\Delta N}{N}$$

右边的第一项 WN/PY，为劳动力占产出的比重，等于用美元表示的薪资除以用美元表示的产出值，用 α 表示这一项。$\Delta Y/Y$ 是产出增长率，用 g_Y 表示。$\Delta N/N$ 是劳动力投入的变化比例，用 g_N 表示。等式变为：

$$g_Y = \alpha g_N$$

更一般来说，这个推理过程意味着劳动力投入对产出增长的贡献为 α 乘以 g_N。例如，就业人数的增长率为 2%，劳动力份额为 0.7，那么产出增长中就业人数增加的贡献为 1.4%（= 0.7 × 2%）。

用同样的方法我们可以计算出资本存量增加对产出增长的贡献。由于生产中只有两种投入因素——资本和劳动力，劳动力的份额为 α，则资本占产出的份额为 $1 - \alpha$。如果资本的增长率为 g_K，那么资本对产出的贡献 $1 - \alpha$ 乘以 g_K。例如，资本增长率为 5%，资本份额为 0.3，那么产出增长中资本增加的贡献为 1.5%（= 0.3 × 5%）。

将资本和劳动力的贡献加总，那么资本和劳动力对产出增长的贡献为 $\alpha g_N + (1 - \alpha)g_K$。

接下来我们就可以衡量技术进步的影响，索洛称之为剩余，实际经济增长率 g_Y 超过劳动力和资本增长对产出增长的贡献 $\alpha g_N + (1 - \alpha)g_K$：

$$剩余 \equiv g_Y - [\alpha g_N + (1 - \alpha)g_K]$$

这种衡量方法就是**索洛剩余**（Solow residual），很容易计算。我们需要知道的是产出增长率 g_Y、劳动力增长率 g_N、资本增长率 g_K 以及劳动力份额 α 和资本份额 $1 - \alpha$。

继续我们前面的具体数值的例子。就业人数每年增长 2%，资本存量增长 5%，劳动力份额为 0.7（则资本份额为 0.3）。资本和劳动力对产出增长的贡献为 2.9%（= 0.7 × 2% + 0.3 × 5%），如果产出增长率为 4%，那么索洛剩余为 1.1%（= 4% − 2.9%）。

索洛剩余有时也称为**全要素生产率**（rate of growth of total factor productivity，简化为 **TFP 增长率**，rate of TFP growth）。全要素生产率有别于劳动生产率。劳动生产率用 $g_Y - g_N$ 衡量，产出增长率减去劳动增长率。

索洛剩余可以用技术进步来简单表示，索洛剩余等于劳动力份额乘以技术进步率：

$$剩余 = \alpha g_A$$

这里不详细推导，但是可以直观地看到这个关系式来自式（12-1）$[Y = F(K, AN)]$ 中技术水平和劳动力的乘积 AN。我们知道，为了得出劳动力增长对产出的贡献，用劳动力的增长率乘以劳动力份额。由于 A 和 N 在生产函数式中的位置一样，因此，我们可以知道技术进步对产出增长的贡献，等于技术进步率乘以其份额。

如果索洛剩余为 0，那么技术进步为 0。为了得出 g_A，我们需要先计算出索洛剩余，再除以劳动力份额。这就是衡量本书中提及的 g_A 的过程。

在前面的具体数值的例子中，索洛剩余为 1.1%。劳动力份额为 0.7，则技术进步率为 1.6%（= 1.1%/0.7）。

我们现在来看本章中生产率增长率的定义。

- 劳动生产率（即人均产出的增长率），$g_Y - g_N$。

- 技术进步率，g_A。

在稳态中，劳动生产率 $g_Y - g_N$，等于技术进步率 g_A。在非稳态下，这两者并不一定相等。例如，储蓄率增加使单位有效工人的资本存量增加，会使 $g_Y - g_N$ 在一段时间内高于 g_A。

关键术语

Solow residual　索洛剩余

rate of growth of total factor productivity, rate of TFP growth　全要素生产率，TFP 增长率

资料来源：Robert Solow, "Technical Change and the Aggregate Production Function," *Review of Economics and Statistics*, 1957, 312-320.

第13章

技术进步：短期、中期和长期

第12章中我们讨论了很多技术进步的优点。在长期中，技术进步是提高生活水平的关键因素。然而人们往往将越来越高的失业率和越来越大的收入差距归咎于技术进步，这些担忧是否有根据？这是本章要讨论的问题。

13.1 探究短期中生产率提高对产出和失业的影响。即便在长期中，技术进步的影响也是通过增加产出来传递的，而不是增加失业，但仍有疑问：技术进步的影响有多久？这部分得出模棱两可的结论，即短期中生产率提高有时会增加失业，有时会减少失业。

13.2 探究中期中生产率提高对产出和失业的影响。结论认为没有相关理论和事实证明技术进步会增加失业。如果有的话，那也是证明了相反方面，即中期生产率提高往往会使失业率下降。

13.3 再回到长期，讨论技术进步对收入不平等的影响。随技术进步而来的是工作岗位增加和消失的一系列复杂过程。有些人失去了工作，或者有些人的工作技能被时代淘汰了，对于这些人来说，技术进步是诅咒，绝非好事。作为消费者，他们能得益于买到新式的、更便宜的商品；作为劳动者，他们不得不忍受失业期延长和找到新工作时候的低工资。因此，科技进步的影响通常和收入不平等的变化有关。13.3节就讨论这些效应和相关事实。

13.1 短期的生产率、产出和失业

在第 12 章中，我们把技术进步在生产函数关系式中表示为技术水平 A：
$$Y = F(K, AN)$$
本章重点讨论的是技术进步，不再是资本积累。为简化起见，我们现在可以忽略资本，假设产出的生产函数为以下关系式：
$$Y = AN \tag{13-1}$$
有了这个假设，产出只由劳动力 N 来生产，单位工人生产 A 单位产出。A 增加表示技术进步。

A 在这里表示两个意思：一个是技术水平；另一个是劳动生产率（人均产出水平），由 $Y/N = A$ 得出。所以本章中提及 A 增加的时候，会交换使用技术进步和劳动生产率增加的概念。

> 一般来说，人均产出 Y/N 和技术水平 A 并不相等。第 12 章中说过，在技术水平不变的情况下，人均产出增加可能是因为人均资本增加。但式（13-1）忽略了资本因素，因此两者是相等的。

把式（13-1）写成：
$$N = Y/A \tag{13-2}$$
就业人数等于产出除以生产率。产出给定，生产率水平越高，就业水平越低。我们自然而然就想到一个问题：生产率提高，产出会不会增加到能避免就业减少的水平？在本节中，我们看看产出、就业和失业率的短期反应。然后，在接下来的两节中，我们看看它们的中期反应，特别是失业率和技术进步率之间的关系。

在短期内，产出水平是由 IS 和 LM 关系决定的。
$$Y = Y(C - T) + I(r + x, Y) + G$$
$$r = \bar{r} \tag{13-3}$$

产出取决于需求，这是消费、投资和政府支出的总和。消费取决于可支配收入。投资取决于借款利率，借款利率等于政策利率加上风险溢价和销售额。政府支出是给定的。中央银行决定政策利率。

> 到第 6 章回顾一下。

提高生产率 A 的效果是什么？在实际政策利率不变的情况下，生产率提高是增加还是减少商品需求？这没有统一答案，因为生产率水平不会凭空提高。总需求的变动首先取决于是什么导致生产率提高。

> 回顾第 12 章关于重要发明的讨论。这个观点指出了预期在决定消费和投资中的作用，第 16 章中会进一步研究。

- 假设一项重要发明的普及使用使生产率提高，那很容易看出价格不变，这一变化如何使需求增加。消费者相信未来经济增长加快，对未来经济情况更加乐观，因此在当前收入不变的情况下会增加消费。未来经济加快增长的预期，以及需要投入新技术，可能会导致投资骤增。在这种情况下，对商品的需求增加；IS 曲线向右移动，从图 13-1 中的 IS 到 IS''，经济从 A 移动到 A''。短期产出水平从 Y 增加到 Y''。

- 现在考虑生产率提高不是因为新技术的运用，而是因为现有技术高效运用的情况。国际贸易增加使国际竞争加剧便是这种情况。这使很多企业不得不整顿生产，减少工作岗位（通常称为裁员）。这些调整使生产率提高，与此同时总需求并没有增加：整顿生产几乎不需要新的投入。工人的不确定性增加，担心失去工作，这可能会促使他们在收入不变的情况下增加储蓄，减少消费支出。在这种情况下商品需求量落在给定的

实际政策利率下；IS 曲线向左移动，短期产出水平从 Y 下降到 Y'，如图 13-1 所示。

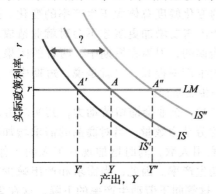

图 13-1　生产率提高对短期商品需求的影响
注：生产率提高可能会增加或减少对商品的需求。因此，IS 曲线可能左移或右移，这取决于是什么先导致了生产率的提高。

我们来看相对简单的情况（从产出和就业的角度来说更易讨论），即图 13-1 中，IS 曲线向右移至 IS″ 的情况。均衡产出增加，从 Y 到 Y″。在这种情况下，通过提高期望产出增长率和期望利润，生产率提高，明显使需求和产出增加。

即便在这种情况下，如果没有更多的信息，我们也无法判断就业情况。从由式（13-2）衍生出的下式可以知道：

就业变化的百分比 = 产出变化的百分比 − 生产率变化的百分比

因此，产出增加的比例大于还是小于生产率的增加比例决定就业情况的变化。如果生产率增加 2%，那么产出至少需要增加 2%，就业才不会减少，或是失业才不会增加。IS 曲线的斜率和移动幅度未知，我们也就没法知道图 13-1 的移动是否满足条件。短期来说，生产率增加会导致失业增加或者减少，理论上得不出答案。

根据书末附录 B 的命题 7 和生产函数 $Y = AN$，可以得出 $g_Y = g_A + g_N$，或 $g_N = g_Y - g_A$。

经验证据

经验证据能否告诉我们，实际生活中提高生产率水平会增加还是减少失业？初看之下，好像可以。图 13-2 给出了 1960 年以来美国商业领域的劳动生产率和产出增长率。

我们的讨论的前提是宏观政策是既定的，但是移动总需求曲线时，财政政策和货币政策显然会影响其效果。如果你负责制定货币政策，那么你想要产出达到什么水平？这是 20 世纪 90 年代美国联邦政府在 IT 革命的高峰期面临的难题之一。

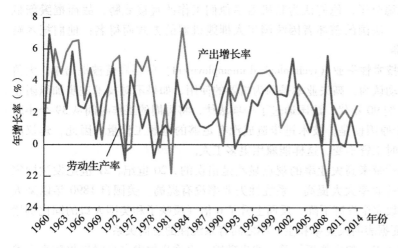

图 13-2　美国 1960 年以来的劳动生产率和产出增长率

注：劳动生产率和产出增长率之间有明显的正相关关系，但是劳动生产率提高引起产出增长率提高，还是产出增长率提高引起劳动生产率提高，两者之间的因果关系不清楚。

资料来源：Real GDP growth rate; Series A191RL1A225NBEA Federal Reserve Economic Data (FRED); Productivity growth; Series PRS84006092, U. S. Bureau of Labor Statistics.

> 相关关系与因果关系：如果产出增长与生产率提高之间存在正向相关关系，那么我们能不能认为生产率提高使产出增加，或者产出增加使生产率提高？
>
> 这个讨论和第 9 章关于"奥肯定律"的问题聚焦直接相关。从那篇文章中我们可以看到，产出的变化引起的就业的变化比例较小。这就是说，产出的变化与同一方向的劳动生产率的变化有关（你要确保自己明白为什么）。

图 13-2 中产出增长率和劳动生产率两者每年的变化表现出显著的正相关关系，而产出的变化幅度总体大于生产率的变化。这可能意味着，生产率提高时产出需要增加更多才不会对就业造成不利影响。但这个结论可能是错误的，因为在短期中，两者的因果关系全然不同，是从产出增长到生产率提高，也就是说，短期中产出增长促进生产率提高，而不是相反路径。

这是因为经济不景气时，企业会滞留劳动力，其实际劳动力数量大于生产中实际需要的劳动力数量。当对商品的需求增加时，企业会在一定程度上增加雇用人数，同时增加现有工人的工作强度，所以产出增加会提高劳动生产率。因此，当需求和产出减少时，就业减少的幅度小于产出；这等同于劳动生产率的下降。这在 2008 年特别明显，在危机开始时，企业没有立即意识到它会持续这么久。当需求和产出增加时，企业增加就业的幅度小于产出，劳动生产率提高。这正是我们在图 13-2 中看到的：产出增长加快使生产率提高。这并不是我们要探讨的内容。我们想知道的是当外生力量，即技术进步带来生产率提高时，产出和失业有什么变化，而不是企业自身调整使产出增加。图 13-2 解答不了这个问题。生产率提高的外生变动对产出的影响的研究结论是，数据能给出的答案与由理论得到的答案一样模棱两可。

- 短期中，生产率提高会使产出增加，增加的幅度足以维持甚至增加就业。
- 短期中，有时并不能，失业增加。

13.2 生产率和自然失业率

到目前为止，我们已经探讨了短期中生产率提高对产出从而对失业的影响。中期的经济运行中，我们知道经济会运行到自然失业率。现在我们的问题是，生产率变化会影响自然失业率水平吗？

工业革命以来，工人担心技术进步会减少工作岗位，从而增加失业。19 世纪初期，英国纺织业的工人团体，也叫勒德分子，他们认为新机器是他们工作的直接威胁，故而摧毁新机器。其他国家也有类似行为。法国的破坏者因法国工人摧毁机器的方式而得名：他们把木鞋（笨重的木底草鞋）扔向机器。

任何时候失业率一高，**技术性失业**（technological unemployment）的话题就被提出来。大萧条期间爆发的技术统治论运动认为，高失业率是因为机器的使用，如果不对技术进步加以阻止的话，情况会更糟糕。20 世纪 90 年代，法国通过了一项法律，将每周的工作时间从 39 个小时减少到 35 个小时。其中一个原因便是，技术进步造成没有足够的全职工作量，因此，建议减少单位工人的工作时间，同时工资不变，这样能雇用更多工人。

简单地认为技术进步必然带来高失业率的观点显然是错误的，20 世纪、21 世纪发达国家的生活水平大大提高，同时就业率大大提高，系统性失业率没有提高。美国自 1890 年以来人均产出增加了 9 倍，就业人数完全没有下降，反而上升了 6 倍（反映了和美国人口的同比例增长）。其他国家也没有任何证据表明失业率和生产率之间有系统性的正向关系。

对上一个观点有深度的认识，却也能很简单地找出破绽。也许高技术进步时期伴随高自然失业率，低技术进步时期伴随低自然失业率。

思考一下这个观点，我们能用第 7 章的模型来分析。在第 7 章中，我们认为自然失业率（简称为失业率）由两组关系决定，价格设定关系和工资设定关系。第一步，我们来考察生产率变化，对这两组关系的影响。

> 在第 7 章中，我们假设 A 是常数（为了简化，我们设 A 为 1）。我们现在放松这个假设。

回顾价格设定和工资设定

先考虑价格设定。

- 式（13-1）中，单位工人生产 A 单位产出，也就是说，生产 1 单位产出需要 $1/A$ 个工人。
- 名义工资为 W，则生产 1 单元产出的名义成本为 $(1/A)W = W/A$。
- 如果将价格设置为成本的 $1+m$ 倍，m 为加成，则价格为：

$$\text{价格设定}: P = (1 + m)\frac{W}{A} \tag{13-4}$$

这个等式和式（7-3）的区别在于加入了生产率项 A（第 7 章中默认为 1）。生产率提高减少成本，名义工资不变，则价格水平下降。

现在看工资设定。有证据表明在其他条件不变的情况下，工资设定往往会反映生产率变化。如果生产率在一段时间内平均每年增加 2%，那么工资合同中工资会每年增加 2%。这就可以拓展得出我们之前的工资设定公式（7-1）：

$$\text{工资设定}: W = A^e P^e F(u, z) \tag{13-5}$$

我们看式（13-5）的右边三项。

- 其中的两项 P^e 和 $F(u, z)$ 和式（7-1）一样。工人关心的是实际工资，而不是名义工资，因此工资取决于（预期的）价格水平 P^e。工资取决于失业率 u（成反比）和教育等因素 z。
- 新的项 A^e：现在工资也取决于预期的生产率水平 A^e。如果工人和企业都预期生产率提高，那么在协定工资的时候会考虑这些预期。

> 工人和企业根据双方讨价还价的能力来商定工资，对（预期的）产出进行分成，如果双方都预期生产率会提高，因此，产出会增加，那么这会反映在协定工资中。

自然失业率

现在开始研究自然失业率。我们前面讲到自然失业率是由价格设定和工资设定的关系式以及预期正确的假定条件来决定的，因此，从假定可知对价格和生产率的预期是正确的，也就是说 $P^e = P$，$A^e = A$。

价格设定等式决定了企业的实际工资，由式（13-4）可知：

$$\frac{W}{P} = \frac{A}{1 + m} \tag{13-6}$$

实际工资 W/P 与生产率水平 A 同比例增长：名义工资不变，生产率越高，企业制定的价格越低，则实际工资越高。

图 13-3 给出了等式关系，纵轴表示实际工资，横轴表示失业率，式（13-6）由下面的水平直线表示：由价格决定的实际工资与失业率无关。

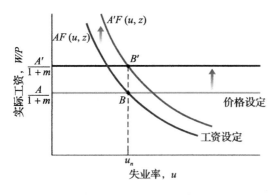

图 13-3 生产率提高对自然失业率的影响

注：生产率提高会使工资曲线和价格曲线同比例向上移动，自然失业率不变。

回到工资设定公式，在预期正确的前提下，$P^e = P$，$A^e = A$，则工资设定公式式（13-5）为：

$$\frac{W}{P} = AF(u,z) \tag{13-7}$$

> 我们已经用字母 A 表示了生产率水平，所以这里用 B 而不是 A 表示均衡点。

双方协商的实际工资 W/P 取决于生产率水平和失业率。生产率水平不变，式（13-7）由图 13-3 中下面的向下倾斜的曲线表示：由工资设定得出的实际工资是失业率的递减函数。

在 B 点，劳动力市场均衡，自然失业率为 u_n。那如果生产率水平变化，自然失业率会有什么变化？假定 A 增加 3%，那新的生产率水平 A' 等于 A 乘以 1.03。

- 从式（13-6）可知，由价格设定决定的实际工资增长 3%，价格设定曲线向上移。
- 从式（13-7）可知，失业率不变的情况下，由工资设定决定的实际工资也增长 3%，工资设定曲线向上移。
- 由此可知，在初始失业率 u_n 处，两条曲线都向上移动同样幅度：初始实际工资的 3%。因此新的均衡点 B' 在 B 之上：实际工资增长 3%，而失业率不变。

得出来的结论很直观：工资不变，生产率提高 3%，价格会降低 3%，从而实际工资增加 3%。这和失业率不变，双方协商的实际工资增加 3% 是完全吻合的。实际工资增加 3%，而自然失业率不变。

我们在前面学习的是某一次生产率水平提高的情况，得出的结论同样适用于生产率增长的情况。假设生产率稳步提高，A 每年提高 3%，那么，实际工资每年增加 3%，而自然失业率不变。

经验证据

上述得出两个确定性结论：自然失业率与生产率水平和生产率提高都无关，这符合现实情况吗？

显然我们在提出这个问题时，并没有去考察自然失业率。实际失业率围绕自然失业率上下波动，观察某十年的平均实际失业率能估计出该十年的自然失业率。观察十年的平均生产率水平能引申到我们前面讨论的一个问题，即尽管雇用过多劳动力的现象会影响每年的劳动生产率，但是从该十年的平均生产率来看，影响并不大。

图 13-4 给出了美国 1890~2014 年每十年的平均劳动生产率增长和失业率。初看之下，这两者关系不大。但是可以看到大萧条期间（20 世纪 30 年代）和其他年代完全不同，该点本应在左边区域。如果忽略 30 年代的数据，我们会发现生产率增长和失业率之间存在联系（尽管不是很显著），但是两者之间的联系和技术失业派的观点正好相反。

高生产率增长时期，如 20 世纪 40~60 年代，失业率较低。美国在低生产率增长时期，2010~2014 年，失业率较高。

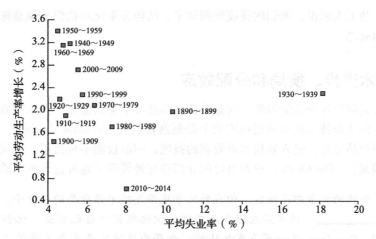

图 13-4　1890～2014 年每十年的平均生产率增长和失业率

注：每十年的平均生产率增长和失业率之间没有特别明显的关系，仅仅是高生产率增长伴随着低失业率。

资料来源：Data prior to 1960：Historical Statistics of the United States. Data after 1960：Bureau of Labor Statistics.

能否用已经得出的结论来解释中期中生产率增长和失业率之间的反向关系？答案是肯定的。进一步研究生产率水平的预期便可知道。

我们讨论了当价格预期和生产率预期都准确时普遍的失业率。但证据表明，需要很长一段时间才能将生产率预期调整到和现实一致的较低的生产率增长状况。当生产率因某个原因下降时，社会民众，尤其是工人，一般需要很长时间才能调整他们的预期。同时，工人不断地协商要求提高工资水平，而工资水平已经有悖于生产率较低的情况。

要理解这个，我们来看当价格预期正确（$P^e = P$）而生产率预期并不一定与现实一致（A^e 不一定等于 A）时的失业率，价格设定和工资设定的公式为：

$$价格设定：\frac{W}{P} = \frac{A}{1+m}$$

$$工资设定：\frac{W}{P} = A^e F(u,z)$$

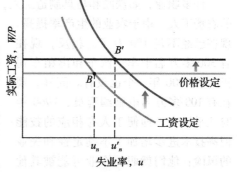

图 13-5　生产率增长调整缓慢的预期下，生产率增长降低对失业率的影响

注：工人需要一段时间来调整生产增长率的预期，因此生产率降低会在一段时间内提高自然失业率。

假设生产率增长变缓：A 的增长速度慢于从前，如果生产率增长预期调整缓慢，那么 A^e 在一段时间内会大于 A，工资设定曲线会比价格设定曲线移动得多，均衡点由 B 移动到 B'，自然失业率由 u_n 移动到 u'_n，自然失业率会保持在较高水平，直到生产率预期和现实一致，即 A^e 再次和 A 相等。简而言之，生产率增长放缓后，工人要求的工资会高于企业能提供的工资水平，这就会使失业率上升，当工人最终调整预期的时候，自然失业率回到初始水平。

我们来总结前面两节的知识。理论和现实都不能说明生产率增长加快导致失业率增加的观点。

- 短期来说，既没有理论也没有趋势得出生产率增长和失业率的系统性关系。
- 中期来说，即便生产率增长和失业率之间存在关系，也是反向关系。生产率增长放缓会使失业率增加，生产率提高会降低失业率。

我们在前面已经讨论了一些证据，那么对技术性失业的担忧从何而来呢？可能是因为我们没有考虑技术进步的其他范畴，例如**结构性变化**（structural change），技术进步引起经济结构变化。对于一些工人来说，他们的技能被淘汰了，结构性变化对他们来说意味着失业或者低工资，或者兼而有之。

13.3 技术进步、搅局和分配效应

技术进步是结构性变化的过程，这是哈佛大学经济学家约瑟夫·熊彼特在20世纪30年代的研究内容，他认为技术进步的过程实质上是**创造性毁灭**（creative destruction）的过程。新产品的出现使旧产品废弃，引入新技术需要新的技能，旧的技能不再适用。美联储达拉斯分行行长在报告《搅局》（*The Churn*）中对自己的介绍很好地说明了这种过程的实质。

我的祖父和他的父亲都是铁匠，但我的父亲反而是改革性搅局的一分子。我父亲在七年级退学后在锯木厂工作，但他热衷于自己创业。他租了一间小屋，开了一家汽车加油站，为那些使他父亲失去工作的汽车服务。我的父亲很成功，在山顶买了一些地，建造了卡车停靠站。在20公里以西的高速公路修好之前，我们的卡车停靠站经营得不错。这个**搅局**（churning）使75号高速公路取代了US 411号公路，我们的好日子也到头了。

The Churn: The Paradox of Progress (1993).

许多职业，如铁匠和马具制造工人，已经永远消失了。例如，20世纪初美国有1 100多万的农场工人，由于农业的生产率提高，现在已经不足100万了。相反，现在有300多万名卡车、汽车和出租车司机，而1900年一个也没有。同样，现在有100多万名电脑编程员，1960年时几乎没有。即便工人有相应的技能但高技术进步增加了不确定性和失业的风险：他们就职的企业可能被其他高效企业取代，企业的产品可能被其他产品取代。右侧的卡通图刻画了技术进步带给消费者（也意味着，企业及其股东）的利益和工人的风险的矛盾情况。问题聚焦"岗位损失、搅局和收入损失"探讨了技术变革带来的巨大社会收益与失业者技术变革的巨大成本之间的紧张关系。

问题聚焦　　岗位损失、搅局和收入损失

技术进步可能对经济有好处，但对失去工作的工人来说很艰难。史蒂夫·戴维斯和蒂尔·冯·瓦赫特（2011）的一项研究记录了这一点，他们使用社会保障管理局1974~2008年的记录来观察由于大规模裁员而失去工作的员工会发生什么。

戴维斯和冯·瓦赫特首先确定了所有拥有50多名员工的公司，其中至少有30%的员工在一个季度内被裁员，这一事件被称为大规模裁员。然后，他们找到在该公司工作至少三年的下岗工人。这些是长期雇员。他们比较了在大规模裁员时被解雇的长期雇员的劳动力市场经验与在裁员年或未来两年未被裁员的劳动力中的类

似工人的劳动力市场经验。最后,他们将经历经济衰退期大规模裁员的工人与经历经济扩张期大规模裁员的工人进行比较。

图1总结了他们的结果。第0年是大规模裁员的一年。第1、2、3年等是大规模裁员事件发生之后的几年。负数的年份是裁员事件发生之前的几年。如果你有工作并且是一名长期员工,那么在大规模裁员事件发生之前,你的收入相对于社会其他人来说会增加。在同一家公司长期工作对个人工资增长有好处。在经济衰退期和扩张期都是如此。

看看裁员后的第1年会发生什么。如果你在经济衰退中遭遇大规模裁员,那么相对于没有经历大规模裁员的工人,你的收入会下降40个百分点。如果你不那么不幸,而是经历了扩张期的大规模裁员,那么相对收益的下降只有25个百分点。结论是,大规模裁员会导致巨大的相对收益下降,无论它们发生在经济衰退期还是扩张期。

图1提出了另一个重要的观点。在裁员之后的几年,被裁员工的相对收入下降依然存在。在大规模裁员之后的5年甚至20年之内,如果大规模裁员发生在经济衰退时期,被裁工人的相对收入下降约20个百分点;如果大规模裁员发生在经济扩张时期,被裁工人的相对收入下降约10个百分点。因此,证据表明,大规模裁员与终身收入的大幅下降相关。

不难解释为什么会出现这种收入损失,并且损失的规模是惊人的。那些在同一家公司工作过很长一段时间的工人有特定的技能,这些技能在该公司或行业中最有用。如果发生技术变革,那么大规模裁员使这些技能的价值远不如过去。

其他研究发现,和没有经历大规模裁员的工人相比,在经历大规模裁员的家庭中,被裁工人的事业不稳定(失业期更长),健康状况较差,后代教育水平较低且死亡率较高。这些是与大规模裁员有关的额外个人成本。

因此,尽管技术变革是长期增长的主要来源,而且显然能够为普通人提供更高的生活水平,但经历大规模裁员的工人是明显的受损失者。技术变革确实会引起焦虑,这并不奇怪。

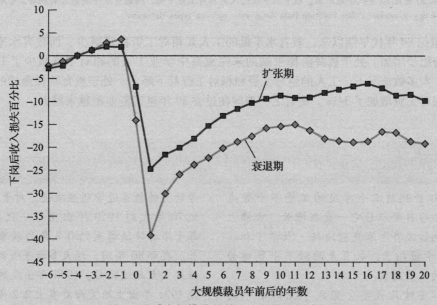

图1　遭受大规模裁员的工人的收入损失

资料来源:Steven J. Davis and Till M. von Wachter, "Recessions and the Cost of Job Loss," National Bureau of Economics Working Paper No. 17638.

工资不平等加剧

对于增长型部门或者有相应技巧的人来说，技术进步会带来新的机会和高工资，但对于衰退型部门和技巧被淘汰的人来说，技术进步可能意味着一段时间内的失业和低工资。在过去25年间，美国的工资不平等加剧。许多经济学家认为技术变革是其中的重要原因之一。

> 我们在第7章中描述过当前人口调查以及它的一些用途。

图13-6给出了1973~2012年不同教育水平人群的相对工资的变化，数据来自当前人口调查中的个体劳动者信息。图中的线分别是相对于高中文凭工人工资的"高中肄业""高中文凭""大学肄业""大学文凭""高等学位"的工人工资。所有工资水平都除以1973年的相应值，所以1973年的工资都为1。从图中我们可以得出令人惊讶的结论。

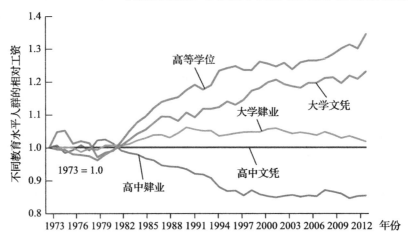

图13-6 1973~2012年不同教育水平人群的相对工资的变化

注：从20世纪80年代早期以来，教育水平低的人的相对工资下降，而教育水平高的人的相对工资增加。
资料来源：Economic Policy Institute Data Zone. www.epi.org/types/datazone/.

20世纪80年代早期以来，教育水平低的工人其相对工资稳步减少，而教育水平高的人其相对工资稳步增加。处于教育阶梯末端的未完成高中学业工人的相对工资减少了15%。这就意味着，大多数情况下，工人的绝对工资和相对工资都下降了。处于教育阶梯顶端的高等学位工人的相对工资增加了34%。简言之，美国在过去30年里工资差距越来越大。

问题聚焦　　长期视角：科技、教育和不平等

20世纪前三个季度的工资不平等减少，然后自那以后它一直在增长。哈佛大学的两位经济学家克劳迪娅·戈尔丁和拉里 F. 卡茨指出，教育是两种不平等趋势背后的主要因素。

以连续几代学生完成学业的水平衡量，美国的教育程度在20世纪的头1/3发展非常迅速。然而，从20世纪70年代开始的年轻人和20世纪80年代初期的整体劳动力的教育进步明显减慢。对于从19世纪70年代到1950年出生的一代人而言，每十年都伴随着大约0.8年的教育年限增长。在那80年间，绝大多数子女的受教育程度大大超过父母。1945年出生的孩子比他1921年出生的父母要多上2.2年学。但是1975年出生的孩子比他1951年出生的父母只多上半年学。

在受教育年限增长的背后是明显的经济

激励。如图1所示，超过一年大学教育的回报（指一名受过一年以上大学教育的工人的平均工资高出多少）在20世纪40年代很高：年轻男性的回报为11%，所有男性的回报为10%。这促使美国家庭把孩子留在学校的时间更长，并且送他们上大学。受过教育的劳动力供应增加，降低了教育回报率和工资差距。到1950年，年轻男性受过一年以上大学教育的回报降低到8%，所有男性降低到9%。但到了1990年，回报重新达到了20世纪30年代的水平。现在一年大学教育的回报要比20世纪30年代高。

从这些证据中可以得出两点经验。

首先是技术进步，即便是技能型的，伴随着对熟练和受过教育的工人的需求增加，也不一定会增加经济不平等。对于20世纪前75年的人来说，技能需求的增加远远超过了技能供应的增加，这导致了不平等不断下降的趋势。此后，需求继续增长，而供应增长放缓，再次导致不平等加剧。

其次，虽然市场力量为需求提供激励来应对工资差异，但制度也很重要。对于大多数20世纪初的美国人来说，至少读到高中基本上是不受限制的。教育是政府提供并资助的，除了高等教育并不直接收费。即使是农村的美国人也有权利把他们的子女送到公立中学，尽管非洲裔美国人，特别是南部的美国人，经常被排除在各级学校之外，但这已经有了本质的区别。

图1　1939~1995年的工资差距和教育回报

资料来源：Claudia Goldin and Larry F. Katz, "Decreasing (and then Increasing) Inequality in America: A Tale of Two Half Centuries," In: Finis Welch The Causes and Consequences of Increasing Inequality. Chicago: University of Chicago Press; 2001. pp. 37-82.

工资不平等加剧的原因

工资不平等现象加剧的原因是什么呢？大家一致认为，高技能工人的工资相对于低技能工人的工资增加的主要原因是对高技能工人的需求相对于低技能工人稳步增加。

相对需求的变化趋势并不是个新话题，20世纪六七十年代已经开始出现，但那时高技能工人的相对稳定增加补充进入：持续增长的少年人群完成高中学业，升入大学，完成大学学业，等等。而80年代以来，虽然相对供给持续增加，但已不足以满足持续增长的相对需求，结果就是高技能工人相对于低技能工人的工资稳步增加。问题聚焦"长期视角：科技、教育和不平等"显示，20世纪美国工资不平等的演变不仅影响了需求，也影响了技能的供给。

为什么相对需求会稳定增加？

> 这里再具体探究国际贸易的影响就有点离题了，保罗·克鲁格曼和茅瑞斯·奥伯斯法尔德的著作《国际经济学》（第9版）中详细分析了国际贸易的利弊，感兴趣的同学可以阅读。

- 一种观点认为是因为国际贸易。该观点认为，雇用大量低技能工人的美国企业被低工资国家的同类企业取代，被市场淘汰。同时为保持竞争实力，企业将一部分生产转移到低成本国家。如此一来，美国对低技能工人的相对需求减少。贸易和技术进步的影响有明显的相似之处：贸易和技术进步都有利于一国的经济发展，但都会带来结构性变化，使一些工人的境遇变糟。

  毫无疑问贸易是工资不平等加剧的原因之一，但进一步研究贸易账户会发现，这仅能部分解释相对需求的变化。仅从贸易的角度来说，一个确凿的反对事实便是对高技能工人的相对需求增加仅仅存在于那些没有外国竞争的部门。

- 另一种观点认为是因为**技能型技术进步**（skill-biased technological progress）。新机器和新生产方法要求更多高技能工人。计算机技术的发展需要工人懂计算机。新生产方法要求工人更灵活，更好地适应新任务。灵活性则要求更多技能和教育。

  不同于贸易派的解释的是，技能型技术进步能解释所有部门相对需求的变化。因此，大部分经济学家认为这是导致工资分配不均的主要原因。

那么这些是否说明美国的工资不平等必然会不断加剧？不一定。至少有三个方面的理由说明将来可能会不同于过去。

- 相对需求的变化趋势可能会慢下来。例如，将来计算机可能会越来越容易操作，即便低技能工人也会使用。计算机技术可能会淘汰那些高技能的工人，譬如运用计算机的计算或者存储技能。保罗·克鲁格曼认为（不只是说说而已），会计师、律师、医生等职业可能就是下一批被计算机技术取代的职业。
- 技术进步不是外生的，我们在第12章已经提到过。企业的研发支出和投资方向取决于预期利润。低技能工人的相对低工资可能会使企业去研发新技术，以更好地利用低工资、低技能的工人。也就是说，市场力量可能使将来的技术进步对低技能工人不再那么不利。
- 正如我们在问题聚焦中所见，高技能工人相对于低技能工人的供给也不是外生的。教育水平高的人其相对工资大幅度增加，意味着教育和培训的回报大于一二十年以前的回报。教育和培训的回报增加，会增加高技能工人的相对供给，最终会使相对工资平稳。许多经济学家认为政策的作用显著。政策能确保低技能工人子女的基础教育和中等教育平等，而想获得更多教育的学生可以通过借贷来实现。

不平等和前1%收入群体

我们已经研究了工资不平等，即所有工薪阶层的工资分配情况。然而，不平等的另一方面是最富裕家庭的收入比例（例如收入分配最高的1%）。当我们考虑收入水平很高时的不平等现象时，工资收入并不是一个好的衡量标准，因为企业家的大部分收入（有时几乎全部）不是来自工资，而是来自资本收入和资本收益。这是因为他们通常不用工资支付，而是用公司股票支付，然后他们可以出售一部分（有一些限制）而获利。

如图13-7所示，前1%收入群体的份额发生了惊人的变化。尽管20世纪70年代后期收入最高的1%家庭占全社会总收入的份额大约为10%，但如今它已经超过了20%。尽管图13-7在2008年停止了，但自那时起，不平等似乎变得更糟，如果包括资本收益，收入最高的1%家庭的收入从2009年到2014年增长了95%。托马斯·皮凯蒂的书中写道，以这种方式衡量的美国的不平等现象"可能比任何其他社会在过去任何时候、世界任何地方都高"。《21世纪资本论》于2014年出版时，位列全球畅销书籍榜首。

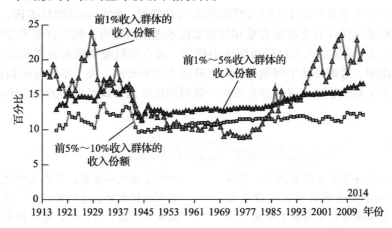

图13-7　1913年以来美国前1%收入群体收入份额的演变

注：前1%指最高百分位数。2014年，这些家庭的年收入（包括资本收益）超过387 000美元。接下来的4%为1%~5%，年收入为167 000~387 000美元。前5%~10%是前1/10的后半部分，家庭年收入为118 000~167 000美元。收入的定义为不包括所有政府转移支付的报税表年度总收入。

资料来源：The World Top Income Database. http://topincomes.parisschoolofeconomics.eu/#Database.

为什么会这样呢？皮凯蒂将其归因于他称为"超级经理"的人不合理的高工资。根据他的计算，在收入最高的0.1%中，大约70%是公司高管。皮凯蒂指向不完善的公司治理，为CEO提供高昂薪酬的公司董事会。他认为，在一定程度上，数据很难在薪酬和绩效之间找到联系。虽然有很多关于这种过度行为的轶事证据，但图13-7表明也许另一个因素在起作用。值得注意的是，在前两个阶段中，前1%收入群体的收入份额跃升的时期是技术革新的快速发展阶段：20世纪20年代，当电力进入美国工厂时，生产发生变革；20世纪80年代初以来个人计算机和互联网普及。这表明创新和前1%收入群体的收入份额是相关的。事实上，图13-8描绘了自1960年以来美国专利的演变和前1%收入群体的收入份额，这表明两者有很大联系。

菲利普·阿格因和合作者在图13-8所在的文章中指出，技术创新使创新者能够领先于竞争对手。通常它也允许创新者用较少的工人生产。这些新技术和较低的劳动力投入都有助于增加创新者的收入份额，但牺牲了工人的收入份额，至少在其他企业家赶上新技术的情况下是这样。通过这种机制，创新

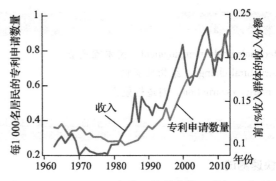

图13-8　1963~2013年美国的最高收入份额和专利

注：该图绘制了每1 000名居民的专利申请数量与前1%收入群体的收入份额。观测时间跨度为1963~2013年。

资料来源：Aghion, P., U. Akcigit, A. Bergeaud, R. Blundell, and D. Hemous. (2015) "Innovation and Top Income Inequality," CEPR Discussion Paper No 10659.

引发了极端的收入不平等，创新数量越多越不平等，这可以解释 20 世纪 20 年代和 20 世纪 80 年代初以来，前 1% 收入群体所占收入份额的上升。然而，即使创新的好处最初可能由创造者获得，但随着创新在经济中扩散，它最终会被广泛分享。此外，创新似乎也会促进社会流动，例如，美国最具创新力的州——加利福尼亚州的前 1% 群体的收入份额及社会流动性比最不创新的州——亚拉巴马州高出很多。阿格因认为，这种情况发生的原因是"创造性毁灭"。由于采用旧技术的企业被采用新技术的企业所取代，年长的企业家被年轻的企业家所取代，从而增强了社会流动性。

在我们讨论工资不平等和前 1% 收入群体的收入份额时，我们关注的是美国。有趣的是，其他发达国家虽然受到同样的全球化力量和技能型技术进步的影响，但工资不平等增加的幅度通常较小，前 1% 收入群体收入份额的增幅要小得多。这表明制度和政策在塑造这些变化的过程中发挥了重要作用。考虑到这个问题在经济和政治上的重要性，关于不平等的根源以及政府是否有办法解决不平等的争论，很可能在未来一段时间仍然是宏观经济学的核心争论之一。

本章概要

- 有人认为技术进步会使工作机会减少，提高失业率。理论和事实表明这些担心毫无根据，也没有理论和数据能说明技术进步加快会提高失业率。
- 短期来说，没有证据也没有趋势说明生产率变化和失业率之间的系统性关系。
- 如果中期生产率变化和失业之间存在关系，那也是反向的关系：生产率增长率低，失业率高；生产率增长率高，失业率低。一种解释认为生产率增长率低时，不变的工资需求会使失业率增高。
- 技术进步并非顺利的过程，不是所有工人都能获利，而是结构性变化的过程。即便因为平均生活水平提高，所有人都能获利，但也有利益损失者。生产新产品、运用新技术会淘汰旧产品、旧技术。技术进步使一部分工人的技能吃香，这些人获利；而一部分工人的技能被淘汰了，导致失业或者相对工资下降。
- 美国过去 30 年间的工资差距增大。低技能工人的相对和绝对工资都减少了，两个主要的原因是国际贸易和技能型技术进步。
- 自 20 世纪 80 年代初以来，美国前 1% 收入群体的收入份额急剧增加。其中，有多少能被不完善的公司治理或创新的高回报所解释，这一点引起了热烈的争论。

关键术语

technological unemployment　技术性失业
structural change　结构性变化
creative destruction　创造性毁灭

churning　搅局
skill-biased technological progress　技能型技术进步

习 题

快速测试

1. 运用本章的信息，判断下面的说法是正确、错误还是不确定，并简要解释。
   a. 美国 1900 年以来的就业和人均产出的变化能说明技术进步使就业率稳步增加的观点。
   b. 工人能平等地享受创造性毁灭过程的利益。
   c. 过去 20 年间，美国低技能工人的实际工资相对于高技能工人下降了。
   d. 当且仅当产出增长小于生产率提高幅度

时，技术进步会导致就业率下降。
e. 20世纪90年代后半期美国自然失业率明显降低，是因为该时期人们没有预期到高生产率增长。
f. 如果能阻止技术进步，自然失业率就会下降。

2. 假定经济中的等式如下。

价格设定：$P = (1+m)(W/A)$

工资设定：$W = A^e P^e (1-u)$

a. 若 $P^e = P$，但 A^e 不一定等于 A，求失业率，试解释 A^e/A 对失业率的影响。

现在假设对价格和生产率的预期和现实一致。

b. 如果加成率（m）为5%，求自然失业率。
c. 自然失业率受生产率的影响吗？试解释。

3. 劳动生产率提高，工人数量不变，企业能生产出更多产品，因此能用同样甚至更低的价格出售商品。因此，劳动生产率提高会永久性地降低失业率，同时不会带来通货膨胀。讨论这个观点。

4. a~d题中的政策变化可能会对美国的高技能工人和低技能工人的工资差距有什么影响？
a. 增加公立学校的计算机支出。
b. 限制进入美国的外国临时农场工人数量。
c. 增加公立大学的数量。
d. 对中美洲的美国企业实施税收抵扣。

深入研究

5. 技术进步、农业和就业。

"那些认为技术进步不会减少就业的人应该去看看农业的情况。20世纪初有1 100多万农场工人，现在不足100万。如果所有部门都经历农业在20世纪的生产率增长，那么一个世纪后没人会被雇用。"试讨论这个观点。

6. 生产率和总供给曲线。

假定经济中的生产函数为：

$$Y = AN$$

价格设定和工资设定如下：

价格设定：$P = (1+m)(W/A)$

工资设定：$W = A^e P^e (1-u)$

前面说到就业人数 N、劳动力数量 L 和失业率 u 之间的关系为：

$$N = (1-u)L$$

a. 推导出总供给曲线（加成率、实际和预期的生产率、劳动力人数和预期价格给定的情况下，价格和产出的关系）。解释单位变量的意义。
b. A 和 A^e 等比例增加（A/A^e 不变）对总供给曲线有什么影响，试解释。
c. 实际生产率 A 增加，而预期的生产率 A^e 不变，对总供给曲线的影响。比较本题答案和 b 题的答案，试解释两者的不同。

7. 技术和劳动力市场。

第7章的附录中讲到可以用劳动力的需求和供给来表示工资设定和价格设定公式，这个题目中，我们将其延伸到技术改变的分析上。

用劳动力供给表示的工资设定公式为 $W/P = F(u, z)$。前面讲到劳动力数量 L 不变，失业率 u 可以写成 $u = 1 - N/L$，其中 N 为就业人数。

a. 将 u 代入工资设定等式中。
b. 用 a 中得到的关系式，画出劳动力供给曲线，其中纵轴表示 N，横轴表示实际工资 W/P。

我们将价格设定等式表示为 $P = (1+m)MC$，MC 为生产的边际成本，将我们前面的讨论概括进来，我们将 MC 表示为 $MC = W/MPL$，其中 W 为工资，MPL 为劳动的边际产品。

c. 将 MC 代入价格设定等式中，求出实际工资 W/P。结果是劳动力需求关系，W/P 是 MPL 和加成 m 的公式。

在正文中为简化起见，我们假定 MPL 不变，技术水平给定。这里，我们假定 MPL 随着就业人数变化（技术水平还是不变），这个假定更切实际。

d. 假定 MPL 随着就业人数变化，用 b 题中的方法画出在 c 题中推导出的劳动力需求关系。
e. 如果技术进步，劳动力需求曲线会有什么变化？（提示：技术进步，MPL 有什么变化？）试解释。实际工资有什么变化？

进一步探究

8. 搅局。

    劳工统计局预测了工作下降和上升最快的职业。在 www.bls.gov/emp/emptab4.htm（下降最快的）和 www.bls.gov/emp/emptab3.htm（上升最快的）上找到。

    a. 哪些职业的职位下降和技术变化有关？哪些和国外的竞争有关？

    b. 哪些职业的职位上升和技术变化有关？哪些和人口变化，尤其是和美国人口的老龄化有关？

9. 实际工资。

    本章给出了高技能工人和低技能工人的相对工资，这个小题中，我们考察实际工资的变化。

    a. 根据我们在本书中的价格设定等式，思考技术进步对实际工资的影响，试解释。从1973 年至今有技术进步吗？

    b. 在《总统经济报告》的网站上（http://www.whitehouse.gov/sites/default/files/docs/cea_2015_erp.pdf）找到 Table B-15。找出非农业部门用 1982~1984 年美元表示的平均小时收入（即实际的每小时收入）。1973 年的实际小时收入和表中最近年份的实际收入相比有什么不同？

    c. 根据本章的相对工资数据，从 b 题可以看出 1973 年以来低技能工人实际工资的哪些变化？你认为对低技能工人的相对需求下降，会带来什么有利影响？

    d. 这里对劳工赔偿金的分析，还有没有哪些没有考虑到的因素？工人会不会收到工资以外的赔偿金？

    美国经济研究所（EPI）在其出版刊物《美国工人的境遇》（the State of Working American）中会公布各阶层工人的实际工资信息，有些信息也会公布在网页上（www.stateof-workingameiraica.org）。

10. 收入不平等。

    a. 书中提供的哪些证据表明美国的收入不平等现象随着时间的推移而增加了吗？

    b. 用受过教育的工人的供求来解释收入不平等的加剧。

    c. 用受过较低教育的工人的供求来解释收入不平等的加剧。

    d. 如果可能的话，做一个网上搜索，对比民主党和共和党关于这个问题的立场"收入不平等的加剧是不是一个需要政策来解决的问题"。

    e. 2011 年有些证据表明婚姻结合按受教育程度划分的状况，网址为 http://www.theatlantic.com/sexes/archive/2013/04/college-graduates-marry-other-collegegraduates-most-of-the-time/274654/。解释一下，若相似受教育程度的人更可能和彼此结婚，这会怎样加剧收入不平等。

补充阅读

- 更多关于现代经济再分配的知识，可以阅读 *The Churn: The Paradox of Progress*，美联储达拉斯分行 1993 年的一篇报告。
- 了解计算机是如何改变劳动力市场的，推荐阅读 *The New Division of Labor: How Computers Are Creating the Next Job Market*, by Frank Levy and Richard Murnane(2004)。
- 关于美国不平等各方面的更多统计资料，一个有用的网站是经济政策研究所发布信息的"美国工作状况"，网址是 http://www.stateofworkingamerica.org/。
- 关于创新和收入不平等问题的更多信息，除 Thomas Piketty 的 *Capital in the XXI Century* (2014) 外，还有由 Thomas Piketty 和 Emmanuel Saez 撰写的 "Income Inequality in the United States, 1913—1998." *The Quarterly Journal of Economics*, 118 (1):1-41 以及 Emmanuel Saez(2013) "Striking it Richer: The Evolution of Top Incomes in the United States," mimeo UC Berkeley。
- 关于技术和不平等的更普遍观点，以及稍有差异的观点，您可以阅读 "Technology and Inequality" by David Rotman, *MIT Technology Review*, October 21, 2014, available at http://www.technologyreview.com/featurestory/531726/technology-and-inequality/。

第五部分

扩展内容：预期

接下来三章是核心内容的第一个扩展，关注预期对产出波动的影响。

第14章 着重于金融市场中预期的作用。本章首先引入了预期贴现值的概念，这在资产定价和消费投资决策中起到重要作用。利用这一概念，我们考察了债券价格和收益的决定，通过观察收益率曲线来了解预期未来利率的变化。然后我们转向股票价格，并阐述了股票价格如何取决于预期的未来分红和利息。最后，我们讨论了股票价格在通常情况下是否反映基础价值，还是反映了泡沫和狂热。

第15章 着重考察预期在消费和投资决策中的作用。本章内容说明了消费如何部分取决于当前收入，部分取决于人力财富及金融财富；也展示了投资如何部分依赖于当前的现金流量，同时部分依赖于未来利润的预期现值。

第16章 考察预期在产出波动中的作用。本章始于 *IS-LM* 模型，为了反映出预期对支出的影响，对产品市场均衡（*IS* 关系）的描述进行了拓展；还会从预期的角度来重新讨论货币政策和财政政策对产出的效应。

第 14 章
金融市场和预期

在第 4 章最初考察金融市场时,我们假设只有两种资产:货币和一种一年期的债券。现在,我们从更丰富、更现实的非货币金融资产角度来考察经济世界,包括短期债券、长期债券以及股票。

这一章我们着重考察预期在债券、股票和房产定价过程中的作用。我们之前从不同方面非正式地讨论了预期在定价中的作用,现在我们要正式地来理解它。它在宏观教材中的原因是:正如你看到的,不仅仅是这些价格受到当前和预期未来活动的影响,它反过来也会影响当前活动从而影响决策。理解定价是理解波动的中心。

14.1 介绍了预期贴现值这一概念,它在资产定价决定、消费和投资决策中具有重要作用。

14.2 考察了债券价格的决定以及收益率曲线,并说明了它们如何取决于当前和预期的未来短期利率,然后说明了如何使用收益率曲线推导对未来短期利率的预期。

14.3 考察了股票价格的决定,阐述了股票价格如何取决于当期和预期的未来利润,以及当期和预期的未来利率,然后讨论了股价变动和经济活动变化之间的关系。

14.4 考察股市中的狂热和泡沫,当资产(尤其是股票和房产)价格变动的原因与当前或者未来预期利润以及利率无关时出现的情况。

14.1 预期贴现值

为了理解现值的重要性，我们来考虑经理如何决定是否购买一台新机器这一问题。一方面，购买和安装一台机器对今天而言是成本支出。另一方面，机器在未来将带来更强的生产力、更高的销量和更高的利润。问题就在于预期的利润是否会高于购买和安装机器的成本。这就是预期贴现值这一概念运用的地方。**预期贴现值**（expected present discounted value）就是一系列未来收益在今天的期望值。当经理计算出了一系列利润的预期贴现值，问题就简单多了。她只需要比较两个值，预期贴现值和初始成本。如果预期贴现值大于成本，她就应该购买；反之就不购买。

计算预期贴现值

如果一年期的名义利率为 i_t，今年借出 1 美元可以在明年收到 $(1+i_t)$ 美元。同样地，今年借入 1 美元意味着将在明年支付 $(1+i_t)$ 美元。在这个意义上，今年的 1 美元与明年的 $(1+i_t)$ 美元等值。这个关系由图 14-1 表示。

> 这一小节，为简便起见，我们忽视第 6 章讨论的风险，在下一节再讨论。

反过来我们要问：明年的 1 美元在今年值多少钱？图 14-1 中的第二条线说明了问题的答案，是 $1/(1+i_t)$ 美元。这样考虑：如果你今年借出了 $1/(1+i_t)$ 美元，明年你将得到 $1/(1+i_t) \times (1+i_t) = 1$ 美元。等价地，如果你今年借入了 $1/(1+i_t)$ 美元，明年你将刚好需要偿还 1 美元。因此，明年的 1 美元在今年值 $1/(1+i_t)$ 美元。

更加正式地，我们称 $1/(1+i_t)$ 是明年 1 美元的贴现值。"现值"表示我们考虑的是明年的一个支付额在今天用美元表示的价值。"贴现"表示的是明年的价值在今年是折价的，$1/(1+i_t)$ 是**折现因子**（discount factor）。[一年期的名义利率 i_t 有时也称为**折现率**（discount rate）。]

> i_t：折现率。$1/(1+i_t)$：折现因子。如果折现率上升，折现因子将下降。

名义利率越高，明年的 1 美元在今天的价值就越低。如果 $i=5\%$，明年的 1 美元在今年的价值是 $1/1.05 \approx 95$ 美分。如果 $i=10\%$，明年的 1 美元在今年的价值是 $1/1.10 \approx 91$ 美分。

现在，应用同样的逻辑来考虑两年后 1 美元在今年的价值。暂时假定当前和未来的一年期名义利率确切可知。令 i_t 表示今年的名义利率，i_{t+1} 表示明年的名义利率。

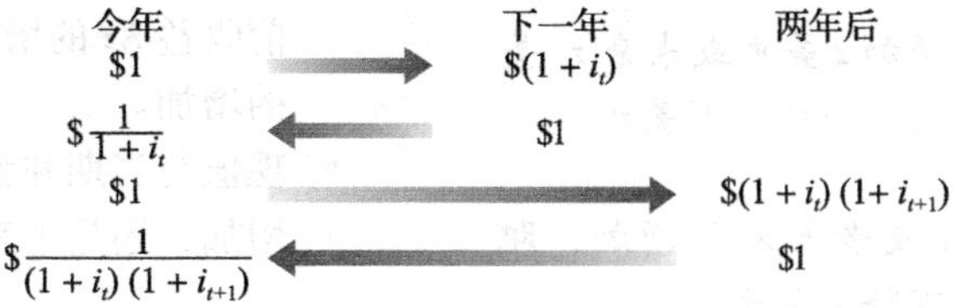

如果你借出 1 美元且为期两年，你将在两年后得到 $(1+i_t)(1+i_{t+1})$ 美元。换句话说，今天的 1 美元在两年后值 $(1+i_t)(1+i_{t+1})$ 美元。这种关系如图 14-1 的第三条线所示。

图 14-1　计算折现值

那么，两年后的 1 美元在今天值多少钱？按着之前的逻辑，答案是 $1/(1+i_t)(1+i_{t+1})$ 美元：如果你在今年借出 $1/[(1+i_t)(1+i_{t+1})]$ 美元，你在两年后将刚好得到 1 美元。因此，两年后 1 美元的贴现值等于 $1/[(1+i_t)(1+i_{t+1})]$ 美元。这个关系如图 14-1 中最后一条线所示。例如，如果今年和明年的一年期名义利率相同，均为 5%，即 $i_t = i_{t+1} = 5\%$，那么，两年后的 1 美元的折现值为 $1/(1.05)^2$，即大约今年的 91 美分。

通用公式

现在对于随时间变化的支付额和利率,我们很容易可以推导出一般情况下的贴现值。

考虑一系列美元收益,暂时假定当前和未来的一年期名义利率确切可知。当前的收益记作 z_t 美元,明年的收益记作 z_{t+1} 美元,两年后的收益记作 z_{t+2} 美元,依此类推。

这一系列收益的折现值,即收益序列在今年用美元表示的价值记作 V_t 美元,由下式表示:

$$\$V_t = \$z_t + \frac{1}{(1+i_t)}\$z_{t+1} + \frac{1}{(1+i_t)(1+i_{t+1})}\$z_{t+2} + \cdots$$

未来的每一笔收益都乘上相应的因子。收益离现在越远,折现因子越小,收益在今年的贴现值就越小。换句话说,未来收益贴现得越多,其现值就越低。

我们一直假设当前和未来的一年期名义利率确切可知,然而,事实上决策必须基于对未来收益的预期,而非这些收益的实际值。在前面的例子中,经理无法确定新机器能带来多少利润,也不知道未来的利率是多少。他所能做的就是做出尽量准确的预测,从而基于这些预测计算其预期贴现值。

当未来的收益和利率都不确定的时候,我们如何计算预期贴现值?我们基本上是使用前面的方法,只不过把公式中已知的未来收益和已知的未来利率换成未来收益和利率的预期值。更正式地,我们记明年的预期收益为 z^e_{t+1} 美元,两年后的预期收益为 z^e_{t+2} 美元,依此类推。相似地,我们记明年的一年期名义利率预期值为 i^e_{t+1},依此类推。(今年的一年期名义利率预期值是 i_t,是现在已经知道的,因此不需要上角标 e。)一系列预期收益的预期贴现值由下式表示:

$$\$V_t = \$z_t + \frac{1}{(1+i_t)}\$z^e_{t+1} + \frac{1}{(1+i_t)(1+i^e_{t+1})}\$z^e_{t+2} + \cdots \tag{14-1}$$

预期贴现值的表述过于累赘。为了简明,我经常会使用**贴现值**(present discounted value),或**现值**(present value)的说法,同样地,也需要以一种更加简明的形式来书写像式(14-1)这样的表达式:将一个预期序列 $\$z$ 的现值记作 $V(\$z_t)$,或仅为 $V(\$z)$。

现值的应用:举例

式(14-1)有两个重要的含义。

> 增加 z 美元或未来 z^e 美元,即增加 V 美元。
>
> i 或者未来 i^e 增加,即下降 V 美元。

- 现值与当前的实际收益和未来的预期收益正相关。无论是当前收益 $\$z$ 的增加,还是未来收益 $\$z^e$ 的增加,都会导致现值的增加。
- 现值与当期和预期未来的利率负相关。无论是当期利率 i 的增加,还是未来任何期 i_e 的增加,都会导致现值的减少。

然而,式(14-1)并没有那么简单。我们可以通过一些例子来继续探究其中的内涵。

固定利率

为了集中探讨收益系列对现值的影响,假设预期利率不随时间变化而变化,因此 $i_t = i^e_{t+1} = \cdots$,并记它们的共同值为 i。现值表达式(14-1)变成:

$$\$V_t = \$z_t + \frac{1}{(1+i)}\$z^e_{t+1} + \frac{1}{(1+i)^2}\$z^e_{t+2} + \cdots \tag{14-2}$$

在这种情况下，现值是当前和预期未来收益的加权和：权重随着时间呈几何级数下降。今年的权重是 1，从今年起 n 年后的权重是 $1/(1+i)^n$。由于利率是正值，越往后权重越接近于零。例如，当利率等于 10%，10 年后的权重是 $1/(1+0.1)^{10} = 0.386$，从而 10 年后 1 000 美元的收益在今天值 386 美元。30 年期的权重为 $1/(1+0.1)^{30} = 0.057$。因此，30 年后 1 000 美元的收益在今天仅值 57 美元。

> 该权重对应几何级数意义。参考书末附录 B 中对几何级数的讨论。

固定利率和收益

在有些情况下，计算一系列收益的现值比较简单。例如，典型的 30 年期固定利率抵押贷款，要求在 30 年内每年都有固定的美元收益。考虑一个持续 n 年的等收益序列——记作 $\$z$，没有时间下标并且包括今年在内。在这种情况下，式 (14-2) 中的现值公式简化为：

$$\$V_t = \$z_t \left[1 + \frac{1}{(1+i)} + \cdots + \frac{1}{(1+i)^{n-1}} \right]$$

由于括号中的表达式是一个几何数列，我们可以计算该数列，得到：

$$\$V_t = \$z \frac{1 - [1/(1+i)^n]}{1 - [1/(1+i)]}$$

> 至此，几何级数应该没有任何秘密可言，因此你推导该关系式也应该没什么问题。但如果你还有问题，可参考书末附录 B 的内容。

设想你刚刚在国营彩票中心赢得了 100 万美元，并且电视上已向你展示了一张 6 英尺的 100 万美元支票。然后，你被告知，为了避免受到最糟糕的消费本能以及许多新"朋友"的侵害，国家将会在今后的 20 年里，每年向你等额支付 5 万美元。你的奖金在今天的现值是多少？如果每年的利率为 6%，由之前的公式可以得出，$V = 50\,000 \times 0.688/0.057 = 608\,000$ 美元。虽然不算坏，但是你所赢得的奖金并没有使你成为百万富翁。

> 若 $i = 4\%$，则现值是多少？$i = 8\%$ 呢？（答案分别是 706 000 美元和 53 0000 美元。）

固定利率和收益，无限期支付

更进一步探讨，假设收益不仅恒定，并且无限期支付。现实世界中很难找到这样的例子，但在 19 世纪的英格兰，当时政府发行统一公债，这种债券永久性地每年支付相同金额。令 $\$z$ 表示固定收益。假设收益的支付从明年开始，而非像前面的例子那样立即支付（这样可以使数学计算变得简单）。由式 (14-2) 我们可以得到：

$$\$V_t = \frac{1}{(1+i)} \$z + \frac{1}{(1+i)^2} \$z + \cdots$$
$$= \frac{1}{(1+i)} \left[1 + \frac{1}{(1+i)} + \cdots \right] \$z$$

> 大多数永久公债于 19 世纪末和 20 世纪初已被英国政府回购，但还有相当部分仍在流通。

该式的第二行提出了一个因子 $1/(1+i)$。观察括号中的形式，可以很容易看出这样做的原因：这是一个无限几何级数的和。因此，可以使用几何级数的性质重新改写现值公式：

$$\$V_t = \frac{1}{1+i} \frac{1}{[1 - 1/(1+i)]} \$z$$

或者，继续简化为（步骤见书末附录 B 的命题 2）：

$$\$V_t = \frac{\$z}{i}$$

一个为 $z 的固定收益系列的现值等于 z 美元与利率 i 的比值。例如，如果利率的预期值永远都是 5%，那么一个承诺每年支付 10 美元的统一公债的现值为 10/0.05 = 200 美元。如果利率提高为 10%，该公债的现值下降为 10/0.1 = 100 美元。

零利率

折现、计算现值通常要使用计算器，然而还有一种情况，计算比较简单，这就是利率为零的情况。如果 $i = 0$，则 $1/(1+i)$ 等于 1。对于任意指数 n，$1/(1+i)^n$ 都为 1。因此，一系列预期收益的现值恰好是那些收益值的总和。由于利率实际上都是正值，假设利率为零仅仅是一种近似，但是这对于近似计算是很有用的。

名义利率、实际利率和现值

到现在为止，我们计算一系列美元收益的现值使用的是用美元表示的利率——名义利率。特别地，我们写出了式（14-1）：

$$\$V_t = \$z_t + \frac{1}{(1+i_t)}\$z^e_{t+1} + \frac{1}{(1+i_t)(1+i^e_{t+1})}\$z^e_{t+2} + \cdots$$

在这里，i_t，i_{t+1}，…是当期和预期未来的名义利率系列，$\$z_t$，$\$z^e_{t+1}$，$\$z^e_{t+2}$，…是当期和预期未来的以美元表示的收益序列。

假设我们想要计算的是实际收益序列的现值，即以一揽子产品表示的收益，而非以美元表示。按照之前的逻辑，我们需要使用正确的利率：用一揽子产品表示的利率为实际利率。特别地，我们可以把实际收益序列的现值写成：

$$V_t = z_t + \frac{1}{(1+r_t)}z^e_{t+1} + \frac{1}{(1+r_t)(1+r^e_{t+1})}z^e_{t+2} + \cdots \tag{14-3}$$

在这里，r_t，r^e_{t+1}，…是当期和预期未来的实际利率系列，z_t，z^e_{t+1}，z^e_{t+2}，…是当期和预期的未来实际收益序列，V_t 是未来收益的实际现值。

> 证据在本章的附录中给出，阅读该部分内容以检验你对本章引入的两个概念的理解——实际利率和名义利率，以及预期现值。

这两种现值的表达方式是等价的。也就是说，使用式（14-1）所计算的 $\$V_t$ 除以价格水平 P_t，就等于我们在式（14-3）中得到的实际现值 V_t，即：

$$\$V_t / P_t = V_t$$

总结：我们可以通过两种方式计算一个收益序列的现值。一种是以美元表示的收益序列现值，使用名义利率折现，然后除以当前的价格水平。另一种是用一揽子产品表示的收益序列现值，使用实际利率折现。这两种方式得到的答案是相同的。

这两个公式是否都需要？答案是肯定的。哪一种方式更有用取决于具体环境。

以债券为例。债券通常在一定时期内要求一系列名义收益。例如，一个 10 年期债券承诺在十年内每年支付 50 美元，加上在最后一年的最终支付 1 000 美元。因此，当我们在下一章考察债券定价时，应当使用以美元表示的式（14-1）（用美元支付表示），而非以一揽子产品表示的式（14-3）（用实际产品支付表示）。

但是有些时候，我们更关心未来预期的实际价值而非美元价值。你对于 20 年后的美元可能还没有什么概念，它的价值在很大程度上取决于此时和彼时之间的通货膨胀发生了怎样的变化。但是，你应该对于你的名义收入至少会和通货膨胀率增长一样快拥有信心，换句话说，你的实际收入不会减少。在这种情况下，使用式（14-1）就会比较困难，因为该式要求建立对未来美元收入的预期。然而，使用式（14-3）相对容易，它要求建立对未来实际收入的预期。因此，我们在第15章中讨论消费和投资决策时，应该使用式（14-3），而非式（14-1）。

14.2 债券价格和收益率曲线

债券之间的区别主要体现在以下两个方面。

- **期限**（maturity）：承诺向债券持有者提供收益的时间长度。一种债券承诺在6个月后支付1 000美元，则其期限为6个月。一种债券承诺在今后的20年内每年支付100美元，并在结束的最后一年最终支付1 000美元，则其期限是20年。
- **风险**：这可能是违约风险，债券的发行人（一般是政府或公司）不能全额支付承诺的款项所带来的风险。这可能是价格风险，在到期前你想出售债券时价格不确定的风险。

风险和期限对利率都有重要影响。在此我主要关注期限，也就是期望的作用，因此我会先忽略风险，之后再介绍。

不同期限的债券有各自的价格和相应的利率，称作**到期收益率**（yield to maturity），或简称为**收益率**（yield）。期限为一年甚至更短的债券的收益率称为**短期利率**（short-term interest rate）。更长期限的债券的收益率称为**长期利率**（long-term interest rate）。在任意给定的一天，我们可以观察到不同期限债券的收益率，并描绘出收益率和期限之间的变动轨迹。这种收益和期限之间的关系称作**收益率曲线**（yield curve），或**利率期限结构**（term structure of interest rate）［在这里，"期限"（term）和前面的"期限"（maturity）意义相同］。

例如，图14-2给出了2000年11月1日和2001年6月1日美国政府债券的利率期限结构。这两个日期的选择并非随机的，其原因很快就会清楚。

注意，2000年11月1日的收益率曲线轻微向下倾斜，从3个月利率为6.2%下降为30年利率为5.8%。换句话说，长期利率比短期利率略低。而7个月后，2001年6月1日的收益率曲线出现剧烈上升，从3个月利率为3.5%上升为30年利率为5.7%。换句话说，长期利率比短期利率要高得多。

> 在此之前我们已经介绍了两种不同的利率，实际利率和名义利率、政策利率和借款利率（我们暂时先不考虑第二对利率的差异），现在我们要介绍第三对利率，短期利率和长期利率。
>
> 为了找到在本章读到的利率期限结构，你可以去 yieldcurve.com 这一网站，点击 "yield curves"。你会看到英国和美国的收益率曲线。

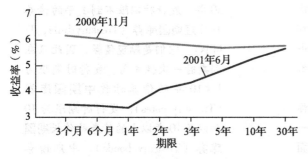

图14-2 美国收益率曲线：2000年11月1日和2001年6月1日

注：在2000年11月轻微向下倾斜的收益率曲线在7个月后急剧向上倾斜。

资料来源：Series DGS1MO, DGS3MO, DGS6MO, DGS1, DGS2, DGS3, DGS5, DGS7, DGS10, DGS20, DGS30. Federal Reserve Economic Data (FRED) http://research.stlouisfed.org/fred2/.

为什么2000年11月的收益率曲线向下倾斜，而2001年6月的收益率曲线向上倾斜？换句话说，为什么2000年11月的长期利率略低于短期利率，而2001年6月的长期利率却比短期利率高得多？金融市场的参与者在这两个不同的日期是如何思考的？为了回答这些问题，并可以更一般地了解收益率曲线的决定以及短期利率和长期利率之间的关系，我们分两步进行。

1. 我们推导出不同期限债券的价格。
2. 我们从债券价格延伸至债券收益率，并考察收益率曲线的决定以及短期利率和长期利率之间的关系。

问题聚焦　　　金融市场的词汇

理解金融市场的基本词汇有助于减少其神秘性。这里是一些基本词汇的回顾。

- 债券是由政府或者公司发行的。由政府或是政府机构发行的债券称作**政府债券**（government bonds）。由公司发行的债券称作**公司债券**（corporate bonds）。

- 债券按照其违约风险（即不能偿还所带来的风险）由评级机构进行评级。有两家主要的评级机构，一家是标准普尔公司（S&P），另一家是穆迪投资服务公司。穆迪的**债券评级**（bond ratings）从 Aaa 级（那些几乎没有违约风险的债券，如美国政府债券）到 C 级（那些违约风险比较高的债券）。2011 年 8 月，S&P 将美国政府债券从 Aaa 调低到 AA+，反映了对政府大规模预算赤字的担忧，引起了激烈的论战。评级越低的债券通常意味着需要支付越高的利率，否则投资者就不会选择购买。给定债券所支付的利率与等级最高（最好）的债券所支付的利率值之间的差额，称作该债券的**风险溢价**（risk premium）。违约风险很高的债券有时被称作**垃圾债券**（junk bonds）。

- 承诺在到期日一次支付的债券称作**贴现债券**（discount bonds）。一次性支付的额度称作债券的**票面价值**（face value）。

- 承诺在到期日前多次支付，并在到期日一次支付的债券称作**息票债券**（coupon bonds）。到期日前的支付称作**息票支付**（coupon payments），最后一次支付称作债券的票面价值。息票支付与票面价值的比值称作**息票率**（coupon rate）。**当前收益率**（current yield）是息票支付额和债券价格的比值。

  例如，一种债券的息票支付额为每年 5 美元，票面价值为 100 美元，价格为 80 美元，息票率为 5%，当前收益率为 $5/80 = 0.0625 = 6.25\%$。从经济学的角度来看，息票率和当前收益率都不是对利率的测度。债券中对利率的正确测度是到期收益率，或简单称作收益率，可以将其近似看作债券在其**生命周期**[life (of a bond)]中的平均年利率（债券的生命周期是指债券到期前剩余的时间）。在之后的章节，我们会给出更加精确的定义。

- 美国政府债券的期限范围从几天到 30 年。发行时期限不到 1 年的债券称作**短期国库券**（Treasury bills, T-bills）。它们是贴现债券，因此只在到期时一次性支付。发行时期限为 1~10 年的债券称作**中期国库券**（Treasury notes）。发行时期限为 10 年以及 10 年以上的债券称作**长期国库券**（Treasury bonds）。中期债券和长期债券统称为息票债券。期限越长的债券风险越大，因此会享有

- 一个风险溢价，也叫作**期限溢价**（term premium）。
- 债券通常是名义债券，它们承诺支付一系列固定的名义收益，该收益用本国货币计价。然而还有许多其他类型的债券。一种是**指数化债券**（indexed bonds），该债券承诺的收益是进行过通货膨胀率调整的，而非固定的名义收益。比如，一个一年期的指数化债券承诺支付的收益不是 100 美元，而是 $100(1+\pi)$ 美元，其中 π 是未来 1 年发生的通货膨胀率。由于指数化债券可以使债券持有者避免通货膨胀的风险，因此该债券在很多国家很受欢迎。在英国，指数化债券发挥了很重要的作用。在过去的 20 年里，人们广泛应用该债券进行退休储蓄。通过持有长期指数化债券，人们可以确定退休时得到的收益不受通货膨胀的影响。指数化债券（通货膨胀指数化债券）在 1997 年引入美国。

作为现值的债券价格

在这里，我们只要考察两种债券：一种是承诺一次性支付 100 美元的一年期债券，一种是承诺在两年后一次性支付 100 美元的两年期债券。当你理解了它们的价格和收益率是如何被决定的时，任何期限债券的结果就都容易得到了。我们会在后面的内容中探讨这个问题。

> 注意这两种债券都是纯贴现债券（参考问题聚焦"金融市场的词汇"）。

我们推导两种债券的价格。

- 设一年期债券承诺在明年支付 100 美元，价格记作 P_{1t} 美元，必然等于明年 100 美元的现值。令当前的一年期名义利率为 i_{1t}。注意，我现在记第 t 年的一年期利率为 i_{1t}，而非像之前的章节一样简单地记作 i_t。这样可以让你更容易记住这是一年期利率。因此，

$$\$P_{1t} = \frac{\$100}{1+i_{1t}} \tag{14-4}$$

一年期债券的价格与当期的名义利率成反向变化关系。

- 设两年期债券承诺在两年后支付 100 美元，其价格记作 P_{2t} 美元，且必然等于两年后 100 美元的现值：

> 在第 4 章 4.2 节我们已看到过该关系式。

$$\$P_{2t} = \frac{\$100}{(1+i_{1t})(1+i^e_{1t+1})} \tag{14-5}$$

在这里，i_{1t} 表示今年的一年期利率，i^e_{1t+1} 表示金融市场预期的明年的一年期利率。两年期债券的价格与当前的一年期利率和预期的明年一年期利率成反方向变化关系。

套利和债券价格

在深入探讨式（14-4）和式（14-5）之前，先考察式（14-5）的另一种推导方式。这种推导方式可以引入一个重要的概念：**套利**（arbitrage）。

设想你可以选择持有一年期债券或者两年期债券。你所关心的是一年之后收益率是多少。你会选择持有哪种债券？

- 假设你持有一年期债券，对于你投入的每一美元，在明年都将得到 $(1+i_{1t})$ 美元。这

个关系由图 14-3 的第一行表示。

- 假设你持有两年期债券。由于该债券的价格是 P_{2t} 美元，你投入的每一美元在今天可以买入 1/P_{2t} 份债券。到了第二年，两年期债券距离到期还有一年的时间，该债券成为一年期债券。因此，在第二年你预期出售该债券的价格是 $\$P^e_{1t+1}$，也就是第二年的一年期债券的预期价格。

因此，对于在两年期债券中投入的每一美元，第二年预期收益为 $\$1/\$P_{2t} \times \$P^e_{1t+1}$，即 $\$P^e_{1t+1}/\$P_{2t}$。这个关系由图 14-3 的第二行表示。

你应该持有哪种债券呢？假设你和其他金融投资者仅关心预期收益率[这种假设被称作**预期假说**（expectations hypothesis）]。简单来说，你和其他金融投资者很可能不仅仅关心预期收益率，也关心与所持债券相关的风险。如果你持有一年期债券，你确切地知道一年后你会得到多少。如果你持有两年期债券，一年以后你出售该债券的价格是不确定的，

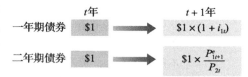

图 14-3　一年期和两年期债券持有一年的收益率

则两年期债券若只持有一年是有风险的。现在我们先忽略这一点，之后再讨论。

在这个假设条件下，你和其他金融投资者仅关心预期收益率，可以认为这两种债券必然只能提供相同的一年期预期收益。设想，如果这种情况不被满足，例如，一年期债券的一年期收益率低于两年期债券的一年期预期收益率，在这种情况下，没有人想要持有现有的一年期债券，从而一年期债券市场会失去平衡。只有当两种债券的预期一年期收益率相同时，金融投资者才会愿意持有一年期债券或是两年期债券。

如果两种债券能提供相同的一年期收益，从图 14-3 可以得出：

$$1 + i_{1t} = \frac{\$P^e_{1t+1}}{\$P_{2t}} \tag{14-6}$$

> 使用套利概念来限定该条件，即两种资产的预期收益率必须相等。一些经济学家仍将套利概念限定在较狭义的条件，即无法找到可利用的无风险的收益机会。

式（14-6）左侧表示持有一年期债券一年每一美元可获得的收益；等式右侧表示持有两年期债券一年，每一美元可获得的预期收益。我们把如式（14-6）这样表示两种资产的预期收益必然相同的关系式，称作套利关系。可以重写式（14-6）：

$$\$P_{2t} = \frac{\$P^e_{1t+1}}{1 + i_{1t}} \tag{14-7}$$

套利意味着两年期债券在今天的价格是明年债券的预期价格的贴现值。这就提出了一个问题：一年期债券在明年的预期价格（$\$P^e_{1t+1}$）是如何决定的？

答案很简单：正如今年的一年期债券价格取决于今年的一年期利率，那么明年的一年期债券价格取决于明年的一年期利率。写出明年即（$t+1$）年的式（14-4），并用通常的方式表示预期，可得：

$$\$P^e_{1t+1} = \frac{\$100}{(1 + i^e_{1t+1})} \tag{14-8}$$

明年债券价格的预期值等于最后一次支付额，即 100 美元，由明年的一年期预期利率贴现所得。将式（14-7）中的 $\$P^e_{1t+1}$ 用式（14-8）表示，可得：

$$\$P_{2t} = \frac{\$100}{(1 + i_{1t})(1 + i^e_{1t+1})} \tag{14-9}$$

这个表达式与式（14-5）是相同的。我们已经说明，一年期和两年期债券之间的套利意味着两年期债券的价格等于两年后收益的贴现值，即将100美元按照当前和明年预期的一年期利率贴现所得的价值。

> 套利与现值之间的关系：不同期限债券间的套利意味着债券价格等于这些债券的支付现金流的预期现值。

从债券价格到债券收益率

考察过债券价格之后，我们现在转向债券收益率。基本观点是：债券收益率如同债券价格一样，包含了未来预期收益的相同信息。该过程可以以一种更加清晰的方式表示出来。

首先，我们需要定义到期收益率：一个n年期债券的到期收益率，或者等价地，**n年期利率**（n-year interest rate），定义为使今天的债券价格等于债券未来收益现值的固定年利率。

该定义其实比听起来更简单。以前面引入的两年期债券为例。记其收益率为i_{2t}，其中下角标"2"提醒我们这是对应两年期债券的到期收益率，或等价地，两年期利率。由到期收益率的定义可得，该收益率是使两年后100美元的现值等于债券当前价格的固定年利率。因此，它满足以下关系：

$$\$P_{2t} = \frac{\$100}{(1+i_{2t})^2} \tag{14-10}$$

设想该债券的当前出售价为90美元。那么，两年期利率i_{2t}等于$\sqrt{(100/90)}-1$，即5.4%。换句话说，持有该债券两年，直至到期日，可以获得每年5.4%的利息。

两年期利率与当前一年期利率以及预期一年期利率有什么关系？为了回答这个问题，我们需要比较式（14-10）与式（14-9）。从两式中消去$\$P_{2t}$，可得：

$$\frac{\$100}{(1+i_{2t})^2} = \frac{\$100}{(1+i_{1t})(1+i^e_{1t+1})}$$

整理得到：

$$(1+i_{2t})^2 = (1+i_{1t})(1+i^e_{1t+1})$$

该式给出了两年期利率（i_{2t}）与当前一年期利率（i_{1t}）以及第二年的预期一年期利率（i^e_{1t+1}）之间的精确关系。该关系的一个有用的近似是：

$$i_{2t} \approx \frac{1}{2}(i_{1t} + i^e_{1t+1}) \tag{14-11}$$

> $\$90 = \$100/(1+i_{2t})^2 \Rightarrow$
> $(1+i_{2t})^2 = \$100/\$90 \Rightarrow$
> $(1+i_{2t}) = \sqrt{\$100/\$90} \Rightarrow$
> $i_{2t} = 5.4\%$

> 在第6章中考察名义利率与实际年利率之间的关系时，我们使用了相同的近似关系。参考书末附录B的命题3。

式（14-11）简单地说明了两年期利率（近似）等于当前的一年期利率和第二年的预期一年期利率的平均值。

我们关注了一年期和两年期债券的价格与收益率，但是我们的结果可以推广至任意期限的债券。例如，我们可以考察期限低于一年的债券。举个例子：6个月债券的收益（近似）等于当前3个月利率和之后3个月利率的平均值。或者我们可以考察期限超过两年的债券。例如，一个十年期债券的收益率（近似）等于当前的一年期利率和九年后的预期一年期利率的平均值。

总结规律：长期利率反映了当前利率以及未来的预期短期利率。在我们解释图14-2的收益率曲线之前，我们还要做一件事，就是再次介绍风险。

风险的再介绍

到目前为止，我们假定投资者不关心风险，但事实上，他们很关心。回到选择持有一年期债券一年还是持有两年期债券一年这一问题上来。第一种选择是无风险的。第二种选择是有风险的，因为你不知道一年之后你出售债券时的价格是多少。因此在持有两年期债券时，你希望能获得一个溢价，那么套利等式如下：

$$1 + i_{1t} + x = \frac{\$P^e_{1t+1}}{\$P_{2t}}$$

两年期债券的期望收益（等式右边）必须要超过一年期债券的收益，超出值为风险溢价 x。重新构造等式为：

$$\$P_{2t} = \frac{\$P^e_{1t+1}}{1 + i_{1t} + x}$$

两年期债券的价格就是下一年的一年期债券期望现价用一个反映风险溢价的贴现率贴现所得的价格。当一年期债券有一个已知的收益，即无风险时，下一年的一年期债券的期望价格仍旧可以用式（14-8）表示。因此，替代之前的等式后可得：

$$\$P_{2t} = \frac{\$100}{(1 + i_{1t})(1 + i^e_{1t+1} + x)} \tag{14-12}$$

现在，我们重复一下之前的步骤，从价格等式中推导出收益。使用两年期债券价格的两个表达式，式（14-10）和式（14-12），可得：

$$\frac{\$100}{(1 + i_{2t})^2} = \frac{\$100}{(1 + i_{1t})(1 + i_{1t+1} + x)}$$

整理可得：

$$(1 + i_{2t})^2 = (1 + i_{1t})(1 + i^e_{1t+1} + x)$$

最后，使用与之前相似的方法：

$$i_{2t} \approx \frac{1}{2}(i_{1t} + i^e_{1t+1} + x) \tag{14-13}$$

两年期利率是当前利率、未来一年期期望利率和风险溢价的平均值。我们假定下一年的一年期期望利率和今年一样，那么两年期利率将会高于一年期利率，以此反映持有两年期债券的风险。因为价格风险会随着债券期限的增加而增加，风险溢价也会随着期限的增加而增加，对于长期债券而言风险溢价一般为 1%～2%。这说明，收益率曲线一般会略微上扬，从而反映持有债券时间越长所承担的风险越大这一情况。

收益率曲线的解释

我们现在要解释图 14-2。

考察 2000 年 11 月 1 日的收益率曲线。当投资者预期利率是恒定的，收益率曲线应当略微上扬，反映了风险溢价随着期限增加。因此，当收益率曲线向下倾斜这一相对少见的情况出现时，说明投资者预期利率逐渐下降。如果考察宏观情况，我们就会发现宏观情况能够较好地支持这一观点。在 2000 年 11 月末，美国经济下行，投资者将此称为平稳着陆。他们认为，为了保持经济增长，美联储应当逐渐调低政策利率，这一预期就是收益率曲线向下倾斜的背后原因。然而到了 2001 年 6 月，经济增速比 2000 年 11 月下降得更多，同时相比投资者原先的预期，美联储将利率下调得更多。此时，投资者预期随着经济复苏，美联储会开始提高政策利率。因此，收益率曲线逐渐上扬。然而我们观察到，那时候期限一年的收益率曲线基本是平的。

这告诉我们金融市场并没有预期在 2002 年 6 月前利率会开始上升。这是正确的吗？不一定。事实上，经济复苏比预期来得缓慢多了，而且美联储在 2004 年 6 月前都没有提高政策利率，也就是比市场预期晚了整整两年。

另外一个例子是零利率下限和加息，在问题聚焦中有所呈现。

> 你可能还想重新阅读一下第 5 章中 2001 年经济衰退这一问题聚焦的内容。

问题聚焦　　收益率曲线、零利率下限和加息

在 2015 年 10 月，关于美联储何时开始零利率下限以及何时上调政策利率的争论十分火热，用金融市场的语言来说，就是加息日在什么时候。美联储暗示说这预期将发生在 2015 年年末。2015 年 10 月 15 日的收益率曲线图如图 1 所示，表明投资者并未相信。

首先，收益率曲线是上扬的，说明投资者预期利率最终会增加（其他相关证据是此时的风险利率很小，因此收益率曲线的斜率基本反映了更高的短期期望利率）。也就是说，投资者预期美国经济会走强，以至于美联储会采用上调政策利率的方式来防止经济过热。

然而，6 个月期限（比如，直到 2016 年 4 月）的收益率曲线是非常平坦的。这说明投资者没有预期美联储会在 2016 年春季前上调政策利率，因此晚于美联储所暗

示的时间。等到你看到这里的时候，你可以回答这一问题：美联储如期上调利率了吗，或者如投资者所想，加息的时间更晚一些吗？

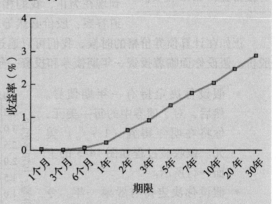

图 1　2015 年 10 月 15 日的收益率曲线

资料来源：Series DGS1MO, DGS3MO, DGS6MO, DGS1, DGS2, DGS3, DGS5, DGS7, DGS10, DGS20, DGS30. Federal Reserve Economic Data (FRED) http://research.stlouisfed.org/fred2/.

我们来总结一下在这一节所学的内容。你知道了套利是如何决定债券价格的。你知道了债券价格是如何由当前和未来期望利率以及风险溢价决定的，还有怎么来理解收益率曲线。

14.3　股票市场和股票价格的变动

到现在为止我们关注的重点是债券。政府往往通过发行债券进行融资，但公司不是。公司筹集资金有四种方式：第一种是**内部融资**（internal finance），即使用一部分利润；第二种是小公司的主要融资方式，**外部融资**（external finance），即银行贷款；第三种是**债务融资**（debt finance），即债券和贷款；第四种是**股权融资**（equity finance），通过发行**股票**（stocks 或者 shares）。股票并不像债券那样有预先确定的支付，支付由公司的**红利**（dividends，也叫股息）决定。红利由公司的利润来支付，通常情况下分配的红利比利润要少很多，因为公司需要留存资金用于投资。但是红利分配随着利润变化：当利润提高时，红利分配也会提高。

本节我们关注的重点是股票价格的决定。作为一种引出问题的方式，我们先考察美国自

另一个更著名的指数是道琼斯工业指数，只包含工业上市公司的指数，因此，相较于 S&P 指数，其对股票市场平均股价的代表性也较差。类似的指数在其他国家也存在，例如反映东京股票市场变动的日经指数，分别反映伦敦和巴黎股票价格变动的金融时报指数和 CAC 指数。

1980 年构建的标准普尔 500 种股票合成指数（简称 S&P 指数）。该指数测算了 500 家大公司的平均股价变化。

图 14-4 描述了实际股价指数，通过 S&P 指数除以每月的 CPI 指数并标准化得到，因此 1970 年的数值为 1。该图明显的特点是指数出现急剧变化，从 1995 年的 1.4 升至 2000 年的 4.0，2003 年又急剧下降为 2.1。还有近些年的巨大变化，指数从 2007 年的 3.4 下降为 2009 年的 1.7，此后逐渐恢复。是什么决定了股价的变动？股价如何对经济环境和宏观政策的变化做出反应？这些都是本节以及下一节所要探讨的问题。

股票价格和现值

股票承诺了未来的一系列红利，那么是什么决定了股票的价格？到现在为止，我们相信可以再次借鉴 14.1 节的内容，而且你已经知道答案：股价必然等于未来预期红利的现值。

正如在计算债券价格的时候，我们可以通过考察一年期债券和股票之间的套利关系来得到股价。假设你面临着投资一年期债券和投资一年股票的选择。你应该如何选择？

- 假设你决定持有一年期债券。然后，对于债券中的每一美元，你将在明年得到 $(1 + i_{1t})$ 美元。该收益过程如图 14-5 的上面一行所示。
- 假设你决定持有股票一年。令 $\$Q_t$ 表示股价，$\$D_t$ 表示今年的红利，$\$D^e_{t+1}$ 表示明年的预期红利。设想我们考察今年刚刚支付过红利的股票的价格，这个价格称作**除息价格**（ex-dividend price）。因此，支付的第一笔红利是购买该股票一年后的红利。（这是为了简单起见，我们也可以考察今年分红前的股票的价格。那么，我们需要加入什么？）

图 14-4 1970 年以来的实际标准普尔股价指数

注：注意 20 世纪 90 年代中期股价的急剧变动。

资料来源：Calculated from Haver Analytics using series SP500@ USECON.

图 14-5 持有一年期债券或者持有一年股票的收益

这意味着今天购买股票，明年收到红利，然后卖出股票。如果该股票的价格为 $\$Q_t$，则股票中每一美元可以购买 $\$1/\$Q_t$ 股。对于你购买的每股股票，你预期得到 $(\$D^e_{t+1} + \$Q^e_{t+1})$，即明年的预期红利和预期股价之和。因此，对于股票中的每一美元，你预期得到 $(\$D^e_{t+1} + \$Q^e_{t+1})/\$Q_t$。该收益过程如图 14-5 的下面一行所示。

我们用之前在债券中使用的套利观点。显然，持有股票一年是非常有风险的，比持有一年期债券的风险大很多（一年期债券是无风险的）。不同于债券价格推导过程的两步法（先不考虑风险，之后再引入风险溢价），我们在一开始就把风险考虑进去，并且假设投资者持股会要求一个风险溢价。

在股票中，风险溢价被称为**股权溢价**（equity premium）。那么均衡就要求持有股票一年取得的收益率等于持有一年期债券的收益率和股权溢价之和：

$$\frac{\$D^e_{t+1} + \$Q^e_{t+1}}{\$Q_t} = 1 + i_{1t} + x$$

x 就表示股权溢价。将该式重新书写成：

$$\$Q_t = \frac{\$D^e_{t+1}}{(1 + i_{1t} + x)} + \frac{\$Q^e_{t+1}}{(1 + i_{1t} + x)} \tag{14-14}$$

套利意味着今天的股票价格必然等于明年的预期红利现值与明年的预期股票价格现值之和。

下一步就是考虑是什么决定了 $\$Q^e_{t+1}$，也就是明年的预期股票价格。在明年，股票投资者将再一次面临股票和一年期债券之间的选择。因此，同样的套利关系依然成立。重写前面的等式，只是现在考虑 $t+1$ 时刻的情况。将预期考虑在内，可以得到：

$$\$Q^e_{t+1} = \frac{\$D^e_{t+2}}{(1 + i^e_{1t+1} + x)} + \frac{\$Q^e_{t+2}}{(1 + i^e_{1t+1} + x)}$$

明年的预期价格简单地等于预期红利和预期价格之和在两年后的现值。将 $\$Q^e_{t+1}$ 代入式（14-14），得到：

$$\$Q_t = \frac{\$D^e_{t+1}}{(1 + i_{1t} + x)} + \frac{\$D^e_{t+2}}{(1 + i_{1t} + x)(1 + i^e_{1t+1} + x)} + \frac{\$Q^e_{t+2}}{(1 + i_{1t} + \theta)(1 + i^e_{1t+1} + x)}$$

股票价格等于明年的预期红利现值加上两年后的预期红利现值，再加上两年后预期价格的现值。

如果我们将两年后的预期价格替换为三年后预期价格与红利之和的现值，并依此类推到 n 年，得到：

$$\$Q_t = \frac{\$D^e_{t+1}}{(1 + i_{1t} + x)} + \frac{\$D^e_{t+2}}{(1 + i_{1t} + x)(1 + i^e_{1t+1} + x)} + \cdots$$
$$+ \frac{\$D^e_{t+n}}{(1 + i_{1t} + x)\cdots(1 + i^e_{1t+n-1} + x)} + \frac{\$Q^e_{t+n}}{(1 + i_{1t} + x)\cdots(1 + i^e_{1t+n-1} + x)} \tag{14-15}$$

观察式（14-15）中的最后一项——n 年后预期价格的现值。只要人们认为这样的价格在以后不会被推翻，那么我们就持续替换 Q^e_{t+n}，n 不断增加，该项会逐渐趋于 0。来看为什么，假设利率不变，并等于 i，最后一项变成：

$$\frac{\$Q^e_{t+n}}{(1 + i_{1t} + x)\cdots(1 + i^e_{1t+n-1} + x)} = \frac{\$Q^e_{t+n}}{(1 + i + x)^n}$$

进一步假设人们预期股票价格会在未来收敛于某值，记作 $\$\bar{Q}$，那么最后一项则变成：

$$\frac{\$Q^e_{t+n}}{(1 + i + x)^n} = \frac{\$\bar{Q}}{(1 + i + x)^n}$$

如果利率是正值，该表达式会随着 n 的增加逐渐趋于 0。式（14-15）会缩减为：

$$\$Q_t = \frac{\$D^e_{t+1}}{(1 + i_{1t} + x)} + \frac{\$D^e_{t+2}}{(1 + i_{1t} + x)(1 + i^e_{1t+1} + x)} + \cdots$$

> 有一点很微妙，人们预期股票价格会在未来收敛的假设是合理的，而且大多数时间该假设也是被满足的，然而，当股票价格遭遇理性泡沫时（14.4节），人们会预期股票价格会在未来大幅度上升，那么预期股票价格不会被推翻的假设就不符合现实。这就是为什么当出现泡沫时，言论会被推翻，股票价格不再等于预期红利的现值。

$$+ \frac{\$D^e_{t+n}}{(1 + i_{1t} + x) \cdots (1 + i^e_{1t+n-1} + x)} \quad (14\text{-}16)$$

股票价格等于下一年红利的贴现值（贴现值为当前一年期红利和股权溢价的总和）加上两年后的红利贴现值（贴现值为当前一年期红利、下一年的一年期红利期望值和股权溢价的总和）等（之后每一年都依此类推）。

式（14-6）给出的股票价格是用名义利率对名义红利贴现后得到的价格。由 14.1 节，我们知道可以重写该关系式得到用实际利率贴现实际红利表示的实际股价。因此，我们可以重写实际股价：

> 记录股价的两种等价方式：名义股价等于当前和未来利率贴现的未来名义股息的折现值；实际股价等于用当前和未来实际利率贴现的未来实际股息的折现值。

$$Q_t = \frac{D^e_{t+1}}{(1 + r_{1t} + x)} + \frac{D^e_{t+2}}{(1 + r_{1t} + x)(1 + r^e_{1t+1} + x)} + \cdots$$

$$(14\text{-}17)$$

其中，没有美元符号的 Q_t 和 D_t，表示 t 时期的实际价格和实际红利。实际股票价格就是用一年期实际利率和股权溢价贴现的未来实际红利的预期现值。

这个关系有三层重要的含义。

- 更高的预期未来实际红利带来更高的实际股票价格。
- 更高的当前和预期未来的一年期实际利率带来更低的股票价格。
- 更高的股权溢价带来更低的股票价格。

现在来看这种关系在股票市场的变动中说明什么问题。

股票市场和经济活动

图 14-4 说明了过去的 20 年股票市场发生的变动。指数在一年内上涨或下跌 15% 并非不寻常的事情。在 1997 年，股票市场上涨了 24%（实际值）；2008 年，股票市场下跌了 46%。日变动超过 2% 或者更高也是常见的。是什么导致这样的变动？

第一点需要说明的是，这些变动在很大程度上源自不可预测性。考虑人们在股票和债券之间做选择可以更好地理解这个问题。如果人们普遍认为一年以后的股票价格会上涨 20%，那么持有股票就会非常有吸引力，比持有短期债券要有吸引力得多，从而股票的需求量会非常大。其当前的价格会上涨，直到所持股票的预期收益率和其他资产的收益率相同。换句话说，对明年高股价的预期会带来今天的高股价。

> 你可能已经听过股票价格遵从**随机游走**（random walk）的假说。这是一个技术性术语，但可以简单解释为：一些事物，可以是分子，也可以是资产价格，如果向上和向下的每一步变动的概率相等，即服从随机游走，其变动不可被预测。

经济学中确实有一句话，股价变化的不可预见性是股票市场完善的标志。这种说法太过极端，在某些时候，一些金融投资者可能确实拥有更多信息，或者只是能更好地解读这些信息，如果这些人数量很少，他们的购买并不足以提升今天的股价，因此，他们可能获取较大的收益。然而这种观点仍然是正确的。金融市场的领导者常常预测股票市场即将发生大的变动，这都是骗人的。股票市场中大部分变动都是无法预测的。

如果股票市场的变动无法被预测，如果股票市场的反应都是消息的结果，那么我们需要做什么？我们依旧可以做以下两件事。

- 可以在周一早晨回顾并识别对市场造成影响的消息。
- 可以提出一些"如果……那么……"问题。例如，如果美联储决定实施更加宽松的货币政策，或者消费者将会更加乐观并增加支出，那么股票市场会发生怎样的变化？

我们用 IS-LM 模型（将在下一章延展，对期望有更明确的解释）来考察这两个问题。为了简化，像以前一样假设预期通货膨胀率为 0，因此，实际利率和名义利率相等。

货币扩张和股票市场

假设经济处于衰退阶段，美联储决定采取更加宽松的货币政策。货币的增加会导致 LM 曲线向下移动，如图 14-6 所示。均衡产出从 A 点移至 A'点。那么股票市场会做何反应？

答案取决于在美联储实施政策之前，股票市场中的参与者对货币政策的预期。

如果他们完全预期到了扩张性政策，那么股票市场不会做出反应：不管是对未来红利的预期还是对未来利率的预期，已经被预期到的变动都不会产生影响。因此，式（14-17）中的任何一项都不会变化，股价保持不变。

假设政策利率的起始点高于 0，从而经济不会陷入流动性陷阱。

1998 年 9 月 30 日，美联储将联邦基金利率目标值降低了 0.5%。该次降息被金融市场预测到了，道琼斯指数几乎保持未变（实际上，当天下降了 28 点）。不到一个月之后，在 1998 年 10 月 15 日，美联储再次降低联邦基金利率目标值，这次降低了 0.25%。与 9 月的降息相反，该次降息对金融市场来说完全是一个意外。当天道琼斯指数提高了 330 点，上涨幅度超过了 3%。（可以去网站看收益率曲线，可以看其在这些日期的变化。）

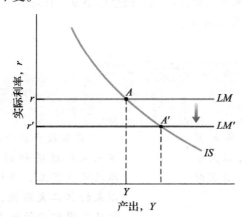

图 14-6 扩张性货币政策和股票市场

注：货币扩张降低了利率并增加了产出。这对股票市场的影响取决于金融市场是否能预期到货币扩张。

相反，假设美联储的举措至少部分未被预期到。在这种情况下，股价会上涨。这有两方面原因：首先，扩张性货币政策意味着在一段时间内利率降低。其次，这也意味着在一段时间内产出提高（直至经济恢复到自然水平），从而红利也会提高。式（14-17）告诉我们，低利率和高红利，包括当前值和预期值，将会带来股票价格的提高。

消费支出的提高和股票市场

现在考虑一个未被预测到的 IS 曲线的右移情况。例如，由于实际消费超过了预期，造成图 14-7 中产出由 A 点上升至 A'点。

那么，股价会上涨吗？人们可能倾向于肯定的答案：更加繁荣的经济意味着接下来一段时间内有更高的利润和更多的红利。但是这个答案是不完整的。

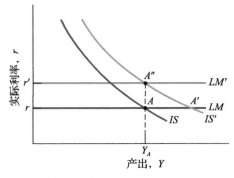

图14-7 消费支出的提高与股票市场

注：消费支出的提高带来更高的产出水平。股票市场的反应要看投资者预期的美联储行动。

如果投资者预期美联储会保持政策利率稳定，那么产出会增加，经济状况会移动到 A' 点。当政策利率不变而产出增加时，股票价格会上升。

如果投资者预期美联储会上调政策利率，那么产出可能会保持不变，经济状况会移动到 A'' 点。当产出不变而政策利率提高时，股票价格会下降。

原因是这个答案忽略了美联储的反应。如果市场预期美联储会把实际利率保持在 r 不变，那么产出会增加很多，经济会移动到 A'。利率不变而产出增加，股价会上升。美联储的行为是投资者最为关心的问题。当出现未预期到的强劲的经济活动时，华尔街主要的问题是：美联储会怎么反应？

如果市场预期美联储可能会担心产出高于 Y_A 而导致通货膨胀，那么会发生什么？我们来考虑一种情况，Y_A 接近于自然产出，在这种情况下，产出的进一步增加会导致通货膨胀加剧，有时候美联储希望能避免这一情况。美联储会上调政策利率抵消 IS 曲线的右移，使 LM 曲线上移，从 LM 变为 LM'，从而经济状况从 A 点变为 A' 点，而产出不变。在这种情况下，股价自然会下跌：预期收益没有变化，但是利率上升了。

问题聚焦　　解释毫无道理的事情：为什么昨天的股市会变化

这里是1997年4月到2001年8月《华尔街日报》的一些评述。你可以用刚学到的知识去试着理解一下（如果你有时间可以形成自己的意见）。

- 1997年4月，经济利好消息推升股价。

"看涨投资者蜂拥至股市和债市来庆祝经济利好消息的发布，推动道琼斯工业平均指数至有史以来的第二大涨幅，将蓝筹股指数从几周前的低迷态势快速拉升至历史新高。"

- 1999年12月，经济利好消息导致股价下降。

  "经济利好消息对股价而言是坏消息，对债券而言更是坏消息……11月零售销量超出预期的消息并不受欢迎。经济强劲带来了通货膨胀恐慌，加剧了美联储加息的风险。"

- 1998年9月，经济坏消息导致股价下降。

  "出于对美国经济实力和美国企业盈利能力的担忧，纳斯达克股市暴跌，引发了广泛的抛售。"

- 2001年8月，经济坏消息导致股价上涨。

  "投资者对更悲观的经济新闻不予理会，而只关注他们的希望，即经济和股票市场的最坏情况现在已经结束。这种乐观情绪转变为纳斯达克综合指数2%的涨幅。"

总结一下：股票价格在很大程度上取决于当前和未来的经济活动变化，但是这并不意味着任何股价和产出的简单关系都是如此。股价如何对应产出的变化取决于①市场先前的预期是什么；②产出变动的来源；③市场预期中央银行会对产出变化做出怎样的反应。阅读问题聚焦来看一下你是否理解掌握了。

14.4 风险、泡沫、狂热和股票价格

是否所有的资产价格变动都源自未来红利或者利率的消息？答案并不如此。有两个不同的理由：首先，风险会随着时间变动；其次，价格会偏离其基础价值，也就是泡沫或者狂热。让我们依次来看这两点。

股价和风险

在之前的章节中，我们假设股权溢价 x 是恒定的，其实它并不是。在经历了一次巨大的经济衰退后，股权溢价会变得很高，这或许就反映了投资者只有在高溢价情况下才会继续持有股票，正如1929年的那次股市崩塌事件。股权溢价从20世纪50年代初开始下滑，从大约7%下滑到现在的不到3%。同时这个变化也是非常迅速的。2008年股市大幅下跌不仅是因为市场对未来股利的悲观预期，还因为不确定性和风险的增加。因此，股价的变动不仅仅来自未来股利和利率的预期，还来自股权溢价的变化。

资产价格、基础价值和泡沫

在之前的章节中，我们假设股价一般都等于其基础价值，即式（14-17）中给出的预期红利的贴现值。股价通常是和基础价值相关的吗？许多经济学家对此表示怀疑。他们指出，在1929年的黑色十月，美国股票市场在两天内下跌了23%；1987年10月19日，道琼斯指数在单日内下跌了22.6%。东京证券交易指数（Nikkei index，一种日本的股价指数）出现了令人吃惊的变动，从1985年13 000点附近上涨到1989年的35 000点，又在1992年跌至16 000点。他们认为，这些例子中都缺乏明显的消息，或者至少缺少足够重要能导致这些巨大变动的消息。

相反，他们认为股票价格并不总是等于**基础价值**（fundamental value），也就是式（14-17）给出的预期红利的贴现值，股票价格有时过高，有时过低。股价过高的结束往往会像1929年10月那样出现崩盘，或者像日本那样出现经济长期下滑。

在什么条件下可能会出现这样的价格失真？答案是令人吃惊的：即使投资者是理性的，并存在套利机会的时候，这种情况也会发生。先来分析原因。我们考虑一种完全无价值股票的情形（也就是说，金融投资者知道该公司永远都不会盈利，也不会分红）。令式（14-17）中的 D^e_{t+1}、D^e_{t+2} 等都等于零，可以得到一个简单且并不奇怪的答案：该股票的基础价值为零。

你是否愿意为该股票支付正的价格？也许会。当你预期明年能以高于今天的价格出售该股票时，你就会这么做。同样的道理也适用于明年的购买者，如果他预期今后能以更高的价格出售股票，他就会愿意出高价买进。这个过程说明，只要投资者预期股价会上涨，股价就会上涨。这种股票价格呈现的变动被称作**理性投机泡沫**（rational speculative bubbles）。当泡沫膨胀，金融投资者的行为也许是理

> 这显然是个极端的例子，但是它可以最简化地说明要点。

性的。即使是崩盘时期持有股票的投资者，并因此遭受巨额损失，他们也是理性的。他们可能意识到了可能会出现崩盘，但泡沫也可能会继续，那么他们就能以更高的价格出售股票。

为了让问题更加简单，我们假设股票没有基础价值。但是该结论也具有一般意义，同样可以应用于基础价值为正的股票：如果人们预期股票价格在未来会进一步上涨，那么他们就愿意为该股票支付高于基础价值的价格。该结论也同样适用于其他资产，比如房产、黄金和书画，等等。问题聚焦"著名的泡沫：从17世纪的荷兰郁金香狂热到1994年的俄罗斯"中描述了两个泡沫。

问题聚焦　著名的泡沫：从17世纪的荷兰郁金香狂热到1994年的俄罗斯

荷兰的郁金香狂热

17世纪，郁金香开始在西欧国家的花园流行起来。一个市场在荷兰发展起来，不仅出售珍稀品种，也有普通品种的郁金香球茎。

这种称作"郁金香泡沫"的现象发生在1634～1637年。1634年，珍稀品种的球茎的价格开始上升。随着投机者预期其价格在不久后还会上涨，他们大量购买球茎，这个市场陷入疯狂。例如，一种叫作"海军上将范德埃克"（Admiral Van de Eyck）的球茎，其价格从1634年的1500几尼上升至1637年的7500几尼，相当于当时一幢房子的价格。有许多故事讲到一个船员误食了球茎，后来意识到该"食物"的价格。在1637年年初，价格上涨得更加迅速，甚至有些普通品种球茎的价格也开始暴涨，在1月上涨了20倍。但是在1637年2月，价格暴跌。几年之后，球茎的交易价格仅为它们在泡沫时期价格的约10%。

这一事件来自 Peter Garber, "Tulipmania," *Journal of Political Economy* 1989, 97 (3): pp. 535-560。

俄罗斯MMM公司的金字塔

1994年，一位俄罗斯的"金融家"谢尔盖·马夫罗季创立了MMM公司，开始出售股份，并承诺股东每年有3 000%的收益率。

这家公司获得了暂时性的成功。MMM公司的股价从2月的1 600卢布（合1美元），上涨至7月的105 000卢布（合51美元）。到了7月，公司宣称，其股东数量已经升至1 000万。

麻烦在于该公司并不属于任何产业。除了在俄罗斯的140个办公点外，没有任何资产，其股票在本质上没有任何价值。这家公司最初的成功基于标准的金字塔计划，MMM公司利用出售新股份的基金来支付承诺给老股东的收益。尽管政府官员一

再警告（包括鲍里斯·叶利钦）MMM公司是一个阴谋，其股价的上涨只是泡沫，然而公司承诺的收益对于俄罗斯人民来说太具吸引力，尤其是在经济处于严重衰退时期。

这个计划只有在新股东数量增长足够快时，新的基金能被分配到现存的股东手中才会有效。在1994年7月底，这家公司终于无法再兑现承诺，这个计划失败了，公司倒闭。马夫罗季试图勒索政府向其股东支付，声称如果不这样做便会引发革命或者内战。政府拒绝了，使许多股东迁怒于政府而非马夫罗季。那一年的晚些时候，马夫罗季竟然去竞选议员，自命成为那些失去储蓄的股东的捍卫者。他胜利了！

是否所有偏离基础价值的变动都是源自金融市场的理性泡沫？并非如此。事实上许多金融投资者都是非理性的。过去，股价的上涨，例如由于利好消息的持续，往往会导致过分的乐观。如果投资者仅依据过去的收益来预测未来收益，那么股票就会出现毫无理由的变"热"（过高定价），而这只是因为过去价格的上涨。这种股价偏离基础价值的现象称作**狂热**（fad）。我们都知道股票市场之外存在狂热，也有理由相信狂热也存在于股票市场中。

在这一章，我们着重探讨了资产价格的定价。为什么把这个问题放进宏观经济中来，是因为资产价格不仅仅是附属品，它们通过影响消费和投资支出来影响经济活动。这里存在一个问题：例如，股票市场的下跌是2001年经济萧条的因素之一。大多数经济学家也相信1929年的股市崩盘是大萧条的原因之一。我们在第6章中也看到，房价的下降触发了最近的经济下滑。资产价格、预期以及经济活动之间的相互作用是下两章我们讨论的话题。

问题聚焦　　美国房价上涨：是源于基础价值还是泡沫

回顾第6章，触发当前经济危机的是从2006年开始的房价上涨（图6-7显示了房价指数的变化）。自2000年开始的大幅上涨到之后的下降现在被认为是泡沫。但是，在当时价格上涨的时候，很少有人去探究上涨背后的原因是什么。

经济学家分为三类。

悲观者认为价格上涨不能归因为基础价值。在2005年，罗伯特·席勒说："房价泡沫就像是从1999年秋季狂热到2000年年初崩盘的股市，伴随着炒作、羊群效应和对持续增值的绝对信心。"

为了理解他的话，回顾一下股价的波动。我们知道，没有泡沫的股价取决于当前和未来的利率、当前和未来的红利以及风险溢价。对于房价来说，也是如此。没有泡沫的房价取决于当前和未来的利率、当前和未来的租金以及风险溢价。基于这个表述，悲观者指出房价上涨和租金上涨是不相符的。图1描绘了1985年到现在的房价/租金比值（房价指数和租金指数的比值，将指数设置成1987~1995的平均比值为100）。将1987~1995年的比值保持基本不变之后，比值增加了大约60%，在2006年达到峰值，随后下降。席勒进一步指出，购房者调查表明了他们对房价持续大幅上涨的预期，基本上每年的涨幅都超过10%，因而能获得大量资本收入。正如我们在前面看到的，如果资产是按其基础价值来定价的，那么投资者不应该有未来大量资本收入的预期。

乐观者认为房价/租金比值上涨是有理由的。首先，正如我们在图6-2中所看到的，实际利率在下降，使租金现值提高。

其次，抵押市场在改变。越来越多的人有能力借款买房：那些借款的人有能力借到房款所需的大部分资金。这些理由都导致了需求的增长，因而使房价上涨。乐观者还指出，自2000年以来，每一年悲观者都预期这一年是泡沫的最后一年，但价格还是在上涨。悲观者已经失去了他们的可信度。

第三类人数最多，且观点不明。（哈里·杜鲁门曾说道："给我一个观点明确的经济学家！我所有的经济学家都说：一方面、另一方面。"）他们认为房价上涨既反映了基础价值的提高，也反映了泡沫，并且很难去判断哪一个更重要。

那你应该得出什么结论呢？悲观者显然更正确一些，但是泡沫和狂热往往是在回溯的时候更明显，而不是当前发生的时候。这让政策制定者更困难了。如果他们确信这是泡沫，那么他们应该尝试让泡沫在变得更大破裂之前停止，但他们很少能够在一切太迟之前"确信"。

资料来源："Reasonable People Did Disagree: Optimism and Pessimism about the U. S. Housing Market before the Crash," Kristopher S. Gerardi, Christopher Foote, and Paul Willen, Federal Reserve Bank of Boston, Discussion Paper No. 10-5, September 10, 2010, available at http://www.bostonfed.org/economic/ppdp/2010/ppdp1005.pdf.

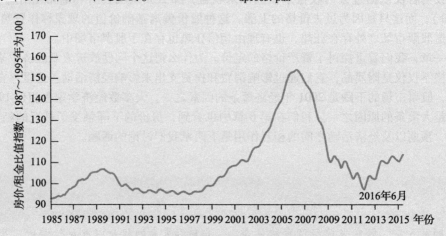

图1　美国自1985年以来的房价/租金比值

资料来源：Calculated using Case-Shiller Home Price Indices: http://us.spindices.com/index-family/real-estate/sp-case-shiller. Rental component of the Consumer Price Index: CUSR0000SEHA, Rent of Primary Residence, Bureau of Labor Statistics.

本章概要

- 一系列收益的预期贴现值等于一系列预期收益在今天的现值。这和当前及未来预期收益成正比，和当前及未来预期利率成反比。
- 当对一系列当前及未来名义收益折现时，应当使用当前及未来的预期名义利率。当对一系列当前及未来实际收益折现时，应当使用当前及未来的预期实际利率。
- 不同期限债券之间的套利意味着债券价格是通过当前和预期短期利率贴现的债券支付的现值。因此，更高的当前或者预期短期利率导致更低的债券价格。
- 债券的到期收益率（近似）等于债券生命周期内当前和预期短期利率的平均值。
- 收益率曲线，等价地，利率期限结构的斜率告诉我们金融市场对未来的短期利率作何预期。向下倾斜的收益率曲线（当长期利率低于短期利率）意味着市场预期短期利率会下降；向上倾斜的收益率曲线（当长期利率高于短期利率）意味着市场预期短期利率会上升。

- 股票的基础价值是通过当前和预期一年期利率贴现的预期未来红利的现值。在不考虑泡沫和狂热的情况下，股票价格等于其基础价值。
- 预期红利的上升会带来股票基础价值的提高；当前和预期一年期利率的上升会带来基础价值的下降。
- 产出的变化也许会伴随着股票价格的同向变动，也可能不会。这取决于①市场先前的预期是什么；②产出变动的来源；③市场预期中央银行会对产出变化做出怎样的反应。
- 股票价格会受到泡沫和狂热的影响，从而导致股票价格偏离基础价值。如果金融投资者以高于基础价值的价格买入购买股票，并预期能够以更高的价格出售该股票，就会出现泡沫。狂热现象是指由于流行或者过度乐观，金融投资者愿意支付超过股票基础价值的价格。

关键术语

expected present discounted value　预期贴现值
discount factor　折现因子
discount rate　折现率
present discounted value　贴现值
present value　现值
maturity　期限
yield to maturity　到期收益率
yield　收益率
short-term interest rate　短期利率
long-term interest rate　长期利率
yield curve　收益率曲线
term structure of interest rate　利率期限结构
government bonds　政府债券
corporate bonds　公司债券
bond ratings　债券评级
junk bonds　垃圾债券
discount bonds　贴现债券
face value　票面价值
coupon bonds　息票债券
coupon payments　息票支付
coupon rate　息票率
current yield　当期收益率
life（of a bond）　债券生命周期

treasury bills（T-bills）　短期国库券
treasury notes　中期国库券
treasury bonds　长期国库券
term premium　期限溢价
indexed bonds　指数化债券
Treasury Inflation Protected Securities（TIPS）　通货膨胀保值债券
arbitrage　套利
expectations hypothesis　预期假说
n-year interest rate　n年期利率
internal finance　内部融资
external finance　外部融资
debt finance　债务融资
equity finance　股权融资
stocks, shares　股票
dividends　红利
ex-dividend price　除息价格
equity premium　股权溢价
random walk　随机游走
fundamental value　基础价值
rational speculative bubbles　理性投资泡沫
fads　狂热

习题

快速测试

1. 运用本章的信息，判断下面的说法是正确、错误还是不确定，并简要解释。
   a. 一系列收益的贴现值可以用名义贴现值或者实际贴现值计算。
   b. 当一年期名义利率上升时，一年期债券的价格会下降。
   c. 一年期利率一般被认为是不变的。
   d. 债券对未来几年的一系列固定收益有收益权。
   e. 股票对未来几年的一系列红利有收益权。

f. 房价是未来几年的一系列预期租金的收益权。
g. 收益率曲线一般向上倾斜。
h. 所有持有一年的资产应该有相同的预期收益率。
i. 在泡沫下，资产的价值是未来收益的预期现值。
j. 股市整体实际价值的变动在一年内不会有太大波动。
k. 指数型债券会在发生预期之外的通货膨胀时保护持有者。

2. 在计算以下问题中的预期贴现值时，哪些使用实际收益和实际利率，哪些使用名义收益和名义利率？回答并给出原因。
   a. 估计购买一台新机器的利润的预期贴现值。
   b. 估计20年期美国政府债券的预期贴现值。
   c. 决定是租车还是买车。

3. 分别利用精确公式和近似公式来计算以下假设情况下的两年期名义利率。
   a. $i_t = 2\%$；$i^e_{t+1} = 3\%$
   b. $i_t = 2\%$；$i^e_{t+1} = 10\%$
   c. $i_t = 2\%$；$i^e_{t+1} = 3\%$。两年期债券的期限溢价是1%。

4. 股权溢价和股票价值。
   a. 解释为什么在式（14-14）中除权价是很重要的，即它刚支付完红利并且预期一年之后会支付下一次红利。
   b. 利用式（14-14），解释每一个组成部分对今天股价的贡献。
   c. 其他保持不变，如果风险溢价变大，今天的股价会发生什么变化？
   d. 如果一年期利率提高，今天的股价会发生什么变化？
   e. 如果在 $t+1$ 期初股价预期值增加了，今天的股价会发生什么变化？
   f. 让我们仔细地看一下式（14-15）。令 $i_{1t} = i_{1t+n} = 0.05$，$x = 0.03$，计算 $\$D^e_{t+3}$ 和 $\$D^e_{t+10}$ 的相关系数。比较红利三年后预期提高1美元和十年后预期提高1美元带来的效应。
   g. 在 $i_{1t} = i_{1t+n} = 0.08$，$x = 0.05$ 情况下重新计算f题。

5. 近似估计长期债券价格。

   当名义利率 i 保持不变时，$\$z$ 的无限期收益现值（从下一年开始）是 $\$z/i$。该公式给出了英国统一公债价格的计算方法。该统一公债每年永久性地支付固定的名义收益。这也是固定收益流现值的一个很好的近似情况——这些固定收益会持续很长时间，但不是无限期的。我们来看一下其近似程度。
   a. 假设 $i = 10\%$。令 $\$z = 100$。英国统一公债的现值是多少？
   b. 如果 $i = 10\%$，对于一个在未来10年内每年支付 $\$z$ 的债券，其预期贴现值是多少？如果是在未来20年支付呢？30年呢？60年呢？（提示：使用本章的公式，但要记住调整第一笔支付。）
   c. 在 $i = 2\%$ 和 $i = 5\%$ 的情况下，重做上面的问题。

6. 货币政策和股票市场。

   假设所有政策利率目前和未来预期都是2%。假设美联储决定收紧货币政策，将短期政策利率（r_{1t}）从2%提高到3%。
   a. 如果 r_{1t} 的变动是暂时的，即仅持续一段时间，股票价格会发生什么变化？假设预期的实际股息不变。使用式（14-17）。
   b. 如果 r_{1t} 的变动是永久性的，股票价格将会如何变化？假设预期的实际股息不会改变。使用式（14-17）。
   c. 如果预计 r_{1t} 的变化是永久性的，而这种变化会增加未来产出和未来红利，那么今天的股价会怎么样？使用式（14-17）。

深入研究

7. 常规个人退休账户和罗斯个人退休账户。

   你今天想要在40年内为退休储蓄2 000美元。你必须从下列 i 和 ii 两种方案中选择。
   i. 今天不交税，把钱存入利息收入账户，缴纳相当于退休时提取的总金额的25%的税。在美国，这样的账户被称为常规个人退休账户（IRA）。
   ii. 今天缴纳投资总额20%的税款，把剩余的钱放入利息收入账户，等到提取退休金时不需要缴纳税款。（在美国，这被称为罗斯个人退休账户。）
   a. 如果利率是1%，两种方案的预期贴现值是多少？利率为10%呢？
  b. 你会选择哪种方案？
8. 房价和泡沫。

　　房产可以被看作基础价值等于未来租金贴现值的一种资产。
  a. 在计算房价时，你倾向于使用实际支付和实际利率还是名义支付和名义利率？
  b. 不管房子是自住（节约了原本要向房屋所有者支付的租金）还是出租给别人，租金都等同于股票的分红。对于房产，写出类似于式（14-17）的房价表达式。
  c. 为什么低利率可以解释房价/租金比值的变大？

  d. 如果房产被看作一种安全的投资，那么房价/租金比值会有什么变化？
  e. 问题聚焦"美国房价上涨：是源于基础价值还是泡沫"中有一张关于房价/租金比值的图表。你应该能够在联邦储备银行圣路易斯分行维护的FRED经济数据库（分别为变量SPCS20RSA和CUSR0000SEHA）中找到案例中的席勒房屋价格指数和租金价格指数。问题聚焦中图1记录到2015年6月。计算6月至最新日期房屋价格指数的增长百分比。计算2015年6月至最近日期租金价格指数的百分比增幅。自2015年6月以来房价/租金比值是变大还是变小了？

进一步探究

9. 全世界的房价。

　　"经济学家"每年公布"经济学家房价指数"。它试图评估各国的房地产市场，看哪一国的房价相对于基本面而言最被高估或被低估。可在网上查找此数据的最新版本。
  a. 第一个指标是房价/租金比值。为什么这个指数可以帮助检测房价泡沫？利用你正在研究的数据，根据房价/租金比值，哪个国家的房价最被高估？这一指标是否有助于预测美国房市崩溃？
  b. 第二个指标是房价与收入的比率。为什么这个指数可以帮助检测房价泡沫？使用这些数据，根据房价/收入比，哪个国家的房价最被高估？这一指标是否有助

于预测美国房市崩盘？

10. 通货膨胀指数债券。

　　美国财政部发行的一些债券基于通货膨胀指数来支付。这些通货膨胀指数债券可以补偿投资者的通货膨胀。因此，这些债券的当前利率是实际利率——商品利率。这些利率可以与名义利率一起使用，以衡量预期通货膨胀。让我们看看如何。

　　访问联邦储备委员会的网站，获取最新的利率数据（www.federalreserve.gov/releases/h15/Current）。找到五年期美国国债目前的名义利率。现在找到当前五年期"通货膨胀指数"国债的利率。你认为金融市场的参与者对未来五年平均通货膨胀率的判断是什么？

补充阅读

- 关于股票市场的书有很多。比较好同时读起来也比较有趣的一本是：Burton Malkiel, *A Random Walk Down Wall Street*, 10th ed.（2011）。

- 对于历史上泡沫的描述可以参看Peter Garber in "Famous First Bubbles," *Journal of Economic Perspectives*, Spring 1990, 4(2)：pp. 35-54。

附录

利用实际利率或者名义利率推导预期贴现值

　　该附录说明了预期贴现值的两种表达方法。式（14-1）和式（14-3）是等价的。

　　式（14-1）将现值表示成当前和未来预期名义收益的现值总和，通过当前和未来预期名义利率贴现：

$$\$V_t = \$z_t + \frac{1}{1+i_t}\$z^e_{t+1}$$

$$+ \frac{1}{(1+i_t)(1+i^e_{t+1})} \$z^e_{t+2} + \cdots \qquad (14\text{-}1)$$

式（14-3）将现值表示成当前和未来预期实际收益的现值总和，通过当前和未来预期实际利率贴现：

$$V_t = z_t + \frac{1}{1+r_t}z^e_{t+1} + \frac{1}{(1+r_1)(1+r^e_{t+1})}z^e_{t+2} + \cdots \qquad (14\text{-}3)$$

在式（14-1）两侧同时除以当前的价格水平 P_t，得到：

$$\frac{\$V_t}{P_t} = \frac{\$z_t}{P_t} + \frac{1}{1+i_t}\frac{\$z^e_{t+1}}{P_t} + \frac{1}{(1+i_t)(1+i^e_{t+1})}\frac{\$z^e_{t+2}}{P_t} + \cdots \qquad (14\text{A-}1)$$

我们分别考察式（14-3）右侧的每一项，并说明它等于式（14A-1）中对应的每一项。

- 第一项 $\$z_t/P_t$。注意 $\$z_t/P_t = z_t$，当前收益的实际价值。因此这一项与式（14-3）中的第一项相同。
- 第二项：

$$\frac{1}{1+i_t}\frac{\$z^e_{t+1}}{P_t}$$

分子和分母同时乘以 P^e_{t+1}，也就是明年的预期价格水平。可得：

$$\frac{1}{1+i_t}\frac{P^e_{t+1}}{P_t}\frac{\$z^e_{t+1}}{P^e_{t+1}}$$

注意右侧部分 $\$z^e_{t+1}/P^e_{t+1}$ 等于 z^e_{t+1}，也就是 $t+1$ 时刻的预期实际收益。注意中间部分 P^e_{t+1}/P_t，可以被重新写作 $1+[(P^e_{t+1}-P_t)/P_t]$。因此，利用通货膨胀率的定义，就是 $(1+\pi^e_{t+1})$。利用以上两个结果，重新书写第二项：

$$\frac{(1+\pi^e_{t+1})}{(1+i_t)}z^e_{t+1}$$

回忆实际利率、名义利率以及预期通货膨胀率之间的关系，即式（14-3）：$1+r_t = (1+i_t)/(1+\pi^e_{t+1})$。将该关系式代入上面的等式，可得：

$$\frac{1}{(1+r_t)}z^e_{t+1}$$

这一项与式（14-3）右侧的第二项相同。
- 对其他项可以运用同样的方法，相信你能得到下一个步骤的结果。

我们已经说明了式（14-3）与式（14A-1）的右侧对应相等，因此两式的左侧也相等，因此：

$$V_t = \frac{\$V_t}{P_t}$$

这说明通过当前和未来预期实际利率贴现的当前和未来预期实际收益现值（左侧部分）等于通过当前和未来预期名义利率贴现的当前和未来预期名义收益现值，除以当前价格水平（左侧部分）。

第 15 章
预期、消费和投资

考察过预期在金融市场中的作用后,现在我们转向预期在决定消费和投资(支出的两个主要部分)中的作用。对消费和投资的描述将是第 16 章扩展 *IS-LM* 模型的主要基石。

15.1 考察消费,并说明消费决策不仅仅取决于一个人的当期收入,同时取决于他预期的未来收入以及金融财富。

15.2 考察投资,并说明投资决策取决于当期和预期收益,以及当期和预期的实际利率。

15.3 考察消费和投资随时间发生的变动,并说明如何依据本章的理论来解释这些变动。

15.1 消费

人们如何决定消费多少以及储蓄多少？在第3章中，我们已经假设消费和储蓄仅取决于当期收入，而现在我们应该意识到它们还依赖于更多因素，尤其是对于未来的预期。现在探讨预期是怎样影响消费决策的。

> 弗里德曼获得了1976年诺贝尔经济学奖；莫迪利亚尼获得了1985年诺贝尔经济学奖。
>
> 从第3章了解到：消费支出占美国总支出的70%。

本章的消费理论基于20世纪50年代由芝加哥大学的米尔顿·弗里德曼（Milton Friedman）发展的**消费的持久收入理论**（permanent income theory of consumption），以及MIT的弗兰科·莫迪利亚尼（Franco Modigliani）发展的**消费的生命周期理论**（life cycle theory of consumption）。他们各自选择了重点，弗里德曼的"持久收入"强调消费者不仅仅考虑当前收入，莫迪利亚尼的"生命周期"强调消费者自然的消费计划范围是其一生。

总消费的行为特点一直是研究的热点问题，这有两个原因：第一个是考虑到消费在GDP中所占的绝对规模，从而需要了解消费的变动情况。第二个是对个人消费进行大规模调查的可行性提高，例如问题聚焦"通过面板数据集近距离、个性化了解消费"。在弗里德曼和莫迪利亚尼发展其理论时，这些调查并不可行，而这种方法使经济学家逐渐提高了他们对消费者实际行为的理解。本节总结了我们迄今已经得知的内容。

问题聚焦　　通过面板数据集近距离、个性化了解消费

面板数据集（panel data sets）包含许多个人或者许多公司中一个或者更多变量随着时间变化的取值。我们在第7章描述过这样一项调查，即当前人口调查（CPS）。另一个就是收入动态化的面板数据研究（PSID）。

PSID始于1968年，大约调查了4 800个家庭。此后每年都对这些家庭进行调查访问，至今仍在继续。由于结婚或者孩子的出生，这项调查的规模随着有新个体不断加入原始家庭而不断增长。每一年，该项调查都会询问人们的收入、工资率、工作时长、健康状况以及食品消费等问题。（关注食品消费的原因是该项调查的初始目的是更好地了解贫困家庭的生活状况。如果能够询问到所有消费情况，而非仅仅是食品消费，那么这项调查会更加有用。遗憾的是，它并没有这样做。）

这项调查提供了将近四代人的个人及其扩展家庭的信息，使经济学家可以提出并且回答一些过去只能以奇闻轶事为依据的问题。在这些问题中，使用PSID来解决的有以下几个。

- 收入的暂时性变动对（食品）消费有什么影响？例如，由于失业造成的收入减少。
- 家庭内部的风险共担程度有多少？例如，当一个家庭成员生病或者失业时，他能从其他成员那里得到多少帮助？
- 人们对于空间上居住得近的家庭成员有多大偏好？例如，当有人失业时，他移居到另一个城市在多大程度上取决于其现在居住城市中家庭成员的数量。

深谋远虑的消费者

从一个假定出发，这个假定一定会立刻使你感到吃惊，但它提供了一种简便的基准，我们称之为深谋远虑的消费理论。一个深谋远虑的消费者如何决定消费数量？他会采取以下两个步骤。

- 他将把所持有的股票和债券的价值、支票和储蓄账户的价值、房产的价值加总，再减去未到期的抵押价值。这可以使他明确自己的**金融财富**（financial wealth）和**房产财富**（housing wealth）。

  他也会估计工作年限内获得的税后收入，并计算其预期贴现值。这个就是经济学家所谓的**人力财富**（human wealth），区别于他的**非人力财富**（nonhuman wealth）。非人力财富就是金融财富和房产财富的加总。

  这里对房产财富一词略有滥用，它并非仅指房产，也包括消费者可能拥有的其他商品，从汽车到字画等。

- 加总人力财富和非人力财富，他就可以估计出**总财富**（total wealth）。然后就可以决定将总财富的多少用于支出。一个合理的假设是，他决定的总财富的支出比例可以使其在生命周期内保持基本相同的消费水平。如果该消费水平高于当期收入，差额部分将选择借贷消费；如果低于当期收入，他就会把差额部分储蓄。

  人力财富 + 非人力财富 = 总财富

我们用正式的形式表示这一点，消费决策具有以下形式：

$$C_t = C(总财富_t) \tag{15-1}$$

在这里，C_t 表示 t 时期的消费，$C(总财富_t)$ 表示 t 时期人力财富（t 时期当前和未来税后劳动收入的预期现值）和非人力财富（金融财富加房产财富）的加总。

这种描述包含了很多事实：正如一个深谋远虑的消费者在决定今天的消费数量时，确实会考虑财富和预期未来的劳动收入。但也不得不考虑到，对于一个普通的消费者来说，这样的假设太过算计并要求富有远见。

为了更好地阐述该描述的意义以及包含的问题，我们把这种决策过程应用于一个普通美国大学生所面对的问题。

一个例子

设想你19岁，在开始你的第一份工作前还有3年的大学时期。今天你或许借钱上大学，从而背负债务；也可能拥有一辆车以及一些其他的财产。为了简单起见，我们假设你的债务和财产大致相抵，从而你的非人力财富等于零。因此，你的唯一财产就是人力财富，也就是预期税后劳动收入的现值。

你预期3年后的起薪大约是40 000美元（以2000年的美元计），用实际值计量，平均每年以3%的增长率增长，直到你60岁退休。其中25%的工资将用于税收。

你当然可以利用自己的数据，然后看一看计算结果告诉你什么。

利用第14章的内容，我们来计算你劳动收入的现值，也就是用实际利率折现后的实际税后劳动收入的预期现值。令 Y_{Lt} 表示第 t 年的实际劳动收入，T_t 表示第 t 年的实际税款，$V(Y_{Lt}^e - T_t^e)$ 表示第 t 年人力财富的预期值，也就是税后劳动收入的预期现值。

为了使计算更加简单，假设实际利率等于零，于是预期现值简单地等于你工作年限内预期劳动收入的加总。因此，可以由下式表示：

$$V(Y_{Lt}^e - T_t^e) = 40\ 000\ \text{美元} \times 0.75 \times [1 + (1.03) + (1.03)^2 + \cdots + (1.03)^{38}]$$

第一项（40 000 美元）是你劳动收入的初始水平，以 2015 年的美元计。

第二项（0.75）表示由于税收，你只能留下收入的 75%。

第三项 $[1 + (1.03) + (1.03)^2 + \cdots + (1.03)^{38}]$ 反映了你预期自己的实际收入在 39 年（你将在 22 岁开始工作，直至 60 岁）内每年增长 3%。

利用几何数列的性质对括号中的数值求和，得到：

$$V(Y_{Lt}^e - T_t^e) = 40\ 000\ \text{美元} \times 0.75 \times 72.2 = 2\ 166\ 000\ \text{美元}$$

你今天的财富，即生命周期内税后劳动收入的预期现值，大约是 200 万美元。

你应该消费多少？你预期自己在退休后还能活 20 年，因此你现在预期剩余的生命还有 62 年。如果你想每年消费相同的数量，那么你可以支付的固定消费水平等于总财富除以预期的剩余生命时间，也就是每年 2 166 000/62 = 34 935 美元。由于你在获得第一份工作前的收入等于零，因此你将在今后的 3 年内每年借款 34 935 美元，当你获得工作时便开始储蓄。

> 我们假定实际利率等于零，这样计算你能够保持的消费水平会变得相对容易。在这种情况下，如果你今天少消费一单位商品，明年就刚好可以多消费一单位商品，这样你所需满足的条件就简单地表述为你整个生命周期的消费总和等于你的财富。如果你希望每年消费一个固定不变的量，那么要想找出你每年能够消费的量，只需要用你的财富除以你的生命剩余的年数。

更现实的描述

你对于这个计算结果的第一反应可能是，如此总结你的生命前景未免过于生硬和不近人情。你可能更能接受下一页漫画中描述的退休计划。

你的第二个反应或许是，即使你同意以上计算中的大部分因素，你也不倾向于在今后的 3 年内共借款 34 935 × 3 = 104 805 美元。例如：

1. 你可能并不希望在生命周期内保持固定的消费水平。相反，你更乐意在后期享受高水平消费。学生生活往往没有太多时间进行高消费。你可能想把加拉帕戈斯群岛之行推迟到以后进行。你也不得不将一些额外的花费考虑在内，比如生孩子、送他们去幼儿园和夏令营以及上大学，等等。

2. 你会发现该计算的结果以及包含的远见都远远超过了我们自己做决策的水平。你可能到现在都没有想过自己到底会有多少收入，需要挣多少年。你会感觉到所做的大多数消费决策都很简单，并没有那么有远见。

3. 总财富的计算是基于对将来可能发生变化的预期。但是事实可能更坏或者更好。如果你失业或者生病，将会发生什么变化？你将如何偿还你的借款？你希望更加谨慎，从而可以确保即使在最糟糕的情况下也足以生存。因此，你的借款会少于 104 805 美元。

4. 即使你决定借入 104 805 美元，你也将发现很难找到一家银行愿意贷款给你。为什么？银行担心如果情况变得糟糕，你将无法履行承诺从而无力或者不愿偿还贷款。也就是说，如果你想借到这么多钱，那么你所面临的借款利率可能会比算式中的利率高出很多。

这些理由都很好地暗示我们：为了更好地刻画消费者，我们必须修正之前的描述，尤其是后三个理由说明消费不仅仅取决于总财富，还取决于当前收入。

看第二个理由：这个规律很简单，你可能在做消费决策时仅仅考虑了当前收入，而没有考虑自己的财富。在这种情况下，你的消费将取决于当前收入，而非财富。

再看第三个理由：它意味着一种安全的消费方式是不要超过你的当前收入。这样的话，你就不会出现由于情况变坏而无法偿还累计债务的风险。

最后看第四个理由：它意味着你的选择将十分狭隘。即使你想消费超过当前收入的金额，由于没有银行愿意贷款给你，你也可能无法实现。

如果我们考虑当前收入对消费的直接影响，我们应该采用怎样的方式来度量当前收入？一种简单的方式是使用税后劳动收入，也就是在介绍人力财富时引入的变量。这使消费函数由以下形式表示：

$$C_t = C(总财富, Y_{Lt} - T_t) \qquad (15\text{-}2)$$
$$\quad\quad\quad (\;+\; , \;+\;)$$

总结：消费是关于总财富和当前税后劳动收入的增函数。总财富是非人力财富（金融财富加房产财富）以及人力财富（税后劳动收入的预期现值之和）。

消费在多大程度上取决于总财富（从而取决于未来收入的预期），以及在多大程度上取决于当前收入？证据在于大多数消费者是富有远见的，也就是弗里德曼和莫迪利亚尼理论的核心所在（参见问题聚焦"人们为退休所安排的储蓄是否足够"）。但是，有些消费者，尤其是那些收入暂时比较低、资信比较差的人，无论他们预期未来会发生什么，都只能消费当前收入。如果一个工人失业了且没有什么金融财产，那么他很难去借钱维持当前的消费水平，即使他确信自己很快就能找到一份工作。如果一个消费者比较富有并且资信良好，那么他就会为未来多保留一些财富，并尝试始终保持一个大致不变的消费水平。

问题聚焦 人们为退休所安排的储蓄是否足够

当人们在做消费决策或者储蓄决策时，其富有远见的程度是怎样的？解答这个问题的一种方式是考察人们如何为自己的退休做储蓄准备。

表1中的数据来自詹姆斯·波特巴（MIT）、史蒂文·梵迪（达特茅斯大学）和戴维·怀斯（哈佛大学）的研究。该研究基于《健康和退休研究》（Health and Retirement Study）的面板数据集，来自密歇根大学。表1展示了1991年65～69岁的居民（大多数人已经退休了）总财富的平均水平和组成部分。它也对居民的状态做了区分，单身或者已婚；表中的数据指的是夫妻双方的财富。

表1 2008年65～69岁居民的平均财富（2008年美元，千美元）

	已婚家庭	单身家庭
社会保障金	262	134
雇主提供的退休金	129	63
个人退休资产	182	47
其他金融资产	173	83
房产净值	340	188
其他净值	69	18
合计	1 155	533

资料来源：Poterba, Venti and Wise, Table A1.

财富的前三项组成部分构成了退休收入的不同来源。第一项是社会保障收益的现值。第二项是雇主提供的退休金。第三项是个人退休计划价值。最后三项包含了消费者持有的资产，例如债券、股票和房产。

有配偶的居民其平均财富值达到1 100 000美元是很客观的。这意味着富有远见的人们会做出谨慎的消费决策，从而能在退休后拥有足够的财富来享受舒适的生活。

然而我们应当注意到：高水平的平均值可能隐含着个体之间的重要差异。有些人可能储蓄比较多，其他人则比较少。另一项研究来自威斯康星大学的肖尔茨、夏德瑞和希塔恰昆，他们着重探讨了这个方面。该研究也基于健康和退休研究的面板数据集。基于这些信息，作者为每户家庭构建了财富的目标水平（例如，如果该家庭想要在退休后保持基本不变的消费水平，则应当拥有多少财富）。然后作者将每户的实际财富水平和目标财富水平做了比较。

该研究的第一个结论与波特巴、梵迪和怀斯的结论相似：平均来说，人们的储蓄应对退休已经足够。更加确切地说，作者发现超过80%的家庭财富水平在目标水平之上。换种方式说，仅有20%的家庭财富水平低于目标水平。但是这些数据隐藏了不同收入水平之间重要的差异。

对于收入分布的前半部分群体，超过90%的家庭财富水平高于目标值，并超出很多。这意味着这些家庭计划留下遗产，从而留下比退休所需更多的财富。

然而，对于收入分布后20%的群体，低于70%的家庭财富水平高于目标值，另外30%的家庭，实际财富和目标财富之间的差异往往很小。但是相对较大比例的个人财富水平低于目标值，意味着有很多人由于糟糕的计划或者坏运气导致对退休没有足够的储蓄。对于他们当中的大多数人，其所有财富几乎都来自社会保障收益的现值（表1中的第一个组成部分），可以想象，如果没有社会保障收益，这部分财富水平低于目标值的群体比例会更高。

这也正是社会保障体系计划要做的事情：确保人们对退休有足够的储蓄。在这个意义上，它似乎是成功的。

资料来源：James M. Poterba, Steven F. Venti, and David A. Wise, "The composition and drawdown of wealth in retirement," *Journal of Economic Perspectives*, 25(4), pages 95-118, Fall 2011. John Scholz, Ananth Seshadri, and Surachai Khitatrakun, "Are Americans Saving 'Optimally' for Retirement?" *Journal of Political Economy*, 2006, 114(4): pp.607-643.

综合考虑：当前收入、预期和消费

回到本章的初衷，即预期在支出决策中的重要性。首先注意到，根据式（15-2）对于消费行为的描述，预期从以下两个方面影响消费。

- 预期通过人力财富直接影响消费：为了计算人力财富，消费者必须对未来劳动收入、实际利率以及税款形成预期。
- 预期通过非人力财富（股票、债券以及房产）间接影响消费：在这里，消费者不需要做任何计算，可以将这些资产的价值看作是给定的。正如你在第14章看到的，金融市场已经对这些资产进行了有效的计算，例如，股票的价格本身取决于对未来红利和利率的预期。

同样地，消费对预期的依赖对于理解消费和收入之间的关系也有两个重要的意义。

- 消费的波动往往比当期收入的波动幅度要小。当进行消费决策时，消费者不仅仅要考虑当前收入。如果他认为收入的下降是永久的，就会减少与收入等量的消费。但是如果他认为当期收入的下降是暂时的，则对消费的调整要少一些。在经济衰退时，对消费的调整比收入的下降幅度要小，这是因为人们知道经济衰退往往不会持续超过几个季度，经济最终会恢复到自然产出水平。经济繁荣也是同样的。面对收入的异常提高，消费者并不会将所有增长的工资用于消费。他们认为繁荣是暂时的，经济最终会回到正常水平。
- 即使当前收入不变，消费也可能会变化。如果一位有感召力的总统在竞选时向人们展示美好的前景，那么人们往往会对未来持有乐观态度，尤其是对自己的未来收入。这样，人们会提高消费，即使其未来收入并没有变化。其他情形下可能会有相反的效果。

> 未来更高产出的预期如何影响现在的消费：预期未来产出上升⇒预期未来劳务收入增加⇒人力财富增加⇒消费增加。预期未来产出增加⇒预期未来股息增加⇒股票价格上升⇒非人力财富增加⇒消费增加。
>
> 考虑短期（第3章），我们假定 $C = c_0 + c_1 Y$（这里忽略税收）。这意味着当收入提高的时候，消费也提高，但幅度较小（C/Y 下降）。当我们把重点放在产出波动上时，对于产出的暂时性变动来说，这是恰当的。考虑长期（第10章），我们假定 $S = sY$，或者等价于 $C = (1 - s)Y$。这意味着当收入提高的时候，消费等比例提高（C/Y 保持不变）。当我们关注收入的永久性，即长期变动时，这是恰当的。

最近的经济危机正好说明了这个问题。利用消费者调研的数据，图15-1显示了自1990年以来居民对家庭收入增长的预期情况。2008年以前，预期保持相对稳定，2009年急剧下降，并且随后长期保持这样的低预期。在2014年，他们的预期开始回升。在经济危机开始后，预期的下降并不奇怪，因为消费者知道产出下降，他们自然预期接下来几年的收入也会下降。1991年和2000年的两次经济危机时，收入增长预期都下降了。但不同的是，收入增长预期要花费多少时间才能回升，目前来看，只是部分回升。对于收入增长的低预期使消费者降低他们的消费水平，这又反过来导致了缓慢而艰难的经济复苏。

图15-1 自1990年以来的家庭收入预期变化

注：收入增长预期自2008年急剧下降以来，它在很长一段时间里都保持着很低的水平。阴影部分表示经济衰退时期。
资料来源：Surveys of Consumers, Thomson Reuters and University of Michigan, https://data.sca.isr.umich.edu.

15.2 投资

公司如何做投资决策？在第5章中第一次涉及这个答案时，认为投资取决于当前利率和当期销售水平。第6章中改进了这个答案，指出重要的不是名义利率，而是实际利率。我们现在应该明白，正如消费决策一样，投资决策不仅仅取决于当期销售额和当前实际利率，同时还取决于未来的预期。现在来探讨预期是如何影响投资决策的。

正如基本消费理论一样，基本投资理论也很简单。一家公司决定是否投资，也就是决定是否购买一台新机器，需要做一次简单的对比。这家公司首先会计算预期从这台机器获得的利润现值，再将其与购买这台机器的成本做比较。如果利润现值超过成本，该公司则购买机器，也就是投资；如果现值低于成本，公司就不会购买，选择不投资。简单地说，这就是投资理论。下面我们来详细地探讨这个问题。

投资和预期利润

复习一下一家公司决定是否购买机器的步骤。（虽然我们说的是机器，但对于其他形式的投资也同样适用，比如建立新工厂、办公室设备的更新等。）

折旧

为了计算预期利润的现值，一家公司首先需要估计一台机器可以持续使用多长时间。大多数机器，像汽车，几乎可以永久使用。但是随着时间的推移，机器的维修费用会越来越高，可靠性会越来越差。

假设一台机器每年损失的可用性比率为 δ。今年的一台机器在明年仅值 $(1-\delta)$，两年后值 $(1-\delta)^2$，依此类推。折旧率 δ 衡量了一

> 如果企业有大量设备，我们可以假定企业每年报废的设备比例为 δ（考虑一下灯泡——到达使用寿命前它们总是满负荷工作）。如果企业在开始时有 K 台设备在运转中，未购置新设备，那么一年以后就只剩下 $K(1-\delta)$ 台设备，依此类推。

台机器从今年到下一年可用性损失了多少。那么 δ 的合理值是多少？这是负责计算美国资本市场如何随时间变化的统计学家所需回答的问题。基于他们对特定机器和建筑物折旧情况的研究，他们认为办公楼的折旧率是 2.5%，通信设备的折旧率是 15%，预包装软件的折旧率是 55%。

预期利润的现值

这家公司需要接着计算预期利润的现值。

为了表述一台机器投入使用需要一段时间（对于建造工厂和办公建筑甚至需要更久的时间），我们假设在 t 年购入的机器投入运转，也就是开始折旧需要在一年之后，即 $t+1$ 年。每年以实际值计算的机器利润记作 Π。

Π 是一个大写希腊字母，相对于我们用来表示通货膨胀率的小写字母 π。

如果公司在 t 年购买机器，该机器会在 $t+1$ 年产生第一笔利润。这笔预期利润记作 Π^e_{t+1}。该预期利润在 t 年的现值由下式表示：

$$\frac{1}{1+r_t}\Pi^e_{t+1}$$

这一项由图 15-2 上面一行向左的箭头表示。由于我们衡量的利润是实际值，则使用实际利率贴现预期利润。

这台机器在 $t+2$ 年产生的预期利润记作 Π^e_{t+1}。由于存在折旧，机器在 $t+2$ 年的价值仅剩 $(1-\delta)$。因此，这台机器的预期利润是 $(1-\delta)\Pi^e_{t+2}$。该利润在 t 年的现值等于：

$$\frac{1}{(1+r_t)(1+r^e_{t+1})}(1-\delta)\Pi^e_{t+2}$$

这个计算过程由图 15-2 下面一行向左的箭头表示。

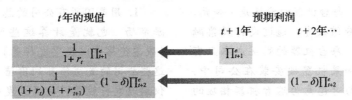

图 15-2　预期利润现值的计算

同样的推理也适用于今后各年的预期利润。把各部分综合起来，我们可以得到在 t 年购买一台机器获得的预期利润的现值，记作 $V(\Pi^e_t)$：

$$V(\Pi^e_t) = \frac{1}{1+r_t}\Pi^e_{t+1} + \frac{1}{(1+r_t)(1+r^e_{t+1})}(1-\delta)\Pi^e_{t+2} + \cdots \tag{15-3}$$

预期现值等于第二年预期利润的现值，加上两年后预期利润的现值（将机器折旧考虑在内），依此类推。

投资决策

公司需要做出是否购买机器的决策。该决策取决于预期利润的现值和机器价格之间的关系。为了简化这一观点，我们假设机器的实际价格，也就是以经济中一揽子商品表示的机器价格等于 1。那么，该公司需要做的就是将利润现值和 1 做比较。

如果利润现值小于 1，该公司就不会购买机器；如果买了，为购买这台机器所支付的成本就会超过今后预期收回的利润。如果利润现值大于 1，公司就有理由购买新机器。

现在让我们跳出一家公司购买一台机器的例子，而是将经济中的投资作为一个整体来考察。

令 I_t 表示总投资。

将每台机器的利润，或者更一般地，将经济中每单位资本（这里的资本包括机器、工厂、办公建筑，等等）的利润作为一个整体，记作 Π_t。

每单位资本的预期利润现值记作 $V(\Pi_t^e)$，其定义同式 (15-3)。

我们的讨论说明投资函数的形式如下：

$$I_t = I[\,V(\Pi_t^e)\,] \atop (+)$$
(15-4)

总结：投资与未来利润的预期现值成正比（每单位资本）。当期或预期利润越高，预期现值和投资水平就越高。当期或预期实际利率越高，预期现值就越低，从而投资水平就越低。

如果一家公司对现值的计算让你突然意识到与第 14 章中对股票现值的计算非常相似，这就对了。这个关系最初是由耶鲁大学的詹姆斯·托宾发展起来的。他提出，投资和股票市场之间确实应该有非常紧密的联系。他的论点和依据在问题聚焦"投资与股票市场"中有阐述。

> 托宾获得 1981 年的诺贝尔经济学奖。

问题聚焦　　投资与股票市场

设想一家公司有 100 台机器，对应 100 股股份，每台机器一股。假设每股的价格是 2 美元，每台机器的价格是 1 美元。很明显，公司应该投资，通过发行股票融资购买新机器。每台机器的购买成本只有 1 美元，但是如果机器被安装在公司中，股票市场的参与者愿意为这台机器相应的 1 股支付 2 美元。

这是托宾观点的一个一般例子，说明了股票价格和投资之间的紧密联系。他提出，当决定是否投资时，公司并不必进行上文中的复杂计算，股票价格可以有效地告诉公司每单位资本所对应的股市价值是多少。然后公司只需要面对一个简单的问题：将每增加一单位资本所需花费的成本与市场愿意支付的股票价格做比较。如果股票价格超过购买价格，公司应该投资；否则，就不应该。

然后，托宾构造了一个变量，用以表示单位资本的价值与购买价格的相对值，并考察该值的变动与投资变动的紧密性。他使用符号 q 表示这个变量，这就是后来著名的**托宾 q 理论**（Tobin's q）。其建立过程如下。

1. 用美国所有公司的总市值来评估金融市场，也就是计算这些股票的总价值（股票价格乘以股票发行量）。同时也计算这些公司的流通债券的价值（因为公司不仅通过发行股票，也通过发行债券融资）。将股票和债券的价值进行加总。

2. 将总价值除以美国公司资本存量的重置成本（公司为了重置它们的机器、工厂等，所需支付的价格）。

这个比率有效地告诉我们每单位资本相对于当前购买价格的相对价值，称作托宾 q。直观上讲，q 值越高，当前买价相对于资本价值就越高，就越应投资。（在开始的例子中，托宾 q 等于 2，因此公司一定会选择投资。）

那么，托宾 q 和投资之间的关系有多紧密？图 1 给出了答案。该图描绘了 1960 年以来美国这两个变量的变化情况。左侧的纵轴度量了投资占资本的比率的变化。右侧的纵轴度量了托宾 q 的变化。

该变量延迟了一年。例如，2000年的该数据表示了当年投资占资本比例的变化率，与1999年的托宾q值的变化率，也就是早了一年的q值。用这种方式表示这两个变量的原因是：今年的投资与去年的托宾q之前存在紧密的联系。换句话说，今年投资的变动与去年股票市场（而非今年）的变动紧密相连。这或许是由于公司做出决策、建造工厂等，都需要一定的时间。

图1中很清晰地显示了托宾q和投资之间存在的联系。这或许不是由于公司盲目地跟随股票市场发出的信号，而是由于投资决策和股票价格在很大程度上都取决于相同的因素——未来预期利润和未来预期利率。

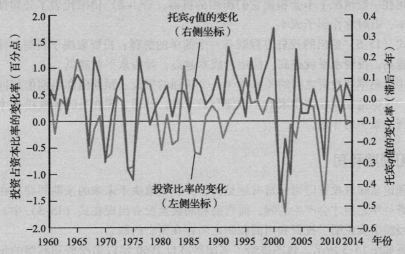

图1 托宾q值与投资占资本的比率（年变化率，1960年以来）

资料来源：Haver Analytics. Original source：Financial Accounts of United States. Capital measured by Nonfinancial assets. Numerator of q: Market value of equity + [(Financial liabilities) – (Financial assets) – (Nonfinancial assets)]. Denominator of q: Nonfinancial assets.

一个适宜的特例

在进一步探究式（15-4）的含义并做拓展之前，我们来探究一个适宜的特例。这该例中，投资、利润和未来利率之间的关系非常简单。

假设公司预期未来的利润（每单位资本）和利率保持与今天同样的水平，因此：

$$\Pi^e_{t+1} = \Pi^e_{t+2} = \cdots = \Pi_t, \text{以及} \ r^e_{t+1} = r^e_{t+2} = \cdots = r_t$$

经济学家称这样的预期值，也就是未来值等于当前值为**静态预期**（static expectations）。在这两个假设下，式（15-3）成为：

$$V(\Pi^e_t) = \frac{\Pi_t}{r_t + \delta} \tag{15-5}$$

预期利润的现值简单地等于利润值，指每单位资本的利润与实际利率加折旧率的比值（折旧率由本章的附录给出）。

将式（15-5）代入式（15-4），得到投资等于：

$$I_t = I\left(\frac{\Pi_t}{r_t + \delta}\right) \tag{15-6}$$

投资是关于利润与实际利率加折旧率的比值的函数。

这种安排是存在的，例如，很多公司从租赁公司租入汽车或卡车。

实际利率与折旧率之和被称作**使用者成本**（user cost），或者资本的**租赁成本**（rental cost）。为什么？假设一家公司不是购买一台机器，而是从租赁机构租机器，那么这家租赁机构如何收年费？即使这台机器不折旧，该机构也会必然收取一个等于利率 r_t 乘以机器价格的费用（我们假设机器价格用实际值表示是1，即1乘以 r_t），其购买并出租机器的收入至少要等于购买债券的收益。另外，这家租赁机构必须收取折旧费用，即 δ 乘以机器价格1。因此：

$$租赁成本 = r_t + \delta$$

即使公司在一般情况下不会租赁它们所用的机器，$(r_t + \delta)$ 仍旧代表了公司使用机器一年所暗含的成本，有时称作影子成本。

这样，式（15-6）给出的投资方程就有一个简单的解释：投资取决于利润和使用者成本的比值。利润越高，投资水平就越高。使用者成本越高，投资水平就越低。

利润、实际利率和投资之间的关系基于一个很强的假设：预期值和当前值相同。记住这个关系很有用，这也是宏观经济学家的一个便利的工具。然而，现在是时候放松这个假设，并探究预期在投资决策中的作用。

当前利润和预期利润

拓展的理论意味着投资应当是富有远见的，并主要取决于未来的预期利润。在我们的假设条件下，投资一年之后才会产生利润，而当前利润甚至没有出现在式（15-3）中。然而，令人印象深刻的经验事实说明了投资和当前利润之间存在紧密的联系。

这种关系如图15-3所示。该图描绘了美国经济自1960年以来投资和利润的年变化。利润构造为一个比率，等于税后利润与非金融部门支付的利息之和除以其资本存量。投资也构造为一个比率，等于非住宅固定投资和固定资本存量之比。利润会滞后一期。比如，图中显示1999年利润的变化就比2000年投资的变化早一年。投资变化呈现出滞后于利润变化一年这一特征是由于公司在面对更高的利润时，需要花费一定的时间考虑新项目的投资。图中的阴影部分表示经济衰退时期，也就是一年中至少有两个季度产出下降。

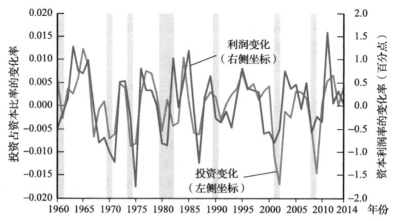

图15-3 1960年以来美国的投资变化与利润变化

注：投资和利润的变动几乎同步。

资料来源：Haver Analytics. Original source：Gross investment，Flow of funds variable FA105013005. A；Capital stock measured by Nonfinancial assets；Profit is constructed from Net operating surplus, taxes, and transfers, Bureau of Economic Analysis.

投资变化和当期利润变化之间有显著的正相关，如图 15-3 所示。这个关系是否与我们刚才拓展的理论不一致？投资应当与未来利润的预期现值有关，而不是当前利润，但事实并非如此。如果公司预期未来利润与当期利润变动非常一致，那么这些未来利润的现值将会与当期利润非常一致，从而投资也就与之一致。

然而，经济学家更加仔细地考察了这个问题，得出当前利润对投资的影响比我们形成理论所预期的更强。问题聚焦"获利能力和现金流"中介绍了他们是如何收集数据的。一方面，有些公司拥有高盈利的投资项目，但是利润率很低，这样的公司似乎投资太少。另一方面，有些公司有较高的当前利润，但有时候去投资一些盈利性值得怀疑的项目。总的来说，即使控制了利润的预期现值，当前利润依旧会影响投资。

为何当前利润会在投资决策中起作用？当我们在 15.1 节中讨论为什么消费取决于当期收入时，该答案就有所暗示。我们用来解释消费行为的一些原因在这里同样适用。

- 如果当期利润较低，一家公司需要通过借钱来筹集购买新机器的资金。公司也许并不愿意借钱：即使预期利润看起来很高，但一旦情况变糟，该公司就无法支付债务。如果公司的当前利润很高，公司就可以通过保留一部分收益进行筹资，而不必去借款。总的来说，更高的当前收益可能导致公司进行更多投资。
- 即使公司想要投资，也可能存在借款困难的问题。潜在的贷款者可能对该项目不会像公司那样充满信心，他们会担心公司可能无法偿付。如果公司有大量的当前利润，它便可以不必借钱，也不必去说服潜在的贷款人。公司可以按照其意愿进行投资，并倾向于这样做。

总的来说，为了与我们实际观察到的投资行为相符合，投资等式最好表示为：

$$I_t = I[V(\Pi_t^e), \Pi_t] \qquad (15-7)$$
$$(\quad +\quad ,\ +)$$

总结：投资既与未来利润的预期现值有关，也与当前的利润水平有关。

问题聚焦　　　获利能力和现金流

投资在多大程度上取决于未来利润的预期现值，又在多大程度上取决于当前利润？换句话说，对于投资决策，**获利能力**（profitability，未来利润的预期贴现值）和**现金流**（cash flow，当前利润，也就是公司现在收到的净现金流）哪个更加重要？

回答这个问题的困难在于，在大多数时候现金流和获利能力是同步变动的。业绩好的公司往往拥有好的现金流和未来前景。亏损公司的未来前景通常也比较差。

分离现金流和获利能力对投资影响的一个好方法是，找到现金流和获利能力变动方向不一致时的时间或事件，然后考察投资的变化。该方法是由耶鲁大学的经济学家欧文·拉蒙特（Owen Lamont）提出的。下面这个例子可以有助于理解拉蒙特的策略。

考虑两家公司，A 和 B，它们都涉及钢铁生产，B 公司同时还涉及石油开采。

假设石油价格急剧下跌，导致石油开采出现亏损。该冲击使 B 公司的利润下降。如果石油开采的损失非常大以至于抵消了钢铁生产的利润，那么 B 公司可能面临总体亏损。

现在我们可以提出的问题是：由于石油价格的下跌，B 公司对钢铁生产的投资是否会比 A 公司少？如果仅仅是钢铁生产的获利能力起作用，那么 B 公司对钢铁业务的投资就没有理由比 A 公司少。但如果当前现金流同样也起作用，由于 B 公司的现金流较低，这会阻碍其在钢铁业务上像 A 公司那样投放一样多的资金。考察两家公司对钢铁业务的投资，可以告诉我们投资在多大程度上取决于现金流和获利能力。

这就是拉蒙特所采取的经验策略。他关注了 1986 年美国的石油价格下降 50%，从而导致石油相关领域遭受巨大亏损时所发生的事情。然后，他考察了在石油领域遭受巨大亏损的公司（相对于其他非石油领域的公司）是否更多地减少了在非石油领域的投资。他得出的结论确实是这样。他发现由于石油价格下跌，现金流每降低 1 美元，在非石油领域的投资支出就会减少 10～20 美分。简单地说，当前现金流确实起作用。

资料来源：Owen Lamont, "Cash Flow and Investment: Evidence from Internal Capital Markets," *Journal of Finance* 1997 Vol. 52, (1): pp. 83-109.

利润和销售额

我们已经讨论了投资取决于当前利润和预期利润，或者更特别地取决于每单位资本的当前利润和预期利润。最后一步要回答：是什么决定了每单位资本的利润？答案主要有两方面因素：销售额水平以及现存的资本存量。如果销售额相对于资本存量比较低，那么每单位资本的利润也就比较低。

让我们写成更正式的形式。忽略销售额和产出之间的区别，令 Y_t 表示产出，等价地也就是销售额。令 K_t 表示 t 时期的资本存量。我们的讨论说明了以下关系：

$$\Pi_t = \Pi \left(\frac{Y_t}{K_t} \right) \atop (+)$$

(15-8)

单位资本的利润是关于销售额与资本存量比值的增函数。给定资本存量，销售额越高，单位资本的利润就越高。给定销售额，资本存量越高，单位资本的利润就越低。

这个关系式在现实中成立吗？图 15-4 描绘了美国从 1960 年起，单位资本利润的年变化

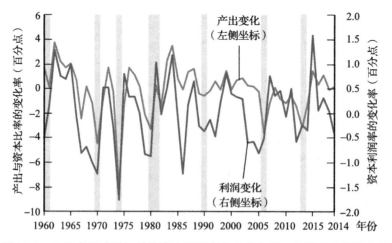

图 15-4　1960 年以来美国单位资本利润率的变化和产出与资本比率的变化

注：单位资本利润和产出与资本比率的变动几乎同步。

资料来源：Haver Analytics. Original source: Capital stock measured by Nonfinancial assets, Financial accounts; profit is constructed from net operating surplus, taxes, and transfers, Bureau of Economic Analysis; output of nonfinancial corporate sector is measured by gross value added, Bureau of Economic Analysis.

（由右侧纵轴度量），以及产出与资本比率的变动（由左侧纵轴度量）。如图 15-3 所示，单位资本的利润被定义为税后利润与非金融部门支付的利息之和除以其资本存量（由重置成本衡量）。用 GDP 与总资本存量的比值来表示产出与资本的比值。

图 15-4 显示，单位资本利润的变动与产出资本比值的变动之间存在紧密的联系。如果大多数产出资本比值的年变化都源自产出的变动，那么大多数单位资本利润的年变化源自利润的变动（资本随时间缓慢变动，原因在于资本相对于年投资量来说非常大。即使投资发生很大变动，也只能带来资本存量的小变动），我们可以将该关系做如下表述：经济衰退时，利润下降；经济繁荣时，利润上升。

为什么产出和利润之间存在这样的关系？因为该关系暗含着两者之间的联系，一方面是当前产出和预期未来产出，另一方面是投资。当前产出影响当前利润，预期未来产出影响预期未来利润；当前利润和预期未来利润影响投资。例如，如果预期经济会出现长期、稳定的繁荣，那么公司就会预期在现在或将来有较高的利润，从而带来较高的投资。在第 16 章中做产出决策时，会发现当期产出和预期产出对投资的影响，以及需求和产出对投资的影响都将起到至关重要的作用。

> 高预期产出 ⇒ 高预期利润 ⇒ 今天的高投资率。

15.3 消费和投资的波动性

注意在 15.1 节与 15.2 节中，对待消费行为和投资行为的相似性。

- 消费者意识到收入的变动是暂时还是永久的，将影响他们的消费决策。他们预期收入的提高持续时间越短暂，就越难提高自己的消费水平。
- 同样地，一家公司预期当前销售额的变动是暂时还是永久的，将影响它的投资决策。公司预期销售额的提高持续时间越是短暂，就越难改变对利润现值的估计，从而就越不会购买新的机器或者建造新的工厂。例如，为什么每年感恩节和圣诞节期间销售额的提高并没有带来 12 月投资量的高涨。公司认为，这样的销售额上升只是暂时的。

> 美国 12 月的零售额比其他月份高出 24%。而在法国和意大利，12 月的销售额高出 60%。

但是，消费决策和投资决策之间确实有重要的区别。

- 拓展的消费理论意味着，当消费者面对收入的永久性上升时，他们最多只是提高等量的消费。收入的永久性提高意味着他们能支付现在和将来的与收入增长等量的消费量。如果消费的提高量超过收入的增长，那么将来就要削减消费，该消费者则没有理由进行这样的消费计划。
- 现在考虑一家公司面临销售额的永久增长时的投资行为。预期利润的现值增长，会带来投资的上升。然而，与消费相比较，这并不简单地意味着最多只是增加与销售额的提高等量的投资。事实上，一旦公司认为销售额的提高有利于做出购买新机器或者建造新工厂的决策，该公司就希望尽快去实施，从而导致投资支出发生较大但是短暂的提高。投资支出的提高可能会超出销售额的提高量。

更具体地说，假设一家公司的资本和年销售的比值是 3。今年的销售额提高 1 000 万美元，且预期该提高是永久性的，那么公司会要求花费 3 000 万美元购买额外的资本以维持相同水平的比值。如果该公司立即购买了额外的资本，今年投资支出的增长额将是销售增长额的 3 倍。

一旦调整资本存量，公司就会恢复到投资的正常水平。这个例子比较极端，因为公司不可能立即调整资本存量。但是，即使它调整资本存量比较缓慢，投资的增长也会在一段时间内超过销售额的增长。

我们可以利用式（15-8）来阐述同样的道理。由于我们没有区分产出和销售，销售额的初始提高会带来产出 Y 等量的提高。因此，公司产出和现存资本存量的比值 Y/K 也会提高。结果是，利润提高使公司进行更多投资。一段时间之后，更高的投资水平带来更高的资本存量 K，从而 Y/K 下降到正常水平，单位资本的利润和投资也恢复到正常水平。因此，作为对销售额永久性提高的反应，投资水平在开始会有较大的提高，然后逐渐恢复到正常水平。

这些差别说明了投资的波动性比消费更大。大多少呢？答案如图 15-5 所示。该图描绘了 1960 年以来美国的消费和投资的年变化率。阴影部分表示经济衰退时期的年份。为了使该图更容易解释，这两个年变化率都是相对于平均变化率的离差值，因此其均值等于零。

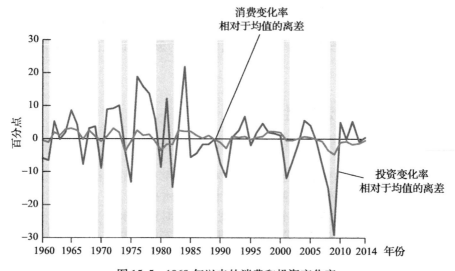

图 15-5　1960 年以来的消费和投资变化率

注：投资的相对变动要比消费的相对变动大得多。
资料来源：Series PCECC96，GPDI Federal Reserve Economic Data（FRED）http://research.stlouisfed.org/fred2/.

从图 15-5 中可以得到三个结论。

- 消费和投资通常都是同步变动的。例如，在经济衰退时，投资和消费会同时下降。我们的讨论中强调了消费和投资在很大程度上取决于相同的因素。这一点并不奇怪。
- 投资的波动要比消费的波动大得多。投资的相对变动范围是 −29%～26%。消费的相对变动范围是 −5%～3%。
- 由于投资水平要比消费水平低得多（回忆一下，投资占 GDP 的 15%，而消费占 70%），两年间投资发生的变动与消费的变动大致相同。换句话说，这两者对产出波动的贡献大致是相同的。

本章概要

- 消费取决于财富和当期收入。财富是非人力财富（金融财富加房产财富）与人力财富（税后劳动收入的预期现值）之和。
- 消费对收入变动的反应取决于消费者将这些

变动视作暂时的还是永久的。
- 消费的变动幅度往往要小于收入的变动幅度。即使当前收入不变，消费也会改变。
- 投资既取决于当前利润，也取决于未来利润的预期现值。
- 在这些简化的假设条件下，公司预期未来的利润和利率与今天相同，我们可以认为投资取决于利润和使用者成本的比值。使用者成本等于实际利率与折旧率之和。
- 利润的变动与产出的变动紧密相连。因此，我们认为投资间接地取决于当期产出和未来的预期产出。如果公司预期出现长期的经济繁荣，从而会有长时期的高利润序列，则会选择投资。如果产出的变动预期不会持续下去，则不会对投资产生显著的影响。
- 投资的波动要比消费的波动大得多，因为投资仅占 GDP 的 15%，而消费占 70%；而投资发生的变动与消费的变动大致相同。

关键术语

permanent income theory of consumption　消费的持久收入理论
life cycle theory of consumption　消费的生命周期理论
financial wealth　金融财富
housing wealth　房产财富
human wealth　人力财富
nonhuman wealth　非人力财富

total wealth　总财富
panel data sets　面板数据集
static expectation　静态预期
Tobin's q　托宾 q 理论
user cost　使用者成本
rental cost　租赁成本
profitability　获利能力
cash flow　现金流

习　题

快速测试

1. 运用本章的信息，判断下面的说法是正确、错误还是不确定，并简要解释。
   a. 对于普通的大学生来说，人力财富和非人力财富是近似相等的。
   b. 自然实验（例如退休）并不意味着对未来收入的预期是影响消费的主要因素。
   c. 在经济衰退期后，预期未来收入增长率会下降。
   d. 建筑物和工厂的折旧比机器要快得多。
   e. 托宾 q 值较高意味着股票市场认为资本被高估了，从而投资会减少。
   f. 除非当期收入会影响未来收入的预期，否则它不会影响投资。
   g. 美国过去 30 年的数据说明公司利润与产业周期密切相关。
   h. 消费和投资的变动往往是同方向的，而且变动幅度大致相同。

2. 一个消费者的非人力财富是 100 000 美元。他今年的工资是 40 000 美元，并预期其工资在之后的两年实际增长率为 5%，然后他就会退休。实际利率等于 0，并预期在未来保持 0 的水平。劳动收入的税率为 25%。
   a. 该消费者的人力财富是多少？
   b. 他的总财富是多少？
   c. 如果他预期在退休后还能再活 7 年，并希望其消费水平从现在起每年保持不变（实际值），那么他今年能消费多少？
   d. 如果他只是在今年收到了 20 000 美元的奖金，未来工资依旧保持之前描述的水平，那么他现在和未来的消费能提高多少？
   e. 假设现在退休，社会保障部门将开始每年支付该消费者最后一个工作年份工资的 60%。假设该收益是不收税的。为了保持恒定的消费，他今年该消费多少？

3. 一个饼干制造商考虑购入一台饼干制造机器，成本为 100 000 美元。该机器每年的折旧率为 8%。它将在下一年产生 18 000 美元的实际利润，经过折旧调整，两年后等于 18 000 × (1 − 8%) 美元（也就是说，同样是实际利润，但是调整了折旧），三年后等于 18 000 ×

$(1-8\%)^2$ 美元，依此类推。假设每年的实际利率保持不变，当分别等于以下三种情况时，试决定该制造商是否应该购买这台新机器。

a. 5%
b. 10%
c. 15%

4. 假设你今年22岁，刚刚上完大学。你得到一份起薪是40 000美元的工作，且实际值保持不变。然而，你也有资格进入专业学校学习，并在两年后毕业。毕业后你预期起薪会提高10%（实际值），此后工资水平（实际值）保持不变。劳动收入的税率是40%。

a. 如果实际利率为0，你预期会在60岁退休（例如，如果你不去读专业学校，你总共会工作38年），那么你最多愿意为进这所学校支付多少钱？
b. 如果你预期要缴纳30%的税款，你最多愿意支付多少钱？

深入研究

5. 个人储蓄和总资本累计。

假设每个消费者出生的时候金融财富为0，且生命分为3个阶段：青年、中年和老年。消费者在前两个阶段工作，在最后一个阶段退休。他们在第一阶段的收入为5美元，在第二阶段的收入为25美元，在第三阶段没有收入。通货膨胀率和预期通货膨胀率均为0，实际利率也为0。

a. 在生命初期，劳动收入的贴现值是多少？如果3个阶段的消费水平相同，那么可以维持的最高消费水平是多少？
b. 对于每个年龄阶段，为了使消费者维持a题中的消费水平，消费者的储蓄量应该是多少？（提示：如果消费者需要借钱而维持一定的消费水平，储蓄可以是负值。）
c. 假设在每个阶段有n个人出生，经济中的总储蓄是多少？（提示：将每个年龄段的储蓄加总。记住有些年龄段的人储蓄为负值。）并解释。
d. 经济中的总金融财富是多少？（提示：计算每一个阶段初期时人们的金融财富，将数据加总。记住人们可以负债，因此金融财富可以为负值。）

6. 借款限制和总资本积累。

继续问题5，现在假设借款限制使青年人无法借款。如果我们称收入之和加上总金融财富为"手中的现金"（cash on hand），那么借款限制意味着消费者的消费额度无法超过"手中的现金"。在每个年龄阶段，消费者计算总财富，然后决定他们的满意消费水平，使3个阶段的消费等于所能维持的最高消费水平。然而，在任何时候，满意的消费水平都会超过"手中的现金"，那么他们的消费只能限制在"手中的现金"额度范围内。

a. 计算每个阶段的消费水平，并与问题5中a题的答案做比较，解释差异产生的原因。
b. 计算经济中的总储蓄，并与问题5中c题的答案做比较，若有差异请解释。
c. 计算经济中的总财富，并与问题5中d题的答案做比较，若有差异请解释。
d. 思考下面这句话："金融自由化对个体消费者可能是有利的，但对整个资本积累是不利的。"请讨论。

7. 不确定未来收入的储蓄。

考虑一个消费者经历了3个阶段：青年、中年和老年。青年阶段，消费者的劳动收入为20 000美元。中年阶段的收入具有不确定性，收入为40 000美元的概率为50%，收入为100 000美元的概率为50%。在老年阶段，消费者花费之前积累的储蓄。假设通货膨胀率、预期通货膨胀率和实际利率均等于0。忽略税收。

a. 中年阶段的预期收入是多少？给定该值，生命周期内预期劳动收入的折现值是多少？如果消费者希望在生命周期内保持不变的消费水平，在每个阶段他应该消费多少？储蓄多少？
b. 其他条件保持不变。现在假设消费者希望在每个阶段保持20 000美元的最低消费水平。为了做到这一点，他必须考虑最坏情况下的收入。如果中年阶段的收入是40 000美元，并且他非常年轻从而保证在每个阶段都保持20 000美元的最低消费水平，该消费者应该消费多少？该消费水平与a题中算得的青年阶段的消费水平有何不同？

c. 给定 b 题中的答案。假设消费者中年阶段的收入是 100 000 美元。在每个阶段他应该消费多少？在该消费者的生命周期内，其消费水平是恒定的吗？（提示：当消费者到中年时，只要他能在每个阶段维持 20 000 美元的最低消费，那么他将试着在以后的两个阶段保持恒定的消费水平。）

d. 对于青年消费者来说，有关未来劳动收入的不确定性对储蓄（或者借款）带来怎样的影响？

进一步探究

8. 消费与投资的变动。

 去联邦储备银行圣路易斯分行所操作的联邦数据库；你会发现个人消费支出、总的私人国内投资以及实际 GDP 的年度数据。数据都是由实际美元来测度的。你可以下载一个电子表格（联邦储备银行允许下载），设定 1960 年为起始年份，终点为最近的年份。写好下列时间序列的名称：实际 GDP，2009 年美元，GDPMCA1；实际的个人消费支出，2009 年美元，DPCERX1A020NBER；实际总的私人国内投资，2009 年美元，GPDICA。你可以搜索这些名字，下载这些变量的数据以及年增长率。注意这些变量是用百万还是 10 亿量级测度的。

 a. 平均来说，消费比投资大多少？计算两者占 GDP 的比重。

 b. 计算消费与投资水平在两个相邻年度之间的变化，用图形画出自 1961 年到最近年度的变化曲线。消费与投资的年度变化是相似量级的吗？

 c. 计算自 1961 年来实际消费与实际投资变化的百分比，哪一个不稳定？

9. 消费者信心、可支配收入和衰退。

 登录美联储经济数据库的网站，下载个人实际可支配收入的数据（序列为 A229RX0）和密歇根大学调研的消费者敏感性指数（序列为 UMCSENT1），我们用该数据序列衡量消费者信心。注意，需要下载的是季度数据。把这两个数据序列放在同一张表中。

 a. 在你观察这些数据之前，你能想到哪些理由可以将消费者信心和可支配收入联系起来？又有哪些理由可以解释消费者信心与可支配收入无关？

 b. 画出消费者敏感性指数和个人可支配收入之间的关系图。是否存在正向关系？

 c. 画出消费者敏感性指数变动和个人可支配收入变动之间的关系图，呈现出怎样的关系？关注那些个人可支配收入变动小于 0.2% 的数据，其消费者敏感性指数变化了吗？我们怎么来解释呢？

 d. 观察 2007~2009 年的数据。与一般情况相比，2007~2008 年的消费者敏感性指数是怎样的？（提示：2008 年 9 月雷曼兄弟破产。）消费者敏感性的下降是对经济危机下实际个人可支配收入下降的预测吗？

附 录

在静态预期下推导利润的预期现值

在式（15-3）中，我们可以用下式表示利润现值：

$$V(\Pi_t^e) = \frac{1}{1+r_t}\Pi_{t+1}^e + \frac{1}{(1+r_t)(1+r_{t+1}^e)}(1-\delta)\Pi_{t+2}^e + \cdots$$

如果公司预期未来利润（每单位资本）和未来利率都保持和今天一样的水平，那么 $\Pi_{t+1}^e = \Pi_{t+2}^e = \cdots = \Pi_t$，以及 $r_{t+1}^e = r_{t+2}^e = \cdots = r_t$，上式变为：

$$V(\Pi_t^e) = \frac{1}{1+r_t}\Pi_t + \frac{1}{(1+r_t)^2}(1-\delta)\Pi_t + \cdots$$

提出 $[1/(1+r_t)]\Pi_t$，

$$V(\Pi_t^e) = \frac{1}{1+r_t}\Pi_t\left(1 + \frac{1-\delta}{1+r_t} + \cdots\right) \tag{15A-1}$$

该等式中括号中的项是一个几何级数，形式为 $1+x+x^2+\cdots$，则从书末附录 B 中的命题 2 可得：

$$(1+x+x^2+\cdots) = \frac{1}{1-x}$$

在这里 x 等于 $(1-\delta)/(1+r_t)$，因此：

$$\left(1+\frac{1-\delta}{1+r_t}+\left(\frac{1-\delta}{1+r_t}\right)^2+\cdots\right) = \frac{1}{1-(1-\delta)/(1+r_t)} = \frac{1+r_t}{r_t+\delta}$$

将上式代入式（15A-1），可得：

$$V(\Pi_t^e) = \frac{1}{1+r_t}\frac{1+r_t}{r_t+\delta}\Pi_t$$

简化即得式（15-5）

$$V(\Pi_t^e) = \frac{\Pi_t}{(r_t+\delta)}$$

第 16 章

预期、产出和政策

第 14 章中考察了预期是如何影响资产（债券/股票和房产）价格的。第 15 章中考察了预期是如何影响消费和投资决策的。在这一章，我们把各部分综合在一起，考察预期对货币政策和财政政策的影响。

16.1 总结了所学过的预期的主要内容及含义，也就是未来产出和未来利率的预期影响当前支出，从而影响当期产出。

16.2 考察了货币政策。它说明货币政策的效果从根本上取决于政策利率的变化在多大程度上导致人们和公司改变对未来利率和未来收入的预期，从而改变他们的决策，进而影响支出与产出的变动。

16.3 转向财政政策。与核心部分看到的模型形成强烈对比的是，在某些情况下，即使在短期，财政政策的收缩也可能带来产出的提高。再次说明预期对政策的反应是本部分的中心问题。

16.1 预期和决策：复习

回顾一下已经学过的内容，然后考察如何修正对产品市场和金融市场的特性的描述，即在核心部分所构建的 *IS-LM* 模型。

预期、消费和投资决策

第 15 章的主题是消费决策和投资决策在多大程度上取决于未来收入和利率的预期。预期影响消费和投资支出的渠道总结在图 16-1 中。

注意未来的预期变量通过许多渠道影响当前决策，它通过资产价格直接影响决策的制定。

- 当前和预期未来的税后实际劳动收入提高，或者当前和预期未来的实际利率降低，则人力财富会增加（税后劳动实际收入的预期现值），从而使消费增加。
- 当前和预期未来实际红利提高，或者当前和预期未来实际利率降低，会使股票价格提高，从而带来非人力财富的上升，使消费增加。
- 当前和预期未来的名义利率下降会带来债券价格的上升，从而使非人力财富和消费增加。
- 当前和预期未来的实际税后利润提高，或者当前和预期未来的实际利率下降，会使实际税后利润增加，从而带来投资的增加。

> 注意在这种情况下，债券的名义值要比实际值重要，因为债券是在未来对美元有索取权，而非对产品。

预期和 *IS* 关系

按照图 16-1 给出的模型，我们可以得到关于消费和投资的详细信息，但这将十分复杂。事实上，在宏观经济学家用来理解经济和分析政策而构建的大型实证模型中，已经得到有关消费和投资的信息。但是，我们不会考虑得这么复杂。我们想要知道迄今为止所学内容的精髓，即消费和投资是如何依赖于未来预期的，而不是迷失在细节里。

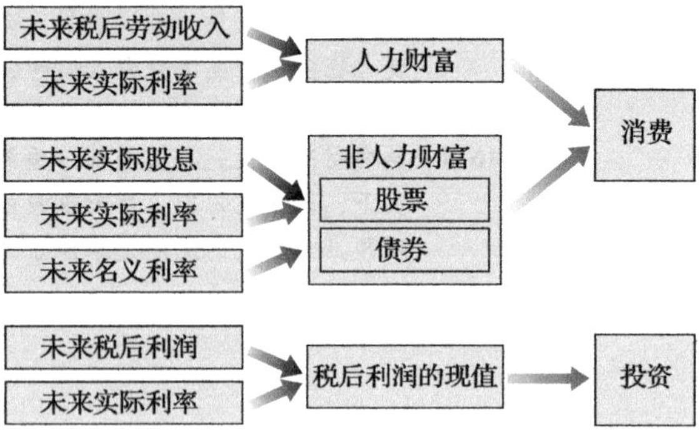

为了做到这一点，让我们做一个重要的简化，将现在和将来缩减成两个时期：①当前时期，你可以认为是今年；②未来时期，你可以认为是今后所有年份放在一起。这样一来，我们就不必知道今后每一年的预期值。

> 这种把时间划分为今天和以后的做法是很多人安排自己生活的方式：考虑今天要做的事情以及可以暂时搁置的事情。

图 16-1 预期和支出：影响渠道
注：预期直接并间接通过资产价格影响消费与投资决策。

在做了这个假设之后，问题变成了如何书写当前时期的 *IS* 关系式。在第 6 章，我们书写的 *IS* 关系如下：

$$Y = C(Y - T) + I(Y, r + x) + G$$

我们假设消费仅取决于当前收入，以及投资仅取决于当期产出和当前借贷利率，也就是政策利率和风险溢价的总和。现在我们需要考虑预期对消费和投资的影响，来修正这个模型。我们采取两个步骤。

首先，以更紧凑的形式改写等式，但并未改变其内容。为了达到该目的，我们将私人总支出定义为消费和投资支出的总和。

$$A(Y,T,r,x) \equiv C(Y-T) + I(Y,r+x)$$

在这里，A 代表**私人总支出**（aggregate private spending），或简单地说，**私人支出**（private spending）。利用这个概念，我们可以将 IS 关系改写为：

$$Y = A(Y,T,r,x) + G \qquad (16\text{-}1)$$
$$(+,-,-,-)$$

这样做的原因是需求的两个部分，即 C 和 I，都取决于预期。

私人总支出 A 的性质与我们在之前章节里推导的消费和投资的性质是相同的。

- 私人总支出是收入 Y 的增函数：收入越高（等价地，产出越高），消费和投资就越高。
- 私人总支出是税收 T 的减函数：税收越高，消费越低。
- 私人总支出是实际政策利率 r 的减函数：实际政策利率越高，投资就越低。
- 私人支出是风险溢价 x 的减函数：风险溢价越高，借贷利率越高，投资就越低。

第一步仅仅简化了概念。第二步则要考虑预期的作用来拓展式（16-1）。因为这一章主要关注预期而不是风险溢价，因此我们假设风险溢价是一个常数，并且这章之后的内容也保持这个假设。若关注预期，对式（16-1）的拓展自然就是使支出不仅决于当前变量，还取决于未来的预期值。

$$Y = A(Y,T,r,Y'^e,T'^e,r'^e) + G \qquad (16\text{-}2)$$
$$(+,-,-,+,-,-)$$

上撇表示未来值，上角标 e 表示预期值，因此 Y'^e、T'^e、r'^e 分别表示未来预期收入、未来预期税收和未来预期实际利率。这样的写法有些烦琐，但意义的表达比较直接。

- 当期或者未来收入的增加会使私人支出提高。
- 当期或者未来税收的增加会使私人支出减少。
- 当期或者未来实际利率的增加会使私人支出减少。

利用式（16-2）给出的产品市场均衡，图 16-2 描绘了当前时期的新 IS 曲线。像通常一样，我们设定除当前产出 Y 和当前实际政策利率 r 之外的一切变量都是给定的。因此，IS 曲线是在给定当前和未来的预期税收 T 和 T'^e、预期产出值 Y'^e 以及未来实际政策利率 r'^e 的情况下画出的。

基于式（16-2）的新 IS 曲线依旧是向下倾斜的，原因与第 6 章相同：当前实际政策利率的下降导致支出上升。支出的上升通过乘数效应导致产出上升。然而，我们还可以发现更多内容：新 IS 曲线比我们在之前章节里所画的 IS 曲线更陡。换句话说，在其他情况保持不变的条件下，当前政策利率大幅度下降可能只对产出有很小的影响。

利率为什么对产出产生的影响很小。在图 16-2 中取一点 A，考虑实际政策利率从 r_A 下降到 r_B 时的效应。实际利率的下降取决于两种效应的强度：给定收入的情况下实际利率对支出的影响，以及乘数的大小。

注意：撇表示未来变量的值。上角标 e 表示"预期"。

Y 或者 Y'^e 增加 $\Rightarrow A$ 增加，T 或者 T'^e 增加 $\Rightarrow A$ 下降，r 或者 r'^e 增加 $\Rightarrow A$ 下降。

我们不妨把政策利率想成当前的实际利率，比如一年期利率。

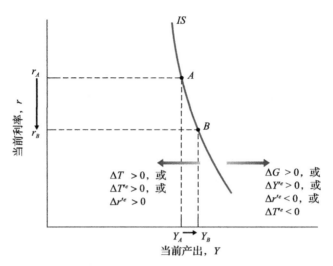

图 16-2 新 IS 曲线

注：给定预期，实际利率的下降导致产出较小的增加；IS 曲线陡峭地向下倾斜。政府支出或者预期未来产出的提高，使 IS 曲线向右移动。税收提高，或者预期未来利率的提高使 IS 曲线向左移动。

我们分别来看：

- 在未来实际政策利率的预期保持不变的情况下，当前实际利率的下降不会对支出产生很大影响。前面几章中解释过原因：当前实际利率的变化不会使现值发生很大变化，从而也不会使支出发生很大变化。例如，面对当前实际利率的下降，如果一家公司预期未来的实际利率不会像现在这么低，那么该公司可能不会大幅度改变其投资计划。

- 乘数可能会很小。乘数的大小取决于当前收入（产出）变化对支出影响的大小。但是，在未来收入预期保持不变的情况下，当前收入的变化不会对支出产生很大影响。原因是：一个预期不会持续很久的收入变化对消费和投资的影响是有限的。如果消费者预期工资的提高仅能持续一年，则会提高消费水平，但提高的幅度会远远小于收入提高的幅度。如果一家公司预期销售额的增加会持续一年，则不会太多改变投资计划。

> 假定你有一笔 30 年期限的贷款，现在其年利率从 5% 下降到 2%，并且所有未来年利率保持不变，那么 30 年的利率下降多少？〔答案是从 5% 下降到 4.9%。想知道原因的话，就把式（14-11）拓展成 30 年的收益率，即 30 个一年期利率的平均值。〕

> 假设一家公司决定给予其所有雇员一次性 10 000 美元的红包，且员工预期这不会再发生一次，那么本年度员工增加多少消费？（若有需要，可以复习第 15 章关于消费行为决策的内容。）

综合考虑：当前实际政策利率的大幅度下降——如图 16-2 中由 r_A 下降到 r_B，仅使产出提高很小的幅度，由 Y_A 上升到 Y_B。换句话说：经过 A、B 两点的新 IS 曲线非常陡峭地向下倾斜。

式（16-2）中除了 Y 和 r 以外，任何变量的变化都会使 IS 曲线发生移动。

- 当前税收 T，或者当前政府支出 G 的变化会使 IS 曲线发生移动。

  给定利率不变，当前政府支出的提高使 IS 曲线向右移动；税收的提高使 IS 曲线向左移动。这些变化在图 16-2 中反映出来。

- 预期未来变量（Y'^e、T'^e、r'^e）的变化也会使 IS 曲线发生移动。

  未来预期产出 Y'^e 的提高使 IS 曲线向右移动；更高的预期未来收入使消费者感到更

加富有,从而支出更多;更高的预期产出意味着更高的预期利润,公司会投资更多。由于存在乘数效应,消费者和公司的高支出会带来更高的产出。同样地,预期未来税收的提高导致消费者降低当期支出,IS 曲线向左移动。预期未来实际政策利率的上升会使当期支出下降,同时也使产出下降,IS 曲线向左移动。这个过程也在图 16-2 中反映出来。

16.2 货币政策、预期和产出

美联储会直接影响到的利率是当前实际利率 r,因此,LM 曲线依然是一条水平线,其值等于美联储给定的实际政策利率 $\bar{r}$。因此,IS 关系和 LM 关系如下:

$$IS\ 关系:Y = A(Y, T, r, Y'^e, T'^e, r'^e) + G \tag{16-3}$$

$$LM\ 关系:r = \bar{r} \tag{16-4}$$

相应的 IS 和 LM 曲线如图 16-3 所示,产品市场和金融市场的均衡意味着经济处于 A 点。

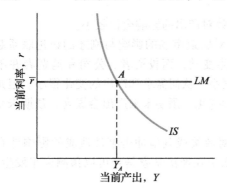

图 16-3 新 IS-LM

注:IS 曲线是比较陡峭向下倾斜的,其他情况相同,当前利率的一个变动会对产出有一个小幅影响。在中央银行给定的当前实际利率 $\bar{r}$ 下,均衡点是 A 点。

重新审视货币政策

假设现在处于经济衰退时期,美联储决定降低实际政策利率。

首先假设扩张性的货币政策并不影响对未来利率和产出的预期。在图 16-4 中,LM 曲线向下移动,从 LM 移至 LM''。(由于我们已经用上撇表示变量的未来值,从而用双撇,如 LM'',表示本章中曲线的移动。)均衡从 A 点移至 B 点,产出增加,实际利率降低。然而,陡峭的 IS 曲线意味着货币供给的增加对产出仅产生很小的影响:保持预期不变的情况下,当前利率的变动对支出的影响很小,从而对产出的影响很小。

> 给定预期时,货币供给的增加导致 LM 曲线发生移动,并沿着陡峭的 IS 曲线向下变动,结果是 r 大幅下降而 Y 小幅增加。

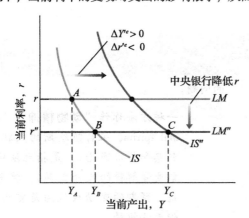

图 16-4 货币政策的预期效应

注:货币政策对产出的影响在很大程度上取决于货币政策对预期的影响程度。

这就是为什么很多研究货币政策的宏观经济学家常常指出中央银行的任务不仅仅是调节名义短期利率，也需要"管理预期"以使利率变化的预测效应会作用于经济。更多关于这部分的内容参考第21章和第23章。

然而，预期不受扩张性货币政策影响的假设是否合理？如果美联储降低利率，金融市场是否会预期未来出现更低的利率，以及低利率带来的更高产出？如果这样做的话会有怎样的变化？给定当前利率，预期未来利率更低和未来产出更高都会使支出和产出更高，它们使 IS 曲线向右移动，从 IS 移至 IS″。新的均衡点处于 C 点。因此，即使扩张性货币政策对产出的直接影响是有限的，但一旦考虑预期的变化，其总影响是很大的。

你已经了解到一个重要经验：货币政策的效果，甚至任何一种宏观经济政策的效果，极大地依赖于预期的效应。

- 如果扩张性的货币政策使金融投资者、公司以及消费者改变了对未来利率和未来产出的预期，那么该政策对产出的影响可能非常大。
- 如果预期保持不变，那么扩张性货币政策对产出的影响会比较小。

我们可以将第14章中讨论的货币政策变化对股票市场的影响与刚才的讨论联系起来。这两种情况有许多相同的事实。如果货币政策发生变动，而投资者、公司和消费者并不感到吃惊，则他们的预期保持不变，股票市场的变化很小，从而需求和产出的变化很小。但是如果货币政策的变动在他们的意料之外，并预期会持续变化，预期未来产出会提高，预期未来利率会下降，股票市场将出现繁荣，从而产出会增加。

在这个阶段，你或许对于宏观经济学家能对政策或其他冲击事件造成的影响持有怀疑态度：如果该影响在很大程度上取决于预期，那么宏观经济学家是否可以预测未来发生的状况？答案是可以。

我们说某一政策的作用取决于预期的影响，并不等于说任何事情都会发生。预期不是任意的。共同基金经理必须决定是投资股票还是债券，公司需要考虑是否建造新的工厂，消费者需要思考应该为退休储蓄多少，这些人都在考虑将来会发生什么。我们可以将以上每一个决策看作形成预期的过程，该过程需要对未来政策的走向做出估计，以及找出其对未来经济活动的意义。虽然他们没有自己去这么做（当然我们大多数人做决策之前并没有花时间去解宏观模型），但他们通过电视和报纸间接地了解这些情况，而这些消息正是依赖于公共预期和私人预期。经济学家把这些建立在前沿方式上的预期称作**理性预期**（rational expectations）。理性预期假设的引入是过去35年以来宏观经济学最重要的发展之一，它在很大程度上形成了宏观经济学家考虑政策的方式。我们将在问题聚焦"理性预期"中对该问题有更加深入的探讨。

问题聚焦　　　　　　　　　理性预期

当今大多数宏观经济学家都在理性预期的假设下求解他们的模型，但事实并不总是这样。在过去的40年里，宏观经济学研究被称作"理性预期革命"。

预期的重要性是宏观经济学一个古老的话题，但是直到20世纪70年代，宏观经济学家才以下面两种方法之一考虑预期的问题。

- 一种方法称作**"动物精神"**（animal spirits，来自凯恩斯的《就业、利息和货币通论》，是指无法由当前变量解释的投资变动）。换句话说，预期的变动被认为是重要的，但无法解释。

- 另一种方法是简单的"向后看规则"。例如，人们通常被设定为有**静态预期**（static expectations），也就是说，像现在那样去预期未来（我们在第 8 章讨论菲利普斯曲线以及在第 15 章研究投资决策时使用过这个假设）。或者假定人们有**适应性预期**（adaptive expectations），例如，如果在给定时间内给定变量的条件下，人们的预期被证实过低，那么他们会在接下来的时期内提高该变量的预期值以适应变量的变化。例如，如果通货膨胀率比人们预期的要高，那么他们会在未来提高对通货膨胀率的预期。

在 20 世纪 70 年代早期，以罗伯特·卢卡斯（芝加哥大学）和托马斯·萨金特（当时在芝加哥大学，如今在纽约大学）为首的一批宏观经济学家提出，这些预期并没有反映出人们形成预期的方式。（罗伯特·卢卡斯在 1995 年获得诺贝尔奖；托马斯·萨金特在 2011 年获得诺贝尔奖。）他们认为，在考虑不同的政策影响时，经济学家应该假定人们具有理性预期，人们面向未来，并尽量准确地做出预测。这并非假设人们知晓未来，而是他们可以采用尽可能好的方式利用这些信息。

利用当时最流行的宏观经济模型，对于用理性预期假设来替换关于预期形成的传统假设，卢卡斯和萨金特说明了该替换如何从本质上改变了模型的结果。例如，卢卡斯挑战了反通货膨胀在短时间内会导致失业率上升的观点。在理性预期的假设下，他指出，一个可信的反通货膨胀政策可以在不提高失业率的条件下降低通货膨胀。更一般地，卢卡斯和萨金特的研究表明，在理性预期的假设下需要重新审视宏观经济模型，这也是之后的 20 年所发生的事情。

现在的大多数宏观经济学家将理性预期作为他们模型使用和政策分析的有用假设。这并不是因为他们相信人们总是有理性预期。确实，适应性预期有时候能比较准确地描绘现实情况，但有很多时候个人、公司或金融市场的参与者会忽略现实，变得过于乐观或过于悲观（回忆我们在第 14 章对泡沫和狂热的讨论）。当考虑特殊经济政策可能造成的影响时，我们所能做的最适当的假设似乎就是：个人、公司或金融市场的参与者会尽力弄清其影响。如果假设人们面对政策会出现系统性错误，那么在这样的假设下设计的政策是不明智的。

为什么直到 20 世纪 70 年代理性预期才成为宏观经济学模型的标准假设？这主要是由于一些技术性问题。在理性预期的假设下，今天发生的变化取决于对未来可能发生变化的预期，但是未来可能发生的变化又取决于今天的状况。解决这样的模型非常困难。卢卡斯和萨金特成功地使大多数宏观经济学家使用理性预期假设，不仅是由于他们的案例具有强大的说服力，也说明了这是事实上可以做到的事情。从越来越大的模型的解法得到发展以来，这方面取得了许多进步。当今，许多大型宏观经济模型在理性预期的假设条件下得到了解决。

16.3 减少赤字、预期和产出

回顾我们在核心内容章节中对削减预算赤字的结论。

- 在短期，除非扩张性货币政策抵消了预算赤

> 我们在 9.3 节讨论过财政政策变化的短期及中期效应，在 11.2 节讨论这种变化的长期效应。

字的减少会带来更低的支出和产出的缩减。
- 在中期，更低的预算赤字意味着更高的储蓄和更高的投资。
- 在长期，更多的投资转化成更多的资本，从而有更高的产出。

正是由于这种相反的短期影响，就像不会经常增加税收、减少政府项目支出一样，政府往往迟迟不愿处理其预算赤字：为什么仅仅为了未来的利益而要现在承担经济衰退的风险？

然而在近几年，一些经济学家对该结论提出了质疑，认为即使在短期内，赤字的减少也可能提高产出水平。他们提出：如果人们将赤字减少对未来的有利影响考虑在内，那么这种对于未来的预期足以引起当前支出的提高——而非降低，从而使当前产出提高。本节将更加正式地阐述他们的观点。问题聚焦"预算赤字的减少是否带来产出扩张？爱尔兰在20世纪80年代的例子"中介绍了一些支持性的证据。

假设经济被描述为式（16-3）的 IS 关系以及式（16-4）的 LM 关系。现在设想政府宣布一项计划，通过降低当前支出 G 和未来支出 G'^e 来减少赤字。当前时期的产出会发生怎样的变化？

问题聚焦　　预算赤字的减少是否带来产出扩张？爱尔兰在20世纪80年代的例子

爱尔兰在20世纪80年代经历了两次赤字削减计划。

1. 第一次赤字削减计划始于1982年。在1981年，预算赤字已经达到了GDP的13%。由于当前和过去的赤字积累，政府债务达到了GDP的77%，这是很高的比例。很明显，爱尔兰政府需要重新掌控财务。在之后的三年里，它开始了主要以增加税收为基础的赤字削减计划。这是一项野心勃勃的计划：在产出继续以正常速度增长的情况下，该计划减少赤字的幅度达到GDP的5%。

然而结果令人失望。如表1的第二行所示，1982年的产出增长很低，在1983年变成负数。产出的低增长与失业率的大幅上升有关（从1981年的9.5%上升至1984年的15%，见表1的第三行）。由于低增长，主要取决于经济活动的税收收入比预期值低。如表1的第一行所示，1981～1984年实际的赤字削减幅度仅达到GDP的3.5%。由于持续的高赤字和GDP的低增长，债务占GDP的比率进一步提高，1984年已经达到97%。

2. 第二次缩减预算赤字的尝试始于1987年2月。那时，经济形势依然很差。1986年的赤字达到GDP的10.7%；债务达到GDP的11.6%，是当时欧洲的最高纪录。这次新的赤字削减计划与第一次有所不同。它更关注政府作用的削弱和政府支出的减少，而非税收的提高。这次的计划中税收的增加是通过税制改革、拓宽税基得到的，也就是增加家庭支付税种的数量而不是提高边际税率。这次计划依旧非常野心勃勃：在产出以正常速度增长的情况下，赤字减少的幅度将达到GDP的6.4%。

表1　财政和其他宏观经济指标（爱尔兰，1981～1984年和1986～1989年）

	1981年	1982年	1983年	1984年	1986年	1987年	1988年	1989年
1 预算赤字（占GDP的百分比）	−13.0	−13.4	−11.4	−9.5	−10.7	−8.6	−4.5	−1.8
2 产出增长率（%）		3.3	2.3	−0.2	4.4	−0.4	4.7	5.2	5.8
3 失业率（%）	9.5	11.0	13.5	15.0	16.1	16.9	16.3	15.1
4 家庭储蓄率（占可支配收入的百分比）	17.9	19.6	18.1	18.4	15.7	12.9	11.0	12.6

资料来源：OECD Economic Outlook, June 1998.

第二次预算赤字缩减计划的结果和第一次的结果非常不一样。

1987～1989年经济增长强劲，GDP增速超过5%，失业率下降了约2%。由于强劲的产出增长，税收收入超过了预期，赤字下降了GDP的9%。

许多经济学家认为这两种计划结果的显著不同源于两种情况下预期的不同。他们认为第一次计划着重于增加税收，并没有改变人们眼中政府在经济中的作用。第二次计划着重于削减开支和税制改革，对于预期产生了更多积极的影响，从而对支出和产出起到了积极的作用。

这些经济学家的观点是正确的吗？有一个变量，家庭储蓄率定义为可支配收入减去消费，再除以可支配收入，强有力地说明了预期是这个问题的重要部分。为了解释储蓄率，回忆第15章关于消费行为的内容。当可支配收入的增长异常缓慢或下降时，比如处在经济衰退中，消费往往会下降或者以低于可支配收入变化的幅度下降，因为人们预期未来状况会有所好转。换句话说，当可支配收入以异常低的速度增长时，储蓄率往往会下降。现在观察（第四行）1981～1984年发生的变化：尽管这段时期出现了低增长，并在1983年发生了经济衰退，但事实上家庭储蓄率是略有提高的。换句话说，人们消费的减少幅度要大于可支配收入减少的幅度。这很有可能是由于他们对未来持有悲观的态度。

现在来看1986～1989年，在那段时期，经济增长异常强劲。与前面的道理相同，我们可以预期消费的增加会被稍微削弱一些，从而导致储蓄率上升。然而，事实是储蓄率急速下降，从1986年的15.7%下降至1989年的12.6%。消费者一定是对未来更加乐观，从而消费的增加幅度大于可支配收入的增加幅度。

下一个问题是这两种情况下预期调整的差别是否就是两种财政政策产生不同结果的全部原因？答案是否定的。在实行第二个财政政策时，爱尔兰经历着许多方面的变化。生产力的增长远远快于实际工资的提高，从而减少了公司的劳动成本。由于被税收政策、低劳动成本以及受教育程度较高的劳动力所吸引，许多外国公司来到爱尔兰创办新工厂。这些因素是20世纪80年代晚期经济扩张的主要原因。从那以后，爱尔兰的经济增长非常强劲，在1990～2007年其平均增长水平超过5%。当然，长期增长取决于许多因素。但是，1987年的财政政策变化在使个人、公司（包括外国公司）和金融市场相信政府正在重新控制财政方面起到了重要作用。这个事实也告诉我们1987～1989年的大规模赤字削减伴随着强劲的产出扩张，而不是像基本 IS-LM 模型预测的那样会出现经济衰退。

注：更详细的讨论可以参考 Francesco Giavazzi and Marco Pagano, "Can Severe Fiscal Contractions Be Expansionary? Tales of Two Small European Countries," NBER Macroeconomics Annual (MIT Press, 1990), Olivier Jean Blanchard and Stanley Fischer, editors.

关于扩张财政政策是否应该执行以及什么时候执行的更系统的讨论（通常是否定的答案）可以参考 "Will It Hurt? Macroeconomic Effects of Fiscal Consolidation," Chapter 3, World Economic Outlook, International Monetary Fund, October 2010。

对未来预期的作用

首先假设未来产出的预期 Y'^e 和未来利率的预期 r'^e 保持不变。然后，我们可以得到标准答案：当前时期政府支出的减少导致 IS 曲线向左移动，使均衡产出降低。

因此，关键问题是预期发生了怎样的变化。为了回答这个问题，我们回到核心内容章节关于赤字削减在中期和长期的影响的相关内容。

- 在中期，赤字削减对产出没有影响，但是，它带来更低的利率和更高的投资。这是第9章的两个主要内容。

让我们来回顾一下每个结论背后的逻辑。

当我们考察中期影响时，我们忽略了资本积累对产出的影响。因此，在中期，自然产出水平取决于生产水平（看作给定）以及就业的自然水平。自然就业水平取决于自然失业水平。如果政府在产品市场和劳务市场的支出并没有影响自然失业率，而且并没有明显的理由能说明这会有影响，那么支出的变动将不会影响自然产出水平。因此，赤字缩减在中期不会对产出水平产生影响。

现在回忆产出必然等于支出，以及支出是公共支出和私人支出之和。给定产出水平不变，当公共支出降低时，私人支出必然会提高。更高的私人支出要求更低的利率。低利率导致更高的投资，因而有更高的私人支出，这才能抵消公共支出的下降，从而使产出保持不变。

> 在中期：产出 Y 并未发生变化，而投资 I 提高。
>
> 在长期：I 增加 $\Rightarrow K$ 增加 $\Rightarrow Y$ 增加。
>
> 可能发生的方式是：经济学家的预测是降低的预算赤字很可能在未来导致产出提高以及利率下降。对这些预测的反应是，长期利率将下降，股票价格将上涨，人们知悉这些预测并观察债券和股票价格，将会调整他们的支出计划以增加支出。

- 在长期，即考虑资本积累对产出的影响，更高的投资导致更高的资本存量，从而导致更高的产出。

这是第11章的主要内容。产出中用于储蓄的比例越高（或投资；在产品市场均衡条件下，投资和储蓄必然相等），资本存量越高，因而长期内的产出水平越高。

我们可以将未来时期看作包含中期和长期。如果个人、公司和金融市场的参与者有理性预期，那么他们对于宣布赤字缩减的反应是预期未来会发生这些变化。因此，他们将预期未来产出 Y'^e 提高，未来利率 r'^e 下降。

回到当前时期

现在我们回到宣布并开始实施赤字缩减计划对当前时期产生何种影响的问题上。图16-5描绘了当前时期的 IS 曲线和 LM 曲线。对于宣布赤字缩减的反应，现在有三个因素使 IS 曲线发生变动。

- 当前政府支出 G 下降，导致 IS 曲线向左移动。在利率给定的条件下，政府支出的下降导致总支出下降，从而产出下降。这是政府支出减少的标准效应，也是唯一包括在基本 IS-LM 模型中的效应。
- 预期未来产出 Y'^e 提高，导致 IS 曲线向右移动。在利率给定的条件下，预期未来产出的增加使私人支出上升，从而提高产出。
- 预期未来利率 r'^e 下降，导致 IS 曲线向右移动。在当前利率给定的条件下，未来利率的下降会刺激支出，从而提高产出。

IS 曲线的这三种移动的净效应是什么？消费预期和投资支出预期的影响是否能抵消政府支出下降的影响？如果没有关于 IS 关系准确形式以及赤字缩

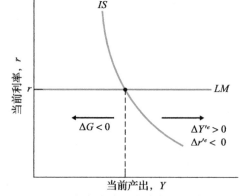

图16-5 赤字缩减对当前产出的效应

注：当考虑政府支出的下降对预期的影响时，政府支出的下降不一定带来产出的下降。

减计划的更多信息，我们无法判断哪一种移动占主导地位，以及产出会上升还是下降。但是从我们的分析可知，这两种情况都是有可能的，即对应赤字缩减，产出可能会上升。对于何时会发生这种情况，该分析也给了我们一些提示。

- 时机问题。当前政府支出 G 的下降幅度越小，对当前支出的副作用就越小。同时预期未来政府支出的下降幅度越大，对于预期未来产出和利率的影响就越大，从而对当前支出的正面影响就越大。这意味着将赤字缩减计划**延迟**（backloading）至未来，即当前的缩减小一些，而未来的缩减变大更有可能使产出增加。另外，计划延迟会导致一个问题。如果政府宣布有必要进行痛苦的支出缩减，而将支出留到未来去消费，这样会使计划的**信用**（credibility）水平降低——也就是人们认为政府将承诺的事情付诸实际的可能性下降。政府必须做到精妙的平衡：在当前时期需要有足够的削减量以显示对赤字缩减的承诺，将足够的赤字留到将来从而减少短期内对经济的副作用。
- 内容问题。赤字的减少有多少是由于税收的提高，有多少是由于支出的减少，这是比较重要的一个问题。如果政府支出项目被认定为"浪费"，那么今天把这些项目砍掉可以使政府在未来减少税费。未来税费减少和动乱减少的预期使政府能在今天投资，因此在短期内能提高产出。
- 初始状况问题。如果经济体中的政府无法有效地控制预算，政府支出很高，税收收入降低，从而赤字很大，那么政府债务会快速增长。在这样的环境下，一个可信的赤字削减计划也很有可能在短期内提高产出。在该计划宣布之前，人们预料到未来会出现重大的政治和经济动乱。削减赤字计划的宣布可以使人们相信政府重新获得了对预算的控制，未来并不像他们预期的那样灰暗。对未来悲观预期程度的降低可能导致支出和产出上升，即使税收提高是赤字削减计划的一部分。一些认为政府可能会债务违约而要求一个更高的风险溢价的投资者会得出违约风险很低这一结论，因此他们会要求一个更低的利率。面向政府更低的利率可能会转化成面向企业和居民更低的利率。
- 货币政策问题。前三者主要集中于货币政策不变时 *IS* 曲线移动的直接影响。正如我们之前讨论的，即使它们不能完全消除 *IS* 曲线移动带来的负面影响，货币政策也可以通过降低政策利率来减少其对产出的负面影响。

总结一下：赤字削减计划在短期内也会提高产出。它取决于许多因素，尤其是以下几个。

- 计划的信用——是否会像宣布的那样削减未来支出或者提高税收？
- 计划的内容——计划是否减少了经济中存在的某些问题？
- 政府财务的初始状况——初始赤字是多少？该计划是不是"最后的机会"？如果失败了会怎样？
- 货币和其他政策——它能帮助抵消短期内对需求的直接负面影响吗？

关于预期在决定结果方面的重要性，以及在这样一个环境下财政政策使用的复杂性，你已经有了一定的了解。这不仅仅是一个说明性的例子，2010 年以来这已经成为欧洲地区的主要争议焦点。

到 2010 年，经济的急剧衰退以及 2009 年财政政策对需求下降的限制，导致了大规模的预算赤字和政府债务的增加。对于大规模财政赤字不能一直持续下去以及政府债务最终得稳定下来这一点没有任何异议，问题在于什么时候以及以怎样的速度。

欧洲地区的一些经济学家以及很多政策制定者相信财政整合必须立刻坚决地执行。他们认为让投资者相信经济状况在掌握之中是很重要的。如果同时采用结构性的改革来提高产出，那么未来产出增加预期的作用会超过财政整合带来的直接负面影响。比如，欧洲中央银行总裁让·克罗德·特里谢曾在2010年9月说过：

> （财政整合）是对政府财政目标的可信度保持自信的先决条件。当财政调整政策被认为是可信的、有力的并且着重于支出方面，那么对信心的积极影响可以弥补因为财政整合导致的需求下降。在当前宏观经济环境不确定的情况下，这样的积极影响是非常有利的。

其他人保持怀疑。他们怀疑，在经济衰退的情况下积极的预期效应是否还会很强。他们指出，当政策利率已经在零下限，货币政策不会再起作用了。他们认为一次缓慢平稳的财政整合即使可以使债务最终稳定下来，债务也会先达到一个非常高的水平。

这次争论被称为**财政乘数**（fiscal multipliers）争论。那些赞同财政整合的人认为财政乘数，即把直接和预期效应考虑进去后财政整合的净效应，会是负的。在其他不变的情况下，赤字越小，产出越大。那些反对的人认为财政乘数会是正的，而且有可能很大。赤字越小，产出越小，或者至少会减缓复苏的进程。

不幸的是，这些怀疑者是正确的。随着证据逐渐积累，财政整合的紧缩净效应越发明显。最明显的证据来自不同国家间预测误差和财政整合规模之间的关系。在欧洲的许多国家，2010～2011年的增长率比预测值低很多。这些负的预测误差和财政整合规模紧密相关。图16-6描绘了增长预测误差和财政整合衡量值之间的关系，表明财政整合规模越大的国家，其增长预测误差就越大（负的）。希腊尤为明显，其他国家也是如此。以一个小的正乘数为基础建立的模型得到的结果如此，那么也就是说乘数不但是正的，而且比假设值更大。预期效应不能抵消降低支出提高税收带来的直接负面影响。

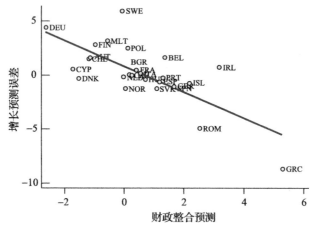

图16-6　2010～2011年欧洲的增长预测误差和财政整合

注：2010～2011年，财政整合越强的欧洲国家，增长预测误差与财政整合的负向关系就越强。

本章概要

- 产品市场的支出取决于当前和预期未来产出，以及当前和预期未来实际利率。
- 预期影响需求，从而反过来影响产出：预期未来产出的变化或者预期未来实际利率的变化会导致当前支出和产出的变化。
- 我们的分析结果意味着，财政政策和货币政策对支出和产出的影响取决于政策对未来产出和实际利率预期的影响。
- 理性预期是一种假设，即个人、公司以及金融市场的参与者形成未来预期的过程。该过程需要对未来的政策走向做出估计，以及找出其对未来产出、未来利率等经济活动的意义。虽然大多数人不会自己去做这个预期，但我们可以认为他们通过电视和报纸间接地做预期。
- 虽然个人、公司以及金融市场的参与者不具有理性预期是肯定存在的情况，但理性预期的假设似乎是评价政策选项的影响的最佳基准。如果假设人们对政策的反应会出现系统性错误，那么基于该假设设计的政策显然不是明智的决定。
- 货币供给的变动影响短期名义利率，而支出取决于当前和预期未来的实际利率。因此，货币政策对经济活动的影响主要取决于短期名义利率是否，以及如何导致当前和预期未来名义利率发生变化。
- 预算赤字的减少可能导致产出的增加，而非降低。这是因为预期未来有更高的产出和更低的利率，会导致支出的增加，而不仅仅抵消掉赤字削减对支出的直接影响。能否实现赤字减少的效果取决于时机、信用、赤字缩减的本质以及货币政策对需求的影响。这些条件在20世纪前十年的欧洲都没有满足。

关键术语

aggregate private spending, or private spending 私人总支出，或者私人支出
animal spirits 动物精神
static expectations 静态预期
adaptive expectations 适应性预期
rational expectations 理性预期
backloading 延迟
credibility 信用
fiscal multipliers 财政乘数

习题

快速测试

1. 运用本章的信息，判断下面的说法是正确、错误还是不确定，并简要解释。
   a. 当前的一年期实际利率的变化可能比预期未来的一年期实际利率的变化对支出产生更大的影响。
   b. 产品市场模型中预期的引入使 IS 曲线依旧向下倾斜，但是更加平坦。
   c. 当前货币需求取决于当前和未来预期的名义利率。
   d. 理性预期假设意味着消费者考虑了未来财政政策对产出的影响。
   e. 预期未来的财政政策影响未来的经济活动，但不影响当前的经济活动。
   f. 通过对预期施加影响，财政政策实际上可能会带来经济膨胀。
   g. 爱尔兰在1982年和1987年的赤字削减计划为"赤字削减可以导致产出扩张"的假说提出了反对的证据。
   h. 2010年和2011年欧洲地区的情况说明财政扩张会导致产出持续增长。

2. 思考下面关于最近美联储政策的两句话。

   2012年12月，美联储发表如下言论："委员会决定保持联邦基金利率在0～0.25%，并且这一扩张性的低利率范围预期将一直持续，只要失业率始终高于6.5%。"
   2013年7月，美联储主席本·伯南克说道："在失业率达6.5%的情况下，利率是不会上调的。"
   a. 为什么这两句话都着重在未来的政策会是怎样的，而不是直接解释美联储现在在做什么？
   b. 你认为为什么美联储主席要说这样一番话？
   c. 2012年1月，当名义政策利率打破零利率下限，美联储宣布了2%的通货膨胀目标。美联储的目的是什么？

3. 对于预期 a 到预期 d 的变化，试确定该变化会引起 IS 曲线的移动还是 LM 曲线的移动，或者两曲线都不移动。在每种情况下，假设其他变量保持不变。
   a. 预期未来实际利率的下降。
   b. 当前实际政策利率的提高。
   c. 预期未来税收的上升。

d. 预期未来收入的下降。
4. 思考下面这句论述："理性预期假设是不现实的，因为在本质上，它相当于假设每个消费者都拥有完备的经济知识。"请讨论这种说法。
5. 一个新上任的总统在竞选期间许诺将削减税收。人们相信他会信守诺言，但是预期税收的削减只有在未来才会实行。在以下每种假定中，试确定这次选举对当前产出、当前利率和当前私人支出的影响。在每种情况下，说明你认为 Y'^e、r'^e 和 T'^e 会发生怎样的变化，而这些变化会对当前产出有怎样的影响。
    a. 美联储不改变今天的政策。
    b. 美联储将会阻止未来产出的任何变化。
    c. 美联储将会阻止未来实际利率的任何变化。
6. 爱尔兰赤字削减的一揽子计划。

深入研究

7. 新上任的美联储主席。

    在一个假设的经济环境中，美联储主席出人意料地宣布他将在一年后退休。与此同时，总统宣布被提名者将替代美联储主席的职位。金融市场的参与者预期被提名者将由国会任命。他们同时相信被提名者在未来将实施更加紧缩的货币政策。换句话说，市场参与者预期未来的政策利率会下降。

    a. 假定现在是现任美联储主席任期的最后一年，接下来便是新一届的任期。给定未来会实施更加紧缩的货币政策，那么未来利率和未来产出会发生怎样的变化（至少在产出恢复到潜在 GDP 水平之前的一段时间内）？给定未来产出和未来利率发生的变化是可预测的，当前的产出和利率会出现怎样的变化？在美联储主席宣布退休的那一天，收益率曲线又会发生怎样的变化？

    现在假设美联储主席由于法律规定而将在一年后退休（因为美联储主席的任期有些限制性因素），而金融市场的参与者已经意识到这件事情。假设如 a 题中所示，总统任命的候选人将会进一步上调利率。

进一步探究

8. 赤字和财政整合。

    正如下表所示，经济危机使美国政府在 2009 年出现了大规模的财政赤字。

问题聚焦"预算赤字的减少是否带来产出扩张？爱尔兰在 20 世纪 80 年代的例子"提供了关于财政整合的一个例子。爱尔兰在 1981～1982 年进行了大规模的赤字削减。

a. 赤字削减在中期和长期内分别意味着什么？削减赤字的好处何在？
b. 问题聚焦讨论了两次不同的计划，它们的区别是什么？
c. 问题聚焦提供了一些原因以说明两次赤字削减计划对居民预期的影响不一样，有哪些原因？
d. 尽管数据显示 1981～1982 年产出增长强劲，但也有一些现象表明在第二次赤字削减计划执行期间，爱尔兰的宏观经济还是有一些不足，有哪些现象？

b. 假设金融市场的参与者对于总统的选择并不感到意外，换句话说，市场参与者正确地预测到谁将成为候选人，在这些情况下，候选人消息的宣布是否还会对收益率曲线产生影响？

c. 假设候选人的任命并不出乎意料，市场参与者已经预期到该候选人更偏好紧缩的货币政策，在这种情况下，宣布当天的收益率曲线将发生怎样的变化？（提示：注意，与我们已经预测的情况相比较，实际候选人究竟会实行紧缩性的货币政策还是扩张性的货币政策？）

d. 在 2013 年 9 月 9 日，珍妮特·耶伦成功接替本·伯南克成为美联储主席。你可以通过进行网络搜索去试着了解在任命宣布的当天金融市场发生了什么。金融市场的参与者是否对这一任命感到意外？如果是的话，人们认为珍妮特·耶伦会在接下来的 3～5 年实行高利率还是低利率（与预期的候选人相比较）的政策？（你也可以去分析问题 8 所描述的收益率曲线在珍妮特·耶伦任职期间发生的变化。该问题可以使用一年期利率和五年期利率。）

自 2011 年以来，美国进行了很多财政整合以推动实际产出的持续增长。

美国2009~2014年的财政整合				
年份	收入 （占GDP的百分比）	支出 （占GDP的百分比）	盈余和赤字 （占GDP百分比）	实际GDP的增长率 （%）
2008	17.1	20.2	-3.1	-0.3
2009	14.6	24.4	-9.8	-2.8
2010	14.6	23.4	-8.7	2.5
2011	15.0	23.4	-8.5	1.6
2012	15.3	22.1	-6.8	2.3
2013	16.7	20.8	-4.1	2.2
2014	17.5	20.3	-2.8	2.4

资料来源：Table B-1，Table B-20，Economic Report of the President 2015.

a. 哪一种财政政策更重要，提高税收还是降低支出？

b. 如果这次财政整合预期截止到2009年，这是否是延迟？它会怎样减小财政整合给产出增长带来的影响？

c. 我们从问题2和第4章、第6章知道，在这段时间里货币政策会使名义政策利率保持在0左右，并且保证未来利率保持在较低水平。这一政策怎么样能使财政整合在不降低产出的情况下得以进行？

d. 2012年1月25日，美联储宣布了财政整合期间的通货膨胀目标。在0利率和财政整合时期，宣布2%的通货膨胀目标有什么利好影响？

e. 我们使用之前章节中密歇根大学的消费者敏感性指数作为居民对于未来预期的衡量。你可以在联邦储备银行圣路易斯分行的数据库中找到这个指数（序列UMCSENT1）。找到这个指数，并且评价一下它在财政整合的2010~2014年的变化。

第六部分

扩展内容：开放经济

下面四章描述了核心部分的第二个主要的扩展。它们考察了开放的意义，大多数经济体都要和世界上其他地方交换产品和资产。

第17章 讨论了产品市场和金融市场开放的意义。产品市场的开放使人们可以在本国产品和外国产品之间进行选择。选择的重要决定因素是实际汇率，即用外国产品表示的本国产品的相对价格。金融市场的开放使人们可以在本国资产和外国资产之间进行选择。这就在当前和预期汇率、本国和外国利率之间建立了紧密的联系，也就是所说的利率平价条件。

第18章 着重于开放经济中产品市场的均衡。本章说明了对本国产品的需求如何受到实际汇率的影响，也阐述了财政政策如何既对产出也对贸易平衡产生影响。本章也讨论了在哪种条件下实际本币贬值可以改善贸易平衡和增加产出。

第19章 讨论开放经济中产品和金融市场均衡的特征，换句话说，这就是开放经济条件下的 *IS-LM* 模型（就是我们在核心部分看到的）。本章讨论了在浮动汇率下，货币政策不仅通过利率还通过汇率来影响产出。我们还会了解到汇率固定也就意味着放弃变动利率的能力。

第20章 考察不同汇率制的特征。首先讨论了在中期，甚至在固定汇率下实际汇率如何进行调整；其次探讨了固定汇率制下的汇率危机及浮动汇率制下汇率的变动；最后讨论了各种汇率制度的正反两个方面，包括诸如欧元这样的统一货币的采用。

第17章
产品市场和金融市场的开放

到目前为止,我们假设经济是封闭的——也就是它不与世界的其他部分发生联系。以这种假设开始研究问题可以使事情变得简单,从而对基础宏观机制有一个直觉的认识。图17-1显示了这个假定的不合理性。这张图描绘了自2005年以来发达经济体和发展中经济体的增长率。其值得注意之处在于不同经济体增长率的同步变动。尽管经济危机爆发于美国,但其导致了发达经济体与发展中经济体都出现经济负增长,世界整体陷入衰退。现在我们放松这个假设,在本章以及接下来的三章,我们将了解开放对宏观经济的意义。

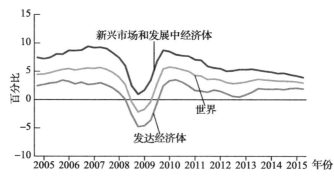

图17-1 2005年以来发达及发展中经济体的增长

注:危机爆发于美国,但几乎影响到了世界上的每个国家。
资料来源:IMF, World Economic Outlook, Oct 2015. Used courtesy of IMF.

"开放"有三个不同方面。

1. **产品市场的开放**(openness in goods markets)——消费者和公司有在本国市场和外国市场之间进行选择的能力。没有任何一个国家对这种自由是毫无限制的,即使是贸易程度最高的国家至少也会对一些外国产品实行**关税**(tariff,对进口产品征收的税)和**配额**(quotas,对可进口产品的数量限制)。同时在大多数国家,平均关税很低,并且在继续降低。

2. **金融市场的开放**(openness in financial markets)——金融投资者有在本国

资产和外国资产之间进行选择的能力。直到最近,即使那些世界上最富有的国家,例如法国和意大利,仍然有**资本管制**(capital controls),即对本国居民持有外国资产的数量以及外国人持有本国资产的数量的限制。这些限制正在迅速消失,因此,世界金融市场变得越来越一体化。

3. **要素市场的开放**(openness in factor markets)——公司有选择生产地点和工人有选择工作地点的能力。这方面的趋势也非常明显。跨国公司在许多国家建造工厂并且在全球范围内转移业务,以此降低成本。1993年,美国、加拿大和墨西哥签署了**北美自由贸易协定**(North American Free Trade Agreement, NAFTA),其大多数争议集中于该协定将如何影响美国公司向墨西哥转移。现在中国也出现了类似的担忧。对于低工资国家的移民现象,从德国到美国的许多国家都面临着这样的政治热点问题。

本章和后面三章的重点是,在短期和中期,相对于产品市场或者金融市场的开放,要素市场开放的作用较小。因此,我们将忽略要素市场的开放,而集中于前两个市场的开放。

17.1 考察产品市场的开放,本国产品和外国产品选择的决定因素以及实际汇率的作用。

17.2 考察金融市场的开放,本国资产和外国资产选择的决定因素以及利率和汇率的作用。

17.3 给出了后面三章的脉络。

17.1 产品市场的开放

我们考察美国以多少钱从世界上其他地方出售和购买产品开始。然后我们会对本国产品和外国产品的选择,以及以外国产品计价的本国产品相对价格,即实际汇率有更好的理解。

出口和进口

图17-2描绘了1960年以来美国进口占GDP的份额和出口占GDP的份额的演化趋势。(美国的出口是指从美国出口到国外,美国的进口是指进口到美国。)图17-2表明了以下两个主要结论。

图17-2 1960年以来美国的进出口占GDP的比率

注:1960年以来,进出口相对于GDP已经提高到了三倍。美国已成为一个更为开放的经济体。
资料来源:Series GDP, EXPGS, IMPGS. Federal Reserve Economic Data(FRED) https://research.stlouisfed.org/fred2/.

- 美国的经济随着时间的变化变得越来越开放。在20世纪60年代,平均进出口等于GDP的5%,而现在约等于GDP的15%(13.5%是出口,16.5%是进口)。换句话说,美国与世界其他地方的贸易量(相对于当时的GDP的份额)是50年前该数字的三倍。

- 尽管进口和出口总体上都经历了相同的上升趋势,但自20世纪80年代早期开始,进口已经持续超过出口。换句话说,在过去的30年中,美国产生了持续的贸易赤字。在21世纪前十年的中期,贸易赤字占GDP的比率连续四年超过5%。尽管这

> 在第3章,贸易余额是出口和进口的差额:如果出口超过进口,就存在贸易盈余(等价于一个正贸易余额);如果进口超过出口,就存在贸易赤字(等价于一个负的贸易余额)。

一比率在经济危机爆发后有所下降，但直到今天它依然保持在一个较高水平上。理解这些贸易赤字的来源和意义是当今宏观经济学的一个中心议题，我们将在稍后回到这个问题上。

> 可贸易产品：小轿车、计算机等；不可贸易产品：房屋、大多数医疗服务、理发等。

> 要了解更多关于经合组织（OECD）及其成员国的信息，参见第1章。

由于媒体总是在谈论全球化，因此贸易量（用进出口占 GDP 的平均比率来衡量）约为 GDP 的 15% 给你的印象可能还是比较小的。但是，贸易量并不必然是开放程度的一个很好测度。很多企业需要面对外国竞争者，但是通过提高竞争力和保持足够低的价格，那些企业可以保持其国内市场份额并限制进口。这就意味着比进出口比率更好的开放程度指标是可贸易产品（tradable goods）占总产出的比率。可贸易产品是指在本国市场或外国市场与外国产品进行竞争的产品。据估计，美国当前可贸易产品约占总产出的 60%。

出口量约为 GDP 的 13.5%，美国的确是世界富裕国家中出口占 GDP 比率最小的几个国家之一。表 17-1 给出了一些国家的这一比率。

表 17-1　2014 年部分 OECD 国家出口占 GDP 的比率

国家	出口比率（%）	国家	出口比率（%）
美国	13.5	德国	45.7
日本	17.7	奥地利	53.2
英国	28.3	瑞士	64.1
智利	33.8	荷兰	82.9

资料来源：IMF, *World Economic Outlook*.

美国处在出口比率范围的末端。日本的该比率略高于美国，英国是美国的 2 倍，而德国则是美国的 3 倍。很多欧洲小国甚至有更大的比率，从瑞士的 64.1% 到荷兰的 82.9%。（荷兰高达 82.9% 的出口占 GDP 比率提出了一种奇怪的可能性：一个国家的出口能超过它的 GDP 吗？换句话说，一个国家可能有超过 1 的出口比率吗？答案是肯定的。原因在问题聚焦"出口可以超过 GDP 吗"中给出。）

> 冰岛既孤立又很小。你觉得它的出口比率是多少？（答案：56%）

这些数字是否暗示美国比诸如英国或者荷兰这些国家有更多的贸易壁垒？答案是否定的。这种差异背后的主要因素是地理上和规模上的。与其他市场有较远的距离很大部分地解释了日本的低比率。国家规模也很重要：国家越小，就会更多地专注在生产和出口很少的一部分产品，而依赖进口获得其他产品。荷兰很难提供美国所能生产的产品范围，美国的经济规模是比利时的 20 倍。

问题聚焦　　出口可以超过 GDP 吗

一个国家的出口能比 GDP 还要大吗？一个国家能不能有一个大于 1 的出口比率？

答案看起来是否定的：一个国家的出口不可能比它生产的还要多，所以出口比率一定小于 1。并非如此，问题的核心在于要认识到出口和进口可能包括中间产品的进口和出口。

例如，一个国家进口中间产品 10 亿美元。假定该国仅仅使用劳动把这些中间产品均转化成了最终产品。假定支付工资 2 亿美元并且不存在利润。这样最终产品的价值等于 12 亿美元。假定价值 10 亿美元的最终产品用于出口，剩下的 2 亿美元用于国内消费。

> 因此出口和进口都等于10亿美元。该经济中的GDP是多少？GDP是指经济中的增加值（见第2章），所以在这个例子中，GDP就等于2亿美元，出口占GDP的比率等于1 000/200 = 5。
>
> 所以，出口可以超过GDP，而这确实也是很多小国家的实际情况，这些国家的大部分经济活动都是在海港边组织的且主要就是进出口活动。甚至在像新加坡这样一些制造业占重要地位的小国家中，也存在这样的情况。在2014年，新加坡的出口占GDP的比率是188%！

本国产品和外国产品间的选择

产品市场的开放迫使我们重新思考产品市场均衡的方式？

过去，当思考消费者在产品市场上的决定时，焦点集中在消费和储蓄的决定上。如果产品市场是开放的，那么国内消费者面临一个二次选择：是购买本国产品还是购买外国产品。事实上，所有买者，包括国内外的企业和政府都面临着同样的决定。这些决定对国内产出有一个直接的效应：如果买者决定购买更多的本国产品，那么对本国产品的需求就会增加，进而国内产出也会增加。如果他们决定购买更多的外国产品，那么外国产出就会增加，而非国内产出。

> 在一个封闭经济中，人们面临一个决策：储蓄还是购买（消费）；在一个开放经济中，他们面临两个决策：储蓄还是购买，购买本国产品还是购买外国产品。

是购买本国产品还是外国产品的决策，核心在于本国产品相对于外国产品的价格。我们称这个相对价格为**实际汇率**（real exchange rate）。实际汇率并不能直接被观察到，而且你在报纸上也不会找到它。你在报纸上看到的是名义汇率，即货币间的相对价格。我们从考察名义汇率开始，然后看看如何使用它来构建实际汇率。

名义汇率

两种货币间的名义汇率可由以下两种方式表示。

- 用外国货币形式表示的本国货币的价格。例如，如果讨论美国和英国，认为美元为本币，英镑为外币，我们可以将名义汇率表示成以英镑标价的美元价格。2015年10月，用这种方法表示的汇率是0.65。换句话说，1美元值0.65英镑。
- 用本国货币形式表示的外国货币的价格。继续同样的例子，我们可以将名义汇率表示为以美元标价的英镑价格。2015年10月，用该方法表示的汇率是1.55。换句话说，1英镑值1.55美元。

> 一个警示：在经济学家间或者报界不存在一个共识性规则来统一使用这两个定义中的哪一个。两者你都会碰到，并且你需要检验究竟使用哪一种定义。

两种方式都可采用，重点是要前后保持一致。在本书中，我们采用第一种定义：**名义汇率**（nominal exchange rate）被定义为以外币标价的本币价格，并用 E 表示。例如，当我们讨论美国和英国间的汇率（从美国的角度，美元就是本币），E 表示以英镑标价的美元价格（所以，例如2015年10月的汇率 E 就是0.65）。

美元和其他大多数外币之间的汇率在外汇市场上决定，每天——甚至每一分钟都会发生变化。这种变化被称为名义升值或者名义贬值，简写为升值或者贬值。

> E：名义汇率——用外国货币表示本币价格。（站在美元的角度看英镑，就是用英镑表示的美元价格。）

本币升值⇒用外币表示的本币价格上升⇒汇率上升。

本币贬值⇒用外币表示的本币价格下降⇒汇率下降。

在第 20 章我们将讨论固定汇率。

- 本币的**升值**（appreciation）是指用外币标价的本币价格的提高。给定我们对汇率的定义，本币的升值对应着汇率 E 的上升。
- 本币的**贬值**（depreciation）是指用外币标价的本币价格的下降。因此，在我们的汇率定义下，本币的贬值对应着汇率 E 的下降。

你可能会遇到用其他两个词汇来表示汇率的变动："**高估**"（revaluations）和"**低估**"（devaluations）。这两个术语出现在**固定汇率**（fixed exchange rates）国家中，即两个或者更多国家在彼此的货币间保持不变的汇率。在这个汇率体系下，汇率的上升就是高估（而不是市场升值），这不经常出现；汇率的下降被称作低估（而不是市场贬值）。

图 17-3 描绘了美元和英镑间自 1970 年以来的名义汇率曲线。注意该图中两个主要的特点。

- 汇率上升的趋势——1971 年，1 美元仅值 0.41 英镑。2015 年，1 美元值 0.65 英镑。换句话说，在这期间，美元对英镑升值。
- 汇率的大幅波动——在 20 世纪 80 年代，美元先是经历了大幅升值，美元相对于英镑的价值提高到比原先的两倍还多。紧跟着，美元又经历了几乎同等程度的大幅贬值。在 21 世纪前 10 年，美元先是大幅贬值，随着经济危机爆发，又经历了大幅升值。从那以后，美元又小幅贬值。

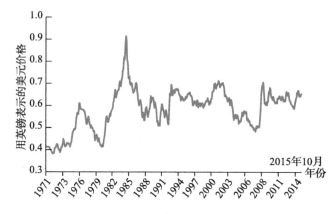

图 17-3　1971 年以来美元和英镑间的名义汇率

注：尽管在过去 40 年里美元相对于英镑已经升值了很多，但是这种升值伴随着这两种货币间的名义汇率的剧烈波动，特别是 20 世纪 80 年代。

资料来源：Series XUMAGBD. Bank of England.

然而，如果我们对本国产品与外国产品之间的选择感兴趣，名义汇率只能给出我们所需的部分信息。例如，图 17-3 只告诉我们美元和英镑这两种货币的相对价格变动。对于考虑出游英国的美国游客来说，问题不仅仅是他们能将持有的美元兑换成多少英镑，同时还包括相对于在美国的花费，他们在英国的花费是多少。这引领我们进行实际汇率的构建。

从名义汇率到实际汇率

我们如何构建美国和英国间的实际汇率，即美国产品相对于英国产品的价格？

假设美国只生产一种产品，凯迪拉克 2007STS（Cadillac 2007STS），英国也只生产一种产品，捷豹 S 型豪华跑车。（这是与事实完全违背的假设，但是我们很快会变得更实际一些。）构建实际汇率，即以英国产品（捷豹）表示的美国产品（凯迪拉克）的价格将会变得直接。我们用同样的货币表示这两种产品，然后计算它们的相对价格。

例如，假设我们用英镑来表示这种产品。

- 第一步是用美元表示凯迪拉克的价格，然后把它转换成用英镑表示的价格。在美国一辆凯迪拉克的价格为 40 000 美元。1 美元值 0.65 英镑，所以凯迪拉克的英镑价格就是 40 000 × 0.65 = 26 000 英镑。

> 相反，如果这两者我们都用美元表示，我们依然得到相同的实际汇率结果。

- 第二步是计算捷豹的英镑价格与凯迪拉克的英镑价格之间的比率。在英国捷豹的价格是 30 000 英镑，所以用捷豹表示的凯迪拉克价格，即美国和英国间的实际汇率就是 26 000 英镑/30 000 英镑 = 0.87。一辆凯迪拉克比一辆捷豹便宜了 13%。

这个例子很直接，但是如何将其一般化呢？美国和英国生产的东西远远超过凯迪拉克和捷豹，而且我们想要构建的实际汇率是要反映出以英国生产的所有产品表示的美国生产的所有产品的相对价格。

刚刚进行的计算告诉我们应该如何继续。我们需要使用一个英国生产的所有产品的价格指数和一个美国生产的所有产品的价格指数，而不是使用凯迪拉克和捷豹的价格。我们在第 2 章介绍的 GDP 平减指数恰好可以做到这一点：根据定义，它们是经济中所生产的最终产品和劳务集合的价格指数。

令 P 表示美国的 GDP 平减指数，P^* 表示英国的 GDP 平减指数（按照常规，我们将外国的变量加上星号标记），E 是美元 - 英镑的名义汇率。图 17-4 说明了建立实际汇率所需的步骤。

图 17-4　实际汇率的构建

- 美国产品的美元价格是 P，乘以汇率 E，即以英镑标价的美元价格，给出了美国产品的英镑价格 EP。
- 英国产品的英镑价格为 P^*，实际汇率即以英国产品表示的美国产品价格，我们用 ε 来表示，可以由下式给出：

$$\varepsilon = \frac{EP}{P^*} \tag{17-1}$$

> ε：实际汇率——用外国产品表示的国内产品价格。（例如，站在美元的角度看待英镑，即用英国产品表示的美国产品价格。）

实际汇率是由国内价格水平乘以名义汇率，然后除以国外价格水平，这是在凯迪拉克/捷豹例子中进行的计算的直接扩展版本。

但是，注意凯迪拉克/捷豹例子与这里的推广计算之间存在一个重要的区别。

与用捷豹表示凯迪拉克价格不同，实际汇率是一个指数，也就是说，其水平是可变的，因而不能提供任何信息，这是因为在建立实际汇率过程中所使用的 GDP 平减指数本身是一种指数，正如我们在第 2 章所见，选定的基年等于 1（或者 100）。

但并非所有都是无用的，尽管实际汇率水平没有什么信息，但实际汇率的相对变化却是有意义的。例如，如果英国与美国之间的实际汇率提高了 10%，这就告诉我们相对于英国的产品来说，美国的产品现在比原来贵了 10%。

像名义汇率一样，实际汇率也随着时间而变动，这种变化被称为实际升值或者实际贬值。

实际升值⇒用外国产品表示的本国产品的价格上升⇒实际汇率提高。

实际贬值⇒用外国产品表示的本国产品的价格降低⇒实际汇率下降。

- 实际汇率的上升，即以外国产品表示的本国产品的相对价格提高，被称为**实际升值**（real appreciation）。
- 实际汇率的下降，即以外国产品表示的本国产品的相对价格下降，被称为**实际贬值**（real depreciation）。

图 17-5 描绘了 1971 年以来美国和英国间的实际汇率演化趋势，该实际汇率由式（17-1）构建。为了便利，该图还将图 17-3 中名义汇率的演化趋势又标示一遍。两条曲线都设 2000 年的 GDP 平减指数等于 1，因此我们构建的 2000 年的名义汇率和实际汇率相等。

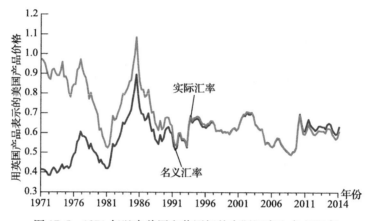

图 17-5 1971 年以来美国和英国间的实际汇率和名义汇率

注：除了 20 世纪 90 年代之前由于英国的通货膨胀率高于美国所导致的走势上的差异，1970 年以来名义汇率和实际汇率几乎是同步变动的。

资料来源：Series GDPDEF, GBRGDPDEFAISMEI, EXUSUK. Federal Reserve Economic Data（FRED）. https://research.stlouisfed.org/fred2.

图 17-5 有以下两个主要特点。

- 名义汇率和实际汇率可以反向变动。例如，从 1971 至 1976 年，尽管名义汇率上升，但相应的实际汇率在下降。

如何调和同时出现了名义升值（美元相对于英镑升值）和实际贬值（美国产品相对于英国产品贬值）的现象。为了说明原因，我们重新回到实际汇率的定义：

$$\varepsilon = E \frac{P}{P^*}$$

20 世纪 70 年代以来发生了两件事情：

首先，E 上升了，以英镑来衡量美元升值了，这就是我们首先看到的名义升值。

其次，P/P^* 下降了。美国的价格水平比英国的价格水平上升得少。换句话说，在此期间，美国的平均通货膨胀率要低于英国的平均通货膨胀率。

P/P^* 的实际下降幅度要大于 E 上升的幅度，从而导致 ε 下降，实际的贬值，即以外国产品来衡量本国产品的相对价格下降了。

为了更好地理解发生了什么，我们回到美国旅行者在 1976 年时考虑去英国旅游的例子。他们发现可以用 1 美元兑换比 1971 年更多的英镑（即 E 上升了）。这是否意味着他们的出行变得更便宜了呢？事实并不是这样。当到达英国的时候，他们会发现英国产品的价格比美国产品的价格提高得多（P^* 要比 P 增加得多，这样 P/P^* 就下降了），并且这种相对的提高掩盖了相对于英镑美元升值的事实。他们会发现其旅行实际上比五年前更贵了（以美国产品来衡量）。换句话说，他们发现存在实际的美元贬值。

这是个有普遍意义的经验。在很长一段时间内，国家间的通货膨胀差异导致了名义汇率和实际汇率两者变动上的巨大差异。我们将在第 20 章回到这个问题上来。

> 在名义不贬值的情况下可以存在实际的贬值吗？或者在实际不贬值的情况下可以存在名义贬值吗？（这两个问题的答案都是肯定的。）

- 在图 17-3 中我们看到名义汇率的巨幅波动也出现在实际汇率上。这并不值得大惊小怪：价格水平变动缓慢，价格比率 P/P^* 的年变化通常要比名义汇率 E 的剧烈波动小得多，这样看来，年际间或者很长年份间，实际汇率 ε 的大部分变动往往是由名义汇率 E 的变动所驱动的。注意，自 20 世纪 90 年代早期以来，名义汇率和实际汇率的变动几乎是同步的。这就反映了自 20 世纪 90 年代早期以来两个国家的通货膨胀率非常接近，均处于很低的水平。

> 如果通货膨胀率恰好相等，那么 P/P^* 将是固定值，这样 ε 和 E 就恰好一致变动。

从双边汇率到多边汇率

最后一步。到目前为止，我们一直把重点放在美国和英国间的汇率上。但是英国只是同美国有贸易往来的众多国家中的一个。表 17-2 列示了美国进出口贸易的地理分布。

表 17-2 的主要信息是美国的贸易伙伴主要有三大类国家。第一类是美国的南北邻国：墨西哥和加拿大。与这两个国家的贸易占美国进口和出口的比例都达到了 28%。第二类是西欧国家，它占到了美国出口的 15%，进口的 18%。第三类主要是亚洲国家，包括日本和中国，共占到美国出口的 11%，进口的 26%。

表 17-2　2014 年美国进出口来源国构成

国家	出口比重（%）	进口比重（%）	国家	出口比重（%）	进口比重（%）
加拿大	16	15	日本	4	6
墨西哥	12	13	亚洲其他国家	11	10
欧盟	15	18	其他	35	18
中国	7	20			

资料来源：US Census, Related Party Trade, May 2015.

如何由早先关注的美国和英国间的实际汇率这样的**双边汇率**（bilateral exchange rates）推演到反映这些贸易构成的**多边汇率**（multilateral exchange rates）？我们所使用的原则很简单，尽管构建的细节有些复杂：我们以每个国家与美国贸易往来的规模以及如何在其他国家的市场上与美国竞争为权数给每个国家赋权重。（为什么不直接看美国与每个国家之间的贸易份额？例如，有两个国家，美国和 A 国。假设美国和 A 国彼此之间不交易，即贸易份额为 0，但它们都会向另一个国家出口，称之为 B 国。美国与 A 国之间的实际汇率很大程度上取决于美国对 B 国的出口额，因此取决于美国的出口业绩。）以这种方法构建的变量称之为**美国多边实际汇率**（multilateral real U. S. exchange rate），或者简称美国实际汇率。

> 前缀 bi 的意思是双，前缀 multi 的意思是多。

> 有几种等价的名称表示用外国产品表示的美国产品的相对价格：美国多边实际汇率、美国贸易加权实际汇率、美国有效实际汇率。

图 17-6 展示了 1973 年以来多边实际汇率的演变，即以外国产品

衡量的美国产品价格变化。与前面看到的双边实际汇率一样，它也是一种指数，因此，它的水平值也是可变的。你应该注意图17-6中的两件事。首先，自1973年以来美元的实际贬值趋势（与图17-3中美元相对于英镑的名义汇率趋势相反）。第二，更惊人的是，在20世纪80年代，多边实际汇率出现大幅波动，并且在21世纪初有一个类似但幅度较小的波动。这种波动令人吃惊，以至于人们给这种现象起了各种不同的名称，从"美元周期"到更加生动形象的"美元舞动"。

> 这个数字起始于1973年，因为由美联储构建的多边实际汇率从1973年才有。

在接下来的章节中我们将会回到这类波动问题上来，讨论一下这类波动从何而来，同时对贸易赤字和经济活动产生怎样的效应。

图17-6　1973年以来美国多边实际汇率

注：自1973年以来，美元经历了两次大幅的实际升值和两次大幅的实际贬值。
资料来源：Price-adjusted Broad Dollar Index, Monthly Index. Federal Reserve Board. www.federalreserve.gov/releases/h10/summary.

17.2　金融市场的开放

金融市场的开放使金融投资者可以同时持有本国资产和外国资产，从而可以多样化其资产组合，可以对外国利率相对于本国利率的变动或汇率的变动进行投机活动，等等。

他们确实在做这样的多样化投资和投机活动。可以买卖外国资产也就意味着可以买卖外国货币，有时候称作**外汇**（foreign exchange），外汇市场的交易规模可以让我们体会到国际金融交易的重要性。例如在2013年，世界外汇日交易量的纪录是5.5万亿美元，其中的87%，大约4.8万亿美元涉及的交易一方是美元，约33%涉及欧元。

我们也可以从数量级上直观地了解这些数字的含义。2013年美国全年的进出口总额是4万亿美元，也就是大约每天110亿美元。假设外汇市场上唯一的美元交易是美国的出口商作为一方出售其获得的外国货币收入，另一方是美国的进口商购买他们所需要的外国货币以购买外国产品，那么外汇市场上涉及美元的交易量将是每天110亿美元，这只是外汇市场上涉及美元的实际日交易量（4.8万亿美元）的约0.3%。这个计算告诉我们大量的这类交易并非与贸易往来相联系，而是与金融资产的买卖相联系。更进一步，外汇市场的交易规模不仅仅处于一个很高的水平，同时也处在快速扩张过程中。外汇交易的规模自2001年以来已经提高到五倍还要多。同样地，这种增加更多地反映了金融交易的增加而非贸易往来的增加。

> 美元作为交易的一方的外汇日交易量为4.8万亿美元。美国和世界其他国家的日贸易量为110亿美元（外汇交易量的0.3%）。

对一个国家整体而言，金融市场的开放有着另外一层重要的意义。它允许一国可以有贸易盈余或者贸易赤字。回想一下，如果一个贸易赤字国家从其他国家的购买的要比向其他国家的出售多，那么这个国家必须向其他国家借债。它的借债是要通过吸引外国金融投资者增加他们持有的本国资产数量，实质上就是外国投资人把资金借给了这个国家。

我们开始更细致地讨论贸易流动和金融流动之间的关系。当这个完成后，我们将讨论这些金融流动的决定因素。

国际收支平衡表

一国和世界上其他国家的交易，包括贸易流动和金融流动都可以概括在一组账户中，该组账户就称为**国际收支平衡表**（balance of payments）。表 17-3 是 2014 年美国的国际收支平衡表。该表有两个部分，被一条直线分开。交易不是被划归到**线以上**（above the line）就是被划归到**线以下**（below the line）。

表 17-3　2014 年美国收支平衡表　　　　　　　（单位：10 亿美元）

经常账户		
出口	2 343	
进口	2 851	
贸易余额（赤字为 -）(1)		-508
获得的投资收益	823	
支付的投资收益	585	
净投资收入 (2)		238
净转移支付收入 (3)		-119
经常账户余额（赤字为 -）(1)+(2)+(3)		-389
资本账户		
美国资产的国外持有增加额 (4)（*）	1 031	
美国持有的外国资产增加额 (5)	792	
金融账户余额 (7)=(4)-(5)		239
统计误差（=资本账户余额-经常账户余额）		150

*其中包括金融衍生品净交易中国外持有美国资产增加 540 亿美元。
资料来源：US Bureau of Economic Analysis, September 17, 2015.

经常账户

线以上的交易往来记录了向他国的支付和从他国得到的收益。这些叫作**经常账户**（current account）交易。

- 前两行记录了商品和服务的出口与进口。出口将导致从世界上其他国家获得收益，进口将导致向世界上其他国家支付。出口与进口之间的差额是贸易差额。在 2014 年，进口超过出口导致美国 5 080 亿美元的贸易赤字，约占美国 GDP 的 3%。
- 出口和进口并不是向世界其他国家支付或者获得收益的唯一途径。美国居民从其持有的外国资产中获得收入，或者外国居民从他们持有的美国资产中获得收入。2014 年美国从世界上其他国家获得的收入为 8 230 亿美元，向外国投资者支付的收入为 5 850 亿美元，净余额为 2 380 亿美元。
- 最后，一个国家会提供或者获得国外援助，这项收益的净值被称为**净转移支付收入**（net transfers received）。2014 年这一净转移支付达到 -1 190 亿美元，负值反映一个事实，即在 2014 年美国是国际援助的净捐助国，正如传统表现的那样。

把所有向世界上其他国家支付和获得的收益加总称为**经常账户余额**（current account balance）。如果从世界上其他国家获得的净收益是正的，那么这个国家就是**经常账户盈余**（current account surplus）。如果是负值，那么该国家就是**经常账户赤字**（current account deficit）。把所有对其他国家的支付和获得的收益加总，2014年美国从世界上其他国家获得的净收益为 -5 080 + 2 380 - 1 190 = -3 890 亿美元。换句话说，2014年美国实现经常账户赤字3 890亿美元，约为美国GDP的2.3%。

一个国家可以存在贸易赤字而没有经常账户赤字吗？或者有经常账户赤字而没有贸易赤字吗？（这两个问题的答案是：可以。）

同样地，如果你支出的比赚的多，你就需要为这部分差异融资。

一个经常账户存在赤字的国家必须通过正的净资本流入来获得融资，也就是该国的资本账户必须是有盈余的。

资本账户

2014年美国3 890亿美元经常账户赤字的事实表明，美国必须向世界上其他国家借款3 890亿美元，等价于外国持有的美国净资产必须提高3 890亿美元。线以下的数字表明了这是如何达到的。线以下的交易被称为**资本账户**（financial account）往来。

外国持有的美国资产增加了10 310亿美元，这些外国投资者包括外国私人投资者、外国政府或者外国的中央银行，购买了总价为10 310亿美元的美国股票、美国债券和其他美国资产（包括金融衍生品净交易中的540亿美元）。与此同时，美国持有的国外资产也增加了7 920亿美元：美国的私人和公共投资者购买了7 920亿美元的外国股票、债券和其他资产。结果就是美国的净外国债务（外国持有美国资产的增加量减去美国持有外国资产的增加量），也叫作向美国的**净资本流动**（net capital flows），增加了 10 310 - 7 920 = 2 390 亿美元。净资本流动的另一个名称是**资本账户余额**（financial account balance）：正的净资本流动被称为**资本账户盈余**（financial account surplus），负的净资本流动被称为**资本账户赤字**（financial account deficit）。因此，换句话说，2014年美国实现资本账户盈余2 390亿美元。

净资本流动（也就是资本账户盈余）难道不应该等于经常账户赤字（我们在前面看到，在2014年它等于3 890亿美元）吗？原则上应该是这样，实践中却并非如此。

一些经济学家猜测是因为与火星人的交易没有记录，大多数经济学家则认为原因在于误差。

经常账户和资本账户往来数据的构建使用的是不同的数据源，虽然二者的结果应该相同，但通常并不相等。2014年这两者的差异，即**统计误差**（statistical discrepancy）为1 500亿美元，约为经常账户余额的39%。这也提醒我们，即使像美国这样的发达富裕国家，经济数据也远非完美。（度量选择的问题也在另外一方面显现出来。例如，将世界上所有国家的经常账户赤字加起来应该等于0，一个国家的赤字应该可以作为所有其他国家整体的盈余显示出来。但在数据上并非如此，如果我们只是将全世界所有国家公布的经常账户赤字加起来，将会发现全世界出现了巨额的经常账户赤字！）

现在我们已经考察了经常账户，我们可以回到在第2章中接触的一个问题：到目前为止，我们一直在使用的产出度量方法，即国内生产总值（GDP），与另一种度量总产出的方法**国民生产总值**（GNP）之间的差异。

GDP衡量本国国内的经济增加值，GNP衡量本国国内生产要素所带来的增加值。当经济体封闭时，这两种衡量方式相同。但是，当经济开放时，它们之间就会存在差异。国内生产要素带来的部分收入会流到国外；国内居民也可能收到部分国外收入。所以，为了从GDP推导出GNP，我们需要从GDP开始，加上来自世界上其他国家的收入，再减去向世界上其他国家支付的收入。换而言之，GNP 等于 GDP 加上从世界上其他国家取得的净投资收入。更正式的表示是，用 NI 来表示这些净投资收入：

$$GNP = GDP + NI$$

在大部分国家中，GNP 和 GDP 之间的差异很小（相对于 GDP 而言）。比如，你可以从表 17-3 中看到，美国的净投资收入等于 2 380 亿美元。GNP 超过了 GDP 2 380 亿美元，或者说超过了 GDP 大约 1.4%。但是，对于有些国家来说，这种差异会非常巨大。这在问题聚焦"GDP 对 GNP：科威特的例子"中有所介绍。

问题聚焦　　GDP 对 GNP：科威特的例子

当科威特发现石油后，科威特政府决定把石油收入的一部分储蓄起来并向海外投资而不是都消费掉。这样当石油收入枯竭的时候，将来的科威特人可以获得投资收益。科威特出现了巨额的经常账户盈余，从而积累了大量的外国资产。结果是，科威特持有高额的外国资产并从世界各地获得可观的投资收益。表 1 列示了 1989~1994 年科威特的 GDP、GNP 和净投资收入（你会看到选择这些日期的原因）。

注意在此期间 GNP 比 GDP 大了多少。1989 年科威特从海外获得的净收入是 GDP 的 34%。但同时也要注意，净要素支付从 1989 年开始递减。这是由于科威特必须向其盟国支付 1990~1991 年海湾战争的部分成本，以及支付战后重建的费用。它是通过实现经常账户赤字来做到这一点的，即通过减少其所持有的净外国资产。这反过来导致从外国资产获得的收入下降，即本质意义上的净要素出现支付下降。

自海湾战争以来，科威特重新积累出规模庞大的净外国资产份额。2013 年，它从海外获得的净收入大约是 GDP 的 7%。

表1　1989~1994 年科威特的 GDP、GNP 和净投资收入

年份	GDP	GNP	净投资收入
1989	7 143	9 616	2 473
1990	5 328	7 560	2 232
1991	3 131	4 669	1 538
1992	5 826	7 364	1 538
1993	7 231	8 386	1 151
1994	7 380	8 321	941

注：所有金额的单位均是百万科威特第纳尔。
资料来源：*International Financial Statistics*, *IMF*. All numbers are in millions of Kuwaiti dinars. 1 dinar = $0.3 (2015)。

本国资产和外国资产之间的选择

金融市场的开放预示着人们（或者自营金融机构）将面临一个新的金融决策：是持有本国资产还是外国资产？

这实际上需要考虑至少两个决策：是选择持有本币还是外币？是选择持有本国生息资产还是外国生息资产？但人们要记住持有货币的目的是进行交易。对于一个生活在美国的人来说，他的大部分或者全部日常交易是用美元的，持有外币并没有什么意义，在美国外币是不能用于日常交易的。如果目的是持有外国资产，那么持有外币相对于持有外国债券很明显没有可取之处，毕竟后者是付息的。这样只会留给我们一个需要考虑的新选择，是选择本国生息资产还是外国生息资产。

我们来考虑这些资产是一年期的本国债券和一年期的外国债券。

第 4 章中有两个限制：在非法活动中，外国人经常持有美元，因为美元可以容易地兑换，并且不会被追踪。在通货膨胀率极高的时期，外国人有时会换成使用外国货币，通常是美元，即使在一些本国交易中也是这样。

例如，假设你是一个美国投资者，从你的角度上讲是选择美国的一年期债券还是英国的一年期债券。

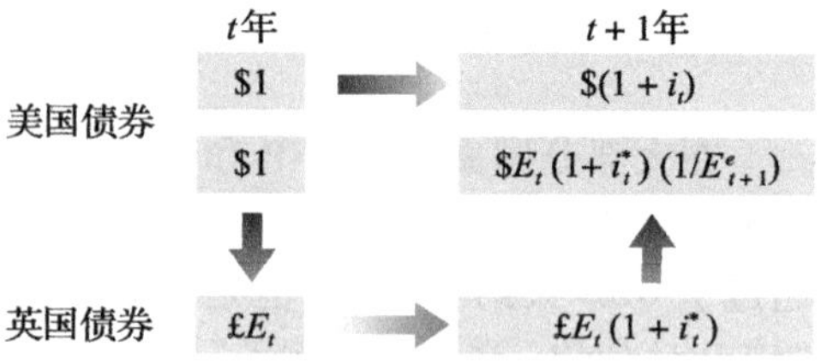

- 假设你决定持有美国债券。

  令 i_t 表示一年期美国名义利率。然后，如图 17-7 所示，对于你投入购买美国债券的每一美元，你将在下一年获得 $1 + i_t$ 美元（这由图的顶部指向右侧的箭头所表示）。

- 假设你决定替换为持有英国债券。

  为了购买英国债券，你必须首先购买英镑。用 E_t 表示美元和英镑间的名义汇率。每一美元，你可以获得 E_t 英镑（这由图中指向下方的箭头所表示）。

  令 i_t^* 表示一年期英国债券的名义利率（用英镑表示）。下一年，你将获得 $E_t(1 + i_t^*)$ 英镑（这由图的底部指向右侧的箭头所表示）。

图 17-7　持有一年期美国债券和一年期英国债券的预期收益率

随后你必须将你的英镑再转换为美元。如果你预期一年后的名义汇率将是 E_{t+1}^e，即每一英镑将值 $1/E_{t+1}^e$ 美元。所以现在你投入的每一美元将在下一年预期获得 $E_t(1 + i_t^*)(1/E_{t+1}^e)$ 美元（这在图中由向上的箭头表示）。

我们将在随后更详细地讨论刚才推导的表达式。注意其中基本的含义已经很明确了：在评价英国债券和美国债券的吸引力时，你不能仅仅考察英国的利率高还是美国的利率高，你还必须考虑你认为本年和下一年美元和英镑间的汇率会如何变动。

现在我们像在第 14 章中第一次讨论短期和长期债券间的选择时一样，做相同的假设。假设你和其他金融投资者只关心预期收益率，无视风险差异，这样你就希望只持有那些预期收益率最高的资产。在这种情况下，如果同时持有英国债券和美国债券，那么它们必须有相同的预期收益率。换句话说，套利的存在意味着下列关系式必须成立：

$$(1 + i_t) = (E_t)(1 + i_t^*)\left(\frac{1}{E_{t+1}^e}\right)$$

重新整理后，我们可以得到：

$$(1 + i_t) = (1 + i_t^*)\left(\frac{E_t}{E_{t+1}^e}\right) \qquad (17\text{-}2)$$

式（17-2）被称为**无抛补利率平价关系**（uncovered interest parity relation），或者简称为**利率平价条件**（interest parity condition）。

这里假设金融投资者只持有最高预期收益率的债券很显然是个强假设，有以下两个原因。

- 它忽略了交易成本。买入与卖出英国债券需要三次分离的交易，每一次都存在交易成本。
- 它忽略了风险。从现在起一年后的汇率是不确定的。对于美国投资者来说，以美元来衡量持有英国债券就比持有美国债券风险要高。

使用"无抛补"这一词是为了将这种平价关系与称为抛补利率平价条件的关系区分开来。抛补利率平价条件由下列选择推导而来：购买和持有一年期美国债券，或者在今日买进英镑，用这些英镑购买一年期的英国债券，并同意一年后以被称为远期汇率的预先价格将英镑再换回美元。这两种选择在当前都可无风险地实现，因而它们的收益率必须相同。抛补利率平价条件就是无风险的套利条件，它通常严格成立。

持有英国债券的风险高还是持有美国债券的风险高事实上取决于我们从哪方投资者的角度来考虑。从美国投资者的角度来看，持有英国债券风险更高，而从英国投资者的角度看则相反。（为什么？）

作为世界主要金融市场（纽约、法兰克福、伦敦和东京）资本流动的一个特征，这个假设也并非太脱离实际。利率的很小变动或者汇率将要升值或贬值的传言都会导致短短几分钟内数以亿计的美元流动。对于世界上的富裕国家而言，式（17-2）中的套利假定是对于实际情况很好的近似。其他资本市场比较狭小或欠发达，或者有各种形式资本管制的国家，在选择本国利率时，与式（17-2）相比就存在较大偏差。我们将在第 20 章末尾回到这个问题上来。

利率与汇率

让我们来更好地理解利率平价条件所说明的含义。首先，将 E_t/E_{t+1}^e 写成 $1/[1+(E_{t+1}^e-E_t)/E_t]$，对式（17-2）进行改写：

$$(1+i_t) = \frac{(1+i_t^*)}{[1+(E_{t+1}^e-E_t)/E_t]} \tag{17-3}$$

这里给出了本国名义利率 i_t、国外名义利率 i_t^* 和本币预期升值率 $(E_{t+1}^e-E_t)/E_t$ 之间的关系。只要利率或者预期贬值率不会特别大，例如每年低于 20%，该等式的一个很好的近似可由下式给出：

$$i_t \approx i_t^* - \frac{E_{t+1}^e - E_t}{E_t} \tag{17-4}$$

这是书末附录 B 中命题 3 的延续。

这是你必须记住的利率平价条件的形式：投资者的套利行为预示着国内利率必然等于国外利率减去本币的预期升值率。

注意，本币的预期升值率也就是外币的预期贬值率。因此式（17-4）可以等价表述为国内利率必然等于国外利率减去预期外币贬值率。

如果美元相对于英镑预期升值 3%，那么英镑就相对于美元预期贬值 3%。

现在我们将这个等式应用到美国债券对英国债券上来。假设美国的一年期名义利率是 2.0%，英国的该利率是 5.0%，你是持有英国债券还是美国债券？答案是：

- 这取决于你预期在接下来一年，英镑对美元贬值的幅度是大于还是小于美国利率和英国利率之间的差值，即在这个例子中是大于还是小于 3%（=5.0%-2.0%）。
- 如果你预期英镑贬值的幅度将超过 3.0%，那么尽管英国的利率高于美国的利率，投资英国债券也比投资美国债券的吸引力更低。通过持有英国债券，你可以在下一年获得一个较高的利率支付，但是以美元衡量的英镑在下一年将会贬值，从而使投资英国债券比投资美国债券的吸引力变差。
- 如果你预期英镑相对于美元贬值的幅度少于 3.0% 或者甚至还会升值，那么就应该反过来，英国债券比美国债券更有吸引力。

换一种方式来考察：如果无抛补利率平价条件成立，并且美国的一年期利率比英国的一年期利率低 3%，那么金融投资者就必然预期在接下来一年里美元对英镑会平均升值约 3%，这就是为什么尽管美国债券的利率较低，但人们仍然愿意持有它。（问题聚焦"购买巴西债券"中提供了利率平价条件的另一个更惊人的应用案例。）

利率和汇率间的套利关系，无论是式（17-2）的形式还是式（17-4）的形式，在接下来的章节中都发挥着很重要的作用。它表明，除非有国家愿意忍受其汇率的剧烈波动，否则国内外利率很可能呈现同步变动。举一个极端的例子，有两个国家都承诺将其双边汇率维持在一个固定值。如果市场认为这个承诺是可信的，那么市场将预期这两个国家的汇率保持恒定，预期贬值率将会是 0。在这种情况下，套利条件将预示着这两个国家的利率将必然严格同

如果 $E_{t+1}^e = E_t$，那么利率平价条件意味着 $i_t = i_t^*$。

步变动。在大多数情况下，就像我们看到的那样，政府并不会做出如此绝对的承诺以保持汇率，但是它们的确通常会力图避免汇率的大幅变动。这使它们的利率与世界其他地方的利率产生偏差的可能性受到很大限制。

同时进行如下步骤：查看最近几期的《经济学人》（*The Economist*）杂志的封底，找到不同国家相对于美国的短期利率。假设无抛补利率平价是成立的，预期哪些货币相对于美元会升值？

主要国家的名义利率实际上在多大程度上同步变动？图17-8 描绘了自1970年以来美国3个月名义利率和英国3个月名义利率的走势（两者都表示为年利率）。该图显示它们的变动是相关的，但并非完全一致。20世纪80年代早期两个国家的利率都较高，在80年代后期均再次攀高——英国要比美国稍高一些。90年代中期以来这两个国家的利率均走低。与此同时，两国间的差异有时也很大，例如，90年代英国利率要比美国利率高出7%。（在写作本书时，两国的利率都处于零利率下限，并且一年期利率接近于零。）在接下来的章节中，我们将回到这里来考察该差异出现的原因以及这种差异的意义。

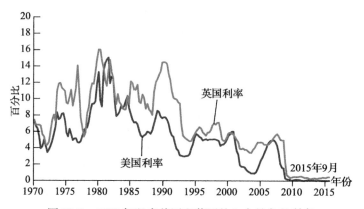

图17-8 1970年以来美国和英国的3个月名义利率

注：在过去40年里，美国和英国的名义利率在很大程度上同步变动。

资料来源：U. S. 3-Month Treasury Bill Rate Series WTB3MS；Federal Reserve Economic Data（FRED）；U. K. 3-Month Treasury Bill Rate Series IUQAAJNB，Bank of England.

问题聚焦　　购买巴西债券

将时间拉回到1993年的9月（那时巴西的利率很高，可以帮助理解我们要说明的重点）。巴西债券支付的月利率为36.9%，相比美国债券3%的年利率，也就是相对于2%的月利率而言，巴西债券似乎有很大的吸引力。难道不应购买巴西债券吗？

本章的讨论告诉你，为了做出决策，你还需要考虑一个关键的因素：以美元表示的克鲁赛罗（当时的巴西货币名称，现在的货币叫作雷亚尔）的预期贬值率。

你需要该信息的原因在于，正如我们在式（17-4）中所看到的，投资巴西债券1个月所得到的美元收益等于1加上巴西的利率，再除以1和克鲁赛罗相对于美元的预期贬值率之和，即

$$\frac{1+i_t^*}{[1+(E_{t+1}^e-E_t)/E_t]}$$

你预期克鲁赛罗在接下来一个月的贬值率是多少？一个合理的假设是预期下个月的贬值率将等于上个月的贬值率。1美元在1993年7月底价值100 000克鲁赛罗，1美元在1993年8月底的价值为134 600克鲁赛罗。因此美元对克鲁赛罗的升值率，也就是克鲁赛罗对美元的贬值率在8月

> 是 34.6%。如果预期 9 月继续以 8 月的速度继续贬值,那么投资巴西债券 1 个月的预期收益是:
>
> $$\frac{1.369}{1.346} = 1.017$$
>
> 用美元表示的持有巴西债券的预期收益率每月只有 $(1.017-1)=1.7\%$,而不是最初看到的每月 36.9% 那么有吸引力。注意每月 1.7% 仍然比美国债券的月利率(0.2%)高很多。但是考虑到风险和交易成本——在我们写套利条件时忽略了的因素,你将会决定不在巴西进行投资。

17.3 结论与展望

现在我们已经为研究开放经济打下了基础。

- 产品市场的开放使人们可以在本国产品和外国产品之间进行选择。这个选择主要依赖于实际汇率,即用本国产品形式衡量的外国产品的相对价格。
- 金融市场的开放使人们可以在本国资产和外国资产之间进行选择。这个选择主要依赖于它们的相对收益率,而相对收益率又依赖于本国和外国的利率,以及本币的预期升值率。

在接下来的第 18 章中,我们将考察产品市场开放的含义。第 19 章进一步考察金融市场的开放。在第 20 章,我们将讨论不同汇率体制的正反两个方面影响。

本章概要

- 产品市场的开放使个人和公司可以在本国产品和外国产品之间进行选择。金融市场的开放使金融投资者可以持有本国金融资产也可以持有外国金融资产。
- 名义汇率是用外国货币形式表示的本币价格。站在美国的角度看,美国和英国之间的名义汇率是用英镑表示的美元价格。
- 名义升值(简称升值)是用外国货币表示的本国货币价格的提高。换句话说,它对应着汇率的上升;名义贬值(简称贬值)是用外国货币表示的本国货币价格的降低,它对应着汇率的下降。
- 实际汇率是用外国产品表示的本国产品的相对价格。它等于名义汇率乘以国内价格水平,再除以外国价格水平。
- 实际升值是用外国产品表示的本国产品相对价格的提高,即实际汇率的上升。实际贬值是用外国产品表示的本国产品相对价格的降低,即实际汇率的降低。

- 多边实际汇率,或者简称实际汇率,是加权平均的双边实际汇率,权重等于每个其他国家所占的贸易份额。
- 国际收支平衡表记录了一国和世界上其他国家的往来。经常账户余额等于贸易余额、净收入以及从世界上其他国家获得的净转移支付收入之和。资本账户余额等于从世界上其他国家得到的资本流入,减去向世界上其他国家的资本流出。
- 经常账户和资本账户互为镜像。不考虑统计上的问题,经常账户余额加上资本账户余额必然等于 0。经常账户赤字依靠从世界上其他国家获得的净资本流入来融资。同样地,经常账户盈余对应着资本账户赤字。
- 无抛补利率平价,或者简称利率平价,是一种套利条件。它表明用本国货币表示的本国和外国债券的预期收益率必然相等。利率平价意味着本国利率近似等于外国利率减去本币的预期升值率。

关键术语

openness in goods market　产品市场的开放
tariffs　关税
quotas　配额
openness in financial market　金融市场的开放
capital controls　资本管制
openness in factor markets　要素市场的开放
North American Free Trade Agreement(NAFTA)　北美自由贸易协定
tradable goods　可贸易产品
real exchange rate　实际汇率
nominal exchange rate　名义汇率
appreciation(nominal)　（名义）升值
depreciation(nominal)　（名义）贬值
fixed exchange rates　固定汇率
revaluation　高估
devaluation　低估
real appreciation　实际升值
real depreciation　实际贬值
bilateral exchange rate　双边汇率
multilateral exchange rate　多边汇率
multilateral real U.S. exchange rate　美国多边实际汇率

trade-weighted real exchange rate　贸易加权实际汇率
effective real exchange rate　有效实际汇率
foreign exchange　外汇
balance of payments　国际收支平衡表
above the line　线以上
below the line　线以下
current account　经常账户
income balance　收入余额
net transfers received　净转移支付收入
current account balance　经常账户余额
current account surplus　经常账户盈余
current account deficit　经常账户赤字
capital account　资本账户
net capital flows　净资本流动
capital account balance　资本账户余额
capital account surplus　资本账户盈余
capital account deficit　资本账户赤字
statistical discrepancy　统计误差
gross national product(GNP)　国民生产总值
uncovered interest parity relation　无抛补利率平价关系
interest parity condition　利率平价条件

习题

快速测试

1. 运用本章的信息，判断下面的说法是正确、错误还是不确定，并简要解释。
   a. 如果没有统计上的差异，有经常账户赤字的国家必须接受净资本流入。
   b. 尽管出口比率可能大于1——就像新加坡那样，进口占GDP的比率却不大可能会这样。
   c. 像日本这样的富裕国家有一个很小的进口占GDP比率，这是一个明显的证据表明对于美国的出口商而言是不公平的。
   d. 无抛补利率平价表明各个不同国家的利率必然相等。
   e. 本章中的名义汇率被定义为一单元外币的本币价格。
   f. 名义汇率和实际汇率总是同向变动。
   g. 名义汇率和实际汇率通常同向变动。
   h. 如果预期美元对日元升值，无抛补利率平价表明美国的名义利率将比日本的名义利率高得多。
   i. 给定本章所采用的汇率定义，如果美元是本国货币而欧元是外国货币，名义汇率为0.75意味着0.75美元值0.75欧元。
   j. 实际升值意味着国内产品相对于外国产品变得不那么贵了。
2. 考虑两个虚拟经济体，一个被称为是本国，另一个被称为外国。给定从a到g所列示的交易，建立每个国家的支付平衡。如果有必要，可以包括统计误差。
   a. 本国从外国购买100美元的原油。
   b. 外国游客在本国的滑雪场消费25美元。
   c. 外国投资者从持有本国股权中收取15美元股息。

d. 本国居民向外国慈善机构支付 25 美元。
e. 国内企业从外国银行借得 65 美元。
f. 外国投资者购买 15 美元本国政府债券。
g. 本国投资者卖掉 50 美元其所持有的外国政府债券。

3. 考虑两种债券：一种是在德国用欧元发行的，另一种是用美元在美国发行的。假设这两种政府债券都是一年期债券——一年后支付债券的面值。汇率 E 为 1 美元=0.75 欧元。这两种债券的面值和价格由下表给定：

	面值	价格
美国（美元）	10 000	9 615.38
德国（欧元）	10 000	9 433.96

a. 计算每种债券的名义利率。
b. 计算与无抛补利率平价相一致的下一年预期汇率。
c. 如果你预期美元相对于欧元将会贬值，那么你会购买哪种债券？
d. 假设你是美国的投资者，将美元兑换成欧元然后购买德国债券。一年后汇率 E 被证明实际为 0.72(1 美元=0.72 欧元)，那么相对于所持有的美国债券所实现的收益率，你现在实现的用美元表示的收益率是多少？
e. d 题中的收益率与无抛补利率条件下的收益率是否一致？为什么？

深入研究

4. 考虑一个只有三个等规模经济体（A、B 和 C）的世界，并生产三种产品（衣服、汽车和电脑）。假设这三个经济体的消费者意图在这三种产品上花费等额的钱。
   三个经济体中每样产品的产值由下表给出。

	A	B	C
衣服	10	0	5
汽车	5	10	0
电脑	0	5	10

a. 每个经济体的 GDP 是多少？如果 GDP 的总值均被消费掉并且没有国家向他国借债，那么每个经济体的消费者对每种产品的支付将是多少？
b. 如果没有国家从他国借债，每个国家的贸易余额将会是多少？这个世界的贸易模式是怎样的（例如每个国家出口什么产品，向谁出口）？
c. 给定你在 b 题的答案，A 与 B 是否存在零贸易余额？与 C 呢？任何一个国家与其他国家都有一个零贸易余额吗？
d. 美国有巨额的贸易赤字。它与每一个主要贸易伙伴都有贸易赤字，但是与某些国家（例如中国）的贸易赤字要比与其他国家的大得多。假设美国消除其总贸易赤字（也就是美国与作为整体的世界不存在贸易赤字了），你是否能预期美国与每一个贸易伙伴都存在贸易平衡？美国与中国之间的巨额贸易赤字是否必然表明中国不允许美国产品在一个公平的环境中与中国产品进行竞争？

5. 汇率和劳动市场。
   假设本币贬值（E 下跌），假设 P 和 P^* 仍保持恒定。
a. 名义贬值如何影响本国产品的相对价格（实际汇率）？给定你的答案，名义贬值可能会对本国产品的（全球）需求产生怎样的影响？对本国的失业率会有怎样的影响？
b. 给定外国价格水平 P^*，用本币表示的外国产品价格是多少？名义贬值如何影响用本币表示的外国产品价格？名义贬值如何影响国内价格指数？［提示：记住本国消费者也会像购买本国产品那样购买外国产品（进口）。］
c. 如果名义工资保持不变，名义贬值如何影响实际工资？
d. 对下面这个句子给出评论：货币的贬值出卖了本国劳工。

进一步探究

6. 从联邦储备银行圣路易斯分行的 FRED 数据网站上可以获得日本和美国间的名义汇率。汇率记为每 1 美元可以兑换的日元数。

a. 根据本章的术语，当汇率写作日元对美元的汇率时，哪个国家被当作本国来看待？
b. 画出 1979 年以来日元对美元的汇率。在哪个时间段日元是升值的？在哪个时间段日元是贬值的？

c. 考虑到当前日本处于停滞中，一个增加需求的途径是让日本产品变得更有吸引力。这需要日元升值还是贬值？

d. 在过去几年中，日元发生了什么变化？是贬值了还是升值了？这对于日本是件好事还是坏事？

7. 从国际货币基金组织网站（www.imf.org）获得最近的《世界经济展望》（WEO）。在统计附录查找出标题为"经常账户余额"（Balances on Current Account）的表格，该表列示了世界范围内的经常账户余额。利用可以获得的最近一年的数据回答 a~c 题。

a. 注意全世界经常账户余额的总和。正如本章所论述，该经常账户余额的总和应该等于0。这个和的实际值是多少？为什么这个总和表明衡量存在偏误（例如，如果这个总和是正确的，那将意味着什么）？

b. 世界上哪些地区在借入钱，哪些地区在借出钱？

c. 比较美国的经常账户余额和其他发达经济体的经常账户余额，美国是否仅仅向发达经济体借入资金？

d. WEO 的统计表格通常预测未来两年的数据。观察其对经常账户余额的预测数字。你是否能回答在不远的将来 b~c 题的情况将很可能发生怎样的变化？

8. 全世界的储蓄和投资。

从国际货币基金组织网站（www.imf.org）获得最近的 WEO。在统计附录查找出标题为"世界借入与借出净额摘要"（Summary of Net Lending and Borrowing）的表格，该表列示了全世界范围的储蓄和投资（以 GDP 的百分比表示）。利用你可以获得的最近一年的数据回答 a 题和 b 题。

a. 世界的储蓄和投资相等吗？（你可以忽略很小的统计误差。）提供你给出答案的一些直觉。

b. 相比美国的投资，美国的储蓄是怎样的？美国如何为其投资融通资金？（我们将在下一章给出明确的解释，但是你的直觉应该能帮助你现在得出答案。）

c. 从 FRED 经济数据集下载从 1947 年到最新的实际 GDP（变量 GDPC1）和实际 GNP（变量 GNPC96）的数据。计算美国 GNP 和 GDP 的百分比差异。哪个值更大？为什么会这样？

补充阅读

- 如果你想更多地学习国际贸易和国际经济学知识，请阅读 Paul Krugman, Marc Melitz, and Maurice Obstfeld. Prentice Hall, *International Economics, Theory and Policy*, 10th ed. (2014)。

- 如果你想知道当前世界上任意两种货币之间的汇率，参看网站 http://www.oanda.com/currency/converter/ 上的 currency converter（通货换算器）。

第 18 章
开放经济中的产品市场

2009 年，全世界的国家都在担心美国陷入经济衰退的风险。它们的担忧并不是为了美国而是为它们自己。对于它们而言，美国经济衰退意味着向美国的出口将减少，自身的贸易处境会恶化以及导致更加衰弱的国内经济。

它们的担忧是否已被证实？图 17-1 表明确实如此。美国的经济衰退显然已经导致了世界范围内的衰退。为了理解发生了什么，我们需要扩展第 3 章中的内容，将开放性引入产品市场。以下是本章要解决的问题。

18.1　说明了开放经济下产品市场的均衡特点。

18.2 和 18.3　说明了对本国经济产出和贸易余额的国内冲击效应和国外冲击效应。

18.4 和 18.5　讨论了实际贬值对产出和贸易余额的影响。

18.6　给出了均衡的另外一种描述，它表明了储蓄、投资和贸易余额之间的紧密关系。

18.1 开放经济中的 IS 曲线

当我们假定经济处于封闭状态时，就没有必要区分对产品的国内需求和对国内产品的需求：很显然这两者是一回事。现在我们必须将这两者区分开来。一些国内需求由外国产品满足，而对国内产品的需求部分来自外国消费者。让我们更仔细地探讨这种区别。

> 术语"对产品的国内需求"和"对国内产品的需求"听起来很接近，但是，在一个开放的经济中，它们不一定相等。部分国内需求由外国产品满足，部分国外需求由国内产品满足。
>
> 在第 3 章，我们忽略了实际汇率，直接减去了 IM，而不是 IM/ε。但这是不对的，这样做是因为不想在本书中过早地提及实际汇率和一些复杂的东西。
>
> 产品的国内需求（$G + I + C$）- 对外国产品的国内需求（进口）IM/ε + 对国内产品的国外需求（出口）X = 对国内产品的需求 $C + I + G - IM/\varepsilon + X$

对国内产品的需求

在一个开放经济中，**对国内产品的需求**（demand for domestic goods）Z 如式（18-1）所示。

$$Z = C + I + G - IM/\varepsilon + X \qquad (18\text{-}1)$$

前三个项目分别是消费 C、投资 I 和政府支出 G，构成了**对产品的国内需求**（domestic demand for goods），包括国内产品和外国产品。如果经济是封闭的，$C + I + G$ 也就是对国内产品的需求。这就是为什么直到现在我们仅仅关注了 $C + I + G$。然而现在，我们必须做如下两个调整。

- 首先，我们必须减掉进口，它意味着部分国内需求落到了外国产品上而不是国内产品上。

    在这里我们需要多加注意：外国产品不同于国内产品，因此我们不能仅仅减去进口的数量 IM；如果这样做，就像我们从橘子（国内产品）中减去苹果（外国产品）一样。首先，我们得用国内产品来表示进口产品的价值。这就是式（18-1）中 IM/ε 所代表的含义。回想第 17 章，ε 是实际汇率，定义为用外国产品表示的国内产品价格。等价地，$1/\varepsilon$ 就是用国内产品表示的外国产品价格，因此 $IM(1/\varepsilon)$ 或者等价的 IM/ε 就是用国内产品表示的进口价值。

- 其次，我们必须加上出口，它意味着对国内产品的部分需求来自海外。在式（18-1）中用 X 表示出。

C、I 和 G 的决定因素

在列示出需求的五个部分后，下一个任务是阐明它们各自的决定因素。我们从前三个，即 C、I 和 G 开始。既然已经假定经济是一个开放经济，那么我们该如何修正之前对消费、投资以及政府支出的描述呢？答案是不需要做什么。因为消费者决定消费的数量仍取决于他们的收入和财富。尽管实际汇率肯定会影响消费支出在国内产品和外国产品之间的构成比例，但并没有确切的理由表明实际汇率会影响消费的总水平。投资也是同样的道理，实际汇率可能对企业购买国内机器还是国外机器构成影响，但总投资并不受实际汇率影响。

这当然是件好事，因为这意味着我们可以使用早先引入的投资、消费和政府支出的表达式。所以，我假设国内需求为：

$$\text{国内需求}: C + I + G = C(Y - T) + I(Y, r) + G$$
$$\qquad\qquad\qquad\qquad (+) \qquad (+,-)$$

假定消费正向取决于可支配收入 $Y-T$,投资正向取决于产出 Y 并负向取决于实际利率 r。注意,我不考虑之前引入的一些修正,比如第 6 章和第 14 章中我们关注的风险溢价的存在,以及第 14~16 章中关于预期的作用。我们要一步步来理解开放经济的影响,并将在稍后重新引入这些细节。

进口的决定因素

进口是指部分国内需求落到外国产品上。这取决于什么呢?进口很明显取决于国内收入:国内收入越高,那么对国内产品和外国产品的国内需求都会越高。因此,一个较高的国内收入会导致一个较高的进口额。进口还显然取决于实际汇率,即用外国产品表示的国内产品的价格。国内产品相对于外国产品越昂贵,等价地,外国产品相对于国内产品越便宜,那么对外国产品的国内需求也就越大。所以,一个较高的实际汇率会带来较高的进口。因此,我们将进口写成:

$$IM = IM(Y, \varepsilon)$$
$$(+, +)$$
(18-2)

> 回忆本章开始时的讨论:世界上其他国家会担心美国出现经济衰退。原因是:美国出现经济衰退意味着美国对外国产品的需求会下降。

- 国内收入 Y 的增加(同样地可以说是国内产出的增加,因为开放经济中收入和产出总是相等的)将导致进口的增加。收入对进口的正向效应由式(18-2)中 Y 下方的正号表示。
- 实际汇率 ε 的增加(实际增值)将导致进口 IM 的增加。实际汇率对进口的正向效应由式(18-2)中 ε 下方的正号表示(当 ε 上升时,注意 IM 是上升的,但 $1/\varepsilon$ 是下降的。因此对于 IM/ε,即用国内产品表示的进口价值是模棱两可的。随后我们将再回到这个问题上来)。

出口的决定因素

出口是指外国的部分需求落到了国内产品上。它的决定因素是什么呢?它取决于外国收入:更高的外国收入意味着对所有产品的(包括国内产品和外国产品)更高的需求水平。所以更高的外国收入水平将导致更高的出口。出口也取决于实际汇率:用外国产品表示的国内产品价格越高,对国内产品的国外需求也就越低。换句话说,实际汇率越高,出口越低。

用 Y^* 表示外国收入(同样地,也就是外国产出)。我们可以将出口写成:

$$X = X(Y^*, \varepsilon)$$
$$(+, -)$$
(18-3)

> 星号代表外国变量。

- 外国收入 Y^* 增加,导致出口增加。
- 实际汇率 ε 提高,导致出口下降。

把所有因素加总起来

图 18-1 把到目前为止已学到的所有内容放在一起。该图描绘出在所有影响需求的其他变量(利率、税收、政府支出、外国产出和实际汇率)均保持不变的情况下,需求的不同部分与产出的关系。

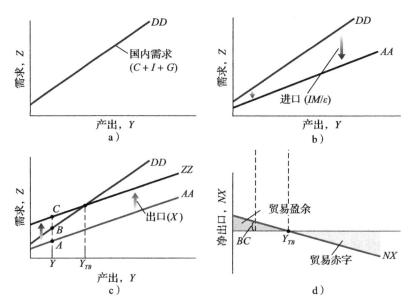

图 18-1 对国内产品的需求和净出口

注：a 图：对产品的国内需求是收入（产出）的递增函数。b 图和 c 图：对国内产品的需求由国内需求减去进口的价值，再加上出口得到。d 图：贸易余额是产出的递减函数。

在图 18-1a 中，DD 曲线表示作为产出函数的国内需求（$C+I+G$）。需求和产出之间的这种关系与第 3 章中的内容非常类似。在我们的标准假定下，需求与产出间关系的斜率为正，但小于 1。产出的增加等价于收入的增加，会导致需求的提高，但是提高的幅度要小一些。（由于缺乏好的理由，我们在本章将需求和产出之间的关系以及其他一些关系都画成直线而非曲线。这样做仅仅是出于方便，但接下来的讨论均不依赖于该假设。）

在给定的实际汇率 ε 下，IM/ε（用国内产品表示的进口价值）完全与 IM（进口的数量）同步变动。

为了得到对国内产品的需求，我们必须首先减掉进口。这是我们在图 18-1b 中做的，得到了 AA 线。AA 线代表了对国内产品的国内需求。DD 线和 AA 线之间的距离等于进口的价值 IM/ε。由于进口数量伴随着收入的提高而增加，那么这两条线之间的距离也随着收入的增加而变大。对于 AA 线，我们可以得到在随后章节很有用处的两个事实：

- AA 线要比 DD 线更平坦：随着收入的增加，一些新增的国内需求落到了外国产品上而不是国内产品上。换句话说，随着收入的增加，对国内产品的国内需求增加的幅度要小于总需求的增加。
- 只要一些新增的需求落到国内产品上，AA 线就有一个正的斜率，收入的增加导致对国内产品需求的部分增加。

最后，我们必须加上出口。这由图 18-1c 展示出来，并得到了 ZZ 线，ZZ 线在 AA 线以上。ZZ 线代表了对国内产品的需求。ZZ 线和 AA 线间的距离等于出口。由于出口并不依赖于国内收入（出口取决于外国收入），ZZ 线和 AA 线之间的距离是一定的。这就是这两条线平行的原因。因为 AA 线比 DD 线平坦，则 ZZ 线也要比 DD 线平坦。

回忆：净出口与贸易余额是同义的，正的净出口对应着贸易盈余，负的净出口对应贸易赤字。

根据从图 18-1c 得到的信息，我们可以将净出口，即出口和进口的差（$X - IM/\varepsilon$）的行为特征转化为产出的函数。例如，在产出水

平 Y 处，出口由距离 AC 给出，进口由距离 AB 给出，从而净出口由距离 BC 给出。

净出口和产出之间的关系由图 18-1d 中的 NX 线表示。净出口是产出的减函数：随着产出增加，进口增加，但出口并不受此影响，从而净出口下降。用 Y_{TB}（TB 表示贸易平衡）表示当进口与出口价值相等时的产出水平，此时净出口等于 0。产出水平在 Y_{TB} 以上将导致更高的进口和贸易赤字。产出水平低于 Y_{TB} 将导致较低的进口和贸易盈余。

18.2 均衡产出和贸易余额

在国内产出等于国内外对国内产品的需求时，产品市场达到均衡点：

$$Y = Z$$

将我们推导出的对国内产品需求 Z 的各个组成部分放在一起，得到：

$$Y = C(Y - T) + I(Y, r) + G - IM(Y, \varepsilon)/\varepsilon + X(Y^*, \varepsilon) \tag{18-4}$$

该均衡条件决定了产出是所有给定变量的一个函数，这些变量包括从税收到实际汇率再到外国产出。这并不是一个简单的关系，图 18-2 用一种比较简明的方式描绘出了该关系。

在图 18-2a 中，需求用纵轴表示，产出（等价于产量或者收入）由横轴给出。ZZ 线描绘了需求作为产出的一个函数，这条线简单地复制了图 18-1c 中的 ZZ 线，ZZ 线向上倾斜但是斜率小于 1。

均衡产出是需求等于产出时的点，即 ZZ 线和 45°线相交的点，就是图 18-2a 中的 A 点，与此相对应的产出水平是 Y。

图 18-2b 复制了图 18-1d，该图将净出口画成产出的减函数。通常来说，并没有理由认为产出的均衡水平 Y 一定要等于贸易平衡时候的产出水平 Y_{TB}。就像我画的这幅图，均衡产出对应着贸易赤字，等于距离 BC。注意，也可以画得完全不一样，让均衡产出与一个贸易盈余相对应。

到现在，我们有了必要的工具来回答在本章开始时提出的问题。

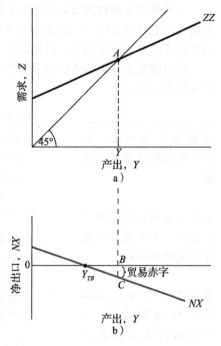

图 18-2 均衡产出和净出口

注：当国内产出等于对国内产品的需求时，产品市场是均衡的。在产出的均衡水平上，贸易余额可能会表现出赤字或者盈余。

均衡的产出水平由条件 $Y = Z$ 决定。贸易平衡时的产出水平由条件 $X = IM/\varepsilon$ 决定，它们是不同的条件。

18.3 国内外需求的增加

在开放经济中，需求的变动如何影响产出？还是从一贯的偏好，即政府支出的增加开始，再转向新的问题，即国外需求增加的影响。

国内需求的增加

假设经济处于衰退中，政府决定增加政府支出以增加国内需求和产出。这对产出和贸易余额会有怎样的影响？

与核心内容一样，我们从产品市场开始，后面将引入金融市场和劳动力市场。

答案由图 18-3 给出。在政府支出增加以前，需求由图 18-3a 中的 ZZ 线给出，同时均衡点在 A 点，此时产出等于 Y。假定贸易刚开始时是平衡的——正如我们所看到的，但我们并没有理由认为这在通常情况下也成立。因此，在图 18-3b 中，$Y = Y_{TB}$。

如果政府支出增加 ΔG 将会发生什么？在任意一个产出水平，需求均会高出 ΔG，即将需求曲线向上移动 ΔG，从 ZZ 移动到 ZZ'。均衡点从 A 移到了 A'，产出从 Y 增加到 Y'。产出的增加要比政府支出的增加大，这是因为存在乘数效应。

到目前为止，事情进展得很像我们在第 3 章封闭经济中所阐述的那样。但是，仍然有两个重要的不同点。

> 从贸易平衡出发，政府支出的提高导致贸易赤字。

- 现在存在一个对贸易余额的效应。由于政府支出既没有直接出现在出口的关系中也没有直接出现在进口的关系中，所以图 18-3b 的产出和净出口关系并没有发生偏移。因此产出从 Y 增加到 Y' 导致了等于 BC 的贸易赤字：进口增加，出口并未改变。

> 政府支出的增加将使产出增加，只是乘数要比在封闭经济中稍小。

- 现在不仅是政府支出可以导致贸易赤字，而且政府支出的产出效应要比在封闭经济条件下小。回忆第 3 章，需求曲线的斜率越小，乘数效应越小（例如，如果 ZZ 是水平的，乘数就等于 1）。回顾图 18-1，需求曲线 ZZ 要比封闭经济条件下的需求曲线 DD 平坦一些，这就意味着在开放经济条件下乘数效应要小一些。

> 乘数变小和贸易赤字有同样的潜在原因：一些国内需求落在了外国产品上，而不是国内产品上。

贸易赤字和较小的乘数效应应该源于同样的原因：由于经济是开放的，需求的增加不仅仅落在国内产品上，也可能落在外国产品上。因此当收入增加时，对国内产品的需求效应要比在封闭经济条件下小一些，这就导致了一个较小的乘数。并且，由于一部分需求的增加落到了进口上，而出口并未改变，结果就会出现贸易赤字。

这两个含义都很重要。在一个开放经济中，国内需求的增加要比在一个封闭经济中对产出的效应要小，并对贸易余额有一个负向作用。事实上，经济越开放，产出效应越小，对贸易余额的负向效应越大。以荷兰为例，正如我们在第 17 章看到的那样，荷兰的出口占 GDP 的比率非常高，并且进口占 GDP 的比率也很高。当荷兰的国内需求增加时，大多数的需求增加将很可能导致对外国产品需求的增加而不是对国内产品需求的增加。政府支出增加的效应也很可能导致荷兰贸易赤字的增加以及产出的少量增加，这就使国内需求的扩张对于荷兰而言并不是一个有吸引力的政策选择。即使对美国而言，尽管其有较低的进口比率，但需求的增加也会伴随着贸易余额的恶化。

国外需求的增加

现在假设外国的产出增加了，即 Y^* 增加。这可能是

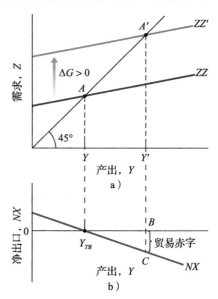

图 18-3 政府支出增加的效应

注：政府支出的增加会导致产出的增加，并且导致贸易赤字。

由于外国政府支出 G^* 的增加，即我们刚分析的政策变化，只不过现在发生在国外。然而为了分析对美国经济的效应，我们并不需要知道这种 Y^* 的增加是由什么原因引起的。

图 18-4 展示了外国经济活动增加对国内产出和贸易余额的效应。对国内产品最初的需求由图 18-4a 中的 ZZ 给出，均衡点在 A 点，此时产出为 Y。我们再一次假定贸易是平衡的，因此在图 18-4b 中，与 Y 相对应的净出口额为 $0(Y = Y_{TB})$。

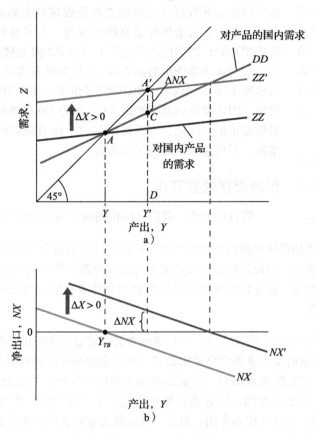

图 18-4 国外需求增加的效应

注：国外需求的增加将导致产出和贸易盈余的增加。

把代表对产品的国内需求（$C + I + G$）的直线当作收入的函数是一种非常有用的做法。这条线就是 DD。回顾图 18-1，DD 要比 ZZ 陡峭。ZZ 和 DD 之间的差额等于净出口，因此如果 A 点的贸易是平衡的，则 ZZ 和 DD 在 A 点相交。

现在考虑外国产出增加 ΔY^* 的效应（此时我们可以暂时忽略 DD 线，仅在随后才用到它）。更高的外国产出意味着更高的外国需求，这也包括对美国产品较高的外国需求。所以外国产出增加的直接效应就是美国出口的一定数量的增加，我们可以将其标注为 ΔX。

DD 是对产品的国内需求。ZZ 是对国内产品的需求。这两者的差异等于贸易赤字。

- 在一个给定的产出水平下，出口的增加将导致美国产品的需求增加 ΔX，从而代表国内产品的需求是产出的函数的直线向上移动 ΔX，从 ZZ 移到 ZZ'。
- 在一个给定的产出水平下，净出口增加 ΔX。因此在图 18-4b 中，表示净出口是产出的函数的直线也向上移动 ΔX，从 NX 移到 NX'。

Y^* 直接影响出口，并因此进入对国内产品的需求和产出之间的关系式。Y^* 的增加使 ZZ 向上移动。Y^* 并不直接影响国内消费、国内投资或者国内政府支出，所以它并没有进入对产品的国内需求和产出之间的关系式。Y^* 的增加并不能使 DD 移动。

外国产出的增加导致国内产出的增加，并改善贸易余额。

新的均衡在图 18-4a 中的 A' 点，产出水平是 Y'。外国产出的增加将导致国内产出的增加。其中的作用渠道也很清楚：更高的外国产出导致更高的国内产品出口，这将在乘数效应下增加国内产出和对产品的国内需求。

这对贸易余额有什么影响？我们知道出口将会增加。但国内产出的增加会导致进口的增加进而导致贸易余额的实际恶化吗？答案是否定的，贸易余额肯定会得到改善。为了找到原因，注意当外国需求增加时，对国内产品的需求将从 ZZ 向上移到 ZZ'，但代表对产品的国内需求是产出的函数的 DD 线并没有移动。在这个新的均衡产出水平 Y' 下，国内需求由距离 DC 给定，而对国内产品的需求由 DA' 给定。因此净出口就是距离 CA'，因为 DD 必然处在 ZZ' 以下，CA' 也必然是正值。因此，当进口增加时，该增加并没有完全抵销出口的增加，贸易余额还是得到改善的。

重新审视财政政策

到目前为止，我们已经得到两个基本的结果。

- 国内需求的增加将导致国内产出的增加，但也会导致贸易余额的恶化。（我们只讨论了政府支出的增加，但税收的减少或者消费的增加等都会带来同样的结果。）
- 外国需求的增加（这是由发生在国外的类似变化所带来的）导致国内产出的增加和贸易余额的改善。

相应地，这些结果有两个重要含义，并且这些含义在最近的危机中都显而易见。

首先，也是最明显的是，这些结果意味着对一国需求的冲击会影响所有其他国家。国家间的贸易联系越紧密，相互影响越深刻，且更多的国家将同步变动。这正是我们在图 17-1 中看到的。尽管经济危机开始于美国，但它迅速影响了世界上其他国家。贸易联系并不是唯一原因，金融联系也在其中发挥着核心作用。但是，从其他国家向美国的出口减少开始，已有证据表明贸易具有很强的影响。

其次，这种交互影响使政策制定者的任务变得复杂，特别是财政政策。我们来更进一步讨论这个观点。

从以下观察开始讨论：政府有很多原因不喜欢贸易赤字。主要的原因是持续出现贸易赤字的国家会积累对世界上其他国家的债务，因而必须向其他国家支付稳定增长的利息。因此，每个国家都偏好外国需求的增加（从而改善贸易余额）而不是国内需求（从而恶化贸易余额）的提高就不足为奇了。

这种偏好可能有灾难性的意义。考虑一组国家，彼此间都有数量庞大的贸易往来，所以任何一个国家需求的增加都会很大份额地落在其他国家生产的产品上。假设这些国家的经济都处于衰退中，且每个国家在刚开始时都有大致的贸易平衡。在这种情况下，每个国家可能都不愿意采取措施以增加国内需求。如果有国家这么做了，结果很可能是产出出现小幅度增加，但也会出现巨额的贸易赤字。相反，每个国家可能仅仅在等待其他国家增加需求，这样它们可以得到一个两全其美的世界，即更高的产出以及贸易余额的改善。但是如果所有国家都在等待，那什么也不会发生，这样经济衰退可能持续很长时间。

这种情形是否会有出路？确实有，至少理论上有。如果所有国家都协调它们的宏观经济政策以同时增加国内需求,那么每个国家都可以在不增加贸易赤字(相对于本组其他的国家,相对于世界其他国家的总贸易赤字也还是增加的)的条件下增加需求和产出。原因很清楚,需求的协调增加导致每一个国家的进出口都会增加。国内需求的扩张将导致大量的进口也仍是事实,但这种进口的增加被出口的增加抵消了,它来自外国需求的扩张。

但在实际中,**政策协调**(policy coordination)并不容易实现。

一些国家可能要比其他国家做得多因而并不愿这么做。假设只有一些国家陷于经济衰退,那些没有陷于衰退的国家将不大愿意增加自己的需求;但如果它们不这么做,进行扩张的国家将会相对于那些不采取扩张措施的国家出现贸易赤字。或者假设一些国家已经存在巨额的贸易赤字,这些国家并不愿意减税或者进一步增加支出,因为这么做将进一步增加它们的赤字。它们将要求其他国家采取更多的调整,而其他国家可能并不愿这么做。

很多国家都有强烈的动机承诺协调,但事后并不兑现其承诺。例如,一旦所有国家都同意增加支出,每一个国家就都有动机背弃诺言,从而可以从其他国家需求的增加上获得好处并提升其贸易处境。但如果所有国家都欺骗或者不兑现承诺,那么就没有足够的需求扩张以摆脱经济衰退。

结果便是,尽管国际会议上政府都会发表宣言,但国际协作仍然常常失败。只有当事情变得非常糟糕时,国际协作才会进行。这是 2009 年的情况,我们将在问题聚焦 "G20 峰会及 2009 年财政刺激" 中进一步探究。

问题聚焦　　G20 峰会及 2009 年财政刺激

2008 年 12 月,20 国集团(G20)首脑在华盛顿举办的一场紧急会议上会面。G20 由来自 20 个国家的财长和中央银行行长组成,其中包括世界上主要的发达国家和发展中国家。它成立于 1999 年,但是直到危机发生,G20 都尚未发挥重要作用。随着经济危机变得越来越广泛及深远,G20 会面就宏观及财政政策的应对达成协调一致。

从宏观经济面看,人们已经意识到光有货币政策是不够的,所以关注点逐渐转向了财政政策。产出下降导致收入下降,并进而导致财政赤字的增加。多米尼克·斯特劳斯-卡恩(Dominique Strauss-kahn)——国际货币基金组织的常务董事,提出需要采取进一步的财政手段,并且建议额外采取自主手段——可以是降税或者增加支出,平均增加到各国 GDP 的 2%。这是他所说的:

"目前,财政刺激对于恢复全球增长是至关重要的。如果各国的主要贸易伙伴也采取财政刺激政策,那么每个国家针对增加国内产出增长所采取的财政刺激手段的效果将会翻倍。"

他提到,有些国家比其他国家有更多的策略空间。"我们认为,那些财政政策框架最强有力、支持财政扩张的融资能力最强,以及债务最可持续的国家——无论是发达经济体还是发展中经济体,都应该起到带头作用。"

在接下来的几个月中,大部分国家的确采取了一些旨在提高私人支出或公共支出的自主手段。对于 G20 整体来说,自主手段在 2009 年已经增加到了 GDP 的约 2.3%。有些财政空间较少的国家,例如意大利,采取的自主手段也较少;而另一些国家则采取更多自主手段,例如美国或法国。

这种财政刺激是否有效?有人认为没有。毕竟,世界经济在 2009 年出现了巨大的负增长。这里所讨论的问题就是一个反面事实。如果没有财政刺激会发生什么?许多人认为,如果没有财政刺激,负增长幅度会更大，甚至也许是灾难性的。反面事实很难证实或证伪，因此争议很可能一直持续下去。（关于反事实以及经济学家与政客之间区别的问题，这里引用一段来自美国前国会议员巴尼·弗兰克的精彩言论：

"作为一个当选官员，我不是第一次嫉妒经济学家。通过分析手段，反事实可供经济学家使用。经济学家可以解释说，某个给定的决策是所能采取的最好的决策，因为他们可以展示出在反事实的情况下会发生些什么。他们可以将已发生的事实与未发生的情况进行对比。但从来没有人是凭借写着'没有我会更糟'这样的小标语当选的。也许你可以凭此获得大学终身教授的职位，但不能因此赢得选举。"）

财政刺激危险吗？有人提出它导致了公共债务的巨额增加，这正迫使政府去进行调整，从而导致财政紧缩，并且使经济复苏更困难。（我们在第 6 章中讨论过这个问题，并且在第 22 章中将回到这个问题。）这一论据是错误的。债务增长的大部分并不是来自政府采取的自主手段，而是来自经济危机期间产出下降导致的收入下降，并且很多国家在危机前都有大量赤字。但是，债务的大幅增加确实导致使用财政政策来恢复经济变得更困难。

关于这个问题的更多讨论，可以参见 "Financial Crisis Response: IMF Spells Out Need for Global Fiscal Stimulus," in *IMF Survey Magazine Online*，December 29，2008。（http://www.imf.org/external/pubs/ft/survey/so/2008/int122908a.htm）。

18.4 贬值、贸易余额和产出

假设美国政府采取的政策措施导致美元贬值，即名义汇率下降。（我们将在第 20 章讨论如何利用货币政策来实现这一点。此刻，我们假设政府可以简单地选择汇率。）

回忆实际汇率由下式给出：

$$\varepsilon = \frac{EP}{P^*}$$

给定 P 和 P^*，E 增加 $\Rightarrow$ $\varepsilon = EP/P^*$ 增加。

实际汇率 U（用外国产品表示的国内产品的价格），等于名义汇率 E（用外国货币表示的本币价格），乘以国内价格水平 P，再除以外国价格水平 P^*。在短期，我们可以假定两个价格水平 P 和 P^* 是给定的。这就意味着名义贬值将会反映为一对一的实际贬值。更具体地说，如果美元对日元贬值 10%（即 10% 的名义贬值），且日本和美国的价格水平保持不变，那么美国产品将相对于日本产品便宜 10%（10% 的实际贬值）。

这种实际贬值将如何影响美国的贸易余额和美国的产出呢？

在第 20 章，我们将会观察当我们允许价格水平伴随着时间进行调整时名义贬值的效应。你会发现名义贬值将导致在短期内出现实际贬值，但在中期则不会。

贬值和贸易余额：马歇尔 - 勒纳条件

回到净出口的定义：

$$NX = X - IM/\varepsilon$$

将 X 和 IM 替换为式（18-2）和式（18-3）：

$$NX = X(Y^*, \varepsilon) - IM(Y, \varepsilon)/\varepsilon$$

由于实际汇率出现在等式右边的三个地方，这就很清楚地表明实际贬值将会通过三个分开的途径影响贸易余额：

- 出口 X 的提高。实际贬值将使美国产品相对于外国产品便宜。这导致对美国产品的国外需求增加，即美国的出口增加。
- 出口 IM 的下降。实际贬值将使外国产品在美国相对变得昂贵，这导致国内需求向国内产品转换，从而导致进口数量下降。
- 用国内产品表示的外国产品的相对价格 $1/\varepsilon$ 的增加。这将增加进口的费用 IM/ε。进口同样的数量现在将花费更多的购买成本（用国内产品表示）。

由于贬值使贸易余额得到改善，所以出口必须提高足够多，进口也必须降低足够多以抵消进口价格的上升。实际贬值带来净出口提高的条件就是**马歇尔－勒纳条件**（Marshall-Lerner condition，本章的附录将给出正式的推导）。在本章后面部分，我们将在引入动态化时对该条件更复杂的部分做出说明，最终证明这个条件是符合现实的。因此对于本书的剩余部分，我们将假定实际贬值，即 ε 下降将导致净出口增加，即 NX 增加。

> 更准确地，如果美元相对于日元贬值10%：美国产品在日本将变得便宜，这将导致美国对日本的出口增加；日本产品在美国将变得昂贵，这将导致出口到美国的日本产品减少；日本产品变得较为昂贵，这将导致出口到美国的日本产品数量既定时，出口价值增加。

> 它以首次推导出它的两位经济学家命名，这两位经济学家是阿尔弗雷德·马歇尔和阿巴·勒纳。

贬值的影响

到目前为止，我们只是讨论了贬值对贸易余额的直接影响，即给定美国和外国产出时的影响。但这种影响并不限于此。净出口的变化也会改变国内产出，这将进一步影响净出口。

实际贬值的影响与外国产出提高的影响非常类似，我们可以使用图18-4进行说明，即我们前面用来说明外国产出提高的影响所使用的那张图。

与外国产出的提高相类似，在任何产出水平下，贬值将导致净出口的提高（我们已经假定马歇尔－勒纳条件成立）。需求关系（图18-4a 中的 ZZ）和净出口关系（图18-4b 中的 NX）都向上移动。均衡点从 A 点移动到 A' 点，产出也从 Y 提高到 Y'。按照我们之前的观点，贸易余额得到改善：由产出提高引起的进口提高小于由贬值带来的对贸易余额的直接改善。

总结一下：贬值使国外和国内的需求都向国内产品转移。这种需求的转换又反过来导致国内产出的提高和贸易余额的改善。

尽管贬值和国外产出的提高对国内产出与贸易余额有同样的影响，但这两种效应之间有一个不起眼但很重要的区别。贬值是通过使外国产品相对更贵来起作用的。但这就意味着在收入水平给定的情况下，人们的生活水平恶化了，贬值使他们在购买外国产品时必须支付更多。那些正在经历贬值的国家能很强烈地感受到这种机制。试图进行大幅贬值的政府经常会发现街头巷尾出现了游行示威和暴乱，这是人们对进口产品更高的价格做出的反应。例如，墨西哥就发生过这种情况。1994~1995年墨西哥比索经历了大幅度的贬值，从1994年11月的每比索29美分贬值到1995年5月的每比索17美分，这导致工人生活水平的大幅度下降和社会局势的动荡。

> 除了进行示威，还有一个方法：要求提高工资，但是，如果工资提高了，可能国内产品的价格也会提高，但会使实际贬值稍微小一点。要讨论这种机制，我们需要更详细地考察供给方，在第20章，我们将回过头来讨论贬值的动态化、工资变动和价格变动。

将汇率和财政政策结合起来

假设产出处于自然产出水平，但经济有大规模的贸易赤字。为了防止经济过热，政府希望在产出不变的条件下减少贸易赤字。政府该怎么做呢？

单独的贬值将不会奏效，这将减少贸易赤字，但也将增加产出。采用财政紧缩政策也无法奏效，这将减少贸易赤字，但也将减少产出。政府该怎么办呢？答案是：使用贬值和财政紧缩的恰当组合。图 18-5 说明了这种混合政策将是怎样的。

假设在图 18-5a 中，初始的均衡位于 A 点，对应的产出为 Y。在这一产出水平下存在贸易赤字，由图 18-5b 中的距离 BC 表示。如果政府希望在不改变产出的条件下消除贸易赤字，那么必须做以下两件事。

- 政府必须在初始的产出水平上实现充分的贬值以消除贸易赤字。贬值必须要能使图 18-5b 中的净出口关系从 NX 转移到 NX′。

  问题在于，该贬值以及对应的净出口增加也将使图 18-5a 中的需求曲线从 ZZ 转移到 ZZ′。忽略其他变量，均衡点将从 A 移到 A′，产出将从 Y 增加到 Y′。

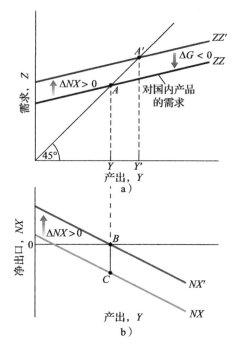

图 18-5　产出不变情况下减少贸易赤字
注：要想贸易赤字减少而不改变产出，政府必须采取贬值政策，同时减少政府支出。

- 为了避免产出提高，政府必须减少政府支出以使 ZZ′ 移回 ZZ 的位置。这种贬值和财政紧缩的结合使产出水平保持不变，同时贸易余额得到改善。

> 一个一般性的结论：如果你想达到两个目标（这里是产出和贸易余额），就最好有两个工具（这里是财政政策和汇率）。

这个例子背后的普遍意义在于，在某种程度上，政府既关心产出水平也关注贸易余额，它必须同时使用财政政策和汇率政策。我们刚刚就看到了一个这样的组合。表 18-1 给出了其他例子，这些组合取决于初始产出水平和贸易状况。以表中右上角的情况为例：初始产出非常低（换句话说，失业率非常高），经济存在贸易赤字。贬值对贸易和产出状态都有所帮助。它使贸易赤字降低，产出得以提高。但我们没有理由认为，贬值能够实现恰到好处的产出增长和贸易赤字的消除。依赖于初始状态以及贬值对产出和贸易余额的相对影响，政府可以在执行贬值政策的同时辅以政府支出的提高或降低。这种不明确性在表中用问号标出。确保你能理解其他三种情况背后的逻辑。（另一个关于实际汇率及产出如何影响经常账户余额的例子，可以参看问题聚焦"欧元区外围国家经常账户赤字的消失：好消息还是坏消息"。）

表 18-1　汇率和财政政策共同作用

初始状态	贸易盈余	贸易赤字
低产出	ε? $G\uparrow$	$\varepsilon\downarrow$ G?
高产出	$\varepsilon\uparrow$ G?	ε? $G\downarrow$

问题聚焦　　欧元区外围国家经常账户赤字的消失：好消息还是坏消息

从21世纪初早期开始，许多欧元区外围国家出现了越来越大的经常账户赤字。图1显示了从2000年开始，西班牙、葡萄牙和希腊的经常账户余额的演变。尽管2000年时经常账户赤字已经很显著，但它们仍然持续增加。2008年时，西班牙的赤字达到了GDP的9%，葡萄牙达到了12%，希腊则达到了14%。

当2008年危机刚开始时，这三个国家发现越来越难向海外贷款，这迫使它们降低贷款，并因此减少经常账户赤字。图1显示了到2013年，这三个国家的赤字都已经转变为了盈余。

这是个令人印象深刻的转变。这是个明显的好消息吗？不一定。教材中的讨论表明经常账户的改善有两个原因。第一个是国家变得越来越有竞争力。实际汇率下降。出口增加，进口下降，从而经常账户余额改善。第二个原因是国家的产出下降。由于出口取决于世界上其他国家的情况，它可能仍然保持不变；但是，进口会随着产出而下降，因此经常账户余额改善。

不幸的是，目前的情况表明，第二个机制发挥着主要作用。

由于这些国家都是欧元区成员，因此它们不能依靠调整名义汇率来提高竞争力，至少对于它们的欧元区伙伴不能。它们不得不依靠降低工资和价格，这已被证明很慢且很难实现（第20章中会有进一步讨论）。

取而代之，大量调整都是通过降低产出从而导致进口降低来实现的，这种调整被称为进口压缩（import compression），正如图2所示，这种情况在希腊尤其明显。图2展示了自2000年以来希腊的进口、出口和GDP的演变。这三个序列在2000年的值都标准化为1。首先注意产出下降了多少，自2008年以来它下降了约25%。接着，注意进口如何随着产出变动，进口大约也下降了25%。出口表现同样不佳。2009年的大幅下降反映了世界性危机及世界上其余国家的需求下降，此后，它们至今都未恢复到2008年的水平。

简而言之，欧元区外围国家经常账户赤字的消失主要是坏消息。接下来经常账户会发生什么在很大程度上取决于产出会发生什么。这转而取决于产出与潜在产出的关系。如果实际产出的下降在很大程度上反映了潜在产出的下降，那么产出会保持在较低水平，经常账户盈余也会保持不变。但更有可能的是，如果实际产出远远低于潜在产出（用第9章的术语，即如果

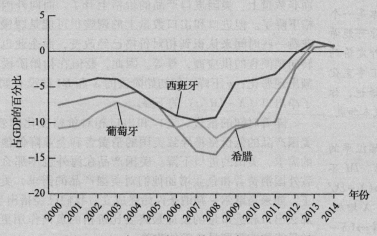

图1　2000年以来欧元区外围国家经常账户赤字

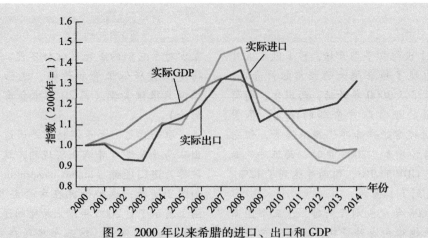

图2 2000年以来希腊的进口、出口和GDP

资料来源：IMF, World Economic Outlook.

有一个较大的负产出缺口），那么除非发生进一步实际贬值，否则产出回归到潜在水平会伴随着更高的进口量，因而恢复到经常账户赤字的情况。

18.5 考察动态化：J 曲线

甚至它们的价格调整也是缓慢的。考虑一次美元贬值。如果你是一个出口到美国的出口商，你可能希望你的价格提高的幅度小于汇率变化的幅度。换句话说，你可能为了保持同美国同行的竞争力而下调成本加成数。如果你是一个美国出口商，你可能希望你的产品国外定价的下降幅度小于汇率变化的幅度。换句话说，你可能增加你的成本加成。

贸易余额对实际汇率的反应：最初：X、IM 不变，则 ε 下降 $\Rightarrow (X - IX/\varepsilon)$ 下降。最后：X 增加，IM 下降，ε 下降 $\Rightarrow (X - IM/\varepsilon)$ 增加。

本章到目前为止，我们一直忽略动态性。现在是时候将其引入。如同在封闭经济中一样，我们在第 3 章中所讨论的消费、投资、销售和生产的动态化在开放经济中也很重要。但也有一些其他方面的动态影响，主要来自出口和进口的动态化。这里，我们着重讨论这些影响。

回到汇率对贸易余额的影响上来。我们在之前指出贬值将导致出口增加、进口下降，但这种变动并非一蹴而就。例如，我们来考虑美元贬值 10% 的动态影响。

在贬值发生后的最初几个月，贬值的影响更多地反映在价格上而非数量上。美国进口产品的价格上升了，而向外国出口的产品价格下降了。但进口和出口数量上的调整很可能是缓慢的：消费者要花费一些时间来认识到相对价格已经改变，而企业也会花费时间来转向稍便宜的供应商，等等。因此，贬值在初始阶段将导致贸易余额出现恶化；ε 下降，但初始阶段的 X 和 IM 都没有调整，这就导致了净出口 $(X - IM/\varepsilon)$ 的下降。

随着时间的推进，进口和出口相对价格变化的效应越加强烈。美国产品的低价格将导致美国的消费者和企业降低他们对外国产品的需求，美国的进口下降。美国产品在海外也不那么贵了，这将导致外国消费者和企业增加他们对美国产品的需求，美国的出口增加了。如果马歇尔-勒纳条件始终成立，我们已经指出事实确实如此，那么出口和进口量的反应最终要比价格的负向作用更加强烈，贬值的最终影响是贸易余额的改善。

图 18-6 通过描绘贸易余额对实际贬值随时间的反应趋势来表示

这种调整过程。贬值之前的贸易赤字是 OA。贬值最初使贸易赤字增加到 OB：ε 下降，但 IM 和 X 并没有立刻变化。然而一段时间后，出口增加且进口下降，从而贸易赤字减少。最终，贸易余额的改善超出了其初始水平（如果马歇尔－勒纳条件得以满足），即图中 C 点的情况。经济学家将这种调整过程称为 J 曲线（J-curve），必须承认这需要一点想象力，因为图中的曲线像字母 J，先下降，随后再上升。

实际汇率对贸易余额动态效应的重要性可以在 20 世纪 80 年代的美国看出，图 18-7 描绘了 20 世纪 80 年代美国的贸易余额与实际汇率之间的关系。正如我们在前一章所看到的那样，1980～1985 年是一个实际升值急剧的时期，而 1985～1988 年是一个实际贬值急剧的时期，转向贸易赤字（以占 GDP 比率的形式表示），以下两个事实是清楚的。

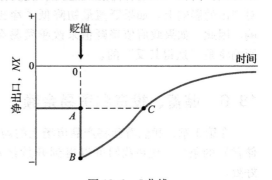

图 18-6　J 曲线

注：实际贬值先是会带来贸易余额的恶化，随后会使贸易余额得到改善。

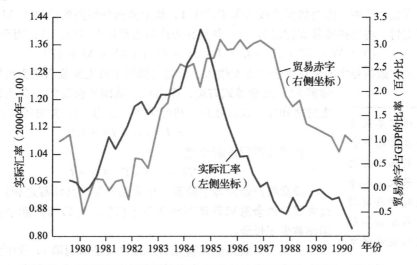

图 18-7　实际汇率和贸易赤字占 GDP 的比率：美国，1980～1990 年

注：在 20 世纪 80 年代，美元的大幅实际升值和接下来的贬值在贸易赤字的先提高后下降中得到反映，但是，实际汇率对贸易余额的影响有着相当时长的滞后。

资料来源：Series GDPDEF, GBRGDPDEFQISMEI and EXUSUK from Federal Reserve Economic Data (FRED)。

1. 实际汇率的变动反应在净出口的平行变动上。升值对应着贸易赤字的急剧增加，而随后的贬值则伴随着贸易余额的大幅下降。

2. 然而，贸易余额对实际汇率变动的反应有着相当时长的滞后。注意从 1981 年到 1983 年，尽管美元升值了，贸易赤字却保持在一个很低的水平。同时注意到 1985 年以后的持续贬值在 1987 年之前并没有立即反映为贸易余额的改善；J 曲线的动态性在这两个时期都得到印证。

一般说来，出口、进口和实际汇率之间动态关系的计量经济学证据均表明经合组织（OECD）国家的实际贬值最终会带来贸易余额的改善，但同时也证明了该过程是需要一段时间的，通常要六

1985～1988 年的滞后是一段超乎寻常的漫长时期，以至于当时的一些经济学家开始怀疑实际汇率和贸易余额之间是否还有联系。现在回头看看，其联系仍然很紧密，只不过滞后的时间比通常的状况长了一些。

个月到一年不等。这种滞后的意义不仅仅存在于贬值对贸易余额的影响上，也体现在贬值对产出的影响上。如果贬值最初降低了净出口，那么在开始的时候也会对产出造成负面影响。因此，如果政府依赖贬值来改善贸易余额以及扩大国内产出，那么在一段时间内，其影响将是"适得其反"的。

18.6 储蓄、投资和贸易余额

在第 3 章，我们看到将产品市场上的均衡条件改写为投资等于储蓄（私人储蓄加上公共储蓄）的条件。现在我们可以得到开放经济中相应的条件，并说明这种认识均衡方法的好处。

我们从均衡条件开始：

$$Y = C + I + G - IM/\varepsilon + X$$

将消费 C 从等式右边移到左边，等式两边同时减去税收 T，将净出口（$IM/\varepsilon + X$）记为 NX，可以得到：

$$Y - T - C = I + (G - T) + NX$$

回忆在开放经济中，国内居民的收入等于产出 Y，加上从国外得到的净收入 NI，再加上收到的净转移支付。将这些转移支付记为 NT，并且在等式两边都加上 NI 和 NT，得到：

$$(Y + NI + NT - T) - C = I + (G - T) + (NX + NI + NT)$$

注意等式左边括号中的项目等于可支配收入，所以左侧等于可支配收入减去消费（也就是储蓄 S）。注意等式右边，净出口、从国外获得的净收入以及净转移支付之和等于经常账户。将经常账户记为 CA，并将等式改写为：

$$S = I + (G - T) + CA$$

> 财经评论员通常不区分贸易余额和经常账户余额。这不一定属于重大过失，因为净收入和净转移通常随时间移动较慢，因此贸易余额和经常账户余额的变动通常紧密联系。

将等式进行重新整理：

$$CA = S + (T - G) - I \qquad (18-5)$$

经常账户余额等于储蓄（个人储蓄与公共储蓄之和）减去投资。经常账户盈余意味着该国储蓄多于投资。经常账户赤字则意味着该国储蓄少于投资。

对该关系获得更多直觉的一种方法是回到第 17 章中经常账户和资本账户的讨论上。这里我们看到的经常账户盈余意味着该国向世界上其他国家的净贷出，经常账户赤字意味着该国向世界上其他国家净借入。因此，假设一个国家投资超过储蓄，则 $S + (T - G) - I$ 是负的。该国就必须从世界上其他国家借入这一差额，从而必然存在贸易赤字。对称地，如果一国向其他国净贷出，则该国的储蓄必然多于投资。

注意式（18-5）表明的几个含义。

- 投资的增加必然反映出私人储蓄的增加或公共储蓄的积累，或贸易余额的恶化（少量的贸易盈余或者大量的贸易赤字，取决于经常账户初始状态是盈余还是赤字）。
- 政府预算余额的恶化——无论是预算盈余降低还是预算赤字扩大，必然表现为私人储蓄增加，或投资下降，或经常账户余额恶化。
- 如果一个国家的储蓄率（私人储蓄加上公共储蓄）较高，那么该国就必然有一个较高的投资率或大量的经常账户盈余。

然而也要注意式（18-5）不能说明的问题。例如，它不能表明政府预算赤字是否将导致经常账户赤字、私人储蓄增加或投资减少。为了弄清对预算赤字的反应究竟是什么，我们必须利用关于消费、投资、出口和进口的假定来搞清楚产出及其构成发生了怎样的变化，也就是我们必须进行本章中所展示的完整分析。但如果你不够细心，使用式（18-5）会有很大的误导性。为了说明它是如何误导你的，考虑下列论点（你往往在报纸上看到类似的言论）。

"很明显，美国不能通过贬值来降低其巨额的经常账户赤字。"看一下式（18-5），它表明经常账户赤字等于投资减去储蓄。为什么贬值不是影响储蓄就是影响投资？贬值又是如何影响经常账户赤字的？

这个观点也许听起来很有道理，但我们知道它是错误的。前面我们已经指出贬值会使一个国家的贸易处境得到改善——考虑到净收入和净转移支付，这也就意味着经常账户的改善。这个观点错在哪里？贬值确实影响储蓄和投资，它是通过影响对国内产品的需求进而提高产出这一途径实现的。更高的产出带来储蓄的增加，或等价地，带来经常账户赤字的下降。

例如，假设美国政府打算在不改变产出的情况下缩减经常账户赤字，所以它会综合使用贬值和财政紧缩，那么私人储蓄、公共储蓄及投资会发生什么变化？

确保你已理解了本章内容的一个好方法是，回顾我们已经讨论过的不同案例，从政府支出的变化，到外国产出的变化，再到贬值与财政紧缩相结合等。将每个案例中发生的情况追溯到式（18-5）中的四个要素：私人储蓄、公共储蓄（等价地，预算盈余）、投资和经常账户余额。确保你可以用自己的话来讲这些故事。

让我们最后以一个挑战来结束本章。评价以下三个表述，并且决定哪个或哪几个是正确的。

- 美国的经常账户赤字（正如我们在第17章中所看到的）说明美国不再有竞争力了。这是疲软的征兆。忽略储蓄或投资。美国政府急需提高自身的竞争力。
- 美国的经常账户赤字表明美国没有足够财力来支撑它的投资。这是疲软的征兆。忽略竞争力。美国急需提高自身的储蓄率。
- 美国的经常账户赤字是美国资本账户盈余的镜像。实际情况是世界上其余国家希望将它们的资金放到美国。美国资本账户盈余即暗示了经常账户赤字，是实力雄厚的征兆，因此没有必要采取政策来降低赤字。

本章概要

- 在一个开放经济中，对国内产品的需求等于对产品的国内需求（消费加上投资加上政府支出）减去进口（用国内产品表示）加上出口。

- 在一个开放经济中，国内需求提高导致的产出增加比在封闭经济中小，因为新增的需求中有一部分落到了进口产品上。同样的原因，国内需求的增加也将导致贸易余额的恶化。

- 国外需求提高将导致出口增加，并带来国内产出的提高和贸易余额的改善。

- 由于国外需求提高使贸易余额得到改善，而国内需求提高会让贸易余额恶化，因此各个国家都希望等待国外需求的提高以摆脱衰退。当一个国家集团中的所有国家都出现衰退时，在原则上，协调可以帮助它们摆脱衰退。

- 如果马歇尔-勒纳条件得到满足——经验证据说明事实确实如此，那么实际贬值将会使净出口提高。

- 实际贬值首先导致贸易余额的恶化并在随后得到改善。这个调整过程就是我们熟知的 J 曲线。
- 产品市场的均衡条件可以重新写成储蓄（公共的和私人的）减去投资的余额必然等于经常账户余额的形式。经常账户盈余对应着储蓄超出投资，经常账户赤字对应着投资超出储蓄。

关键术语

demand for domestic goods　对国内产品的需求
domestic demand for goods　对产品的国内需求
G20　20国集团
policy coordination　政策协调
Marshall-Lerner condition　马歇尔－勒纳条件
import compression　进口压缩
J-curve　J 曲线

习 题

快速测试

1. 运用本章的信息，判断下面的说法是正确、错误还是不确定，并简要解释。
   a. 美国当前的贸易赤字是不常见的高投资水平的结果，而非国民储蓄下降所导致的。
   b. 国民收入相等意味着预算赤字导致贸易赤字。
   c. 贸易开放经济倾向于增加乘数效应，因为支出的增加导致了更多的出口。
   d. 如果贸易赤字等于 0，那么对产品的国内需求和对国内产品的需求将相等。
   e. 实际贬值会立刻带来贸易余额的改善。
   f. 一个开放的小经济体通过财政紧缩减小贸易赤字的成本要比一个开放的大型经济体的成本小一些。
   g. 20 世纪 90 年代美国的遭遇说明，实际汇率升值会导致贸易赤字，实际贬值导致贸易盈余。
   h. 实际收入下降会导致进口下降，从而导致贸易盈余。

2. 实际和名义汇率与通货膨胀。

   利用实际汇率的定义（及书末附录 B 的命题 7 和命题 8），你可以得到：

   $$\frac{(\varepsilon_t - \varepsilon_{t-1})}{\varepsilon_{t-1}} = \frac{(E_t - E_{t-1})}{E_{t-1}} + \pi_t - \pi_t^*$$

   换句话说，实际升值的百分比等于名义升值的百分比加上国内外通货膨胀率的差。

   a. 如果国内的通货膨胀率高于国外的通货膨胀率，但本国实行固定汇率制，那么实际汇率随着时间将会发生怎样的变化？假设马歇尔－勒纳条件成立，贸易余额随时间如何变化？用文字解释。
   b. 假设实际汇率当前处于净出口（或者经常账户）等于 0 所要求的水平。在这种情况下，如果国内的通货膨胀率高于国外的通货膨胀率，为了维持贸易余额为零，随着时间必须发生什么？

3. 欧洲衰退和美国经济。
   a. 2014 年，欧盟对美国产品的支出占美国出口的 18%（见表 17-2），美国出口占美国 GDP 的 15%（见表 17-1）。那么，欧盟对美国产品的支出占美国 GDP 的份额是多少？
   b. 假设美国的乘数是 2，且欧洲的衰退导致其产出及从美国的进口降低了 5%（相对于其正常水平）。给定你对 a 题的回答，欧洲衰退对美国 GDP 的影响是什么？
   c. 如果欧洲衰退也导致要从美国进口产品的其他经济体出现经济减缓，那么对美国造成的影响就会更大。为了给这种影响的规模加一个限制，现假设美国的出口在一年内下降 5%（因为外国产出下降）。那么 5% 的出口下降对美国 GDP 的影响是什么？
   d. 对这句话做出评论：除非欧洲在国债及欧元危机后能避免陷入大萧条，否则美国的增长将有一个停滞。

4. 进一步分析表 18-1，表 18-1 有四个项目。用图 18-5 作为指南，分别画出表 18-1 四个项目所阐述的情况。确认你已经理解了为何每个项目中，政府支出和实际汇率的变动方向会不确定。

深入研究

5. 净出口和外国需求。
   a. 假设外国产出有一个增长。指出这对国内经济的影响（复制图 18-4）。对国内产出的影响是什么？对国内净出口的影响是什么？
   b. 如果利率仍保持不变，国内投资将会发生怎样的变化？如果税收是固定的，国内预算赤字将会发生怎样的变化？
   c. 利用式（18-5），私人储蓄肯定会发生什么变化？请解释。
   d. 外国产出并没有出现在式（18-5）中，但是很显然它会对净出口产生影响。解释这种可能性。

6. 消除贸易赤字。
   a. 考虑一个经济体有贸易赤字（$NX<0$）且其产出处于自然产出水平的情况。假设即使产出在短期可以偏离自然产出水平，但中期还是回到自然产出水平。假设自然产出水平不受实际汇率的影响。随着中期要消除贸易赤字（将 NX 增加到 0），实际汇率将会发生怎样的变化？
   b. 现在写出国民收入恒等式。再次假定产出在中期会回归到自然产出水平。如果 NX 增加到 0，在中期国内需求（$G+I+C$）将会发生什么变化？有什么可以使用的政府政策能在中期减少国内需求？确定每一种政策影响国内需求的哪一部分。

7. 乘数效应、开放和财政政策。

   考虑一个开放经济，特征由下列式子给出：
   $$C = c_0 + c_1(Y-T)$$
   $$I = d_0 + d_1 Y$$
   $$IM = m_1 Y$$
   $$X = x_1 Y^*$$

   参数 m_1 和 x_1 是进口和出口倾向，假设实际汇率固定为 1，并且将外国产出 Y^* 视为固定。同样假定税收是固定的，且政府购买是外生的（由政府决定）。我们讨论在关于进口倾向的其他假定下，G 发生变化的效应。
   a. 写出国内产品市场上的均衡条件，并求出 Y。
   b. 假设政府购买增加一单位。产出的效应是多少？（假设 $0 < m_1 < c_1 + d_1 < 1$，并说明原因。）
   c. 当政府购买增加一单位时，净出口如何改变？

   现在考虑两个经济体，一个 $m_1 = 0.5$，另一个 $m_1 = 0.1$。每个经济体都以 $(c_1 + d_1) = 0.6$ 为特征。
   d. 假设一个经济体要比另一个经济体大。你预期哪个经济体有一个较大的 m_1 值？请解释。
   e. 通过替代合适的参数值，计算每一个经济体在 b 题和 c 题的答案。
   f. 哪个经济体的财政政策对产出有一个较大的影响？哪个经济体的财政政策对净出口有一个较大的影响？

8. 政策协调和世界经济。

   考虑一个开放经济，其汇率固定且等于 1。消费、投资和政府支出及税收由下式给定：
   $$C = 10 + 0.8(Y-T), I = 10$$
   $$G = 10, \text{ and } T = 10$$
   进口和出口由下式给出：
   $$IM = 0.3Y, \quad X = 0.3Y^*$$
   在这里，Y^* 表示外国产出。
   a. 给定 Y^*，求出本国经济的均衡产出。这个经济中的乘数效应是多少？如果我们打算封闭经济，从而进口和出口都等于 0，这时乘数效应又是多少？为什么它与一个封闭经济中的乘数有区别？
   b. 假设外国经济与国内经济以同样的等式为特征（调换星号）。利用两组等式解出每个经济体的均衡产出。（提示：利用关于国外经济体的等式解出 Y^* 作为 Y 的函数，然后用这个式子替换掉 a 题中的 Y^*。）现在每个国家的乘数是多少？为什么这与 a 题中开放经济的乘数有所不同？
   c. 假设本国政府 G 有一个目标产出水平——125。假设外国政府不改变 G^*，G 增加多少才能实现本国经济的目标产出？求出每个国家的净出口和预算赤字。
   d. 假设每个政府有一个目标产出水平——125。每个政府等额增加政府支出。G 和 G^* 共同增加多少才能使这两个经济体实现目标产出？求出每个国家的净出口和预算赤字。

e. 为什么诸如 d 题中 G^* 和 G 共同增加这样的财政协调在实践中很难达到？

进一步探究

9. 美国贸易赤字、经常账户赤字和投资。

   a. 将国民储蓄定义为私人储蓄加政府盈余——$S+T-G$。现在利用式（18-5），表示出经常账户赤字、净投资收入以及国民储蓄和国内投资差额之间的关系。

   b. 从 FRED 经济数据库获得从 1980 年到最近年份的名义 GDP（GDP 序列）、总国内投资（GDPIA 序列）、净出口（A019RC1 A027NBEA 序列）。用总国内投资和净出口除以每一年的 GDP，以将它们的值表示为占 GDP 的百分比。哪一年贸易赤字占 GDP 的百分比最大？

   c. 1980 年的贸易盈余大致为 0。考虑三个时期：1981～1990 年、1990～2000 年以及 2000 年到现在。计算每时期中投资占 GDP 的平均百分比和贸易余额占 GDP 的平均百分比。看起来贸易赤字是否被用于为投资筹措资金？

   d. 当没有伴随相应的投资增加时，贸易赤字是不是更令人头痛？解释你的答案。

   e. 前面的问题集中于贸易赤字而非经常账户赤字。净投资收入如何与美国的贸易赤字与经常账户赤字的差额相联系？你可以从联邦储备银行圣路易斯分行的 FRED 数据库中下载 GDP（GDP 序列）和 GNP（GNP 序列）数据。这种差异是对净投资收入的衡量。随着时间的推移，它的值会上升还是下降？这种变化的含义是什么？

补充阅读

- 对经常账户赤字、预算赤字、私人储蓄和投资之间关系的一个很好的讨论，可参见 Barry Bosworth's *Saving and Investment in a Global Economy*（Brookings Institution，1993）。

- 更多关于汇率及贸易余额关系的讨论，可阅读 "Exchange Rates and Trade Flows: Disconnected?" Chapter 3, World Economic Outlook, International Monetary Fund, October 2015。

附录

马歇尔－勒纳条件的推导

从净出口的定义开始：

$$NX = X - IM/\varepsilon$$

假定贸易在开始时是平衡的，所以 $NX=0$，$X=IM/\varepsilon$，或者等价地，$\varepsilon X = IM$。马歇尔－勒纳条件是在实际贬值下的条件，即 U 的下降导致净出口的增加。

为了推导出这个条件，首先在上式的两端同时乘以 ε，得到：

$$\varepsilon NX = \varepsilon X - IM$$

现在考虑实际汇率的一个变化 $\Delta\varepsilon$。实际汇率变化对等式左边的效应由 $(\Delta\varepsilon)NX + \varepsilon(\Delta NX)$ 给出。

注意，如果贸易在开始时是平衡的，即 $NX=0$，则该表达式的第一项等于 0，并且这个变化对左边的影响简单地由 $\varepsilon(\Delta NX)$ 给出。实际汇率改变对等式右边的效应由 $(\Delta\varepsilon)X + \varepsilon(\Delta X) - (\Delta IM)$ 给出。将两边合到一起，可得：

$$\varepsilon(\Delta NX) = (\Delta\varepsilon)X + \varepsilon(\Delta X) - (\Delta IM)$$

两边同除以 ε 得到：

$$[\varepsilon(\Delta NX)]/\varepsilon X = [(\Delta\varepsilon)X]/\varepsilon X + [\varepsilon(\Delta X)]/\varepsilon X - [\Delta IM]/\varepsilon X$$

如果贸易刚开始时是平衡的（$\varepsilon X = IM$），右端最后一项用 IM 替代 εX。利用这个事实并简化得到：

$$(\Delta NX)/X = (\Delta \varepsilon)/\varepsilon + (\Delta X)/X - \Delta IM/IM$$

作为对实际贬值的回应，贸易余额（作为对出口的比率）的变化等于三项的和。

- 第一项为实际汇率的比率变动。如果这里是实际贬值，那么它就是负的。
- 第二项为出口的比率变动。如果这里有实际贬值，那么它就是正的。
- 第三项为负的进口比率变动。如果这里是实际贬值，那么它就是正的。

马歇尔-勒纳条件要求这三项之和为正。如果得到满足，实际贬值就会带来贸易余额的改善。

这里举一个数字例子帮助我们理解。假设1%的贬值使出口相对提高0.9%，进口相对下降0.8%。（关于出口和进口与实际汇率之间关系的计量经济学证据表明，这些数字确实是合理的。）在这种情况下，等式的右边等于 $-1\% + 0.9\% - (-0.8\%) = 0.7\%$。因此，贸易余额得到改善，满足马歇尔-勒纳条件。

第 19 章

产出、利率和汇率

在第 18 章中，汇率被视为一个政府可采纳的政策工具。然而，汇率不是政策工具，正如在第 17 章中所说，它是由外汇市场决定的，外汇市场上存在着大量的交易。这个事实带来了两个明显的问题：一是什么决定了汇率？二是政府如何影响它？

这些问题的讨论引申出本章的内容。为了回答这些问题，我们将重新引入第 18 章中搁置的金融市场。我们将考察产品市场和包括外汇市场在内的金融市场同时达到均衡的含义。这允许我们考察开放经济中产出、利率和汇率联合变化的特征。我们这里建立的模型是把第 5 章中的 *IS-LM* 模型扩展到开放经济中，这一模型就是**蒙代尔－弗莱明模型**（Mundell-Fleming model），模型是根据两位经济学家罗伯特·蒙代尔（Robert Mundell）和马库斯·弗莱明（Marcus Fleming）的名字命名的，他们最早在 20 世纪 60 年代做了这个扩展。（本章讲述的模型保持了其基本思想，但在细节上与最初的蒙代尔－弗莱明模型有所不同。）

19.1 讨论产品市场均衡。
19.2 讨论包括外汇市场在内的金融市场的均衡。
19.3 把两个均衡条件结合起来并讨论产出、利率和汇率的决定。
19.4 讨论浮动汇率制下政策的作用。
19.5 讨论固定汇率制下政策的作用。

19.1 产品市场的均衡

在第18章，产品市场均衡是我们的重点，我们在那里推导出如下的均衡条件 [式 (18-4)]：

$$Y = C(Y-T) + I(Y,r) + G - IM(Y,\varepsilon)/\varepsilon + X(Y^*,\varepsilon)$$
$$\quad\quad\quad (+)\quad\quad (+,-)\quad\quad\quad\quad (+,+)\quad\quad (+,-)$$

产品市场均衡（*IS*）：产出 = 对国内产品的需求。

产品市场处于均衡时，产出（等式的左边）必须等于对国内产品的需求（等式的右边）。对国内产品的需求等于消费 C 加上投资 I，再加上政府购买性支出 G，然后减去进口 IM/ε，加上出口 X。

- 消费与可支配收入 $Y-T$ 正相关。
- 投资 I 与产出 Y 正相关，与实际利率 r 负相关。
- 政府支出 G 是给定的。
- 进口的数量 IM 与产出 Y 和实际汇率 ε 正相关。用国内产品表示的进口产品价值等于进口的数量除以实际汇率。
- 出口 X 与外国产出 Y^* 正相关，并与实际汇率 ε 负相关。

为了方便，将最后两项合并，用"净出口"表示，将其定义为出口价值减去进口价值：

$$NX(Y, Y^*, \varepsilon) = X(Y^*, \varepsilon) - IM(Y, \varepsilon)/\varepsilon$$

在本章全章假设马歇尔－勒纳条件成立。在这个条件下实际汇率的提高，即实际升值，将导致净出口下降（参看第18章）。

如果我们遵从关于进口和出口的假设，即净出口取决于国内产出 Y、外国产出 Y^* 和实际汇率 ε：国内产出增加将增加进口从而减少净出口，外国产出增加将增加出口从而增加净出口，实际汇率的增加导致净出口的减少。

利用这个净出口的定义，我们可以将这个均衡条件改写为：

$$Y = C(Y-T) + I(Y,r) + G + NX(Y, Y^*, \varepsilon) \tag{19-1}$$
$$\quad\quad (+)\quad\quad (+,-)\quad\quad\quad\quad (-,+,-)$$

对于我们的研究目的来说，式 (19-1) 的基本含义是实际利率和实际汇率都影响需求，进而影响均衡产出。

- 实际利率的增加将导致投资支出下降，从而对国内产品的需求下降，并通过乘数作用导致产出下降。
- 实际汇率的提高导致需求转向外国产品，从而导致净出口下降。净出口下降降低了对国内产品的需求，这通过乘数效应又会导致产出的下降。

为了本章后面的内容，我们将从两个方面对式 (19-1) 进行简化。

- 既然我们将焦点放在短期，在早先对 *IS-LM* 模型的处理中，假定了（国内）价格水平是既定的。现在做同样的假定，并将这个假定扩展到国外的价格水平，这样实际汇率 $\varepsilon = EP/P^*$ 和名义汇率 E 就将同步变动。名义汇率的下降，即名义贬值将导致实际汇率一对一地下降，也就是实际贬值。相反地，名义汇率的上升，即名义升值将导致实际汇率一对一地上升，也就是实际升值。如果为了表述方便而选择

第一个简化：$P = P^* = 1$，所以 $\varepsilon = E$。

> 第二个简化：$\pi^e = 0$，所以 $r = i$。
>
> 现在你已经意识到，理解不同宏观经济机制的方法是朝一个方向修正基础模型，并且在其他方向上简化它（这里即考虑开放经济，但忽视风险）。保留所有修正可以构建一个丰富的模型（这正是宏观经济模型所做的），但同时会造就一本糟糕的教科书。事情会变得太过复杂。
>
> 记住，我们已经假设人们不愿意持有本币或外币本身。

用 P 和 P^* 表示，这样 $P/P^* = 1$（我们之所以能这么做是因为这两者本身就是指数），从而 $\varepsilon = E$，我们可以用 E 替换式 (19-1) 中的 ε。

- 因为假定国内价格水平是给定的，因此就不存在实际通货膨胀和预期通货膨胀。所以名义利率和实际利率就是相同的，我们可以把式 (19-1) 中的实际利率 r 替换成名义利率 i。

在这两个简化下，式 (19-1) 就变成了：

$$Y = C(Y-T) + I(Y,i) + G + NX(Y,Y^*,E) \qquad (19\text{-}2)$$
$$ (+) (+,-) (-,+,-)$$

换句话说：产品市场的均衡表明均衡产出与名义利率和名义汇率负相关。

19.2 金融市场的均衡

在我们讨论 IS-LM 模型中的金融市场的时候，假定人们只能从两种金融资产，即货币和债券之间进行选择。现在考察金融开放的经济，必须将人们可以在国内债券和国外债券之间进行选择的事实一并考虑进来。

国内债券和国外债券

当考察在国内债券和国外债券之间进行选择的时候，我们应该基于第 17 章中所引入的假定，即无论是国内还是国外的金融投资者都追求最高的预期回报率，无视风险差异。这就意味着，在均衡状态下国内债券和国外债券必须有同样的预期回报率，否则投资者就会只愿意购买其中的一种债券而不是两种都有人买，这就不会达到均衡。（像大多数经济关系一样，这个关系只是对现实的一个近似，因而并不总是成立。对于这个更多的讨论参见本节中的问题聚焦"急停、强势美元和利率平价条件的局限"。）

如同我们在第 17 章中看到的那样[式 (17-2)]，这个假定意味着下列套利关系，即利率平价条件一定会成立：

$$(1 + i_t) = (1 + i_t^*)\left(\frac{E_t}{E_{t+1}^e}\right) \qquad (19\text{-}3)$$

这里的 i_t 是国内利率，i_t^* 是国外利率，E_t 是即期汇率，E_{t+1}^e 是预期的远期汇率。等式的左边给出了持有本币表示的国内债券的收益，等式的右边给出了本币表示的持有外国债券所获得的预期收益。在均衡状态下，这两个预期收益率必须相等。

将等式两边同时乘以 E_{t+1}^e，重新整理可得：

$$E_t = \frac{1 + i_t}{1 + i_t^*} E_{t+1}^e \qquad (19\text{-}4)$$

> E_t 的出现源自一个事实：为了购买外国债券，你必须首先将本币转换成外币。E_{t+1}^e 的出现源自另一个事实：为了在下一期收回资金，你将不得不将外币换成本币。

当前，我们应该假设预期的远期汇率是给定的，并将其标注为 $\bar{E}^e$（我们将在第 20 章放松这个假定）。在这个假设下，去掉关于时间的下标，利率平价条件将变成：

$$E = \frac{1+i}{1+i^*} \bar{E}^e \qquad (19\text{-}5)$$

这个关系告诉我们现行汇率取决于国内利率、国外利率和预期的远期汇率：

- 国内利率的升高导致汇率升高。
- 国外利率的升高导致汇率下降。
- 预期远期汇率的升高将导致现行汇率升高。

这个关系在现实世界中发挥着重要的作用，也在本章讨论的内容中担当重要的角色。为了更深入地讨论这个关系，考虑下面这个例子。

假设金融投资者，简称投资者，在美国债券和日本债券中做选择。假设美国债券的年利率是2%，日本债券的年利率也是2%。假设即期的汇率是100（1美元值100日元），并且一年后的预期汇率也是100。在这些假定下，美国债券和日本债券都有相同的用美元表示的预期回报率，并且利率平价条件是成立的。

现在假设投资者预期汇率将在一年后升高10%，所以预期远期汇率 $\bar{E}^e$ 等于110。在即期汇率不改变的情况下，美国债券要比日本债券更有吸引力：美国债券用美元报价的利率是2%，日本债券用日元报价的利率仍然是2%，但是日元一年后将预期相对于美元贬值10%。用美元表示的日本债券的回报率就变成了2%（利率）－10%（日元相对于美元的预期贬值率），即－8%。

所以现行汇率将会发生什么变化？由于初始的汇率为100，投资者想将日本债券转为美国债券。为了达到这一点，他们必须首先卖掉日本债券换成日元，然后将日元卖掉换成美元，最后用美元购买美国债券。但投资者出售日元购买美元的时候，美元相对于日元就升值了。升值多少呢？式（19-5）给我们答案：$E = (1.02/1.02) \times 110 = 110$。现行汇率同预期远期汇率必然等幅度增加。换句话说，美元现在必须升值10%。当美元升值10%后，$E = \bar{E}^e = 110$，美国债券和日本债券的预期收益率再次相等，外汇市场又达到了均衡。

换个假设，假设美联储将国内利率从2%提高到了5%，日本利率仍然维持在2%的水平不变，且假设预期远期汇率也维持不变，还是100。在现行汇率不变的情况下，美国债券又将比日本债券更有吸引力。美国债券用美元表示的回报率是5%，日本债券用日元表示的回报率为2%——因为预期一年后的汇率和当前相同，也就相当于用美元表示的回报率是5%。

那现行汇率将会发生什么变化呢？在初始汇率为100的情况下，投资者想将持有的日本债券换成美国债券。如果他们这么做，就需要卖出日元购买美元，这样美元将会升值。将会升值多少呢？式（19-5）给出了答案：$E = (1.05/1.02) \times 100 \approx 103$。即期汇率大约会上升3%。

为什么是3%？考虑一下美元升值后将会发生什么。如果像我们假定的那样，投资者不会改变他们对未来汇率的预期，那么现在美元升值得越多，投资者预期美元就将在未来贬值得越多（因为预期未来美元会回到原来的值）。当美元现在升值3%，投资者预期美元将在一年后贬值3%。等价地，投资者预期日元相对于美元将在一年后升值3%。因此持有日本债券用美元表示的回报率就是2%（日元利率）+3%（预期的日元升值率），即5%。这个预期回报率就等于持有美元债券的回报率，所以外汇市场又回到了均衡水平。

> 保证你理解了这个论点。为什么美元升值不是例如20%呢？

注意我们的结论在很大程度上依赖于我们的假设，即假设当利率发生改变时，预期汇率仍保持不变。这就意味着今天的升值将会导致在未来预期贬值，因为预期汇率最终会回归到初始值。我们将在第20章放松未来预期汇率固定的假设。但是这个基本结论仍是成立的：国内利率相对于国外利率的上升将导致本币升值。

图19-1描绘了式（19-5）所包括的国内利率 i 和汇率 E 之间的关系，即利率平价关系。这个关系在给定预期远期汇率 $\bar{E}^e$ 和外国利率 i^* 的条件下得到，在图中以向上倾斜的线表示。国内利率越高，汇率越高。式（19-5）也表明当国内利率等于国外利率的时候（$i = i^*$），即期汇率等于预期远期汇率（$E = \bar{E}^e$）。这意味着对应利率平价条件的线会穿过图中的 A 点（当 $i = i^*$）。

如果 i^* 增加了曲线将会怎样变化？如果 $\bar{E}^e$ 增加，曲线将会怎样变化？

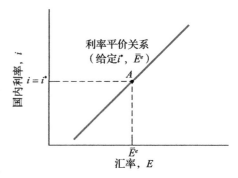

图 19-1　利率平价关系所包含的利率和汇率之间的关系

注：较高的国内利率导致更高的汇率——本币升值。

问题聚焦　　急停、强势美元和利率平价条件的局限

利率平价条件假设金融投资仅仅关注预期回报率。就像第14章中所讨论的那样，投资者不仅关心预期收益，也会考虑风险和流动性。大多数时候，我们可以忽略其他因素。但是，有些时候这两个因素在投资者决策和决定汇率变动中担当很重要的角色。

正如图1中所示，自从危机爆发，由流入新兴市场国家的股权资本（外国投资者购买新兴市场公司的股权）衡量的资金流的波动就一直都很大。许多发展中国家对于波动的资金流这个问题都很了解，它通常反映了投资者对风险认知的改变，而不是相对利率的改变。

风险认知在养老基金等外国投资者决定是否投资于本国的决策中扮演着重要角色。有时，风险提升的认知使投资者想要售出他们在该国持有的所有资产，而无论利率是多少。这种情况在过去已经影响了很多拉丁美洲和亚洲的新兴市场国家，通常被称为**急停**（sudden stops）。在这期间，即使国内或者国外的利率并没有任何

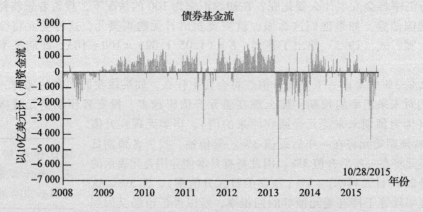

图1　2008年6月以来流向发展中国家的股权资金流

资料来源：International Monetary Fund.

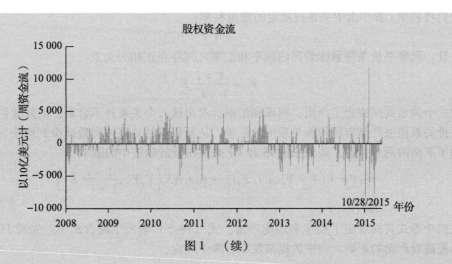

图1 （续）

变化，利率平价条件也不成立，且汇率可能下滑得厉害。

的确，危机的爆发伴随着巨额的资金流动，这种流动与期望收益率无关。出于对不确定性的担忧，许多发达国家的投资者决定将资金收回本国，他们认为本国更安全。结果巨额资金从大量新兴国家流出，从而导致了很强的汇率下行压力以及一些严重的金融问题。比如，有些依赖于外国投资者的本国银行发现自身陷入了资金短缺的境况，这迫使它们不得不削减对国内企业和家庭的贷款。这是经济危机从美国转移到世界上其他地区的一条重要渠道。

有些发达国家则上演了一种对称的现象。当不确定性较高时，有些国家会由于自身特征而被投资者特别青睐。这正是美国所发生的情况。即便是在正常时期，美国短期国库券也有大量的国外需求。其原因主要在于美国短期国库券市场的规模和流动性。人们可以在价格变化不大的情况下快速买卖大量国库券。回到第17章我们看到的长期存在的美国贸易赤字，美国为何能维持这样一个贸易赤字，并且长期从世界上其他国家借款的原因之一，就是美国短期国库券存在大量的国外需求。

在经济危机时期，对美国短期国库券的偏好变得特别强。投资者普遍将美国视为**安全港**（safe haven），即可以安全投资的国家。其结果是，不确定性高的时期通常伴随着对美国资产的强烈需求，从而美元面临上行压力。有趣的是，最近危机的爆发伴随着强劲的美元升值。考虑到危机源于美国，这个结果颇具讽刺意味。事实上，有些经济学家很怀疑美国还能被视为安全港多久。如果这种情况发生了变化，美元将会贬值。

进一步阅读：在2008~2009年，受到大量资金流出影响的国家中也有一小部分发达国家，尤其是爱尔兰和冰岛。这些国家中部分已经形成了和美国一样的金融脆弱性（我们已在第6章中学过），部分受到重创。一个通俗易懂的阅读材料是 Boomerang 上迈克尔·刘易斯（Michael Lewis）的 Boomerang Travels in a New Third World（Norton Books, 2011）一书中关于爱尔兰和冰岛的章节。

19.3 产品市场和金融市场的结合

我们已经了解所有产出、利率和汇率的变动因素的基础性内容。

产品市场均衡意味着产出依赖于利率、汇率和其他的一些因素：

$$Y = C(Y - T) + I(Y, i) + G + NX(Y, Y^*, E)$$

我们将利率 i 看作由中央银行规定的政策利率：
$$i = \bar{i}$$
并且，利率平价条件意味着国内利率和汇率之间存在正相关关系：
$$E = \frac{1+i}{1+i^*}\bar{E}^e$$

这三个关系共同决定了产出、利率和汇率。求出这三个关系并不容易，但是我们可以利用利率平价关系消去产品市场均衡关系中的汇率，从而很容易地将方程数减少到两个。这样，我们得到了下面的两个方程，即原来的 IS 和 LM 关系在开放经济中的版本：

$$IS: Y = C(Y-T) + I(Y,i) + G + NX\left(Y, Y^*, \frac{1+i}{1+i^*}\bar{E}^e\right)$$

$$LM: i = \bar{i}$$

这两个等式共同决定了利率和均衡产出。式（19-5）给出了隐含汇率。先看 IS 关系，考虑利率提高对产出的影响。利率的提高现在有两个效应。

- 第一个效应同封闭经济已经显示出的一样，即对投资的直接影响，利率提高导致投资下降，从而导致对国内产品的需求减少，进而产出下降。
- 第二个效应只有在开放中经济才显现出来，即通过汇率的效应：国内利率的提高使汇率升高，本币升值。本币升值使本国产品相对于外国产品来说变得昂贵，这导致净出口减少，进而对国内产品的需求减少，产出下降。

这两个效应是同方向起作用的：利率的增加直接使需求下降，也间接通过本币升值的负面效应使需求减少。

> 利率的上升将会直接和间接地（通过汇率）使产出下降。

利率和产出之间的 IS 关系如图 19-2a 所示，图中所有其他变量的值是给定的，即 T、G、Y^*、i^* 和 $\bar{E}^e$ 是给定的。IS 曲线是向下倾斜的，即利率的提高将导致更低的产出。这个曲线在开放经济中看起来跟封闭经济中是非常相似的，但是其中隐藏了一个比以前更加复杂的关系：利率不仅仅直接影响产出，而且通过汇率对产出产生间接影响。

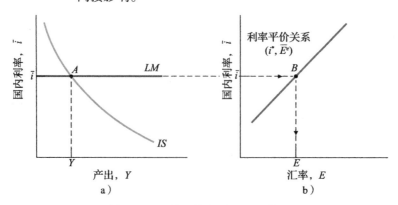

图 19-2 开放经济中的 IS-LM 模型

注：利率的升高直接和间接地（通过汇率）使产出下降：IS 曲线向下倾斜，给定实际货币存量，收入的提高使利率提高；LM 曲线是水平的，和在第 6 章中一样。

开放经济中的 LM 关系和封闭经济中完全一样。它是一条位于中央银行设定的利率水平 $\bar{i}$ 处的水平线。

产品市场和金融市场在图 19-2a 中的 A 点达到均衡，均衡产出对应为 Y，均衡利率为 i。均衡的汇率值无法从图中直接得到，但是它可以很容易地从图 19-2b 中得到，图 19-2b 是图 19-1 的翻版。它在 B 点给出了当利率、外国利率 i^* 和期望汇率既定时，对应的汇率值。与均衡利率 $\bar{i}$ 相对应的汇率等于 E。

我们总结一下：我们已经推导出了开放经济条件下的 IS 和 LM 关系。

- IS 曲线向下倾斜：利率的提高直接和间接地（通过汇率）导致需求减少和产出下降。
- LM 曲线是一条位于中央银行给定的利率处的水平线。

均衡产出和均衡利率由 IS 曲线和 LM 曲线的交点决定。给定国外利率和预期远期汇率，则均衡利率决定了均衡汇率。

19.4 开放经济中的政策效应

我们得到了开放经济中的 IS-LM 模型，现在可以利用模型来讨论一下政策效应。

开放经济中的货币政策效应

让我们从中央银行决定提高国内利率开始。如图 19-3a 所示，在给定的产出水平，利率提高，LM 曲线上移到了 LM'。IS 曲线没有移动（记住，只有当 G、T、Y^* 或 i^* 改变时，IS 曲线才会移动）。均衡点从 A 点移动到 A'点。在图 19-3b 中，利率提高导致本币升值。

▶ 货币紧缩使 LM 曲线上移。但它既不移动 IS 曲线，也不移动利率平价曲线。

所以，在开放经济中，货币政策通过两个渠道发挥作用：第一，和在封闭经济中一样，它通过利率对支出的影响发挥作用；第二，它通过利率对汇率以及汇率对进出口的影响发挥作用。这两个效应的作用方向相同。在货币紧缩的情况下，利率提高和本币升值都会导致需求和产出下降。

▶ 你能说出净出口发生了什么吗？

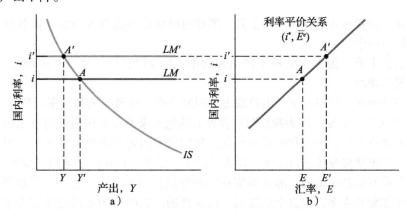

图 19-3 利率提高的效应

注：利率提高导致产出下降、本币升值。

开放经济中的财政效应

我们再来看一下政府支出的变化。假设开始的预算是平衡的，政府决定在不增加税收的条件下增加国防支出，因此出现了预算赤字。那么产出水平及其构成会发生什么变化？利率和汇率又将发生什么变化？

我们首先假设在政府支出增加之前，产出水平 Y 是水平的。如果 G 的增加推动产出水平向潜在产出移动，但是不超过潜在产出，那么中央银行无须担心通货膨胀加剧（记住我们在第 9 章中的讨论，特别是图 9-3），因此会保持利率不变。图 19-4 中描绘了经济将会发生什么变化。

> 政府支出的增加将使 IS 曲线向右移动。这并不会使 LM 曲线或者利率平价曲线发生偏移。

经济初始均衡位于 A 点。政府支出增加的幅度设为 $\Delta G>0$，在每一个给定的利率下产出增加了，即 IS 曲线向右偏移了，也就是在图 19-4a 中从 IS 移向 IS'。由于中央银行没有改变政策利率，因此 LM 曲线并没有移动。新的均衡点在 A' 点，对应一个更高的产出水平和 Y'。在图 19-4b 中，因为利率不变，汇率也保持不变。所以当中央银行保持利率不变时，政府支出的增加会导致产出增加而汇率不变。

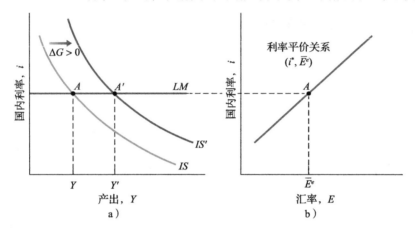

图 19-4　利率不变时政府支出增加的效应

注：政府支出增加导致产出增加。如果中央银行保持利率不变，那么汇率也会保持不变。

我们能说明需求的各个组成部分会发生什么变化吗？

- 很明显，消费和政府支出双双上升。消费的增加是因为收入增加，而政府支出增加是我们假设给定的。
- 投资也会上升，因为它依赖于产出和利率：$I=I(Y, i)$。这里产出增加，利率不变，所以投资增加。
- 净出口如何呢？回想一下，出口取决于国内产出、外国产出和汇率：$NX=NX(Y, Y^*, E)$。外国产出不变，因为我们假设世界上其他国家不会对国内政府支出的增加做出回应。汇率也不变，因为利率没有变化。我们只看国内产出增加的效应：因为当汇率不变时，产出增加导致进口增加，净出口减少。结果，预算赤字导致了贸易平衡的恶化。如果贸易开始是平衡的，那么预算赤字将导致贸易赤字。注意，尽管预算赤字的增加将会增加贸易赤字，但这个效应远非机械性的。它的作用是通过预算赤字对产出的影响，进而相应地对贸易赤字产生影响来实现的。

现在，假设政府支出 G 的增加发生在一个产出等于潜在产出 Y_n 的经济体中。即便经济已经达到了潜在产出水平，政府也可能决定要增加政府支出，例如它需要为某些特殊事件支付，比如发生大洪水，或者想要延迟增税（关于这个问题的更多讨论可参见第 22 章）。在这种情况下，政府担心政府支出 G 的增加可能会因为促使经济超过潜在产出水平，而推高通货膨胀水平。为此，它会通过提高利率来做出应对。图19-5描绘了将会发生什么。在不变的利率水平上，产出会从 Y_n 增加到 Y'，汇率不变。但是如果中央银行在增加政府支出的同时辅以利率的提高，产出的增加将会减少，从 Y_n 增加到 Y''，汇率将会从 E 提高到 E''。

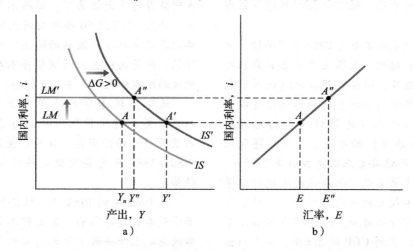

图19-5　当中央银行通过提高利率来应对时，政府支出增加的效应

注：政府支出的增加导致产出增加。如果中央银行通过提高利率来应对，那么汇率会升值。

此外，我们能说明需求的各个组成部分会发生什么变化吗？

和之前一样，消费和政府支出双双上升。消费的增加是因为收入的增加，而政府支出增加是我们假设给定的。

投资将会发生什么变化现在并不清楚。投资取决于产出和利率：$I = I(Y, i)$。这里产出增加，但利率也增加。净出口下降主要有两个原因：产出增加提高了进口，汇率升值提高了进口同时降低了出口，预算赤字导致贸易赤字。（但是，贸易赤字是否大于政策利率保持不变时的情况还不清楚。汇率升值使情况恶化，但是利率提高导致产出增幅变小，因此进口的增幅也变小。）

开放经济条件下的 IS-LM 模型由我们在本章开头提到过的两位经济学家在20世纪60年代一起首先提出，这两位经济学家分别是哥伦比亚大学的罗伯特·蒙代尔和国际货币基金组织的马库斯·弗莱明——尽管他们的模型反映了20世纪60年代的经济，但当时中央银行设定货币供给 M，而不是像今天一样设定利率（记住我们在第6章中的讨论）。蒙代尔-弗莱明模型在多大程度上与实际相符合呢？答案是通常情况下契合得很好。这也是为什么这个模型到现在我们还在经常使用。和所有简单的模型一样，它通常需要被扩展。例如，应该将风险在影响组合决策时的作用、零利率下限的含义这两个危机的重要方面考虑进模型中。但是，我们在图19-3~图19-5中进行的简单练习，是整理思路的良好起点。（可以参看问题聚焦"货币紧缩和财政扩张：20世纪80年代早期的美国"，蒙代尔-弗莱明模型及其预测获得了辉煌的成就。）

罗伯特·蒙代尔被授予1999年度的诺贝尔经济学奖。

问题聚焦　货币紧缩和财政扩张：20世纪80年代早期的美国

20世纪80年代早期，美国经历了急剧变化的货币政策和财政政策。

20世纪70年代后期，美联储主席保罗·沃尔克认为美国的通货膨胀过高，必须降下来。从1979年年末开始，沃尔克采用了激烈的货币紧缩政策，他认识到这会导致短期的衰退，但是中长期的通货膨胀会降低。

财政政策的变动是1980年罗纳德·里根的当选引起的。里根因为承诺会采取更加保守的政策，即会大规模地减税并限制政府在经济活动中所发挥的影响才得以赢得大选。这个承诺是1981年8月通过的《经济复兴法案》的源泉。个人所得税从1981年到1983年分三次总共削减了23%。公司税也有所降低。但是这些减税行动并没有伴随着相应的政府支出减少，结果就是预算赤字持续增加。到1983年预算赤字达到顶峰，占到GDP的5.6%。表1列出了1980~1984年政府支出和收入的数量。

里根政府减税却不相应地减少支出的动因是什么呢？这一点直到今天还在争论中，但是其中的两个原因是大家都接受的。

一个原因来自一群处于边缘但非常有影响力的被称为**供给学派**（supply siders）的经济学家的理念。该派经济学家认为减税会使人们和公司更加努力地工作，会带来更高的生产率，这样经济活动的增加会带来税收的增加而不是当初的减少。不论当时这个论点的优点是多么有吸引力，它已被证明是错的：即使一些人在减税后的确工作更努力，生产率也有所提高，但税收还是减少了，财政赤字则增加了。

另一个原因可能更有讽刺意义。它的逻辑是通过减税进而增加赤字，从而迫使政府减少开支，或者至少不至于进一步增加支出——"饿死巨兽"的策略。这个动机后来被证明在一定程度上是对的。国会发现其身处巨大压力下，因而不再增加支出，并且20世纪80年代财政支出的增长率比在不采取这一策略的情况下确实有所降低。但是这种支出的调整并不足以抵消税收的削减和避免赤字迅速提高。

无论出现赤字的原因究竟是什么，利率提高和财政扩张的效应与蒙代尔-弗莱明模型的预测是一致的。表2说明了1980~1984年主要宏观经济变量的变化趋势。

从1980年到1982年，经济的发展主要受利率提高的影响。名义利率和实际利率的急剧上升导致了美元的大幅升值和经济衰退。降低通货膨胀率的目标在1982年达到了，通货膨胀率从1980年的12.5%下降到当时约为4%。产出降低和美元升值对贸易平衡起着反向作用（产出降低导致进口减少，从而改善贸易平衡；美元升值则导致贸易平衡恶化），结果在1982年之前贸易赤字没有什么变化。

从1982年开始，经济的变化主要受财政扩张政策的影响。正如模型预测的那样，所产生的影响包括产出的强劲增长、利率的攀高以及美元的进一步升值。高产出增长和美元升值使贸易赤字在1984年时达到了GDP的2.7%。到了80年代中期，主要的宏观经济问题就已经变成了**双赤字**（twin deficits）问题，即预算赤字和贸易赤字。双赤字始终是20世纪80年代和90年代初的宏观经济中心问题之一。

表1 1980~1984年美国大规模预算赤字的出现

	1980年	1981年	1982年	1983年	1984年
支出	22.0	22.8	24.0	25.0	23.7
收入	20.2	20.8	20.5	19.4	19.2
个人所得税	9.4	9.6	9.9	8.8	8.2
公司所得税	2.6	2.3	1.6	1.6	2.0
预算盈余（负号表示赤字）	-1.8	-2.0	-3.5	-5.6	-4.5

注：数据按财政年度计算，财政年度从前一年度的10月开始。所有数字均以GDP的百分比表示。
资料来源：Historical Tables, Office of Management and Budget.

表2　1980~1984年美国的主要宏观经济变量

	1980年	1981年	1982年	1983年	1984年
GDP增长率（%）	-0.5	1.8	-2.2	3.9	6.2
失业率（%）	7.1	7.6	9.7	9.6	7.5
通货膨胀率（CPI, %）	12.5	8.9	3.8	3.8	3.9
名义利率（%）	11.5	14.0	10.6	8.6	9.6
实际利率（%）	2.5	4.9	6.0	5.1	5.9
实际汇率	85	101	111	117	129
贸易盈余（负号表示赤字，占GDP的百分比）	-0.5	-0.4	-0.6	-1.5	-2.7

注：通货膨胀率：CPI的变化率。名义利率指三个月国库券利率。实际利率等于名义利率减去由私有预测公司DRI预测的预期通货膨胀率。实际汇率是贸易加权的实际汇率，已经标准化，以1973年为100。负的贸易盈余表示贸易赤字。

19.5　固定汇率制

到现在为止，我们一直都假定中央银行选择利率，而让汇率以外汇市场均衡所隐含的任意方式来自由调整。在很多国家，这个假定并没有反映事实情况，中央银行有或明或暗的汇率目标，并且会运用货币政策来达到这些目标。目标有时候是隐性的，有时候是显性的，有时候是一个特定的值，有时候是一个区间或者一个范围。这些汇率安排（或者被称为汇率体制）有很多名字，我们先来看一看这些名字的含义。

钉住、爬行钉住、带状范围、欧洲货币体系和欧元

在一个极端上，国家实行完全浮动的汇率制度，比如美国、英国、日本和加拿大，这些国家没有明确的汇率目标。尽管它们的中央银行并没有忽视汇率的变动，但是它们表现出很大意愿来让本国的汇率在相当程度上自由地波动。

另一个极端是实行固定汇率制度的国家。这些国家将汇率与一些外国货币保持固定的比率。有一些国家采用本币**钉住**（peg）美元。例如从1991年到2001年，阿根廷将其货币比索以一个高度象征性的1美元兑换1比索的汇率钉住美元（在第20章中有更详细的讨论），其他一些国家采用将其货币钉住法国法郎的政策（这些国家大多是非洲的法国前殖民地），后来法国法郎被欧元取代，现在这些国家又选择钉住欧元。也有一些国家将其货币钉住一篮子外国货币，权重反映出它们的贸易构成。

"固定"这个说法有一点误导，它并不是说实行固定汇率国家的汇率从来不变动，而是变动很少。一个极端的例子是那些钉住法国法郎的非洲国家。这些国家的汇率在1994年1月进行了重新调整，这居然是45年来的第一次调整！因为这些变化很少发生，所以经济学家用特定的词汇把它们和浮动汇率下每天都发生的变化区分开来。把固定汇率制度下汇率的下降叫作人为贬值或低估而不是市场贬值，把固定汇率制度下汇率的升高叫作人为高估或高估而不是市场升值。

这些术语在第17章中第一次引入。

在这两类极端的国家之间是对汇率目标做出不同程度承诺的国家。例如一些国家执行**爬行钉住**（crawling peg）汇率制度。这个名字很好地描述了它的特征：这些国家的通货膨胀率通常

> 回顾一下实际汇率的定义 $\varepsilon = EP/P^*$。如果国内通货膨胀率比国外通货膨胀率要高，那么 P 比 P^* 增加得快。如果 E 是固定的，EP/P^* 会稳定地增加。等价于存在了稳定的实际升值。本国产品相对于外国产品稳定地变得更贵。

> 我们将在第 20 章将讨论 1992 年的危机。

> 你可以想象多国采用共同货币作为固定汇率的极端形式，它们的"汇率"在任何一对国家间都是一对一固定的。

要超过美国的通货膨胀率。如果它们将本国的名义汇率钉住美元，那么因为它们的国内价格水平的增长要快于美国，因而会导致持续的实际升值，从而使它们的产品很快就失去竞争力。为了避免这种影响，这些国家选择了一个事先确定的对美元的贬值率。它们选择相对于美元"爬行"（缓慢地移动）。

另外一种汇率安排是一些国家集团将其彼此之间的双边汇率（每一对国家之间的汇率）保持在一定范围内。也许其中最显著的例子是**欧洲货币体系**（European Monetary System，EMS），该体系决定了 1978～1998 年欧盟内部汇率的变动。在 EMS 规则下，成员国同意其对该体系内其他国家的汇率维持在一个很小的范围之内，即围绕一个给定**中间平价**（central parity）的**带状范围**（bands）。中间平价的变动以及特定货币的贬值和升值也会发生，但是必须得到其他成员国的普遍同意。1992 年的一次重大危机导致几个国家一起脱离了欧洲货币体系后，汇率调整就越来越少见了，这使一些国家更进一步干脆启用一个共同的货币——欧元。从本币向欧元的转换始于 1999 年 1 月 1 日并在 2002 年年初最终完成，在第 20 章中我们将回到转向欧元的意义。

我们将在下一章讨论不同的汇率体制的正反两个方面。但是，首先我们必须理解，钉住汇率是如何影响货币政策和财政政策的。这就是本节余下部分要介绍的内容。

固定汇率制下的货币政策

假设一个国家决定把汇率钉在一个选定的值，记为 $\bar{E}$。如何实际上实现这一点呢？政府不能仅仅宣布这个汇率值然后就不采取别的什么行动。相反，政府必须采取措施使选定的汇率能够在外汇市场上被广泛接受。我们来看一下钉住的含义和机制。

> 这些结果在很大程度上依赖于利率平价条件，而这个条件相应地又依赖于完全资本流动的假设，即金融投资者追求最高的预期回报率。固定汇率伴随着不完全的资本流动性的情况将在本章的附录部分进行讨论，这种情形大多出现在拉丁美洲和亚洲的中等收入国家。

不管是钉住还是不钉住，汇率和名义利率都必须满足利率平价条件：

$$(1 + i_t) = (1 + i_t^*) \left(\frac{E_t}{E_{t+1}^e} \right)$$

现在假设一个国家把汇率钉在一个选定的值 $\bar{E}$，所以即期汇率为 $E_t = \bar{E}$。如果金融市场和外汇市场均相信汇率将保持在钉住值，那么预期远期汇率 E_{t+1}^e 也等于 $\bar{E}$，利率平价条件变成了：

$$(1 + i_t) = (1 + i_t^*) \Rightarrow i_t = i_t^*$$

换句话说，如果金融投资者预期汇率将保持不变，那么他们将要求这两个国家有相等的名义利率。在固定汇率和完全资本流动的条件下，国内利率必须等于国外利率。

我们来总结一下：在固定汇率制下，中央银行将放弃货币政策这一政策工具。固定汇率制下国内利率必须等于国外利率。

固定汇率制下的财政政策

如果货币政策在固定汇率制下不再使用了，那么财政政策呢？

当中央银行钉住汇率时，政府支出增加的效应和我们在图 19-4 中见到的完全浮动汇率制度下的情况一样。这是因为，如果支出增加没有伴随利率变动，那么汇率就不会变动。所以当政府支出增加时，无论该国是否钉住汇率，结果都没有区别。固定汇率制和完全浮动汇率制的区别在于中央银行的应对能力。我们在图 19-5 中看到，如果政府支出增加推动经济超出了潜在产出，从而提高了通货膨胀加剧的可能性，中央银行可以通过提高利率来应对。但是，在固定利率制度下，这一策略不再可行，因为利率必须等于国外利率。

问题聚焦　　德国的统一、利率与 EMS

在欧洲货币体系（EMS）这样的固定汇率制度下——一个在欧元诞生前盛行的体系，没有哪个国家能在其他国家不改变利率的情况下改变自己的利率。那么，现实中利率是怎样变动的呢？有两种可能的方案。一个方案是所有成员国协调一致地改变它们的利率。另外一个方案就是其中的一个国家主导，其他国家追随，这实际上正是 EMS 的情况，而其主导者便是德国。

在整个 20 世纪 80 年代，欧洲大多数国家的中央银行都有相似的目标，并且很乐意让德意志银行（德国的中央银行）担当领导。但是到 1990 年，德国的统一使德意志银行和其他 EMS 国家中央银行的目标产生了巨大的分歧。因为向东德人民和企业进行转移支付而出现的巨额赤字，加上投资高涨，导致德国的需求出现大幅增长。德意志银行因为担心这种转变会使经济增长过于强劲，因而决定采用紧缩的货币政策。结果是德国经济增长强劲，并且伴随着利率的大幅度提高。

这对于德国来说可能是恰当的政策组合，但是这样的政策组合对于其他欧洲国家而言并没有多大的吸引力。这些国家并没有经历同样的需求增加，但是为了留在 EMS，它们不得不配合德国的利率政策。综合的结果就是其他国家的需求和产出急剧下降。结果如表 1 所示，该表给出了德国和其他两个 EMS 伙伴国——法国和比利时，从 1990 年到 1992 年各自的名义利率、实际利率、通货膨胀率和 GDP 增长率。

首先注意德国高名义利率是如何得到了法国和比利时配合的。事实上，在这整整三年中，法国的名义利率实际上比德国高。这是因为法国需要比德国更高的利率

表 1　利率和产出增长：德国、法国和比利时（1990~1992 年）

	名义利率（%）			通货膨胀率（%）		
	1990 年	1991 年	1992 年	1990 年	1991 年	1992 年
德国	8.5	9.2	9.5	2.7	3.7	4.7
法国	10.3	9.6	10.3	2.9	3.0	2.4
比利时	9.6	9.4	9.4	2.9	2.7	2.4

	实际利率（%）			GDP 增长率（%）		
	1990 年	1991 年	1992 年	1990 年	1991 年	1992 年
德国	5.8	5.5	4.8	5.7	4.5	2.1
法国	7.4	6.6	7.9	2.5	0.7	1.4
比利时	6.7	6.7	7.0	3.3	2.1	0.8

注：名义利率指短期名义利率。实际利率是一年后实现的实际利率——名义利率减去一年后实际的通货膨胀率。所有比率均是年率。

资料来源：OECD Economic Outlook.

才能维持马克对法郎的平价。原因在于金融市场并不确信法国能够维持马克对法郎的平价。投资者由于担心法郎可能会贬值,因而对法国债券要求一个比德国债券更高的利率。

虽然法国和比利时必须配合德国的名义利率——或者恰如我们所看到的那样,甚至还要比德国的名义利率高一点,但是这两个国家的通货膨胀要比德国小。结果就是法国和比利时有远高于德国的实际利率:1990~1992年两国的平均实际利率接近7%。这两个国家在这一时期也都是以增长缓慢和失业率升高为代价的。法国的失业率从1990年的8.9%提高到1992年的10.4%。比利时相应的是8.7%和12.1%。

同样的情形也发生在其他EMS国家。到了1992年,欧盟的平均失业率从1990年的8.7%上升到10.3%。高实际利率对支出的效应并不是这次经济衰退的唯一源泉,却是这次经济衰退的主要原因。

到了1992年,越来越多的国家开始考虑是要保持它们的EMS平价,还是要放弃它而降低它们自己的利率。因为担心贬值的风险,金融市场的投资者在那些他们认为贬值非常可能发生的国家要求更高的利率。结果就是出现了两次大的汇率危机,一次发生在1992年秋天,另一次发生在1993年夏天。这两次危机结束后,意大利和英国这两个国家脱离了EMS。我们将在第20章研究这两次危机的起因和意义。

在本章即将结束的时候,你的脑中应该已经开始形成一个问题:为什么一个国家会选择将汇率固定下来?你会有很多理由认为这似乎是一个坏主意。

- 通过把汇率固定下来,一个国家就放弃了一个纠正贸易不平衡或者改变经济活动水平的有力工具。
- 通过承诺一个特定的汇率,也使国家放弃了对利率的控制。不仅如此,该国还必须冒着对自身经济活动产生不利影响的风险调整其经济活动以适应国外利率。这就是20世纪90年代早期欧洲出现的状况。因为东西德国的统一带来了需求的增加,德国感觉到必须提高利率。为了维持同德国马克的平价关系,EMS的其他国家也不得不提高利率,尽管它们并不愿意这样做。(这正是问题聚焦"德国的统一、利率与EMS"的主题。)
- 虽然国家保持了对财政政策的控制,但是单一的政策工具是远远不够的。正如在第18章中所看到的那样,财政扩张可以帮助经济走出衰退,但是不得不付出巨额的贸易赤字的代价。再比如,一个国家在固定汇率制下要是想降低财政赤字,也无法用货币政策来抵消其财政政策对产出收缩的影响。

那么为什么还有一些国家采用固定汇率制呢?为什么19个欧洲国家——以后还将有更多,采用了共同货币?要回答这些问题,我们必须做更多的工作。我们要看的不仅仅是短期内发生的事情——这是我们在本章所做的事情,还要看一看中期价格水平能够调整时的状况。我们必须考察汇率危机的实质。一旦我们做到了这一点,我们就能够评价各种汇率制度正反两个方面的作用。这是第20章我们将要讨论的主题。

本章概要

- 在一个开放经济中,对本国产品的需求,相应的即产出,取决于利率和汇率两者。利率的提高将会减少对本国产品的需求。汇率的增加——本币升值,也会减少对本国产品的需求。

- 汇率是由利率平价条件决定的，该条件是说用本币表示的国外债券收益率和本国债券收益率必须相等。
- 给定预期的远期汇率和外国利率，国内利率的提高将导致汇率提高，即本币升值。国内利率的下降将导致汇率下降，即本币贬值。
- 在浮动汇率制下，扩张性的财政政策导致产出增加。如果财政扩张部分由紧缩的货币政策抵消，那么会导致利率提高和本币升值。
- 在浮动汇率制度下，紧缩的货币政策导致产出减少，利率上升和本币升值。
- 存在各种不同类型的汇率制度安排，包括从完全浮动汇率制到爬行钉住制、固定汇率制（钉住），再到使用共同货币。在固定汇率制度下，一个国家对一种外币或者一篮子货币保持一个固定的汇率。
- 在固定汇率制度和利率平价条件下，一国必须维持其利率等于国外利率，因此中央银行失去了货币政策这个政策工具。财政政策变得比浮动汇率制下更有力度，但是因为财政政策引发了货币性调整，因此不会抵消国内利率和汇率的变动。

关键术语

Mundell-Fleming model　蒙代尔－弗莱明模型
sudden stops　急停
safe haven　安全港
supply siders　供给学派
twin deficits　双赤字
peg　钉住
crawling peg　爬行钉住
European Monetary System（EMS）　欧洲货币体系
bands　带状范围
central parity　中间平价
euro　欧元

习　题

快速测试

1. 运用本章的信息，判断下面的说法是正确、错误还是不确定，并简要解释。
   a. 利率平价条件意味着各国利率都相等。
   b. 其他条件都相同，利率平价条件表明对应于预期汇率的升高本币将会升值。
   c. 如果金融投资者预期在接下来一年里美元相对于日元会贬值，美国的一年期利率将会比日本的一年期利率高。
   d. 如果预期汇率升值，那么即期汇率会立刻升值。
   e. 中央银行通过改变国内利率相对于外国利率的值，来影响汇率值。
   f. 其他条件不变，国内利率提高，出口会增加。
   g. 其他条件不变，财政扩张倾向于提高净出口。
   h. 固定汇率制经济体下的财政政策要比在浮动汇率制经济体下对产出有更大的效应。
   i. 在固定汇率制下，中央银行必须保持国内利率与外国利率相等。

2. 考虑一个实行浮动汇率制的开放经济。假设产出处于自然产出水平，但存在贸易赤字。政策目标是为了减少贸易赤字，并且使产出保持在自然水平。

   什么样的财政政策和货币政策混合使用是合适的？

3. 在本章，我们指出浮动汇率制下的开放经济中利率降低将导致产出增加和本币贬值。
   a. 浮动汇率制经济体中，利率提高如何影响消费和投资？
   b. 浮动汇率制经济体中，利率提高如何影响净出口？

4. 浮动汇率和外国宏观经济政策。
   考虑一个实行浮动汇率的开放经济，用 UIP 代表无抛补利率平价条件。
   a. 在 IS-LM-UIP 图中，指出当国内中央银行保持政策利率不变时，外国产出 Y^* 增加对本国产出 Y 和汇率 E 的效应，并用文字加以解释。
   b. 在 IS-LM-UIP 图中，指出当国内中央银行保持政策利率不变时，外国利率 i^* 增加对本国产出 Y 和汇率 E 的效应，并用文字加以解释。
5. 浮动汇率制和应对外国宏观经济政策的变动。
   a. 在 *IS-LM-UIP* 图中，指出当国内中央银行保持政策利率不变时，外国产出 Y^* 增加和外国利率 i^* 增加对本国产出 Y 和汇率 E 的效应，并用文字加以解释。
   b. 在 *IS-LM-UIP* 图中，指出当外国利率提高时，如果中央银行也同等幅度提高了国内利率，外国产出 Y^* 增加和外国利率 i^* 增加对国内产出 Y 和汇率 E 的效应，并用文字加以解释。
   c. 在 *IS-LM-UIP* 图中，如果国内货币政策的目标是保持国内产出 Y 不变，指出外国产出 Y^* 增加以及外国利率 i^* 增加后，国内需要采取何种货币政策，并用文字加以解释。什么时候这种政策是必需的呢？

深入研究

6. 固定汇率和外国宏观经济政策。

   假设一个固定汇率体系中所有其他国家（追随国）使它们的货币钉住一个国家（领导国）的货币。因为领导国的货币与这个固定汇率体系之外的其他国家的货币不固定，从而它可以根据自己的意愿实行货币政策。针对这个问题，假设本国是追随国，外国是领导国。
   a. 领导国提高利率如何影响追随国的利率和产出？
   b. 领导国提高利率如何改变追随国的产出构成？假设追随国不改变其财政政策。
   c. 追随国能否利用财政政策来抵消领导国降低利率的影响，同时保持国内产出不变？什么时候这种财政政策是可取的呢？
   d. 财政政策包括改变政府支出或者改变税收。当领导国提高利率时，设计一个财政政策组合以保持消费和国内产出不变。产出的哪些构成部分发生了变化？

7. 汇率作为政策工具。

   在开放经济中，浮动汇率与改变国内利率的意愿相结合，可以提高货币政策的有效性。假设一个经济体遭受商业信心的滑坡（它将倾向于减少投资）。
   a. 在 *IS-LM-UIP* 图中，指出当中央银行保持利率不变时，商业信心下滑对产出和汇率的短期影响。产出的构成如何变化？
   b. 中央银行愿意降低利率以使产出回到初始值。这如何改变产出的构成？
   c. 如果汇率固定，并且中央银行不愿意改变利率（记住它固定在外国利率 i^* 的水平上），中央银行还可以选择哪种政策？
   d. 中央银行通常喜欢浮动汇率制。请解释原因。

进一步探究

8. 对美国资产的需求、美元和贸易赤字。

   这个问题的目的在于探索对美国资产的需求增加如何减缓美元的贬值，美国的巨额贸易赤字和危机后刺激国内产品需求的需要使许多经济学家都相信美元必然会贬值。这里，我们修正 *IS-LM-UIP* 框架来分析对美国资产的需求增加所产生的效应。将无抛补利率平价条件写成：

   $$(1 + i_t) = (1 + i_t^*)(E_t/E_{t+1}^e) - x$$

   这里的参数 x 代表对国内资产相对需求的影响因子。x 的增加意味着投资者愿意以一个较低利率持有国内资产（给定外国利率，即期和预期的汇率）。
   a. 用无抛补利率平价条件解出当前汇率 E_t。
   b. 在 *IS* 曲线中替换 a 题得到的结果，建立 *UIP* 图形。和在前文中一样，你可以假设 P 和 P^* 是恒定的且都等于 1。
   c. 假设因为国内经济出现巨额贸易赤字，金融市场参与者相信在未来本币必然贬值，所以预期汇率 E_{t+1}^e 将会下降。在 *IS-LM-UIP* 图中指出预期汇率下降的效应。这对汇率和贸易平衡产生什么样的影响？（提示：在分析对贸易平衡的影响时记住为什么 *IS* 曲线首先移动。）
   d. 现在假设对国内资产的相对需求 x 增加。作为一个基准，假设 x 的增加正好足以在预期汇率下降之前让 *IS* 曲线回到初始位置。在 *IS-LM-UIP* 图中指出的 E_{t+1}^e 下降和

x 上升的联合效应。对汇率和贸易平衡的最终影响是什么?

e. 基于你的分析,对美元的需求有没有可能阻止美元的贬值?有没有可能对美国资产的需求会恶化美国的贸易平衡?解释你的答案。

9. 债券收益率和长期货币波动。

a. 访问《经济学人》网站(www.economist.com),找到 10 年期的利率。查看其中的 "Markets&Data" 部分,然后进入子栏目 "Economic and Financial Indicators"。查看美国、日本、中国、英国、加拿大、墨西哥和欧元区的 10 年期利率。对于每一个国家(将欧元区看成一个国家),计算出这些国家的利率和美国利率的差值分布范围。

b. 由于无抛补利率平价条件,从 a 题得到的差值分布作为美元相对于其他货币的年化预期升值率。为了计算出 10 年预期升值,你必须计算复利〔所以,如果 x 是这个差值,那么 10 年期预期升值率是 $(1+x)^{10}-1$。注意小数点〕。美元是否会对美国六个贸易伙伴中任意一个的货币预期升值或贬值?

c. 给定 b 题的答案,接下来 10 年中,哪个(些)国家的货币相对于美元会预期显著升值或贬值?你的答案有说服力吗?

附 录

固定汇率、利率和资本流动

资本完全流动的假设对于诸如美国、英国、日本和欧元区这些金融市场高度发达且几乎没有资本管制的国家而言是一个很好的近似。但是这个假设对于那些金融市场欠发达或者存在适当的资本管制的国家而言就值得怀疑了。在这些国家,即使国内的利率很低,国内的投资者也可能既没有能力也没有法定权利购买国外债券。那么中央银行就可能在维持既定的汇率的情况下降低利率。

为了搞清楚这些问题,我们需要再一次看看中央银行的资产负债表。我们在第 4 章中假设中央银行持有的唯一资产是国内债券。在开放经济中,中央银行实际上持有两种类型的资产:国内债券和**外汇储备**(foreign exchange reserves)。我们认为这里的外汇储备是外国货币,尽管中央银行也以外国债券和外国带息资产的形式持有外汇储备。中央银行的资产负债表如图 1 所示。

资产	负债
债券 外汇储备	基础货币

图 1 中央银行的资产负债表

在资产侧是债券和外汇储备,在负债侧是基础货币。现在有两种方式让中央银行改变基础货币量:要么通过买卖债券市场上的债券,要么通过在外汇市场上买卖外国货币。(如果你还没有阅读第 4 章中 4.3 节的内容,将这里的"基础货币"换成"货币供给",你仍可以获得这个基本观点。)

完全资本流动和固定汇率

首先,在资本完全流动和固定汇率的联合假设下(就是我们在本章最后一节所做的假设),考虑公开市场操作的效应。

- 假定国内和国外的利率一开始的时候是相等的,这样 $i=i^*$。现在加上中央银行实施了扩张性的公开市场操作,在债券市场上购买数量为 ΔB 的债券,在这个交易中创造了货币,即增加基础货币。购买债券会导致国内利率 i 降低。但是,这只是事情的开始。

- 因为国内利率比国外利率低,所以金融投资者倾向于持有国外债券。为了购买国外债券,他们必须首先购买外国货币。然后他们在外汇市场上出售本国货币来获得外国货币。

- 如果中央银行什么都不做,本币的价格就会下跌,结果就是本币贬值。在维持固定汇率的承诺下,中央银行不允许本币贬值。中央银行就必须干预外汇市场,出售外国货币购买本币。随着中央银行出售外币购买本币,基础货币减少了。

- 中央银行要卖出多少外币呢?必须卖到基础货币恢复到进行公开市场操作前的水平为止,以使国内利率又等于国外利率。只有到那时金融投资者才会愿意持有国内债券。

这些步骤需要花多长时间？在资本完全流动的情况下，所有这些可能发生在刚开始进行公开市场操作的短短几分钟之内。

在这些步骤之后，中央银行的资产负债表如图 2 所示。债券的持有量上升了 ΔB，外汇储备下降了 ΔB，然后基础货币不变，在公开市场操作时增加了 ΔB，但是在外汇市场上出售外汇时又下降了 ΔB。

资产	负债
债券： ΔB 外汇储备： $-\Delta B$	基础货币：$\Delta B - \Delta B = 0$

图 2　公开市场操作后中央银行的资产负债表，及外汇市场引起的干预

我们总结一下：在固定汇率和资本完全流动的条件下，公开市场操作的唯一影响是改变了中央银行资产负债表的构成，而并没有改变基础货币（也没有改变利率）。

不完全资本流动和固定汇率制

现在我们放弃资本完全流动的假设。假设金融投资者在国内和国外债券之间的转换要花费一定的时间。

现在，扩张的公开市场操作刚开始使国内利率低于国外利率。一段时间之后投资者会转向投资国外债券，导致外汇市场上对国外货币需求的增加。为了避免本币贬值，中央银行必须再次出面，出售外国货币并购买本国货币。最终，中央银行购买了足够多的本国货币以抵消原先公开市场操作的影响。基础货币恢复到公开市场操作之前的水平，利率也恢复了。中央银行持有的国内债券增加而外汇储备减少。

这种情况和完全资本流动情况的区别在于，通过接受一定外汇储备损失，中央银行现在可以在一段时间内将利率降低。如果金融投资者要花费几天的时间来调整，这个尝试就没什么吸引力——因为这些国家遭受来了外汇储备的流失却对利率没有产生太多影响，这是得不偿失的。但是如果中央银行可以影响国内利率的时间是几个星期甚至几个月，在一些情况下中央银行会愿意这么做。

现在，进一步放弃资本完全流动的假设。假设为应对国内利率的下降，金融投资者既不愿意也不能够把他们的资产组合转移到国外债券上。例如，对金融交易的监管或者法律控制，使国内居民投资境外变得非法或者代价高昂。类似的情况发生在从拉丁美洲到中国的很多新兴市场经济体。

扩张的公开市场操作之后，国内利率下降使国内债券的吸引力降低。一部分国内投资者转向国外债券，出售本币并购买国外货币。为了维持汇率，中央银行必须在外汇市场上购买本币并供应国外货币。但是，现在的中央银行外汇干预相比初始的公开市场操作要小得多。如果资本管制确实使投资者根本无法转移到国外债券上，那么对外汇市场的这种干预就没有必要了。

即使不考虑这种极端的情况，初始的公开市场操作和接下来的外汇市场干预的净影响也很可能使基础货币增加，国内利率下降，中央银行的债券持有量增加，并且外汇储备有一些很有限的损失。在资本不完全流动的情况下，一个国家在维持固定汇率的同时仍会有变动国内利率的自由度。这种自由度主要依赖于以下三个因素。

- 金融市场的发达程度，以及国内外投资者在国内和国外资产之间进行转移的意愿程度。
- 可以对国内和国外投资者施加的资本管制程度。
- 所持有的外汇储备的数量：储备数量越多，在固定的汇率下降低利率所能承受的储备损失就越多。

我们在本章中记录了资本的大幅流动，所有这些话题都是热门话题。许多国家现在都在考虑比以前更积极地使用资本管制，并且许多国家也在积累巨额的储备金来预防大量资本外流。

关键术语：

foreign-exchange reserves　外汇储备

第 20 章
汇率制度

1944年7月,44个国家的代表在新罕布什尔州的布雷顿森林开会,拟定了一个新的国际货币与汇率体系。它们所采用的体系建立在固定汇率的基础上,除美国之外的所有成员都让本国货币价格与美元固定下来。1973年,一系列的汇率危机导致了这个体系的崩溃,也导致了今天称为"布雷顿森林时代"的结束。从那以后,国际上以多种汇率安排并存为特征。一些国家实行浮动汇率制度,一些实行固定汇率制度,还有一些国家在两种制度之间徘徊。选择哪种汇率制度一直是宏观经济学中争论最多的问题之一,正如下面这幅漫画所示,这是世界上每一个国家都要面对的决定。

大家同意了,在美元升值之前我们让蛤壳浮动。

本章我们讨论以下问题。

20.1 讨论中期。结果表明,同第 19 章中推导的短期结果相反,在中期一个经济体无论其在固定汇率制下还是在浮动汇率制下最终有相同的实际汇率和产出水平。这显然并不意味着汇率制度不重要——在短期,汇率制度确实很重要,但它是对我们之前分析的一个重要扩展与限制。

20.2 从另一视角考察固定汇率,关注汇率危机。在一次典型的汇率危机中,实行固定汇率的国家在急剧变化的情况下都被迫放弃汇率平价而实行贬值。类似的危机发生在布雷顿森林体系崩溃后。汇率危机在 20 世纪 90 年代初动摇了欧洲货币体系（EMS），也是 90 年代后期亚洲金融危机的主因。理解这些汇率危机为何发生，以及它们意味着什么很重要。

20.3 从另一视角讨论浮动汇率制。这一节说明了汇率行为和汇率与货币政策的关系，事实上要比我们在第 19 章中假设的要复杂得多。汇率的大幅波动，及使用货币政策影响汇率的困难，使浮动汇率并不像我们在第 19 章中所看到的那样受欢迎。

20.4 将这些结论结合在一起并重新考察浮动和固定汇率的情况。这一节讨论了近来的两个重要发展：欧洲走向共同货币以及固定汇率制发展到更强的形式，例如从货币发行局制度到美元化。

20.1 中期

在第 19 章中关注短期情况时，我们可以在浮动汇率制下和固定汇率制下的经济行为之间得到一个鲜明对比。

- 在浮动汇率制下，要实现汇率的实际贬值，例如，一国为了减少贸易赤字或者摆脱经济衰退，它可以用扩张性的货币政策来实现利率降低和汇率降低，即贬值。
- 在固定汇率制下，调整汇率与利率的工具失灵。按照固定汇率的定义，名义汇率必须是固定的，这样该国就不能调整名义汇率。同时，固定汇率和利率的平价条件意味着该国也不能调整其利率，国内利率必须和外国利率保持相等。

通过比较似乎实行浮动汇率制要比固定汇率制更有吸引力。为什么一个国家要放弃两个宏观经济工具——汇率和利率呢？当我们将注意力从短期转移到中期时，你就会发现早先的结论需要检验。尽管我们关于短期的结论是正确的，但在中期这两种制度之间的差异将会消失。更为特别的是，无论是采取固定汇率还是浮动汇率，经济在中期都将达到相同的实际汇率和相同的产出水平。

这个结果从直觉上很容易得到，回忆实际汇率的定义：

$$\varepsilon = \frac{EP}{P^*}$$

实际汇率 ε 等于名义汇率 E（用外国货币表示的本国货币的价格）乘以国内价格水平 P，再除以外国价格水平 P^*。因此，存在两种途径来实现对实际汇率的调整。

存在三种方式使美国汽车相对于日本汽车变得便宜：第一，降低美国汽车的美元价格；第二，提高日本汽车的日元价格；第三，降低名义汇率——美元的价值相对于日元贬值。

- 通过名义汇率 E 的改变，从定义上来看，这只有在浮动汇率制下才能实施。如果我们假设国内价格水平 P 和外国价格水平 P^* 在短期内不发生改变的话，改变名义汇率是在短期内唯一可以变动实际汇率的途径。
- 通过国内价格水平 P 相对于外国价格水平 P^* 的改变，在中期，这个选择甚至对于那些实行固定（名义）汇率的国家也是可行的，并且这确实是固定汇率制下所发生的情况：实际汇率的调整是通过价格水平而不是名义汇率来进行的。

固定汇率下的 IS 关系

在一个实行固定汇率的开放经济中，我们可以将 IS 关系写为：

$$Y = Y\left(\frac{\bar{E}P}{P^*}, G, T, i^* - \pi^e, Y^*\right) \tag{20-1}$$

$$(-, +, -, -, +)$$

式（20-1）的推导在本章结尾的附录20A中，题为"推导在固定汇率下的 IS 关系"。但是，该等式背后的直觉是很直观的。需求，相应的即产出，取决于：

- 负向取决于实际汇率 $\bar{E}P/P^*$。$\bar{E}$ 表示固定名义汇率，P 和 P^* 分别表示国内价格水平和外国价格水平。更高的实际汇率意味着对国内商品需求更低，进而产出更低。
- 正向取决于政府支出 G 和税收 T。
- 负向取决于国内实际利率，它等于国内名义利率减去预期通货膨胀。在利率平价条件和固定汇率制下，国内名义利率等于国外名义利率 i^*，所以国内实际利率由 $i^* - \pi^e$ 给出。
- 正向取决于国外产出 Y^*，通过对出口的影响。

短期均衡和中期均衡

考虑一个实际汇率过高的经济体。其结果是，贸易平衡出现赤字，产出则低于潜在产出水平。

正如我们在第19章中所见，在浮动汇率制下，中央银行可以解决这一问题。它可以通过降低利率来实现名义贬值。给定国内和国外的价格水平——这两项我们在短期都假设是固定的，名义贬值就意味着实际贬值，贸易平衡得到改善，并且产出增加。

但是在固定汇率制下，中央银行不能改变国内利率。所以在短期，贸易赤字仍然存在，国内经济也仍处于衰退中。

但是在中期，价格是可以调整的。我们可以看到，菲利普斯曲线关系很好地描述了价格的行为［第9章，式（9-3）］：

$$\pi - \pi^e = (\alpha/L)(Y - Y_n)$$

当产出高于潜在产出水平时，通货膨胀率（价格变化的比率）高于预期。当产出低于潜在产出水平时，也就是我们现在正在考虑的情况，通货膨胀率低于预期。在第9章，我们看到人们形成通货膨胀预期的方式会随时间而变化。当通货膨胀较低且不持久时，预期通货膨胀大致不变，我们可以认为 π^e 等于一个常量 $\bar{\pi}$。当通货膨胀变高并且更持续时，人们开始预期今年的通货膨胀会和去年相同，因此预期通货膨胀可以用 $\pi^e = \pi - 1$ 来更好地表示。简洁起见，我将在这里假设预期通货膨胀保持不变，所以，菲利普斯曲线关系可以由下式给出：

$$\pi - \bar{\pi} = (\alpha/L)(Y - Y_n) \tag{20-2}$$

我们现在已经准备好考虑中期的动态性。我们需要做一些关于国内和国外初始通货膨胀率的假设。将外国通货膨胀率记为 π^*。假设产出等于潜在产出，那么国内和外国通货膨胀率相等，并且都等于 $\bar{\pi}$，所以 $\pi = \pi^* = \bar{\pi}$。也就是说，如果经济在潜在产出水平运行，通货膨胀率将会相等，相对价格水平将会保持不变，并且实际汇率也不变。因为我们假设我们是从一个产出低于潜在产出的情况出发的，式（20-2）就意味着国内通货膨胀率低于潜在产出时的通货膨胀率，因而也就低于外国通货膨胀率。换句话说，国内价格水平相比于外国价格水平而言增加得更慢。这意味着，在名义汇率固定的情况下，实际汇率下降。结果，净出口和产出都随着时间增加。在中期，产出恢复到潜在产出水平，国内通货膨胀率恢复到 $\bar{\pi}$，因此与外国通货膨胀率相等。因为国内和国外的通货膨胀率相等，所以实际汇率保持不变。

做个总结：

- 在短期，固定名义汇率意味着固定实际汇率。
- 在中期，即使名义汇率是固定的，实际汇率也能调整。这个调整是通过价格水平的变动实现的。

赞成和反对低估的情形

即使在固定汇率制下，经济在中期也能回到自然产出水平，这是重要的结论。但是这并没有消除一个事实，即这样的调整过程可能很漫长和痛苦。在相当长的时间内产出可能维持在很低的水平，而失业率则维持在一个相当高的水平。

有没有一个更快更好的方法使产出回归到自然水平？在我们已经提出的模型中，答案很显然是可能的。

假设政府尽管要维持固定汇率制，但决定允许一次性低估。在一个给定的产出水平上，低估（名义汇率的下降）在短期将导致实际贬值（实际汇率的下降），从而导致产出增加。原则上，适当规模的低估在短期就可以实现上述分析中只有中期才能实现的效果，因此避免了很多痛苦。所以，固定汇率制下的国家，每当面临巨额赤字或者严重衰退时，都会有很强的政治压力迫使其完全放弃固定汇率制，或者至少进行一次性低估。也许这个观点最有说服力的表述来自 80 多年前凯恩斯反对温斯顿·丘吉尔决定让英镑在 1925 年回到第一次世界大战前的金本位制。他的观点表述见问题聚焦"英国恢复金本位制：凯恩斯对丘吉尔"。大多数经济史学家相信历史证明凯恩斯是对的，英镑的估值过高是第一次世界大战后英国经济表现不佳的一个主要原因。

反对转向浮动汇率制或者反对低估的人指出选择固定汇率制有其充分的理由，过多的低估倾向首先会违背采取固定汇率制度的初衷。他们认为政府过多地考虑低估会使发生汇率危机的可能性增加。为了理解他们的观点，我们现在转入对这些危机的研究，是什么引起了这些危机，而其意义又何在。

问题聚焦　　英国恢复金本位制：凯恩斯对丘吉尔

1925 年，英国决定恢复**金本位制**（gold standard）。在金本位制下，每个国家都将本国货币的价格用可兑换的黄金固定下来，并且黄金可以随时以这个公布的价格与货币兑换。这种制度就意味着国家间的名义汇率是固定的。例如，如果 A 国的 1 单位货币值 2 单位黄金，B 国的 1 单位货币值 1 单位黄金，那么这两国之间的汇率就是 2（或者 1/2，取决于以哪国作为本国）。

金本位制从 1870 年开始实施，直到第一次世界大战才结束。因为战争需要融资，其中的一部分要靠货币创造来实现，所以英国在 1914 年终止了金本位制。1925 年，温斯顿·丘吉尔，当时的英国财政大臣（在英国相当于美国的财政部长）决定恢复金本位制，并且恢复到战前的平价，即战前英镑用黄金度量的价值。但是，由于英国的价格水平比很多贸易伙伴的价格提高得快，恢复到金本位制就意味着大幅的实际升值：名义汇率和战前一样，但是现在英国的产品相对于外国产品变得相对贵了。（回到实际汇率的定义，$\varepsilon = EP/P^*$：英国的价格水平 P 要比外国的价格水平 P^* 上升得更多。在给定的名义汇率 E 下，这意味着 ε 变得更高，即英国遭受实际升值。）

凯恩斯强烈反对恢复到战前平价的决定。在 1925 年出版的《丘吉尔先生带来的经济后果》(*The Economic Consequences of Mr. Churchill*) 一书中，凯恩斯认为：如果英国要恢复金本位制，应该在用黄金表示的货币价格再低一点时就这么做，即要在比战前名义汇率低的名义汇率水平上。在一篇报纸上的文章中，他这样阐述其观点：

"基于当前的现实情况并考虑到贸易与就业状况可能带来的结果，我对恢复金本位制仍有异议，并且我从来没有放弃强调这其中的重要性。我认为如果同等水平地转换成金本位制的话，与其他地方的黄金价格相比，我们现在的价格水平太高了；而且如果我们只考虑不包括国际贸易或者服务（如工资）的那些产品价格，我们就会发现这些产品的价格确实太高了，要高出至少5%，甚至可能达到10%。因此，除非其他国家的价格上涨能挽救这种状况，否则财政大臣的这种政策将会使我们的每一英镑货币工资大约下降2先令。

"要这么做的话，将无法避免工业利润和稳定方面的重大危机。我宁可让货币兑换黄金的价值保持在几个月前的水平，也不愿意因为降低货币工资而与每一个行业的行会展开斗争。我想，在更长的一段时间中，让货币自身达到其应有的水平，似乎是更明智、更简单，也是更合理的，而不是强制达到某个水平，而使雇员面临着工厂倒闭或者降低工资的选择，而且还有斗争的成本。

"因此，我保留我的意见，财政大臣的做法是欠考虑的，因为我们将承担风险，而且即使形势乐观也没有足够的收益。"

凯恩斯的预言被证明是正确的。在那个十年剩下的几年中，其他国家都保持增长，而英国却处于衰退中。大多数经济史学家认为这有很大一部分要归因于最初的英镑估价过高。

资料来源："The Nation and Athenaeum," May 2, 1925.

20.2 固定汇率制下的汇率危机

假设一国已决定采用固定汇率制，并假设金融投资者开始认为不久后将会有汇率的调整——低估，或者向浮动汇率制度转变并且伴随着贬值。我们刚才看到了为什么会出现这种情况。

- 实际汇率可能太高了。或者，换句话说，本币可能被高估了，导致了巨额的经常账户赤字。在这种情况下就会要求实际贬值。尽管在中期并不需要低估就可以实现，但金融投资者还是会认为政府将采取最快速的办法，即低估。

  这种过高的估值通常发生在那些实施钉住名义汇率的国家，且被钉住国的通货膨胀率较低。相对于被钉住国，本国的通货膨胀率高，意味着本国产品价格相对于外国产品价格会不断提高，也就是持续的实际升值，因而也使贸易状况持续恶化。随着时间的推移，实际汇率的调整需要会继续增加，金融投资者就会越来越紧张。他们开始认为低估可能正要到来。

- 内部经济条件可能会要求降低本国利率。正如我们已经看到的那样，国内利率的降低无法在固定汇率制下达到，但是如果国家愿意转变成浮动汇率制度就可以实现国内利率的降低。如果本国让汇率**浮动**（float），同时降低国内利率，从第19章的内容可知这将引起名义汇率的降低——名义贬值。

让汇率浮动的表述就是允许从固定汇率制转变为浮动汇率制。浮动汇率制与可变汇率制是同一个意思。

只要金融市场认为低估很快将到来，要维持汇率就要提高国内利率，而且通常是大幅度提高。要理解这一点，回到在第17章得到的利率平价条件：

$$i_t = i_t^* - \frac{(E_{t+1}^e - E_t)}{E_t} \qquad (20\text{-}3)$$

因为使用上方便的考虑，我们使用式（17-4）中的近似值而不是式（17-2）中的原始利率平价条件。

在第 17 章中，我们把这个等式解释为一年期国内和国外名义利率、当前汇率、一年后的预期汇率之间的关系。选择一年作为期限是任意的。这个关系对于一天、一周或者一个月也是成立的。如果金融市场预期一个月后的汇率会降低 2%，那么只有在一个月期的国内利率比国外利率高 2% 时他们才愿意持有国内债券（或者，如果利率用年率来表示的话，即国内利率超出国外利率 2% × 12 = 24%，他们才会持有国内债券）。

在固定汇率制度下，当前汇率 E_t 固定在某个水平上，例如 $E_t = \bar{E}$。如果市场预期该平价会在一段时间内保持不变，那么 $E^e_{t+1} = \bar{E}$，即利率平价关系可以简单地表述成国内利率必须等于国外利率。

假设金融市场参与者开始预期一个低估——中央银行决定放弃利率平价，并在未来降低汇率。假设他们相信在未来的一个月中，有 75% 的可能性会保持平价，有 25% 的可能性会有 20% 的低估。因此，考虑利率平价关系式（20-3）中的 $(E^e_{t+1} - E_t)/E_t$ 这一项，原来我们假定等于零的，现在等于 0.75 × 0% + 0.25 × (−20%) = −5%（即 75% 没有变化的可能性加上贬值 20% 的 25% 的可能性）。

这就意味着如果中央银行想保持当前的平价，现在就必须使月利率比之前提高 5%，也就是年利率提高 12 × 5% = 60%；60% 是使投资者考虑到低估的风险以后仍持有国内债券所必要的利率差！任何较小的利息差，都将使投资者不愿意持有国内债券。

那么，政府和中央银行所面临的选择是怎样的呢？

- 首先，政府和中央银行可以让市场相信它们并没有低估的意图。这通常是第一道防线：发布通告，总理在电视上重申他们对维持当前汇率平价的绝对义务。但是说话是不需要成本的，他们很少能取信于金融市场。

- 其次，中央银行可以提高利率，但是会比满足式（20-3）所必需的幅度小一些，在我们的例子中，就是小于 60%。尽管国内利率很高，但是并没有高到足以完全补偿可以预见到的低估风险的程度。这一举措往往会导致大规模的资本流出，因为金融投资者仍然倾向于将本国债券转换成外国债券，这是由于后者可以提供更高的用本币表示的收益。他们卖出国内债券并获得本币收益，然后去外汇市场上出售本币购买外币，以用来购买外国债券。如果中央银行不干预外汇市场，大规模的本币抛出购买外币将导致本币贬值。如果中央银行希望维持汇率，它必须在现行汇率水平下买入本国货币并卖出国外货币。这样做往往会损失大部分的外汇储备。（第 19 章的附录中描述了中央银行干预的机制。）

- 最后，在几个小时或者几个月之后，中央银行的选择就只能是把利率提高到足以满足式（21-3）所需的水平，或者实施低估，从而证实了市场的预期。制定一个非常高的短期国内利率对需求和产出会产生灾难性的影响，在这么高的利率水平下没有企业愿意投资，没有消费者愿意借贷。这种措施只在以下两种情况下起作用：①预期低估的可能性比较小，所以利率不必太高；②政府认为市场很快就会相信低估并不会发生，使国内利率可以降下来。否则的话，唯一的选择就是低估。（所有这些步骤与 1992 年影响大多数西欧国家的汇率危机期间的事实很相符，参见问题聚焦"1992 年 EMS 危机"。）

总结一下：预期将会发生低估会引发汇率危机，面对这样的预期，政府有两种选择：

考虑到这里明显还包括很多其他风险，投资者实际上会要求更多。我们的假设忽略了风险溢价。

在多数国家，政府正式负责选择平价，并且中央银行负责维持这一平价。实践中，选择和保持平价是政府与中央银行的共同责任。

在 1998 年的夏天，叶利钦宣称俄罗斯政府没有使卢布低估的打算，但两个星期后，卢布就崩溃了。

- 让步并实施低估。
- 斗争并维持汇率平价，但是要以非常高的利率和潜在的衰退为代价。斗争可能会没有用：衰退会迫使政府随后改变政策，或者迫使政府下台。

这里一个有趣的扭曲现象是，即使相信低估即将到来的想法最初是毫无根据的，但低估也可能会真的发生。换句话说，即使政府最初并没有打算低估，但如果金融市场相信会有低估，那么最终政府也会被迫低估：维持平价的成本将是长时间的高利率和衰退，所以政府宁愿选择低估。

问题聚焦　　1992 年的 EMS 危机

我们在这一章讨论的问题的一个例子是 20 世纪 90 年代初冲击欧洲货币体系（EMS）的汇率危机。

在 20 世纪 90 年代初，欧洲货币体系看起来运转正常。该汇率体系始于 1979 年，基于有浮动范围的固定平价：每一个成员国（其中包括法国、德国、意大利和 1990 年开始的英国）必须使它们对所有其他国家的汇率保持在一个很小的变动范围之内。开始的几年是动荡的，发生了很多次的再调整——成员国之间的平价调整。但是，从 1987 年到 1992 年，仅发生了两次再调整，进一步缩小变动范围的呼声很高，甚至是进入下一个使用共同货币的阶段。

然而，在 1992 年，金融市场日渐相信不久后将会发生更多的再调整，原因就是在第 19 章中讨论过的德国的重新统一所带来的宏观经济意义。因为重新统一带来的需求压力，德意志联邦银行（德国的中央银行）实施了高利率政策，以避免德国的产出过度增长和通货膨胀率过度提高。虽然德国的贸易伙伴需要低利率来解决日益增加的失业问题，但是它们必须配合德国的利率，以维持它们的 EMS 平价。在金融市场看来，德国的贸易伙伴的境况越来越难以维持。有可能发生的就是德国之外的国家降低利率，以及由此引起的许多货币兑德国马克的低估。

在 1992 年，可以预见到的低估的可能性使一些德国的贸易伙伴不得不保持一个比德国更高的名义利率。但是，第一次大危机于 1992 年 9 月爆发。

1992 年 9 月初，认为许多国家很快就要实施低估的信念导致了对一些货币投机性的攻击，即金融投资者预期该货币即将发生低估，于是出售该货币。货币当局和受攻击国家的政府将前面所述的所有防线都投入了使用。首先，发布正式的通告，但是没有明显的效果。随后，提高利率，例如瑞典的隔夜拆借利率（隔夜借款和贷款的利率）提高到 500%（用年利率表示）！但是这样的提高还不足以阻止资本外逃，以及重压之下中央银行的巨额外汇储备损失。

随后，各个国家采取了不同的措施：西班牙调低了其汇率，意大利和英国退出了 EMS，法国决定通过高利率捍卫汇率，直到这场风暴结束。图 1 展示了德国马克兑一些欧洲国家货币的汇率从 1992 年 1 月到 1993 年 12 月的演化趋势，你可以清楚地看到 1992 年 12 月危机的影响，及随后发生的贬值/低估。

到 9 月底，金融市场很大程度上相信近期不会再有进一步的低估。一些国家已经退出了 EMS；其他国家实施了低估，但是留在 EMS 中。那些维持了其平价的国家显示了它们留在 EMS 的决心，尽管这意味着非常高的利率。但是，潜在的问题是德

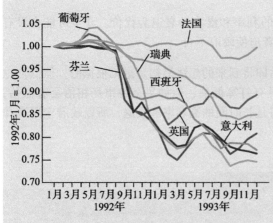

图1 1992年1月到1993年12月部分欧洲国家相对于德国马克的汇率

资料来源：IMF database.

国的高利率依然存在，下一次危机只是迟早的事。1992年11月，进一步的投机使西班牙比索、葡萄牙埃斯库多和瑞典克朗被迫低估，比索和埃斯库多在1993年5月进一步低估。到1993年7月，遭受了又一次的投机攻击之后，EMS国家决定实行围绕中心平价的较大的波动幅度（加或减15%），这有效地转入一个允许较大汇率波动的体系。这个波动范围更宽的体系一直持续到1999年1月引入欧元。

总结一下：1992年的EMS危机原因在于金融市场认为德国的高利率迫使其EMS下的合作伙伴变得成本相当高昂。一些国家可能想低估或者退出EMS的信念让投资者要求一个更高的利率，从而使这些国家维持它们的平价的成本更高。最终，一些国家无法承受这些成本，一些选择低估，而一些则退出。那些留在体系的国家则付出产出下降的巨大代价。（例如，法国从1990年到1996年的平均增长率为1.2%，而同时期德国的增长率为2.3%。）

20.3 浮动汇率制下的汇率变动

在第19章所建立的模型中，利率和汇率之间有一个简单的关系：利率越低，汇率也越低。这就意味着一个国家想要维持一个稳定的汇率只要保持其利率接近国外利率即可。一个国家想要达到一个给定的贬值，只需要将其利率降低一个合适的量。

在现实世界中，利率和汇率之间的关系并不这么简单。即使利率不变动，汇率也会经常波动。一定量的利率降低对汇率的影响程度往往难以预测，这就使货币政策达到其预定目标更加困难。

要了解为什么事情变得更复杂了，我们必须再一次回到第17章推导的利率平价条件［式（17-2）］：

$$(1 + i_t) = (1 + i_t^*)\left(\frac{E_t}{E_{t+1}^e}\right)$$

就像我们在第19章看到的那样，我们在两边同时乘以 E_{t+1}^e，并整理得到：

$$E_t = \frac{1 + i_t}{1 + i_t^*} E_{t+1}^e \tag{20-4}$$

考虑的期间设为1年（从 t 到 $t+1$）。今年的汇率依赖于一年期本国利率、一年期外国利率和明年的预期汇率。

在第19章中假设明年的预期汇率 E_{t+1}^e 是不变的，但是这只是一种简化。一年后的预期汇率并不是不变的。利用式（20-4），把明年当作当期，显然一年后的汇率将依赖于一年后预期的一年期国内利率和一年期国外利率，以及两年后的预期汇率，依此类推。因此，当前和未来国内利率与国外利率预期的任何变化，以及更远未来预期汇率的变化，都会影响当前的汇率。

我们来更进一步讨论这个问题。将式（20-4）写成 $t+1$ 年而不是 t 年：

$$E_{t+1} = \frac{1+i_{t+1}}{1+i_{t+1}^*}E_{t+2}^e$$

$t+1$年的汇率依赖于$t+1$年的国内利率和外国利率，以及$t+2$年预期的未来汇率。所以，站在t年，$t+1$年的预期汇率由下式给出：

$$E_{t+1}^e = \frac{1+i_{t+1}^e}{1+i_{t+1}^{*e}}E_{t+2}^e$$

将式（20-4）中的E_{t+1}^e用所给的表达式替代：

$$E_t = \frac{(1+i_t)(1+i_{t+1}^e)}{(1+i_t^*)(1+i_{t+1}^{*e})}E_{t+2}^e$$

当前汇率取决于今年的国内外利率，下一年国内外利率的预期和两年后的预期汇率。继续用同样的方法向更远的未来求解（通过迭代E_{t+2}^e、E_{t+3}^e等，直到例如$t+n$年），我们得到：

$$E_t = \frac{(1+i_t)(1+i_{t+1}^e)\cdots(1+i_{t+n}^e)}{(1+i_t^*)(1+i_{t+1}^{*e})\cdots(1+i_{t+n}^{*e})}E_{t+n+1}^e \quad (20\text{-}5)$$

假设我们让n变得很大，例如10年［式（20-5）可以使用n的任何数字］。这个关系告诉我们当前汇率取决于两组因素：

- 接下来10年每一年的当前和预期国内外利率。
- 10年后的预期汇率。

出于某些目的，进一步推导当前和预期未来国内外实际利率，当前实际汇率和预期未来实际汇率之间的关系是很有用的。这个推导在本章的附录20B中完成。（这个推导并不是很有趣，但是对于搞清楚实际和名义利率与实际和名义汇率间的关系是一个很有用的方法）。但是，式（20-5）已经足够让我在这里阐明我的三个论点。

> 附录20B的基本结论：对于所有表述，你都可以在汇率和利率前面加上"实际"，结论仍然成立。

- 当前汇率水平会随着未来预期汇率1:1变动。
- 当未来预期利率在两国的任意一国中有变动时，当前汇率也会变动。
- 因为今天的汇率会随着预期的任何变动而变动，汇率将是不稳定的，也就是说，变动得很频繁，而且变动幅度也许会很大。

汇率和经常账户

改变预期未来汇率E_{t+n}^e的因素都将改变当前汇率E_t。事实上，如果两个国家从t到$t+n$年的国内利率和外国利率是一样的，那么式（20-5）中的分式就等于1，这个关系就简化为$E_t = E_{t+n}^e$。换句话说，预期未来汇率的任何变动对当前汇率的影响都是一一对应的。

如果我们考虑一个较大的n值（例如10年或更大），我们可以考虑将E_{t+n}^e视为在中长期达到经常账户平衡时所需要的汇率：该国永远不需要向外借进资金，即有经常账户赤字；也永远不愿意借出资金，即有经常账户盈余。这样，任何影响未来经常账户平衡预期的新闻都很可能对预期未来汇率产生影响，反过来对今天的汇率产生影响。例如，发布比预期贸易赤字大的通告可能导致投资者得出重新实现贸易平衡最终需要贬值的结论。因此，E_{t+n}^e将下降，这也使今天的E_t下降。

> 关于经常账户的新闻很可能影响汇率。例如，你预期发现一个大型油田后将会产生什么影响？

汇率、当前和未来的利率

关于当前和未来国内外利率的消息很可能影响汇率。

关于长期利率与当前和预期未来短期利率的关系的讨论可参见第 14 章。

在 t 到 $t+n$ 年任何改变当前或者预期未来国内与国外利率的因素也将改变当前汇率。例如，给定国外利率，当前或者预期未来国内利率的升高会导致 E_t 升高，即升值。

这意味着任何能促使投资者改变他们对于未来利率预期的变量都将导致今天汇率的变动。例如，第 17 章所讨论过的 20 世纪 80 年代的"美元舞动"，在那个十年的前半期美元急剧升值，紧接着在随后同样急剧贬值，这在很大程度上由该时期美国相对于世界上其他国家当时和预期的未来利率的变动来解释。在 20 世纪 80 年代的前半期，紧缩的货币政策和扩张的财政政策合力使美国的短期和长期利率升高，其中长期利率的升高反映了较高的未来短期利率的预期。当前和预期未来利率的升高反过来就成为美元升值的主要原因。而因为财政和货币政策在这个十年的后半期反转过来，导致美国利率降低和美元贬值。

汇率波动

我们这里先不管其他也会使汇率变动的因素，比如改变风险认知，这一点我们在第 19 章的问题聚焦"急停、强势美元和利率平价条件的局限"中讨论过。

这可能会让你回想起我们在第 14 章中对货币政策如何影响股票价格的讨论。这并不是一个巧合：同股票价格一样，汇率也在很大程度上依赖于对变量的未来预期。对当前变量（这里就是利率）变化反应的预期的变化在很大程度上决定了结果。

第三个意义紧跟前面两个而来。实际上，同第 19 章中所分析的相对比，利率 i_t 和汇率 E_t 之间的关系并不是机械性的。当中央银行降低利率时，金融市场会评估这个行动是否是货币政策转变的信号，以及这次削减利率是否是后续进一步削减的第一步，还是只是利率的临时性变动。中央银行的通告也可能并不有效：中央银行本身甚至可能也不知道未来将要做什么。通常，中央银行对早期信号做出反应，而随后这些信号有可能发生反转。投资者也必须评估外国中央银行的反应，它们是保持不动还是紧跟着匹配和降低它们自己的利率。所有这些都将使预测利率变动会对汇率产生什么影响变得困难。

我们更具体点，回到式（20-5）。假设 $E^e_{t+n}=1$，并假设当前和预期未来国内利率，以及当前和预期未来国外利率都等于 5%。当前汇率由下式给出：

$$E_t = \frac{(1.05)^n}{(1.05)^n} \times 1 = 1$$

现在考虑将当前国内利率 i_t 从 5% 降到 3%。这将导致 E_t 下降，即贬值，会贬值多少呢？答案是：依赖于其他条件。

假设利率预期只是比第一年低一点，$n-1$ 期的预期未来利率保持不变。当前的汇率然后下降到：

$$E_t = \frac{1.03 \times (1.05)^{n-1}}{(1.05)^n} = \frac{1.03}{1.05} = 0.98$$

利率降低导致汇率下降，即贬值仅仅为 2%。

假设相反，在当前利率从 5% 下降到 3% 时，投资者预期这个下降将持续 5 年（所以 $i_{t+4}=\cdots=i_{t+1}=i_t=3\%$）。然后汇率将下降到：

$$E_t = \frac{(1.03)^5 \times (1.05)^{n-5}}{(1.05)^n} = \frac{(1.03)^5}{(1.05)^5} = 0.90$$

这个更低的利率现在导致了汇率下降，即贬值 10%，这就是一个较大的影响。

你还可以思考得到其他结果。假设投资者预期中央银行打算降低利率,并且事实上的下降被证明要比预期的低一点。在这种情况下,投资者重新向上预期未来名义利率,导致货币的升值而不是贬值。

在布雷顿森林体系的末期,很多国家从固定汇率制转向浮动汇率制,大多数经济学家预期汇率将保持稳定。然而,大规模的汇率波动紧随其后并持续到今天,这有点让人感到意外。有些时候,这些波动被认为是外汇市场非理性投机的结果。直到20世纪70年代经济学家才意识到这些波动可以由金融市场对关于未来利率和未来汇率新闻的理性反应来解释,就像我们这里对其的解释那样。这有非常重要的意义:一个决定实行浮动汇率制的国家必须接受一个事实,即该国将会随时暴露在巨大的汇率波动中。

20.4 汇率制度的选择

现在我们回到引导本章的问题上来:一个国家应该选择浮动汇率制还是固定汇率制?浮动汇率占主导地位和固定汇率占主导地位时分别会出现什么情况?

从本章和第19章中所讨论的大部分内容来看似乎都在支持浮动汇率。

- 20.1节指出在中期汇率制度并不重要,但在短期还是很重要的。在短期,实行固定汇率制并且资本完全流动的国家将放弃两个宏观经济工具,即利率工具和汇率工具。这不仅降低了对经济冲击反应的能力,而且也可能带来汇率危机。
- 20.2节指出在一个固定汇率制国家,低估的预期将使投资者要求一个更高的利率。这反过来又促使经济情况变得更糟糕,也会让国家背负更多的低估压力。这是反对固定汇率制的另一个论点。
- 20.3节引入了一个反对浮动汇率的观点,即在浮动汇率下,汇率很可能大幅波动并且很难通过货币政策控制。

总的来说,从宏观经济学的观点上看,很明显浮动汇率要优于固定汇率。这确实也是经济学家和政策制定者之间已经出现的共识。这个共识是这样的:

一般而言,浮动汇率更好一些。但是,也有两个例外:第一,当一组国家已经紧密融合时,共同货币也许是个正确的选择。第二,当人们不相信中央银行会在浮动汇率制下遵循一个负责任的货币政策的时候,诸如货币发行局制度或者美元化这样的固定汇率制可能是一种有力的方法。

共同货币区

实施固定汇率制的国家被约束在相同的利率水平。但是这个约束的成本是多少?如果这些国家面临几乎相同的宏观经济问题和相同的冲击,它们将会在第一时间选择相似的政策。迫使它们选择相似的货币政策可能并不是一个多么大的约束。

这个观点首先由罗伯特·蒙代尔提出,他研究了在何种条件下一组国家可能愿意实施固定汇率,甚至是采用共同货币。蒙代尔指出,对于那些组成**最优货币区**(optimal currency area)的国家,它们需要满足以下两个条件中的一个。

这里的蒙代尔与第19章提到的蒙代尔-弗莱明模型中的蒙代尔,是同一位经济学家。

- 国家必须经历相同的经济冲击。我们刚刚看到了其原理：如果它们经历相同的冲击，无论如何它们本来就应该选择大致一样的货币政策。
- 如果国家经历了不同的冲击，它们之间必须有很高的要素流动性。例如，如果工人愿意从不景气的国家迁移到经济状况较好的国家，要素流动性而不是宏观经济政策就能使国家对冲击做出调整。当一个国家的失业率很高时，工人就会离开这个国家去别的地方找工作，这样这个国家的失业率就会回到自然水平。如果失业率很低，工人就会回到这个国家，这个国家的失业率就会增加回到自然水平。汇率也就不必要了。

> 美国的每一个州原本也可以各自拥有货币并同其他州的货币自由浮动。但是事实并非如此：美国是一个共同货币区，使用共同的货币——美元。

追随蒙代尔的分析，大多数经济学家认为，例如，由美国的 50 个州组成的共同货币区接近最优货币区。事实上，第一个条件并不满足，各个州受到的冲击不同。加利福尼亚州更多地受到来自亚洲的需求变动的影响，而不是美国其他州的影响；得克萨斯州更多地受到油价的影响，等等。但是第二个条件在很大程度上是满足的。美国的各个州之间有相当大的劳动力流动性。当一个州经济不景气的时候，工人就会离开这个州。如果一个州经济状况良好，工人就会来这个州。州失业率迅速恢复正常，并不是一个州的宏观经济政策的功劳，而是因为劳动力的流动性。

很明显，使用共同货币也有很多优势。对于美国国内的企业和消费者而言，有一个共同货币的好处是明显的，试想一下如果跨越州界时你必须改变货币会使你的生活变得多复杂。好处不仅仅局限于较低的交易成本，当价格被同一种货币表示出，购买者对比价格将变得很容易，企业之间的竞争就会增加，从而使消费者受益。既然有这些好处和有限的宏观经济成本，对于美国，有一个单一货币就是一个好的选择。

因为欧元的使用，欧洲做出了同美国一样的选择。当从本国货币转向欧元的进程在 2002 年年初结束时，欧元成为 11 个欧洲国家的共同货币。（参见问题聚焦"欧元简史"。）采用欧元的国家现在已经增加到 19 个。支持这个新的共同货币区的经济观点像支持美国共同货币区一样有说服力吗？

毫无疑问，欧洲将会从共同货币收获像美国收获的那样的益处。欧盟委员会的一个报告估计，欧元区消除外汇交易将会给这些国家带来 GDP 总成本 0.5% 的下降。也存在清楚的信号表明共同货币的使用已经增加了竞争。例如在购买汽车时，欧洲的消费者现在能在欧元区的任何地点搜索最低的欧元价格。这已经导致了一些国家汽车价格水平的下降。

但是，关于欧洲是否组建了最优的共同货币区有较少的论述。这是因为蒙代尔的两个条件没有一个得到满足。欧洲国家在过去经历的冲击大相径庭。回想我们对 20 世纪 90 年代德国统一及这对德国和其他欧洲国家截然不同的影响的讨论。并且欧洲的劳动力要素流动性是很低的，而且很有可能保持这种低水平。劳工在欧洲国家内部的流动性要小于美国国内的劳工流动性。考虑到欧洲国家间语言和文化的差异，国家间的流动性甚至更低。

如果欧盟成员国受到特定国家的负面冲击，那么上述情况可能会导致欧盟成员国长期衰退，这种担忧在经济危机爆发之前就已经存在了。但是经济危机表明这种担忧的确得到了证实。很多正经历强有力的需求增长和经常账户赤字大幅增长的国家，比如葡萄牙、希腊和爱尔兰（参见第 18 章关于经常账户赤字的问题聚焦），突然遭遇了支出、产出的急剧下降，并且为经常账户赤字融资也变得越发困难。大幅贬值本可以帮助它们增加需求并且改善经常账户，但是由于使用共同货币，它们只能通过相对于其他欧盟成员降低价格来实现以上目标。其结果是一个漫长且痛苦的调整过程，在写作本书的时候，这个过程远远还没有结束。图 20-1 描述了西班牙实际汇率的演变过程。它显示了2008年之前伴随着西班牙繁荣发展的稳定的实际升值，以及自那以后的实际贬值。尽管现在西班牙的实际汇率已经恢复到了21世纪早期的水平，但调整还远远没有结束。正如我们在第1章中看到的，西班牙的失业率仍然高达21%。

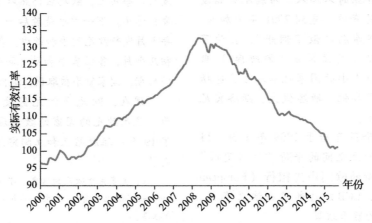

图20-1　2000年以来西班牙实际汇率的演变

注：从2000年到2008年西班牙经历了稳定的实际升值，自那以后又经历了一个长期的实际贬值。

展望未来，欧元所面临的挑战，是在未来能否避免这种长期衰退。这些国家正在探索改革，以消除使衰退进一步恶化的某些因素。许多改革已经开始实施，从银行业联盟到财政联盟，它们都将使国家能更好地应对负面冲击。这些措施是否足以在未来避免危机，仍然有待验证。

问题聚焦　　欧元简史

1988年，正当欧盟庆祝成立30周年时，一些政府认为计划转入使用共同货币的时机已经到来。它们请求欧盟主席雅克·德洛尔准备一份报告，该报告于1989年6月发表。

德洛尔的报告建议实现欧洲货币联盟（EMU）分成三个阶段进行。第一个阶段是取消资本管制。第二个阶段是除"特殊情况"外，选择汇率平价并固定。第三个阶段是使用单一货币。

第一个阶段于1990年7月完成。

第二个阶段开始于1994年，即1992～1993年的汇率危机平息之后。一个很小但具有象征意义的决策是选择共同货币的名称。法国希望称之为"Ecu"（European currency unit，欧洲货币单位），这也是一种老的法国货币的名称。但是其他国家更偏好"Euro"（欧元），这个名称在1995年被采用。

同时，欧盟成员国举行全民公决，以决定是否接受《马斯特里赫特条约》（Maastricht treaty）。1991年签订的这个条约确立了加入EMU的条件：低通货膨胀，低于3%的预算赤字和公共债务要低于60%。该条约在很多国家并不受欢迎，公投的结果也非常接近。在法国，该条约仅以51%的赞成票获得通过。在丹麦，该条约则被拒绝。英国则协商了一个允许英国不加入新货币联盟的"退出"条款。

21世纪90年代中期，看起来似乎没有哪个欧洲国家满足《马斯特里赫特条约》的条件。但是一些国家通过激进的方式降低其预算赤字。到1998年5月，也就是决定哪些国家可以成为欧元区的成员国的时候，11个国家获得成功，它们分别是奥地利、比利时、芬兰、法国、德国、意大利、爱尔兰、卢森堡、荷兰、葡萄牙和西班牙。英国、丹麦和瑞典决定不加入，至少在刚刚开始时不加入。希腊刚开始没有获得加入的资格，直到 2001 年才加入。（2004 年发现希腊"做了假账"，其为了获得资格低估了其预算赤字的规模。）自那以后，五个更小的国家也加入了，包括塞浦路斯、马耳他、斯洛伐克、斯洛文尼亚和爱沙尼亚。

第三个阶段开始于 1999 年 1 月。11 国的货币和欧元之间的平价"不可更改"地固定了。新的**欧洲中央银行**（European Central Bank，ECB）总部设在法兰克福，负责欧元区的货币政策。

从 1999 年到 2002 年，欧元只是以货币单位的形式存在着，欧元硬币和纸币并没有发行。事实上，欧元区仍然以固定汇率区域发挥作用。下一步也是最后一步，是在 2002 年 1 月发行欧元硬币和纸币。在 2002 年的最初几个月，各国货币和欧元同时流通。当年的后期，国家货币被取代，退出流通。

现在，欧元是欧元区使用的唯一货币。采用欧元的国家的数量现在已经达到了 19 个：拉脱维亚和立陶宛是最新加入的成员。

注：更多关于欧元的信息，可以在 http://www. euro.ecb.int/ 上查看。"欧元"的维基百科页面同样也很棒。

硬钉住、货币发行局制度和美元化

更多可参见第 21 章。

固定汇率制的第二种情况与前一种有很大不同。它建立在这样的论点上：可能在某些情况下，一个国家希望限制使用货币政策的能力。

来看一个最近有很高的通货膨胀率的国家——可能是因为该国已经无法为其财政赤字融资，只得通过货币创造来解决，结果造成了高货币增长和高通货膨胀。假定这个国家决定降低货币增长和通货膨胀。要使金融市场的参与者相信该国是真的想要降低货币增长，途径之一就是固定其汇率，即利用货币政策维持汇率平价的需要就可以对货币当局形成限制。

在金融市场预期该平价会被保持的情况下，他们就不会再担心当局用货币增长来弥补财政赤字。

注意限定语"在金融市场预期该平价会被保持的情况下"，固定汇率并不是一个神奇的办法。国家必须使金融市场的参与者相信，汇率不仅仅现在是固定的，而且将来也会保持固定。存在两种途径可以使它做到这一点。

- 固定汇率必须作为一个更一般的宏观经济政策组合的一部分。如果使用固定汇率，但是继续保持巨大的财政赤字，那么只会使金融市场的参与者相信货币增长会再度开始，低估很快就会发生。

当以色列在 20 世纪 80 年代遭受高通货膨胀时，一位以色列的财经部长就支持将这种方法作为稳定计划的一部分。他的提议被理解为是对以色列主权的攻击，他本人很快被解职。

- 不管从象征意义上还是从技术上使平价难以改变，一种途径是被称为**硬钉住**（hard peg）的制度。

硬钉住的一种极端形式是简单地用外国货币取代本国货币。因为所选择的外币通常是美元，因此这种方法也被称为**美元化**（dollarization）。但是，很少有国家愿意放弃本国货币而采用另一个国家的货币。一种稍缓和的方法是**货币发行局制度**（currency board）的采用，在这种制度下，中央银行随时准备以官方汇率买入或者卖出外国货币；而且中央银行不能参与公开市场，即不能买卖政府债券，这一点正是与标准的固定汇率制的差异所在。

也许，货币制度的采用最著名的例子应该是阿根廷在1991年采用该制度，并在2001年年底的一次危机中取消这一制度。问题聚焦"阿根廷的货币制度"会对其有描述。经济学家对阿根廷发生的情况是有不同认识的。一些人认为货币发行局不够强硬，没有避免汇率危机。因此，如果一个国家决定采用固定汇率制，它应该走得更彻底或者美元化。另一种观点认为采用固定汇率制是一个糟糕的主意。如果货币发行局制度被完全采用，那么该制度就应该只被使用一个时期，到中央银行重建其信誉后重新回到浮动汇率制上来。

问题聚焦　　　阿根廷的货币制度

当卡洛斯·梅内姆在1989年成为阿根廷的总统时，他接手的经济是个烂摊子。通货膨胀率每月超过30%的水平，产出增长是负的。

梅内姆和他的经济部长多明戈·卡瓦略很快得出结论，在这种情况下，控制货币增长，也即控制通货膨胀率，唯一的办法是让比索（阿根廷的货币）钉住美元并且通过一种刚性的钉住来实施。因此，卡瓦略在1991年宣布阿根廷将采用货币发行局制度。中央银行将做好准备根据需求将比索兑换成美元。并且，阿根廷还以极度象征性的一美元兑一比索的比率来这么操作。

货币发行局制度的创立和象征性汇率的选择有着相同的目标：让投资者确信政府严肃对待这个钉住，并让未来政府放弃平价和低估变得极度困难。用这种方式使固定汇率制变得更加可信，政府希望降低外汇危机的风险。

一段时间内，货币发行局制度似乎运转得很好。通货膨胀率从1990年的超过2 300%下降到1994年的4%！这很明显是货币发行局制度对货币增长施加很紧约束的结果。更让人印象深刻的是，通货膨胀率的下降还伴随着强劲的产出增长。在1991～1999年，产出增长率平均每年为5%。

但从1999年开始增长转向负的，阿根廷陷入漫长的大衰退中。这次衰退应归因于货币发行局制度吗？是，也不是。

- 在20世纪90年代的后半期，美元相对于世界主要货币都稳定地升值。因为比索钉住美元，比索也升值了。到了90年代末，很显然比索被高估了，这导致了对阿根廷商品的需求下降，进而导致产出的下降和贸易赤字的增加。
- 货币发行局制度要完全对这次衰退负责吗？也不是，还存在其他原因。但是货币发行局制度让抵御衰退变得很困难。低利率和比索的贬值本来有助于经济的恢复，但在货币发行局制度下这并不是个选项。

在2001年，经济危机演变成一场金融和汇率危机，沿着我们在20.2节描述的路线：

- 因为这次衰退，阿根廷的财政赤字增加了，导致政府债务余额的增加。因为担心政府可能对其债务违约，金融投资者开始要求政府债券有一个更高的利率，而这让财政赤字变得更大，这又进一步增加了政府违约的风险。
- 因为担心阿根廷会放弃货币发行局制度并低估货币以抵抗经济衰退，投资者开始对比索要求更高的利率，这让政府维持与美元的平价变得成本高昂，从而使政府很可能最后确实放弃货币发行局制度。

2001年12月，政府对其部分债务违约。在2002年年初，阿根廷放弃货币发行局制度让比索浮动。比索急剧贬值，到2002年7月达到了3.75比索兑1美元。很多个人和企业因为刚开始对钉住的信心而借贷美元，现在他们发现自己用比索表示的美元债务价值巨幅增加。很多企业破产了，银行系统崩塌了。尽管实行了大幅的实际贬值，这将有利于其出口的增加，但阿根廷的GDP在2002年还是下降了11%，失业率增加到接近20%。在2003年，产出增长变成了正的，并从此持续保持高水平，每年超过8%，失业率也下降了。但直到2005年GDP才回到1998年的水平。

这是否意味着货币发行局制度是一个坏主意？经济学家仍然不同意。

- 一些经济学家指出货币发行局制度是一个好主意，但没有走的足够远。他们指出阿根廷本应该简单地美元化，即直接采用美元作为其货币，取消比索。消除本国货币就可以消除贬值的风险。他们指出教训就是即使货币发行局制度也不能提供足够坚硬的汇率钉住，只有美元化才能达到。

- 其他经济学家（事实上是大多数）指出货币发行局制度也许在开始时是一个好的选择，但它不应该保持这么久。一旦通货膨胀率得以控制，阿根廷就应该从货币发行局制度转向浮动汇率制。问题是阿根廷保持对美元的固定平价太久了，一直到比索被大大高估，这样汇率危机就不可避免地发生了。

关于"固定还是弹性"，以及关于软钉住、硬钉住、货币发行局制度和共同货币制度的争议很可能短期内难以被解决。

注：关于阿根廷这次危机的一个有意思、趣味性很强且颇有见解的解读详见 Paul Blustein's *And the Money Kept Rolling In (and Out): Wall Street, the IMF, and the Bankrupting of Argentina*, Perseus Books Group, 2005。

本章概要

- 即使是在固定汇率制下，国家也能够在中期调整其实际汇率。它可以通过价格水平的调整做到这一点。不过，调整的过程可能是漫长并且艰难的。名义汇率的调整可以使经济更快地得到调整，这样可以减少长期调整带来的痛苦。

- 汇率危机通常开始于金融市场参与者相信货币很快会被低估的信念。随后，保卫平价要求很高的利率，并伴随着对宏观经济产生巨大的潜在负面影响。即使开始的时候并没有这样的低估计划，这些负面影响也可能会迫使国家实施低估。

- 当前的汇率依赖于两点：①当前及预期未来国内利率和当前及预期未来外国利率之间的差异；②预期未来汇率。

  任何提高当前或者预期未来国内利率的因素都将导致当前汇率的提高。

  任何提高当前或者预期未来外国利率的因素都将导致当前汇率的下降。

  任何提高预期未来汇率的因素都会导致当前汇率的提高。

- 经济学家中有着广泛的共识，即浮动汇率制一般要比固定汇率制有更多优势，但除了两种情况：

1. 当一组国家之间相互融合度很高并形成了一个最优货币区时（你可以将一组国家的共同货币视为在这些国家间实行固定汇率制的极端形式），对于组成最优货币区的国家来说，它们必须要么面临一个非常相似的冲击，要么在这些国家间有高度的劳动力流动性。

2. 当一个固定汇率制下的中央银行不能被信

任遵循一个负责任的货币政策时，在这种情况下，固定汇率强有力的形式是诸如美元化或者货币发行局制度，这给中央银行提供了一种尝试的途径。

关键术语

- gold standard 金本位制
- float 浮动
- optimal currency area 最优货币区
- Maastricht treaty 《马斯特里赫特条约》
- European Central Bank（ECB） 欧洲中央银行
- hard peg 硬钉住
- dollarization 美元化
- currency board 货币发行局制度

习题

快速测试

1. 运用本章的信息，判断下面的说法是正确、错误还是不确定，并简要解释。

   a. 如果名义汇率固定，那么实际汇率也固定。

   b. 当国内通货膨胀率等于国外通货膨胀率时，实际汇率固定。

   c. 低估（devaluation）是指名义汇率升高。

   d. 英国回到金本位制导致了很多年的高失业率。

   e. 突然担心一个国家将要低估将会导致国内利率上升。

   f. 预期未来汇率的变动将会改变当前汇率。

   g. 国内利率下降对汇率的影响取决于国内利率预期低于外国利率的时间长度。

   h. 因为经济在中期倾向于回到产出的自然水平，因此一国选择固定汇率还是浮动汇率没有区别。

   i. 欧洲国家高度的劳动力流动性使欧元区成为共同货币区的一个好的候选区域。

   j. 货币发行局制度是实行固定汇率制的最好方法。

2. 考虑一个实行固定汇率制的国家，IS 曲线由关系式（20-1）给出：

$$Y = Y\left(\frac{\bar{E}P}{P^*}, G, T, i^* - \pi^e, Y^*\right)$$
$$\quad (-, +, -, \quad -, \quad +)$$

   a. 解释 $(i^* - \pi^e)$ 这一项。为什么外国名义利率出现在了关系式中？

   b. 解释为什么当 $\frac{\bar{E}P}{P^*}$ 上升时，IS 曲线左移。

   c. 在下表中，实际汇率从第 1 期到第 5 期如何演变？国内通货膨胀是多少？外国通货膨胀是多少？用第 1 期的 IS 曲线和第 5 期的 IS 曲线画出 IS-LM 图。

期数	P	P*	E	π	π*	实际汇率, ε
1	100.0	100.0	0.5			
2	103.0	102.0	0.5			
3	106.1	104.0	0.5			
4	109.3	106.1	0.5			
5	112.6	108.2	0.5			

   d. 在下表中，实际汇率从第 1 期到第 5 期如何演变？国内通货膨胀是多少？外国通货膨胀是多少？用第 1 期的 IS 曲线和第 5 期的 IS 曲线画出 IS-LM 图。

期数	P	P*	E	π	π*	实际汇率, ε
1	100.0	100.0	0.5			
2	102.0	103.0	0.5			
3	104.0	106.1	0.5			
4	106.1	109.3	0.5			
5	108.2	112.6	0.5			

   e. 在下表中，实际汇率从第 1 期到第 4 期如何演变？国内通货膨胀是多少？外国通货膨胀是多少？在第 4 期和第 5 期之间发生了什么？用第 1 期的 IS 曲线和第 5 期的 IS 曲线画出 IS-LM 图。

期数	P	P*	E	π	π*	实际汇率, ε
1	100.0	100.0	0.5			
2	103.0	102.0	0.5			
3	106.0	104.0	0.5			
4	109.3	106.1	0.5			
5	112.6	108.2	0.46			

3. 当实际汇率"太高"及名义利率固定时的政策选择。

   高估的实际汇率是指使国内商品相对于国外商品太贵，净出口过少，并且对国内商品需求过低的汇率。这导致政府和中央银行难以做出政策选择。描述经济的等式如下。
   IS 曲线：
   $$Y = Y\left(\frac{\bar{E}P}{P^*}, G, T, i^* - \pi^e, Y^*\right)$$
   $$(-, +, -, -, +)$$
   国内外经济的菲利普斯曲线为：
   国内菲利普斯曲线：$\pi - \bar{\pi} = (\alpha/L)(Y - Y_n)$
   国外菲利普斯曲线：$\pi^* - \bar{\pi}^* = (\alpha^*/L^*)(Y^* - Y_n^*)$

   在前文以及在这个问题中，我们会做出两个关键假设。它们将在 a 题和 b 题中被探讨。然后我们会分析当国家正经历汇率高估时的政策选择。
   a. 我们假设外国经济始终处于中期均衡。这个假设对于外国产出和外国通货膨胀的意义是什么？
   b. 我们假设国内外经济体的预期通货膨胀率的锚定值相同，将它们分别记为 $\bar{\pi}$ 和 $\bar{\pi}^*$。当国内和国外经济都处于中期均衡时，这个假设的意义是什么？
   c. 画出在本国名义汇率被高估情况下的 IS-LM-UIP 图。这张图的关键特征是什么？在没有低估的固定汇率制下，经济如何恢复到其中期均衡状态？
   d. 画出在本国名义汇率被低估情况下的 IS-LM-UIP 图。说明当低估是一种政策选择时，经济如何恢复到其中期均衡状态。
   e. 回想一下，我们已经假设利率平价条件成立，因此 $i = i^*$ 始终成立。请比较在低估时期国内债券和国外债券的收益。债券持有者会继续相信存在一个完全固定的名义汇率吗？如果债券持有者相信可能发生另一次低估，国内利率的结果会是什么？

4. 汇率危机的模型化。

   当钉住（固定汇率制）失去可信度时，汇率危机就发生了。债券持有者不再相信下一期的汇率仍和本期汇率相同。使用无抛补利率平价等式的近似式：

   $$i_t \approx i_t^* - \frac{(E_{t+1}^e - E_t)}{E_t}$$

期数	i_t	i_t^*	E_t	E_{t+1}^e
1		3	0.5	0.5
2		3	0.5	0.45
3		3	0.5	0.45
4		3	0.5	0.5
5	15%	3	0.5	0.4
6		3	0.4	0.4

   a. 根据无抛补利率平价条件解出第 1 期国内利率的值。
   b. 在第 2 期时，危机爆发。根据无抛补利率平价条件解出第 2 期国内利率的值。
   c. 危机持续到了第 3 期。但是，第 4 期时，中央银行和政府化解了危机。这是如何发生的？
   d. 不幸的是，在第 5 期，危机再次发生，并且比以往任何一次都更大、更深。中央银行是否已经将利率提高到足以维持无抛补利率平价条件的水平了？外汇储备水平的结果是什么？
   e. 危机如何在第 6 期化解？这对中央银行和政府的未来公信力有影响吗？

5. 汇率变动的模型化。

   式（20-5）有助于理解本国与外国之间的名义汇率变动。记住，等式中的时期可以指代任何时间单元。等式是：
   $$E_t = \frac{(1+i_t)(1+i_{t+1}^e)\cdots(1+i_{t+n}^e)}{(1+i_t^*)(1+i_{t+1}^{*e})\cdots(1+i_{t+n}^{*e})} E_{t+n+1}^e$$

   a. 假设我们现在考虑的时间区间为 1 天。存在隔夜（1 天）拆借利率。如果我们没有观察到 1 天期利率发生任何变动，那么该如何解释一天当中汇率发生的大幅变动？
   b. 我们在第 15 章学过，月利率（30 天或 31 天）是今天的 1 天期利率和未来 30 天内的预期 1 天期利率的平均值。这在两个国家都成立。我们在 2 月 1 日看到标题"欧洲中央银行预测将在 2 月 14 日降低利率，美元走强"，这个标题有意义吗？
   c. 我们在第 15 章学过，两年期债券的收益率是今天的一年期利率和从今天开始一年后的预期一年期利率的平均值。这在两个国家都成立。我们在 2 月 1 日看到标题

"联邦储备系统宣布，在可预见的未来，利率仍将保持在低水平，美元走弱"，这个标题有意义吗？

d. 经常账户表示本期向世界其他国家的贷出额（如果为正），或者向世界其他国家的借入额（如果为负）。假设出乎意料地，经常账户比预期的负值更大。解释一下为何这个令人震惊的消息会使汇率贬值。

深入研究

6. 汇率的重整。

    参看问题聚焦"1992 年的 EMS 危机"中的图 1。从约 1979 年到 1992 年，欧洲主要国家之间的名义汇率就保持固定。

    a. 解释如何解读图 1 中的纵轴。哪个国家经历了最大的贬值？哪个国家明显经历了最小的贬值？
    b. 如果 1992 年 1 月法国和意大利的两年期名义利率相似，哪个国家的两年期债券会产生最高的收益率？
    c. 如果名义汇率变动使各国恢复到了中期均衡水平，哪些国家在 1992 年经历了最大程度的高估？

7. 加拿大和墨西哥的实际与名义汇率。

    美国最大的两个贸易伙伴是加拿大和墨西哥。联邦储备银行圣路易斯分行的 FRED 数据库中有四个对我们有用的数据序列：墨西哥的实际广泛有效的汇率（RBMXBIS）、加拿大的实际广泛有效的汇率（RBCABIS）、墨西哥比索兑美元的名义汇率（DEXMSUS）以及每美元的加元数（EXCAUS）。下载所有序列的月度数据，形成一张从 1994 年 1 月开始的电子表格。

    a. FRED 中的汇率被定义为每美元的墨西哥比索数和加元数。将它们重新定义为每比索的美分数以及每加元的美分数。为何你要这么做？
    b. 将重新定义的墨西哥－美国名义汇率和实际广泛汇率指数，以及 RBMXBIS 制成一张时间序列图。你有没有观察到一个名义汇率被钉住的期间？当汇率不再钉住时，比索是升值还是贬值了？是否存在一个比索名义上升值而实际贬值的期间？比索最近表现出什么行为？2015 年实行汇率钉住制是否会有利于墨西哥经济？
    c. 将重新定义的加拿大－美国名义汇率和实际广泛汇率指数，以及 RBCABIS 制成一张时间序列图。估计从 1994 年到 2015 年加拿大－美国实际汇率指数的波动百分比。是否存在一个加元被钉住的期间？解释为何在加拿大－美国的案例中，实际汇率指数紧随名义汇率指数。在这段时间，将加元钉住美元是否会有好处？

进一步探究

8. 汇率和预期。

    在本章，我们强调预期对汇率有重要的影响。在这道练习题中，我们使用数据以了解预期到底发挥多大的作用。使用本章后面附录 20B 的结果，你可以发现式（20-4）的无抛补利率平价条件可以写成：

    $$\frac{(E_t - E_{t-1})}{E_{t-1}} \approx (i_t - i_t^*) - (i_{t-1} - i_{t-1}^*)$$
    $$+ \frac{(E_t^e - E_{t-1}^e)}{E_{t-1}^e}$$

    换句话说，汇率变化的百分比（本币的升值）约等于利率差（国内利率和国外利率之间）的变化加上预期汇率变化的百分比（预期本币价值升值）。我们称这种利率之差为息差。

    a. 登录加拿大银行的网站（www.bank-banque-canada.ca）获得过去 10 年一年期国库券的月利息数据，并将这些数据导入表格中。现在登录联邦储备银行圣路易斯分行的网站（research.stlouisfed.org/fred2）下载同一时期一年期加拿大国库券的月利息数据。（你可能需要查看"固定期限"公债而不是国库券。）对于每一个月，用美国利率减去加拿大利率计算出息差。然后，分月份计算出与前一个月的息差变化额（确保将利息转化成合适的小数点形式）。
    b. 在圣路易斯分行的网站，获得和 a 题中同时期的美元与加拿大元之间的汇率数据，并再次将下载的数据导入表格。计算出每个月美元升值的百分比。利用你使用的软件的标准差功能，计算出美元月度升值的标准差。标准差是对一组数据序列变化程度的衡量指标。

c. 对于每个月，用美元升值的百分比（b题）减去息差变化（a题）。将这个差称为预期变化。计算出预期变化的标准差。与月度美元升值的标准差相比，这个标准差怎么样？

这个练习太过简单。这一分析的要点在更复杂的工作中才能得以保存。在短期，短期利率的变动并不能对汇率变动做出多少解释。汇率变动的大部分必须归因于预期改变。

补充阅读

- 关于早期对欧元的一个怀疑论观点，可以阅读 Martin Feldstein, "The European Central Bank and the Euro: The First Year," 2000, http://www.nber.org/papers/w7517, and "The Euro and the Stability Pact," 2005, http://www.nber.org/papers/w11249。
- 关于欧元危机的一本好书，可以阅读 Jean Pisani-Ferry, *The Euro Crisis and its Aftermath*, Oxford University Press, 2014。

附录20A

推导在固定汇率下的 IS 关系

先从第 19 章中推导的产品市场均衡条件式（19-1）开始：

$$Y = C(Y - T) + I(Y, r) + G - NX(Y, Y^*, \varepsilon)$$

这个条件表明，产品市场要达到均衡，产出必须等于对国内产品的需求，即消费、投资、政府支出和净出口的总和。

接下来，回忆下列关系式：

- 实际利率 r 等于名义利率 i 减去预期通货膨胀率 π^e（参见第 14 章）：

$$r \equiv i - \pi^e$$

- 实际汇率 ε 被定义为（参见第 17 章）：

$$\varepsilon = \frac{EP}{P^*}$$

- 在固定汇率制下，名义汇率 E 按定义是固定的。用 $\bar{E}$ 表示名义汇率固定的值，即：

$$E = \bar{E}$$

- 在固定汇率和完全资本流动性下，国内利率 i 必须等于外国利率 i^*（参见第 17 章）：

$$i = i^*$$

使用这四个关系式，重写式（20-1）为：

$$Y = C(Y - T) + I(Y, i^* - \pi^e) + G + NX\left(Y, Y^*, \frac{\bar{E}P}{P^*}\right)$$

可以将这个等式改写为更简洁的形式：

$$Y = Y\left(\frac{\bar{E}P}{P^*}, G, T, i^* - \pi^e, Y^*\right)$$
$$(\quad -, \quad +, \quad -, \quad -, \quad +\quad)$$

这正是文中的式（20-1）。

附录 20B

实际汇率和国内外的实际利率

在 20.3 节我们推导出当前名义汇率、当前和预期的未来国内与外国名义利率,及预期未来名义汇率之间的关系 [式 (20-5)]。

本附录将得到一个类似的关系,但用的是实际利率和实际汇率。然后简要讨论一下这种关系式如何被用来考察实际汇率的变动。

推导实际利率平价条件

从名义利率平价条件即式 (19-2) 开始:

$$(1 + i_t) = (1 + i_t^*) \frac{E_t}{E_{t+1}^e}$$

回忆第 6 章中的实际利率的定义,即式 (6-3):

$$(1 + r_t) = \frac{(1 + i_t)}{(1 + \pi_{t+1}^e)}$$

这里的 $\pi_{t+1}^e \equiv (P_{t+1}^e - P_t)/P_t$ 是预期通货膨胀率。同样地,外国的实际利率由下式给出:

$$(1 + r_t^*) = \frac{(1 + i_t^*)}{(1 + \pi_{t+1}^{*e})}$$

这里的 $\pi_{t+1}^{*e} \equiv (P_{t+1}^{*e} - P_t^*)/P_t^*$ 是预期的国外通货膨胀率。

使用这两个关系式来消除利率平价条件中的名义利率,即:

$$(1 + r_t) = (1 + r_t^*) \left[\frac{E_t}{E_{t+1}^e} \frac{(1 + \pi_{t+1}^{*e})}{(1 + \pi_{t+1}^e)} \right] \tag{20B-1}$$

注意,通货膨胀率的定义为 $(1 + \pi_{t+1}^e) = P_{t+1}^e/P_t$,同样地也有 $(1 + \pi_{t+1}^{*e}) = P_{t+1}^{*e}/P_t^*$。

将这两个关系式代入括号中,得到:

$$\frac{E_t}{E_{t+1}^e} \frac{(1 + \pi_{t+1}^{*e})}{(1 + \pi_{t+1}^e)} = \frac{E_t}{E_{t+1}^e} \frac{P_{t+1}^{*e} P_t}{P_t^* P_{t+1}^e}$$

重新整理各项,得:

$$\frac{E_t P_{t+1}^{*e} P_t}{E_{t+1}^e P_t^* P_{t+1}^e} = \frac{E_t P_t/P_t^*}{E_{t+1}^e P_{t+1}^e/P_{t+1}^{*e}}$$

用实际汇率的定义:

$$\frac{E_t P_t/P_t^*}{E_{t+1}^e P_{t+1}^e/P_{t+1}^{*e}} = \frac{\varepsilon_t}{\varepsilon_{t+1}^e}$$

将其代入式 (20B-1),得:

$$(1 + r_t) = (1 + r_t^*) \frac{\varepsilon_t}{\varepsilon_{t+1}^e}$$

或者,等价于:

$$\varepsilon_t = \frac{1 + r_t}{1 + r_t^*} \varepsilon_{t+1}^e \tag{20B-2}$$

当前的实际汇率依赖于本年的国内及外国的实际利率和下一年的预期未来实际汇率。这个等式对应于式 (20-4),但现在用的是实际汇率和利率而不是名义汇率和利率。

求解出远期实际利率平价条件

下一步是用求解式 (20-4) 的方法求解式 (20B-2) 的远期形式。式 (20B-2) 意味着 $t+1$ 年的实际汇率由下式给出:

$$\varepsilon_{t+1} = \frac{1 + r_{t+1}^e}{1 + r_{t+1}^{*e}} \varepsilon_{t+2}^e$$

t 年的预期形式为：

$$\varepsilon_{t+1} = \frac{1 + r_{t+1}^e}{1 + r_{t+1}^{*e}} \varepsilon_{t+2}^e$$

替代之前的等式，我们有：

$$\varepsilon_t = \frac{(1 + r_t)(1 + r_{t+1}^e)}{(1 + r_t^*)(1 + r_{t+1}^{*e})} \varepsilon_{t+2}^e$$

解出 ε_{t+2}^e，并依此类推，得到：

$$\varepsilon_t = \frac{(1 + r_t)}{(1 + r_t^*)} \frac{(1 + r_{t+1}^e) \cdots (1 + r_{t+n}^e)}{(1 + r_{t+1}^{*e})(1 + r_{t+n}^{*e})} \varepsilon_{t+n+1}^e$$

这个关系式表明当前的实际汇率是当前和预期的未来国内实际利率、当前和预期的未来外国实际利率及 $t + n$ 期的预期实际汇率的函数。

这个关系式相比我们在课本中推导的名义汇率和名义利率之间的关系式（20-5）有一个优势，即通常预测未来实际汇率要比预测未来名义汇率要容易些。例如，如果一个经济体遭受巨额贸易赤字，我们可以相当自信地认为将必然会发生实际低估，即 ε_{t+n}^e 将变得低一点。是否将有一个名义贬值，即 E_{t+n}^e 的变化，却很难说，它取决于接下来 n 年的国内外的通货膨胀率的变化情况。

第七部分
扩展内容：回到政策中来

本书几乎每一章都在讨论政策的作用，接下来的三章将它们放在一起来进行分析。

第21章 提出了两个问题：考虑到宏观经济政策效应的不确定性，使用政策工具完全不会收到较好效果吗？如果政策从原理上讲是有用的，我们就可以信任政策制定者实施的政策是对的吗？潜台词是：不确定性限制了政策的作用，而政策制定者并不总是做出正确的事。但是，在正确的体制下，政策还是有帮助的，也应该被利用。

第22章 关注财政政策。本章回顾了我们已学的知识，然后细致地考察了政府预算约束对债务、支出和税收之间关系的影响。接下来，本章重点讨论了高债务存量的影响和危险性，这是如今发达国家核心关注的问题。

第23章 关注货币政策。在逐章回顾已学内容后，本章将焦点放在当前的挑战上。第一，本章描述了通货膨胀目标制的基本框架，以及危机前多数中央银行采取的货币政策。然后，本章转向了危机引发的诸多问题，从最佳通货膨胀率到金融监管的作用以及新工具使用，也就是所熟知的宏观审慎工具。

第 21 章
政策制定者应该受到限制吗

在本书的很多观点中,我们都已看到恰当并混合地使用财政政策和货币政策可以帮助一个国家走出经济衰退,在不使经济过热和引发通货膨胀的情况下提高其国际贸易地位,减缓经济过热,刺激投资和资本积累等。

然而,这些结论似乎与要对政策制定者加以严格限制的诉求相矛盾。在美国,对在宪法中引入平衡预算的修正案的呼声不绝于耳,在 1994 年美国的中期选举中,共和党制定的"美利坚契约"中的第一条便是这个要求,在图 21-1 中我们重提这个契约。在欧盟,欧元区国家都已签署了《**稳定和增长公约**》(Stability and Growth Pact,SGP),公约要求这些国家必须将财政赤字控制在 GDP 的 3% 以内,否则便会面临巨额罚款。正如我们将看到的,该公约最终失败了,但欧洲人现在已经找到新方法使其变得更强大。

货币政策同样遭受指责,例如新西兰中央银行在 1989 年的宪章中,将货币政策的作用仅确定为维持价格的稳定,而将其他宏观经济目标排除在外。2011 年夏天,得克萨斯州州长里克·佩里(Rick Perry)竞选共和党总统候选人提名时宣称:"如果联邦储备委员会主席本·伯南克(Ben Bernanke)从现在到大选期间印出更多的钞票,我不知道你们在艾奥瓦州会对他做什么,但我们会在得克萨斯州对他相当苛刻。在美国历史上的这个特定时期,印更多的钱来玩政治,在我看来几乎是背信弃义。"里克·佩里和其他一些共和党人希望美联储主席受到规则的约束,减少自由裁量权。

本章我们将讨论这些对宏观经济政策进行限制的情况。

21.1 和 21.2　讨论其中一个论点,即政策制定者或许有好的动机但往往事与愿违,结果是坏事多于好事。

21.3　讨论另一个论点,更具有讽刺意味的是,政策制定者的所作所为对自己而言是最好的,对于整个国家而言却不一定是最好的。

> **议会共和党人**
> **美利坚契约**
>
> **责任说明书**
>
> 我们已倾听你清晰而嘹亮的心声。如果你让我们成为多数，那么在国会的第一天，共和党的议会将：
>
> **向国会施压，使其像普通美国公民一样都遵守法律**
> **裁减1/3的国会委员会的雇员削减国会预算**
>
> 然后，在第一个百日之内，将对以下10个议案进行表决。
>
> 1. 平衡预算修正案和设限项目否决。使政府在其职责范围以内行事，并重建华盛顿对预算的责任，是这么做的时候了。
> 2. 制止暴力犯罪。对于暴力罪犯，我们可以严厉地实施有效、可行、及时的死刑。为了降低犯罪率，要建立更多的监狱，延长服刑期限及让更多的警察走上街头。
> 3. 福利政策改革。政府应该激励人们去工作，不应有婚外子女。
> 4. 保护我们的孩子。必须加强家庭的作用，给父母更多在教育上的控制权，强制推行儿童支持保障支付计划，对儿童色情严加管制。
> 5. 为家庭减税。让我们可以更容易地实现美国梦：存钱、买房、送孩子上大学。
> 6. 强大的国防。我们需要通过重建国家安全基金以确保强大的国防。
> 7. 放宽老人的工资上限。我们将终止政府的年龄歧视政策，因为它不鼓励想要工作的老年人的积极性。
> 8. 减少政府管制。我们需要减少抑制小企业发展的管制，让人们更容易地进行投资，以创造就业和增加工资。
> 9. 合理的法律改革。我们最终可以遏制过度的法律诉求、无关紧要的诉讼和过分热心的律师。
> 10. 国会任期限制。让我们用公民立法代表替换职业政治家，毕竟政治家不应该是一个终身职业。（请看反面，以了解你所在选区的候选人是否联署了1994年10月5日的合约书）
>
> 如若我们违约，甘愿被抛弃，这是我们的意思！

图 21-1 美利坚契约

21.1 不确定性和政策

我们可以直言不讳地表述对政策加以限制的观点：你知道得越少就越少做事。这一观点有两个部分：第一，宏观经济学家以及事实上依赖其建议的政策制定者所知甚少；第二，他们应该少行动。让我们分别讨论这两点。

宏观经济学家实际上知道多少

宏观经济学家就像治疗癌症的医生，他们知道一些，同时还有很多是他们不知道的。

考虑一个正处于高失业的经济，中央银行正考虑使用货币政策来刺激经济活动，考虑到增加货币和增加产出之间顺序的联系，就在中央银行决定是否增加货币供应以及增加多少货币供应量的时候，它面临如下问题。

- 目前的高失业率是高于自然失业率呢，还是自然失业率本身就已经增加了？（第7章）
- 如果失业率接近了自然失业率的情况，那么是不是存在货币扩张将导致失业率下降到自然失业率以下？这会引发通货膨胀率上升的风险吗？（第9章）
- 政策利率的下降将会怎样影响长期利率？（第14章）股票价格将会上升多少？（第14章）货币会因此贬值多少？（第19章和第20章）

- 降低的长期利率和上升了的股票价格需要多长时间才会对投资和消费支出水平产生效应？（第 15 章）J 曲线效应需要多长时间才会起作用，从而使贸易平衡得到改善？（第 18 章）当经济已然复苏，这些效应才显现，那么之后的危害又是什么？

回答这些问题时，中央银行，或者更一般意义上的宏观经济政策制定者当然不会凭空操作，他们会依赖宏观经济计量模型，这些模型里的方程说明了各个关系间过去是什么样子。但是，不同的模型却会有不同的答案，因为各个模型本来就有不同的结构、不同的方程组及不同的变量集合。

图 21-2 展示了这种多样性的一个例子。这个例子来自国际货币基金组织（IMF）正在协调调查的一项研究，该研究要求 10 个主要宏观经济计量模型的构建者回答同样的问题：计算美国的政策利率在两年内下降 100 个基点（1%）的影响。

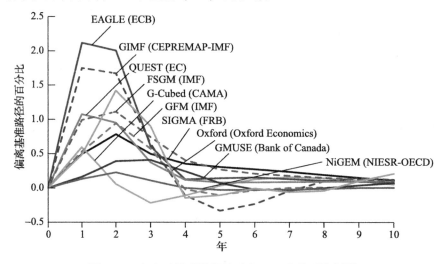

图 21-2 产出对货币扩张的反应：10 个模型的预测

注：对于货币扩张，10 个模型都预测到产出将有一段时间的增加，但是，对于产出增加的幅度和增加的时间长短，各个答案的差别比较大。

其中，三种模型被开发并被中央银行使用，四种模型被开发并被国际组织（如货币基金组织或经合组织）使用，三种模型被开发并被学术机构或商业公司使用。它们有一个大致相似的结构，你可以将其看作本文开发的 *IS-LM-PC* 框架的详细版本。然而，正如你所见，它们对这个问题给出了截然不同的答案。一年后，平均反应虽然是美国产出增加 0.8%，但是答案的范围非常大，从 0.1% 变化到 2.1%。两年后，平均反应为增加 1.0%，范围为 0.2% ~ 2%。总之，如果用这些模型给出的答案范围来度量不确定性的话，那么政策的效果确实存在极大的不确定性。

不确定性应该使政策制定者减少行动吗

出于政策效果不确定性的考虑，政策制定者应该减少行动吗？答案通常是肯定的。考虑下面这个例子，它是根据我们刚才讨论的模型模拟的结果构造出来的。

假如美国经济正陷入衰退，失业率为 7%，美联储正考虑用货币政策来扩大产出。为了集中讨论政策效应的不确定性，我们假定美联储确切地知道其他每一件事情：它知道根据预测如果货币政策不变，则下一年的失业率仍将是 7%；它也知道自然失业率是 5%，那么现在失业率就高于自然失业率 2 个百分点；它也知道根据奥肯定律年产出每增加 1 个百分点，失业率将下降0.4个百分点。

在这些假定下,美联储知道如果下一年的产出多增加5%,一年后的失业率将会降低 $0.4 \times 5\% = 2\%$,这样失业率将下降到5%的自然失业率水平。那么,美联储应该将政策利率减少多少呢?

利用图21-2中各个模型估计的平均效应,第一年,政策利率降低1%,产出将增加0.8%。假设美联储将这一平均关系视为确定的,那么,它该如何行动就很明确了。要在一年之内将失业率降到自然失业率水平,产出就要多增加5%。5%的产出增长需要美联储降低 $5\%/0.8\% = 6.25\%$ 的政策利率。因此,美联储应该降低6.25%的政策利率。如果经济反应确实等于上面10个模型估计的平均数,那么降低这么多的政策利率将使经济在一年内回到自然失业率水平。

假定美联储确实降低了23.8%的政策利率,现在我们引入不确定性,并将这种不确定性用图21-2中各个模型预测效应的范围来度量。回顾模型,政策利率降低1%,一年后的产出增加从0.1%到2.1%不等。这就意味着,政策利率降低1%,根据各种方法所预测的产出增长将处于 $0.625\% \times (0.1 \times 6.25\%)$ 到 $13.1\% \times (2.1 \times 6.25\%)$ 之间的某一点。产出的这些数字反过来意味着失业率将降低 $0.25\% \times (0.4 \times 0.625\%)$ 至 $5.24\% \times (0.4 \times 13.1\%)$。或者说,一年后的失业率将处于 $1.76\% \times (7\% - 5.24\%)$ 至 $6.75\% \times (7\% - 0.25\%)$ 之间的某一点!

结论很清楚:考虑到货币政策影响产出不确定性的幅度,政策利率降低6.25%将是不负责任的。如果正如10个模型所预测的那样,货币量对产出的作用强烈,那么一年后失业率将为 $3.24\% \times (5\% - 1.76\%)$,低于自然失业率,从而必然出现巨大的通货膨胀压力。给定这样的不确定性,美联储降低的政策利率当然应该远远少于6.25%。譬如,降低3%的政策利率,这样一年后的失业率范围将是4.5%~6.9%,这一结果明显还是比较安全的范围。

在现实世界中,事实上美联储并不能确切知道这些事情。它只会做些预测。它不知道自然失业率的确切数字,也不知道奥肯定律中系数的确切值。要是引入这些不确定性的源头,我们的基本结论将会得到加强。

这个例子依据的是倍数不确定性原理——因为政策效应的不确定性,更积极的政策将导致更大的不确定性。参见William Brainard, "Uncertainty and the Effectiveness of Policy," *American Economic Review* 1967, Vol. 57, No. 2: pp. 411-425。

不确定性和对政策制定者的限制

我们总结一下,宏观经济政策效应确实存在不确定性,这种不确定性应使政策制定者更加谨慎并较少地使用积极的政策。政策的主要目标应该是避免经济长期衰退,减缓过热的经济,消除通货膨胀压力。只有失业率和通货膨胀率很高时才采取积极的政策。一个例子是2008~2009年的经济衰退,当时货币和财政政策发生了前所未有的转变,以避免20世纪30年代大萧条重演。但是,在正常时期,宏观经济政策应该杜绝使用**微调**(fine tuning),试图将失业或产出增长保持恒定。

这些结论在20年前就已经引起了争议。当时,两派经济学家之间存在着激烈的争论。以芝加哥大学的米尔顿·弗里德曼为首的一派经济学家坚持认为,因为时滞不仅是长期存在的也是变化的,所以激进的政策所带来的害处可能要多于好处。以麻省理工学院的弗兰科·莫迪利亚尼为首的另一派经济学家则因为刚刚创建了第一代大规模宏观经济计量模型而认为经济学家对经济的认识已经足够好了,因此可以逐渐增加对经济的微调。目前,大多数经济学家都意

弗里德曼和莫迪利亚尼也是两位分别独立地发展了我们在15章看到的现代消费理论的经济学家。

识到政策效应确实存在着不确定性。他们也接受这样一种暗示，即除了 2008～2009 年这样的特殊时期，不确定性之下应该少采用积极的政策。

然而值得注意的是，到目前为止，我们所讨论的观点都是政策制定者的自我约束，而不是对政策制定者施加约束。如果政策制定者能理解不确定性的意义，也没有理由认为他们不理解，他们就应该主动少用积极的政策。这样，也就没有必要施加进一步的约束，例如设定货币增长率的恒定值，或者要求预算应该平衡。下面，我们将讨论对政策制定者施加约束的观点。

21.2 预期和政策

宏观经济政策效果不确定性的原因之一是预期与政策的相互作用。一个政策如何起作用以及起多大作用不仅取决于它如何影响目前的变量，还取决于它如何影响对未来的预期（第 16 章的主题），然而，对政策预期的重要性已经超过了政策效果的不确定性。这将我们带到对博弈的讨论。

> 尽管机器正变得越来越智能，如 1968 年的电影《2001：奥德赛太空》中的机器人 HAL 开始会预期人类将会在太空做什么了，但这个结果（对这种类比而言）也不是一个值得高兴的事情。（看看这部电影。）

> 博弈论正成为经济学所有分支中的重要工具。1994 年和 2005 年的诺贝尔经济学奖都授予了博弈论理论家。1994 年授予了普林斯顿大学的约翰·纳什、加利福尼亚大学伯克利分校的约翰·海萨尼及德国的莱因哈德·泽尔腾（纳什的生活经历被拍成了电影《美丽心灵》）。2005 年授予了以色列的罗伯特·奥曼及哈佛大学的托马斯·谢林。

30 年前，宏观经济政策被看成与控制复杂机器相同的方法。最初是为了控制和引导火箭而发展出来的**最优控制**（optimal control）方法逐渐被用于宏观经济政策。现在经济学家不再用这种方法了。越来越清楚的事实是，经济与机器根本就不同，即使是与极端复杂的机器相比也是如此。与机器不同，经济是由个人和企业组成的，个人和企业会预期政策制定者会做什么，而且他们不仅对目前的政策也对将来的政策的预期做出反应。因此，宏观经济政策必须看成政策制定者和经济，更准确的是经济里的人和厂商之间的**博弈**（game）过程。因此，在讨论政策时，我们使用的工具不再是**最优控制理论**（optimal control theory）而是**博弈论**（game theory）。

一个警示是，经济学家所说的博弈不是娱乐的含义，它指**博弈者**（players）之间的**战略互动**（strategic interactions）。在宏观经济政策的背景里，博弈的一方是政策制定者，另一方是个人和企业。战略互动的含义就很清楚了：个人和企业根据他们预期政策制定者做什么而决定做什么；反过来，政策制定者根据经济将发生什么而选择做什么。

博弈论给经济学家带来了很多洞察力，如果对博弈的本质理解到位，常常能够对一些看似奇怪的行为做有见地的解释。其中的洞察力之一就是这里所讨论的政策约束的极端重要性：有时在博弈中放弃某些选项，会得到更好的结果。要说明其中的原因，先来看一个经济学以外的例子——政府对待劫机犯的政策。

劫持人质和谈判

大多数政府都会明示不与劫匪谈判的政策，原因很显然：为了威慑住劫持人质的劫匪。

尽管存在这一明文规定的政策，现假设还是发生了一起劫持人质案件。考虑到劫持人质已经发生，那为什么不进行谈判呢？无论补偿劫匪的什么需求也不会比另一种选择，即人质被杀所付出的代价大。因此，最好的政策显然应该是对外宣布不会进行谈判，但一旦劫持事件发生仍选择谈判。

再回顾一下，事实上这显然是一个坏的政策。劫匪的决策不依赖于明文规定的政策，而是他们预期到如果劫持一旦产生将会发生什么。如果他们知道肯定会进行谈判，他们就会正确地估计宣称的政策无效，那么更多的劫持人质事件就会发生。

那么最好的政策是什么呢？尽管一旦劫持人质已经发生，此时谈判通常也会带来更好的结果，但是最好的政策却是政府承诺不进行谈判。通过放弃谈判选项，他们有可能在事情发生之前就已经阻止了劫持人质的发生。

现在我们回到一个宏观经济学的例子上来，一个关于通货膨胀和失业之间关系的例子。正如你将要看到的那样，其中的逻辑是完全一样的。

重返通货膨胀和失业

回顾我们在第 8 章中推导出来的通货膨胀和失业的关系式[式(8-9)，这里将时间下标简略掉]：

$$\pi = \pi^e - \alpha(u - u_n) \tag{21-1}$$

通货膨胀率 π 取决于预期通货膨胀率 π^e 以及实际失业率 u 和自然失业率 u_n 之差。系数 α 反映了失业对通货膨胀的影响。给定预期通货膨胀率，如果失业率高于自然失业率，通货膨胀率就低于预期通货膨胀率；如果失业率低于自然失业率，通货膨胀率就高于预期通货膨胀率。

假设美联储宣布将贯彻与零通货膨胀相一致的货币政策。假定人们相信这一公告，那么工资合同里所包含的预期通货膨胀率 π^e 等于 0，美联储就面对下面的式子：

$$\pi = -\alpha(u - u_n) \tag{21-2}$$

如果美联储一直贯彻它宣布的零通货膨胀的政策，那么预期通货膨胀率和实际通货膨胀率都将等于 0，而且失业率将等于自然失业率。

零通货膨胀和到达自然失业率的失业率并不是坏的结果。但是，事实上美联储可以做得更好。

- 回顾第 8 章，美国的 α 大致等于 0.5，因此式（21-2）意味着，接受仅 1% 的通货膨胀，美联储可以将失业率降低到低于自然失业率 2 个百分点。假设美联储以及经济中的任何人，发现两者权衡更有吸引力，并决定将失业率降低 2 个百分点，通货膨胀率达到 1%。工资的制定者一旦制定了工资（在这个例子里，一旦对方已经行动），就有激励试图偏离（对方）已宣布的政策。在博弈论里这被称为最优策略的**时间不一致性**（time inconsistency）。在这个例子里，美联储通过改变已宣布的零通货膨胀政策，从而改善了该时期的结果：通过承受一点通货膨胀，确实可以降低失业。

- 不幸的是，故事并没有就此结束。美联储增发了比它之前所宣布的数额要多的货币，工资议价者很可能会了解这一事实并开始预期 1% 的正通货膨胀。如果美联储仍想把失业率降

这个例子由卡内基－梅隆大学的芬恩·基德兰德和亚利桑那州立大学的爱德华·普雷斯科特提出，见 "Rules Rather than Discretion: The Inconsistency of Optimal Plans," *Journal of Political Economy*, 1977, 85(3): pp. 473-492。基德兰德和普雷斯科特获得 2004 年诺贝尔经济学奖。

回顾一下，给定劳动市场条件以及工人对未来价格的预期，厂商和工人签订名义工资。给定厂商支付的名义工资后，厂商设定价格。因此，价格取决于劳动市场条件和预期的价格。同样地，通货膨胀率取决于预期通货膨胀率和劳动市场条件。这就是式（21-1）所能表达的信息。

为了简化，我们可以假定美联储能够精确地选择失业率，也就意味着选择了通货膨胀率。这样做，暂时略去了政策效应的不确定性。这是 21.1 节的主题，不是这里的中心思想。

如果 $\alpha = 0.5$，式（21-2）就意味着 $\pi = -0.5(u - u_n)$。如果 $\pi = 1\%$，那么 $(u - u_n) = -2\%$。

到低于自然失业率2%的水平，现在就必须承受2%的通货膨胀率，因为预期已经改变了。接受1%的通货膨胀率已经不足以维持更低的失业率了。但是，如果它接受了2%的通货膨胀水平，工资议价者很可能会进一步增加对通货膨胀的预期，如此循环下去。

- 最终的结果可能是演变为高通货膨胀。因为工资议价者懂得美联储的动机，预期通货膨胀就会赶上实际通货膨胀。与美联储按照已宣布的政策行事所获得的结果相比，现在的经济有着相同的失业率，却伴随着一个更高的通货膨胀率。总之，美联储想要使事情更美好的尝试却导致更糟糕的结局。

> 应当记住的是，自然失业率从任何意义上讲既不是自然的也不是最好的（参见第7章）。对于美联储和其他任何人，倾向于一个比自然失业率更低的失业率也是合情合理的。

这个例子非常有意义。回到第8章中，我们可以确切地把菲利普斯曲线的历史和20世纪70年代不断攀升的通货膨胀率解读为由美联储尝试将失业率保持在低于自然率水平的企图所致，这导致了越来越高的预期通货膨胀，进而使实际通货膨胀也越来越高。由此看来，原始菲利普斯曲线的移动可以看作工资议价者根据中央银行的行为对预期进行调整的结果。

那么，在这种情况下对于美联储而言最优的政策是什么呢？最好的是做出可信的承诺，即承诺不会试图将失业率降到自然失业率以下。通过放弃偏离已宣布政策的选项，美联储可以实现经济处于自然失业率和零通货膨胀状态。与劫持人质的例子做类比，显然可以得到：如果令人信服地承诺不去做那些当时看似更吸引人的事情，政策制定者可以取得更好的结果，即在前面的例子中将不会发生劫持人质，而这里也不会出现通货膨胀。

建立可信度

中央银行做出的不会偏离已宣布的政策的承诺如何才能让人感到令人信服呢？

建立可信度的一种方式是，中央银行放弃或者由法律来剥夺其制定政策的权力。例如，通过法律中简单的条文来规定银行的权力，如设定货币增长率永远为0。（一种替代方法是我们在第20章讨论过的，即引入诸如一篮子货币甚至钉住美元这样的硬标杆。这样做使中央银行放弃了利用汇率和利率的能力。）

这样的法律显然是为了处理时间不一致性的问题。但是，如此硬性的约束就如同把婴儿和洗澡水一起泼掉一样。我们想阻止中央银行为了追求比自然率更低的失业率而实施过高的货币增长。但是，受制于21.1节中所讨论的约束，我们还想让中央银行在失业率远远高于自然率时可以扩张货币供给；在失业率远远低于自然率时，能够紧缩货币供给。这样的行为在货币保持不变的规则下将变得不可能。事实上还有更好的方式来解决时间不一致性问题。针对货币政策，我们来讨论处理这种问题的几种方法。

第一步是使中央银行具有独立性。至于中央银行的独立性，我们的意思是当中央银行在制定利率与做货币供给决策时是独立的，独立于政治家的影响，政治家面对频繁的再选举，他们也许希望降低当下的失业率，即使随后会有通货膨胀。保持中央银行的独立性，可以让政治家解雇中央银行行长变得很困难，可以使中央银行抵制政治压力，即使失业率下降并低于自然失业率。

但是这还不够。即使中央银行没有遭受政治压力，它仍有可能试图将失业率降至自然失业率以下，因为这在短期可以获得一个较好的结果。因此，第二步就是赋予中央银行行长关注长远的激励，即要让中央银行将高通货膨胀的长期成本考虑进来。达到这个目的的一个途径是给予他们更长的任期，从而激励他们有长远的视野和树立信誉。

第三步是任命一位"保守的"中央银行行长,这个人非常厌恶通货膨胀,因此在失业率等于自然失业率时不会愿意为了换取更低的失业率而接受更高的通货膨胀。在经济处于自然失业率水平时,这样的中央银行行长不愿实施货币扩张。这样,时间不一致性的问题也就随之消失了。

在过去20年的时间里,很多国家都采取了这些步骤。中央银行获得了更高的独立性;中央银行行长也被给予了更长的任期;同时,政府通常也会任命比政府官员更"保守"的中央银行行长——这样的行长似乎比政府更关心通货膨胀而更少关心失业。(参见问题聚焦"艾伦·布林德说真话是不对的吗"。)

从图 21-3 可以看出,这种方法是很成功的,至少从低通货膨胀率角度来看是这样。纵轴表示了18个经合组织国家1960~1990年的年均通货膨胀率。横轴表示"中央银行独立性"指数,该指数通过考察银行宪章的若干法律条款而进行构造,例如,考察政府是否能够以及如何撤换银行行长。由回归线可以总结出这两个变量之间明显存在着反向变动关系,即中央银行越独立,相应的通货膨胀率越低。

警告:图 21-3 展示的是相关关系,并不必然是因果关系。那些不喜欢通货膨胀率的国家通常会有独立性较强的中央银行行长和较低的通货膨胀率。(这是另外一个关于相关关系和因果关系区别的例子——书末的附录 C 会加以讨论。)

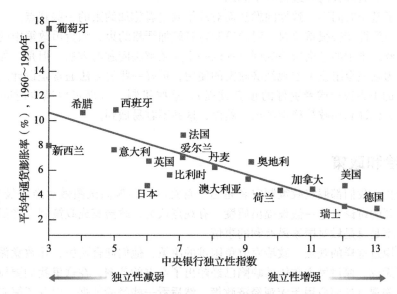

图 21-3 通货膨胀水平和中央银行的独立性

注:在经合组织国家,中央银行独立性的程度越高,通货膨胀率越低。

资料来源:Vittorio Grilli, Donato Masciandaro, and Guido Tabellini, "Political and Monetary Institutions and Public Financial Policies in the Industrial Countries." *Economic Policy*, 1991, 6(13): pp. 341-392.

问题聚焦　　　艾伦·布林德说真话是不对的吗

1994年夏,克林顿总统任命普林斯顿大学的经济学家艾伦·布林德担任联邦储备委员会的副主席(事实上的二把手)。几周之后,布林德在一次经济会议上发言时指出,他相信在失业率很高时,联邦储备委员会既有责任也有能力用货币政策使经济复苏。这一言论很难被接受,公债价格应声下跌,大多数报纸文章都对布林德展开笔伐。

市场和报界的反应为何如此消极？显然不是布林德说错了。毫无疑问，货币政策可以而且应该帮助经济走出衰退。事实上，1977年《联邦储备银行法案》要求美联储不仅要追求低通货膨胀，也要追求完全的就业。

引用前述的观点，反应如此消极的原因在于布林德用自己的预言揭露他不是一位保守的中央银行行长，他不仅关心通货膨胀，而且关心失业。失业率在6.1%的水平，接近于当时所认为的自然失业率，市场把布林德的言论当成了他要把失业率降低到自然失业率之下。利率上升是由于人们把通货膨胀预期调高了，因此债券价格随之下跌。

这个故事的用意很明显，无论中央银行行长是什么态度，他们似乎都应该看起来且听起来是保守的。这就是为何很多中央银行首脑都不愿意承认，即使是在短期，失业和通货膨胀之间也要进行权衡，至少在公共场合他们不愿意承认这一点。

时间一致性和政策制定者的约束

我们对已学的这部分内容进行一个总结。

我们讨论了基于时间不一致性问题从而对政策制定者施加约束的一些观点。

当时间不一致性变得很重要时，对政策制定者施加严格约束，如货币政策中的固定货币增长规则或者财政政策中的平衡预算规则可提供一个大致解决问题的方法。但是，如果这种方案代价高昂，因为它完全阻止了宏观经济政策的使用，更好一些的方法通常是设计出一些较好的机制（如独立的中央银行或者更好的预算过程），这些机制一方面可以减少时间不一致性问题，另一方面又允许利用政策稳定产出。然而，这并不容易做到。

21.3 政治和政策

到目前为止，我们都假定政策制定者是出于善意的，即他们试图做对经济最有利的事情。然而，很多公开的讨论对这一假设提出质疑，有观点认为，政治家或政策制定者做对自己最有利的事情，而不是总是做对国家最有利的事情。

你或许听说过这样的观点，政治家避免困难的决策，他们迎合选民，导致党派斗争陷入僵局，最后一事无成。探讨民主政体的缺陷已经超出了本书的范围，在这里我们要做的是，先大致回顾一下这些观点如何应用于宏观经济政策，然后看一些经验证据，以及了解它对政策约束的问题有什么启发。

政策制定者和选民间的博弈

很多宏观经济政策的决策都涉及短期损失和长期收益之间的权衡，或者相反的是，短期收益和长期损失之间的抉择。

以减税为例，从定义上，减税将导致当前税收的减少。减税也可能导致一段时间经济活动的升温，因而税前收入增加。除非是和政府同等程度的支出减少相配合，否则这会导致更大的预算赤字，需要在将来增加税收。如果选民目光短浅，政治家承诺减税也许会是极为诱人的。政治可能导致系统性的赤字，至少会持续到政府债务变得非常之高以至于政治家害怕而不得不采取措施。

现在我们从税收转过来讨论一般意义上的宏观经济政策。再一次假定选民目光短浅，如果政治家的主要目的是取悦选民以再次当选，那么在选举前，还有什么比扩大总需求以带来更高的增长和更低的失业率更好的政策呢？事实上，超过正常增长率的增长是不可持续的，经济最终必然会回到自然产出水平。于是，较高的增长之后必然是较低的增长。但是，如果选择恰当的时机，加之选民的眼光短浅，较高的增长可以赢得选举，因此我们会看到一个非常明显的**政治商业周期**（political business cycle），即在选举之前增长率平均来说比选举之后要高。

> 根据奥肯定律，我们知道超过正常增长率的产出增长会使失业率下降到自然失业率之下。从中期来看，失业率必然要增加到自然失业率水平。这相应地要求产出增长率低于自然产出增长率一段时间。参见第8章。

我们提到的这些观点是我们所熟悉的。你可能在此之前已经听说过，只是形式不同而已。这些观点的逻辑令人信服，问题是它们真的很好地符合事实吗？

首先拿赤字和政府债务来说，以上有关税收的讨论可能让你认为预算赤字和政府的高负债过去一直经常存在，而且将来也会经常发生。图21-4给出了自1900年以来美国政府债务占GDP比率的演变过程，它表明事实要复杂得多。

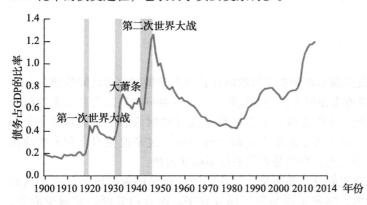

图21-4 1900年以来美国政府债务占GDP比率的演变

注：1900年以来出现的三次债务高峰分别是在第一次世界大战期间、大萧条期间和第二次世界大战时，而1980年以来的这次高峰似乎在性质上明显不同。

资料来源：Historical Statistics of the United States；U. S. Census Bureau.

首先看一下1900～1980年这一比率的演变趋势，注意到三次政府债务高峰都出现在非常特殊的环境下：第一次世界大战时期是第一个高峰，大萧条时期是第二个高峰，第二次世界大战是第三个高峰。这些时期，要么是军事支出异常的高，要么是产出出现相当程度的下降，显然是不利的环境，而不是为了取悦选民才导致大量的赤字，进而导致分别在这三个时期出现政府债务的增加。我们也应注意到，在这三次高峰之后都紧随着政府债务的下降。特别注意一下，政府债务占GDP的比率如何从1946年高达130%的水平稳步地下降至1979年33%的战后低点。

> 赤字演变、债务和债务占GDP的比率之间确切的关系将在第22章中详细讨论。这里你只需要知道赤字会导致债务的增加。

然而，最近的大量证据则更好地符合关于选民目光短浅和政治家迎合选民的观点。很明显，2007年以来债务占GDP比率的大幅增加是因为经济危机。但撇开这一点不谈，请注意债务占GDP比率如何从1980年的33%上升至2007年的63%。债务增加在很大程度上可以追溯至两轮减税期间，第一轮是20世纪80年代初期里根政府大规模减税，第二轮是2000年以来布什政府大规模减税。这些减税政策及因此而导致的赤字和债务余额的增加最好的解释是不是就是政治家的迎合或者选民的目光短浅呢？我在下面指出答案可能不是，主要原因不在于政策制定者和选民之间的博弈而在于不同政党之间的博弈。

> 我们在第6章讨论了财政政策对危机的反应。

在表明这一点之前,我们先回到政治商业周期的论点,它认为政策制定者在选举前为了可以再次当选从而试图获得产出的高增长。如果政治商业周期是重要的,那么我们应该可以看到,选举前的增长比选举后要快。表21-1列示了1948~2012年美国共和和民主两党每届政府四年任期各年的平均产出增长率,它们之间出现了明显差异。观察最后一行,在每届政府任期的最后一年,平均下来的增长确实是最高的。但是平均来说,各年之间增长率的差别非常小:在每届政府任期的最后一年,增长率平均为3.7%,而第一年的增长率平均为2.9%(在本章我们还会再回到这个表格来说明表中其他一些有趣的特征——共和党和民主党执政之间的差异)。现在,有关操纵宏观经济,至少是成功的操纵就可以赢得选举的证据是很少的。

表21-1 民主党和共和党执政期间的增长率:1948~2012年 (%)

	政府执政年份				
	第一年	第二年	第三年	第四年	平均
民主党	2.5	5.4	3.9	3.6	3.9
共和党	3.4	0.7	3.3	3.8	2.8
平均	2.9	3.1	3.6	3.7	3.4

资料来源:使用1948~2012年的GDPCA序列数据计算:Federal Reserve Economic Data(FRED) http://research.stlouisfed.org/fred2/。

政策制定者之间的博弈

另一方面的争论是将焦点从政策制定者和选民间的博弈转移到政策制定者之间的博弈上。例如,假设执政党想要减少政府支出但在国会却面临反对。一种同时向国会和未来的执政党都施加压力的方法是进行减税从而导致财政赤字。随着债务余额的增加,减少赤字的压力不断上升可能反过来迫使国会和未来的执政党减少支出,有些是它们不得不这样选择。

> 这个策略有一个不雅的名字"挨饿野兽"。

或者再假设,并不是出于我们刚才讨论的原因也不是因为其他什么原因,国家正面临巨额预算赤字。国会两党都愿意减少赤字,但是对减少赤字的方式产生了分歧:一方提出主要通过增加税收来减少赤字,而另一方则希望主要通过减少支出来减少赤字。两党都坚持己见希望对方先让步,结果,只有到了债务余额急剧增加以至于减少赤字变得极为紧迫时,某个政党才做出让步。

博弈论专家将这种情形称为**拉锯战**(wars of attrition)。各方都希望另一方能够让步,导致拖延的时间更长,代价也更大。这样的消耗战在财政政策情形下经常发生,使赤字在很早之前就应该降低,但是往往要拖很久。

问题聚焦　　　　**欧元区财政规则:　一段简史**

欧盟国家在1991年谈判签署的《马斯特里赫特条约》为打算加入欧元区的国家设定一系列必须满足的共同规范(关于欧元的更多历史参见第20章的问题聚焦"欧元简史")。其中有两条是关于对财政政策的约束。第一条是该国的预算赤字占GDP的比重必须低于3%;第二条是该国的债务余额占GDP的比重必须低于60%,或者至少是"正以满意的速度达到这个值"。

1997年当时的欧元区成员国同意将这些规范的某些部分永久确定下来。于是,

1997年，《稳定和增长公约》（SGP）签署了。公约要求欧元区成员国必须遵守下列财政规则。

- 这些国家有义务实现中期预算平衡。它们必须将现有计划递交欧洲权力机构，说明当年和接下来三年的目标，以表明它们在朝着中期目标取得进展。
- 这些国家要避免过度的赤字，除非出现例外情况。遵照《马斯特里赫特条约》的规范，过度赤字被定义为超过GDP的3%。例外情况被定义为GDP出现衰退，降幅超过2%。
- 对于过度赤字的国家施加处罚。处罚的金额为GDP的0.2%～0.5%，这样，像法国将大致达到100亿美元！

图1用曲线表示了1995年以来欧元区作为一个整体预算赤字的演化趋势。注意预算平衡在1995～2000年如何由欧元区GDP 7.5%的赤字变成盈余。某些成员国的表现相当令人印象深刻：希腊将赤字从GDP的13.4%降低到报告的GDP的1.4%。（后来在2004年发现希腊政府谎报了它的赤字，并发现尽管实际取得进步却仍低于其之前报告的数字；现在2004年的预算赤字被估计为4.1%。）意大利的赤字从1993年GDP的10.1%减少到2000年仅为GDP的0.9%。

这些进展完全是因为《马斯特里赫特条约》和SGP吗？就像同时期美国的预算赤字缩减一样，答案是否定的：名义利率的下降导致的债务利息支付的减少和20世纪90年代末强劲的经济扩张都扮演了重要的角色。但是，也像美国那样，这些财政规则担当了重要的角色：获得加入欧元区的权力有足够的吸引力促使一些国家采取严格的措施缩减它们的赤字。

然而在2000年事情发生了逆转。自2000年以来，赤字一直在攀升。葡萄牙在2001年成为首个突破这一限制的国家，赤字比例达到4.4%；接下来是德法两国，它们的赤字水平在2002年均超过GDP的3%；意大利很快就跟上来了。在这种情况下，这些国家的政府认为避免遵守有可能导致产出进一步下滑的财政约束要比满足SGP规则重要得多。

面对明显的过度赤字（并不能借以例外情况的借口，因为在这些国家产出增长率尽管很低，但都还是为正），欧洲权力机构陷于窘境。宣布针对葡萄牙这样的小国启动过度赤字惩罚程序还可能有政治上的可行性，即便怀疑葡萄牙有支付罚款的意愿。但是，宣布对欧元区德法两个大国启动类似的程序，在政治上也是不可能的。欧洲两大权力机构经过短暂的斗争后，欧盟委员会希望继续进行过度赤字惩戒程序，而代表各个国家利益的欧洲理事会则反对，最终这一程序中止了。

这场危机清楚地显示，最初的规则过于僵化。欧盟委员会主席罗马诺·普罗迪（Romano Prodi）承认了这一点。在2002年10月的一次采访中，他指出："我非常清楚，SGP是愚蠢的，就像所有僵化的决定一样。"法国和德国的态度表明，对赤字过大国家处以巨额罚款的威胁是完全不可信的。

两年来，欧盟委员会探讨了改进规则的方法，以使其更加灵活，从而使其更可信。2005年，一项新的、经修订的SGP得以通过。它保留了3%赤字和60%债务作为门槛，但允许了更灵活的偏离规则。暂停了经济增长不能低于−2%的规则。当然，如果赤字来自结构改革或公共投资可以存在例外。罚款已被取消，该计划依赖于早期的公共警告以及欧元区其他国家的压力。

由于强劲的增长与较高的收入，有段时间赤字占GDP比率不断下降。这一比率在2007年达到0.5%的低水平。但是，这场危机以及随之而来的收入锐减,再次导致了预算赤字的大幅增加。2010年,这一比率接近6%,是SGP门槛的两倍,欧盟27个国家中23个违反了3%的赤字上限。很明显,这些规则必须重新考虑。最后,2012年,欧盟成员国签署了一项新的政府间条约,即《经济和货币联盟稳定、协调和治理条约》,又称《财政契约》。它主要有以下四项规定。

- 成员国应通过宪法修正案或框架法将平衡预算规则纳入国家立法。
- 政府预算应当平衡或有盈余。该条约将平衡预算定义为预算赤字占GDP比率不超过3%以及周期性调整赤字不超过特定国家目标。这些目标指债务占GDP比率超过60%的国家最多可设定为GDP的0.5%,债务占GDP比率在60%限度内的国家最多可设定为GDP的1.0%。
- 政府债务占GDP比率超过60%的国家必须对超过的百分比部分以每年至少5%的速率降低。[例如,如果债务占GDP比率为100%,则每年必须至少减少0.05×(100 − 60) = 2%。]
- 如果国家预算与第二项规定有重大偏离,自动纠正机制将被触发,该机制被称为"过度赤字程序"。这一机制的具体执行情况由每个国家单独确定,但必须符合欧盟委员会概述的基本原则。这一错综复杂的程序在此用图表进行解释:http://ec.europa.eu/economy_finance/graphs/2014-11-10_excessive_deficit_procedure_explained_en.htm。

2015年,在这四项规定中增加了一项新的规定,规定在决定一个国家是否应接受过度赤字程序时,还将考虑该国在实施结构改革(例如养老金、劳务和服务市场领域)方面取得的进展。

到2014年,欧元区国家的平均预算赤字已降至2.4%,但因为违反了《财政契约》中的一项或多项规定,19个欧元区成员国中仍有11个国家处于过度赤字程序之中。人们普遍认为,这套规定已经变得过于复杂和混乱,必须简化。这项工作正在进行中,但设计一套更简单的规定显然不容易。

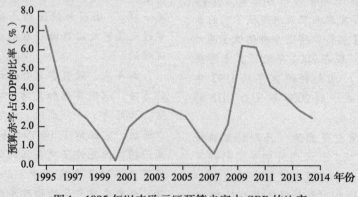

图1 1995年以来欧元区预算赤字占GDP的比率

资料来源:European Central Bank.

在其他宏观经济领域拉锯战也会发生,例如在发生恶性通货膨胀的时期,就像我们在第22章中所讨论的那样,恶性通货膨胀是由于利用货币创造来弥补巨大的预算赤字造成的。尽管降低赤字的需要在很早的时候就已经被意识到,但是,对于稳定计划,包括消除赤字的支持，通常只有在通货膨胀已很高以至于经济活动受到了严重影响时才会到来。

这种博弈能很好地解释自20世纪80年代早期以来美国不断上升的债务GDP占比。毋庸置疑，里根政府的一个目标是放慢政府支出增加的脚步，在1981~1983年进行了减税。也不用怀疑，到了1985年年中，对于赤字应该减少，政策制定者之间是有普遍共识的。但是，因为民主和共和两党在究竟主要通过税收增加还是主要通过削减支出来实现这一目标上迟迟达不成共识，直到20世纪90年代赤字减少才姗姗来迟。21世纪初布什政府减税的动机与里根政府是非常相似的。时下，财政赤字就在那里，很明显共和党希望通过削减非国防领域开支的方式减少赤字，而民主党人则更倾向于增加税收。

政策制定者之间进行博弈的另一个例子是，执政党的更迭导致经济活动的波动。与民主党相比，共和党通常更多地关心通货膨胀，而更少地关心失业。因此，我们可以预料，与共和党执政相比，民主党执政会出现更强劲的经济增长，更少的失业和更高的通货膨胀。这一预测似乎与事实吻合得很好。再看一下表21-1，民主党政府的平均增长率是3.9%，而共和党则为2.8%。增长率最明显的对比出现在执政的第二年，民主党政府的5.4%对比共和党政府的0.7%。

另一个经济学之外的例子是2004年和2005年美国曲棍球联合会出现了停工事件，整个赛季都被取消了，原因在于老板和球员之间无法达成协议。

参见第19章的问题聚焦"货币紧缩和财政扩张：20世纪80年代早期的美国"。

第22章介绍了更多当下美国财政政策状况。

这引发一个有趣的问题：在每届政府的第二年，效应为何如此显著？第8章中所讨论的失业和通货膨胀理论或许能够给出假说：政策要发挥作用，存在时滞，因此一届新政府要花费一年左右的时间才能对经济产生影响。而且，在很长的时间内，要维持比通常水平更高的增长，将会导致通货膨胀日益增加，因此，即使是民主党政府，在其任期内也不想一直维持较高的经济增长。所以，对共和党和民主党政府而言，与它们在前一半任期相比，它们在后一半任期内的增长率似乎更为接近。

政治和财政约束

如果政治确实时常导致长久持续的预算赤字，能不能设置一些规则来限制这些负面效应呢？

平衡预算宪法修正案（例如1994年共和党提出的），确实可根除赤字问题。但是，就像在货币政策情形下贯彻恒定的货币增长规则一样，这种方法完全剔除了将财政政策作为一项宏观经济政策来使用的可能，为此所付出的代价是高昂的。

一种稍好的方法是设置一些对赤字和债务余额进行限制的规则。这听起来不错，但做起来很难。诚然，对类似赤字占GDP比率或债务余额占GDP比率进行限制的规则要比平衡预算要求更富有灵活性，但是一旦经济遭受特别恶劣的冲击影响，它仍然不够灵活。最能清楚表现这些的是《稳定和增长公约》所面临的问题，关于这个问题更详细的讨论参见问题聚焦"欧元区财政规则：一段简史"。更灵活或者更复杂的规则，例如容许特定情况的规则，或者将经济状况考虑进去的规则是很难设计出来的，特别是很难实施。例如，容许当失业率高于自然失业率时赤字也可以更高一点，这种规则本身要求有一个简单清晰的自然失业率计算方法，而这几乎是不可能的。

一种补充性的方法是引入一种机制，当赤字不断上升的时候减少赤字。例如，当赤字变得很大时，一种机制会自动促使支出削减。假设预算赤字非常大，最好政府各部门全面地削减5%的支出。国会议员可能会发现他们很难向自己的选民解释为什么将他们心仪的支出计划削减5%。现在假设出现的赤字将启动对各部门全面减支5%的自动支出削减计划，而不需要国会的动议。当国会议员了解到其他计划也将被削减时，他们便会更容易地接受对自己有利的支出计划的削减。他们也可以更好地摆脱由于削减支出而带来的谴责：国会议员如能将对自己选民有利的计划的削减程度成功地限制在比如4%以内，就能够对选民有所交代，宣称自己避免了更大的支出削减。

在20世纪90年代，美国确实利用这种方法来减缩赤字。1990年通过并分别在1993年和1997年新立法扩展的《预算强制法案》引入了以下两个主要规则。

- 法案对支出施加约束。支出被分为两类：任意性支出（大致为包括国防在内的商品或服务方面的支出）和强制性支出（大致是给个人的转移支付），被称为**支出限额**（spending caps）的约束用来约束之后5年的任意性支出。这种支出限额要求任意性支出能够小规模地、持续地减少，并针对紧急情况进行明确的规定。例如，1991年的"沙漠风暴行动"就不受支出限额的约束。
- 法案要求任何新的转移支付计划，只有能证明其将来不会增加赤字（不管是通过增加新的收入，还是减少现有其他计划的支出）时，才可以获得批准。这个规则即所谓的**现收现付规则**（PAYGO rule）。

这种强调支出而非赤字本身的规则有一个很重要的含义。如果经济出现衰退，收入将会减少，如果不减少支出，赤字将增加。1991年和1992年就出现了这样的情况，那时因为经济衰退，尽管支出满足支出限额所施加的约束，但是赤字增加了。将着眼点放在支出上有两个令人满意的效果：当经济衰退时允许更大的财政赤字，从宏观经济政策的角度看是好事情；并且在经济衰退时这将减少要求打破规则的压力，从政治的角度看是好事情。

到了1998年，赤字消失了，联邦预算出现盈余，这在20年来还是第一次。但并不是赤字缩减全都归功于《预算强制法案》的规则，随着海湾战争结束而下降的国防支出和伴随着20世纪90年代后半段强劲的经济扩张所带来的大幅增加的税收都是重要的原因。不过，还是有广泛的共识认为这些规则成功地扮演了一个角色，即确保出现的国防开支下降和税收增加被用来抵减赤字而不是被用来扩张其他领域的支出。

然而，一旦预算盈余出现，国会打破它自己制定的规则的意愿就会增加。支出限额被系统地打破了，而现收现付规则也在2002年被允许废除。从这一点以及问题聚焦"欧元区财政规则：一段简史"中SGP的失败可以得到的教训是：尽管规则能够有所帮助，但它们不能完全弥补决策者缺乏决心。

本章概要

- 宏观经济政策的效应总是存在着不确定性。这种不确定性应该使政策制定者行事更加小心谨慎，少使用积极的政策。政策必须主要致力于消除长期衰退、减缓经济过热以及消除通货膨胀压力。失业或通货膨胀的程度越高，政策应该越积极。但是应该停止使用微调或者试图使失业或产出增长保持恒定的政策。
- 使用宏观经济政策来控制经济与操纵机器有着根本的区别。与机器不同的是，经济是由人和企业组成的，他们会预期政策制定者如何行事，并且他们不仅根据目前的政策而且根据对未来政策的预期做出反应。从这种意义上来说，可以将宏观经济政策视为政策制定者与经济人之间的博弈。
- 进行博弈时，有时博弈者放弃自己的某些选择可能会更好。例如，劫持人质事件发生时，最好和劫匪进行谈判。但是，可信地承诺不会和劫匪进行谈判的政府（放弃谈判这一选项）实际上更有可能事先就阻止劫持人质事件的发生。

- 类似的讨论可以应用到宏观经济政策的各个方面。中央银行通过可信地承诺不会使用货币政策以避免使失业率降低到自然失业率之下，可以减轻人们对货币增长将会达到很高程度的担心，而在这个过程中，预期通货膨胀和实际通货膨胀都会降低。如果时间不一致性的问题很重要时，对政策制定者的严格约束，如在使用货币政策时，稳定货币增长率的规则确实能大致解决问题。但是，如果这种方案同时也阻止了宏观经济政策的使用，那么可能也会付出巨大的代价。更好的方法通常是设计出更好的机制（如独立的中央银行制度），从而减少时间不一致性的问题，而又不废弃作为一项宏观经济政策的货币政策。

- 对政策制定者施加约束的另一种观点是，政策制定者与公众或者政策制定者之间是会进行博弈的，而且这些博弈会导致不良的结果。政策制定者通过选择会获得短期利益但会造成长期巨大损失的政策，如巨额的财政赤字试图欺骗目光短浅的选民，以便连任。一党派希望另一个党派能够做出调整并承担责任，因此政治党派可能延误重大决策。在这些情形下，对政策进行严格约束，如平衡预算的宪法修正案，大致可以解决问题。更好的方法通常涉及更好的机制，以及更好地设计政策和决策的制定过程。然而，正如美国和欧盟所表明的，这种财政框架的设计和一贯执行在实践中被证明是困难的。

关键术语

Stability and Growth Pact（SGP）《稳定和增长公约》
fine-tuning　微调
optimal control　最优控制
game　博弈
optimal control theory　最优控制理论
game theory　博弈论
strategic interactions　战略互动

players　博弈者
time inconsistency　时间不一致性
independent central bank　独立的中央银行
political business cycle　政治商业周期
wars of attrition　拉锯战
spending caps　支出限额
PAYGO rule　现收现付规则

习题

快速测试

1. 运用本章的信息，判断下面的说法是正确、错误还是不确定，并简要解释。
   a. 货币政策效应存在太多的不确定性，因此我们最好不要使用货币政策。
   b. 基于所用模型估计，如果政策利率降低 1 百分点，那么当年的产出增长率将增长 0.1 个百分点。
   c. 基于所用模型估计，如果政策利率降低 1 百分点，那么当年的产出增长率将增长 2.1 个百分点。
   d. 如果你希望失业率低，就选择民主党人做总统。
   e. 在美国，明显存在政治商业周期：选举期间的失业率很低，但其他时间的失业率很高。
   f. 在美国，财政支出规则对于降低预算赤字是无效的。
   g. 在欧盟，平衡预算规则对于约束预算赤字是有效的。
   h. 政府宣布不与劫匪谈判的政策是明智的。
   i. 如果劫持人质已经发生，即使事前政府已经宣布不谈判的政策，但对政府而言与劫匪谈判是相当明智的。
   j. 有证据表明，中央银行独立性越好的国家通常通货膨胀率越低。
   k. 在"挨饿困兽"的财政政策中，减少支出先于减税行动。

2. 操作一个政治商业周期。

   你是新当选总统的顾问。四年后，她将面临新一届的选举。选民希望一个低的失业率和低的通货膨胀率。但是，你相信选民的选举决策将受到选举前最后一年失业率和通货膨胀率的严重影响，而本届政府任期前三年的经济表现却很少对选举行为产生影响。

假设去年的通货膨胀率是 10%，失业率等于自然失业率。菲利普斯曲线由下面的关系式确定：

$$\pi_t = \pi_{t-1} - \alpha(u_t - u_n)$$

假设你可以使用财政和货币政策在接下来四年中的每一年达到你希望的任意失业率水平。你的任务是帮助总统在任期的最后一年实现低失业率和低通货膨胀率。

a. 假设你想在下一次选举前的那一年（四年以后）达到一个低的失业率（例如一个低于自然失业率的失业率），那么第四年的通货膨胀率将会是怎样的？

b. 给定 a 题的做法会对通货膨胀产生的影响，你将建议总统在其本届任期的早期怎么做以在第四年实现低通货膨胀率的目标？

c. 如果菲利普斯曲线由下面的关系式确定：

$$\pi_t = \pi_t^e - \alpha(u_t - u_n)$$

假定人们会基于对未来的考虑（而不是相反，仅仅看到上一年的预期）形成通货膨胀预期 π_t^e，并且人们还会意识到总统有动机实施你在 a 题和 b 题所提的政策建议，那么这些政策还会成功吗？为什么？

3. 假设政府修改宪法禁止政府官员与恐怖分子谈判，这个政策的优点是什么？不利的地方是什么？

4. 新西兰修订了 20 世纪 90 年代早期颁布的中央银行宪章，确认低通货膨胀率为其唯一目标。新西兰为什么这么做？

深入研究

5. 政治预期、通货膨胀率和失业率。

假设一个国家拥有两个政党——民主党和共和党。民主党关心失业比关心通货膨胀更多一些；共和党关心通货膨胀比关心失业更多一些。当民主党执政时，他们选择的通货膨胀率为 π_D，当共和党执政时，他们选择的通货膨胀率为 π_R。假设 $\pi_D > \pi_R$。

菲利普斯曲线由下面的等式给出：

$$\pi_t = \pi_t^e - \alpha(u_t - u_n)$$

马上面临选举。假设对来年的通货膨胀率预期（由 π_t^e 表示）在选举前形成。（基本上，这个假设意味着下一年的工资会在选举前确定下来。）同时假定民主党和共和党有同等的机会赢得选举。

a. 根据 π_D 和 π_R，求出预期的通货膨胀率。

b. 假设民主党赢得选举并且执行他们的目标通货膨胀率 π_D。在 a 题预期通货膨胀率的求解下，失业率相对于自然失业率将会怎样？

c. 假设共和党赢得选举并且执行他们的目标通货膨胀率 π_R。在 a 题预期通货膨胀率的求解下，失业率相对于自然失业率将会怎样？

d. 这些结论与表 21-1 符合吗？如果符合，为什么？如果不符合，又是为什么？

e. 假定现在人们都希望民主党能够赢得选举，而且民主党真的取胜了。如果民主党执行目标通货膨胀率，失业率相对于自然失业率将会怎样？

6. 削减预算的囚徒困境。

假定存在预算赤字。可以通过削减国防支出，或者削减福利支出，或者削减两者来降低赤字。民主党必须决定是否支持福利削减的计划，共和党必须决定是否支持削减国防支持的计划。

可能的结果展现在下表中。

		福利削减	
		是	否
国防削减	是	(R=1, D=-2)	(R=-2, D=3)
	否	(R=3, D=-2)	(R=-1, D=-1)

表格展示了在不同的结果下每一个政党的回报情况。用回报来衡量在给定政党和给定决策结果下另一个政党的愉悦度。例如，如果民主党选择支持福利削减，那么共和党就选择反对国防削减，这样，共和党的回报是 3，而民主党的回报是 -2。

a. 如果共和党决定削减国防支出，民主党的最佳选择是什么？给定这一选择，共和党的回报是多少？

b. 如果共和党决定不削减国防支出，民主党的最佳选择是什么？给定这一选择，共和党的回报是多少？

c. 共和党将怎样做？民主党将怎样做？预算赤字会减少吗？如果会，为什么？如果不会，又是为什么？（这是博弈论里囚徒困境的一个例子。）是否有改善结果的方法？

进一步探究

7. 新闻里的博弈、提前承诺和时间不一致性。

    当下的很多事件都提供关于各种争端的例子，这些争端中博弈涉及的各方都尝试用先行的一系列行动来做出一种承诺，同时也面临时间不一致性问题。这些例子发生在国内政治进程、国际事务和劳工–管理人员关系中。

    a. 选择一个当前的争议（或者最近解决的）来考察。利用网络搜索工具了解这个争议中的问题，涉及各方采取的行动及博弈的当前状况。
    b. 参与方利用什么方式试图做出什么在未来行动的承诺？他们面临时间不一致性吗？参与方所采取的恐吓策略失败了吗？
    c. 这个争议与囚徒困境博弈（一种支付策略与第6题表述得相似的博弈）类似吗？换句话说，这个博弈很可能是（或者事实上就是）参与方个人激励将导致对于他们都不利的结果（两个人合作的话结果会变得更好）吗？参与方达成协议了吗？参与方做出了哪些尝试来谈判？
    d. 你认为这个争议如何解决（或者它是如何已经解决的）？

8. 联邦储备委员会立法管制。

    美国《联邦储备银行法案》于1977年颁布，并分别于1978年、1988年和2000年进行了修订，规定了联邦储备委员会的行为。

    a. 在你看来，这一法案摘录是否明确了美联储的政策目标？

    Section 2B，货币政策目标

    联邦储备系统理事会和联邦公开市场委员会应保持货币和信贷总量的长期增长与经济长期潜力相称，以增加产出，进而有效促进最大就业、稳定价格和适度长期利率目标的实现。

    b. 在你看来，该法案的这些摘录是否符合美国在图21-3中的立场？

    Section 2B，出席并向国会报告

    （a）出席大会

    一般而言，美联储主席应按照第（2）款的规定出席国会半年度听证会并报告：①美联储和联邦公开市场委员会在货币政策执行方面的努力、活动、目标和计划；②经济发展和未来前景。

    Section 10，联邦储备系统理事会

    1. 成员的委任及资格

    在1935年《银行法》颁布之日后，联邦储备系统理事会（以下简称"理事会"）应由7名成员组成，任期14年，成员由总统任命，需要听取参议院的建议并经其同意。

补充阅读

- 有关更多模型比较，可以查看 Gunter Coenen et al., Effects of Fiscal Stimulus in Structural Models, in the *American Economic Journal Macroeconomics*, 2012, Vol. 4, No. 1, pp: 22-68。
- 如果你想获得更多关于本章问题的讨论，一个有用的参考是 *Political Economy in Macroeconomics* by Alan Drazen, Princeton University Press, 2002。
- 关于通货膨胀因20世纪90年代中央银行独立性增强而下降的论点，请参阅联邦储备银行圣路易斯分行2009年年度报告中的"Central Bank Independence and Inflation"，https://www.stlouisfed.org/annual-report/2009/central-bank-independence-and-inflation。
- 政府行为不当应该严格地加以约束，这一观点的主要拥护者是乔治梅森大学的詹姆斯·布坎南（James Buchanan）。布坎南由于其在公共选择方面的工作而获得了1986年的诺贝尔经济学奖。参阅他和理查德·瓦格纳（Richard Wagner）合写的书 *Democracy in Deficit: The Political Legacy of Lord Keynes*, Liberty Fund, 1977。
- 关于因为时间不一致性而导致的20世纪70年代的通货膨胀率上升的解释可参见 "Did Time Consistency Contribute to the Great Inflation?" by Henry Chappell and Rob McGregor, *Economics & Politics*, 2004, Vol 16, No. 3, pp: 233-251。

第22章

财政政策：总结

在撰写本章时，财政政策一直是讨论的核心。在多数发达经济体中，危机导致巨额的预算赤字增加和债务占GDP比率大幅上升。希腊政府已表示无法全额偿还债务，并正与债权人进行谈判。除了希腊，一些其他国家的投资者也担心债务是否真的可以偿还，并要求提高利率以补偿违约风险。这就要求政府减少赤字，稳定债务，并安抚投资者。然而，与此同时，复苏乏力，财政紧缩可能使其进一步放缓，至少在短期内如此。因此，各国政府面临着一个困难的选择。迅速减少赤字，并向市场保证它们将在经济增长放缓甚至衰退的风险下偿还债务，或者缓慢地减少赤字，以避免复苏进一步放缓，面临的风险可能是投资者难以相信债务将趋于稳定。

本章的目的是回顾我们迄今为止在财政政策方面所学的内容，更深入地探讨赤字和债务的动态变化，阐明与高额公共债务有关的问题。

22.1 总结了到目前为止我们从本书中学到的财政政策。

22.2 更仔细地研究了政府预算限制，并审查了它对预算赤字、利率、增长率和政府债务之间关系的影响。

22.3 讨论了三个问题，其中政府预算约束为核心，从主张赤字无关紧要，到如何在周期中实施财政政策，再到通过税收还是债务为战争提供资金。

22.4 从高税收、高利率、违约和高通货膨胀讨论政府债务过高相关的危险。

22.1 我们学过什么

让我们回顾一下到目前为止我们在财政政策方面所学的内容。

- 在第 3 章，我们讨论了短期中政府支出和税收如何影响需求和产出。

  我们看到，短期财政扩张，即政府支出的增加或者税收的减少如何导致产出的增加。

- 在第 5 章，我们讨论了财政政策对产出和利率的短期效应。

  我们看到财政紧缩如何导致可支配收入下降，从而导致消费减少。需求减少通过乘数效应进一步导致产出和收入减少。因此，在给定的政策利率下，财政紧缩导致产出下降。然而，中央银行降低政策利率可以部分抵消财政紧缩的不利影响。

- 在第 6 章，我们讨论了在近期的危机中如何利用财政政策来缓冲产出下降。

  我们看到，当经济处于流动性陷阱时，降息不能带来产出增加。因此财政政策可以发挥重要作用。然而，大幅度增加开支和减税不足以避免经济衰退。

- 在第 9 章，我们研究了财政政策在短期和中期的影响。

  我们看到，在中期（资本存量既定），财政整顿对产出没有影响，只会简单地反映在支出构成的不同上。然而，从短期来看，产出下降。换句话说，如果产出处于潜在状态，尽管出于其他原因，财政整顿一开始可能会导致经济衰退。

- 在第 11 章，我们讨论私人储蓄和公共储蓄在长期如何影响资本积累水平和产出水平。

  我们看到，一旦考虑了资本积累，大规模的预算赤字就意味着低水平的国民储蓄率，从而导致长期产出的低下。

- 在第 16 章，我们回到了财政政策的短期效应，这里不仅考虑了财政政策通过税收和政府支出而产生的直接效应，而且考虑了它对预期的影响。

  我们了解到，赤字降低对产出的影响如何取决于对将来的财政政策和货币政策的预期。特别是我们了解了在某些情况下赤字降低如何使产出的增加，即使是在短期，这种增加也存在，基于人们预期未来更高的可支配收入。

- 在第 18 章，我们讨论了产品市场开放条件下的财政政策效果。

  我们了解到财政政策如何影响产出和贸易余额，也检验了预算赤字和贸易赤字之间的关系。

- 在第 19 章，我们讨论了产品市场和金融市场均为开放的条件下，财政政策的作用。

  我们看到，在存在资本流动的情况下，财政政策效果依赖于汇率制度。与浮动汇率制相比，在固定汇率制下，财政政策对产出的影响更大。

- 在第 21 章，我们讨论了财政政策制定者面临的问题，从政策效果的不确定性问题到时间不一致性和信誉问题。

  在分析财政政策与货币政策时，这些问题都会出现。我们讨论了对财政政策实施施加限制的正反两个方面，这些限制包括支出上限和平衡预算的宪法修正案。

在得出这些结论时，我们没有密切关注政府预算限制，即债务、赤字、政府支出和税收之间的关系。然而，这种关系对于了解我们如何到达今天的位置以及决策者所面临的选择十分重要。这将是下一节讨论的重点。

22.2 政府预算约束：赤字、债务、政府支出与税收

假设开始时预算是平衡的，政府减税产生了赤字。随着时间的推移，债务将如何变化？此后政府是否需要增加税收？如果需要，应该增加多少税收呢？

赤字和债务的计算

要回答这些问题，我们必须从预算赤字的定义开始。我们可以将第 t 年的预算赤字写成：

$$\text{赤字}_t = rB_{t-1} + G_t - T_t \tag{22-1}$$

这里所有的变量都是实际值。

> 不要弄混赤字和债务（很多报界人士和政治家会搞混），债务是一个存量，即政府过去历年积累赤字的结果。赤字是一个流量，即政府在给定的一年内的借款额。
>
> 转移支付是指政府转移给个人，例如失业救济金和医疗保障。
>
> 用 G 代表对商品和劳务的支出；Tr 表示转移支付额；Tax 代表总的税收。为了简化，假定利息支付 rB 等于 0，所以我们可以将它从方程中剔除，这样，赤字 = $G + Tr - Tax$。这可以用两种（等价的）方式重写。赤字 = $G - (Tax - Tr)$，赤字等于对商品和劳务的支出减去净税收，即税收减去转移支付后的值。这是我们在课本中所写的方式：赤字 = $(G + Tr) - Tax$，赤字等于总支出，即对商品和劳务的支出加上转移支付，减去总税收。

- B_{t-1} 是第 $t-1$ 年年底，或者 t 年年初的政府债务；r 是实际利率，这里假设为常量。因此，rB_{t-1} 就等于政府在第 t 年对债务的实际利息支付。
- G_t 是第 t 年政府对商品和服务的支出。
- T_t 是第 t 年的税收减去转移支付后的净额。

用文字表述为：预算赤字就等于支出，包括对债务的利息支付在内的支出减去扣除了转移支付后的税收。

注意式（22-1）的两个特点。

- 我们度量利息支付使用的是实际利息支付，即实际利率与债务存量的乘积，而非现行利息支付，即名义利率与债务存量的乘积。正如我们将在问题聚焦"通货膨胀的计算和赤字的度量"中所讨论的，这是度量利息支付的正确方法。但是，官方的赤字度量则使用现行（名义）利息支付，因而是不正确的。在通货膨胀水平很高的情况下，官方度量有严重的误导性。度量赤字的正确方法有时称作**通货膨胀调整后的赤字**（inflation-adjusted deficit）。
- 为了保持前面我们将 G 定义为对商品和劳务的支出的一致性，这里的 G 不包括转移支付。转移支付从 T 中减去，因此 T 就表示为税收减去转移支付的净额。官方对政府支出的度量是将转移支付与对商品和劳务的支出合并为政府支出，并将收入定义为税收，而非扣除了转移支付后的税收。

这些只是计算惯例，转移支付是否要加到支出里，或者是否从税收中减去，只是对 G 和 T 的度量有区别，但是不影响两者的差（$G-T$）的数额，也就对赤字的度量不产生影响。

政府预算约束（government budget constraint）就可以简单表述为，第 t 年政府债务的变化等于第 t 年的赤字：

$$B_t - B_{t-1} = \text{赤字}_t$$

如果政府运行出现赤字状态，政府债务将增加；如果政府处于盈余状态，政府债务将减少。

利用赤字的定义[式(22-1)]，我们可以将政府预算约束改写为：

$$B_t - B_{t-1} = rB_{t-1} + G_t - T_t \tag{22-2}$$

政府预算约束将债务的变化同债务的初始水平（它影响利息支付）和政府当前的支出与税收联系起来。将赤字分解为以下两个部分之和，通常更方便一些。

- 对债务的利息支付，即 rB_{t-1}。
- 支出和税收之差，即 $G_t - T_t$。这个差用**基础赤字**（primary deficit）表示[相应地，$T_t - G_t$ 称作**基础盈余**（primary surplus）]。

利用这一分解，将式（22-2）改写为：

$$\overbrace{B_t - B_{t-1}}^{\text{债务变动}} = \overbrace{rB_{t-1}}^{\text{利息支付}} + \overbrace{(G_t - T_t)}^{\text{基础赤字}}$$

或者，将 B_{t-1} 移到等式右边，然后整理可得：

$$B_t = (1+r)B_{t-1} + \overbrace{(G_t - T_t)}^{\text{基础盈余}} \tag{22-3}$$

第 t 年年底的债务等于 $(1+r)$ 乘以第 $t-1$ 年年底的债务，再加上第 t 年的基础赤字（$G_t - T_t$）。接下来我们将证明这个等式非常有用。

问题聚焦　　通货膨胀的计算和赤字的度量

官方度量预算赤字是由名义利息支付 iB 加上对商品和服务的支出 G，再减去扣除了转移支付后的税收 T 构成的（这里都省去了时间下标，这里不是必需的）。

赤字的官方度量 $= iB + G - T$

这是对政府现金头寸流动状况的精确衡量。如果值为正，政府支出就超过了其收入，因此就必须发行新债。若值为负，政府可以购回之前发行的债务。

但是，这不是对实际债务变化的精确度量，实际债务变化指政府负债的变化，是用商品而非美元来表示的。

为了理解为什么，考虑一个例子。假定官方度量的赤字等于零，那么政府既不用发行债券也不用购回旧债。假如通货膨胀为正且等于10%。在年底，债务的实际价值减少了10%。如果我们将赤字定义为（且应该这样定义）政府债务的实际价值的变化，那么政府的实际债务下降了10%。换句话说政府实际上处于预算盈余的状态，并等于10%乘以初始债务的水平。

更一般地说，如果 B 表示债务，π 表示通货膨胀率，官方度量的债务比正确的度量有所高估，在数量上高估了 πB。换句话说，对赤字的正确度量可以用官方度量减去 πB 获得：

对赤字的正确度量 $= iB + G - T - \pi B$
$= (i - \pi)B + G - T$
$= rB + G - T$

这里 $r = i - \pi$ 表示实际利率。因此赤字的正确度量等于实际利息支付加上政府支出减去扣除转移支付的税收，这也是本书使用的度量方法。

官方度量的赤字和正确度量之差等于 πB。因此，通货膨胀率 π 越高或者债务水平 B 越高，官方度量就越不准确。在那些通货膨胀率和债务水平都很高的国家，官方度量记录可能是很高的预算赤字，但实际上政府的债务正逐渐降低。这就是为什么在得出有关财政政策状况的结论之前需要对通货膨胀进行调整。

图1描绘了自1969年以来，美国（联邦）预算赤字的官方度量和经过通货膨胀调整后的度量。官方度量显示从1970年到1997年每一年都处于赤字状态。经通货膨胀调整后的度量则显示到20世纪70年代

末期赤字和盈余是交替出现的。但是，这两种度量都显示出，1980年后赤字变得非常糟糕，在20世纪90年代情况得到好转，而2000年后情况又恶化了。目前，每年的通货膨胀率为1%~2%，债务占GDP的比率大约是100%，这两种度量方法之间差别大致等于100%的1%~2%，即为GDP的1%~2%。

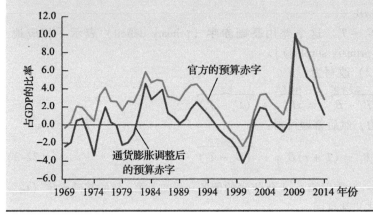

图1 1969年以来美国官方的预算赤字及通货膨胀调整后的预算赤字

资料来源：Official deficit as a percent of GDP, Table B-19 *Economic Report of the President*; Inflation from Series CPIAUCSL, Federal Reserve Economic Data (FRED).

当前和未来税收

我们来讨论某一年减税对债务路径和未来税收的意义。先考虑这样一种情况，第1年之前政府是预算平衡的，因此初始债务等于零。在第1年中，政府将税收减少1（例如设想成10亿美元）。因此，第1年年底的债务 B_1 等于1。这将发生什么呢？

第2年完全偿还

假如政府决定在第2年内完全清偿债务。根据式（22-3），第2年的预算约束由下式表示：

$$B_2 = (1+r)B_1 + (G_2 - T_2)$$

在第2年完全偿还债务，则第2年年底的债务等于零（$B_2 = 0$）。用1替换上面式子中的 B_1，用0替换 B_2，移项得到：

$$T_2 - G_2 = (1+r) \times 1 = (1+r)$$

第2年完全清偿：T_1 下降 $1 \Rightarrow T_2$ 增加 $(1+r)$。

为了能在第2年完全清偿债务，政府必须使基础盈余等于 $(1+r)$。政府可以通过这两种方式中的一种做到这一点：要么减少支出，要么增加税收。这里和下面都假定，调整是通过税收完成的，因此支出路径将不受影响。我们可以得到，第1年税收减少的1单位必须通过第2年的税收增加 $(1+r)$ 来抵消。

与这种情况相对应的税收和债务走势如图22-1a所示：如果债务在第2年完全清偿，第1年税收减少的1单位需要第2年税收增加的数量为 $(1+r)$ 单位。

第t年完全偿还

现在，假定政府决定等到第 t 年才偿还债务。因此，从第2年到第 $t-1$ 年，基础赤字等于零——税收等于支出，但支出不包括对债务的利息支出。

在第2年，基础赤字等于零。因此根据式（22-3），第2年年底的债务等于：

$$B_2 = (1+r)B_1 + 0 = (1+r) \times 1 = (1+r)$$

这里的第二个等号是基于 $B_1 = 1$ 而来的。

由于第3年的基础赤字仍然等于零，那么第3年年底的债务就等于：

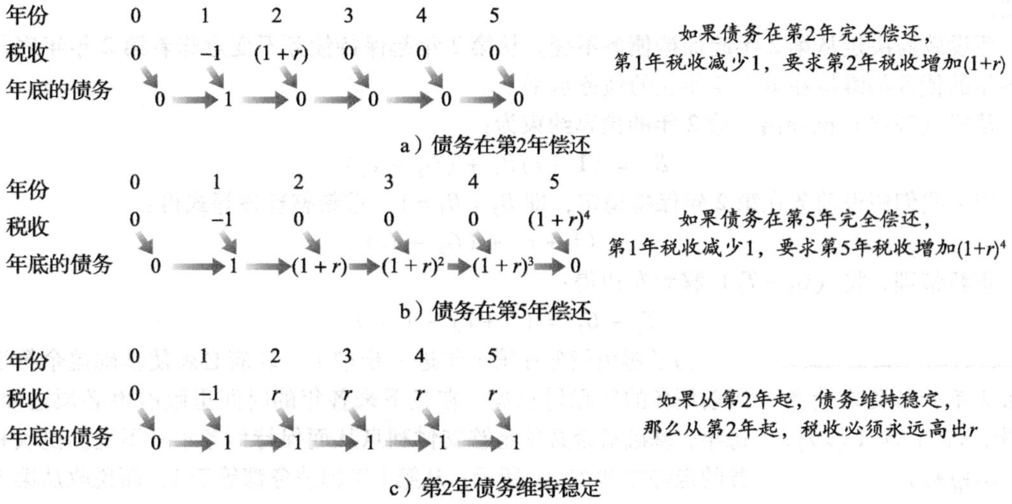

年份	0	1	2	3	4	5	
税收	0	−1	(1+r)	0	0	0	如果债务在第2年完全偿还，第1年税收减少1，要求第2年税收增加(1+r)
年底的债务	0	1	0	0	0	0	

a) 债务在第2年偿还

年份	0	1	2	3	4	5	
税收	0	−1	0	0	0	$(1+r)^4$	如果债务在第5年完全偿还，第1年税收减少1，要求第5年税收增加$(1+r)^4$
年底的债务	0	1	$(1+r)$	$(1+r)^2$	$(1+r)^3$	0	

b) 债务在第5年偿还

年份	0	1	2	3	4	5	
税收	0	−1	r	r	r	r	如果从第2年起，债务维持稳定，那么从第2年起，税收必须永远高出r
年底的债务	0	1	1	1	1	1	

c) 第2年债务维持稳定

图22-1 减税、债务偿还和债务稳定

$$B_3 = (1+r)B_2 + 0 = (1+r)(1+r) \times 1 = (1+r)^2$$

第4年年底及以后各年的债务依此类推，显然，只要政府将基础赤字保持为零，债务就会按照与利率相等的速度增长，因此，第$t-1$年年底的债务由下式表示：

$$B_{t-1} = (1+r)^{t-2} \tag{22-4}$$

尽管事实是税收仅仅在第1年减少了1，但是债务随着时间的推移一直存在，并且以等于利率的速度增加。原因显而易见：尽管基础赤字等于零，但债务为正，对债务的付息也为正。政府每年必须发行更多的债券来对现有债务支付利息。

在第t年，政府决定清偿债务，预算约束变成了：

$$B_t = (1+r)B_{t-1} + (G_t - T_t)$$

如果债务完全在第t年偿还，则B_t（第t年年底的债务）等于零。用0替换B_t，用式（22-4）中B_{t-1}的表达式替换B_{t-1}，得到：

$$0 = (1+r)(1+r)^{t-2} + (G_t - T_t)$$

将$G_t - T_t$移到左边并整理得：

$$T_t - G_t = (1+r)^{t-1}$$

为了偿还债务，政府必须使第t年的基础盈余等于$(1+r)^{t-1}$。如果这个调整是因为税收所致的，第1年税收最初减少了1，将会导致第t年税收必须增加$(1+r)^{t-1}$。与这种情况相对应的税收和债务的走势如图22-1b所示。

增加指数：$(1+r)(1+r)^{t-2} = (1+r)^{t-1}$。参见书末附录B。

这个例子使我们得到第一组结论：

在第5年完全清偿：T_1下降1⇒T_5增加$(1+r)^4$。

- 如果政府支出不变，当前的税收减少最终需要通过将来的税收增加来抵消。
- 政府为抵消而增加税收等待的时间越长，或者实际利率越高，最终需要增加的税收越多。

第t年债务稳定

到目前为止，我们都假设政府会完全清偿债务。现在我们讨论一下，如果政府仅仅保持债务存量不变，税收将如何变化。（稳定债务意味着改变税收或支出，这样才使债务存量保持不变。)

假设政府决定从第 2 年起保持债务不变，从第 2 年起保持债务不变意味着第 2 年年底及以后各年的债务都维持在第 1 年年底的债务水平上。

从式（22-3）推导出，第 2 年的预算约束为：

$$B_2 = (1+r)B_1 + (G_2 - T_2)$$

因为我们假设债务在第 2 年保持稳定，即 $B_2 = B_1 = 1$。重新整理该等式得：

$$1 = (1+r) + (G_2 - T_2)$$

重新整理，将 $(G_2 - T_2)$ 移到左边得：

$$T_2 - G_2 = (1+r) - 1 = r$$

为了避免债务在第 1 年进一步增加，政府必须使基础盈余等于对当前债务的实际付息额。在接下来各年的时间里政府也必须这样做：每年，基础盈余必须足够支付利息从而保持债务水平不变。税收和债务的走势如图 22-1c 所示：从第 1 年起债务都等于 1，而税收从第 1 年起一直都高出 r，等价于政府的基础盈余从第 1 年起都等于 r。

> 从第 2 年开始稳定债务存量，T_1 下降 1 $\Rightarrow$ T_2，T_3，…增加 r。

这一观点的推导可以直接推广到政府等到第 t 年才保持债务不变的情形。无论政府何时开始保持债务不变，政府都必须从那时起使基础盈余维持在足够偿还债务利息的水平。

这个例子使我们得到第二组结论：

- 过去的政府赤字将带来更高的政府债务。
- 为了保持债务不变，政府必须清除赤字。
- 为了清除赤字，政府的基础盈余必须等于对当前债务的利息支付。这要求永久性的税收增加。

债务占 GDP 比率的演变

至此，我们一直都将焦点集中在债务水平的演变上。但是，在一个产出随时间不断增长的经济中，将注意力集中在债务占 GDP 的比率上会更有意义。为了讨论这一焦点的改变将如何影响我们的结论，我们需要从式（22-3）转向另一个等式，该等式反映了**债务占 GDP 的比率**［debt-to-GDP ratio，简称为**债务比率**（debt ratio）］的演变。

推导出债务比率的演变需要花费一些步骤，但不要担心，最终得到的等式是很容易理解的。

首先在式（22-3）的两边同时除以实际产出 Y_t，得到：

$$\frac{B_t}{Y_t} = (1+r)\frac{B_{t-1}}{Y_t} + \frac{G_t - T_t}{Y_t}$$

接下来，将 B_{t-1}/Y_t 改写成 $(B_{t-1}/Y_{t-1})(Y_{t-1}/Y_t)$（即在分子和分母上同乘以 Y_{t-1}）：

$$\frac{B_t}{Y_t} = (1+r)\left(\frac{Y_{t-1}}{Y_t}\right)\frac{B_{t-1}}{Y_{t-1}} + \frac{G_t - T_t}{Y_t}$$

> 从 $Y_t = (1+g)Y_{t-1}$ 开始，两边同除以 Y_t 可以得到 $1 = (1+g)Y_{t-1}/Y_t$。重新整理得到 $Y_{t-1}/Y_t = 1/(1+g)$。

注意到现在等式中的所有各项都是以占产出 Y 的比率的形式表示。为了简化这个等式，假设产出增长恒定，并将这一产出增长率表示为 g，这样 Y_{t-1}/Y_t 就可以改写为 $1/(1+g)$。同时利用近似运算

式 $(1+r)/(1+g) = 1+r-g$。

利用这两个假设，可以将上面的等式改写为：

$$\frac{B_t}{Y_t} = (1+r-g)\frac{B_{t-1}}{Y_{t-1}} + \frac{G_t - T_t}{Y_t}$$

最后，整理可得：

$$\frac{B_t}{Y_t} - \frac{B_{t-1}}{Y_{t-1}} = (r-g)\frac{B_{t-1}}{Y_{t-1}} + \frac{G_t - T_t}{Y_t} \tag{22-5}$$

> 这个近似计算从书末附录 B 的命题 6 推导而来。

推导该式经过了一系列步骤，但最终的式子有一个简单的解释：一段时间债务比率的变化（等式左边）等于下列两项的和。

- 第一项是实际利率和增长率之差与初始债务比率的乘积。
- 第二项是基础赤字占 GDP 的比率。

比较式（22-5）和式（22-2），前者说明了债务占 GDP 比率的演化情况，而后者给出了债务本身绝对水平的演化情况。两者的区别在于式（22-5）中有 $(r-g)$，而式（22-2）中有 r。出现这一区别的原因很简单：假定基础赤字等于零，那么，债务将按照与实际利率 r 相等的速度增长。但是，如果 GDP 也在增长，债务占 GDP 的比率增长就变得稍缓慢，即会按照实际利率减去产出增长率 $(r-g)$ 的速度增长。

> 如果两个变量（这里是债务和 GDP）分别以 r 和 g 增长，那么它们的比率（这里就是债务占 GDP 比）将以 $(r-g)$ 增长。参阅书末附录 B 中的命题 8。

式（22-5）表明，下列情况将会导致债务占 GDP 的比率增加，变得更大。

- 实际利率越高。
- 产出增长率越低。
- 初始的债务比率越大。
- 基础赤字占 GDP 的比率越大。

在这种关系的基础上，问题聚焦"第二次世界大战后各国如何降低债务比率"中显示了，战后高债务比率政府如何通过低实际利率、高增长率与基础盈余组合稳步降低债务比率。下一节将介绍如何利用我们的分析方法来阐明其他一些财政政策问题。

问题聚焦　　第二次世界大战后各国如何降低债务比率

第二次世界大战后，许多国家的债务比率很高，通常超过了 GDP 的 100%。然而，二三十年后，债务比率降低很多，通常低于 50%。它们是怎么做到的？答案如表 1 所示。

表 1 列出了四个国家：澳大利亚、加拿大、新西兰和英国。第 1 栏列示了债务比率下降期间。开始年份为 1945 年或者 1946 年。末尾为债务比率达到最低点的年份。可见，调整期从加拿大的 13 年到英国的 30 年不等。

第 2 栏列出了期初和期末的债务比率。这里英国的数字最引人注目：1946 年初始负债率为 GDP 的 270%，1975 年下降到 47%。

返回式（22-5）来解释表中的数字。它告诉我们，一个国家可以通过两种并非相互排斥的方式来降低其债务比率。第一种方式是通过扩大基础盈余。例如，假设 $(r-g)$ 等于0。那么，在一定时期内债务比率下降将等于期间基础盈余与GDP比率之和。第二种方式是通过低 $(r-g)$。也就是说，要么通过低实际利率，要么通过高增长，或者两者兼而有之。

考虑到这一点，第3至第5栏中首先列出了有关时期内基本余额与GDP比率的平均值，然后列出了GDP的平均增长率和平均实际利率。

首先查看第3栏中的基本余额。请注意，从平均值来看，这四个国家在此期间实际上都出现了基础盈余。但也值得注意，这些基础盈余只占债务比率下降的小部分。例如，英国在这一时期基础盈余与GDP比值之和等于2.1%，乘以30等于GDP的63%。因此，占债务比率下降的不到1/3，占GDP的223%（=270%-47%）。

现在看看第4栏和第5栏中的增长率和实际利率数据。请注意这一时期的高增长率和低实际利率。以澳大利亚为例。$(r-g)$在此期间的平均值为-6.9%（=2.3%-4.6%）。这意味着，即使基本余额等于零，债务比率每年也会下降6.9%。换句话说，债务下降主要不是基础盈余的结果，而是持续高增长和持续负实际利率的结果。

这就引出了最后一个问题：为什么实际利率这么低？答案列示在第6栏中。在此期间，平均通货膨胀率相对较高。通货膨胀加上名义利率一直很低，才是实际利率为负的原因。换句话说，债务比率下降很大一部分是通过向债券持有人支付负实际回报来实现的。

表1　第二次世界大战后债务比率变化情况

	1	2	3	4	5	6
国家	时间区间	期初/期末债务比率	基本余额	增长率	实际利率	通货膨胀率
澳大利亚	1946~1963年	92~29	1.1	4.6	-2.3	5.7
加拿大	1945~1957年	115~59	3.6	4.3	-1.4	4.0
新西兰	1946~1974年	148~41	2.3	3.9	-2.9	4.9
英国	1946~1975年	270~47	2.1	2.6	-1.5	5.5

注：第2栏和第3栏是GDP百分比，第4~6栏是百分比。
资料来源：S. M. A. Abbas et al., "Historical Patterns and Dynamics of Public Debt: Evidence from a New Database," *IMF Economic Review*, 2011 59(November): pp. 717-742.

22.3　李嘉图等价、周期性赤字调整和战争筹资

在已经讨论了政府预算约束的机制后，现在我们可以讨论这一机制得以发挥主要作用的三个议题。

李嘉图等价

尽管李嘉图表述了这个观点的逻辑，但他同时也指出在实践中有很多原因使它不成立。相反，巴罗不仅指出这个观点逻辑上是正确的，而且它也是对现实的一个很好描述。

考虑政府预算约束之后，要思考预算约束的影响，即如何影响赤字对产出的效应？

一个极端的观点是，一旦考虑了政府预算的约束，无论是赤字还是债务都不会对经济活动产生影响！这个论断就是所谓的**李嘉图等价**（Ricardian equivalence）命题。大卫·李嘉图是19世纪英国的一位经济学家，是他第一次明确表达了这一逻辑。他的这一观点在

20 世纪 70 年代被罗伯特·巴罗进一步发展和强调，那时他在芝加哥大学，现在在哈佛大学。因为这个原因，这一论断也被称为**李嘉图－巴罗命题**（Ricardo-Barro proposition）。

理解这一命题的逻辑最好的方法是利用 22.2 节中税收变化的例子。

- 假设政府在今年将税收减少 1（还认为是 10 亿美元），而且在减税的同时还宣布为了偿还债务，政府在下一年将增加 $(1+r)$ 的税收。这个初始的减税会对消费产生怎样的影响呢？
- 一种可能的答案是：一点影响都没有。为什么？因为消费者意识到了这个减税并不是什么礼物：今年的低税收正好等于明年较高税收的现值。换句话说，他们的个人财富，即税后的劳动收入的现值没有受到影响。现在税收下降 1，但下一年税收的现值将增加 $(1+r)/(1+r)=1$，即这两个变化的净效应正好等于 0。

> 参见第 15 章个人财富的定义及对消费行为的作用的讨论。
>
> 回到 IS-LM 模型，在这种情况下，与当前税收减少相关的乘数是多少？

- 用另一种方法得到同样的答案（从储蓄的角度，而非消费的角度）：消费者在减税后不改变消费，等价于私人储蓄的增加和赤字是一一对应的关系。因此，李嘉图等价命题认为，如果政府通过赤字来提供既定支出所需的资金，私人储蓄的增加就刚好一对一地对应公共储蓄的减少，从而社会总储蓄并不改变。这样投资者面对的资金总额将也不受影响。随着时间的推移，政府预算约束机制意味着，政府债务将增加，但是，政府债务增加并没有达到资本积累支出的增加。

在李嘉图等价命题下，长期赤字以及与之相关的政府债务增加并未引起担忧。因为随着政府不断动用储蓄，人们会预测将来有更高的税收，于是人们会更多地储蓄。公共储蓄的减少被等额的私人储蓄增加相抵消，因此储蓄总额也就不受影响，进而投资也不会受影响。经济体即便没有出现债务增加的情况，现在的资本积累也不会不同。高债务是没有理由担心的。

应该如何严肃地看待李嘉图等价命题呢？大多数经济学家都会回答："是该严肃，但是不足以太严肃到认为赤字和债务不相关的程度。"本书的一个主要主题就是预期会发挥作用，消费决策不仅取决于当前的收入，还取决于预期的未来收入。如果人们普遍都相信，今年的税收减少将会被明年税收等幅度的增加所抵消，今年减税对消费的影响就可能会很小。由于预期到明年的税收更高，许多消费者都会把减税的大部分金额或者全部金额储蓄起来。（如果把"年"换成"月"或者"周"，这一论断会变得更加可信。）

当然，减税时很少会宣布在一年之后就要增加税收。消费者不得不猜测税收何时会增加，以及最终会增加多少。但是，这一事实本身并不能证明李嘉图等价论断是无效的：无论税收何时增加，政府预算约束都意味着，将来税收增加的现值一定等于当前税收的减少。拿我们在 22.2 节所举的第二个例子来说明，见图 22-1b，政府在 t 年后才增加税收，增加的数额等于 $(1+r)^{t-1}$。这一预期的税收增加值在第 0 年现值是 $(1+r)^{t-1}/(1+r)^{t-1}=1$——正好等于初始的税收减少额。减税带来的个人财富变化仍然为零。

> 回想一下，假设政府支出不变，如果人们预期政府支出将减少，他们会怎样做？
>
> 税收在 t 年里增加 $(1+r)^{t-1}$。t 年后美元对现在的折现因子是 $1/(1+r)^{t-1}$。所以税收在 t 年里增加的值折现到现在就是 $(1+r)^{t-1}/(1+r)^{t-1}=1$。

但是，只要将来的税收增加显得更为遥远，时间显得更加不确定，消费者就更可能会忽略它们。出现这种情况是因为消费者预期到税收增加之前他就已经去世了，或者更可能的是，消费者不能想得那么远。无论是哪种可能的情况，李嘉图等价都可能失效。

因此，预算赤字对经济活动有重要影响，尽管相比我们在思考李嘉图等价的观点之前这种影响要小一点，但这样的结论会可靠一点。从短期来看，越大的赤字将可能导致越高的需求和产出。从长期来看，政府债务越高，资本积累和产出的降低也就越多。

赤字、产出稳定和周期性赤字调整

注意货币政策的分类：货币增长率越高将在长期导致越高的通货膨胀率的事实并不能暗示货币政策不能被用来稳定产出。在本节忽略产出增长，进而就忽略了稳定债务存量和稳定债务占GDP的比率之间的区别（可以证实这个结论可推广至产出增加的情形）。

事实上，预算赤字对资本积累继而对产出确实有长期的负面影响，这一事实并不意味着财政政策不能用来减少产出波动性。当然，这意味经济衰退时的赤字应该通过经济繁荣时的盈余来抵消，这样才不至于导致债务持续增加。

为了帮助评估财政政策是否走上正轨，经济学家构造了赤字度量方法来确定在现有的税收和支出规则下，如果产出处于自然率水平，赤字应该是多少。这些方法有着各种各样的名字，从**充分就业赤字**（full-employment deficit）到**中周期赤字**（mid-cycle deficit）再到**标准就业赤字**（standardized employment deficit）以及**结构性赤字**（structural deficit，经合组织国家使用的术语）。我们这里使用**周期调整的赤字**（cyclically adjusted deficit）这一术语，这是我所能找到的最直观的术语。

周期调整的赤字提供了可以判断财政政策方向的简单基准：如果现行赤字很大，周期调整的赤字等于零，那么当前的财政政策不会导致债务随着时间推移系统性地增加。只要产出低于自然率水平，债务就会增加。但是，随着产出增加到自然率水平，赤字将会消失，债务也将稳定。

这并不遵循财政政策的目标总应该是周期调整的赤字等于零。当经济处于衰退时，政府可能想要足够大的赤字，即使周期调整的赤字仍为正。在那种情况下，周期调整的赤字为正这一事实发出了很有用的警告：产出回到自然率水平并不足以保持债务不变，这样，政府将在将来的某个时点不得不采取诸如增加税收或者压缩开支等这些特别的措施以降低赤字。

周期调整的赤字概念背后的理论很简单，其实践起来却很棘手。为了弄清楚是什么原因，我们需要先了解测度这一方法是如何构造的。构造要求两步：第一步，确定如果产出高出诸如1%时赤字会低多少。第二步，确定产出离自然率水平还有多远。

- 第一步非常直观。一个可靠的简单法则是，产出减少1%将导致赤字自动增加GDP的0.5%。这一增加的原因在于大多数税收与产出成比例，而大多数政府支出并不取决于产出水平。这就意味着产出的降低能够导致收入的降低，但不会对支出产生多少影响，因而自然就导致更大的赤字。

    如果产出低于自然产出水平，例如5%，那么此时的赤字占GDP的比重将会比在自然产出水平时的赤字高出2.5个百分点。[产出对赤字的这一效应称为**自动稳定器**（automatic stabilizer）：经济衰退会自然导致赤字，因此，财政扩张会部分地抵消衰退。]
- 第二步更困难一些。回顾第7章，自然产出水平是经济运行在自然失业率时的产出水平。对自然失业率的估计过低将会导致对自然产出率的估计过高，这样周期调整的赤字的测度就太过乐观。

这只能部分地解释20世纪80年代欧洲所发生的困境。在自然失业率不变这一假设下，欧洲80年代的周期调整的赤字看起来还不是很糟糕：如果欧洲的失业还是处于其70年代的水平,那么产出的增加将足以使大多数国家得以重新建立平衡预算。但是,失业的增加被证明主要是因为自然失业率的增加,同时80年代的失业率仍然很高。结果,在这10年大部分的时间里,欧洲以高赤字和大幅度增加的债务比率为特征。

战争和赤字

战争典型地带来巨大的预算赤字。正如我们在第21章中所讨论的那样,美国20世纪政府两次最大的债务增加都发生在第一次世界大战和第二次世界大战期间。在问题聚焦"第二次世界大战中美国的赤字、消费和投资"中我们将进一步讨论第二次世界大战时的这一情况。

> 观察图21-4中与两次世界大战相联系的两次高峰。

政府过多地依赖赤字来为战争融资正确吗?毕竟战时经济通常是在低失业下运行的,因此,与我们前面提到的为产出稳定而增加赤字的理由是不相关的。然而,答案却是肯定的。事实上有两个原因可以很好地解释战争期间出现的赤字。

- 第一个原因是分配性——赤字融资是将一部分债务负担转移给战后仍活着的那些人的一种方式,让下一代人分担战争必需的牺牲,似乎只有这样才算公平合理。
- 第二个原因是更为狭义的经济性——赤字支出有助于减缓税收扭曲。

我们在下面分别讨论这两种原因。

传递战争负担

战争导致政府支出急剧增加。要为这一增加的政府支出融通资金,要么通过增加税收,要么通过更高的赤字,我们考虑一下其中的含义。为了把这种情况与之前产出稳定化的讨论区别开来,我们同样假定产出固定在自然率水平。

- 假设政府依赖赤字来融资。因为政府支出急剧增加,所以对商品的需求将出现大幅度的增加。我们已经假定产出不增加,因而为了保持均衡就必须增加足够多的利率。所以,取决于利率的投资将会急剧下降。
- 另外,假设政府通过增加税收,例如所得税来为增加的支出融资,那么消费将急剧下降。具体下降多少依赖于消费者的预期。他们预期战争持续的时间越长,也就预期更高的税收所持续的时间就越长,因此,他们对消费的降低也就越多。无论在什么情况下,政府支出的增加都会由于消费的减少而被部分抵消。利率要比通过赤字来融资情况下增加得多,因此投资也比赤字融资情况下减少得少。

> 假设经济是封闭的,所以 $Y = C + I + G$。假设 G 增加且 Y 保持不变。那么 $C + I$ 就必须下降。如果税收没有增加,那么多数的下降将来自 I 的下降。如果税收增加,大多数的下降将来自 C 的下降。

总之,在产出既定情况下,政府支出的增加要求要么降低消费,要么降低投资。政府是依赖于增加税收还是依赖于赤字,取决于在政府支出上升时是消费还是投资做出更大的调整。

这些如何影响承担战争负担的人呢?政府对赤字依赖得越多,战争中消费的减少越少,投资的减少越多。较低的投资意味着战后较低的资本存量,因此战后的产出也更低。通过降低资本积累,赤字成了将战争负担部分地转移到下一代人身上的一种途径。

> **问题聚焦　　第二次世界大战中美国的赤字、消费和投资**
>
> 在 1939 年，美国政府对商品和服务的支出占 GDP 的份额是 15%。到了 1944 年，这一份额增加到了 45%！这一增加主要是因为对国防支出的增加，国防支出占 GDP 的比例从 1939 年的 1% 增加到 1944 年的 36%。
>
> 面对如此巨大的支出增加，美国政府采取大幅度提高税收来应对。个人收入所得税在美国历史上第一次成为政府的主要收入来源，个人收入所得税占 GDP 的比例从 1939 年的 1% 增加到了 1944 年的 8.5%。但是，税收的增加仍然远远赶不上政府支出的增加。政府收入占 GDP 的比例从 1939 年的 7.2% 增加到了 1944 年的 22.7%，但收入增加的幅度仅仅是支出增加幅度的一半多一点。
>
> 结果是连续性的巨额预算赤字。到了 1944 年，联邦赤字占到了 GDP 的 22%。债务占 GDP 的比率在 1939 年已经高达 53%，这是由大萧条时期的政府赤字造成的，到了 1944 年这一比例达到了 110%！
>
> 政府支出的增加达到消费支出或者私人投资支出了吗？（正如我们在第 18 章中了解到的，理论上这一增加基本上可由进口和经常账户的更高赤字换来。但是，在战争期间美国无处借款。实际上它还贷款给一些盟国：美国政府对国外的转移支付在 1944 年达到了 GDP 的 6%。）
>
> - 这一弥补很大一部分是靠消费的下降：消费占 GDP 的份额减少了 23 个百分点，从 74% 下降到 51%。部分可能是因为预期到战后的税收会变高；部分是由于许多耐用消费品都无法购买到。而且，爱国主义也促使人们节俭很多，以购买政府为战争融资而发行的战争债券。
> - 但是，这一弥补也是由于（私人）投资占 GDP 的份额减少了 6%，即从 10% 下降到了 4%。战争的负担通过较低水平的资本积累方式，部分转移到战后仍活着的那些人身上。

减少税收扭曲

对于出现赤字的情况还有另一种争论，这一争论不仅适用于战争期间，而且，更一般地适用于政府支出异常高的时候。考虑这些例子，例如地震后的重建，或者 20 世纪 90 年代初德国重新统一时涉及的成本。

该争论如下。如果政府通过增税来为支出增加而融资，那么税率将会非常高。非常高的税率将会导致非常高的扭曲：面对非常高的所得税，人们将减少工作或者参加一些不纳税的非法活动。为了保持预算平衡，与其将税率调上调下，还不如保持相对稳定的税率以平滑税收，这样会更好（从降低扭曲的角度看）。税收平稳化意味着当政府支出异常大时，会出现巨额的赤字，而在其余时间，只会出现很少的盈余。

22.4 极高债务的危险

到现在，我们已经看到政府债务很高时伴随的两个成本——更低的资本积累，以及更大的税率和税收扭曲。很多国家最近的经验表明还存在另外一种成本：很高的债务会导致恶性循环，并使财政政策实施起来非常困难。

极高债务、违约风险和恶性循环

回顾一下式（22-5）：

$$\frac{B_t}{Y_t} - \frac{B_{t-1}}{Y_{t-1}} = (r-g)\frac{B_{t-1}}{Y_{t-1}} + \frac{(G_t - T_t)}{Y_t}$$

以债务比率较高的国家为例，例如债务比例为100%。假设实际利率是3%，增长率是2%。等式右边的第一项为GDP的（3%－2%）×100%＝1%。进一步假设政府的基础盈余是1%，这样刚刚足以保持债务比率不变［等式右边等于1%＋（－1%）＝0%］。

现在假设金融投资者开始担忧政府未来可能无法全额偿还债务，他们要求更高的利率以弥补察觉到的更高债务违约风险。但是这将反过来使政府更难稳定债务。假定国内利率从3%增加到8%。为了稳定债务，政府现在需要6%产出的主要盈余［等式的右边等于（8%－2%）×100＋（－6）＝0］。假设为了应对利率上升，政府采取措施使主要盈余增加至产出的6%。所需的削减支出或者增加税收可能会在政治上代价高昂，即产生更多的政治不确定性、更高的违约风险，从而进一步提高利率。因此，急剧的财政紧缩很可能会导致衰退，降低增长率。实际利率上升和增长率下降都进一步增加（r－g），将需要更多的预算盈余来稳定债务。到某一时刻，政府可能无法充分增加基础盈余，债务比率开始上升，这令投资者更担心并要求更高的利率。利率的提高和债务比率的提高相互促进。简而言之，债务占GDP比率越高，灾难性债务动态变化的可能性就越大。即便最初担心政府可能没有完全偿还债务的能力没有根据，但这很容易自我实现。政府必须为债务支付更高的利息，这可能导致政府失去对预算的控制，导致债务增加到政府无力偿还的程度，从而证实了最初的担心。

> 这会让你想起第6章中的银行挤兑及其讨论。如果人们认为一家银行没有偿付能力，并决定收回资金，那么该银行可能不得不以高价出售其资产，进而破产，从而证实了最初的担忧。在这里，投资者并不要求收回资金，而是要求更高的利率，但结果一样。

这绝不是一个抽象的问题。让我们再看看危机期间欧盟发生了什么。图22-2显示了2012年3月至12月意大利和西班牙政府债券利率的演变情况。对于每个国家来说，图中描述了该国政府债券两年期利率与德国政府债券两年期利率之间的差额，也称为**利差**（spread）。以德国利率为基准是因为德国债券被认为几乎没有风险。在垂直轴上，以**基点**（basis points，1个基点是万分之一）衡量利差。

两个利差在2012年3月开始上升。7月底，意大利债券的利差达到500个基点（相当5%），西班牙债券的利差为660个基点（6%）。这些利差反映了两种担忧：首先，意大利和西班牙政府可能拖欠债务。其次，它们可能贬值。原则上，在欧元区这样的货币联盟中，任何人都不应预期货币贬值，除非市场开始认为货币联盟可能解体，各国可能以贬值的汇率重新引入本国货币。这正是2012年春夏发生的事情。这样可以理解为什么在本段开始重新讨论债务危机的自我实现问题。以意大利为例。3月，意大利两年期债券的利息低于3%，等于德国两年期债券的利息（略低于1%）与投资者对意大利政府信用状况担忧而产生的2%的风险利差之

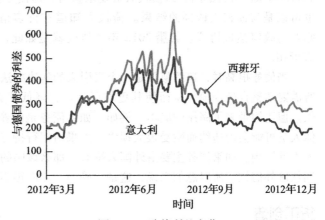

图22-2 欧债利差变化

注：2012年3月至7月，意大利和西班牙两年期国债与德国两年期国债的利差大幅上升。7月底，在欧洲中央银行宣布将采取一切必要措施防止欧元崩溃后，利差开始下降。

资料来源：Haver Analytics.

和。意大利当时（现在仍然是）的债务占 GDP 比率超过 130%。利息低于 3%，这样高的债务负担是可持续的；意大利产生的主要预算盈余足以维持债务的稳定，尽管数额很高。意大利是脆弱的（因为债务如此之高），但处于"良好的平衡状态"。此时，投资者开始自问，如果出于某种原因，意大利债券的利率翻一番，达到 6%，会发生什么情况。他们得出的结论是，如果发生这种情况，意大利将无法提高其基础盈余，以保持债务的稳定。更糟糕的是，这个国家会陷入债务旋涡，最终违约。届时，意大利可能决定放弃货币联盟，依靠贬值来提高竞争力和支持增长，因为违约通常伴随着严重的衰退。对这种情况可能发生的担忧，使意大利从一个"好"的均衡转变为一个"坏"的均衡。由于投资者意识到违约和退出欧元的可能性，利率飙升至 6%，利率上升证实了最初的担忧。最终，还是欧洲中央银行让意大利重新回到了良好的平衡状态。2012 年 7 月 26 日，欧洲中央银行行长马里奥·德拉吉（Mario Draghi）说，欧元的解体是毫无疑问的，欧洲中央银行将尽一切可能避免这种局面。投资者相信承诺，并且意大利回到了良好的平衡状态。

因此，意大利和西班牙在欧洲中央银行的帮助下成功避免了坏账和违约。如果一个政府不能成功地稳定债务并陷入债务螺旋，又会怎样呢？然后，从历史上看，有两件事发生：要么政府明确地拖欠债务，要么政府越来越依赖货币融资。让我们依次研究每个结果。

> 回到 20.2 节，在固定汇率下，讨论贬值预期如何引起利率上升。

> 德拉吉的这一声明意味着，欧洲中央银行准备购买西班牙或意大利债券，以保持低收益率，并回到"良好的平衡状态"。在这种情况下，承诺足以降低利率，欧洲中央银行根本不必干预。

债务违约

在某些时候，如果一国政府发现自己无力偿还债务，它可以决定违约。然而，违约往往是局部的，采取债权人所谓的**价值折扣**（haircut）。例如，减少 30% 意味着债权人只能收到 70% 的欠款。违约也有很多其他名字，许多较为委婉——可能是为了让债权人觉得前景更具吸引力（或不那么没有吸引力）。它被称为**债务重组**（debt restructuring）或者**债务延期**（debt rescheduling，当利息支付被推迟而不是取消），或者颇具讽刺意味地叫作**私营部门参与**（private sector involvement，私营部门，即债权人被要求参与，即接受价值折扣）。它可以是政府单方面强加，也可以是与债权人谈判的结果。债权人知道在许多情况下他们不会得到充分偿还，可能更愿意与政府达成协议。希腊 2012 年的情况就是如此，当时私人债权人接受了大约 50% 的价值折扣。

当债务很高时，违约似乎是一个吸引人的解决办法。在债务违约后，债务水平降低会缩小所需财政整合的规模，从而使其更加可信。它降低了必要的税收，从而有可能实现更高的增长。但违约带来了高昂的成本。例如，如果债务是由养老基金持有的（通常是这样），那么退休人员可能会因违约而蒙受很大损失。如果由银行持有，一些银行可能会破产，对经济造成重大不利影响。如果债务主要由外国人持有，那么该国的国际声誉可能会丧失，政府可能很难长期从国外借款。所以总的来说，这是正确的。政府很不愿意拖欠债务。

货币创造

另一个结果是货币创造。到目前为止，我们一直认为政府融资的唯一途径是出售债券，然而还有另一种可能性。实际上，政府可以通过印刷钞票来筹措资金。它这样做的方式实际上不是通过印刷钞票本身，而是通过发行债券，然后迫使中央银行购买债券以换取资金。这一过程称为**货币创造**（money finance）或**债务货币化**（debt monetization）。因为在这种情况下，货币创造的速度取决于政府赤字而非中央银行，所以这也称为货币政策的**财政支配**（fiscal dominance）地位。

一个政府可以通过这种货币创造为赤字筹集多少资金？记 H 为中央银行在经济中的资金数额（在后文中，中央银行的钱简称为钱）。记 ΔH 为货币创造，即名义货币存量从一个月到下一个月的变化。政府通过创造一定数量的货币而产生实际收入（商品收入）等于名义货币 ΔH 除以价格水平 P，即 $\Delta H/P$。这种由货币创造带来的实际收入被称为**铸币税**（seignorage）。

$$\text{铸币税} = \frac{\Delta H}{P}$$

请参阅第 4 章 4.3 节，复习中央银行如何创造货币的有关知识。

这个词很能说明问题。发行货币的权力是过去领主的宝贵收入来源。他们会通过发行自己的货币来购买想要的商品，并用该货币来支付商品的费用。

铸币税等于名义货币发行除以价格水平。想要知道产生一定的铸币税需要多大的名义货币增长，我们需要对上式变形：

$$\frac{\Delta H}{P} = \frac{\Delta H}{H}\frac{H}{P}$$

我们可以将铸币税（$\Delta H/P$）看成名义货币增长率与实际货币余额（H/P）的乘积。名义货币增长率一定时，实际货币余额越大，铸币税的数值越大。将公式重新表述为：

$$\text{铸币税} = \frac{\Delta H}{H}\frac{H}{P}$$

这就给出了我们想要的铸币税、名义货币增长率和实际货币余额之间的关系。为了体现该关系的重要性，我们在公式两边同时除以实际收入 GDP，Y（以月度为单位），得：

$$\frac{\text{铸币税}}{Y} = \frac{\Delta H}{H}\left(\frac{H/P}{Y}\right) \tag{22-6}$$

假如政府的财政赤字为 GDP 的 10%，决定通过铸币税来弥补，那么（财政赤字/Y）=（铸币税/Y）= 10%。假设实际货币余额与月度 GDP 比率的平均值为 1，那么（H/P）/Y = 1。这意味着名义货币增长必须满足：

$$10\% = \frac{\Delta H}{H} \times 1 \Rightarrow \frac{\Delta H}{H} = 10\%$$

因此，给定中央银行货币余额与 GDP 比率为 1，通过铸币税弥补实际收入 10% 的财政赤字，名义货币的月增长必须等于 10%。

这肯定是一个高货币增长率，但人们可能会得出这样的结论。在特殊情况下，这可能是为弥补赤字而支付的可接受价格。不幸的是，这个结论可能是错误的。随着货币增加，通货膨胀通常会随之而来。高通货膨胀导致人们想要减少对货币的需求，进而减少对中央银行货币的需求。换句话说，随着货币增长率的提高，人们想要持有的实际货币余额会减少。举例来说，如果他们愿意在通货膨胀率低的情况下，持有一个月收入的货币结余，那么他们可能会决定在通货膨胀率达到 10% 时，将结余减至一个星期或以下。根据式（22-6），随着 $\Delta H/H$ 增加，(H/P)/Y 减小。因此，要达到同样的收入水平，政府需要进一步提高货币增长率。然而，较高的货币增长将进一步导致通货膨胀，(H/P)/Y 进一步下降，需要更高的货币增长。很快，高通货膨胀转变为**恶性通货膨胀**（hyperinflation），经济学家用这个术语来形容非常高的通货膨胀，典型的是

这是个一般性命题。随着税率（比例）提高，税基（实际货币余额）会减少。

每月的通货膨胀率超过30%。问题聚焦"货币创造与恶性通货膨胀"中描述了一些最著名的事件。恶性通货膨胀只有在财政政策显著改善、赤字消除的情况下才会结束。到那时,破坏已经造成。

问题聚焦 货币创造与恶性通货膨胀

在这一章中我们可以看到,试图通过货币创造来为巨额财政赤字融资可能导致高通货膨胀,甚至导致恶性通货膨胀。这种情况在过去曾多次出现。你可能听说过第一次世界大战后德国发生的恶性通货膨胀。1913年,德国流通的所有货币的价值为60亿马克。十年后,也就是1923年10月,60亿马克几乎不足以在柏林买到一公斤黑麦面包。一个月后,同一个面包的价格上升到4 280亿马克。但德国的恶性通货膨胀并不是唯一的例子。表1总结了第一次世界大战和第二次世界大战后的七次恶性通货膨胀。它们有许多共同的特点。它们都很短暂(持续一年左右),但都很剧烈,货币增长和通货膨胀率达到每月50%或以上。总的来说,物价上涨幅度惊人。如你所见,最大的价格上涨实际上不是在德国,而是在第二次世界大战后的匈牙利。1945年8月值1辨戈的物件,不到一年后需要花3 800万亿辨戈!

匈牙利不同的是,它不是发生一次而是两次恶性通货膨胀,一次发生在第一次世界大战后,另一次发生在第二次世界大战之后。

这种大规模的通货膨胀自20世纪40年代以来从未出现过,但许多国家由于货币创造而经历了高通货膨胀。20世纪80年代后期,许多拉丁美洲国家的月通货膨胀率超过20%。最近的一个高通货膨胀的例子发生在津巴布韦,在2009年年初通过稳定方案之前,2008年该国的月通货膨胀率达到500%。

毫无疑问,恶性通货膨胀会带来巨大的经济损失。

- 交易系统效率低下。一个熟知的例子是恶性通货膨胀晚期的德国,交易效率极低,人们必须用手推车装运大量现金用于日常交换,在他们日常交易中所需要的巨额货币周围兜来兜去。

- 价格信号失灵。由于价格经常变动,消费者和企业难以估计相关商品的价格并做出正确的决定。经验表明,通货膨胀率越高,商品价格的变动性越大。因此,对市场经济起关键作用的价格系统也失去了效率。在20世纪80年代以色列高通货膨胀时期有个笑话:"为什么乘出租车的价格比巴士便宜?因为乘巴士的时候,是在上车的时候付钱,而乘出租车时,是在下车时付钱。"

- 通货膨胀率的振动幅度增大。预测未来通货膨胀的值越来越难,比如,下一年的通货膨胀率是500%还是1 000%。以固定名义利率借贷更像是一场赌博,如果你以1 000%的年利率借款,最终你支付的实际利率有可能是500%,也有可能是0,这完全不同。结果,在恶性通货膨胀的最后一个月,通常借贷接近停滞,导致投资大幅下滑。

随着通货膨胀率上升,制止通货膨胀已成了人们一致的呼声。最终,政府减少赤字,不再求助于货币创造。通货膨胀停止,经济遭受巨大损失。

表1　20世纪20~40年代发生的7次恶性通货膨胀

国家	期初	期末	P_T/P_O	月均通货膨胀率（%）	月均货币增长率（%）
澳大利亚	1921年10月	1922年8月	70	47	31
德国	1922年8月	1923年11月	1.0×10^{10}	322	314
希腊	1943年11月	1944年11月	4.7×10^6	365	220
匈牙利1	1923年3月	1924年2月	44	46	33
匈牙利2	1945年8月	1946年7月	3.8×10^{27}	19 800	12 200
波兰	1923年1月	1924年1月	699	82	72
俄罗斯	1921年12月	1924年1月	1.2×10^5	57	49

注：P_T/P_O是恶性通货膨胀中最后一个月的价格水平除以第一个月的价格水平。
资料来源：Philip Cagan, "The Monetary Dynamics of Hyperinflation," in Milton Friedman ed., *Studies in the Quantity Theory of Money*(University of Chicago Press, 1956), Table 1.

如今，许多发达经济体的债务确实很高，往往超过了GDP的100%。那么政府应该怎么做呢？答案是没有简单的解决办法。在某些情况下，例如在希腊，债务显然是不可持续的，因此需要以某种形式进行债务重组。在其他情况下，债务可能是可持续的，但我们刚才描述的危险就在那里。各国政府是否应该产生大量的基础盈余以迅速减少债务？我们以前讨论过这种政策的危险性。在政策利率处于零利率下限、货币政策无法抵消财政整顿的不利影响的情况下，大幅增加基础盈余是危险的，并且可能会弄巧成拙。事实上，现在人们普遍认为，欧洲自2011年以来实行的强有力的**财政紧缩**（fiscal austerity）是过度的，特别是它主要是通过提高税收来实施的。今天一个共识已经达成，即债务应当稳定，但大规模的财政整顿应当等到利率再次为正，货币政策有足够的空间来抵消整顿的不利影响再进行。欧洲财政政策的道路有限，大量的财政整顿可能引发另一场衰退，而太少的财政整顿可能导致爆炸性的债务增长。无论如何，调整至低债务水平可能需要很长时间。（你可能会问我们是否也应该担心美国的财政状况。这一点在问题聚焦"你应该担心美国的公共债务吗"中有所讨论。）

请参阅第9章9.3节关于在零利率下限情况下财政政策的讨论。

在19世纪初拿破仑战争结束时，英国的债务比率已经超过了GDP的200%。英国花了19世纪的大部分时间来降低该比率。到1900年，这一比例仅为GDP的30%。

问题聚焦　你应该担心美国的公共债务吗

美国公共债务在金融危机期间大幅增加，从2006年占GDP的不足40%增加到2015年的74%。

预算赤字虽然比危机最严重时期小得多，但仍然很大，约占GDP的2.7%。我们应该担心美国公共债务的可持续性吗？

国会预算办公室（Congressional Budget Office，CBO）的工作给出了一个初步的答案。国会预算办公室是一个无党派的国会机构，帮助国会评估财政决策的成本和影响。CBO的任务之一是根据现行财政规则编制收入、支出和赤字预测。图1报告了按财政年度2015~2050年美国政府的支出、收入和债务占GDP比率情况（财政年度为从上一年度10月1日至本年度的9月30日）。该图得出以下两个明确结论。

美国短期内没有债务问题。根据现行法律和经济预测，赤字与 GDP 的比率在 2020 年之前大致保持不变，债务与 GDP 的比率也保持不变。

但从中期和长期来看，美国存在潜在的债务问题。从 2020 年开始，赤字稳步上升，债务也在稳步上升。到 2050 年，赤字达到 GDP 的 6.2%，债务达到 GDP 的 117%。恶化主要由于三个因素，都在支出方面：

- 预计利率将从异常低的水平不断上升，从而导致净利息支付从 2015 年占 GDP 的 1.4% 增长至 2020 年的 2.4%，2050 年的 4.9%。
- 社会保障支出（为退休人员提供的福利）预计从 2015 年占 GDP 的 4.9% 增长至 2020 年的 5.2%，2050 年的 5.9%。随着婴儿潮一代开始达到退休年龄，65 岁以上人口的比例将迅速上升，这反映了美国的老龄化问题。老年抚养比率（65 岁以上人口与 20～64 岁人口的比率）预计将从 2000 年的 20% 左右增至 2050 年的 40% 以上。
- 医疗补助（向穷人提供保健）和医疗保险（向退休人员提供保健）预计从 2015 年占 GDP 的 5.2% 增至 2020 年的 5.5%，2050 年的 9.1%。这一大幅增加反映了医疗补助制度下医疗保健费用的增加，以及退休人员人数的增加。

请注意，这三个因素本身将导致从 2015 年至 2050 年赤字占 GDP 的比率增长 8.4%，而预计赤字仅为 3.5%。原因是收入增加和其他项目削减部分抵消了这些增长，但这些增税和减支不足以避免财政状况恶化。

你的结论是什么？回顾 CBO 的预测是现有规则下的预测。因此，规则必须改变。社会保障福利可能必须减少（相对于预测），医疗保健也必须受到限制（同样相对于预测）。毫无疑问，必须增加税收，例如用于资助社会保障的工资税。如果这种变化不能达成，就有充分的理由担心美国的债务动态。但是现在还没有理由担心。

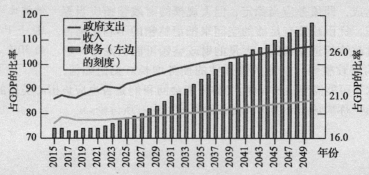

图 1　2015～2050 年美国政府支出、收入和债务规划（占 GDP 的比率，以百分比形式表示）

本章概要

- 政府预算约束显示了政府债务是支出和税收的函数的演变。表达这一约束的一种方式是，债务的变化量（赤字）等于基础赤字加上对债务的利息支付。基础赤字是政府对商品和服务的支出 G 和扣除了转移支付后的税收 T 之间的差额。

- 如果政府支出不变，税收的当前减少必须由将来税收的增加来抵消。政府等待增税的时间越长或者实际利率越高，最终税收的增加越高。
- 过去的赤字带来的是更高的债务存量。为了保持债务不变，政府必须消除赤字。为了做到这一点，政府必须实现与对现有债务的利息支付额相同的基础盈余。
- 债务与GDP比率的演变取决于四个因素：利率、增长率、初始债务比率与现有债务。
- 根据李嘉图等价命题，更大的赤字将导致私人储蓄的等量增加。因此，赤字对需求和产出没有影响。债务积累不会影响资本积累。实际上，李嘉图等价是不成立的，从短期来看，赤字越大，会导致需求和产出越高。从长期来看，债务积累会导致更低的资本积累，进而产出也就更低。
- 为了稳定经济，在衰退时期，政府必须使用赤字；在繁荣时期，政府必须实现盈余。周期调整的赤字告诉我们，在当前的税收和支出规则下，如果产出处于自然率水平，赤字应该是多少。
- 像战争那样，在支出很高的时期，赤字就变得合理了。与增加税收相比较，使用赤字将导致战争期间更高的消费和更低的投资。因此，这将战争中人们的部分负担转移给了战后仍然活着的那些人。赤字也有助于平滑税收并减少税收扭曲。
- 高负债率增加了恶性循环的风险。更高的违约风险会导致更高的利率和债务增加。债务的增加反过来会导致更高的违约风险和更高的利率。两者结合起来，就会导致爆发债务危机。政府可能别无选择，只能选择违约或依赖货币创造。货币创造反过来可能导致恶性通货膨胀。无论是哪种情况，经济成本都可能很高。

关键术语

inflation-adjusted deficit　通货膨胀调整后的赤字
government budget constraint　政府预算约束
primary deficit　基础赤字
primary surplus　基础盈余
debt-to-GDP ratio　债务占GDP的比率
debt ratio　债务比率
Ricardian equivalence　李嘉图等价
Ricardo-Barro proposition　李嘉图－巴罗命题
full-employment deficit　充分就业赤字
mid-cycle deficit　中周期赤字
standardized employment deficit　标准就业赤字
structural deficit　结构性赤字
cyclically adjusted deficit　周期调整的赤字
automatic stabilizer　自动稳定器

tax smoothing　税收平滑
spread　利差
basis points　基点
haircut　价值折扣
debt restructuring　债务重组
debt rescheduling　债务延期
private sector involvement　私人部门参与
money finance　货币创造
debt monetization　债务货币化
fiscal dominance　财政支配
seignorage　铸币税
hyperinflation　恶性通货膨胀
Congressional Budget Office (CBO)　国会预算办公室
fiscal austerity　财政紧缩

习题

快速测试

1. 运用本章的信息，判断下面的说法是正确、错误还是不确定，并简要解释。
   a. 赤字是政府实际支出与扣除转移支付后税收之间的差额。
   b. 基础赤字是政府实际支出与扣除转移支付后税收之间的差额。
   c. 过去一个世纪，美国的债务与国内生产总值的比率波动很大。
   d. 税收平滑和财政赤字有助于将战争负担分散到几代人。
   e. 政府应立即采取行动，消除周期性调整的预算赤字。

f. 如果李嘉图等价成立，则所得税的增加不会影响消费和储蓄。
g. 债务与国内生产总值的比率不能超过100%。
h. 削减计划减少未偿政府债务的价值。
i. 周期性调整赤字总是小于实际赤字。
j. 通货膨胀调整后赤字总是小于实际赤字。
k. 当债务与GDP的比率很高时，最好的政策是财政整顿。
l. 恶性通货膨胀是指每月超过30%的通货膨胀率。
m. 恶性通货膨胀可能扭曲价格，但对实际产出没有影响。

2. 考虑下列表述：

"战争期间的赤字可能是一个好事情。首先，这种赤字是暂时性的，所以战争结束后也就消失了，政府可以回到之前的支出和税收水平。其次，即使有证据支持李嘉图等价假说，但这个赤字还是可以起到刺激战时经济的作用，进而有助于将失业率保持在很低的水平。"

找出该表述的错误之处。这个表述有没有正确的地方？

3. 假设一个经济体以下列事实为特征。
   i. 官方预算赤字为GDP的4%。

深入研究

5. 假设经济体与第3题描述的一致，并且假设存在一个固定的汇率$\overline{E}$。假设金融投资者担心债务的水平太高了，政府可能实施贬值政策来刺激产出（进而增加税收）以帮助清偿债务。金融投资者开始预期将会贬值10%。换句话说，预期的汇率为E^e_{t+1}，即从先前的$\overline{E}$下降10%。
   a. 回顾无抛补利率等价条件：

   $$i_t = i_t^* - \frac{E^e_{t+1} - \overline{E}}{\overline{E}}$$

   如果外国利率保持在不变的10%水平。当E^e_{t+1}下降10%，本国的利率水平必将怎么变化？
   b. 假设本国的通货膨胀率保持一致，本国的实际利率怎么变化？本国的经济增长率可能是多少？
   c. 官方的预算赤字将如何变化？通货膨胀调

   ii. 债务占GDP的比率为100%。
   iii. 名义利率是10%。
   iv. 通货膨胀率是7%。
   a. 基础赤字/盈余占GDP的比率是多少？
   b. 经通货膨胀调整后的赤字/盈余占GDP的比率是多少？
   c. 假设产出比自然产出水平低2%。周期调整并通货膨胀调整的赤字/盈余占GDP的比率是多少？
   d. 假设现在产出开始处于自然水平且产出增长率保持在恒定的2%的自然增长率水平，债务占GDP的比率在此期间如何变化？

4. 假设货币需求是以下形式：

   $$\frac{M}{P} = Y[1 - (r + \pi^e)]$$

   其中，$Y = 1\,000$，$r = 0.1$。
   a. 在短期，假设π^e不变，且等于25%。计算不同货币增长率下的铸币税，$\Delta M/M$为：
   i. 25%
   ii. 50%
   iii. 75%
   b. 在中期，$\pi^e = \pi = \frac{\Delta M}{M}$。计算货币增长率为a题中数值时的铸币税。解释本题和a题的答案为什么不同。

   整的赤字将如何变化？
   d. 假设增长率从2%下降到了0%，债务比率将如何变化？（假设基础赤字/盈余占GDP的比率不会发生变化，即使增长的下降可能减少税收收入。）

6. 李嘉图等价和财政政策。

   首先考虑一个李嘉图等价不成立的经济体。
   a. 假设开始时政府保持一个平衡的预算，后来增加了支出，同时税收并没有改变。在IS-LM图中标示出在短期内这个政策对产出的影响。政府如何为政府支出的增加进行融资？
   b. 跟a题一样，假设政府开始保持一个平衡的预算，后来增加支出。但是，这里我们假设税收与支出等额增加。在IS-LM图中标示出短期内这个政策对产出的影响。（回顾在第3章中关于乘数的讨论。政府支出乘数或者税收乘数稍大吗?）对比 a 题的影响,这种情况下的产出效应怎样?

现在考虑一个李嘉图等价成立的经济体。(c 题和 d 题不要求画图。)

c. 再次假设政府支出增加但不改变税收,相比 a 题和 b 题,产出效应如何?

d. 再次假设政府支出增加而且税收等额增加,相比 a 题和 b 题,产出效应如何?

e. 评价下列说法：
   i. 在李嘉图等价下,政府支出对产出没有影响。
   ii. 在李嘉图等价下,税收的变化对产出没有影响。

进一步探究

7. 考虑一个有下列特征的经济体：
   i. 债务占 GDP 的比率为 40%。
   ii. 基础赤字为 GDP 的 4%。
   iii. 自然增长率为 3%。
   iv. 实际利率为 3%。

   a. 假设每年基础赤字保持在 GDP 的 4% 的水平,经济每年将以自然增长率增长,并且实际利率保持不变,为 3%,利用你中意的速算表格软件,计算出未来 10 年债务占 GDP 的比率。

   b. 假设实际利率提高到 5%,其他情况与 a 题相同,计算出未来 10 年债务占 GDP 的比率。

   c. 假设自然增长率下降到 1%,经济每年还是以自然增长率增长,其他情况与 a 题一致,计算出未来 10 年债务占 GDP 的比率。

   d. 回到 a 题的假设。假设政策制定者认定债务占 GDP 的比率超过 50% 就是危险的。判断：将基础赤字立即缩减至 1%,并将这一赤字保持 10 年,那么 10 年后债务占 GDP 的比率将为 50%。基础赤字的值将是多少才能将债务占 GDP 的比率保持在 50%?

   e. 继续 d 题,假设政策制定者等 5 年后再改变财政政策。这 5 年基础赤字保持在 GDP 的 4% 的水平,那么 5 年后债务占 GDP 的比率将是多少?假设 5 年后政策制定者决定将债务占 GDP 的比率降低到 50%,那么在第 6 年到第 10 年,基础盈余不变值将是多少才能使债务占 GDP 的比率在第 10 年年末为 50%?

   f. 假设政策制定者采取 d 题或者 e 题的政策。如果这些政策暂时性降低产出增长率,为了 10 年后债务占 GDP 的比率为 50% 而要求的基础赤字的规模如何受这些政策影响?

   g. 你认为哪个政策（d 题还是 e 题中的政策）对经济稳定性产生更大的危险性?

8. 美国和其他国家的财政状况。

   从联邦储备银行圣路易斯分行的 FRED 经济数据库中,你可以检索到两个系列数据：美国政府总债务（GGGDTAUSA188N）和美国所有政府基础赤字（USAGGXONLBGDP）。这些测量包括各级政府。这些数据是由国际货币基金组织（IMF）编制的。利用国际货币基金组织或其他国际组织的数据有助于更好地比较各国的情况。这些数据常常以不那么政治化的方式呈现。

   a. 最近一年美国债务与 GDP 的比率是多少?描述过去 10 年中此变量的变化路径?

   b. 在数据的最后一年,债务占 GDP 的比率有什么变化?如果基础赤字为正,债务与 GDP 的比率是否会下降?

   c. 在最后一年的数据中,利用债务与 GDP 比率和基础赤字比率的变化信息来推断式(22-5)中的缺失项。你的计算有意义吗?

   d. 所有国家都建立了类似的数据。加拿大财政部在一份名为"财政参考表"的文件中提供了一个方便来源,文件中公布并比较了七国集团（G7）国家政府部门的财政状况。文件末尾题为"国际财政比较"的一节介绍了最新数据。哪个大经济体的债务总额与 GDP 的比率最高和最低?哪个国家的赤字占 GDP 的百分比最高和最低?这些是整体赤字还是基础赤字?

补充阅读

- 李嘉图等价假说的现代表述来自 Robert Barro's "Are Government Bonds Net Wealth?", *Journal of Political Economy*, 1974, Vol. 82, No. 6, pp: 1095-1117。
- 每一年,国会预算办公室都会出版当前和以后财政年度的 *The Economic and Budget Outlook*(在 www.cbo.gov 网站可以获得),这个文件提供对当前预算、当前预算问题即预算趋势清晰且没有偏见的陈述。
- 想要更多德国恶性通货膨胀信息,可参见 Steven Webb, *Hyperinflation and Stabilization in the Weimar Republic*, Oxford University Press, 1989。
- 对经济学家所知和所不知的有关恶性通货膨胀的一个很好的评论载于 Rudiger Dornbusch, Federico Sturzenegger, and Holger Wolf, "Extreme Inflation: Dynamics and Stabilization," *Brookings Papers on Economic Activity*, 1990 Vol 2, pp: 1-84。
- 关于欧洲"财政紧缩"(fiscal austerity)的辩论,请参见 http://www.voxeu.org/debates/has-austerity-gone-too-far。

第23章

货币政策：总结

经济危机使人们开始重新评估货币政策。在危机前的20年里，大多数中央银行都在朝着一个被称为**通货膨胀目标制**（inflation targeting）的货币政策框架靠拢。它基于两个原则：第一，货币政策的首要目标是保持通货膨胀的稳定和低水平。第二，实现这一目标的最佳方式是明确或隐含地遵循**利率规则**（interest rate rule）。这一规则允许政策利率对通货膨胀和经济活动的变动做出反应。

在危机前，这一框架似乎运作良好。通货膨胀率不断降低，在多数国家保持低水平和稳定。产出波动幅度减小。这一时期被称为**大缓和时期**（Great Moderation）。许多研究人员寻找这种温和发展的原因。他们得出结论认为，更好的货币政策是经济改善的主要因素之一，巩固并支撑了这一货币政策框架。

接着，危机来了。它迫使宏观经济学家和中央银行行长至少从两个层面重新评估。首先是流动性陷阱引发的一系列问题。当经济达到零利率下限时，政策利率就不能再用于增加活动。这就提出了两个问题：第一，货币政策的实施方式能否有效避免从一开始就达到零利率下限？第二，一旦经济处于零利率下限，中央银行是否还有其他工具可以用来帮助增加经济活动？

其次是涉及中央银行任务和货币政策工具的一系列问题。从21世纪初到危机开始，大多数发达经济体表现良好，产出持续增长，通货膨胀稳定。然而，正如我们在第6章中看到的那样，在幕后，并非一切良好。金融系统正在发生重大变化，例如杠杆作用大幅增加，银行对批发融资的依赖程度增加。在许多国家，房价也急剧上涨。这些因素最终成为危机的根源。这再次引发了两个问题：中央银行是否不仅要担心通货膨胀和经济活动，还要担心资产价格、股市繁荣、房地产繁荣和金融部门的风险？如果是，它有什么工具可用？

本章的目的是回顾到目前为止我们所学的货币政策的内容，然后描述通货膨胀目标制的逻辑和利率规则，最后讨论我们对危机提出的问题的立场。

23.1 讨论我们在本书中学习了什么。

23.2 描述通货膨胀率目标的基本框架。

23.3 回顾通货膨胀的成本与收益，并且分析它们对目标通货膨胀率的影响。

23.4 描述在经济触及零利率下限时中央银行可以采取非常规货币政策。
23.5 讨论在确保金融稳定时中央银行的潜在职能。

23.1 我们学习了哪些知识

- 在第4章，我们讨论了货币需求和供给的决定因素，以及货币政策对利率水平的影响。

  我们看到中央银行如何通过货币供应量的变化来控制政策利率。我们也看到当政策利率达到零，即所谓流动性陷阱或零利率下限时，货币供应量的进一步增加对政策利率没有影响。

- 在第5章，我们研究了货币政策对产出的短期影响。

  我们看到利率下降如何导致支出增加，进而导致产出增加。我们看到如何利用货币和财政政策来影响产出水平及其构成。

- 在第6章，我们介绍了名义利率和实际利率以及借款利率和政策利率之间的重要区别。实际利率等于名义利率减去预期通货膨胀。借款利率等于政策利率加上风险溢价。

  我们看到，对私人支出决策起至关重要作用的是实际借贷利率。我们讨论了金融体系的状况如何影响政策利率和借款利率之间的关系。

- 在第9章，我们考察了货币政策的中期影响。

  从中期角度，我们看到货币政策既不影响产出，也不影响实际利率，也称为中性利率或维克塞尔利率（Wicksellian rate of interest）。因为它既不会影响产出，也不会影响实际利率，所以更高的货币增长只会导致更高的通货膨胀。

  我们还考察了零利率下限如何破坏这一调整。高失业率可能会导致通货紧缩，通货紧缩的下限为零，导致实际利率上升，从而进一步减少需求，增加失业。

- 在第14章，我们介绍了短期利率和长期利率之间的区别。

  我们看到，长期利率取决于对未来短期利率和长期溢价的预期，股票价格取决于预期的未来短期利率、未来股息和股票溢价。

  然而，我们也看到，股票价格可能受到泡沫的影响，使价格不同于股票的基本价值。

- 在第16章，我们研究了预期对支出和产出的影响，以及货币政策的作用。

  我们看到货币政策影响短期名义利率，但支出取决于当前和预期的未来短期实际利率。

  我们看到货币政策对产出的影响主要取决于预期对货币政策的反应。

- 在第19章，我们研究了在商品市场和金融市场开放的经济中货币政策的影响。

  我们看到，在开放经济中，货币政策不仅通过利率而且通过汇率影响支出和产出，货币的增加导致利率下降和贬值，两者都增加支出和产出。我们看到，在固定汇率下，中央银行如何放弃货币政策作为政策工具。

- 在第20章，我们讨论了不同货币政策制度的利弊，即浮动汇率与固定汇率。

  我们看到，在浮动汇率下，利率变动会导致汇率发生巨大变化；在固定汇率下，投机如何导致汇率危机和大幅贬值。我们讨论了采用欧元等共同货币，甚至通过采用货币发行局制度或美元化完全放弃货币政策的利弊。

- 在第21章，我们研究了宏观经济政策，特别是货币政策面临的问题。

  我们认为，政策效果的不确定性应导致更谨慎的政策。我们看到，即使是用心良苦的决策者，有时也未必做得最好，有理由限制决策者。我们还研究了设立独立中央银行和任命保守中央银行行长的好处。

在本章中，我们将扩展分析，首先考察危机前的通货膨胀目标框架，然后考察危机对货币政策提出的挑战。

23.2 从货币目标到通货膨胀目标

人们可以认为货币政策的目标有两个：第一，保持低通货膨胀和稳定。第二，稳定潜在产出，避免或至少限制衰退或繁荣。

货币目标

在 20 世纪 80 年代前，中央银行的策略是选择目标货币增长率，并允许偏离目标比率。这么做的理由很简单，低目标货币增长率意味着较低的平均通货膨胀率。在经济衰退时期，中央银行可能会增加货币增长，导致利率下降和产出增加。在经济繁荣时期，中央银行可能会降低货币增长，导致利率上升和产出放缓。

这一策略行不通。

首先，货币增长与通货膨胀之间并不存在紧密关系，即使在中期也是如此。如图 23-1 所示，图中绘制了美国 10 年的平均通货膨胀率与 1970 年至危机期间货币增长率的 10 年平均值（阅读数字的方法：例如，2000 年的通货膨胀率和货币增长率数值是 1991～2000 年的平均通货膨胀率和货币增长率）。通货膨胀率用 CPI 衡量。名义货币的增长率以货币和活期存款的总和（M1）作为货币存量的衡量标准。使用 10 年平均值的理由应该很清楚。短期而言，名义货币增长主要影响产出，而非通货膨胀。只有在中期，名义货币增长和通货膨胀之间的关系才应该显现。以名义货币增长率和通货膨胀率的 10 年平均值来衡量这种中期关系。正如我们在第 4 章中看到的那样，时间选择截止在危机前的原因是，当一个经济体达到零利率下限（美国经济在 2008 年年底达到该下限）时，货币供应量的增加不再影响政策利率，这意味着中央银行不再能够影响产出和通货膨胀。所以，我们想把美国经济停滞在零利率下限的时期排除在外。

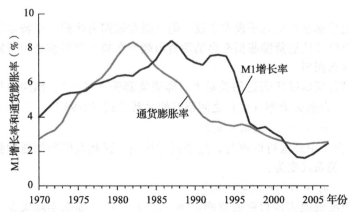

图 23-1　1970 年至危机前 M1 增长率和通货膨胀率：10 年平均值

注：即使是从中期来看，M1 和通货膨胀之间也没有紧密的联系。

资料来源：Series CPIAUSL and M1SL Federal Reserve Economic Data（FRED）http://research.stlouisfed.org/fred2/.

图 23-1 显示，对于美国来而言，M1 增长率与通货膨胀率之间的关系并不紧密。真的，两者都在 20 世纪 70 年代上升，后来都下降了。但请注意，通货膨胀率是如何在 20 世纪 80 年代初开始下降的，而名义货币增长率在未来 10 年内保持高位，直到 90 年代才下降。1981～1990 年的平均通货膨胀率降至 4%，同期的平均货币增长率仍为 7.5%。

其次，短期货币供应量与利率之间的关系并不稳定。例如，经济活动低迷，货币增长有所下降，可能对利率产生不同影响，使货币增长不能成为影响需求和产出的可靠工具。

这两个问题，即中期货币增长与通货膨胀之间非紧密关系，以及短期利率与货币供应之间非紧密关系，有着同样的根源，即货币需求的变化。举一个例子将有助于理解。假设由于信用卡的推出，人们决定只持有他们以前持有货币量的一半，换句话说，实际货币需求减少了一半。从短期来看，在给定的价格水平上，货币需求的这种大幅度下降将导致利率大幅度下降。也就是说，我们会看到利率大幅下降，而货币供应却没有改变。从给定利率的中期角度来看，价格水平将调整，实际货币存量最终将减少一半。对于一个给定的名义货币存量，价格水平就将增加一倍。即使名义货币存量保持恒定不变，因为价格水平加倍，也将会出现一段时间的通货膨胀。在这段时期内，货币增长（为零）和通货膨胀（为正）之间将不存在紧密的联系。

在整个20世纪70年代和80年代，货币需求频繁和大规模的变动给中央银行带来了严重的问题。它们发现身处一个矛盾中，即一方面试图保持一个稳定的货币增长目标，另一方面要保持在已经宣布的范围内（为了保持自身的信誉）随着货币需求变动进行调整（为了在短期稳定产出和在中期稳定通货膨胀率）。从20世纪90年代初开始，引人注目的是重新思考货币政策，即由基于货币增长目标转变成基于通货膨胀率目标，使用利率准则。我们来看一下当今货币政策是如何实施的。

> 从第5章知道，式(5-3)：实际货币供给（等式左边）必须等于实际货币需求（等式右边）：$\frac{M}{P} = YL(i)$。
>
> 如果引入信用卡，实际的货币需求减半，那么 $\frac{M}{P} = \frac{1}{2}YL(i)$。
>
> 在短期，P 不变动，利率必须调整。在中期，P 可以调整。给定产出水平与利率水平，M/P 必须减半。给定 M，这时意味着 P 必须增加一倍。

通货膨胀目标

如果中央银行的主要目标之一是维持经济较低且稳定的通货膨胀率，为什么不直接针对通货膨胀而不是货币增长？如果短期内影响经济活动的方法是依赖利率对支出的影响，为什么不直接关注利率而不是货币增长？这就是制定通货膨胀目标的原因。各国中央银行承诺实现目标通货膨胀率。它们决定用利率作为实现这一目标的工具。让我们看看这一策略的两个部分。

在中期内致力于一个特定的通货膨胀目标几乎没有争议，但试图在短期内达到一个特定的通货膨胀目标似乎具有争议性。仅仅关注通货膨胀似乎会消除货币政策在减少产出波动中所发挥的作用。但是，事实上并不是这么回事。

为了说明原因，我们回到菲利普斯曲线所表达的关系上，即通货膨胀率（π_t）、预期通货膨胀率（π_t^e）、实际失业率（u_t）与自然失业率（u_n）之间偏差的关系[式(8-9)]：

$$\pi_t = \pi_t^e - \alpha(u_t - u_n)$$

设通货膨胀目标是 π^*。假设由于中央银行的声誉，这个目标可信，因此人们预期通货膨胀率将与该目标值相等。这样这一关系式变为：

$$\pi_t = \pi^* - \alpha(u_t - u_n)$$

值得注意，如果中央银行可以准确地实现目标通货膨胀率，即 $\pi_t = \pi^*$，那么实际失业率将会始终等于自然失业率；这意味着产出也将始终处于自然产出水平上。通过设定目标并实现与通货膨胀预期相一致的通货膨胀率，中央银行还将失业率保持在自然水平，从而使产出保持在潜在水平。

> $0 = -\alpha(u_t - u_n) \Rightarrow u_t = u_n$

强调一点：即使政策制定者不关心通货膨胀本身，而只关心产出，通货膨胀目标制仍然有意义。保持通货膨胀稳定是保持产出处在潜在水平的一种方法。这个结果被称为**神圣的巧合**（divine coincidence）。对于式（8-9）中给出的菲利普斯曲线，在保持通货膨胀恒定和保持产出处于潜在水平之间没有冲突。因此，从短期和中期来看，注重维持稳定的通货膨胀率是正确的货币政策方法。

这个结果可以作为一个有用的基准，但太绝对了。现实并非那么美好。主要反对意见是，正如我们在第 8 章中看到的那样，菲利普斯曲线关系远非一个精确的关系。有时通货膨胀可能高于目标，产出可能低于潜在水平，中央银行需要重新在这两个目标之间进行权衡。也就是说，中央银行必须决定是把重点放在降低通货膨胀和采取紧缩的货币政策上，还是把重点放在增加产出和采取更具扩张性的货币政策上。因此，尽管一些中央银行被赋予了单一目标，即低且稳定的通货膨胀率，但其他中央银行，如美国联邦储备系统则有双重任务，既要实现稳定和低通货膨胀，又要保持产出接近潜在水平。此外，所有中央银行都采用了所谓的**弹性通货膨胀目标制**（flexible inflation targeting）。正如我们在第 21 章中讨论的原因，即利率的不确定性对产出产生影响，反过来影响通货膨胀率，中央银行并未试图立即调整通货膨胀至目标水平。随着时间的推移，它们将利率调整到目标通货膨胀率。我们现在探讨与通货膨胀目标有关的利率规则。

利率规则

中央银行不能直接控制通货膨胀，但可以控制政策利率。因此，问题是中央银行如何设定政策利率以达到通货膨胀目标。答案很简单。当通货膨胀高于目标值时，提高政策利率以降低物价压力；当低于目标通货膨胀率时，降低政策利率。鉴于此，在 20 世纪 90 年代斯坦福大学的约翰·泰勒提出了以下政策利率规则。这个规则就是我们所知道的**泰勒规则**（Taylor rule），其规则如下。

- 以 π_t 表示通货膨胀率，以 π^* 表示目标通货膨胀率。
- 以 i_t 表示政策利率，即中央银行所控制的名义利率，i^* 表示目标名义利率，目标名义利率与中性利率（r_n）相关，目标通货膨胀率为 π^*，因此，$i^* = r_n + \pi^*$。
- 以 u_t 表示失业率，以 u_n 表示自然失业率。

考虑中央银行选定名义利率 i 的情况（回顾第 4 章，中央银行可以不顾及流动性陷阱，通过公开市场操作达到它所想要的任何短期名义利率）。然而，泰勒认为，中央银行应该采用下面的规则：

$$i_t = i^* + a(\pi_t - \pi^*) - b(u_t - u_n)$$

这里的系数 a 和 b 均是正的。

我们来看一下这个规则的含义：

- 如果通货膨胀率正好等于目标通货膨胀率（$\pi_t = \pi^*$），失业率也等于自然失业率（$u_t = u_n$），那么，中央银行就应该设定名义利率 i_t 等于目标值 i^*。这样，经济可以处于同一个轨道：通货膨胀率等于目标值，失业也等于自然失业率。
- 如果通货膨胀率高于目标值（$\pi_t > \pi^*$），中央银行应该将名义利率 i_t 增加到目标值 i^* 之上。这一更高的利率将使失业增加，失业的增加又将导致通货膨胀降低。

  因此，系数 a 应该反映与重视通货膨胀相比中央银行重视失业的程度。系数 a 越大，中央银行应该针对通货膨胀越多地提高利率，经济下降的幅度越大，通货膨胀回落到目标的速度也就越快。

  泰勒指出，在任何一种情况下，系数 a 的值都应该大于 1。为什么呢？因为对支出

> 一些经济学家指出美国的通货膨胀率在 20 世纪 70 年代上升是因为美联储以低于通货膨胀率的幅度提高名义利率。结果就是通货膨胀率上升导致实际利率下降，进而导致更高的需求、更低的失业率，然后又带来高通货膨胀率，以及进一步的实际利率下降等。

水平真正重要的是实际利率而不是名义利率。当通货膨胀增加时，中央银行如果想要减少支出和产出，就必须提高实际利率。换句话说，它提高名义利率的程度必须比通货膨胀增加的程度更大。

- 如果失业率高于自然失业率（$u > u_n$），中央银行应该降低名义利率。较低的名义利率可以增加产出进而降低失业率。像系数 a 一样，系数 b 也应该表示与重视通货膨胀相比中央银行重视失业的程度：系数 b 越大，中央银行越愿意通货膨胀偏离目标而使失业保持在接近自然失业率的水平。

泰勒在说明这一规则时指出不应该盲目地循规蹈矩：许多其他情况，如汇率危机，或者需要改变支出构成因而混合使用货币政策和财政政策，改变名义利率的其他原因也包括在这一规则中。但是他指出，这一规则为思考货币政策提供了一种有用的方法：一旦中央银行选定了目标通货膨胀率，中央银行就应该通过调整名义利率来试图实现这一目标。中央银行所遵守的规则不仅仅将现在的通货膨胀率考虑进去，而且也应将当前的失业率考虑进来。

这一规则的逻辑令人信服。在 21 世纪前 10 年中期，多数发达经济体的中央银行都采用了某种形式的通货膨胀目标，也就是说，选择通货膨胀目标并使用利率政策。

随后，危机爆发并引发了许多问题，从通货膨胀目标的选择，到利率达到零利率下限时该怎么办，再到中央银行除了通货膨胀和经济活动之外是否以及如何担心金融稳定问题。23.3 节将讨论通货膨胀目标的选择，23.4 节讨论危机引发的其他问题。

23.3 最优通货膨胀率

> 通货膨胀率高于 5% 的国家是土耳其，为 8.8%。

表 23-1 说明了，自 20 世纪 80 年代初以来，发达国家的通货膨胀率如何稳定地持续下降。1981 年，经合组织国家的平均通货膨胀率为 10.5%；到了 2014 年，这一数字下降到 1.7%。1981 年，经合组织国家中仅有两个国家（当时经合组织仅有 24 个国家）的通货膨胀率在 5% 以下，但到了 2014 年经合组织 34 个国家中有 33 个国家的通货膨胀率在 5% 以下。

在危机之前，多数中央银行将目标通货膨胀率维持在 2% 左右。这是一个合适的目标吗？答案取决于通货膨胀的成本与收益。

表 23-1　1981~2014 年经合组织国家的通货膨胀率

年份	1981 年	1990 年	2000 年	2010 年	2014 年
经合组织的平均值①	10.5%	6.2%	2.8%	1.2%	1.7%
通货膨胀率低于 5% 的国家的数量②	2/24	15/24	24/27	27/30	33/14

①以 GDP 平减指数作为通货膨胀率的指标，并使用 GDP 作为各国的权重。
②第 2 个数是经合组织的成员数。

通货膨胀的成本

我们在第 22 章中看到，较高的通货膨胀率，如月通货膨胀率达到 30% 甚至更高时，经济活动如何被彻底地扰乱。然而，经合组织国家目前所争论的不是 30% 或者更高的月通货膨胀率的成本，讨论的焦点在于是零通货膨胀率给经济带来的好处多一点还是4%的年通货膨胀率带来的好处多一点。在这个范围的通货膨胀水平下，经济学家找出了通货膨胀所带来的四个主要成本：皮鞋成本、税收扭曲、货币幻觉和通货膨胀的可变性。

皮鞋成本

中期而言，通货膨胀率越高，名义利率越高，从而持币的机会成本越高。结果，人们为了减少持有货币的余额不得不更频繁地去银行，即将这种成本表达成**皮鞋成本**（shoe-leather costs）。如果通货膨胀率维持在低水平，人们跑银行的时间就省下来了，从而做点别的事情，例如更多地工作或享受更多的闲暇时间。

在恶性通货膨胀时期，皮鞋成本可能变得非常巨大。但在温和的通货膨胀率水平下，皮鞋成本的重要性就有限了。如果通货膨胀率为3%，人们每个月因此而多去银行一次，或者多在货币市场基金和存款账户间转换一次，这样，这种成本就很难成为通货膨胀的主要成本了。

税收扭曲

通货膨胀的第二个成本源于税收系统和通货膨胀之间的相互作用。

比如，考虑资本收益税。资本收益税通常取决于买卖期间资产以美元标价的价格变化。这意味着通货膨胀率越高，税负也就越高。下面的例子能清晰地说明这一点。

- 假定过去10年的年通货膨胀率均为 $\pi\%$。
- 假定10年前你以50 000美元的价格买了一套房子；现在你以 $50\,000 \times (1 + \pi\%)^{10}$ 美元把它卖掉，它的实际价值没有发生改变。
- 如果资本收益税是30%，你销售房屋所得的有效税率，即你缴纳的税款与销售房屋的价格之比就是：

$$30\% \times \frac{50\,000 \times (1 + \pi\%)^{10} - 50\,000}{50\,000 \times (1 + \pi\%)^{10}}$$

> 表达式的分子等于销售价格减去购买价格，分母等于销售价格。

- 因为你出售房屋的真实价格与你购买房屋的真实价格相同，所以你的实际资本收益为零，所以不应该纳税。实际上，如果 $\pi = 0$，即不存在通货膨胀，那么有效税率就是0%。但是，如果 $\pi = 4\%$ 的话，有效税率变成了9.7%：尽管事实上你的真实资本收益为0，但你要支付一个很高的税。

由税收和通货膨胀之间的相互作用所引起的问题不仅限于资本收益税。尽管我们知道一项资产的实际回报率是用实际利率而不是名义利率来表示的，但是应税收入是基于名义利息计算，而不是基于实际利息计算。或者，再举一个例子，在美国，直到20世纪80年代初，与不同所得税率相对应的各个等级的收入并没有随着通货膨胀自动增加。结果，随着时间增加的名义收入（而不是实际收入）将人们从低税率层级推向更高的税率层级，这种效应被称作**税级攀升**（bracket creep）。

> 一些经济学家认为税级攀升的成本巨大。随着税收收入的持续增加，政府控制支出的压力就很小。他们认为，这就导致了20世纪六七十年代政府规模的扩大，并远远超过了其最佳规模。

你可能会认为这一成本实际上并不是由通货膨胀成本本身所带来的，而是由税收体系设计的缺陷所导致的。在我们刚刚讨论的房子的例子中，如果政府将购买价格按某一价格指数化，即从购买之日起就按照通货膨胀来调整购买价格，并根据销售价格和调整后的购买价格之间的差价来计算税收，政府就可以消除这一问题。在这种计算方法下，就将不存在资本收益，因此也就不必支付资本所得税。但是因为税法很少允许进行这种系统性的调整，通货膨胀率也就起了作用，从而也就导致了税收的扭曲。

货币幻觉

通货膨胀的第三个成本来自**货币幻觉**（money illusion），这一概念是指人们在评估名义和实际变化时犯了系统性的错误。价格稳定时的计算很简单，在出现通货膨胀时计算变得很复杂。当人们要比较今年的收入和以前年份的收入时，人们必须先追踪通货膨胀的变化轨迹。当人们要在不同的资产之间进行选择，或者决定消费多少、储蓄多少的时候，人们必须先搞清楚实际利率和名义利率的差别。非正式的证据表明，很多人都发现这些计算很难，而且常常不能做出实质性的区分。经济学家和心理学家已经搜集到更加正式的证据，这些证据表明，通货膨胀往往使人们和企业做出错误的决策（参见问题聚焦"货币幻觉"）。如果情况果真如此，那么一个简单的方法就是零通货膨胀。

问题聚焦　　　　　　　　　　货币幻觉

有很多有趣的证据反映在财务计算中，很多人都不能正确地对通货膨胀加以调整。最近，经济学家和心理学家开始更密切地考察货币幻觉。最近的一项研究中，两位心理学家——普林斯顿大学的埃尔达·沙菲尔和斯坦福大学的阿莫斯·特韦尔斯基，以及麻省理工学院的一位经济学家彼得·戴蒙德，设计了一项调研来试图找到货币幻觉的存在及其决定因素。他们向各种人群（在纽瓦克国际机场和新泽西州的两个大型购物中心的人们以及普林斯顿的一群本科生）询问了很多问题，其中的一个如下。

假设亚当、本和卡尔都得到一份200 000美元的遗产，每个人都立即用这笔钱购买了一套房。假设购买一年后他们都卖掉了这套房。但是他们所经历的经济状况各不相同。

- 在亚当持有房屋的时间里是通货紧缩，为25%，即所有商品和服务的价格大约下降了25%。亚当购买房屋一年之后以154 000美元的价格将其出售（比他购买时支付的价格减少了23%）。
- 在本持有房屋期间，没有通货膨胀也没有通货紧缩，即商品和服务的价格在这一年并没有显著变化。本在购房一年后以198 000美元的价格卖掉房子（比他的买价低了1%）。
- 在卡尔持有房屋期间是通货膨胀，为25%，即所有商品和服务的价格都上升大约25%。购买房屋一年后，卡尔以246 000美元将该房屋卖掉（比其买价高出了23%）。

请按照他们房屋买卖交易的成功性来排列出亚当、本、卡尔三个人的次序。以"1"表示最成功，以"3"表示最不成功。

从名义货币的角度看，显然卡尔处理得最好，其次是本，最后是亚当。但是，重要的是要从实际货币，即对通货膨胀加以调整来评价他们做得如何。从实际货币的角度看，排序刚好相反：亚当得到了2%的实际收入，处理得最好，其次是本（损失了1%），最后是卡尔（损失了2%）。

调查得到的结果如下。

排名	亚当	本	卡尔
第一	37%	15%	48%
第二	10%	74%	16%
第三	53%	11%	36%

被调查者中有48%的人认为卡尔应当排第一，有53%的被调查者认为亚当排第三。这些答案很好地揭示了货币幻觉的普

遍存在。换句话说，人们（即便是普林斯顿大学的本科生）调整预期会非常费劲。

资料来源：Eldar Shafir, Peter Diamond, Amos Tversky, "Money Illusion," *Quarterly Journal of Economics*, 1997, Vol. 112, No. 2, pp: 341-374 by permission of Oxford University Press.

通货膨胀的可变性

第四个成本来自这样一个事实：较高的通货膨胀率水平通常伴随着较高通货膨胀的可变性，而且通货膨胀的可变性越大，就意味着诸如债券这样的固定收益金融资产的风险变得越大。

购买一种10年期面额为1 000美元的债券。如果接下来10年的通货膨胀率水平恒定，那么不仅10年后该债券的名义价值可以确定，而且10年后该债券的实际价值也是确定的，我们可以准确地确定1美元10年后值多少钱。但是如果通货膨胀率是可变的，那10年后1 000美元的真实价值就是不确定的。这种可变性越大，导致的不确定性也就越大。为退休而进行储蓄变得更加困难。对投资债券的那些人而言，通货膨胀比预期低，则意味着退休后情况会更好；但是高通货膨胀则意味着变得贫困，这就是那些将其部分收入用美元固定下来的退休人员通常比社会上其他人群更担心通货膨胀的原因。

> *Umbero D* 是 Vittorio de Sica 于 1952 年执导的一部凄凉的好电影，讲述了第二次世界大战后意大利靠固定养老金生活的人们。

就像税收，你可能会认为这些成本实际上并不是由通货膨胀本身造成的，而是因为金融市场不能提供那些可以使持有人抵消通货膨胀影响的资产。政府或企业不仅可以发行名义债券（这种债券承诺将来支付固定的名义金额），也可以发行指数化债券，这些债券承诺一个随通货膨胀调整的名义金额，因此人们不用再担心他们退休时债券的实际价值。确实，正如我们在第15章中看到的那样，包括美国政府在内的一些政府现在已经发行了类似的债券，因此人们可以更好地保护自己不受通货膨胀率变动的影响。

通货膨胀的好处

事实上，通货膨胀并不总是带来坏处，人们可以发现通货膨胀有三个好处：①铸币税；②（有点自相矛盾）利用货币幻觉和通货膨胀之间的相互作用来方便地调整实际工资；③在宏观经济政策中一种负实际利率的政策选择。

铸币税

货币创造，即通货膨胀的最终根源，是一种政府为其支出进行融资的渠道。从另一个角度理解，货币创造是向公众举债和征收税收之外政府获取资金的一种替代方法。

就像我们在第22章看到的那样，政府通常并不通过"创造"货币来支付政府的支出，而是通过发行和销售债券来取得相应收入进行支付。但是如果这些政府债券被中央银行购买了，这样政府就是通过创造货币来应付支出的。结果是一样的，从货币创造中获得收入，即铸币税使政府从公众那里借更少的钱，或者收较低的税。

> 由于量化宽松（我们将在下一节讨论），危机后，基础货币占GDP比率大幅增加，但是人们预期随着美国经济出现流动性陷阱，该比值将回归至正常水平。

现实中的铸币税收入有多大呢？在恶性通货膨胀时期，获得铸币税收入通常是政府进行融资的重要渠道。但是，在当今的经合组织国家中，以及我们正在讨论的通货膨胀率的范围下，铸币税的重要性是很有限的。拿美国来说，基础货币，即美联储所发行的货币（见第4章）占GDP的比率大约是6%。4%的名义货币年增长率

（这最终将导致通货膨胀率增加4%）会因此而导致铸币税占GDP的比率增加4%×6%，即0.24%。这么少的收入却换来了通货膨胀率4%的增加。

因此，尽管铸币税有些时候是很重要的（例如，对于那些没有好的财政体系的经济体而言），但是对于我们所讨论的经合组织国家现在是零通货膨胀率好还是4%的通货膨胀率好这个问题而言，铸币税看起来不是很重要。

重返货币幻觉

自相矛盾的是，货币幻觉的存在至少提供了一个支持通货膨胀率为正的观点。

为了找到原因，先来考虑两种情况。第一种情况，通货膨胀率是3%，你的以美元表示的名义工资增加1%。第二种情况，通货膨胀率是0，你的以美元表示的工资下降2%。这两种情况都导致实际上工资以同样的2%幅度下降，因此你不应该区别对待。但是，有些证据表明，与第二种情况相比，人们更容易接受第一种情况下的实际工资削减。

这个例子为什么会对我们的讨论而言是重要的呢？正如在第13章中所看到的那样，这是因为现代经济中这种不断变化过程的特征意味着一些工人有时必须承受实际薪水减少。因此，这一观点认为，通货膨胀的存在使实际工资的下行调整要比不存在通货膨胀时的下行调整容易些。第8章中关于高通货膨胀和低通货膨胀下葡萄牙工资变化分布的证据表明，这确实是一个相关的论点。

负实际利率的选择

较高的通货膨胀率降低了达到零利率下限的概率。在第4章中我们讨论了零利率下限问题，这一论点可能是最重要的。一个数字性的例子可以帮助我们理解。

- 考虑两个经济体，它们的自然实际利率等于2%。
- 在第一个经济体内，中央银行保持平均通货膨胀率为4%的水平，所以名义利率平均而言就等于2%+4%=6%。
- 在第二个经济体内，中央银行保持平均通货膨胀率在零通货膨胀水平，所以名义利率平均等于2%+0%=2%。
- 假设两个经济体均受到相似的负面冲击，这将导致在给定的利率水平下支出和产出水平的短期下降。
- 在第一个经济体内，中央银行可以将名义利率从6%下降到0%，即降幅为6%。先假设预期通货膨胀率不会立即改变，仍保持在3%的水平上，这样实际利率就从2%降低到-4%。这将对支出施加一个强有力的正向影响，从而帮助经济恢复。
- 在第二个经济体中，中央银行仅仅能将名义利率从2%降到0%，即降幅为2%。假设预期通货膨胀率未立刻发生改变，仍维持在零通货膨胀水平，这样实际利率仅仅降低2%，即从2%降到0%。这样一个较小的实际利率下降可能不会使支出增加太多。

简言之，平均通货膨胀率较高的经济体在利用货币政策应对经济衰退时拥有更多的余地，而平均通货膨胀率低的经济体可能会发现自己无法使用货币政策使产出回到自然水平。正如在

回顾式（22-6），用H表示基础货币，即中央银行发行的通货，则：

$$\frac{铸币税}{Y} = \frac{\Delta H}{PY} = \frac{\Delta H}{H}\frac{H}{PY}$$

这里的$\Delta H/H$是基础货币的增长率，H/PY是基础货币占名义GDP的比率。

例如，可参见Alan Blinder and Don Choi, in "A Shred of Evidence on Theories of Wage Rigidity," *Quarterly Journal of Economics*, 1990, Vol. 105, No. 4, pp: 1003-1015。

隐喻的冲突：因为通货膨胀使实际工资的调整更加容易，所以一些经济学家声称通货膨胀"润滑了经济车轮"。其他一些经济学家则强调通货膨胀对相对价格的负面影响，声称通货膨胀是往经济中"掺沙子"。

第 6 章中那样，这种可能性要比纯粹理论大得多。危机开始时，各国中央银行迅速触及零利率下限，无法进一步降息。考虑到这一情景，中央银行是否应该在未来选择更高的平均通货膨胀率呢？一些经济学家认为，当前的危机是一个特殊事件，各国未来不太可能再次面临流动性陷阱，因此没有必要采用更高的平均通货膨胀率。另一些经济学家则认为，陷入流动性陷阱的国家所面临的问题如此严重，应该避免再次发生这种情况，事实上，更高的通货膨胀率是合理的。然而，毫无争议的是，长期的低通货膨胀降低了中央银行影响实际利率的能力。

最优通货膨胀率：目前的争论

当前，多数发达国家的中央银行均采取2%的目标通货膨胀制。然而，它们遇到两方面的挑战：一些经济学家想要实现价格的稳定，即零通货膨胀率。相反，另一些则想要更高的通货膨胀率，例如4%。

那些追求零通货膨胀率的人指出，零通货膨胀率是不同于其他任何水平的目标通货膨胀率：它与价格的稳定相一致。这本身就令人神往。如果知道10年或者20年后的价格水平与当前基本保持一致，将简化很多复杂的决策并且消除货币幻觉的存在。同样，由于中央银行面临时间不一致问题（在第21章有所讨论），目标通货膨胀率的可信度和单一性就显得很重要。一些经济学家和中央银行官员认为，价格稳定的目标在零通货膨胀水平下比在2%的目标通货膨胀率下更容易达到。然而，实际上目前尚无中央银行采取零通货膨胀率。

那些希望提高通货膨胀率的人认为，今后不要陷入流动性陷阱至关重要，因此，提高通货膨胀目标（例如4%）将会有所帮助。他们认为，选择2%的通货膨胀目标是基于各国不太可能达到零利率下限的信念，然而这一信念已被证明是错误的。他们的观点在中央银行官员中没有得到多少支持。中央银行官员认为，如果中央银行将通货膨胀目标从目前的2%提高到4%，人们可能会开始预期通货膨胀目标很快将变为5%，然后6%等，通货膨胀预期将不再稳定。因此，他们认为保持当前目标水平很重要。

这种推理有时被称为"滑坡"。

争论尚未解决。目前，大多数中央银行似乎正追求低水平但为正的通货膨胀率，即2%左右的通货膨胀率。

23.4 非常规货币政策

当利率达到零利率下限，即危机开始时，中央银行无法进一步降低利率，因此失去了使用**常规货币政策**（conventional monetary policy）的机会。直到现在，在本书中我一直强调货币政策的重要性。但这只是一种简化。中央银行正在探索其他影响经济活动的方法，一套被称为**非常规货币政策**（unconventional monetary policy）的措施。

这个想法很简单。虽然政策利率等于零，但其他利率仍然为正，反映了各种风险溢价。虽然第6章在政策利率与借贷利率关系中引入了风险溢价，但没有详细讨论它的决定因素，以及如何受货币政策的影响。事实上，我们可以认为资产溢价是由资产的供求决定的。如果对资产的需求下降，无论是因为买家变得更厌恶风险，还是因为一些投资者决定不再持有资产，溢价都会上升。相反，如果需求增加，溢价将下降。无论增长的需求来自私人投资者还是中央银行，都是如此。

这种逻辑导致中央银行购买短期债券以外的资产，目的是降低这些资产的溢价，从而降低相应的借贷利率，以刺激经济活动。它们通过货币创造为购买提供资金，导致货币供应量大幅度增加。虽然货币供应量的增加对政策利率没有影响，但购买其他资产降低了溢价，导致借贷利率降低，支出增加。这些购买计划被称为**量化宽松**（quantitative easing）或**信用宽松**（credit easing）政策。

2008年11月，美联储启动了第一次量化宽松计划（QE1），其实是在到达零利率下限之前。在第一次量化宽松过程中，美联储开始购买某些特定类型的抵押贷款证券。在第6章中，我们讨论了危机产生的原因，其中一个触发因素是这些证券的基础抵押贷款价值难以评估。结果，许多投资者决定停止持有任何类型的抵押贷款证券，甚至看起来相对安全的证券的溢价也已跃升至非常高的水平。通过购买这些证券，美联储降低了溢价，并限制了对金融体系和支出的影响。第二次量化宽松计划（QE2）始于2010年11月，当时美联储开始购买长期国债，目的是降低这些长期国债的长期溢价。第三次量化宽松计划（QE3）于2012年9月启动，美联储进一步购买抵押贷款证券，以降低抵押贷款成本，进一步帮助住房市场复苏。

许多研究都在评估量化宽松在降低风险溢价方面的有效性。人们普遍认为，QE1起到了很大作用。通过干预已经失灵的市场，美联储的干预限制了溢价增加。QE2和QE3的影响更具争议性。在这两轮量化宽松过程中，美联储干预了不再失灵的市场。人们普遍认为，它们降低了长期政府债券的长期溢价。问题是降低了多少。

美国和其他国家对量化宽松政策的总体评估是，量化宽松政策对借款利率产生了一定影响。因此，即使在零利率下限，货币政策仍可对经济活动产生一定影响。但人们也普遍认为，与传统货币政策相比，它们的运作方式更为复杂，可靠性也更低。换句话说，零利率下限可能不会让货币政策变得无能为力，但肯定会限制其效率。

由于这些政策，美联储的资产负债表相比危机前大幅扩张。图23-2显示了自2005年以来美国基础货币的演变情况。可以看到，在危机发生之前，基础货币相对稳定，以及由于量化宽松它如何从2008年9月的8 500亿美元，约占GDP的6.6%，增加至撰写本书时的4万亿美元，约占GDP的22%。美联储未来几年面临的一个主要问题是，它希望以多少比率缩减资产负债表的规模，以及是否希望恢复到危机前的资产负债表规模和组成。在现阶段，银行愿意以中央银行超额准备金的形式持有大部分货币供应量增长。由于政策利率等于零，银行持有准备金或短期债券并无差别。当美联储开始提高政策利率，中央银行希望银行继续持有这些超额准备金时，它将不得不为这些准备金支付利息。

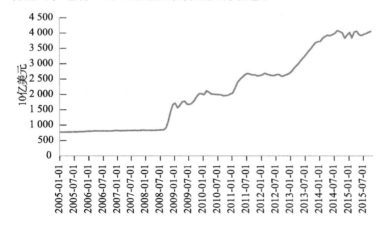

图23-2 2005~2015年美国基础货币的演变情况

注：由于量化宽松，从2005年至2015年美国基础货币增长超过四倍。

23.5 货币政策和财政稳定

金融危机爆发时，各国的中央银行不仅面临需求大幅下降，而且还面临金融体系内部的严重问题。正如我们在第6章中看到的那样，房价下跌是危机的导火索。随后，金融体系溃败又加剧了这种情况。资产的不透明性使人们怀疑金融机构的偿付能力。对偿付能力的怀疑反过来又导致挤兑。在挤兑中，投资者试图收回他们的资金，抛售股票，并引发了对偿付能力的进一步怀疑。因此，中央银行面临的第一个紧迫问题是，除了前面几节已经描述的措施之外，还应采取哪些措施。第二个问题是，未来货币政策是否以及如何降低此类金融危机再次发生的可能性。我们依次回答这两个问题。

流动性提供和最终贷款人

中央银行早就知道银行可能发生挤兑。正如我们在第 6 章中看到的，银行资产负债表的结构使其面临挤兑风险。银行的诸多资产缺乏流动性，如贷款，但是它们的许多负债都是流动性的，如活期存款。正如其名，活期存款可以随时按要求提取。因此，无论有根据与否，储户的担心都可能导致其想提取资金，从而迫使银行关闭或贱卖资产。传统上，大多数国家采取两项措施来限制这种挤兑。

- 存款保险，这使投资者拥有信心，即使银行破产，他们也能得到自己的资金，因而没有动力挤兑。
- 此外，在实际挤兑发生的情况下，中央银行向银行提供流动性，同时银行抵付一些抵押品，即银行的一些资产。这样，银行就可以获得支付储户所需的流动性，而不必出售资产。中央银行的这一职能被称为**最终贷款人**（lender of the last resort），自 1913 年美联储成立以来，它一直是美联储的职能之一。

然而，在金融危机期间，银行并不是唯一可能遭受挤兑的金融机构。任何资产的流动性低于负债的机构都面临类似的挤兑风险。当投资者希望收回资金，金融机构可能难以获得所需的流动性。鉴于危机的紧迫性，美联储向银行以外的一些金融机构提供流动性。除了这样做，它别无选择。但展望未来，问题是规则应该是什么，哪些机构可以从中央银行获得流动性，哪些不能。这个问题远未解决。中央银行真的愿意向它们不监管的机构提供这种流动性吗？

宏观审慎工具

从 21 世纪前 10 年中期开始，美联储开始担心住房价格上涨。但美联储和其他中央银行在面临类似房价上涨情况时不愿干预。这有若干原因：第一，它们发现很难评估价格上涨是基于基本面上涨（例如低利率）还是由于泡沫（价格上涨超过基本面的合理水平）。第二，它们担心虽然加息确实可以阻止房价上涨，但也会减缓整个经济，引发衰退。第三，它们认为，即使房价上涨是一个泡沫，泡沫破裂会导致房价下跌，他们也可以通过适当地降低利率，以抵消对需求的负面影响。

危机迫使它们重新考虑。正如我们所看到的那样，房价下跌加上金融系统风险增加，导致了一场重大的金融和宏观经济危机，它们无法避免，也无法应对。

因此，以下两方面正在形成广泛共识。

- 等待是危险的。即使对资产价格上涨是反映基本面还是泡沫感到怀疑，做点什么也比什么都不做好。与其让泡沫积聚并破裂，造成重大的不利宏观经济影响，不如让经济按照基本情况增长，但结果这么做是错误的。这同样适用于金融风险的积累，例如，过度的银行杠杆。更好的办法是防止高杠杆，即使

这引出一条格言：在资产价格上涨时保持精益比在价格崩盘时一无所有好。

冒着银行信贷减少的风险，也不应该让它积累起来，增加金融危机的风险。
- 为了应对金融体系中的泡沫、信贷繁荣或危险行为，利率不是恰当的政策工具。这是一个过于生硬的工具，影响整个经济，而不是解决眼前的问题。正确的工具是**宏观审慎工具**（macroprudential tools），是直接针对借款人、放款人、银行和其他金融机构的规则视情况需要而定。

一些宏观审慎工具可能采取什么形式？有些工具针对借款人。

- 假设中央银行担心房价过度上涨。它可以收紧借款人获得抵押贷款的条件。许多国家使用的一种衡量标准是借款人可以获得的贷款规模相对于其购买房屋价值的上限，这种衡量标准被称为最大**贷款价值比**（loan-to-value ratio）。降低最大贷款价值比可能会降低需求，从而减缓价格上涨。（问题聚焦"2000～2007年的贷款价值比和住房价格上涨"考察了危机前最大贷款价值比与住房价格上涨之间的关系。）

> 这导致匈牙利政府允许瑞士法郎抵押贷款与福林抵押贷款以更好的汇率进行兑换。匈牙利家庭的境况变得较好，但贷款银行的境况变得更糟。

- 假设中央银行担心人们借入过多的外币。一个例子将有助于说明这一点。在21世纪前10年早期，匈牙利超过2/3的抵押贷款是以瑞士法郎计价的！原因很简单，瑞士的利率非常低，这显然吸引了匈牙利人以瑞士利率而不是匈牙利利率借款。然而，借款人没有考虑到的风险是匈牙利货币福林相对于瑞士法郎贬值的风险。发生这样的贬值，匈牙利人必须支付的抵押贷款的实际价值平均增加了50%以上。许多家庭因此无法支付抵押贷款。这表明，限制家庭以外币借款的金额是明智的。

有些工具针对银行或外国投资者等放款人。

> 回到第6章，复习一下杠杆和资本比率之间的关系。

- 假设中央银行担心银行的杠杆率上升。我们在第6章中看到了这一点。高杠杆是房价下跌导致金融危机的主要原因之一。中央银行可以规定最低资本比率，以限制杠杆。这可以采取各种形式（例如，要求最低资本与资产比率，或者最低资本与风险加权资产比率，其中风险较高的资产具有较高的权重）。事实上，在一系列被称为"巴塞尔协议Ⅱ"（Basel Ⅱ）和"巴塞尔协议Ⅲ"（Basel Ⅲ）的协议中，许多国家已同意对其银行实施相同的最低限额。一个更困难和未解决的问题是，这种资本比率是否以及如何随着经济和金融条件的变化而调整（例如，如果出现信贷过度增长，是否应当提高资本比率）。

- 假设中央银行担心过多的资本流入，例如我们刚才讨论的匈牙利案例。中央银行担心，尽管投资者愿意以低利率放贷，但他们可能会随时改变主意，这可能会导致放贷突然停止。随后，中央银行可能希望通过实施**资本控制**（capital control）来限制资本流入。中央银行可能采取对不同类型资本流入征税的形式，对不太容易突然停止的资本流动征税较低，例如**外国直接投资**（foreign direct investment，外国人购买有形资产），或直接限制国内居民获得外币贷款的能力。

虽然人们普遍认为使用这种宏观审慎工具是可取的，但仍然存在许多问题。

- 在许多情况下，我们不知道这些工具的效果如何（例如，最大贷款价值比下降对住房需求的影响有多大，或者外国投资者能否找到避免资本管制的方法）。
- 传统货币政策工具与宏观货币工具之间可能存在复杂的互动关系。例如，有一些证据表明，非常低的利率会导致投资者或金融机构过度承担风险。如果是这样，出于宏观经济原因决定降低利率的中央银行可能必须使用各种宏观审慎工具来抵消风险承担的潜在增加。同样，我们对如何最好地做到这一点知之甚少。
- 当下的问题是，宏观审慎工具应与传统货币政策工具一起置于中央银行的控制之下，还是置于另一个机构的控制之下。让中央银行同时负责货币政策和宏观审慎工具是因为这些工具相互作用，只有一个中央当局才能正确使用它们。反对它的理由是担心这种工具整合可能会给独立的中央银行太多权力。

在现阶段，一些国家走了一条道路，而另一些国家走了另一条道路。在英国，中央银行被赋予使用货币政策和宏观审慎工具的权力。在美国，这一责任已交给一个由美国财政部正式授权的委员会，但美联储在委员会中发挥着重要作用。

总而言之，这场危机表明，宏观经济稳定不仅需要使用传统的货币工具，还需要使用宏观审慎工具。如何最好地利用这些资源是宏观经济决策者面临的挑战之一。

问题聚焦　　2000～2007年的贷款价值比和住房价格上涨

2000～2007年，对借款有更严格限制的国家和地区房价上涨幅度是否较低？图1给出了答案。这一数字来自货币基金组织的一项研究，显示了21个可以获得这些数据的国家和地区的证据。

图1的横轴表示新抵押贷款的最大贷款价值比（LTV）。这一最高限额不一定是法定的最高限额，但可以是一项指标，或者是一个限额，超过该限额可以向借款人提出额外的要求，例如抵押保险。100%的比率意味着借款人可以获得与房屋价值相等的贷款。实际数值从韩国的60%变化到包括美国在内多数国家和地区的100%，以及荷兰的125%。纵轴为2000～2007年住房名义价格增长的情况（衡量实际价格增长情况得出类似的结果）。该图还绘制了回归线，这是最符合观测样本的直线。

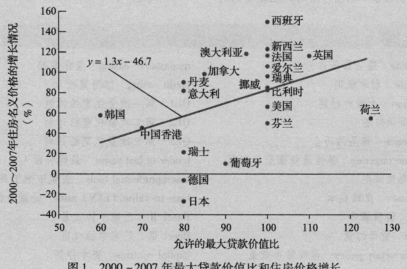

图1　2000～2007年最大贷款价值比和住房价格增长

图 1 显示出以下两个结论。

第一，贷款价值比（LTV ratio）与房价上涨之间似乎确实存在正相关关系。韩国和中国香港的贷款价值比较低，房价涨幅较小。西班牙和英国的贷款价值比较高，房价涨幅较大。

第二，二者的关系不紧密。这并不奇怪，因为肯定有许多其他因素在房价上涨中起作用。但是，即使控制了其他因素，也很难确定贷款价值比的确切影响。展望未来，我们必须更多地了解基于贷款价值比的监管工具如何工作，才能将其用作可靠的宏观审慎工具。

本章概要

- 直到 20 世纪 80 年代，货币政策制定的着眼点一直放在名义货币增长上，但是因为通货膨胀率和名义货币增长率之间的关系并不好，这种方法已经被大多数中央银行放弃了。
- 现在中央银行通常将注意力集中在通货膨胀目标上而不是名义货币增长率目标上，并且中央银行考虑货币政策以决定名义利率而不是决定名义货币增长率。
- 泰勒规则提供了一种有用的方式来考虑名义利率选择。这个规则认为，中央银行应该根据两个主要因素来改变利率：通货膨胀率偏离目标的程度和失业率偏离自然失业率的程度。中央银行在中期遵守这一规则可以稳定经济活动，并达到其通货膨胀目标。
- 最佳通货膨胀率取决于通货膨胀的成本和效益。较高的通货膨胀导致更多的扭曲，特别是当它与税收系统相互作用时。但较高的通货膨胀意味着较高的名义平均利率，降低了达到零利率下限的可能性，而这一下限在近期的危机中已被证明代价高昂。
- 当发达经济体达到零利率下限时，中央银行会探索非常规货币政策工具，如量化宽松。这些政策通过中央银行购买不同资产对风险溢价发挥作用。这些购买导致中央银行的资产负债表大幅扩张。未来的一个问题是中央银行是否应该缩减它们的资产负债表，以及这些非常规措施是否应该在正常时期使用。
- 危机表明，稳定的通货膨胀不是宏观经济稳定的充分条件。这将引导各国的中央银行探索使用宏观审慎工具。这些工具原则上可以帮助限制泡沫，控制信贷增长，降低金融系统的风险，然而，如何更好地利用这些资源，人们不甚了解，这也是货币政策面临的挑战之一。

关键术语

inflation targeting 通货膨胀目标制
interest rate rule 利率规则
Great Moderation 大缓和时期
M1 基础货币供应量
divine coincidence 神圣的巧合
flexible inflation targeting 弹性通货膨胀目标制
Taylor rule 泰勒规则
shoe-leather costs 皮鞋成本
bracket creep 税级攀升
money illusion 货币幻觉
conventional monetary policy 常规货币政策
unconventional monetary policy 非常规货币政策
quantitative easing 量化宽松
credit easing 信用宽松
QE1 第一次量化宽松计划
QE2 第二次量化宽松计划
QE3 第三次量化宽松计划
lender of last resort 最终贷款人
macroprudential tools 宏观审慎工具
loan-to-value（LTV）ratio 贷款价值比
Basel Ⅱ 巴塞尔协议Ⅱ
Basel Ⅲ 巴塞尔协议Ⅲ
capital controls 资本控制
foreign direct investment 外国直接投资

习 题

快速测试

1. 运用本章的信息,判断下面的说法是正确、错误还是不确定,并简要解释。
   a. 支持经合组织国家通货膨胀率为正的最重要证据是铸币税收入。
   b. 抗击通货膨胀应该是美联储的唯一目的。
   c. 1970~2009年,通货膨胀和货币增长同时发生。
   d. 因为大多数人在区分名义价值和实际价值方面没有什么困难,所以通货膨胀不会扭曲决策。
   e. 世界上大多数中央银行的通货膨胀目标是4%。
   f. 通货膨胀率越高,资本利得税的有效性就越高。
   g. 泰勒规则描述了中央银行如何在经济衰退和繁荣时期调整政策利率。
   h. 当确定通货膨胀目标时,名义政策利率的零利率下限将成为货币政策的常规特征。
   i. 量化宽松是指中央银行购买资产的目的是直接影响这些资产的收益率。
   j. 在危机中,中央银行向它们没有监管的金融机构提供流动性。
   k. 危机的一个后果是对银行的资本要求更高,监管制度更广泛。

2. 打破中期货币增长与通货膨胀之间的联系。
   图23-1隐含地使用了第4章中的货币需求关系。这种关系是:
   $$\frac{M}{P} = YL(i)$$
   中央银行会同政治当局选择通货膨胀目标 π^*。
   a. 推导出中期均衡下的目标名义利率。
   b. 考虑潜在产出不增长的中期均衡,得出货币增长与通货膨胀之间的关系并解释。
   c. 现在考虑中期均衡,潜在产出以每年3%的速度增长。现在推导出货币增长与通货膨胀之间的关系,你预计通货膨胀是高于还是低于货币增长?请解释。
   d. 考虑图23-1,首先看一下1995年结束的时候,你的结论与b题和c题的结果有何关系?
   e. 关注所有现金都是货币的情况。然后,我们可以把现金需求看作货币需求(如果需要,你可以参阅第4章的附录)。在过去的50年里:
      i. ATM机允许银行在正常营业时间之外分发现金。
      ii. 使用信用卡购物大范围推广。
      iii. 使用借记卡购物大范围推广。
      iv. 最近,技术允许通过在收银台上的支付终端挥动信用卡和借记卡进行小额购买。这些创新将如何影响货币需求?
      v. 联邦储备银行圣路易斯分行的FRED数据库有一系列货币数据(MBCURRCIR)。下载本数据和名义GDP数据,构建货币与名义GDP的比率。该数据在1980~2015年是如何变化的?你惊讶吗?除了家庭和公司,还有谁持有美元?

3. 通货膨胀目标。
   假设一个中央银行的目标通货膨胀率是 π^*。第9章中,我们学习了两种类型的菲利普斯线,一般菲利普斯曲线是:
   $$\pi_t - \pi_t^e = -\alpha(u_t - u_n)$$
   第9章中,第一种菲利普斯曲线是:
   $$\pi_t - \pi_{t-1} = -\alpha(u_t - u_n)$$
   第二种菲利普斯曲线是:
   $$\pi_t - \bar{\pi} = -\alpha(u_t - u_n)$$
   a. 两种类型的菲利普斯曲线有何区别?
   b. 每一种类型,原则上,中央银行能够保持 t 期的实际通货膨胀率等于每个时期的目标通货膨胀率。中央银行如何执行这项任务?
   c. 假设预期的通货膨胀率是固定的,等于目标通货膨胀率,即 $\bar{\pi} = \pi^*$,这种情况如何使中央银行的任务更容易?
   d. 假设预期通货膨胀率是上一期的通货膨胀率,而不是目标通货膨胀率。这如何使中央银行的任务变得更加困难?
   e. 用你对c题和d题的答案来回答这样一个问题:为什么中央银行对通货膨胀目标的

可信度如此有用？
f. 在 b 题中，我们断言中央银行总能达到通货膨胀目标。这在实践中可能吗？
g. 中央银行面临的一个具体问题是自然失业率不确定。假设自然失业率 u_n 经常变化。这些变化将如何影响中央银行达到通货膨胀目标的能力？请解释。

4. 指数债券与通货膨胀不确定性。

在第 14 章 "金融市场词汇" 的问题聚焦中引入了通货膨胀指数债券的概念。虽然这类债券通常到期时间较长，但下面的例子将标准的一年期国库券与通货膨胀指数化的一年期国库券进行了比较。

a. 一张标准的一年期 100 美元国库券承诺在一年内支付 100 美元，并在今天以 P_B 美元（注释来自第 4 章）卖出。该国库券的名义利率是多少？
b. 假设今天的价格水平是 P，明年是 $P(+1)$，该债券今天的售价是 P_B 美元。该国库券的实际利率是多少？
c. 指数化的国库券将在明年支付较大的款项，以补偿发行日至付款日之间的通货膨胀。假设今天在价格指数为 100 时发行，如果价格指数升至 110，明年的付款额是多少？今天卖出 P_B 美元指数化国库券的实际利率是多少？
d. 如果你是投资者，你想持有指数债券还是非指数债券？

5. 解除非常规货币政策。

正如文中指出，作为量化宽松政策的一部分，美联储除购买国库券外，还购买大量抵押贷款支持证券和长期政府债券。图 23-2 显示，2015 年年底，货币基础资产约为 4.5 万亿美元。这些资产大致分布在：到期日 1 年以内的美国国债，0.2 万亿美元；抵押贷款支持证券，1.7 万亿美元。

a. 为什么美联储会购买抵押贷款支持证券？
b. 为什么美联储会购买长期国债？
c. 你预测联邦储备委员会下列行动的后果是什么：出售 0.5 万亿美元抵押贷款支持证券和购买 0.5 万亿美元期限不足 1 年的美国国债？
d. 你预测美联储下列行动的后果是什么：出售 0.5 万亿美元期限超过 1 年的美国国债和购买 0.5 万亿美元期限不足 1 年的美国国债？

6. 最大贷款价值比。

大多数购房者都是用现金首付和抵押贷款相结合的方式购买自己的房子。贷款与价值之比是一个规则，它确定了购房时允许的最大抵押贷款。

a. 如果一套房子的价格是 30 万美元，最大贷款价值比是 80%，那么最低首付额是多少？
b. 如果最高贷款价值比降低，这将如何影响住房需求？
c. 第 14 章提到了经济学家的房价指数。找到这个指数，看看 1970～2015 年加拿大和美国的房价走势。2015 年 12 月 10 日，加拿大财政部部长宣布提高 50 万美元以上抵押贷款的最低首付额。（公告可在 http://www.fin.gc.ca/n15/15-088-eng.asp 中看到。）你认为加拿大的房价会受到影响吗？你的结论是什么？

深入研究

7. 税收、通货膨胀率和房屋所有权。

在本章，我们讨论了通货膨胀率对出售房屋所征收的资本利得税有效性的影响。本题中我们探索通货膨胀率对其他特征税收的影响——抵押贷款利息的可抵免性。

假设你有抵押贷款 50 000 万美元。预期通货膨胀率是 π^e，你的抵押贷款的名义利率是 i，考虑如下两种情况：
 i. $\pi^e = 0\%$；$i = 4\%$
 ii. $\pi^e = 10\%$；$i = 14\%$

a. 在每种情况下，你要为自己的抵押借款支付的实际利率是多少？
b. 假如你可以在缴纳所得税之前从收入中扣除抵押借款的名义利息费用（美国就是这样）。假如所得税税率是 25%。那么你每支付一美元的抵押借款利息，就少支付 25 美分的税款，也就是实际上从政府得到了抵押借款费用的一种补贴。就上述每种情况，考虑这一政府补贴，计算你为抵押借款而支付的实际利率是多少。

c. 假设只有抵押借款利息的税前扣减性（并且没有资本利得税），在美国，通货膨胀对房屋所有者而言是件好事吗？

8. 假设你被选入国会。一天，你的同僚做出如下言论：

> 美联储主席是美国最有权势的经济政策制定者。我们不应该将经济决策钥匙交给一个不是公选的也就没有责任心的人手中。国会应该将泰勒规则明确地施加给美联储。国会不仅应该选择目标通货膨胀率，还要选定通货膨胀目标和失业率目标的相对重要性。为什么让一个人的个人偏好取代可以通过民主和立法程序表达出的人民的意愿？

你同意你的同僚的观点吗？讨论一下对美联储施以明确的泰勒规则的有利之处和不利之处。

进一步探究

9. 世界各地零利率下限的频率。

使用联邦储备银行圣路易斯分行的 FRED 数据库查找四个主要参与者的月平均名义政策利率。这些比率为：美国，联邦基金（FEDFUNDS）；英国（INTDSRGBM193N）；欧洲中央银行，欧元即期汇率（IRSTCI01EZM156N）；日本银行，日元即期汇率（IRSTCI01JPM156N）；加拿大银行，即期汇率（IRSTCB01CAM156N）。

自 2000 年以来，其中哪一家中央银行在很长一段时间内处于零利率下限？

10. 当前的货币政策。

第 4 章的问题 10 要我们考虑当前的货币政策状况。这里，在增加本章和前面一些章节对货币政策的新理解后我们再做一遍。

访问联邦储备委员会理事会的网站（www.federalreserve.gov），下载你在思考第 4 章的问题时用到的新闻公告（如果你做了第 4 章的第 10 题的话），或者下载联邦公开市场委员会（FOMC）的最新新闻公告。

a. 在这些新闻公告的描述中，货币政策的立场是怎样的？
b. 有证据表明，FOMC 在决定利率政策时像泰勒规则指出的那样考虑了通货膨胀率和失业率吗？
c. 该措辞是否具体提及通货膨胀目标？
d. 该措辞是否提出了与金融机构宏观审慎监管有关的任何问题？

补充阅读

- 关于通货膨胀目标的早期说明，参阅"Inflation Targeting: A New Framework for Monetary Policy?" by Ben Bernanke and Frederic Mishkin, *Journal of Economic Perspectives*, 1997, Vol. 11（Spring）: pp: 97-116，这篇文章是本·伯南克成为美联储主席之前所写。
- 有关美联储实际运作方式的更多机构细节，请参见 http://www.federalreserve.gov/about-thefed/default.htm。
- 2008~2011 年的金融发展和美联储行动的时间表载于 http://www.nytimes.com/interactive/2008/09/27/business/economy/20080927_WEEKS_TIMELINE.html。
- 美联储主席本人对危机期间金融部门和美国货币政策问题的描述参见"The Courage to Act," by Ben Bernanke, W. W. Norton & Co., Inc., 2015。

第 24 章

结束语：宏观经济学的故事

我们已经在之前的 23 章中探讨了大多数经济学家思考宏观经济问题的框架、他们得到的主要结论及他们仍旧在争论的问题。这个框架随着时间推移如何建立起来本身就是一个令人惊奇的故事。本章我们讲讲这段历史。

24.1 讲述现代宏观经济学的创立——从凯恩斯和大萧条说起。

24.2 转向新古典综合学派，该学派将凯恩斯的思想和在此之前的经济学家的观点进行了综合，这一综合主导了宏观经济学直到 20 世纪 70 年代早期。

24.3 叙述理性预期学派的批判，该学派对新古典综合学派的强烈攻击导致了始于 20 世纪 70 年代的宏观经济学的完全颠覆。

24.4 介绍危机前宏观经济学的主要研究方向。

24.5 评估危机对宏观经济的影响。

24.1 凯恩斯和大萧条

现代宏观经济学的历史始于 1936 年凯恩斯的《就业、利息和货币通论》的发表。在这本书的写作过程中,凯恩斯自信地告诉一个朋友:"我相信我正在写的这本书,其中的经济理论将极大地改变世界思考经济问题的方式,不,我猜测会马上在未来十年内引发革命性的变化。"

凯恩斯是对的。这本书的时代背景是其能立刻取得成功的原因之一。大萧条不仅仅是社会经济的巨大灾难,而且也是经济学家致力于**商业周期理论**(business cycle theory)知识探索的失败。无论是大萧条的深度还是广度,很少有经济学家能给出一致的解释。作为罗斯福政府新政的一部分所采取的经济应对措施是基于直觉而非经济理论。《就业、利息和货币通论》给出了问题的解释和思考问题的理论框架,并明确主张政府干预的观点。

约翰·梅纳德·凯恩斯

《就业、利息和货币通论》强调了**有效需求**(effective demand),我们现在称之为总需求。凯恩斯宣称,短期内有效需求决定了产出大小。即便产出最终会回到自然产出水平,这一过程也是极为缓慢的。凯恩斯的一句名言便是"长期来看,我们都将死去"。

在推导有效需求理论的过程中,凯恩斯引入了构成现代宏观经济学的诸多方面。

- 消费和收入的依赖关系及乘数效应,该效应解释了需求冲击如何被放大并进而导致产出的巨大偏移。
- **流动性偏好**(Liquidity preference,凯恩斯授予货币需求的术语)解释了货币政策如何影响实际利率和总需求。
- 预期在消费和投资决策中的重要作用,说明了动物精神(预期的变化)是导致需求和产出变动的一个主要因素。

《就业、利息和货币通论》不仅仅是经济学家的学术论述,它提出了明确的政策含义也符合时代背景,即等待经济自动回到自然产出水平是不可能的,在经济衰退时,力求平衡预算不仅是愚蠢的而且是危险的,积极的财政政策对于促使经济回归到高就业水平是非常重要的。

24.2 新古典综合

几年内,《就业、利息和货币通论》重塑了宏观经济学。并非每一个人都能被说服,也很少有人完全同意他的观点,但是大多数的探讨是围绕《就业、利息和货币通论》展开的。

到了 20 世纪 50 年代,基于凯恩斯和早期经济学的许多观点形成了大量的一致观点,这些观点被称为**新古典综合**(neoclassical synthesis)。引用保罗·萨缪尔森 1955 年版教科书《经济学》(第一本现代经济学的教科书)中的一段话:

保罗·萨缪尔森

近些年来,美国九成的经济学家均停止使用"凯恩斯主义经济学家"或者"反凯恩斯经济学家"的称谓。相反,他们将以前经济学和现代收入决定理论中有用的东西进行综合,其成果称为新古典经济学,除了约5%的极端左翼和右翼作者之外，其一般的概要被广泛接受。

新古典综合在随后的20年里统治着经济学。其间新进展也是惊人的，从20世纪40年代初到70年代初可谓宏观经济学的黄金时期。

全方位的进展

《就业、利息和货币通论》出版后所面临的首要任务是用数学语言对凯恩斯的思想进行表述。尽管凯恩斯本人熟悉数学，但是在《就业、利息和货币通论》中他尽量避免使用数学工具。于是，围绕着凯恩斯的思想，以及凯恩斯的某些观点是否存在逻辑缺陷展开了无尽的争论。

IS-LM 模型

有很多将凯恩斯思想正规化的解释被提出来。其中最有影响力的当属 IS-LM 模型，它是由约翰·希克斯和阿尔文·汉森于20世纪30年代和40年代初发展出来的。该模型的最初版本——事实上很接近于本书第5章论述的那个版本，招致诸多批评，原因在于它没能反映凯恩斯许多思想的内涵：预期被忽视，价格和工资的调整也完全没有展现出来。但是 IS-LM 模型为后续模型的构建打下了基础，从这个意义上讲它是非常成功的。随后，很多方面的讨论就此展开：IS 和 LM 曲线的斜率，这两个方程所遗漏的其他变量，描述价格和工资的方程如何引入模型等。

消费、投资和货币需求理论

凯恩斯强调消费和投资行为的重要意义，也很重视人们在货币和其他金融资产之间选择行为的重要性。围绕这三个方面，许多进展很快出现。

弗兰科·莫迪利亚尼

20世纪50年代，弗兰科·莫迪利亚尼（那时在卡内基－梅隆大学，后来去了麻省理工学院）和米尔顿·弗里德曼（那时在芝加哥大学）分别独立地发展了我们在本书第15章所看到的消费理论。两者均强调预期在决定当前消费水平方面的重要性。

来自耶鲁大学的詹姆斯·托宾发展了投资理论，该理论建立在利润现值和投资量之间的关系之上。这个理论后来被来自哈佛大学的戴尔·乔根森验证和进一步发展。我们在第15章已经看到了这一理论。

托宾还发展了货币需求理论，更一般而言，是基于流动性、投资回报率和风险，不同资产之间的选择理论。托宾的贡献不仅为在宏观经济学中改进对金融市场的处理打下基础，而且也构成了一般意义上金融学理论的基础。

增长理论

詹姆斯·托宾

伴随着经济波动方面的工作，对经济增长的重新关注也出现了。与第二次世界大战前经济的停滞相比，许多国家在20世纪五六十年代经历了经济的快速发展。尽管这些经济体也存在经济的波动，但人们的生活水平加速提高。1956年麻省理工学院的罗伯特·索洛发展了增长理论，该理论提供了思考经济增长决定因素的一个框架。这一理论在第11章和第12章进行了论述。紧随这一理论之后，讨论储蓄和技术进步在决定经济增长中所担当角色的文献爆炸性地出现。

宏观经济计量模型

所有以上的贡献都被越来越多地融入宏观经济计量模型里。美国第一个宏观经济计量模型在20世纪50年代由来自宾夕法尼亚大学的劳伦斯·克莱因发展出来。该模型是扩展后的 IS 关系，包括16个方程。随着国民收入与产出账户（可以提供更好的数据）和计量经济学及计算机的发展，这些模型的规模迅速扩大。其中，最引人注目的贡献当属 MPS 模型的构建（MPS 是 MIT-Penn-SSRC 首字母缩写，因为这所大学和该研究机构——社会科学研究委员会，共同参与构建了该模型），MPS 模型是在20世纪60年代由莫迪利亚尼领导的一个小组发展出来的。它的结构包括扩充后的 IS-LM 框架再加上菲利普斯曲线机制。但是其中的要素，即消费、投资和货币需求均反映了自凯恩斯以来在理论研究方面和实证研究方面所取得的巨大进步。

罗伯特·索洛

凯恩斯主义 vs. 货币主义

随着如此快速的进步，许多宏观经济学家——那些**凯恩斯主义者**（Keynesians）渐渐相信未来是明朗的。经济波动的性质越来越被更好地理解了；模型的发展使政策决策变得更有效果。经济能被很好地调节，经济衰退被消灭殆尽，这样的好时代似乎就在不远的将来。

这一乐观态度遭到了**货币主义者**（monetarists）的怀疑，虽然他们人数很少，却很有影响力。货币主义理论的旗手是米尔顿·弗里德曼。虽然弗里德曼看见了已经取得的进步，甚至他本人也是宏观经济学的一个重要贡献，即消费理论的创立者，但他没有从众沉醉于狂热之中。

他相信对经济的理解仍然是有限的。对于政府的动机以及政府确实能了解足够多的知识从而足以改善宏观经济结果的观念均表示怀疑。

劳伦斯·克莱因

20世纪60年代，凯恩斯主义和货币主义之间的争论成了经济学的主题。这些争论关乎三个方面：货币政策和财政政策谁更有效果；菲利普斯曲线；政策的作用。

货币政策 vs. 财政政策

凯恩斯强调财政政策而非货币政策在应对经济衰退中的关键作用，这一观点当时占据着主流。很多人认为 IS 曲线非常陡峭从而利率的变动对需求和产出的影响效果就较小。这样，货币政策的作用并不理想。财政政策则相反，其直接影响需求量，进而对产出的作用就更迅速也更可靠。

米尔顿·弗里德曼

弗里德曼强烈反对这个结论。在1963年出版的《美国货币史（1867—1960)》中，弗里德曼和安娜·施瓦茨费尽心思地回顾了货币政策的证据和过去百年间美国的货币和产出之间的关系。他们得出的结论是，货币政策不仅仅作用有力而且货币量的变动解释了大部分产出的波动。他们将大萧条的发生归咎于货币政策的一个主要失误，即银行陷入困境导致了货币供应量的下降，美联储本可以通过提高基础货币供应量来抵消这种下降，但它没有这么做。

弗里德曼和施瓦茨的挑战引发了激烈的争论并促使人们对财政政策和货币政策各自的效果进一步做深入研究。最终达成一致意见：显然财政政策和货币政策都会影响经济，如果政策制定者不仅关心产出的总水平还重视这一产出的构成，最好的办法通常是混合使用这两者。

菲利普斯曲线

第二个争论的焦点集中在菲利普斯曲线上。菲利普斯曲线并不是凯恩斯模型一开始就有的。但是因为该曲线能方便地（也明显可靠地）解释工资和价格水平如何随着时间变化而变动，于是便被新古典综合派引入进来。在20世纪60年代，许多凯恩斯主义的经济学家根据截止到当时的经验证据，深信在失业率和通货膨胀率之间存在可靠的交替关系，即使在长期这种交替关系也是存在的。

米尔顿·弗里德曼和埃德蒙·费尔普斯（来自哥伦比亚大学）强烈反对这一观点。他们认为这种长期交替关系的存在并不符合基本经济理论。他们指出，如果政策制定者试图利用这一关系，即试图通过更高的通货膨胀率来换取较低的失业率，这一表面存在的交替关系很快就会消失。恰如我们在第8章对菲利普斯曲线演变的研究中看到的那样，弗里德曼和费尔普斯无疑是正确的。到了20世纪70年代中期，通货膨胀率和失业率之间不存在长期交替关系成了广泛共识。

埃德蒙·费尔普斯

政策的作用

第三个争论的焦点是关于政策的作用问题。对经济学家是否已经掌握了足够的知识来稳定经济，以及政策制定者是否能够可信地做出正确的决策表示怀疑，弗里德曼提倡使用单一法则，例如设定一个稳定的货币供应增长水平（我们在第23章中讨论了这一法则）。正如他在1958年所说的那样：

> 稳定的货币供给增长率并不意味着经济完美的稳定，即使它确实能够预防我们过去时常经历的经济波动的发生。人们试图使用货币量的变化来抵消导致经济扩张或紧缩的其他因素的影响并试图更进一步……但是，现有的证据对货币政策的微调能够带来经济活动的任意微调这一可能性表明了极大的怀疑，至少在目前的知识水平下这是不可能的。因此，相机抉择的货币政策可能存在着严重的局限性，更为危险的是这样的政策可能使经济变得更糟糕而非变得更好。
>
> 面对价格的相对轻微上升，或者价格和失业的相对轻微下降，大造舆论确实会强烈施加"要做些什么"的政治压力。但是，从前面谈及的两点的实质来看，屈从这些政治压力可能往往带来的是害处而非益处。

资料来源："The Supply of Money and Changes in Prices and Output," Testimony to Congress, 1958.

就像在第21章讨论的那样，对宏观经济政策所起到的作用的争论从未停止过。现在，这些争论的实质多多少少有些改变，但是仍然会伴随着我们。

24.3 理性预期批判

尽管在20世纪70年代存在着凯恩斯主义和货币主义的争论，但宏观经济学看起来还是一个非常成功且成熟的领域。它似乎成功地解释了经济现象并对政策选择进行指导。大多数争论集中在一般的理论框架内，但是在几年内这一领域便深陷危机之中，危机来自以下两个方面。

第一是一个经济事实。到了20世纪70年代，大多数国家的经济都经历了滞胀，这一名称被创造出来用于表示高失业和高通货膨胀并存的经济现象。宏观经济学家未能预测到滞胀现象。在这次事件之后经过几年的研究，一个令人信服的解释被提出来，该解释建立在同时出现的不利价格和产出供给冲击所带来的负面影响上。（我们在第9章讨论了这些冲击的效应。）它在修复对经济原理形象的破坏方面显然来得太迟了。

第二是思想上的。早在20世纪70年代初，一小部分经济学家，如芝加哥大学的罗伯特·卢卡斯，当时在明尼苏达大学现在在纽约大学的托马斯·萨金特，当时在芝加哥大学现在在哈佛大学的罗伯特·巴罗，他们形成了一股针对主流宏观经济学的强力冲击波。他们并非装腔作势，就像在1978年的一篇论文中卢卡斯和萨金特这样写道：

罗伯特·卢卡斯

（凯恩斯主义经济学家的）预测非常不准确，他们依赖的经济学原理本来就有缺陷，反映到实际中就是仅仅对现实问题进行简单处理而不是对经济理论进行更细致入微的分析。商业周期理论研究面临的首要任务是，对称为凯恩斯革命的这一非同寻常的学术事件所留下的残骸进行甄辨，看看哪些特征尚可保留下来加以很好的利用，而哪些部分必须摒弃。

理性预期的三个含义

卢卡斯和萨金特的主要观点是凯恩斯主义经济学忽视了预期对经济行为全面影响的含义。他们指出，解决这一问题的办法是假设人们是基于当前所获得的信息尽可能理性地做出预期，即经济人是理性预期的，这有三方面的含义，它们都强有力地冲击着凯恩斯主义宏观经济学。

卢卡斯批判

托马斯·萨金特

第一个含义是现有的宏观经济学模型不能用来帮助设计政策。这些模型尽管认识到预期会对经济行为产生作用，但模型本身没有明确将预期包括进来。它们假设所有变量，包括政策变量，都依赖于其他变量的当前值和历史值。这样，模型所得到的仅仅是反映了经济变量间基于历史和过去政策选择的关系集合。卢卡斯指出，如果这些政策发生了变化，人们的预期也就发生变化，这样利用先前估计得到的变量关系，且引入到现有的宏观计量经济模型中进行模拟，对新政策下将要发生的事情进行指导也是失效的。对宏观计量经济学模型的这一批判就是著名的**卢卡斯批判**（Lucas critique）。以菲利普斯曲线的演变为例，在20世纪70年代利用历史数据得到了失业和通货膨胀间的替代关系，但当政策制定者试图利用这一替代关系进行政策选择时，这一关系却消失了。

理性预期和菲利普斯曲线

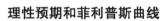

罗伯特·巴罗

第二个含义是，当理性预期被加进凯恩斯模型后，模型得出的结论却刚好与凯恩斯的结论相左。例如，模型推导出产出偏离自然产出水平是短暂的，但凯恩斯主义经济学声称这种偏离是常态。

这一观点是在重新考察了总供给关系后得到的。在凯恩斯模型里，产出缓慢回到自然率水平是因为在菲利普斯曲线作用机制下工资和价格是缓慢调整的。例如，货币供给增加，开始时导致较高的产出水平和较低的失业率，随着失业率不断下降，名义工资率和价格水平开始拉高，这一调整一直会持续下去，直到工资和价格同样增加到名义货币增加的比例，这样，失业率和产出又回到了自然率水平。

卢卡斯指出，这种调整在很大程度上取决于工资议价者对通货膨胀率的向前预期。例如，在 MPS 模型中，工资只取决于当前和过去的通货膨胀率及当前的失业率水平，但是一旦假定工资议价者是理性预期的，那么这种调整很可能要快得多。货币量的变化程度如果被人们预期到，那么它对产出就没有影响。例如，人们预期下一年货币供应量将增加 5%，工资议价者就会在工资合同中将名义工资提高 5%，厂商也同样会将价格水平提高 5%。结果，实际货币供应量并没有发生变化，实际产出和需求量也不会发生变化。

因此，卢卡斯指出，在凯恩斯模型的逻辑里，只有未被预测到的货币量的变化才会影响产出水平，可以预测到的货币变化对经济活动不会产生影响。更一般地，如果工资议价者是理性预期的，那么需求的变化只会在名义工资被设定不变的这段时间里对产出产生影响。即便按照凯恩斯模型的说法，它也不能给出需求对产出有长期效应这一令人信服的理论观点。

最优控制 vs. 博弈论

第三个含义是，如果个人和企业都是理性预期的，那么认为经济政策可以控制复杂而波动的经济系统就是错误的。相反，正确的思路是在政策制定者和经济人博弈中对政策进行考察。正确的工具不是最优化决策而是博弈论。博弈论带来了对经济政策不同的认识。一个显著的例子是时间不一致性问题，芬恩·基德兰德（当时在卡内基-梅隆大学，现在在加利福尼亚大学圣芭芭拉分校）和爱德华·普雷斯科特（当时在卡内基-梅隆大学，现在在亚利桑那州立大学）对这一问题进行了探讨，在第 21 章中我们也进行了讨论，尽管政策制定者的动机是好的，却会导致灾难性后果。

总结一下：在引入理性预期后，凯恩斯模型不能再被用来制定政策，也无法解释产出长期偏离自然率水平的现象，因此，必须利用博弈论工具重新设定经济政策的理论依据。

理性预期的整合

从卢卡斯和萨金特的言论，读者也许能猜到在 20 世纪 70 年代初期宏观经济学界的学术氛围是非常紧张的。但是，经过几年，整合（思想的整合而非经济学家整合，因为关系仍很紧张）进程便开始了，这一进程主导了 20 世纪 70 年代和 80 年代。

理性预期是完全起作用的假设的观点很快就被普遍接受了。但是接受这一假设并不是因为宏观经济学家相信个人、厂商和金融市场的参与者总是理性地形成预期，而是因为至少在经济学家进一步搞清楚现实的预期模式与理性预期模式之间是否、何时及如何存在系统性差异之前，理性预期似乎是一个好的自然基准。

在卢卡斯和萨金特的挑战之后，这一工作便开始了。

理性预期的含义

对于理性预期在产品市场、金融市场和劳动力市场中的作用与意义已经有了系统性的解释。很多发现都已经在本书中进行了讲述。

- 罗伯特·霍尔，那时在麻省理工学院现在在斯坦福大学，他指出，如果消费者非常有远见（按照第 15 章的含义），那么消费的变化就很难被预测到：对下一年的消费的最好预测就是等于今年的消费！也就是说，消费变化很难被预测。当时的很多经济学家对这一结果都感到吃惊，但是它确实是基于简单的直觉：如果消费者是有远见的，他们只会在得知有关将来的新信息时才会改变消费。但是根据设定，这些信息又不是可以被预测到的。从那以后，消费行为理论，即我们熟知的**消费随机游走**

罗伯特·霍尔

(random walk of consumption) 就成为消费研究的基准。

- 鲁迪格·多恩布什，来自麻省理工学院，指出浮动汇率制度下汇率的剧烈波动完全符合理性行为，而先前人们认为这一波动是由非理性投资者投机所造成的，第20章中讨论了他的分析。他认为货币政策的变化会导致名义利率的持久变化，而当前和预期的名义利率反过来又导致汇率的巨大变化。多恩布什的模型，即著名的超调模型已经成了探讨汇率波动的基准框架。

鲁迪格·多恩布什

工资和价格的制定

对于工资和价格决定的系统性研究已经远远超过菲利普斯曲线所反映的关系。两位经济学家在此领域做出了重要贡献：一位是斯坦利·费希尔，当时他在麻省理工学院，现在是以色列中央银行行长；另一位是约翰·泰勒，当时他在哥伦比亚大学，现在在哈佛大学。两人均指出，即使是在理性预期情况下，价格和工资对失业率变动的调整也可能是很缓慢的。

费希尔和泰勒都指出工资和价格设定的一个重要特征，即**工资和价格决策的交错**（staggering of wage and price decisions）。前面我们简化地认为预期货币供应增加时所有工资和价格会同步增加，但事实相反，现实的工资和价格决策是随着时间交错做出的。因此，对于货币供给的增加，所有工资和价格不会突然随着时间同步调整。更确切地说，在新的货币水平下，工资与价格调整可能会很慢而且是跳跃式调整。因此，费希尔和泰勒指出，理性预期批判所指出的第二个问题是可以得到解决的，产出缓慢地回到自然率水平和劳动力市场的理性预期行为是一致的。

斯坦利·费希尔

政策理论

利用博弈论工具来探讨政策，导致了对其中所进行的博弈行为的性质的研究大量涌现。这些博弈行为不仅存在于政策制定者和经济之间，也存在于政策制定者之间，即政党之间、中央银行和政府之间及不同国家政府之间。这一研究的一个主要成就是发展出了一种可以对诸如"可信度""信誉度""责任"这类模糊概念进行严格思考的方法，同时，也明显地将注意力从"政府应该做什么"转移到了"政府实际做了什么"上来，于是，经济学家给政策制定者提供建议时也相应更多地关注政策约束性问题。

约翰·泰勒

总之，到了20世纪80年代末，理性预期批判所引发的挑战导致了对宏观经济学一系列的彻底修正。基本框架扩展到将理性预期的含义也考虑进来，或者更一般地讲，要关注个人和厂商向前看的行为。如你所看到的，这些论题占据着本书的中心环节。

24.4 最新的发展

从20世纪80年代后期以来，三个流派占据主导位置：新古典主义、新凯恩斯主义和新经济增长理论。（注意词语"新"的大量使用。不像洗涤剂生产商那样，经济学家没有使用"新改进的"，但隐含的意思是相同的。）

新古典经济学和实际商业周期理论

理性预期批判不仅仅是对凯恩斯主义经济学的批判，它亦提出了一种对经济波动的解释。卢卡斯指出，要解释经济波动不应该从劳动力市场的不完全性及工资和价格的缓慢调整等方面找原因。相反，宏观经济学家应该搞清楚如果把经济波动解释为在价格和工资完全弹性的竞争市场中的一种冲击效应，他们能够走多远。

这就是**新古典主义**（new classicals）的主要研究内容。新古典主义的领头人是爱德华·普雷斯科特，他和他的追随者提出的模型就是著名的**实际商业周期模型**［real business cycle（RBC）models］。他们的方法建立在以下两个前提上。

爱德华·普雷斯科特

第一个前提是关于方法论的。卢卡斯在此之前指出，为了避免早前的缺陷，宏观经济学模型必须建立在明确的微观基础上，即工人的效用最大化、厂商的利润最大化和理性预期。在计算机发展之前，即使可能，要想做到这一点也是十分困难的：这种方法下的模型将变得极端复杂以至于很难分析求解。事实上，宏观经济学很大的艺术就在于，通过讨论其中细枝末节的部分来试图抓住模型的实质，从而使模型简单到足以求解（这种艺术在写作教科书时依旧保留着）。现在计算能力的发展使从数值上求解这类模型成为可能，RBC的一个重要贡献就是发展出了越来越强有力的数值解法，使越来越丰富的模型得以开发出来。

第二个前提是关于概念的。直到20世纪70年代，大多数经济波动被解释为经济不完美性和实际产出偏离自然产出水平的缓慢运动的结果。沿着卢卡斯的见解，普雷斯科特在一系列有影响力的文献中指出，经济波动事实上应从工资和价格完全弹性的竞争市场下的技术冲击效应角度去解释。换句话说，他认为实际产出的波动可以看作自然产出发生变动而不是偏离自然产出水平。他指出，因为新发现不断涌现，生产率水平得以提高，因此导致产出增加。生产率的提高引起工资率提高，从而吸引更多人来工作，进而劳动者生产也就越多。因此生产率的提升导致了产出和就业增加，与现实世界相吻合。波动是经济的合理特征，而非一些决策者应该设法减少的。

不足为奇，对经济波动这种根本转变的解释遭到了多方面的批评。就像我们在第12章讨论的那样，技术进步是很多技术革新的结果，而每项技术革新都需要很长时间才能在经济内扩散开来，这一过程如何能产生类似于我们在现实中所看到的巨大的短期波动，是很难理解的。同样地，将经济衰退视为技术倒退时期的结果，即在一段时间劳动生产率和产出都下降，也是很难理解的。最后，正如我们所看到的那样，已经有很强的证据表明，实际上货币的变化会对产出有很强的影响，但是在RBC模型里，货币的变化对产出没有影响。即便如此，RBC方法所提供的理念仍被证明是有用的，也很有影响力。它强化了一个重要观点：并非所有产出波动都是产出偏离自然产出水平，也有可能是自然产出水平发生变动。

新凯恩斯主义经济学

新凯恩斯主义者（new Keynesians）是指一个联系松散的研究人员群体，他们有着共同的认识，即认为应对理性预期批判而出现的综合是基本正确的。与此同时，他们也认为对于不同市场不完美性的性质和这种不完美性对宏观经济波动的意义仍待研究。

名义刚性（nominal rigidities）的本质需要进一步研究。就像我们在本章前半部分所看到的那样，费希尔和泰勒已经指出，由于工资和价格决策的交错，产出会较长时间地偏离自然产出水平。针对这一结论产生了诸多置疑。如果决策的交错确实是或者至少部分是经济波动的原因，那为什么工资和价格会不同步决策呢？为什么价格和工资不更频繁地进行调整呢？为什么在每周的第一天所有价格和工资不发生改变呢？在解决这些问题时阿克洛夫（来自伯克利）、珍妮特·耶伦（当时在伯克利，现在是美联储主席）和格里高利·曼昆（来自哈佛大学）已经得出了一个令人惊讶但非常重要的结论，通常被称为对产出波动的**菜单成本**（menu cost）解释。

乔治·阿克洛夫

每一位价格和工资制定者对何时及多长时间才改变自己的价格和工资在很大程度上是漠不关心的（对于零售商而言，每天改变货架上商品的价格与每周改变相比并不会对商店的总体利润产生多少影响）。因此，即使很小的改变价格成本，例如印刷新菜单所产生的成本也会导致稀少而交错的价格调整。这一交错导致价格水平的缓慢调整，并且导致总产出会随着总需求的变化而剧烈波动。总之，对于个人来说，无关紧要的决定（多长时间才改变价格和工作）会导致巨大的总体效应（价格水平的缓慢调整及对总产出有巨大效应的总需求的变动）。

珍妮特·耶伦

另一个研究方向集中在劳动力市场的不完美性上。我们在第 7 章讨论了效率工资的概念，即指一种工资水平，如果工人意识到工资太低，将可能引发工人罢工、企业士气低落和难以雇用或挽留好的员工等问题。在这一领域比较有影响力的研究人员是乔治·阿克洛夫。他指出了"准则"的作用，准则是指任何组织内部（这里指企业）用以确定公平与否的规则。这一研究使他和其他人对以前遗留给社会学和心理学要研究的问题进行了探讨，并检验了它们的宏观经济学含义。另外，彼得·戴蒙德（来自麻省理工学院）、戴尔·莫滕森（来自康奈尔大学）和克里斯托弗·皮萨里德斯（来自伦敦经济学院）将劳动力市场视为一个以不断重新分配、大规模流动以及工人与企业之间讨价还价为特征的市场，这一特征已被证明极为有用，我们在第 7 章中依赖于这一特征。

然而，在危机发生时，另一个被证明是宝贵的研究领域的是探索信贷市场不完善的作用。多数宏观经济模型假定货币政策是通过利率起作用的，企业和个人可以在市场利率下获得任意数量的贷款。但在实践中，许多企业只能从银行获得贷款，而银行常常会拒绝很多潜在的借款人，即使这些借款人愿意支付银行公布的利率。为何是这样，这会对我们关于货币政策如何起作用的观点产生什么样的影响，这些已经成了很多研究者的主题，特别是本·伯南克（以前在普林斯顿大学，后来担任美联储主席，现在在布鲁金斯学会）和马克·格特勒（来自纽约大学）。

本·伯南克

新增长理论

增长理论在 20 世纪 60 年代成为最为活跃的研究领域，随后便陷入低迷时期，但从 80 年代中期开始，增长理论研究出现了强劲的复苏。这一系列新的贡献被冠以**新增长理论**（new growth theory）的称号。

其中的两位经济学家，罗伯特·卢卡斯（与引发理性预期批判的卢卡斯是同一个人）和保罗·罗默（当时在加利福尼亚大学伯克利分校，现在在斯坦福大学）在界定这类问题中担当了重要角色。增长理论在 20

保罗·罗默

世纪 60 年代末消沉下去的时候遗留了两个待深入解决的问题。一个是规模报酬递增作用，也就是资本和劳动力都增加一倍实际上会导致产出多于两倍的增加；另一个是技术进步的决定因素。这便是新增长理论集中讨论的两个主要问题。

我们在第 12 章中讨论了研究开发（R&D）对技术进步的影响问题，在第 13 章中讨论了技术进步与失业相互作用的问题，这些方面反映了经济学家在这一领域所取得的进展。这里一个重要的贡献要归功于菲利普·阿吉翁（来自哈佛大学）和彼得·霍依特（来自布朗大学）的工作，他们发展了由约瑟夫·熊彼特在 20 世纪 30 年代首先提出的一个论题，即增长是"创造性毁灭"过程的概念，一个新产品被不断引入，旧产品不断被淘汰的过程，那些使这一过程的重置变慢的机制，例如，使新厂商创立变得困难或者使厂商解雇员工变得代价高昂等都将降低技术进步率，进而降低增长水平。

菲利普·阿吉翁

一些研究也试图确定特定制度在决定经济增长中所担负的准确作用。安德鲁·施莱弗（来自哈佛大学）探讨了不同的法律体系对从金融市场到劳动力市场这些经济组织的影响，进而透过这些渠道考察法律体系对经济增长的影响。达龙·阿西莫格鲁（来自麻省理工学院）探讨了从制度和增长间的相互关系（民主国家平均来看要富裕一点），到制度引起增长的原因。这种相互关系是告诉我们民主导致了更高的人均产出还是表明更高的人均产出带来了民主，抑或其他因素导致了同时出现民主和高人均产出？通过考察前殖民地国家的史实发现，它们的增长表现是由其殖民当局设立的制度所塑造的，这强有力地表明了制度在决定经济表现方面的作用。

彼得·霍依特

走向融合

在 20 世纪 80 年代和 90 年代，三个群体间特别是新古典主义和新凯恩斯主义之间的争论时常很激烈。新凯恩斯主义者指责新古典主义对经济波动解释得不切实际并忽略明显存在的市场不完美性；新古典主义者则反唇相讥一些新凯恩斯主义模型中所设定的性质。在外界看来，甚至有时在内部人看来，宏观经济学更像一个战场而不是一个研究领域。

安德鲁·施莱弗

在 21 世纪初期，一种综合出现了。从方法论上，这种综合建立在 RBC 方法和它对个人与厂商最优化问题的细致描述上。在理念上，这种综合认识到 RBC 和新经济增长理论所强调的技术进步步调的变化所具有的潜在重要性。同时，它也吸纳了新凯恩斯主义强调的不完美性，包括在决定工资时讨价还价的作用，在信贷和金融市场上不完全信息的影响以及名义刚性在引发总需求影响产出中所扮演的角色等。这并不是一个单一模型的汇总，也不是对单一系列的重要不完美性方面的叠加，而是建立在对框架和处理方法广泛的共识基础之上。

达龙·阿西莫格鲁

一个能展现这种汇合特别好的例子是迈克尔·伍德福特（来自哥伦比亚大学）和若迪·加利（来自巴塞罗那庞培法布拉大学）的工作。伍德福特、加利及一些合著者发展了一个模型，即新凯恩斯模型。这个模型将效用和利润最大化，把理性预期和名义刚性内化进模型。你可以将其认为是第 16 章所展示模型的高级版本。这个模型被证明在重拟货币政策领域极为有用也有广泛的影响力，它所重新设计的货币政策将重心从盯住通货膨胀转向依赖利率规则，这在第 23 章中进行了描述。它还导致了一系列大规模模型的发展，这些模型建立在它的简略结构上，但容许更多的市场不完美性，因此模型必须更数字化地求解。这些被大多数中央银行使用的模型就是我们所熟知的动态随机一般均衡（dynamic stochastic general equilibrium，DSGE）模型。如何解释、估计和模拟这些模型是当今宏观经济学的一个重要主题。

迈克尔·伍德福特

24.5 危机后宏观经济第一课

就在一个新的综合似乎即将出现，宏观经济学家感觉即将拥有了解经济和政策设计工具的时候，危机开始了。在编写本章时，危机仍在继续。我们在 24.1 节中看到了大萧条是如何导致宏观经济戏剧性重新评估并开始凯恩斯革命的。你可能会问，这场危机会不会对宏观经济产生同样的影响，导致另一场革命？现在说还为时过早，但我猜想可能不是一场革命，而是一次重大的重新评估。

毫无疑问，这场危机反映了宏观经济部分重大的智力失败。失败的原因是没有意识到可能发生如此大的危机，以及相对较小的冲击可能导致重大金融和宏观经济全球危机的经济特点，例如美国房价的下跌。失

若迪·加利

败的根源则是对经济中金融机构的作用重视不够。（公平地说，一些密切关注金融体系的宏观经济学家已敲响了警钟，其中最著名的是纽约大学的努里埃尔·鲁比尼和巴塞尔国际清算银行的经济学家，他们的工作是密切关注金融发展。）

总的来说，在多数宏观经济模式中，金融系统以及银行和其他金融机构在贷款人和借款人之间的资金中介的复杂作用被忽视。当然也有例外。在 20 世纪 80 年代，道格·戴蒙德（来自芝加哥大学）和菲利普·迪布维格（来自华盛顿大学圣路易斯分校）澄清了银行挤兑的性质（我们在第 6 章中对此进行了研究）。非流动性资产和流动负债甚至能给有偿付能力的银行带来挤兑风险。在必要时只有由中央银行提供流动性，才能避免这一问题。本特·霍姆斯特罗姆和让·梯若尔（都来自麻省理工学院）的研究表明，流动性问题是现代经济特有的问题。不仅银行，公司也很可能发现自己处于一种有偿付能力但缺乏流动性的境地，无法筹集额外的现金来完成项目，或者无法在投资者想要还款时偿还投资者。安德烈·施莱弗（来自哈佛大学）和罗伯特·维什尼（来自芝加哥大学）发表了一篇名为"套利受限"的重要论文，文中表明，在资产价格跌破其基本价值之后，投资者可能无法利用套利机会。事实上，他们自己可能被迫出售资产，导致价格进一步下跌，并进一步偏离基本面。行为经济学家（例如，来自芝加哥大学的理查德·泰勒）指出了个人不同于经济学中通常使用的理性人模型的方式，并对金融市场产生了影响。

本特·霍尔姆斯特罗姆

因此，了解危机所需的大部分要素都已具备。然而，许多工作是在宏观经济以外的金融或公司金融领域进行的。这些要素没有纳入一个统一的宏观经济模型，它们之间的相互作用也没有得到很好的理解。杠杆、复杂性和流动性，正如我们在第 6 章中看到的那样，这些因素加在

让·梯若尔

一起造成了危机，但各国中央银行使用的宏观经济模型中几乎完全没有这些因素。

危机爆发8年后，情况发生了戏剧性的变化。毫不奇怪，研究人员将注意力转向了金融体系和宏观金融联系的性质，目前正在对各部分进行深入研究，并且这些部分已开始被纳入大型宏观经济模型。无论是在宏观审慎工具的使用上，还是在高额公共债务的危险性上，政策制定者也正在吸取各方面的经验教训。我们仍然有很长的路要走，最终，随着更好地理解金融体系，我们的宏观经济模型将更加丰富。但是，我们必须实事求是。如果以历史为鉴，经济将受到我们从未想到的另一种冲击。

危机的教训可能不仅仅是将金融部门纳入宏观经济模型并加以分析。大萧条让大多数经济学家对市场经济的宏观经济性质提出质疑，并建议政府干预发挥更大作用。危机也引发了类似的问题。新古典模型和新凯恩斯模型有一个共同的信念，即至少在中期内，经济能够自然恢复到自然水平。新古典主义者采取了极端的立场，认为产量总是处于自然水平。新凯恩斯主义者认为，在短期内，产出可能偏离其自然水平。但他们坚持认为，从中期来看，自然力量最终会使经济恢复到自然水平。日本的大萧条和长期萧条是众所周知的，然而，它们被视为反常现象，并被认为是本可避免的重大政策错误造成的。今天许多经济学家认为这种乐观是过度的。在美国陷入流动性陷阱7年之后，很明显，通常的调整机制已经无法运作，如用降低利率应对产出不足。同样显而易见的是，无论是货币政策还是财政政策，政策空间也比以前想象的有限。

如果达成共识，这可能是针对微小冲击和正常波动能够起作用的调整过程。但是，为了应对巨大的异常冲击，正常的调整过程可能无法成功，政策空间可能会受到限制，经济可能需要很长时间才能自我修复。目前，研究人员的当务之急是更好地了解所发生的情况，决策者应尽最大努力利用现有的货币和财政政策工具，引导世界经济恢复健康。

本章概要

- 现代宏观经济学的历史始于1936年凯恩斯《就业、利息和货币通论》一书的出版。约翰·希克斯和阿尔文·汉森于20世纪30年代和40年代初将凯恩斯的贡献正规模型化，提出了 IS-LM 模型。

- 20世纪40年代初到70年代初这段时间被称为宏观经济学的黄金时代。这其中主要的发展有消费理论、投资理论、货币需求理论、投资组合选择理论和增长理论，以及大规模宏观经济计量模型的发展。

- 20世纪60年代主要是凯恩斯主义和货币主义之间的争论。凯恩斯主义认为，宏观经济理论的发展使对经济进行更好的控制成为可能。米尔顿·弗里德曼所领导的货币主义学派则更怀疑政府帮助稳定经济的能力。

- 在20世纪70年代，宏观经济学遭遇了一场危机。这主要有两个方面的原因：第一个是滞胀现象的出现使大多数经济学家都大吃一惊；第二个是罗伯特·卢卡斯所领导的理论抨击。卢卡斯和他的追随者指出，一旦引入理性预期：①凯恩斯模型不能被用来制定政策；②凯恩斯模型不能解释产出对自然产出水平的长期偏离；③需要使用博弈论对政策模型进行重新设计。

- 20世纪70年代和80年代的大部分时间被用来将理性预期整合进宏观经济学。正如本书所反映的那样，与20年前相比，宏观经济学家现在更加清醒地认识到预期在决定冲击和政策效果中所起的作用及政策的复杂性。

- 近来对宏观经济理论的研究沿着三个方向进行。新古典主义经济学家正在研究波动在多大程度上可以解释为自然产出水平的变动而不是偏离自然产出水平。新凯恩斯主义经济学家正在研究市场的不完美性在波动中所起的作用。新增长理论正在研究技术进步的决定因素。这三个领域正越来越多地相互交合，一种新的综合似乎正在出现。
- 这场危机反映了宏观经济方面的一个重大智力失误：未能理解金融体系对宏观经济的重要性。虽然理解危机所需的许多要素是在危机之前形成的，但它们不是宏观经济思维的核心，也没有被纳入大型宏观经济模型。许多研究现在都集中在宏观金融联系上。
- 危机还提出了一个大问题，即产出恢复到自然水平的调整过程。如果达成共识，可能对小的冲击和正常波动的调整过程起作用，政策可以加速这种效应。但是，为了应对更大的异常冲击，正常的调整过程可能会失败，政策空间可能会受到限制，经济可能需要很长时间才能自我修复。

关键术语

business cycle theory　商业周期理论
effective demand　有效需求
liquidity preference　流动性偏好
neoclassical synthesis　新古典综合
Keynesians　凯恩斯主义者
monetarists　货币主义者
Lucas critique　卢卡斯批判
random walk of consumption　消费随机游走
staggering of wage and price decisions　工资和价格决策的交错
new classicals　新古典主义
real business cycle　实际商业周期
RBC models　实际商业周期（RBC）模型
new Keynesians　新凯恩斯主义者
nominal rigidities　名义刚性
menu cost　菜单成本
new growth theory　新增长理论

补充阅读

- 两本经典著作是 J. M. Keynes, *The General Theory of Employment, Interest, and Money*, Palgrave Macmillan, 1936, and Milton Friedman and Anna Schwartz, *A Monetary History of the United States*, Princeton University Press, 1963。警告：前者读起来很晦涩，后者是个大部头。
- 对20世纪40年代以来教科书中的宏观经济学的一个评论，参阅 Paul Samuelson's, "Credo of a Lucky Textbook Author," *Journal of Economic Perspectives*, 1997, Vol. 11(Spring): pp: 153-160。
- 在 *Studies in Business Cycle Theory*, MIT Press, 1981 中，罗伯特·卢卡斯发展了他的宏观经济学方法并对他的贡献给出一个梗概。
- 首提实际商业周期理论的论文是 Edward Prescott, "Theory Ahead of Business Cycle Measurement," *Federal Reserve Bank of Minneapolis Review*, 1996 (Fall), pp: 9-22。该文并不容易读懂。
- 更多关于新凯恩斯主义经济学的内容，可参阅 David Romer, "The New Keynesian Synthesis," *Journal of Economic Perspectives*, 1993, Vol. 7 (Winter), pp: 5-22。
- 更多关于新增长理论的内容，可参阅 Paul Romer, "The Origins of Endogenous Growth," *Journal of Economic Perspectives*, 1994, Vol. 8 (Winter), pp: 3-22。
- 对宏观经济学的历史进行详细考察，并包含大部分主要研究人员的访谈的一本书是 Brian Snowdon and Howard Vane, *Modern Macroeconomics: Its Origins, Development and Current State*, Edward Elgar Publishing Ltd., 2005。
- 对宏观经济学现状的两个评论观点，参阅 V. V. Chari and Patrick Kehoe, "Macroeconomics in Practice: How Theory Is Shaping Policy," *Journal of Economic Perspectives*, 2006, Vol. 20, No. 4, pp: 3-28; and N. Greg Mankiw, "The Macroeconomist as Scientist and Engineer," *Journal of Economic Perspectives*, Vol. 20, No. 4, pp: 29-46。
- 如果对金融市场以及泰勒和施莱弗等人的贡献持怀疑态度，请阅读 *The Myth of the Rational Market. A History of Risk, Reward, and Delusion on Wall Street* by Justin Fox, Harper

- Collins Publishers, 2009。
- 关于危机后宏观经济政策的评估，请参阅 Olivier Blanchard 等人编辑的 *In the Wake of the Crisis: Leading Economists Reassess Economic Policy*, MIT Press, 2012。

进一步了解宏观经济问题和理论：

- 大多数经济学期刊偏重数学，很难读懂，但其中的一些尝试让其变得更友好。*Journal of Economic Perspectives* 特别登出关于当前经济学研究和问题的非技术性文章。一年出版两期的 *Brookings Papers on Economic Activity* 是分析当前宏观经济学问题的。在欧洲出版的 *Economic Policy* 更多关注欧洲问题。
- 很多地区联邦储备银行会出版易读的文章，它们的评论可以免费获得。其中包括克利夫兰联邦储备银行出版的 *Economic Review*，堪萨斯城联邦储备银行出版的 *Economic Review*，波士顿联邦储备银行出版的 *New England Economic Review*，明尼阿波利斯联邦储备银行出版的 *Quarterly Review*。
- 对当前宏观经济学理论更深入的探讨（基本上是研究生一年级宏观经济学课程的水平）参见 David Romer, *Advanced Macroeconomics*, 4th ed., McGraw-Hill, 2011, and by Olivier Blanchard and Stanley Fischer, *Lectures on Macroeconomics* (1989)。

附录 A 国民收入与产出账户简介

这个附录旨在介绍国民收入与产出账户的基本结构和所用术语。国内生产总值，即 GDP，是对总体经济活动进行度量。而**国民收入和产出账户**［national income and product account，NIPA，或者简称**国民账户**（national accounts）］则由 GDP 的两种分解方法构成。

一种对 GDP 的分解是从收入角度：谁获得了什么？

另一种对 GDP 的分解是从生产角度（国民账户中称之为产品）：生产了什么？又由谁购买？

收入法

表 A-1 列示了用收入法计算的 GDP——谁获得了什么？

表 A-1　GDP：收入法，2014 年　　（单位：10 亿美元）

从国内生产总值到国民收入			
1	国内生产总值（GDP）	17 348	
2	加：来自其他国家的要素收入		854
3	减：对其他国家的要素支出		-591
4	等于：国民生产总值	17 611	
5	减：固定资本的消耗		2 747
6	等于：国民生产净值	14 865	
7	减：统计误差		-212
8	等于：国民收入	15 077	
国民收入的分解			
9	间接税	1 265	
10	雇员工资	9 249	
11	工资和薪金		7 478
12	工资和薪金的补充额		1 771
13	公司利润和企业转移支付	2 073	
14	净利息	532	
15	业主收入	1 347	
16	个人租金收入	610	

资料来源：*Survey of Current Business*, July 2015, Tables 1-7-5 and 1-12.

表 A-1 上半部分（第 1 至第 8 行）从 GDP 开始到国民收入结束，国民收入指各种生产要素所获得的收入之和。

- 第一行的起始部分是**国内生产总值**（gross domestic product，GDP）。GDP 是指地处美国的劳动力和劳务所生产出来的产品和服务的市场价值。
- 接下来的三行是从 GDP 计算到**国民生产总值**（gross national product，GNP）（第 4 行）。GNP 是另一种计量总产出的方法，它是指由美国居民所提供的劳动力和劳务生产出来的产品和服务的市场价值。

  直到 20 世纪 90 年代，大多数国家仍使用 GNP 而非 GDP 作为度量总体经济活动的主要标准，美国国民账户的重心从 1991 年开始从 GNP 转到了 GDP。两者的差别在于"地处美国"（用来定义 GDP）和"美国的居民"（用来定义 GNP）的不同。例如，地处日本的一架美国所拥有的飞机所实现的利润，不包括在美国的 GDP 内，但包括在美国的 GNP 内。

  因此，要从 GDP 计算 GNP，我们必须首先加上**来自其他国家的要素收入**（receipts of factor income from the rest of the world）[指海外的美国资产和美国居民的收入（第 2 行）]，再减去**对其他国家的要素支出**（payments of factor income to the rest of the world）[指在美国的外国资本和外国居民所获得收入（第 3 行）]。

  在 2014 年，对其他国家的支付比从其他国家获得的收入多出 2 630 亿美元，即 GNP 要比 GDP 多 2 630 亿美元。

- 下一步是从 GNP 计算出**国民生产净值**（net national product，NNP）（第 6 行）。GNP 和 NNP 之间的差别在于资本折旧，资本折旧在国民账户中称为**固定资本消耗**（consumption of fixed capital）。
- 最后，第 7 行和第 8 行是从 NNP 计算**国民收入**（national income）（第 8 行）。国民收入指由美国居民提供商品和服务带来的收入。理论上，国民收入和国民生产净值应该是相等的，但实际上它们通常不相等，因为它们是用不同方法构建的。

  国民生产净值的计算是表 A-1 从上往下计算获得的，即从 GDP 开始，然后经过我们刚刚讨论的几个步骤获得结果。国民收入的计算则相反，从下往上算，将要素收入的各个组成部分（雇员工资、公司利润等）相加。如果我们能准确地计算每一个要素，那么这两种方法的结果应该是相等的。实际上，这两种方法得到的结果不相同，它们之间的差异称为统计误差。2014 年，自下而上计算得到的国民收入（第 8 行的数字）要比自上而下计算得到的国民生产净值（第 6 行的数字）多 2 120 亿美元。统计误差是一个有用的提示，告诉我们构造国民收入账户时存在一些统计问题。尽管 2 120 亿美元似乎是一个很大的误差，但对 GDP 而言，也只是 1% 的误差。

表 A-1 的下半部分（第 9～16 行）是将国民收入分解为各种类型的收入。

- **间接税**（indirect taxes）（第 9 行）也称为消费税。国民收入的一部分以消费税的形式直接到了国家手里。

  国民收入的剩下部分要么给了雇员，要么给了公司。

- **雇员工资**（compensation of employees）（第 10 行），也称为劳务收入，归属于雇员。这部分是国民收入最大的一个组成部分，占到了国民收入的 61%。劳务收入由工资和薪金（第 11 行）以及工资和薪金的补充额（第 12 行）构成，这种补充额涉及雇主对社会保障的支付（目前最大的一项），甚至也包括一些很奇怪的项目，如雇主为雇员结婚支付给地方官员的证婚费用。
- **公司利润**（corporate profits）和企业转移支付（第13行）：利润等于收入减去成本（包括利息支付），再减去资产折旧。企业转移支付是指诸如为个人受伤支付责任金，或者向非营利组织提供企业捐助等，这部分占20 730亿美元总额中的1 270亿美元。
- **净利息**（net interest）（第14行）等于公司支付的利息减去公司收到的利息，加上来自其他国家的利息收入减去向其他国家的利息支出。2014年，大多数净利息是公司支付的净利息：美国从其他国家收到的利息大约与支付给其他国家的利息一样多。因此，公司利润加上公司支付的净利息近似等于20 730亿美元 + 5 320亿美元 = 26 050亿美元，约占国民收入的17%。
- **业主收入**（proprietors' income）（第15行）是指独立经营的个人所获得的收入，其定义为独自经营、合伙经营和免税企业的收入。
- **个人租金收入**（rental income of persons）（第16行）等于不动产的租金收入减去不动产的折旧费用后得到的收入。房屋提供居住服务，而租金收入是度量从这些服务中得到的收入。

　　如果国民账户中只计算实际租金，那么租金收入就取决于租用的公寓和房屋与实际所用并居住的公寓和房屋的比例。例如，如果每个人都成了自己所居住公寓或房屋的所有人，那么租金收入将等于零，这样统计的GDP就会降低。为了回避这一问题，国民账户将房屋都等同于租出，因此租金收入由实际租金加上对所有人自身居住自己的房屋或公寓估算的租金。

在讨论生产法之前，先看一下表A-2，该表告诉我们如何从国民收入计算个人可支配收入，即在收到转移支付并支付税之后，可以用于消费的那部分收入。

表 A-2　从国民收入到个人可支配收入，2014年　　（单位：10亿美元）

1	国民收入	15 077
2	减：间接税	−1 265
3	减：公司利润和企业转移支付	−2 073
4	减：净利息	−532
5	加：从资产获得的收入	2 118
6	加：个人转移支付收入	2 529
7	减：社会保险税缴纳	−1 159
8	等于：个人收入	14 694
9	减：个人所得税支付	−1 780
10	等于：个人可支配收入	12 914

资料来源：*Survey of Current Business*, July 2015, Tables 1-7-5, 1-12, and 2-1.

- 并非所有国民收入（第1行）都可以分配给个人。

　　一些收入以间接税的形式转移到国家手中，因此第一步是减掉间接税（表A-2中的第2行——等于表A-1中的第9行）。

　　一些公司利润被保留在公司，而由公司支付的利息的一部分去了银行，或者直接归属于海外，因此第二步是减掉所有公司利润和企业转移支付（第3行——等于表A-1中的第13行）及所有的净利息支付额（第4行——等于表A-1中的第14行），然后再加上个人从持有的资产（股息和利息）获得的所有收入（第5行）。

- 个人获得的收入不仅来自生产，还来自公共转移支付（第6行）。2014年的转移支付等于25 290亿美元。同时，必须从这些转移支付中减去个人支付的社会保险税11 590亿美元（第7行）。

- 经过上述调整的结果就是**个人收入**（personal income），即个人实际所得到的收入（第 8 行）。**个人可支配收入**（personal disposable income）（第 10 行）等于个人收入减去个人税及非税收支付（第 9 行）。2014 年，个人可支配收入等于 129 140 亿美元，约为 GDP 的 74%。

生产法

表 A-3 展示了生产法计算的国民收入——生产了什么？又由谁购买了？

表 A-3　GDP：生产法，2014 年　　　　　　　　　（单位：10 亿美元）

1	国内生产总值	17 348		
2	个人消费支出	11 866		
3	耐用品		1 280	
4	非耐用品		2 668	
5	服务		7 918	
6	私人国内固定资产投资总额	2 860		
7	非住宅投资		2 234	
8	建筑物			507
9	生产设备和软件			1 727
10	住宅投资		549	
11	政府购买	3 152		
12	联邦		1 220	
13	国防支出			748.2
14	非国防支出			471.6
15	地方政府		1 932	
16	净出口	−530		
17	出口		2 342	
18	进口		−2 872	
19	企业存货的变化	77		

资料来源：*Survey of Current Business*, July 2015, Table 1-1-5.

从国内需求的 3 个组成部分开始：消费、投资和政府支出。

- 消费，又称**个人消费支出**（personal consumption expenditures）（第 2 行），是组成需求的最大的一个部分，等于居住在美国的个人所购买的商品和服务的总和。

    用同样的办法，国民账户包括按照收入法估算的租金收入，国民账户将估算的房屋服务视为消费的一部分。房屋的所有者被假设在消费房屋服务，消费价格等于对那套房屋估算的租金收入。

    消费分解为 3 个部分：对**耐用品**（durable goods）（第 3 行）、**非耐用品**（nondurable goods）（第 4 行）和**服务**（services）（第 5 行）的购买。耐用品指可以存储，且寿命至少为 3 年的商品，汽车购买是其中最大的一项。非耐用品指可以存储，但寿命少于 3 年的商品。服务指那些不可以存储，因而必须在购买的地方和购买时就进行消费的商品。
- 投资也称为**私人国内固定资产投资总额**（gross private domestic fixed investment）（第 6 行），它是两个不同组成部分的总和。

    非住宅投资（nonresidential investment）（第 7 行）是公司购买的新资本商品，它可以是**建筑物**（structures）（第 8 行）——大多是新厂房，也可以是**生产设备和软件**（equipment and software）（第 9 行）——如机器、计算机或者办公设备。

    住宅投资（第 10 行）（residential investment）是个人对新房屋或公寓的购买。

- **政府购买**（government purchase）（第 11 行）等于政府对商品的购买加上政府雇员的工资。（将政府雇员看成他们向政府出售自己的服务。）

  政府购买等于联邦政府的购买（第 12 行）[可以将其分解为国防支出（第 13 行）和非国防支出（第 14 行）]加上地方政府的购买（第 15 行）。

  注意，政府购买不包括政府的转移支付，或政府债务的利息支付。这些不同于商品或者服务的购买，因此这里不包括在内。这就意味着在表 A-3 中看到的政府购买本质上会小于通常所说的政府支出——包括转移支付和利息支付。

- 消费、投资和政府购买的总和显示了美国的企业、个人和政府对商品的需求。如果美国经济对外封闭，这一数字将等于对美国商品的需求，但是，因为美国经济是对外开放的，因此这两个数字并不相等，为了计算对美国商品的需求，必须进行两步调整。首先，必须加入国外对美国商品的购买，即**出口**（exports）（第 17 行）。其次，必须减去美国对国外商品的购买，即**进口**（imports）（第 18 行）。2014 年，出口比进口少了 5 300 亿美元。因此，**净出口**（net exports）[或者称为**贸易余额**（trade balance）]等于 -5 300 亿美元（第 16 行）。

- 将消费、投资、政府购买和净出口相加，得到对美国商品的购买总额。但是，生产可能小于购买，因为企业可通过减少存货填补两者之间的差额。或者，生产可能大于购买，在这种情况下，企业的存货增加。表 A-3 的最后一行显示了**企业存货的变化**（changes in business inventories）（第 19 行），有时也称作"存货投资"（很容易误导人）。它是指企业所持有库存实物数量的变化，企业存货的变化可能为正，也可能为负。2014 年，这一数值较小但为正：美国的商品生产相比美国的购买总额多出 770 亿美元。

国民收入核算中的联邦政府

表 A-4 用数据给出了在 2014 财政年度内联邦政府的经济行为，使用的是国民收入和产出账户数字（NIPA）。

表 A-4　美国联邦政府预算收支，2014 年财政年度　（单位：10 亿美元）

1	收入	3 265	
2	个人所得税		1 396
3	公司利润税		417
4	间接税		137
5	社会保险税		1 145
6	其他		170
7	支出（除去净利息支付）	3 465	
8	消费支出		955
9	国防		578
10	非国防		377
11	转移支付给个人		1 877
12	州与地方政府拨款		495
13	其他		129
14	财政盈余（+代表盈余）	-191	
15	净利息支付	440	
16	实际利息支付		155
17	通货膨胀构成		285
18	官方盈余（1 - 7 - 15）	-631	
19	通货膨胀调整盈余（18 + 17）	-476	

资料来源：*Survey of Current Business*, July 2015, Table 3-2. Inflation adjustment calculated by debt from Table B-22.

使用财政年度而不是日历当中的年份，原因就是有预算问题。如第 23 章中所给出的，预算是典型的财政年度而不是日历年。财政年度是从上年的 10 月 1 日到本年的 9 月 30 日，我们这里就是 2013 年 10 月至 2014 年 9 月。

使用国民收入和产出账户的数据而不使用政府官方的预算数据更有意义：也就是说，NIPA 数据很好地代表政府在经济当中做了什么，这比各种预算书中的数据更好。政府的预算数据不需要跟从国民收入核算的惯例，有时还包括创造性的账户。

在 2014 年，联邦收入是 32 650 亿美元（第 1 行），个人税（也称个人所得税）是 13 960 亿美元，占收入的 43%；社会保险（也称工资税）贡献了 11 450 亿美元，占收入的 35%。

支出当中排除了利息支付，但包括对个人的转移支付 34 560 亿美元（第 7 行）。消费支出（公共部门就业的工资与薪水以及资本的折旧）为 9 550 美元，占总支出的 28%，除去国防部分的支出是 3 770 亿美元。**转移支付给个人**（transfers to persons，也称为福利计划，绝大多数是失业与退休和健康福利）的多达 18 770 亿美元。表 A-3 给出了州和地方政府提供产品与服务的数据如何比这里的还要大很多。

联邦政府运行的财政赤字是 1 910 亿美元［第 1 行减去第 7 行，因此，在第 14 行是负的**财政盈余**（primary surplus）］。

联邦政府持有债务的利息支付是 4 400 亿美元（第 15 行），**官方赤字**（official deficit）是 6 310 亿美元（第 14 行加上第 15 行）。然而，我们知道这种测度是不准确的（看第 22 章的问题聚焦"通货膨胀的计算与赤字的度量"），通货膨胀在预算测度方面降低了公债的价值。正确的测度是**通货膨胀调整的赤字**（inflation adjusted deficit），也就是说，官方赤字加上实际的利息支付，应当是 4 760 亿美元（第 19 行），占 GDP 总量的 2.7%。

警示

国民账户对总体经济活动进行了内在一致的描述。在这些账户中，首先要选择应该包括什么，以及不包括什么，将某些类型的收入和支出放在什么地方等。这里有 5 个例子。

- 家务劳动不包括在 GDP 之内。例如，如果两个家庭主妇决定相互照看孩子，而非照顾自己的孩子，并且彼此支付照顾孩子的服务费用，统计 GDP 将会上升，但是真实 GDP 没有变化。解决的方法是，将家务劳动计算在 GDP 之内，正如我们估算房屋所有人的租金一样，但是到目前为止还没有这样做。
- 购买房屋被视为一项投资，而房屋的服务被视为消费的一部分，将此与汽车的处理方法相比较。尽管汽车方面的服务也会持续很长一段时间（虽然没有房屋方面的服务时间长），但购买汽车不被视为投资。它被视为一种消费，而且只在购买汽车的当年才出现在国民账户里。
- 企业购买机器被视为一项投资，而购买教育则被视为对教育服务的消费。但是，教育显然是投资的一部分：人们需要接受教育，部分是因为要增加他们将来的收入。
- 在缺少市场交易的情况下，许多政府的购买已经在国民收入核算中被估价了。我们是如何对老师教孩子阅读这一工作进行估价的？这个交易由州的部分义务教育授权进行。估价的方法就是成本法，即老师的薪资。
- 正确计算政府赤字（债务）是一项挑战性的任务。一个问题是：假定在例子中老师的支付部分是现金，部分是承诺未来的退休养老金。这里有个重要的认知，即养老金很像政府的负债（换言之，就是未来纳税人的负债）。然而，这些债务并没有计算在表 A-4 的政府赤字之中，或者说，没有计算在标准的公债测度之中。另一个问题在于联邦或者州政府如何对待私人那些有保证的债务。这些或有负债应当作为公债的一部分计算在内吗？

我们还可以继续列下去，但是上面举这些例子的目的不是让你得出结论，认为国民账户是错误的。我们在前面所看到的很多计算都有着很好的存在理由，常常是因为数据能够比较方便得到，或者处理起来比较容易。相反，关键的一点是，要想最好地利用国民账户，必须理解其中的逻辑，同时也要理解已经做出的选择，以及它们的局限。

关键术语

national income and product accounts（NIPA） 国民收入和产出账户
national accounts 国民账户
gross domestic product（GDP） 国内生产总值
gross national product（GNP） 国民生产总值
receipts of factor income from the rest of the world 来自其他国家的要素收入
payments of factor income to the rest of the world 对其他国家的要素支出
net national product（NNP） 国民生产净值
consumption of fixed capital 固定资本消耗
national income 国民收入
indirect taxes 间接税
compensation of employees 雇员工资
corporate profits 公司利润
net interest 净利息
proprietors' income 业主收入
rental income of persons 个人租金收入
personal income 个人收入
personal disposable income 个人可支配收入

personal consumption expenditures 个人消费支出
durable goods 耐用品
nondurable goods 非耐用品
services 服务
gross private domestic fixed investment 私人国内固定资产投资总额
non residential investment 非住宅投资
structures 建筑物
equipment, and software 生产设备和软件
residential investment 住宅投资
government purchases 政府购买
exports 出口
imports 进口
net exports 净出口
trade balance 贸易余额
changes in business inventories 企业存货的变化
transfers to persons 转移支付给个人
primary surplus 财政盈余
official deficit 官方赤字
inflation adjusted deficit 通货膨胀调整的赤字

补充阅读

想对这部分知识有更详尽的了解，可以参考"A Guide to the National Income and Product Accounts of the United States," September 2006（www.bea.gov/national/pdf/nipaguid.pdf）。

附录 B

数学复习

本附录将介绍书中用到的数学工具和数学结论。

几何级数

几何级数是具有如下形式的一组数字的和:

$$1 + x + x^2 + \cdots + x^n$$

其中,x 是一个可能比 1 大,也可能比 1 小的数字,x^n 表示次幂,即 x 自乘 n 次。

几何级数的例子有:

- 经过几次乘数作用后的支出之和(第 3 章)。如果 c 代表边际消费倾向,那么 $n+1$ 轮后的支出增加之和为:

$$1 + c + c^2 + \cdots + c^n$$

- n 当利率等于 i 时,每年支付 1 美元,共 n 年的支付序列的贴现值(第 14 章)为:

$$1 + \frac{1}{1+i} + \frac{1}{(1+i)^2} + \cdots + \frac{1}{(1+i)^{n-1}}$$

当遇到这样一个级数时,我们通常要问两个问题:

1. 其和是多少?

2. 如果 n 增大,那么总和是发散的还是会达到一个极限?如果达到一个极限,极限是多少?

下面的命题告诉你回答这些问题所需要的知识。

命题 1 告诉你如何计算总和。

命题 1:

$$1 + x + x^2 + \cdots + x^n = \frac{1 - x^{n+1}}{1 - x} \tag{B-1}$$

证明如下：将式子乘以 $(1-x)$，利用 $x^a x^b = x^{a+b}$（即相乘时，将指数相加），可以得到：

$$(1 + x + x^2 + \cdots + x^n)(1 - x) = 1 + x + x^2 + \cdots + x^n - x - x^2 - \cdots - x^n - x^{n+1}$$
$$= 1 - x^{n+1}$$

除了第一项和最后一项之外，等式的其余各项相互抵消。在上式两边同时除以 $(1-x)$，得到式（B-1）。

对于任意的 n 和任意的 x，这一公式都适用。例如，如果 $x = 0.9$，$n = 10$，总和等于 6.86，如果 $x = 1.2$，$n = 10$，则总和等于 32.15。

命题 2 告诉你当 n 变大时，总和将如何变化。

命题 2：如果 x 比 1 小，当 n 变大时，总和趋近于 $1/(1-x)$。如果 x 等于 1 或者比 1 大，当 n 变大时，总和是发散的。

证明如下：如果 x 比 1 小，当 n 变大时，总和趋近于 0。因此，根据式（B-1），总和趋近于 $1/(1+x)$。如果 x 比 1 大，随着 n 的增大，$1 - x^n$ 变得越来越大，变成绝对值越来越大的负数，比值 $(1 - x^n)/(1 - x)$ 变成了越来越大的正数。因此，当 n 变大时，总和是发散的。

第 14 章的应用：假设从下一年开始一直到永久，每年都支付 1 美元，当利率是 i 时，考虑这个系列支付的现值。现值由下式给出：

$$\frac{1}{(1+i)} + \frac{1}{(1+i)^2} + \cdots \tag{B-2}$$

将上式乘以 $1/(1+i)$，现值可以改写为：

$$\frac{1}{(1+i)}\left[1 + \frac{1}{(1+i)} + \cdots\right]$$

中括号内是一个几何级数，其中 $x = 1/(1+i)$，如果利率 i 为正，则 x 比 1 小，利用命题 2，当 n 增大时，括号内的项等于：

$$\frac{1}{1 - \dfrac{1}{(1+i)}} = \frac{(1+i)}{(1+i-1)} = \frac{(1+i)}{1}$$

用 $(1+i)/i$ 替代等式中括号内的项，得到：

$$\frac{1}{(1+i)}\left[\frac{(1+i)}{1}\right] = \frac{1}{i}$$

因此，从下一年开始各年支付 1 美元的一系列支付的现值等于 1 除以利率。如果 $i = 5\%$，则现值等于 1 美元/0.05 = 20 美元。

有用的近似

综观本书，为了使计算更加容易，我们使用了几个近似。当变量 x、y、z 非常小，如处于 0%~10%，这些近似非常可靠。从命题 3 到命题 10 的数值举例都是基于 $x = 0.05$ 和 $y = 0.03$ 的取值。

命题 3：

$$(1 + x)(1 + y) \approx (1 + x + y) \tag{B-3}$$

证明如下：将 $(1+x)(1+y)$ 展开得到 $(1 + x + y + xy)$。如果 x 和 y 都很小，那么乘积 xy 就非常小，在近似时，就可以忽略掉（例如，如果 $x = 0.05$，$y = 0.03$，则 $xy = 0.0015$）。因

此，$(1+x)(1+y)$ 可以近似等于 $(1+x+y)$。

例如，对于上面给定的 x 和 y 的取值，近似值等于 1.08，而精确值等于 1.081 5。

命题 4：

$$(1+x^2) \approx 1+2x \tag{B-4}$$

令 $y=x$，可以从命题 3 直接得到证明，如果 $x=0.05$，则近似值等于 1.10，而精确值为 1.102 5。

第 14 章的应用：利用套利，两年期的利率和一年期的当前利率及预期利率之间的关系如下：

$$(1+i_{2t})^2 = (1+i_{1t})(1+i_{1t+1}^e)$$

利用命题 4，对等式的右边进行修正，得到：

$$(1+i_{2t})^2 \approx 1+2i_{2t}$$

利用命题 3，对等式的右边进行修正，得到：

$$(1+i_{1t})(1+i_{1t+1}^e) \approx 1+i_{1t}+i_{1t+1}^e$$

用 $(1+i_{1t})(1+i_{1t+1}^e)$ 替换最初的关系式，得到：

$$1+2i_{2t} = 1+i_{1t}+i_{1t+1}^e$$

或者，改写为：

$$i_{2t} = \left(\frac{i_{1t}+i_{1t+1}^e}{2}\right)$$

两年期的利率近似等于一年期的当前利率与预期利率的算数平均值。

命题 5：

$$(1+x)^n \approx 1+nx \tag{B-5}$$

可以通过重复命题 3 和命题 4 的应用举例进行证明。例如，根据命题 4，$(1+x)^3 = (1+x)^2(1+x) \approx (1+2x)(1+x)$，根据命题 3，$(1+2x)(1+x) \approx (1+2x+x)=1+3x$。

但是，当 n 变大时，近似变得更加糟糕。例如，对于 $x=0.05$ 及 $n=5$，近似值等于 1.25，而精确值等于 1.276 3。但是当 $n=10$ 时，近似值等于 1.50，而精确值等于 1.63。

命题 6：

$$\frac{(1+x)}{(1+y)} \approx (1+x-y) \tag{B-6}$$

证明如下：考虑乘积 $(1+x-y)(1+y)$，将这一乘积展开，得到 $(1+x-y)(1+y)=1+x+xy-y^2$。如果 x 和 y 都很小，则 xy 和 y^2 都非常小，因此 $(1+x-y)(1+y) \approx (1+x)$。在这一近似的两边同时除以 $(1+y)$，即得到上面的命题。

对于取值 $x=0.05$ 和 $y=0.03$，近似值等于 1.02，而真实值等于 1.019。

第 14 章中的应用：实际利率定义为：

$$(1+r_t) = \frac{(1+i_t)}{(1+\pi_{t+1}^e)}$$

利用命题 6，得到：

$$(1+r_t) \approx (1+i_t-\pi_{t+1}^e)$$

简化为：

$$r_t \approx i_t - \pi_{t+1}^e$$

上面的近似我们在本书中经常用到：实际利率近似等于名义利率减去预期通货膨胀率。

在处理增长率的问题时，这些近似也非常方便，将 x 的增长率定义为 $g_x = \Delta x/x$，类似地，将 z 的增长率定义为 g_z，将 y 的增长率定义为 g_y。下面例子中，取值 $g_x = 0.05$，$g_y = 0.03$。

命题 7：如果 $z = xy$，那么：

$$g_z \approx g_x + g_y \tag{B-7}$$

证明如下：以 Δz 表示当 x 增加，y 增加时，z 的增加量。那么，根据定义，可知：

$$z + \Delta z = (x + \Delta x)(y + \Delta y)$$

两边同时除以 z，左边变成：

$$\frac{z + \Delta z}{z} = \left(1 + \frac{\Delta z}{z}\right)$$

右边变成：

$$\frac{(x + \Delta x)(y + \Delta y)}{z} = \frac{(x + \Delta x)}{x} \frac{(y + \Delta y)}{y} = \left(1 + \frac{\Delta x}{x}\right)\left(1 + \frac{\Delta y}{y}\right)$$

其中，第一个等式源于 $z = xy$，得到第二个等式是因为将两小项加以简化。

使用上述表达式作为等式的左右两边即可得到：

$$\left(1 + \frac{\Delta z}{z}\right) = \left(1 + \frac{\Delta x}{x}\right)\left(1 + \frac{\Delta y}{y}\right)$$

或者，等价于：

$$(1 + g_z) = (1 + g_x)(1 + g_y)$$

根据命题 3，$(1 + g_z) \approx (1 + g_x + g_y)$，或者等价写成 $g_z \approx g_x + g_y$。

给定 $g_x = 0.05$ 和 $g_y = 0.03$，近似值 $g_z = 8\%$，而真实值为 $g_z = 8.15\%$。

第 13 章的应用：把生产函数写成为 $Y = NA$，其中，Y 代表产量，N 代表就业量，A 代表劳动生产率。将 Y、N、A 的增长率分别表示为 g_Y、g_N、g_A。由命题 7 可知：$g_Y \approx g_N + g_A$，产出的增长率近似等于就业的增长率加上劳动生产率的增长率。

命题 8：如果 $z = x/y$，则：

$$g_z \approx g_x - g_y \tag{B-8}$$

证明如下：以 Δz 表示当 x 增加 Δx，y 增加 Δy 时，z 的增加量。那么，根据定义，可知：

$$z + \Delta z = \frac{x + \Delta x}{y + \Delta y}$$

两边同时除以 z，左边变成：

$$\frac{(z + \Delta z)}{z} = \left(1 + \frac{\Delta z}{z}\right)$$

右边变成：

$$\frac{(x + \Delta x)}{(y + \Delta y)} \frac{1}{z} = \frac{(x + \Delta x)}{(y + \Delta y)} \frac{y}{x} = \frac{(x + \Delta x)/x}{(y + \Delta y)/y} = \frac{1 + (\Delta x/x)}{1 + (\Delta y/y)}$$

其中，第一个等式是因为 $z = x/y$，第二个等式通过对各项进行整理得到，第三个等式是对其进行了简化。

使用这些表达式作为等式的左右两边，得到：

$$1 + \Delta z/z = \frac{1 + (\Delta x/x)}{1 + (\Delta y/y)}$$

或者，写成：

$$1 + g_z = \frac{1 + g_x}{1 + g_y}$$

根据命题 6，$(1+g_z) \approx (1+g_x-g_y)$，或者写成：$g_z \approx g_x - g_y$。

给定取值 $g_x = 0.05$，$g_y = 0.03$，近似值为 $g_z = 2\%$，而真实值为 1.9%。

第 9 章中的应用：M 表示名义货币，P 是价格水平，实际货币量的增长为：

$$g_{M/P} \approx g_M - \pi$$

其中，π 是物价的增长率，即通货膨胀率。

函数

函数用来表示一个变量是如何依赖于其他一个或者几个变量的，我在本书中没有正式使用。

在一些情况下，对于一个变量 Y 如何随着另一个变量 X 的变化而变化，可写为：

$$Y = f(X)$$
$$\quad\quad +$$

X 下面的加号表示正相关关系：X 增加会导致 Y 增加。减号表示负相关关系：X 增大会导致 Y 减少。

在某些情况下，Y 可能不只取决于一个变量。例如，当 Y 取决于 X 和 Z 时：

$$Y = f(X, Z)$$
$$\quad\quad (+, -)$$

符号表明，X 增加会导致 Y 增加；而 Z 增加会导致 Y 减少。

第 5 章中的式（5-1）就是这个函数的一个例子：

$$I = I(Y, i)$$
$$\quad\quad (+, -)$$

从这一等式可知，投资 I 随着产出 Y 的增加而增加，随着利率 i 的增加而减少。

在某些情况下，假定两个变量或更多变量之间存在着**线性关系**（linear relation）是很合理的。X 增加会导致 Y 同等程度地增加。在这种情况下，方程可以写为：

$$Y = a + bX$$

这个关系式也可以表示为 X 任意取值时 Y 值给定的一条直线。

变量 a 称为**截距**（intercept）：它表示 X 等于零时 Y 的取值。变量 b 称为**斜率**（slope）：它表示 X 增加 1 时 Y 的增加量。

最简单的线性关系是 $Y = X$，它代表 45° 的直线，斜率为 1。另一个例子是第 3 章中介绍的消费方程式（3-2）：

$$C = c_0 + c_1 Y_D$$

其中，C 是消费，Y_D 是可支配收入。变量 c_0 表示可支配收入等于零时消费的取值。变量 c_1 表示收入增加 1 个单位时消费的增加量，c_1 称为消费倾向。

对数刻度

一个变量以一个固定比率随着时间不断增大，例如假设变量 X 以每年 3% 的恒定比率持续增加。

- 从第 0 年开始，并假设 $X = 2$，所以 3% 的增加就意味着 X 增加 $0.06 (= 0.03 \times 2)$。
- 到了第 20 年，X 现在等于 $2 \times (1.03)^{20} = 3.61$。3% 的增加现在就意味增加了 0.11

- 到了第 100 年，X 等于 $2 \times (1.03)^{100} = 38.4$。3% 的增加就意味着增加了 1.15 ($= 0.03 \times 38.4$)，也就是说约是第 0 年的 20 倍。

我们使用一个标准的直角坐标系画出随着时间的推移 X 的变化曲线，这个曲线如图 B-1a 所示。X 的增加值随着时间变得越来越大（在第 0 年为 0.06，第 20 年为 0.11，第 100 年为 1.15）。代表 X 随着时间变化的曲线变得越来越陡峭。

另一种表示 X 演化趋势的方法是在直角坐标系中使用对数刻度（logarithmic scale）来度量 X。对数刻度的特性在于变量的同比例增加值可以在坐标系中用相同的垂直距离表示出来。所以诸如 X 这样的变量的增加形式，即每年等比例增加（这里是 3%），现在可以用一条直线表示出来。图 B-1b 显示了在直角坐标系中使用对数刻度表示的 X 增加形式。用一条直线表示这种关系，事实上是指出 X 以一个固定的比率随着时间增加的。增长率越高，直线越陡峭。

与 X 这样的变量相反，诸如 GDP 这样的经济变量并不是每年以一个固定的增长率增加。它的增长率可能在这个十年里较高一点，而在另一个十年里稍低一点，一个经济衰退周期可能导致持续几年的负增长。但是，当观察它伴随时间的演化趋势时，指数刻度要比直线刻度表示的信息更多。让我们看一下原因何在？

图 B-2a 使用标准的线性刻度画出了 1890~2011 年美国的实际 GDP 趋势。因为美国 2011 年的实际 GDP 约是 1890 年的 51 倍，因此 GDP 的等比

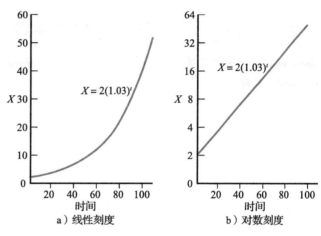

图 B-1 变量 X 的变化趋势

例增加就是 51 倍，所以表示 GDP 随着时间变化的趋势就变得越来越陡峭，但是在图中我们无法看出美国经济 50 年前比 100 年前增加得快还是增加得慢。

图 B-2b 使用对数刻度画出了美国 GDP 在 1890~2011 年的变化趋势。如果 GDP 的增长率每年是固定的（所以 GDP 的增长比例每年就是一样的），GDP 的演化趋势就用一条直线表示出来——就像 X 在图 B-1b 中表示的那样。因为 GDP 的年增长率并不是每年都一样（所以 GDP 的增长比例每年也就不同），GDP 的变化趋势就不再用一条直线表示。不同于图 B-2a，GDP 并不是随着时间爆炸性增长，并且这个图传递的信息更多。举两个例子：

- 在图 B-2b 中，如果我们画出一条线匹配 1890~1929 年的趋势，画另一条线匹配 1950~2011 年的趋势（这两个时期在图 B-2b 中用阴影区域区分开），这两条线的倾斜度大致是相等的。这告诉我们这两个时期的平均增长率大致是相等的。
- 1929 年到 1933 年的产出下降在图 B-2b 中是很明显的，随后的产出强劲恢复也同样如此。到了 20 世纪 50 年代，产出好像又回到以前的趋势中去了。这暗示大萧条的低产出水平并不是永久性的。

注意，在这两个例子中，观察图 B-2a 你并不能得出上述结论，但是图 B-2b 却可以告诉你这些结论。这展示了使用指数刻度的有用性。

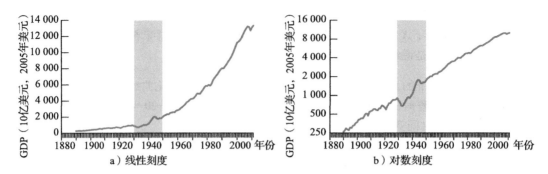

图 B-2 1890 年以来美国的 GDP

资料来源：1890-1928：Historical Statistics of the United States, Table F1-5, adjusted for level to be consistent with the post 1929 series. 1929-2011：BEA, billions of chained 2005 dollars. http://www.bea.gov/national/index.htm#gdp.

关键术语

linear relation 线性关系
intercept 截距
slope 斜率

附录 C

计量经济学入门

我们怎么才能知道消费是取决于可支配收入的呢?

我们如何才能知道消费倾向的取值呢?

要回答这些问题,一般是建立行为方程,从中找到相关参数的取值,经济学家运用计量经济学——为经济学使用而设计的统计技术集合。计量经济学可以变得非常数学化,但是其技术背后的基本原理非常简单。

这个附录的目的在于介绍这些基本原理。为了达到此目的,我将使用第 3 章介绍的消费函数的例子,并将重点放在估计可支配收入的边际消费倾向 c_1 上。

消费的变化与可支配收入的变化

边际消费倾向指对于给定的可支配收入的变化,消费的变化是多少。第一步是简单地描绘出消费的变化与可支配收入的变化,并从中看出两者之间的关系,如图 C-1 所示。

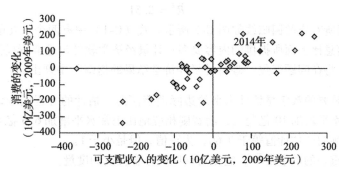

图 C-1 消费的变化与可支配收入的变化,1970~2011 年

注:消费与可支配收入之间有一个正的相关关系。

资料来源:Series PCECCA, DSPIC96 Federal Reserve Economic Data (FRED) http://research.stlouisfed.org/fred2/.

在图 C-1 中，纵轴表示各年消费的变化减去 1970～2014 年各年消费变化的平均值。更精确地说，用 C_t 表示第 t 年的消费，ΔC_t 表示 $(C_t - C_{t-1})$，即从第 $(t-1)$ 年到第 t 年消费的变化，用 $\overline{\Delta C}$ 表示自 1970 年以来各年消费变化的平均值。纵轴表示变量 $(\Delta C_t - \overline{\Delta C})$。这一变量的取值为正，表示消费的增加值大于平均值，这一变量的取值为负，表示消费的增加值小于平均值。

类似地，横轴表示各年可支配收入的变化减去自 1970 年以来各年可支配收入变化的平均值，即 $\Delta Y_{Dt} - \overline{\Delta Y_D}$。

图 C-1 中的每一个小方块代表 1970～2014 年某一年的消费和可支配收入的变化偏离各自均值的情况。例如，2014 年消费的变化比平均值高出 1 070 亿美元，可支配收入的变化比平均值高出 1 230 亿美元。（我们的目的不在于知道各个小方块都代表哪一年，我们仅仅需要知道图中的点集看起来像什么。因此，除了 2014 年之外，其余各个年份在图 C-1 中没有标注出来。）

从图 C-1 可以得出两个重要的结论。

- 首先，消费的变化和可支配收入的变化之间存在着明显的正相关关系。大多数点都分布在图中的右上象限和左下象限：可支配收入的增加值超过平均值时，消费的增加值通常也都超过平均值；可支配收入的增加值低于平均值时，消费的增加值通常也都低于平均值。
- 其次，两个变量之间的关系很强，但并不是很完全。特别是，有些点位于左上象限，这表示在该点所对应的年份，可支配收入的变化比平均值小，而消费的变化比平均值大。

计量经济学使我们可以更精确地陈述这两个结论，并对消费倾向加以估计。利用计量经济学软件包，我们可以找到与这些点最拟合的一条直线，这一过程称为**普通最小二乘法**（ordinary least square，OLS）。（术语"最小二乘"源于这条直线的性质，即各点到直线的距离的平方和最小，因此，称为"最小""二乘"。使用"普通"一词，是因为这是计量经济学中使用的最简单的一种方法。）与这条直线相对的估计方程称为**回归**（regression）方程，这条直线自身称为**回归线**（regression line）。

这里，估计方程如下：

$$(\Delta C_t - \overline{\Delta C}) = 0.66(\Delta Y_{Dt} - \overline{\Delta Y_D}) + 残差$$
$$\overline{R}^2 = 0.51 \tag{C-1}$$

与估计方程所对应的回归线如图 C-2 所示。式（C-1）中有两个重要的数字（计量经济学软件包提供的信息比上面所提供的内容要多；计量经济学软件包通常所提供的内容，以及我们进一步的解释，将在问题聚焦"理解计量经济学结果的指南"中列出。

- 第一个重要的数字是估计出来的边际消费倾向。估计的方程式告诉我们，可支配收入比正常水平增加 10 亿美元，消费则相应地比正常水平增加 6.6 亿美元。换句话说，边际消费倾向的估计值等于 0.66，为正值，但是小于 1。
- 第二个重要的数字是 $\overline{R}^2$，它是对回归线拟合程度的度量。

    我们在前面已经估计了可支配收入对消费的影响，接下来就可以将各年消费的变化分解为两个部分：一个是可支配收入的变化——式（C-1）右边的第一项；另一个是其他因素，称为**残差**（residual），例如，2014 年的残差在图 C-2 中用代表 2014 年的那个点偏离回归线的垂直距离表示。

如果图 C-2 中的所有点都刚好在回归线上,则所有残差都为零;消费的所有变化都可以用可支配收入的变化来解释。但是,情况并不是这样。$\bar{R}^2$是度量回归线拟合程度的统计量,通常处于0和1之间。如果$\bar{R}^2$取值为1,表示这两个变量之间的关系很完美,所有点都完全落在回归线上,如果$\bar{R}^2$取值为0,表示计算机看不出这两个变量之间存在关系。式(C-1)中,$\bar{R}^2$取值为0.51,已经很高了,但还不是非常高。它验证了图 C-2 中的信息:可支配收入的变化显然会对消费产生影响,但是还有一部分消费的变化不能由可支配收入的变化来解释。

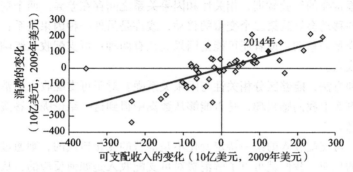

图 C-2　消费的变化与可支配收入的变化:回归线

注:回归线是与散点集拟合得最好的直线。

相关性和因果关系

到目前为止,我们的理解都是消费和可支配收入通常是共同变化的。而且,我们看到各年的消费变化和可支配收入的变化之间存在着正**相关性**(correlation)。我们把这种关系解释为**因果关系**(causality):可支配收入的增加导致消费的增加。

我们需要再考虑一下这一解释。消费和可支配收入之间的正相关关系反映了可支配收入对消费的影响。但同时,它也反映了消费对可支配收入的影响。确实,从第 3 章中所建立的模型可知,不管由于什么原因,如果消费者决定增加支出,那么产出增加,因此收入增加,从而可支配收入也将增加。如果消费和可支配收入之间的关系部分是由于消费对可支配收入的影响造成的,那么将式(C-1)解释为可支配收入对消费的影响,就是不正确的。

下面的例子可以说明:如果消费不取决于可支配收入,那么c_1的真实值等于零。(这并非很现实,但是能够最清晰地表达意思。)因此,可以将消费方程在图 C-3 中画成一条水平直线(该直线的斜率为零)。接下来,假设可支配收入等于Y_D,那么,最初的消费和可支配收入的组合用 A 点表示。

现在假设由于消费者的信心提高,消费增加,因此消费线上移。如果需求影响产出,则收入增加,因而可支配收入也增加,因此消费和可支配收入新的组合可以用 B 点表示。相反,如果消费者变得更加悲观,消费线将下移,产出也会下降,导致消费和可

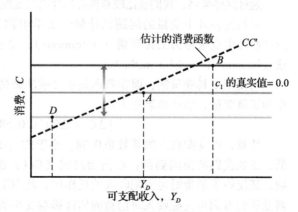

图 C-3　误导的回归

注:可支配收入和消费之间的关系源于消费对收入的影响,而非收入对消费的影响。

支配收入的组合移到 D 点。

如果要考虑经济状况，可以观察 A、B、D 三点。如前面的做法，如果通过这些点画一条最拟合的直线，可以得到一条向上倾斜的直线，如 CC'，因此估计出来的边际消费倾向 c_1 为正值。但是，不要忘记 c_1 的真实值为零。我们为什么会得到错误的答案：c_1 为正值，而真实值为零？因为我们将可支配收入和消费之间的正相关关系解释为可支配收入对消费的影响，而实际上这一关系反映了消费对可支配收入的影响：消费越高，导致需求越高，产出越高，因此可支配收入也越高。

这里有一个很重要的经验教训，相关性和因果关系之间存在差异。两个变量一起移动并不代表第一个变量的移动会导致第二个变量的移动，或许是另外一种因果关系：第二个变量的移动导致了第一个变量的移动；或者还可能是因果关系有两种：可支配收入影响消费，同时，消费也影响可支配收入。

是否存在一种方法，能够区分相关性与因果关系呢？对于可支配收入对消费的影响，如果我们感兴趣——事实上我们感兴趣，是否能够从数据中得到这一结论呢？答案是肯定的，但是必须使用更多信息。

假设我们知道可支配收入的某一特定变化不是消费的变化造成的，则通过观测消费对可支配收入这一变化的反应，我们就可以了解消费对可支配收入是如何反应的，从而就可以估计消费倾向了。

这一答案所做的简单的假设似乎远离了主题：我们如何才能知道可支配收入的变化不是由消费的变化造成的？事实上，我们有时是能够知道的。例如，假设政府主要增加国防支出，导致了需求的增加，从而导致产出增加。在这种情况下，如果我们看到可支配收入和消费同时增加，就可以放心地假设消费的变化反映了可支配收入对消费的影响，这样就可以估计出边际消费倾向。

这个例子说明了一个一般意义上的策略。

- 找到外生变量，即影响可支配收入但又不被可支配收入影响的变量。
- 考虑这样一些消费变化，它不是在前面回归中的做法那样，对可支配收入的全部变化做出的反应，而是对可以由这些外生变量的变化所解释的可支配收入的（部分）变化做出的反应。

通过这些策略，我们就比较有信心估计出可支配收入对消费的影响，而不是其他因素导致的。寻找这些外生变量的问题在计量经济学中称为**识别问题**（identification problem）。所找到的这些外生变量称为**工具变量**（instruments），要使用这些工具变量的估计方法称为**工具变量法**（instruments variable methods）。

当使用工具变量法，而非普通最小二乘法来估计式（C-1）时，使用政府国防支出的变化作为工具变量，估计结果变为：

$$(\Delta C_t - \overline{\Delta C}) = 0.58(\Delta Y_{Dt} - \overline{\Delta Y_D})$$

注意，可支配收入的系数是 0.58，小于式（C-1）中的系数 0.66。估计得到的消费倾向降低，正如我们所预测到的：在前面对式（C-1）的估计，不仅反映了可支配收入对消费的影响，还反映了消费对可支配收入的反作用。使用工具变量后，只是估计了第二方面的影响，这就是我们看到可支配收入对消费的估计影响变小的原因。

对计量经济学的这一简短介绍不能替代计量经济学的课程，但是可以给你一些感觉，了解经济学家是如何利用数据来估计相关关系和变量的，以及如何识别经济变量之间的因果关系。

问题聚焦　　　理解计量经济学结果的指南

在平时的阅读中，你可能会遇到计量经济学的估计结果，这里给出的指南除了稍有简化外，基本上是式（C-1）原封不动的计算机输出结果：

$\bar{R}^2$是对回归线拟合程度的度量，越接近于1，回归线拟合得越好，取值为0.51，表示因变量的变化在很大程度上都可以由自变量的变化来解释，但并非全部的变化都可以由自变量的变化来解释

估计的时期包括1970~2014年的所有年份，因此，有45个可用的观测值（usable observation）用于回归，自由度（degrees of freedom）等于观测值的个数减去要估计的变量的个数。这里有一个要估计的变量，即DYD的系数，因此，自由度等于45 – 1=44。一个简单的法则是，观测值至少要等于要估计的变量的个数，而且越多越好，换言之，自由度必须为正，而且越大越好

我们要解释的变量称为因变量（dependent variable），这里因变量是DC——每年消费的变化减去其平均值

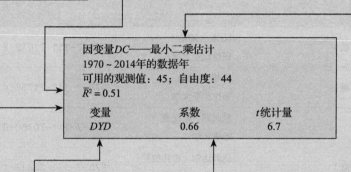

因变量DC——最小二乘估计
1970~2014年的数据年
可用的观测值：45；自由度：44
$\bar{R}^2 = 0.51$

变量	系数	t统计量
DYD	0.66	6.7

用来解释因变量的变量称为**自变量**（independent variables），这里只有一个自变量，DYD——每年可支配收入的变化减去其平均值

对于每一个自变量，计算机都会给出估计系数以及一个t统计量（t-statisctic）。与各个估计系数相对应的t统计量说明真实系数不为零的可信度怎样，t统计量比2大，说明真实系数不为零的可信度至少为95%，上面可支配收入系数的t统计量为6.7，这一数值非常高，因此我们几乎可以完全确信（可信度超过99.99%）真实系数是不为零的，或者换句话说，可支配收入的变化导致了消费的变化

关键术语

ordinary least squares（OLS）　普通最小二乘法
regression　回归
regression line　回归线
residual，$\bar{R}^2$　残差
usable observations　可用的观测值
degrees of freedom　自由度
dependent variable　因变量

independent variables　自变量
t-statistic　t统计量
correlation　相关性
causality　因果关系
identification problem　识别问题
instruments　工具变量
instrumental variable methods　工具变量法

推荐阅读

	中文书名	原作者	中文书号	定价
1	经济学（微观）（原书第7版）	R.格·哈伯 哥伦比亚大学	978-7-111-71012-7	99.00
2	经济学（宏观）（原书第7版）	R.格·哈伯 哥伦比亚大学	978-7-111-71758-4	99.00
3	计量经济学（原书第4版）	詹姆斯·斯托克 哈佛大学	978-7-111-70760-8	109.00
4	经济计量学精要（原书第4版）	达莫达尔·古扎拉蒂 西点军校	978-7-111-30817-1	49.00
5	经济计量学精要（英文版·原书第4版）	达莫达尔·古扎拉蒂 西点军校	978-7-111-31336-6	65.00
6	经济计量学精要（第4版）习题集	达莫达尔·古扎拉蒂 西点军校	978-7-111-31370-1	29.00
7	应用计量经济学（原书第7版）	A.H.施图德蒙德	978-7-111-56546-1	65.00
8	应用计量经济学：时间序列分析（原书第4版）	沃尔特·恩德斯 哥伦比亚大学	978-7-111-57847-5	79.00
9	商务与经济统计（原书第14版）	戴维·R.安德森	978-7-111-71998-4	129.00
10	博弈论：策略分析入门（原书第3版）	罗杰·A麦凯恩	978-7-111-70091-3	89.00
11	时间序列分析：预测与控制（原书第5版）	乔治·E.P.博克斯	978-7-111-71240-4	129.00
12	管理经济学（原书第12版）	克里斯托弗R.托马斯 南佛罗里达大学	978-7-111-58696-8	89.00
13	发展经济学（原书第12版）	迈克尔·P.托达罗 纽约大学	978-7-111-66024-8	109.00
14	货币联盟经济学（原书第12版）	保罗·德·格劳威 伦敦政治经济学院	978-7-111-61472-2	79.00